구별짓기

La Distinction critique sociale du jugement

문화와 취향의 사회학 下

구별짓기

문화와 취향의 사회학 下

삐에르 부르디외 최종철 옮김

La Distinction — crtitque sociale du jugement by Pierre Bourdieu
Copyright © Les Éditions de Minuit, 1979
Korean translation copyright © Saemulgyul Publishing House, 2006
Korean Édition is published by arrangement with Les Éditions de Minuit, Paris

옮긴이 최종철

서울대학교 사범대학 불어교육과(문학사), 서울대학교 대학원 사회학과(사회학석사), 파리-소르본대학 사회학과(사회학박사), 서울대학교 지역종합연구소 특별연구원 역임. 논문: 『한국 기독교 교회들의 정치적 태도, 1972~1990』, 『해방 이후 한국과 대만에서 기독교 교회의 정치화에 대한 비교사적 접근』, 『프랑스에서의 사회적 조절, 그 허와 실』, 『유럽에서의 사회학 교육: 그 전통과 변화』 역서: 『자본주의의 아비투스』 (동문선, 1995) 등이 있다.

구별짓기: 문화와 취향의 사회학 下

지은이 삐에르 부르디외 | 옮긴이 최종철 | 펴낸이 조형준 | 펴낸곳 (주)새물결
1판 1쇄 2006년 12월 6일 | 등록 서울 제15-55호(1989.11.9)
주소 서울시 은평구 연서로 37가길 6, 2층
전화 (편집부) 02-3141-8696
E-mail saemulgyul@gmail.com, efa_korea@daum.net
ISBN 89-5559-205-1(03330)
      89-5559-203-5(세트)

이 책의 한국어판 저작권은 Les Édition de Minuit와 독점 계약한 새물결 출판사에 있습니다. 신저작권법에 의해 한국 내에서 보호를 받는 저작물이므로 무단 전재와 복제를 금합니다.

차례

구별짓기 〔下〕

제3부 계급의 취향과 생활양식　473

제5장 차별화의 감각 – 지배계급　477

예술작품의 전유양식　489 ｜ 지배적 취향의 변형태　518
시간의 각인　539 ｜ 세속적 권력과 비세속적 권력　576

제6장 문화적 선의(善意) – 중간계급　581

인지와 승인　585 ｜ 학교와 독학　599
경사(傾斜)와 경향(傾向)　606 ｜ 쁘띠 부르주아지 취향의 변이형　618
쇠퇴하는 쁘띠 부르주아지　630 ｜ 실행 쁘띠 부르주아지　638
신흥 쁘띠 부르주아지　644 ｜ 의무로부터 쾌락의 의무로　662

제7장 필요한 것의 선택 – 민중계급　677

필요취향과 순응의 원리　681 ｜ 지배의 효과　699

제8장 문화와 정치　717

여론조사와 검열　722 ｜ 신분과 능력　732
정치적 발언권　744 ｜ 개인적 의견　751

　　　　의견의 생산양식　　758 ∣ 의미의 박탈과 유용(流用)　　772
　　　　도덕적 질서와 정치적 질서　　782 ∣ 계급의 아비투스와 정치적 의견　　790
　　　　의견의 수요와 공급　　795 ∣ 정치공간　　811
　　　　궤적의 고유효과　　813 ∣ 정치언어　　823

　　결론: 계급과 분류　　835
　　　　육화(肉化)된 사회 구조들　　838 ∣ 개념없는 지식　　844
　　　　이해관심이 개입된 귀속판단(歸屬判斷)　　851 ∣ 분류투쟁　　860
　　　　표상의 현실과 현실의 표상　　864

　　후기: '순수' 비평에 대한 '통속적' 비판을 위하여　　869
　　　　안이(安易)한 것에의 혐오　　871 ∣ '반성의 취향'과 '감각의 취향'　　876
　　　　부인된 사회적 관계　　884
　　　　여록(餘錄)Parerga과 보유(補遺)Paralipomena　　889
　　　　독서의 쾌락　　897

　　부록　　903
　　　　부록1 조사방법에 대하여　　904 ∣ 부록2 보충자료　　932
　　　　부록3 통계자료 — 앙케트　　941 ∣ 부록4 사회학적 게임　　951

　　옮긴이 후기　　975
　　사진 출전　　991
　　찾아보기　　993

〔上〕
제1부 취향에 대한 사회적 비판

제1장 문화귀족의 칭호와 혈통

문화귀족의 칭호 칭호의 효과 | 미적 성향 | 순수 취향과 '야만적' 취향 | 대중 '미학' | 미적 이화효과(異化效果) | 반(反)-칸트적 미학 | 미학, 윤리학, 유미주의 | 중성화와 가능성의 세계 | 필요로부터의 거리 | 구분감각으로서의 미적 감각

문화귀족의 혈통 매너와 문화의 획득방식 | '학자'와 '사교가' | 경험과 학식 태어난 세계 | 상속 자본과 획득 자본 | 두 개의 시장 | 여러 요소와 힘

제2부 실천의 경제

제2장 사회공간과 그 변형

계급의 조건과 사회적 조건화 변수와 변수체계 | 구성된 계급 | 사회계급과 궤적의 집합 | 자본과 시장

3차원 공간 | 전환 전략 계급화, 계급탈락, 재계급화 | 전환 전략과 형태 변화 이해하는 시간 | 남용된 세대 | 계급탈락에 대항한 투쟁 | 학교제도의 변화 | 경쟁 투쟁과 구조 이동

제3장 아비투스와 생활양식 공간

공간들간의 상동(相同)관계 형식과 실체 | 세 가지 차별화 방식 | 격식없이 혹은 거리낌없이? | 보이는 것과 보이지 않는 것 | 양식적 가능성의 세계

제4장 장(場)의 역학(力學)

상품생산과 취향생산의 상응관계 | 상동성의 효과

선택적 친화

상징투쟁

표

⟨표 22⟩ 윤리적 성향의 계급분파별 변이   569

⟨표 23⟩ 계급분파별 문학상에 관한 의견(%)   584

⟨표 24⟩ 계급분파별 지배계급에의 도달확률과 출산율   608

⟨표 25⟩ 파리 및 지방에서의 기성 쁘띠 부르주아지와 신흥 쁘띠 부르주아지의 지식과 선호(%)   660

⟨표 26⟩ 학교 및 사회에서의 성공의 사회적 요인에 대한 의식(%)   705

⟨표 27⟩ 불평등 감소방안에 대한 견해(%)   705

⟨표 28⟩ 성별로 본 무응답률   730

⟨표 29⟩ 교육수준별로 본 무응답률   733

⟨표 30⟩ 강압효과   776

⟨표 31⟩ 새로운 사회주의에 대한 의견   776

⟨표 32⟩ 정치적 질서와 도덕적 질서에 대한 시각   787

⟨표 33⟩ 교육수준별로 본 구독신문(남성-1975)   802

⟨표 34⟩ 연령별로 본 구독신문(남성-1975)   802

⟨표 35⟩ 사회계급별로 본 구독신문   802

⟨표 36⟩ 계급분파별로 본 신문 잡지의 구독자율   806

⟨표 37⟩ 표본의 주요 특성   908

그림

⟨그림 11(검은 색)과 12(회색)⟩ 지배적 취향의 다양한 형태-조응관계의 분석   483

⟨그림 13⟩ 지배적 취향의 다양한 형태. 조응관계의 분석. 제1, 제3 관성축의 간략도식   488

⟨그림 14⟩ 관람한 영화 (순서에 따라 선호도는 감소)   498

사치 취향에서 비롯된 사치상표의 목록   520

⟨그림 15, 16⟩ 쁘띠 부르주아 취향의 변이형 조응관계 분석   620

⟨그림 17⟩ 쁘띠 부르주아 취향으 변이형 조응관계 분석 제1,3 관성축의 간략도식   623

⟨그림 18⟩ 보는 영화 (선호도가 감소하는 순서로)   654

⟨그림 19⟩ 허용도와 정치적 선호   769

⟨그림 20⟩ 외교정책에 대한 의견분포   775

⟨그림 21⟩ 신문 · 잡지와 정치공간   812

제3부 계급 취향과 생활양식

우리의 자존심은 자기의
의견에 대한 비난보다는
자기 취향에 대한 비난에
의해 더욱 상하게 된다.

라 로슈푸꼬, 『잠언』

생활양식의 묘사가 유효한 **경험적 검증**의 가치를 획득하기 위해서는, 앙케트 조사 자체로 돌아가서 다음의 두 종류의 통일성unités과 대조해야 한다. 즉 하나는 수집된 관찰결과의 전체를 일거에 파악하고 전제된 모든 강요 밖에서 내재적 구조를 추출하기에 가장 적합하게 만들어진 방법, 즉 조응관계의 분석에 의해 분명하게 드러나는 통일성이고, 다른 하나는 동질의 존재상태와 조건화, 즉 아비투스와 그것을 통해 실천들의 큰 집합들이 객관적으로 규정되는 분할원리로부터 **구성되는 통일성**이다. 보통의 지각은 그것이 사회적으로 구성된 지각과 평가의 도식을 행위자의 실천과 제 특성에다가 적용할 때, 그것은 실천과 특성들을 사회적 존재상태를 직감하는 변별적 생활양식으로 구성하는데, 이상과 같은 작업은 보통의 지각이 수행하는 변용을 반대 방향으로 재생산한다.[1] 아리스토텔레스가 가르친 바와 같이 물체 중에서 어떤 것은 다

---

[1] 언어학자들이 유한개의 시동장치의 세트에 대응하여 만들어진 문장의 유한한 자료군(資料群)corpus에 만족하듯이, 우리 자신을 앙케트에 의해 수집된 자료에 한정함으로써 생활양식 각각을 무한히 풍부하게 묘사할 가능성을 부정하게 된다. 이러한 가능성은 실제로는 매우 이론적인데, 그것은 보르헤스Jorge Luis Borges가 묘사하는 바, 그 나라만큼 큰 지도를 그리려는 실증주의적 유혹을 피하기 위해서는 실천들의 전 세계를 집약하는(마치 미분微分이 곡선을 요약하듯이) 특징을 가장 잘 표현할 수 있는 언어를 찾아야 하기 때문이다. 앙케트 조사에 사용되는 지표들에 국한된 참조대상들의 단조로움을 피하기 위해서는 실제로 제공된 작품과 작자에 대해서 그것과 다른 등가(等價)의 작품과 작자를 다수 치환(置換)할 수 있을 것이다(예컨대, '피아노 평균율'에 대해서는 '골드버그 변주곡'이나 '안나

른 것과 다른 색채를 갖고, 상이한 물체들은 그들이 공통적으로 소유하고 있는 것을 통해서 자신들을 구별한다. 마찬가지로 지배계급의 상이한 분파들은 그들이 공유하고 있는 지배계급 전체의 특징을 통해, 즉 그들 특권의 근거인 자본의 형태를 통해서 그리고 그것과 상관관계를 맺고 있는, 자기를 차별화하고 그들의 탁월성을 주장하는 상이한 방식을 통해 매우 분명하게 구별된다.

그리고 라뽀쁘르Rapoport(프랑스의 정치가; 1865~1941, 마르크스주의적 사회주의자였고 한때 공산당의 지도부에 있다가 만년에 탈당하였다 — 옮긴이)가 드는 사례를 빌린다면, 우리는 구름이나 숲에 대해서, 각 경우에 나무나 물방울의 밀도가 연속적 함수이고 명확한 선으로서의 경계는 존재하지 않지만 구름이나 숲이란 말을 사용하고, 마찬가지로 계급분파라는 말도, 경계선의 어느 한 쪽에서 가장 빈도가 높은 모든 특성을 소유하고 다른 쪽의 그런 특성은 전혀 소유하지 않은 사람을 경계선의 다른 쪽에서 전혀 발견할 수 없을 정도로 경계선을 그리는 것은 불가능하다고 해도 우리는 계급분파란 말을 사용한다. 실제로 이와 같은 연속성의 세계에서 구성과 관찰의 작업은 결국 통계학적으로 그리고 사회-논리적으로 다양한 정도에 따라 상호연관된 특성들의 **집합**에 의해 성격지워진 개인들의 (상대적으로) 동질적 집합, 달리 말해서 **차이의 체계**에 의해 분할된 집단들을 나누어 취급할 수 있게 되는 것이다.

막달레나 바하의 소(小)노트'를, 혹은 샹송에 관해서는 브렐과 두에 대신에 레지아니, 페라, 바바라 또는 쥴리에뜨 그레꼬를, 아즈나불에 대해서는 마르셀 아몽, 아다모나 미레이유 마띠유를 대체하는 것이 적당하다). 취향의 논리는 사회적 지표를 근거로 막연하게 파악된 등가물의 집합 내에서 항상 그런 식으로 치환하는데, 이상의 방법은 이 취향의 논리와 완벽하게 부합하더라도 등가물의 집합의 성격 자체가 조작에 사용되는 분류체계에 달려있다는 이유로 거부된다. 즉 거기서 어떤 사람은 '고전음악'의 집합 내에서 다른 요소와 교환가능한 요소들만을 볼 것이고, 다른 사람은 겉으로 보기에 가장 정당한 치환(작곡자가 같거나 작곡시기와 형식, 양식이 같은 경우)을 거부할 것이다.

5장 차별화의 감각 — 지배계급

우리는 다음과 같은 것들을 입증하려고 노력해 왔다. 첫째, 지배계급은 상대적으로 자율적인 공간을 구성하는데, 그 공간의 구조는 지배계급 구성원들 간에 다양한 종류의 자본이 분포되는 것에 의해 정의된다. 각각의 분파는 아비투스의 매개를 통해 일정한 생활양식이 조응하는 이러한 분포의 일정한 배열에 의해 특징지워지는 것이다. 둘째, 분파들간의 경제자본과 문화자본의 분포는 대칭적으로, 그리고 역으로 구조화된다. 셋째, 다양한 상속자본의 구조들은 사회적 궤적과 함께, 아비투스와 실천의 모든 영역에서 아비투스가 생산하는 체계적인 선택들을 결정한다. 보통 미학적인 것으로 간주되는 그러한 선택들은 아비투스의 하나의 차원이 되는 것이다. 만약 이상의 것들이 사실이라면, 우리는 생활양식의 공간, 즉 다양한 성향의 체계들이 표현되는 다양한 특성들의 체계에서 이러한 구조들을 재발견할 수 있을 것임에 틀림없다.[1] 이를 입증하기 위한 노력으로, 조사 자료 전체에 대해서 조응관계 분석이 행해졌다.[2]

---

[1] 여기에 제시되어 있는 지배계급의 다양한 분파들에 대한 분석은 현재 진행 중인 연구(그 일부는 모두 개별적으로 출판되었다) 전체 중에서 생활양식에 관한 근본적인 차이를 설명하는 데에 불가결한 부분만을 포함시킨 것이다.

[2] 분석 방법에 대해서는, L. Lebert, A. Morineau et N. Tabard, *Techniques de la description statistique. Méthodes et logiciels pour l'analyse des grands tableaux*, Paris, Dunod, 1977을, 또 이론적 기초 혹은 논리적 이용 조건에 대해서는, J. Benzécri, *L'analyse des données. Leçons sur l'analyse*

조사결과들(부록 3을 보라)을 나타내 주는 표들에 대한 방법적인 독해 후에, 첫번째 단계에서, 구조들과 설명적 요인들이 실천의 영역에 따라 변화하는지를 측정하기 위해 다양한 질문들 전체(질문지는 부록 1을 보라)에 대하여 지배계급 구성원들(n=467)의 응답들이 분석되었다. 이들은 다음과 같은 것들을 포함하고 있었다. 회화와 미술에 관한 지식이나 선호도, 그리고 박물관 출입에 대한 모든 질문들은 공통적으로 정통적 능력을 측정한다. 제출된 21개의 주제 각각으로부터 아름답거나, 재미있거나, 의미 없거나, 추한 사진을 연출할 수 있는 가능성에 대한 모든 질문들은 미학적 성향을 측정한다. 가요, 라디오, 서적에 관한 선호도, 영화배우와 감독에 관한 지식, 그리고 사진술에 관한 모든 질문들은 중간 수준의 교양에 관한 성향을 보여주는 지표들과 같다. 실내장식, 가구, 요리, 의류, 동료들의 자질에 관한 모든 선택들을 통해서 윤리적 성향들은 보다 직접적으로 표현된다. 이러한 모든 분석에서, 첫번째 요인은 경제자본에 있어서 가장 부유한 분파들을 문화자본에 있어서 가장 부유한 분파들과 대립시키는데, 즉 상업 경영자와 고등교육 교수 혹은 예술가들은 그 축(그림 11, 12를 보라)에서 두 개의 대립적인 극단에 위치해 있는 것이다. 반면, 자유업 종사자, 관리직과 상급기술자들은 중간에 있는 위치들을 점유한다. 중간 수준의 교양에 관한 선호도 지표에 기초하고 있는 분석의 경우에서, 중등교육 교사들(고등교육 교수나 예술 생산자들은 아니다)은 상업 경영자들과 가장 강하게 대립되는데, 이는 샹송에 관한 초등교육 교사들의 선호도에서 이미 관찰되었던 논리와 일치한다. 윤리적 성향 지표에 기초하고 있는 분석의 경우에, 자신들의 직업 때문에 예의에 대한 건방진 태도와 무관심을 주장하는 예술 생산자들은 교수, 상급기술자, 공기업 관리직들과 대립되고 상업 경영자들에 상당히 근접한 위

factorielle et la reconnaissance des formes et travaux du Laboratoire de statistique de l'Université de Paris VI, paris, Dunod, 1973, 2 vol을 각각 참조할 것.

치를 점유한다(그들은 다른 측면들에서는 매우 두드러지게 대립되지만, 이 경우에는 두번째 요인에 의해 동일하게 취급된다).

그렇게 각각의 경우에서 가장 적절한 지표들을 표시해 둔 후에, 우리는 수집된 자료들(질문지는 부록1을 보라)의 풍부함에서 기인하는 과부하(過負荷)의 효과를 피하기 위해 다음과 같은 작업을 수행해야만 했다. 그 작업은 거의 같은 성향들을 측정하는 (요리에 대한 질문과 같은) 질문들을 위해서, (의류나 선호 받는 서적에 대한 질문과 같이) 잘못 작성되거나 거의 분류되어 있지 않은 질문들을 최종 분석(여기에는 단지 그 분석의 결과들만이 제시되었다)에서 제거하는 것이다(사진 주제들에 대한 질문들 전체 또한 배제되었는데, 이들은 따로 분석되었다). 그렇게 해서 우리는 선호 받는 실내장식의 특성(12개의 형용사), 동료의 자질(12개의 형용사), 동료들에게 기꺼이 제공되는 요리(6가지 가능성), 가구 구입(6가지 가능성), 인기 있는 가수(12명), 인기 있는 고전음악 작품(15개), 현대 미술관이나 루브르 박물관 출입, 작곡가에 대한 지식(4가지 수준으로 분류된), 회화에 대한 견해(5가지)에 관한 자료들(이것들은 변별적 부호화의 대상이 되었다)을 보유하게 되었다. 증명하는 것에 풍부한 설득력을 부여하기 위해서 연령, 부친의 직업, 자격증, 수입, 소속 분파와 같은 특징적인 요인들이 설명 변수로 취급되었는데, 가장 강한 설명 요인인 소속 분파는 원래상태로 사용되지는 않았다.[3]

조응관계 분석은 연속적인 분할을 통해서, 명확하고 변별적인 성향 체계에서 자신들의 원리를 발견하는 **선호**의 다양하고 응집적인 묶음들을 격리시키도록 해준다. 이 분석은 조응관계들을 사회적 생산 조건과

---

[3] 동일한 조작이 중간계급과 민중계급들의 응답을 분석하기 위해 엄밀히 행해졌다. 6장과 7장을 보라.

결합시키는 관계만큼이나 조응관계들간의 상호관계에 의해 정의될 수 있다. 문화자본을 측정하는 지표들(우리는 이미 그 자본이 경제자본 지표와 거의 반비례하면서 변화한다는 것을 알고 있다)은 첫번째 요인의 구성에 가장 두드러지게 기여한다(두번째 요인과 세번째 요인이 각각 전(全)관성(慣性)l'inertie totale의 3.6%와 3.2%를 나타내고 있는 것에 반하여, 첫번째 요인은 전 관성의 5.8%를 나타낸다).[4] 따라서 가장 적은 수입을 가지면서도 가장 탁월한 능력을 가지는 사람들, 즉 가장 많은 수의 음악 작품(6%)과 작곡가(7.7%)를 알고 있는 사람들, 『피아노 평균율*Clavecin bien tempéré*』(1.8%)이나 『푸가의 기법*Art de la fugue*』(1.7%)과 같이 가장 '순수한' 미학적 성향을 요구하는 작품들을 선호한다고 말하는 사람들, 이러한 미학적 성향을 샹송과 영화와 같은 덜 신성시되는 영역 또는 요리나 실내장식에까지 가장 잘 적용시킬 수 있는 사람들, 추상화에 관심을 보이고, 현대 미술관에 자주 출입하며, 자신들의 동료가 예술가(2.4%)이기를 기대하는 사람들은 그림11과 12의 좌편에 위치해 있다. 반대로, 가장 높은 수입을 받으면서도 가장 낮은 능력을 가지는 사람들, 즉 음악 작품과 작곡가를 거의 알지 못하는 사람들, 성실한 동료를 선호하는 사람들, 2류 부르주아 교양에 속해 있는 등급이 떨어지거나 상투적인 작품들(『아를르의 여인*Arlésienne*』[3%], 『아름답고 푸른 도나우 강*Beau Danube bleu*』[2.9%], 『라 트라비아타*Traviata*』[2.1%], 『헝가리 광시곡*Rhapsodie hongroise*』, 뷔페Buffet, 블라밍크Vlaminck, 유트리요Utrillo, 라파엘Raphaël[2.3%], 와또Watteau, 레오나르도 다빈치Vinci)과 오페레타opérette(게따리Guétary[1.8%], 마리아노Mariano) 또는 가장 대중적인 샹송(페츄라 클라크Petula Clark[2.2%])를 선호하는 경향이 있는 사람들은

---

4) 이하의 본문과 마찬가지로, 이 절 모두에서 괄호 속의 숫자들은 고려된 변수들의 조응 요인에 대한 절대적 기여율을 표시한다.

우편에 위치해 있다.[5]

우리는 여러 가지 생활양식에 관한 이러한 지표들을 체계화시키는 구조가, 원래 구축된 대로의 생활양식 공간의 구조에 조응하고 위치들의 구조에 조응한다는 것을 직관적으로 알 수 있다. 그래서 사실 개인들의 견지에서는, 한편으로 상업 경영자, 그리고 더 적은 정도로는 공업 경영자들과, 다른 한편으로 이 분석 수준에서는 거의 구별할 수 없는 고등교육 교수와 예술 생산자들 간의 대립이 가장 뚜렷해지는 것이다.

같은 분파의 구성원들임을 보여주는 지점들의 집락(集落)에 조응하는 테두리는 예상된 구조에 따라 분포된다.[6] 위치의 결정인(決定因)들(수입, 자격증, 출신계급, 연령)을 보충변수로서 투입하는 것은 이러한 구조가 여러 자본들의 분포 구조에 조응하고 있음을 확증해 준다. 다시 말해서, 학력자본은 무자격증에서 학사학위증 이상에까지 이르는 첫번째 축에 따라 분포되는 반면, 수입은 역으로 분포됨을 보여준다(하지만 덜 산포적散布的이고 비선형적非線形的이다). 공업 경영자와 상업 경영자들은 문화자본의 양이 그들의 자본구조에서 가장 적은 만큼 첫번째 축의 극단에 더욱 근접해 있다. 이에 비해서, 그들 사이에 있고 자유업에 근접해 있는 사람들은 문화상품을 거래하는 공업경영자나 상업경영자들(골동품상, 음반거래상, 서적상 등)인데, 그들은 모두 자신들의 분파에 비해서 평균 이상의 문화자본을 소유하고 있다(학사학위나 그랑 제꼴). 문화상품 판매자들이 제외된다면, 상업 경영자들이 윤리적 성향을 가장 두드러지게 드러내는 자신들의 문화적 선호(『아름답고 푸른 도나우 강』, 게

---

[5] 한편으로는 '추상화는 고전파 회화만큼 내게 흥미가 있다'라거나, 다른 한편으로는 '회화는 좋은 것이지만 어렵다'라는 것과 같이 미리 형성된 판단에 관한 꾸며진 의견, 혹은 레오 페레, 조르쥬 브라상스, 쟈끄 두에와 같은 가수를 선택하는 경향은 첫번째 요인에 의해 강하게 규정되어 있음을 동일한 논리로 이해할 수 있다.
[6] 공기업 관리직과 사기업 관리직들은 이 도표에서 매우 분산되어 있기 때문에 테두리로 표시되지 않았다.

<그림 11(검은 색)과 12(회색)> 지배적 취향의 다양한 형태 — 조응관계의 분석. 제1, 제2 관성축에 의해 포착된 그림 — 특성공간(그림 11)과 각 분파의 분포공간(그림 12). 절대기여율이 가장 높은 항목은 제1요인에 대해서는 밑줄친 대문자로, 제2요인에 대해서는 밑줄 없는 대문자로 표시했다.

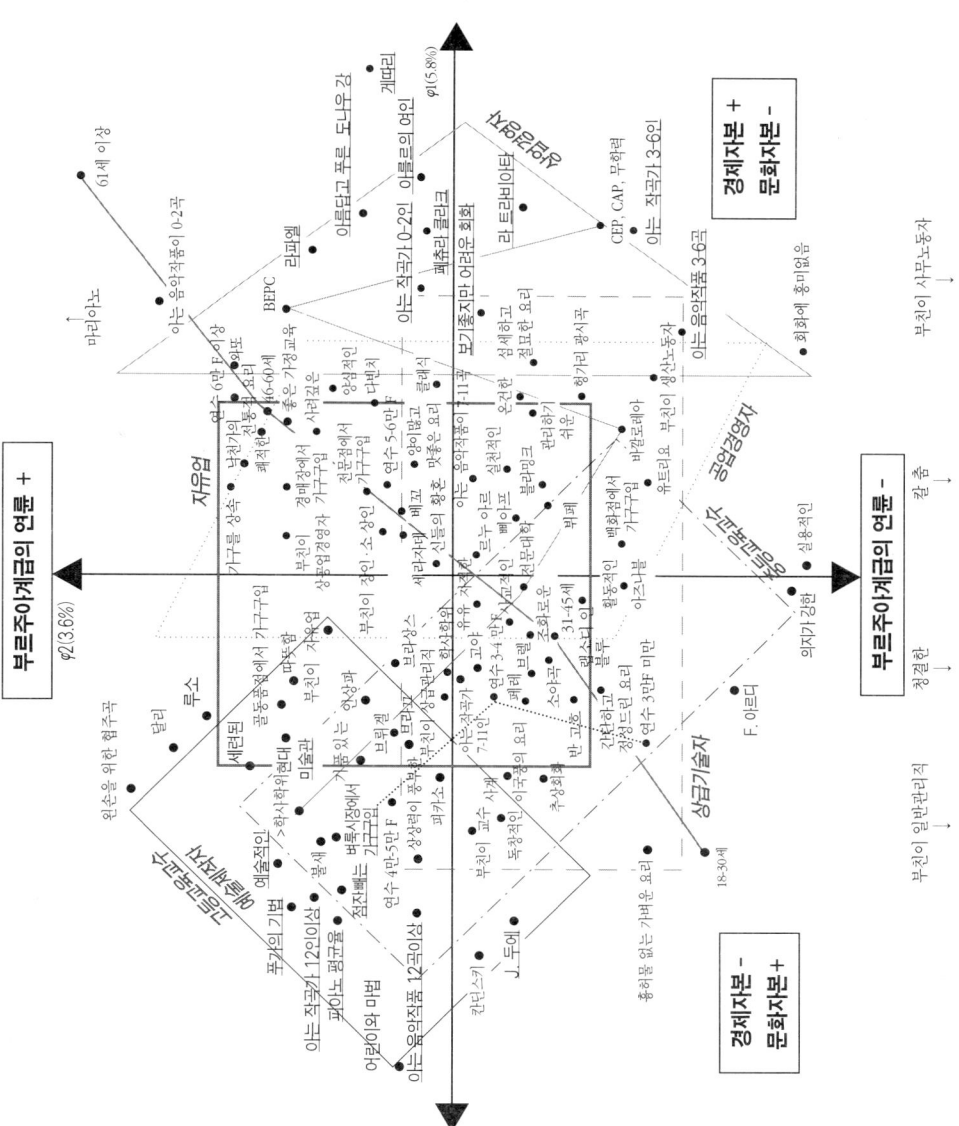

따리, 페츄라 클라크)와 또한 선택에 있어서 평균 수준의 교양(세번째 요인에 의해 포착된)에 매우 근접해 있다(그들은 이상적인 실내장식과 동료에 관해서 민중계급과 중간계급에서 자주 인용되는 특성들을 언급하는데, 즉 그들은 '유지하기 쉽고 실용적인'이나 '성실하고 온건한'과 같은 수식어를 사용하는 것이다). 이 점에서 그들은 전체적으로 부르주아적 취향에 보다 가까운 공업 경영자들과 대립된다.[7] 영화같이 덜 공인된 영역에 있어서도 매우 높은 식견을 가지는 고등교육 교수들은 첫번째 축의 다른 극단을 점유한다. 즉, 그들의 선호는 어느 정도의 대담함과 신중한 고전주의 사이에서 균형을 유지한다. 그들은 예술적 아방가르드에 과감히 참여하지 않는 '센 강 우안(右岸)'의 취향을 거부하는데, 왜냐하면 그 취향은 '발견'보다는 '오히려 재발견'을, 그리고 현대적 아방가르드보다는 오히려 과거의 희귀한 작품들을 추구하기 때문이다(다감하고 절충적이며 독창적인 실내장식, 브라크, 피카소, 브뤼겔과 때때로 칸딘스키, 『불새L'Oiseau de feu』, 『푸가의 기법』, 『피아노 평균율』).

자유업 종사자들은 중간 위치를 점유하며 특히 문화자본의 측면에서 구별되는 두 개의 하위집단으로 분리된다. 예술제작자들에 의해 점유된 극점 근처에 위치해 있는 보다 광범위한 집단은 주로 파리의 건축가, 변호사, 또는 의사들(그리고 단지 약간의 치과의사나 약사들)을 포함한다. 경영자들이 점유하고 있는 극점에 보다 근접해 있는 두번째 부분집단은 대부분 비교적 연로한 지방관리, 치과의사, 공증인 등으로 구성된

---

7) 다음과 같은 점은 확실하다. 교양, 언어, 그리고 생활양식과 관련해서, 민중계급과의 경계는 사무노동자의 수준으로 나타나는 봉급생활자들보다 자영업(그 중에서도 특히 상업) 부문에서 보다 불명확하고 여하간 보다 높게 위치해 있다. 음식에 관해서처럼, 소경영자들은 그들의 화법, 취향(스포츠, 뮤직홀 등에 대한), 가치관(예컨대 남자다움의 추구)에서도 사무노동자보다 (생산)노동자계급에 더 근접해 있는 것이다. 한편 사무노동자들은 모든 점에서 노동자계급과 아주 명확히 대립되지만, 그들의 정치적 위치표명에 있어서는 노동자계급에 보다 더 가깝다.

다. 전자가 예를 들어 브라크, 칸딘스키, 『왼손을 위한 협주곡』, 그리고 가장 '지식인적'인 영화들(『몰살沒殺의 천사L'Ange exterminateur』, 『시실리의 검은 안개Salvatore Giuliano』)을 인용하고 대개 언급된 영화의 감독들을 알고 있는 반면, 후자는 블라밍크, 르누아르, 『아름답고 푸른 도나우 강』과 같은 가장 진부한 중간수준의 취향에 대한 선호를 표명하고 대중영화(『아브레市의 일요일Les dimanches de Ville d'Avray』)나 거대 스펙터클한 역사영화(『사상 최대의 작전Le Jour le plus long』)들을 관람한다.

따라서 자본의 총량과 연결되어 있는 차이들은 부분적으로 약화되었다고 할 수 있겠는데, 이는 분석이 그 점에서 거의 동등한 같은 계급의 구성원들에게 적용된다는 사실에 기반하고 있다. 그렇다면, 처음 두 개의 요인에 의해 결정되는 공간에서 각 개인의 위치는 본질적으로 그의 상속자본의 구조, 즉 그가 소유하고 있는 경제자본과 문화자본의 상대적 양(제1축=횡축)과 이와 상관적인 획득양식을 통해서 그가 상속자본과 가지는 관계를 지배하는 사회적 궤적(제2축=종축)에 의존하게 된다.[8] 두번째 요인에 가장 강하면서 절대적으로 기여하는 것은 부르주아지의 다소간 긴 연륜ancienneté과 결합된 성향지표들이다. 다시 말해서 거의 동일한 양의 문화자본을 가지는 개인들을 분리시키는 것은 정통적 문화와의 관계와 일상생활의 세세한 국면들에서 주로 나타나는 사회적 궤적과 문화자본의 획득양식이 육화된 흔적들, 즉 윤리적이고 미학적인 성향들인 것이다. 개인들의 수준에서, 두번째 요인은 각 분파 내에서 오래 전에 부르주아지에 도달했던 사람들을 벼락 출세자와 같이 최근에 부르주아지에 편입된 사람들과 대립시킨다. 다시 말해서 그 요인은 최고의 특권이라고 할 수 있는 특권에 있어서의 연륜을 가지면서

---

[8] 이는 요인분석의 첫번째 요인이 사회공간의 두번째 차원에, 그리고 두번째 요인이 세번째 차원에 각각 조응하고 있다는 것을 의미한다.

희귀하고 '품위 있는' 물건, 사람, 장소, 공연들과 일상적으로 빠르게 접촉함으로써 자신의 문화자본을 획득한 (전자의 — 옮긴이) 사람들과, 교육체계에 밀접하게 의존하거나 독학자의 우연한 행운으로 귀결되는 노력을 통해서 자신의 자본을 획득하기 때문에 보다 착실하고 엄격하며 게다가 위축된 문화와 관계맺는 (후자의 — 옮긴이) 사람들을 대립시키는 것이다. 이 두번째 요인은 부르주아지 출신의 구성원들과 타계급 출신의 구성원들과의 비율에 따라 분파들을 분명하게 분포시킨다. 한편에는 자유업과 고등교육 교수들(그리고 더 적은 정도로는 사기업 관리직들)이 있고, 다른 편에는 학문적 성공을 매개로 지배계급에 운 좋게 도달하는 통로를 보여주는 범주들인 상급기술자, 공기업 관리직과 중등교육 교사들이 있다. 반면, 경영자들은 두 극점 사이에서 거의 동등한 비율로 분포되어 있다. 전자는 두번째 요인의 정(正)의 방면에 배치되어 있는데, 그들은 가족 내에서의 친숙화에 의해 자신들의 자본을 (처음으로) 획득했다는 공통점을 가지고 있다. 그들은 상속받은 가구의 소유(3.1%)와 골동품 상점의 잦은 출입(2.4%), 안락한 실내장식과 전통 요리에 대한 선호(1.5%), 루브르 박물관과 현대 미술관의 잦은 출입(1.8%), 거의 항상 피아노 연주 실력과 연관되는 것임을 알 수 있는 『왼손을 위한 협주곡』에 대한 취향과 같이 부르주아지의 오랜 일원임을 증명하는 기호 signe들을 제시하는 것이다. 후자는 학교와 높은 수준의 학문적 교양이 촉진하면서 함축하고 있는 지체된 학습 덕분에 자신이 가진 자본의 대부분을 소유하게 되는데, 그들은 다음과 같은 점들로 인해서 전자와 대립된다. 즉, 반대 극점에서처럼 교양이 있거나 미적 감각이 뛰어난 동료가 아닌 의지가 강하고(2.6%) 긍정적인 사고를 가진(3.6%) 동료를 좋아하는 경향, 깨끗하고 말쑥하며(3.2%), 검소하고 소박한(1.6%) 실내장식에 대한 취향, 그리고 상승이 진행 중임을 보여주는 지표들인 『칼춤 la Danse du sabre』(5.1%), 유트리요와 고호, 또는 다른 측면에서 자끄 브렐이나 아즈나불, 뷔페와 『라 랩소디 인 블루*la Rhapsody in Blue*』와 같은 중간 수준의 부르주아 교양을 나타내는 작품들에 대한 취향이 그것이다. 후자는 신중하고, 따라서 비교적 동질적인 선택에 의해서 특징지어진다. 즉, 그들은 『아를르의 여인』이나 『아름답고 푸른 도나우 강』과 같이 진부하거나 통속적이라고 의심받는 작품들까지 결코 내려가지도 않으면서, 문화매개자와 예술제작자에 의해 자주 선택되는 『어린이와 마법*l'Enfant et les sortilèges*』(라파엘)과 같이 다소 덜 '규범적인canonique' 작품들에 과감히 도전하는 일도 거의 하지 않는다.

설명변수로서 부친의 직업, 응답자의 연령, 자격증, 수입 등을 투입하는 것은 분할의 원칙이 바로 사회적 궤적이라는 점을 보여준다. 이에 따른 대립은 고참인 동시에 가장 오래된 분파 출신이고/이거나 경제자본을 가장 많이 소유하고 있는 지배계급 구성원들(자유업, 상공업 경영자)과 부친이 사무직 노동자, 일반관리직 혹은 생산노동자였고 상대적으로 경제자본을 적게 소유하고 있으며 더 젊은 지배계급 구성원들 간에 확립된다(그림 13을 보라). 이러한 복합적인 관계는 사회공간, 부르주아지에서의 연륜과 연령(처음 두 요인과 마찬가지로 연결되는)에 따른 분파들의 위치 사이에 일어나므로 지배계급 구성원들간의 수많은 윤리적 또는 미학적 차이들(가령, 스포츠와 의류에 관한 차이들)을 이해하는 데 매우 중요하다. 그 관계는 우리가 '벼락 출세자'의 비율이 지배분파에서 피지배분파로 이동함에 따라 증가한다는 사실을 알게 된다면 이해할 수 있는 것이다(그리고, 더 유력한 논거가 되는 것으로는, 학력자본을 축적하고자 하는 기도(企圖) 덕분에 지배계급에 도달하게 된 사람들이 차지하는 비율을 들 수 있는데, 가령 관리직들의 분산은 아마도 부분적으로는 그들이 자신들의 출신계급이 낮을수록 비교적 고령에 이르러서야 그러한 위치들에 도달할 수 있는 기회를 가진다는 사실에 기인하는 것이다).[9]

개인들의 수준에서, 세번째 요인은 교수와 특히 예술가들(교수들보

<그림 13> 지배적 취향의 다양한 형태. 조응관계의 분석. 제1, 제3 관성축의 간략도식

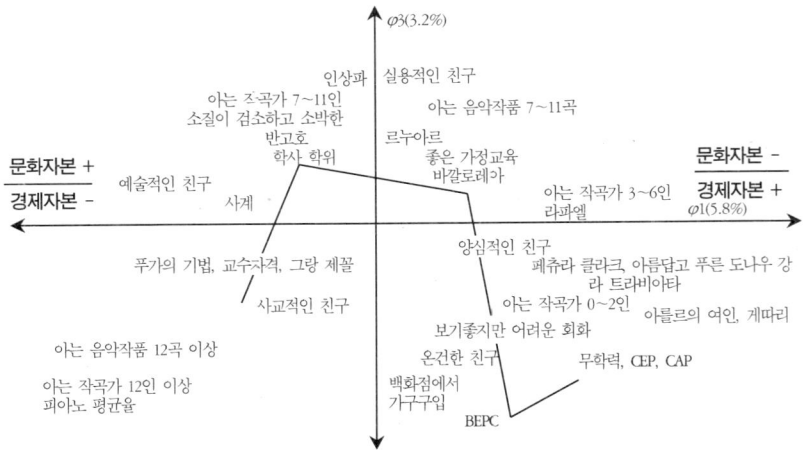

이 간략도식은 절대기여율이 1.5 이상인 변수만을 기재하였다. 설명변수 중에서는 학력만을 기재하였다

다 훨씬 더 부르주아적 취향에 대한 거부를 분명히 하는 경향이 있는)의 대다수와 상업 경영자들을 자유업, 공업경영자와 관리직들 중에서 (출신, 거주지와 교육에 의해서) 가장 전형적으로 부르주아적이라고 할 수 있는 집단과 대립시킨다. 이 요인은 특히 이 후자의 범주들이 가지는 '부르주아적 취향'을 아래와 같은 방식을 통해서 특징짓는 경향이 있다. 그 방식은 부르주아적 취향을 다른 모든 분파들의 취향, 즉 주로 제대로 교육받은 동시에 보다 대담한 '지적인 취향' 뿐만 아니라, 부차적으로는 중간적인 취향과 대중적인 취향(대상인들의 취향)의 특징들을 병합한

9) 지표들의 동일한 집합(특히 최종적인 종합을 위해 선택되었던 집합)에 대해서든, 혹은 다른 집합들에 대해서든 연속적으로 행해졌던 이 분석에서, 첫번째 요인(각 분파들의 위치 — 옮긴이)은 (분파들의 상대적인 위치에서 어떤 교체가 일어났다고 하더라도, 그 요인이 가진 의미는 영향을 받지 않기 때문에) 두번째 요인보다 더 안정적인 것으로 밝혀졌다. 몇몇 영역에서는, 부르주아즈에서의 연륜이 세번째의 지위로 하락하는 경우도 있는 것이다.

것과 같은 부정적으로 정의된 취향에 대립시키는 것이다. 부르주아적이거나 사교적인 취향은 양식이나 유행에 관한 취향(반 고호[2.1%]나 르누아르[2.1%]를 선택함으로써 확증되는 인상파 화가들에 대한 두드러진 애호[4.2%]로 표시되는 것처럼)과 평균적인 능력(7~11개의 작품[3.3%]과 7~11명의 작곡가[3.2%]에 관한 지식)에 근거를 둔 취향이다. 이 취향은 기본적으로 전통에 대한 취향(전통적인 프랑스식 식사[1.3%], 골동품상에서의 구입[1.0%], 혹은 점잖은 동료[1.5%]에 대한 선호)이자 일종의 온건한 쾌락주의hédonisme tempéré(예를 들면, 안락할 뿐만 아니라 검소하고 소박하며[1.8%], 아늑한[1.2%] 실내장식을 선택)이며, 대담한 선택의 경우에서도 보여주는 절도(節度)mesuré의 취향(『불새』나 『라 랩소디 인 블루』를 선택[1.3%]하거나 미적 감각이 뛰어난 동료와는 대립되는 긍정적인 사고를 가진 동료에 대한 선호[1.7%])이다. 그 취향은 특히 보다 '현학적'(12명 내지 그 이상의 작곡가에 관한 지식[3%], 12개 내지 그 이상의 작품에 관한 지식[1.9%], 다 빈치에 대한 선호[1.6%] 등)인 동시에 비교적 보다 대담할 뿐만 아니라(칸딘스키[1.4%]와 피카소[1.3%]를 선택) 보다 금욕적인 문화(고야나 『피아노 평균율』에 대한 선호, 벼룩시장에서의 구입 등)를 특징짓는 지표들 전체와 대립함으로써 정의되는 것이다.

예술작품의 전유양식

그러나 이러한 통계분석이 자신이 수립한 근저에 있는 분포의 원리를 이해하는 데에 도움을 주지 못한다면, 그 분석은 실제로 검증의 기능을 충족시키지 못할 것이다. 만약 공시성(共時性)과 동시에 통시성(通時性)에 있어서 제한된 자본의 양과 구조가 실천과 선호를 분할하는 원리를 구성한다는 사실이 이미 입증되었다면, 다음과 같은 작업을 수행하기는 불가능해질 지도 모른다. 가령, 문화자본이 우세한 비대칭적인 상속자본의 구조를 예술 작품에 대한 특정한 관계와 결합시키는 명료하면서 사회-논리적socio-logique인 연관을 밝히는 작업, 그리고 미학적 성향 중에서 가장 금욕적인 형태와 문화적으로는 가장 정통적이면서 경제적으로는 가장 인색한 실천들(문화적 실천에 관해서는 박물관의 잦은 출입 또는 스포츠에 관해서는 등산이나 보행과 같은 실천들이 있다)이 (상대적으로) 문화자본을 가장 풍부하게 소유하고 (상대적으로) 경제자본을 가장 궁핍하게 소유하는 분파들에서 특히 빈번하게 일어날 가능성이 많은 이유를 설명하는, 즉 완벽하게 이해시키는 작업이 불가능해질 지도 모르는 것이다.

하지만 이 분석의 기능을 시험하는 데 있어서, 그러한 분석이 바하나 브라크Braque, 브레히트나 몬드리안과 같은 순수작품의 엄격함에 대한 교수들의 취향에서 그들의 모든 실천 속에 표현되어 있는 동일한 금욕적 성향을 식별해 내고, 순수해 보이는 그러한 선택들에서 단지 교묘하게 은폐되어 있기만 한 성(性)이나 금전과의 관계의 징후를 감지해 낼 때에는, 그 분석의 기능에 대한 즉각적인 직관이 뒤따를 것임에 틀림없다. 혹은 그 분석이 통속극의 매력이나 인상파 화가들에 대한 취향, 즉 르누아르의 축제와 꽃에 싸인 여성, 부댕의 햇빛 비치는 해변이나 뒤피의 무대장치에 대한 취향에서 표현되는 세계관과 존재관 전체를 간과할 때에도, 그러한 직관이 뒤따를 것임에 틀림없다.

연극이나 회화에서 명증하게 보여진 바대로(다른 예술에 대해서도 마찬가지겠지만), 측정을 위해 이용한 것임에 틀림없는 불연속적이거나 부조화스러운 지표들을 통해 분명해지는 것은 예술작품에 대한 두 가지 적대관계, 혹은 더 정확하게는 두 개의 대립되는 상속자본의 구조를 표시하는 두 가지 작품전유양식이다. 그래서 가령 연극에 지불되는 요금의 평균치가 교사에 있어서의 4.17프랑(사기업의 중간 관리직의 4.61프랑과 공기업의 중간 관리직의 4.77프랑보다 더 적은 금액)에서 공기업의 상급 관리직에 있어서는 6.09프랑, 자유업에 있어서는 7.00프랑, 사기업의 상급 관리직에 있어서는 7.58프랑, 상인에 있어서는 7.80프랑, 기업주에 있어서는 9.19프랑까지 변화한다는 것과, 따라서 경제자본의 양에 따라 분포된 분파들의 통상적인 위계가 놓여 있다는 것을 어떻게 이해할 것인가?[10] 역으로, 만약 요금이 가장 낮은 극장에서 나타나는 분파들의 비율이 고려된다면, 분파들의 위계가 역전된다는 것을 어떻게 설명할 것인가? 비교적 저렴한 아방가르드 연극과 지식인 분파들 간이나 훨씬 비싼 통속극과 지배분파들 간의 선택적 친화력이 피상적으로 이해될 경우(동시에 단지 경제적인 비용과 수단들 간의 관계의 직접적인 효과로만 보여지는 경우)에는 다음과 같은 사실을 간과할 위험이 있다. 즉, 예술작품에 접근하기 위해 지불할 의지가 있는 가격을 통해서, 또는 더 정확하게는, 물질적인 비용과 기대된 '문화적' 이익 간의 관계를 통해서 예술작품의 가치와 그것을 전유하는 정통적 방식이 가지는 가치를 고유한 것으로 구성하는 것에 대해 각 분파가 나타내는 모든 표상이 설명된다는 것을 간과할 위험이 있는 것이다.[11]

10) 일반적으로 다음과 같은 사실이 관찰된다. 즉, 물론 문화자본의 범주 내에서이기는 하지만, 문화적 실천들은 (연극이나 전람회처럼) 그 직접적인 비용이 높으면 높을수록, 혹은 (레코드 감상, 피아노와 같은 악기 연주, 또는 아마추어 영화제작처럼) 값비싼 설비를 소유할 것이 요구되면 요구될수록, 수입에 따라서 변화하는 정도가 그만큼 커진다. (극장이나 음악회장보다 상대적으로 사회공간에 평균적으로 분포되어 있는)미술관 출입은, 만약 경제자본과 밀접하게 관련되어 있는 관광여행 그 자체가 이러한 실천들(이 실천들이 지배계급 내에서도 경제자본이 가장 풍부한 분파들을 나타내는 비율이 '보통' 미술관에서보다 관광객을 유혹하는 미술관에서 더 높다는 것을 설명해 준다)을 강화시키지 않는다면, 전적으로 문화자본에 의존할 것이다(이는 입장료가 낮은 수준으로 유지될수록 분명하다).
11) 희망하는 요금이 파리에 소재한 극장들과 그 관객의 표본에서 드러나는 일련의 특징들에 대한 조응관계 분석에 의해서 명백해진 첫번째 요인에 가장 큰 절대기여율을 가진다는 것도 이러한 논리에서 이해될 수 있다(SEMA, *La situation du théâtre en France*, Annexe, tableau 231b). 게다가 미술관의 입장료를 싸다 또는 상당히 싸다고 판단하는 경향이, 통상적인 위계와의 관련 속에서 문화자본이 (상대적으로) 풍부한 분파에서 경제자본이 풍부한 분파로 이동함에 따라 매우 확실하게 증대한다는 것도 마찬가지로 이해될 수 있다. 단,

정평이 있거나 수련중인 지식인들에게 있어서, 규칙적으로 자주 행해지는 극장 출입이나 전람회 혹은 예술영화 관람과 같은 실천들(그들이 출입하는 빈도와 그러한 출입이 거의 직업적인 관례에 속한다는 사실은 그들의 실천들에서 어떠한 비일상성이라도 제거하기에 충분하다)은 말하자면 최소의 경제적인 비용으로 최대의 '문화적 수익'을 추구하는 것에 의해 지배되는데, 그러한 추구는 모든 과시적인 지출, 그리고 작품의 상징적인 전유에 의해 마련되는 만족들 이외의 모든 만족들을 포기한다는 것을 함축한다(그들 중의 한 사람이 말한 것처럼, '당신은 공연을 보기 위해 극장에 가는 것이지 당신 자신을 자랑하기 위해서 가는 것은 아닙니다'). 그들은 작품 그 자체, 그것의 희소성, 그것에 대한 담론(나와서 '한 잔 하거나', 혹은 그들의 강의, 평론이나 저서에서)으로부터 자신들의 실천이 가지는 상징적인 이익을 기대하는데, 그러한 이익을 통해서 그들은 작품의 변별적인 가치를 어느 정도 전유하려고 노력할 것이다. 대조적으로, 지배분파들은 극장의 '야간 공연'에서 사치와 그 사치를 과시할 기회를 마련한다. 그들은 '외출을 위해 정장을 하고'(여기에는 시간과 돈이 동시에 든다), 다른 분야들에서처럼 '가장 좋은 것'을 구입하도록 유도하는 논리에 따라 최고급 극장에서 가장 비싼 좌석을 구입하며, 공연 후에는 저녁 식사를 하러 가는 것이다.[12] 그들은 '훌륭한 상점'을 선택하는 것과 같이 연극을 선택하는데,[13] 왜냐하면 그 선택은 그들이 가

자유업은 두 가지 형태의 분포(적당하다-상당히 싸다)에 의해서만 나누어진다는 점에서 다른 분파들과 구별된다.

12) 우리는 좌석요금이 단지 극장 출입에 드는 비용의 일부에 불과하다는 것(여기에 교통비, 지출된 시간, 저녁식사비와 '아기를 돌보는 데' 드는 비용이 추가되는 것이다)과 이러한 지출의 총액은 수입이 많을수록 높아진다는 것을 제시한 바 있다(cf. Thomas Moore, 'The demand for Broadway theater tickets', *The Review of Economics and Statistics*, 48(Ⅰ), fév. 1966, pp. 79~87). 이것은 극장에 가기 위한 '외출'의 총비용이, 지식인에서 자유업과 상공업 경영자로 이동함에 따라 좌석 그 자체의 요금과 부수적인 지출 모두에 있어서 확실히 매우 두드러지게 증가한다는 것을 의미한다.

진 '능력'에 대한 모든 기호들을 뚜렷하게 해주고 '예상 외의 불쾌한 일'이나 '취향의 결여'로부터 그들을 보호하는 데 적합하기 때문이다. 지배분파들은 일에 능숙하고, '희극의 탄력성, 상황의 타개책, 명언이 가지는 익살스럽거나 신랄한 힘'에 관한 모든 것을 알고 있는 극작가, 요컨대 금은세공사나 보석세공사처럼 '구성기술'에 있어서 거장으로 인정받으면서 '극적인 기교가 가지는 책략'에 정통한 극작가를 선택하는 것이다.14) 또한 그들은 극작가가 제의하는 '대단히 중요한 배역rôle en or pur'을 맡을 수 있는 타고난 재능, 그리고 완벽한 연극 기술자의 열정적인 순종을 이 극작술의 우등생에게 '사용될'15) 수 있는 자질로 유명한 배우들을 선택한다. 마지막으로 그들은 일말의 자기만족이나 통속성 없이도 모든 종류의 즐거움을 포함하고 있는 연극, '건강한 기쁨으로 안정을 되찾게 해줌으로써 균형 잡힌 관객을 안심시키는 데' 아주 안성맞춤인 연극을 선택한다. 왜냐하면 그러한 연극은 결국 '모든 사람들이 서로에게 제시하는' 문제들만을 제시해서 '오직 익살과 가라앉히기 힘든 낙관주의'만이 그러한 문제들에 대한 '탈출구'가 될 수 있도록 하기 때문이다.

부르주아 극장과 아방가르드 극장 사이의 대립이 함축하는 것은 분석되었다(4장을 보라). 앙케트 조사에 의해 직접 조건지워진 자료의 한계 내

---

13) Cf. P. Martineau, Social classes and spending behavior, *Journal of Marketing*, 23, oct. 1958, pp. 121~130.
14) 인용부호 안의 표현들은 Françoise Dorin의 「전환Le tournant」이라는 그 자체 이념형이라고 할 수 있는 연극에 대한 장-자크 고띠에의 이념형적인 기사(*Le Figaro*, 1973년 1월 12일자)에서 차용한 것이다.
15) 극작가나 그의 연극은 배우들에 의해 '잘 사용되고 있다'고 말해진다.

사모바르와 코지 풍의 침실

장관의 처제인 이자벨 도르나노는 그녀의 아파트 중심부에 침실을 만들었다. 이 침실은 바로크 양식의 걸작이다.

"'나는 내가 어떻게 살기를 좋아하는 지 알고 있습니다. 실내장식은 그것을 표현하는 하나의 방식이죠.' 유행과 그것이 가진 상투적인 측면을 배려함 없이, 그녀는 녹색의 모조 대리석과 베네치아식 블라인드의 색깔에 열광하면서 자신의 아파트 전처와 특히 침실에 이 원칙을 적용시켰다. 다소 시간을 초월해 있음에도 불구하고 아주 최신식인 이 방은 또한 이자벨이 일할 때(그녀의 남편

이 3년 전에 창업한 화장품 회사인 '시슬리Sisley'의 마케팅 담당)에는 그녀의 개인 사무실로, 그녀의 다섯 자녀들을 위한 TV 시청실로, 그리고 접대실과 통해 있다는 이유 때문에 가끔씩 만찬회를 위한 부속 응접실로 사용된다. 원래 그 방은 단조롭고, 사치스러우며, 지루한 큰 서재였는데, 그녀는 자신이 말한 대로 그 방을 따뜻하고 '아늑하게' 바꾸었다.

우선 중간 정도의 높이에서 그 방을 둘러싸는 둥근 발코니를 만들었다(…). 중심부 주위의 방으로의 왕래를 유기적으로 만들었다. 침대는 얼마나 대단한지!(…) 아지벨 도르나노는 '질감 있는' 가구를 좋아해서 '곤돌라를 연상시키는 침대'를 갖고 싶어했다. 실내장식업자는 일년 반동안이나 애를 먹었던 것이다! 수많은 고전적인 규칙들을 무시한 채, 전부는 아니지만 갖가지 양식의 가구를 겸비했다. 루이 16세 시대의 상감세공으로 된 '원통형' 책상, 누빈 '속'을 넣은 낮은 안락의자와 난로가에 있는 제2제정시대의 의자, 마드리드의 골동품 상점에서 구입한 18세기 그랑하La Granja 공방의 수제품인 거대한 크리스탈 샹들리에, 식물, 고본(古本)과 난초("수명이 긴 유일한 화초")를 놓아두는 한 개 내지 두 개의 19세기 말의 영국식 진열대, 드루오Drouot(경매장)에서 헐값으로 구입한 두 개의 유리등과 그 위에 놓인 현대식 차양, 최근에 고급가구 제작자에게 주문했던 두 개의 계단식 탁자가 그것이다.

아주 과감하게 색채와 직물을 혼합했다(…).

전체적인 조화를 위해서 자질구레한 실내장식품('그것들은 전혀 도움이 안됩니다') 대신에 수십 장의 사진, 골동품으로 가득찬 버들 바구니, 연필이 채워진 자녀들의 머그잔, 사방에 흩어진 소설책, 전시목록, 실내장식 관련잡지들(그녀는 쓸모 있는 주소들을 오려 내어 스크랩북에 붙여 놓는다), 그리고 예를 들어 그녀가 벽난로 선반에 둘러친 여러 가지 빛깔의 도자기 타일과 같이 그 밖의 매우 색다른 디테일들을 군데군데 배치했다(…). 요컨대, 독창적이고 개성적인 실내장식 양식을 채택한 것이다. 내가 기술자문역을 맡았던 실내장식가 앙리 사뮈엘에게 이 침실을 정의해 보라고 요청했을 때, 그는 이렇게 답할 정도였다: 이 침실은 순수한 도르나노적 양식이고, 이렇게 말하는 것은 일종의 찬사입니다!"

D. de Saint-Sauveur, Le Figaro-Magazine(madame Figaro), 1, 1978년 10월 7일호.

에 머무르기 위해서, 우리는 상당한 문화적 투자를 요하는 '야심적인' 작품들에 대한 취향과, 공공연하게 재미를 위해 기획되고 가장 스펙터클한 영화들에 대한 취향이 대립되는 영화의 장(그림 14를 보라)을 일별해 볼 수 있다(입장료와 영화관의 지리적 위치의 차이들이 종종 그러한 차이들을 수반한다). 물론 만장일치로 지배계급의 여러 분파들과 비평가들의 인정을 받는 몇몇의 만능omnibus 영화들이 있기는 하다. 제공된 일람표에서 보면, '놓쳐서는 안 될 지적인 과감함을 보여주는 강렬하고 장엄한 작품'(『르 몽드』, 1962. 12. 25.)인『심판Le Procès』, 비스콘티가 감독하고 알랭 들롱이 주연한『로코와 형제들Rocco et ses frères』, 그리고 특히『꽁바』에서는 '성실한 상업 영화'(Combat, 1962. 6. 2.)로 평가받았고『르 몽드』에서는 '놀라운 냉소주의, 잔인함, 대담함'에 관한 희극(『르 몽드』, 1962. 5. 22.)으로 평가되었으며 마스트로얀니가 주연한『이탈리아식(式) 이혼광상곡(離婚狂想曲)Divorce à l'italiene』이 있다. 하지만, 양극 사이에는 매우 명확한 영화 취향의 불일치가 있다(자유업은 평상시처럼 중간에 위치해 있다). 예를 들어 공업 경영자와 상업 경영자들은 제2차 세계대전 중에서 '가장 극적인 전투'에 대한 '거대한 재구성'(『르 몽드』, 1962. 10. 12.)인『사상최대의 작전』과 같은 역사영화, '관객의 경탄 능력에 호소하는 방법을 알기 때문에 관객들을 영화관에 가득 채우는 화려한 경관과 조심스럽게 제거된 지성적인 내용'을 담고 있으며, '흥행 영화의 귀감'(『르 몽드』, 1962. 5. 17.)이 된『북경의 55일』과 같은 '초대작 영화', '모든 사람들에게 어느 정도의 새디즘이 있을 수 있다는 사실을 확인시켜 주는' '더할 나위 없는 기교로 견고하게 구성된 영화'(『프랑스-수와르 France-Soir』, 1963. 3. 2.)인 바딤 감독의『악덕과 덕Le vice et la vertu』과 같이 '흥행에 성공한' 영화와 마지막으로 페르낭델, 대리 코울 등과 같은 희극 배우가 출연하는 희극 영화를 선택한다. 반대로, 중등교육 교사들은 거의 항상 그들이 본 영화의 감독과 배우들의 이름을 알고 있는데,

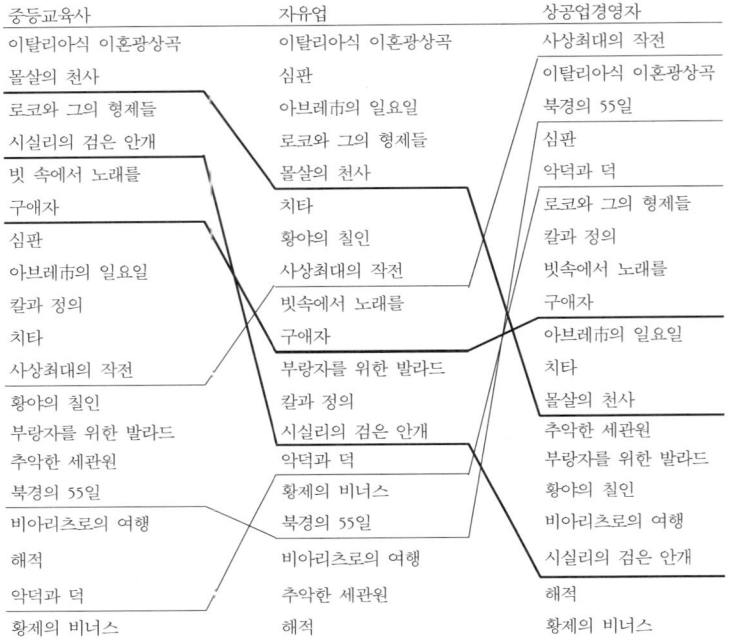

<그림 14> 관람한 영화(순서에 따라 선호도는 감소)

* 여기서는 파리사람들만의 선택을 취급했다. 릴 지역의 앙케트 대상자에게는 이것과 다른(조사 시에 상영된 영화에 따라서)앙케트를 사용했는데, 그들의 선택은 이것과 비슷한 경향을 보여주었다.

그들은 체계적으로 대중 희극과 흥행에 크게 성공한 영화들을 배제시키고 브뉘엘의 『몰살의 천사』와 같은 (영화사에 거의 모두 이름이 남아 있는) '고전주의적' 영화들을 선호한다. 그런데 이런 고전영화들은 『르 몽드』(1963. 5. 4.)의 비평가들이 사르트르의 「방청금지Huis clos」에 버금가는 것으로 지적하고, '이탈리아 남부의 문제를 상기시키는 풍속 연구'이자 '역사가의 엄격함과 예술가의 서정성으로 시실리안의 삶의 순간을 회상하는 프란체스코 로시의 매혹적이고 아주 아름다운 영화'(『르 몽드』, 1963. 3. 6)인 『시실리의 검은 안개Salvatore Giuliano』, 그리고 마지막으로 비평가들이 '맥 세네트에서 막스 린더, 채플린, 키튼과 다른 몇몇 배우들을 거쳐 타티에 이르는 위대한 전통에 언젠가 위치하게 될 것'(『르 몽드』, 1963. 2. 16.)이라고 예언한 삐에르 에텍스Pierre Étaix의 희극인 『구애자求愛者 Le soupirant』에 비교되는 영화들이다. 조심성 있는 독자들이 '진지한' 일간지들로부터 기대하는 권고들('관람 필수', '놓쳐서는 안 될' 등)을 정당화하기 위해, 한 쪽에서 원용할 수 있는 문구('친절한 오락물은 전혀 아니다' ─ 『르 몽드』, 1962. 12. 25. ─ 『심판』에 대하여)가 다른 쪽에서는 돌이킬 수 없는 비난이 될 지도 모른다는 점이 중요하다.

'부르주아' 극장, 오페라 혹은 전람회들(초연이나 야간 축제들은 말할 것도 없고)은 상류층 관객들이 상류 사회의 일정이 갖는 통합적이면서도 독특한 리듬에 따라 상류 사회의 구성원임을 드러내고 체험할 수 있는 사회 의식의 기회나 구실이 된다. 이와 반대로, 미술관은 상류 사회의 의식과 결합된 사회적 만족을 전혀 제공하지 않기 때문에, 의상에 관한 어떠한 강제도 없이, 필요한 문화자본을 가진 사람이면 누구나 언제든지 입장시킨다. 더욱이, 극장, 특히 음악당과 버라이어티 쇼들과는 달리, 미술관은 항상 순수 미학적인 것이 요구하는 정화되고 승화된 즐거움을 제공한다. 이 점은 도서관과 다소 비슷한데, 미술관은 종종 소박한 기쁨을 지향하는 것만큼이나 경험과 지식의 축적 또는 승인과 해독(解讀)의 즐거움을 강하게 지향하는 엄격하고 준(準)-학자적인 성향을 요구하는 것이다.16)

---

16) 미술관을 도서관과 관련짓는 경향이 가장 강한 사람들은 중간계급 관람자들과 교수들이다('내가 가장 좋아하는 곳? 도서관이죠. 그 곳에는 가치 있는 작품들이 많고 거기에 가려면 의지가 필요하니까요' ─ 상급기술자, 깡브레, 44세, 릴 미술관). 사색을 (노트 필기와 같은) 기록 행위와 (모조품 구매와 같은) 축재와 관련짓는 경향이 가장 강한 사람들도

박물관의 진지한 엄격함에 의해 강요되는 찬양과 그러한 찬양이 조장하는 '명상' 속에서, 항상 다소 고된 일과 같은 관람의 진정한 본질이 희미하게나마 나타난다. 즉, 관람의 본질이란, 사람들이 정연하게 열중하면서 끝까지 실행할 것을 자기 자신에게 부과하는 것이자, 명상의 즉각적인 즐거움에서 만큼이나 완수된 의무에서 보상받게 되는 것이다. '내가 박물관에서 받은 인상은 침묵이었습니다. 공백 때문이기도 했지만 아마도 침묵 때문이었을 겁니다. 게다가 침묵은 사람들이 작품들에 집중하도록 도와주고, 작품들이 사람들에게 침잠하도록 도와주죠. 나는 그러한 침묵에 당황하지 않았는데, 아주 지루했습니다. 박물관을 체계적으로 관람하는 것은 고역이에요. 내가 나 자신에게 부과했던 것은 기율이었습니다. 기율이란 강제적이므로 사람들은 그에 대해 생경해지죠. 나는 이 박물관을 관람했었다고 나 자신에게 말할 수 있기를 원했기 때문에 그 기율을 아주 빨리 끝냈다그 믿습니다. 하나의 그림을 보고 나서 다른 그림을 보는 것은 매우 단조롭죠'(기술자, 아미앵, 39세, 릴 박물관). 이 관람객의 언급들은 뉴욕 메트로폴리탄 미술관의 관리인의 언급과 연결되는데, 그는 자신의 박물관을 '관람객이 자기의 안면 근육을 발달시킬 수 있는 체육관'으로 간주한다(*The tastemakers*에 게재된 R. Lynes의 기사, 뉴욕, Universal Library, Grosset and Dunlap, 1954, p. 262).

아방가르드 연주회나 연극, 높은 전달 수준과 관광객에 대한 낮은 호소력을 지닌 박물관이나 아방가르드 전시회에서 호화 박람회, 대규모 연주회나 '고전' 연극, 그리고 통속극과 버라이어티 쇼로 이동함에 따

동일한 부류이다. 게다가 고수들은 작품에 대한 직접적인 체험과 박식한 지식의 분리를 거부하려는 경향이 가장 강하다(그들은 또한 '누가 어떻게 그렸는가는 아무래도 좋다. 내게 중요한 것은 그 그림을 보고 즐길 수 있다는 것이다'라는 의견을 거부하는 경향이 가장 강한 사람들이기도 하다).

라 다음과 같은 사실을 보인다는 것은 이해할 만하다. 즉, 문화자본의 감소와 경제자본의 증가에 따라 분포된 다양한 분파들(교사, 사무계통 일반관리직, 상급기술자, 자유업, 상·공업 경영자)이 관객으로서 차지하는 비율은 체계적이고 계속적으로 변하고, 그래서 관객 중에서 그들이 차지하는 비중에 따라 분파들의 위계는 역전되는 경향이 있다는 것이다.17) 교사들과 상·공업 경영자들은 대립적인 특성을 나타내는 구경거리의 두 개의 범주(한편에는 연주회와 미술 전시회, 다른 편에는 버라이어티 쇼와 무역 전람회)에 대한 참석률간의 상관관계 도표에서 체계적으로 대립적인 위치를 차지한다. 각각의 경우에서 자유업과 상급관리직의 구성원들은 중간적인 위치에 있다. 도서관과 박물관을 별로 이용하지 않는 자유업은 박물관musée 관람객보다 전람회exposition 관람객 사이에서 더 잘 나타나고, 고전 연극이나 아방가르드 연극보다는 '통속 극'이나 '뮤지컬'을 상연하는 극장에 상대적으로 더 자주 간다.

신성시되는 건축물인 미술관은 사적 전유를 허용치 않으면서 '순수

---

17) 다음 각 항목에 대해 교수들(1968년 시점에서 지배계급의 16.3%에 해당한다)이 지배계급 전체에 대해 차지하는 비율은 아래와 같다. 도서관 이용자 54.4%(cf. 'La lecture publique en France', Notes et études documentaires 3948, 15 déc. 1972), 오데옹좌, TEP(파리동부극장), TNP(파리민중극장), 몽빠르나스 극장과 같은 공인된 아방가르드 극장 관람객 39.5%(cf. SEMA, Le public des théatres, Paris, 1964. 여기에서는 무직이 관리직·자유업과 함께 분류되어 있다), 미술 관람객 34.1%(cf. 우리가 실시한 보충 앙케트 1965년도 판), 아뜰리에, 코메디 프랑세즈와 같은 '고전' 연극을 상연하는 극장 관람객 27.7%, 그리고 마지막으로 통속극을 상연하는 극장 관람객 13.5%(SEMA, Ibid.). 레저에 대한 국립경제통계연구소INSEE의 앙케트 조사(보충자료4)를 2차 분석에 부가시켜 보면, 다음과 같이 말하는 지배계급 구성원에 대해 교수들이 차지하는 비율은 아래와 같은 순서에 따르고 있음을 알 수 있다. 1) 한 달에 한 번 이상 도서관에 갔다-40.9%, 2) 일년에 5내지 6회 이상 연주회에 갔다-38%, 3) 이번 반 년간 미술 전시회를 관람한 적이 있다-27.1%, 4) 미술관을 자주 관람했다-19.4%, 5) 일년에 5내지 6회 이상 연극을 관람했다-16.1%, 6) 일년 동안 한 번 이상 버라이어티 쇼를 보러 갔다-6%. 공업경영자와 대상인들은 이와 정확히 반대의 경향을 보이는데, 예컨대 그들은 버라이어티 쇼를 보러 간 지배계급 구성원들 중의 18.6%를 차지하고 있다.

'천하일품(天下逸品)의' 대 부르주아*

45세의 변호사인 S.는 변호사의 아들이고, 그의 가족은 파리의 대 부르주아지에 속한다. 상급기술자의 딸인 그의 부인은 '정치대학'Science Po에서 공부했는데, 지금은 전업 주부이다. 그들의 네 자녀들은 파리의 '일류' 사립 가톨릭계 중학고에 다닌다. 그들은 16구에 소재한 거대한 아파트(300 입방미터 이상)에 거주하는데, 그 곳에는 매우 넓은 현관, 넓은 거실, 식당, 서재, 그리고 침실이 있다(그의 사무실은 아파트에 있지 않다).

거실에는 현대식 가구(커다란 방석, 넓은 소파, 팔걸이의자), 골동품들, '매우 아름다운 진품 그리스 산 석제두상'(결혼 선물), 가장이 자신의 '개인 제단'이라고 명명한 예술품('내가 가까스로 부모로부터 입수한 매우 매혹적인 종교물 장식물' — 그의 부친은 모든 종류의 예술품을 수집하는데, 다른 것들 중에서 '각종 직물, 법랑, 성배, 십자가 등을 러시아인 거래상'에게서 구입해 왔다), 그가 10명의 전문가들을 동반하고서 대만에 있는 한 골동품 상점에서 구입한 '당나라 시대의 질그릇', 폴 세뤼지에Paul Sérusier의 회화 몇 점("물론 매력적이기는 하지만, 나는 조만간 그 자리에 현대식 그림을 놓아둘 겁니다"라고 그는 말했다)이 있다. 식당에는 네덜란드 풍의 정물화가 있다.

---

* 이하에서 인용된 모든 면접들(여기에서 인용된 것과 뒤이은 같은 유형의 것들)은 1974년에 실시되었다. 이 면접의 목적은 이미 앞서 앙케트 분석에서 추출했었던 각각의 생활양식 중에서 가장 중요한 특성들을 가능한 한 체계적으로 수집하는 것이었다. 그/그녀가 가진 특성과 실천의 생성 공식에 대한 예비지식이 부가되었으므로, 이 면접은 (종종 면접자의 친족이거나 교제 관계에 있었던) 피면접자로 하여금 자신의 생활양식 중에서 가장 중심적인 영역을 정연하게 답할 수 있도록 정해졌다(따라서 토론된 주제들의 이질성은 통계조사 자료에서 강제적으로 요구하는 동질성과 대조된다). 이 면접은 사람들이 일상적인 삶의 상황에서 '마음을 털어놓는' 누군가에게 기대하는 보증과 재보증, 또 보강과 배가를 제공하면서 행해졌다. 직접, 반(半)직접, 간접화법에 대한 교호적(交互的) 이용을 통해 담론을 엄격하게 함으로써, 그 목적은 강화될 수 있었고, 그래서 이러한 체계적 총체성의 구체적인 형상, 즉 생활양식을 명백하게 할 수 있었다. 반면, 통계분석은 그러한 형상을 드러나게 해주는 자체의 작용 속에서 그 형상을 파기시킨다.

'그 부류에서 유일한'

그가 예술품을 구입할 때, '투자란 개념은 존재하지 않는다.' 그에게 중요한 것은 '첫째로는 그 대상, 그 예술품의 아름다움이고, 둘째로는 그것이 독특한가의 문제가 아니라 장인의 방식으로 그것이 만들어졌는가의 문제이다.' "당신은 그것을 다시 만들 수도 있지만 또한 실수를 저지를 수도 있습니다. 당신이 같은 예술품, 같은 주제를 두 번 복제할 수 없기 때문에, 그것은 부류 중에서 유일한 것이 되는 것이죠(…). 모습의 아름다움, 조각의 아름다움을 만드는 것은 미소, 시선입니다(…). 당신이 그것을 두 번 만들 수는 없습니다. 당신은 석고로 복제할 수는 있지만 같은 재료로 그것을 다시 만들 수는 없다는 말입니다. 재질matière이 더욱 중요하고, 결국 양감(量感)masse도 마찬가지로 중요하지만(…). 나는 아주 아름다운 청동제품을 소유하기를 좋아합니다. 완전히 보기 드문 청동제품들이 있어요"라고 그는 말한다.

'그것은 벼락부자의 측면이다'

그는 상업적인 화랑에 자주 출입하지는 않으며, 골동품 상점이나 드루오Drouot 경매장에 '규칙적으로' 자주 드나들지도 않는다. 그가 예술품, 가구를 구입하는 것은 그것이 '구입되는 순간에' 그에게 '즐거움을 주기' 때문이다. 그는 '투자하기를 원하나 시간이 없는' 사람들에 대해서 다소 겸손해 한다. "그들은 개인적으로 관심을 가질 시간이 없습니다. 무엇보다도 그들의 관심을 끄는 것은 그들을 즐겁게 하는 것이 아니라 가치가 있는 것이죠"라고 그는 말한다. "게다가 그들은 일 년에 몇 프랑씩 회비를 내는 모임'을 조직한다. '그리고 그들은 다른 사람들에게 구매를 위임합니다. 그것은 한편으로는 투자이고, 다른 편으로는 완전한 무능력입니다. 만약 그들에게 벽에 분뇨를 바르게 한다면, 분뇨가 재산가치가 있다고 사람들이 말하는 한 마찬가지로 투자이고 무능력일 것입니다. 그것이 벼락부자의 측면인데, 그 측면은 사람들이 어떤 것을 소유하고 있다는 것과 동시에 소유할 수 있는 능력을 가지고 있다는 것을 드러내기 원하는 측면이죠 누군가에게 위임한다는 것은 실내 장식가를 고용하는 것과 같습니다."

'당신은 오랫동안 그것을 찾아왔고 결국 그것을 발견했습니다'
"예술품은 당신이 오랫동안 그것을 바라고 찾아왔던 정도 내에서 내면적이고 감성적인 가치를 가집니다. 그것은 당신이 원했던 것이고 결국 어떤 행운으로 그것을 발견했던 것이죠(…). 그것은 일종의 계시예요(…). 내 즐거움을 위해서는 가격은 더 이상 문제가 되지 않습니다. 그것은 오르간('일종의 아이디어 상품으로서, 전자식으로 되어 있죠')의 경우와 마찬가지인데, 나는 그것을 소유하기를 바랐고 지금 소유하고 있습니다(…). 다시 한 번, 사람들은 자신이 가진 가능성에 대하여 보통 스스로를 제한시킵니다. 가령 샤르트르 성을 매입하지 않을 거야, 라고 말하는 것처럼 말이죠" (반면 그는 '성당을 소유해서 그것을 개조하고 싶었을' 것이다(…). "내가 아름답다고 생각하는 것은 돌, 돌의 형태를 지닌 것, 궁륭voûtes입니다. 돌은 아름답습니다." 가톨릭계 출신이지만 더 이상 성당에 나가지 않는 그는 종교적인 언급을 자주 하는데, 이는 반쯤은 반어적이다).

'내 개인적인 쾌락을 위하여'
일종의 '애인'처럼 여기는 부르고뉴에 있는 그의 아주 거대한 별장('그래도 장식되어 있는 부분만 1000m²나 된다는 것은 좀 지나치죠')을 위해서, 그는 '넝마장수'로부터 가구를 구입했다. "나는 완전히 전원풍의 견고한 목재가구를 가지고 있었던 한 전형적인 고물장수를 우연히 만났습니다. 그래서 나는 다른 물건들과 박제로 만든 동물들도 구입했죠' '특히 나는 나 자신을 제외하고는 모든 사람들을 분노케 하는' 박제된 멧돼지들을 포함시켰는데(…), '왜냐하면 그것들은 익살스럽기 때문입니다. 쾌락이란 익살스러운 것이죠."

"나는 단지 과시하기 위해서, 소유하고 있다고 말하기 위해서 또는 특별한 장소에 놓아두기 위해서 물품을 구입하는 사람들을 보면 짜증이 나요. 가치란 그렇게 중요한 것이 아니며, 중요한 것은 사람들이 찾는 쾌락입니다(…). 나는 내 개인적인 쾌락을 위해서, 단지 내가 그것이 익살스럽고 웃기다고 생각했기 때문에 혹은 그것이 다른 사람들을 화나게 했기 때문에 그 박제된 멧돼지들을 구입했던 것입니다." 그 집은 '너무 습기 차서 훌륭한 피아노를 놓을 수 없지만', 그는 "그랜드 피아노를 소유하게 될 겁니다 (…). 카지노에 있는 사람들은 그랜드 피아노를 처분하고 있습니다(…). 아마도 그것은 건반이 한 개나 두 개쯤 빠져 있을 겁니다."

'유산? 농담하고 있군'
그가 집에 갖추어 놓았던 상속품들은 그에게 별 관심을 끌지 못한다. 그의 부인이 그에게 상속품들이 집에 약간 있다는 것을 환기시키자, 그는 대답한다: "유산? 농담하고 있군. 가구 세 점이 있었을 뿐이야." 그녀는 더 분명히 말해 준다: "내가 결혼했을 때, 백모 X께서 돌아가셨었잖아요. 나는 훌륭한 은그릇을 많이 상속받았어요. 이것이 첫번째 유산이죠 다음으로, C 부인이 상속한 것이 있었어요. 이것이 두번째 유산이죠 다음으로 L양이 상속한 것이 있었어요. 이것이 세번째 유산이죠 그래서 나는 많은 식기와 골동품과 가구들을 가지고 있어요. 가구는 결코 우리에게 문제가 되지 않아 왔는데, 왜냐하면 우리에게는 상속품들이 많기 때문이죠 네번째 유산은 내 시부모님께서 처분한 것들입니다. 우리는 안락의자를 상속받았죠…"

만약 이 가구들이 그의 마음에 들지 않는다면, 그는 그것들을 '처분할 겁니다': "그다지 자리를 많이 차지하고 있지는 않아요." "어떤 내면적인 평온함을 허용해 주는 그리 혼란스럽지 않은 방들을 가진 충분히 넓은 아파트를 가지고 있어야 합니다. 그리고 반대로 결코 기념품들은 아니지만 (그래서 그것들은 휴지통으로 갈 수도 있다), 자기 주위에 가지고 싶어 하는 모든 개인적인 물품들을 놓아두는 다른 방들이 필요합니다." 그는 '여행 기념품에 대한 혐오감'을 갖고 있으므로 절대로 그것을 가지고 돌아오지 않는다("내가 전에 당신에게 말했던 중국제 질그릇만 제외하고는(…). 나는 우리가 여기저기에 나누어주었던 조그만 장식품들을 구입하기는 했지만 그것들을 흩뜨려 놓지는 않았어요(…). 우리가 어느 곳에 갔었는지 사람들은 알지 못할 겁니다. 지역에서 구입한 토산품은 조금도 관심을 끌지 못하죠"). 더구나 여행 중에는 자유로운 정신을 가지는 편이 좋은데, 즉 "주머니에 손을 집어넣고 걸으면서 자기 자신의 주위를 둘러보는 것입니다. 하지만 카메라에만 눈을 고정해서는 안 되죠"(극동에서, "우리는 사진을 찍었습니다"고 그의 부인은 회상한다. 그러나 그는 "우리는 사진을 보기는 봤지만, 두 번밖에 안 봤어요"라고 말하면서 그것들이 지금은 '찻장 깊숙한 곳에' 있다고 덧붙인다.

'네덜란드와 이태리의 미술관에서 심심풀이로 보낸 많은 시간들'

그는 자신이 많은 시간을 보내는 화실을 가지고 있기는 하지만("그이는 그림그리기를 좋아해요"라고 그의 부인은 강조한다), 그는 자신이 하는 것에 '관심이 없다'고 여기며 그것에 대해 말하지 않기를 더 좋아한다. 반면, 그는 '네덜란드와 이태리의 미술관에서 심심풀이로 많은 시간'을 보냈음을 쉽게 고백한다. 그는 "이태리 회화에 의해서 감명 받고 교육받았습니다 (…). 즉, 레오나르도 다빈치, 베네치아와 시에나식siennoises 회화, 사람들이 로마 보르게즈 미술관에서 볼 수 있는 온갖 회화, 보티첼리가 그것이죠." 또한 그는 "네덜란드 회화에 매우 민감한데, 이는 그 회화가 가진 특성, 프랑스 할스Frans Hals, 렘브란트 때문입니다. 그것은 아주 농밀하기 때문에 완전히 상이한 회화에요(…). 또한 마티스나 꼭또의 소묘들도 많이 있어요." 회화는 그가 그것을 감상할 수 있을 만큼 구상적일 '필요'는 없다. 그 반면에, 그는 '지긋지긋하게 그려진 그림에 대해서는 철저하게 냉담한데', '여러 갈래로 찢겨진' 하얀 캔버스가 그 예이다. 그의 부인이 자신은 "이것을 회화라고 부르지 않습니다"라고 분명하게 말하는 데 비해서, 그는 "여하튼, 이것은 회화는 아니지만 일종의 미술이고 표현입니다"라고 덧붙인다.

'무언가를 좋아한다는 것은 자신이 그것을 소유하고 있다고 말하기를 원하는 것입니다'

그에게 있어서, "회화는 오랫동안 몽상에 잠길 수 있도록 해주고 항상 동일한 쾌락을 느끼면서 바라볼 수 있는 중요한 것입니다. 쾌락은 당신이라는 존재나 감정상태의 변화에 따라서 변하죠." "판단기준은 내 집에 그것을 소유하고 싶어 하는지를 아는가에 있습니다(…). 무언가를 좋아한다는 것은 자신이 그것을 소유하고 있다고 말하기를 원하는 것입니다." 그리고 그는 "쾌락적인 것들은 불필요한 것들입니다. 나는 축제를 위해 살지는 않아요(…). 나는 삶을 위해 삽니다. 그리고 가능한 한, 나는 순간을 위해 살려고 노력하는데, 이것이 항상 쉬운 것은 아니죠"라고 덧붙인다.

'요리용 가스렌지만큼 필요불가결한'

그는 십수 년 전에 약 8000프랑을 주고 구입한 하이파이 오디오 없이는 살지 못할 것이다"이것은 상표도 없는 것으로, 몇 개를 조합한 것입니다. 조사를 해보았지만 그것뿐이었습니다. 오르간에 대해서도 마찬가집니다. 조사를 해보았지만 그것뿐이었죠"). "그것은 내게 요리용 가스렌지만큼이나 필요불가결한 것입니다(…). 돈을 전혀 벌지 못하는 사람에게도 음악은 필요하죠 그것은 식량과 같은 일종의 욕구입니다." 그의 음반 중에는 '비발디, 바하, 다수의 바하 칸타타, 미사곡, 진혼곡, 몬테베르디'가 있다. 그는 "'현대 음악에 대해서는 별 관심이 없는데(…), 이는 냉담해지고 싶기 때문이 아니라 그러한 음악에 청각을 길들이는 문제이기 때문입니다.' '말러, 죠리베Jolivet, 메시앙Messiaen의 작품들은 내가 완벽히 이해할 수 있는 것들이기는' 하지만 '수많은 단순 계열 음악이나 전자 음악 중에는 상당히 아름다운 것들도 있고, 내게 지긋지긋한 것으로 들리는 것들도 있습니다. 회화에서처럼 말이죠.'"

'중요한 작품이 있을 때, 당신은 그것을 알고 있습니다'

그는 연주회에 거의 가지 않으므로 '보아야 하기 때문에 보러 가는' 사람들 중의 한 명은 아니다. 그는 『르 몽드』지(그가 구독하는 일간지)의 비평 란을 거의 읽지 않으며, 차라리 동료의 비평이나 판단을 신뢰할 것이다. "연극, 영화 또는 그 밖의 분야에 중요한 어떤 작품이 있을 때, 당신은 그것을 알고 있습니다. 당신은 항상 많은 사람들과 접하고 있기 때문에 그것을 알고 있는 것입니다. 내가 비평 란을 읽지 않는 이유는 여기에 있습니다. 당신이 비평 란을 읽어야만 한다면 완벽하게 읽어야 합니다." 최근에 그는 '무대 위에서 혼자 연기하는 어떤 이탈리아 마오주의자maoïste가 출연하는' 원맨쇼를 봤었다. "우리는 그가 정말 추잡하게 연기했기 때문에 중간에 나와 버렸습니다." 그가 극장에 간다 하더라도, 그 곳에서 나온 후에 반드시 훌륭한 식사를 하러 가는 것은 아니다. "당신이 동시에 36개를 소화해 낼 수는 없습니다… 당신은 그것들을 충분히 즐겨야 합니다."

'나는 나 자신을 높이 평가합니다'

그는 옷 입는 데 있어서 '멋 부리기'를 모두 거부한다. "사람들이 나를 보기 원한다면, 그것은 신고 있는 양말, 내 손수건이나 단춧구멍에 있는 카네이션, 혹은 내가 매고 있는 넥타이 때문이 아닙니다. 사람들이 나를 보고 싶어 한다거나 나를 초대하고 싶다면, 그들은 나 자체 때문에 나를 초대하는 것이죠. 다시 말해서, 나는 나 자신을 높이 평가합니다"라고 그는 설명하면서, 다시 한 번 자신이 부르주아적 취향과 (그의 부인의 가족에 속해 있는) 사회학자에 의해 주어진 질문 모두에 대해서 거리를 두고 있음을 지적할 기회를 포착한다. 그는 다음과 같이 덧붙인다. "나는 양복을 구입하는 데 500프랑이면 충분하다고 생각하며, 내가 설사 조금도 돈을 개의치 않는다 하더라도, 양복 구입비로 1000프랑을 지출하는 것은 아무런 의미가 없다고 봅니다."

'요리, 그것은 일종의 정신상태입니다'
바쁘기 때문에 한낮에는 거의 시간을 낼 수 없는 그는 "낮에 먹는 것을 모면케 해주는 거의 알약과 같은 것을 기대하고 있습니다(…). 요리, 그것은 일종의 정신상태입니다." 요리를 맛보기 위해서는 '마음이 편해져야' 한다. "철갑상어알과 같은 몇몇 러시아 요리는 퍽 맛있습니다. 요리는 단지 먹는 것만의 문제가 아닙니다. 거기에는 또한 분위기의 문제가 있는 것이죠. 그을린 뱀장어를 먹는 것도 볼품없는 레스토랑보다 암스테르담에 있는 수산시장에서 먹는 것이 느낌이 더 좋습니다(…). 진정한 요리는 말하자면 마데이라madère주(酒)를 넣은 소스를 만드는 데 이틀이 걸려야 하고, 오랫동안 어떤 것을 약한 불로 천천히 익혀야 하는 것이에요. 이것이 바로 요리이자 예술인 것입니다. 하지만 요즘 사람들이 요리에 관해 말할 때, 그것은 더 이상 요리가 아닙니다. 그들은 몇 가지 것들을 섞어 놓고 그것들을 5분 동안 익히는데, 그것들은 해동시킴으로써 마련되는 것들이죠. 요컨대 이것은 요리가 아니에요. 직접 요리하지 않은 것은 더 이상 예술이 아닙니다."

'일종의 의식(儀式)'
그는 '미슈렝 교통지도'Guide Michelin나 '고-에-미요'Gault et Millau(일류 레스토랑의 안내서 — 옮긴이)의 도움으로 '레스토랑을 찾아다니기' 좋아하고 '3년 전에 마신 포도주, 즉 포르투갈 산 포도주의 향기'를 기억하고 있다. "나는 1923년부터 1929년 사이에 주조된… 보르도 산 포도주들에 대한 정확한 기억을 가지고 있습니다(…). 나는 지금도 여기에 1923년에 주조된 포도주를 10병 가지고 있죠. 또한 나는 1870년에 주조된 술도

4병 가지고 있어요." 훌륭한 술은 "'아무하고나 함께 마셔서는 안 됩니다 (…). 이것은 일종의 어떤 의식, 즉 술을 실내온도와 같게 하는 의식, 그것을 마시기 위한 의식을 필요로 합니다. 이것은 같은 방식으로 즐길 수 있는 능력을 지닌 일정한 사람들과 함께 거행되는 일종의 성체배령(聖體拜領)인 셈이죠(…). 나는 술을 즐기는 법을 알지 못하는 사람들과 술을 마시는 것보다는 차라리 혼자서 술을 마시는 것을 더 좋아합니다.' '샴페인을 곁들인 식사는 다소 겉치레에 불과한 측면이 있습니다(…). 포도주는 다채롭고 다양합니다. 샴페인을 포도주와 비교하는 것은 일종의 조그만 플룻을 오케스트라에 비교하는 것과 거의 같습니다.'"

'나는 쾌락을 더 좋아합니다'

'조모로부터 상속받거나' 혹은 '프로방스 가에 있는 어떤 서점에서' 구입한 그의 서재에 있는 서적들 중에는 '작품이 지닌 흥미보다는 책의 아름다움을 위해서' 가죽으로 제본된 '17세기식' 서적들이 있는데, "보쉬에 Bossuet의 설교집, 빠스깔의 빵세 등이 그것입니다… 그 시대의 외설물로 여겨지는 17세기 서적 중 하나는 상당히 재미있습니다." 그가 파리에 소장하고 있는 서적들은 "철학과 종교관계 서적들과 약간의 시집들입니다." '소설류'(약 2,000권)들은 별장에 있다. 그는 '가죽으로 제본된 서적들과 다소 질이 낮은 서적들이 있는 선반'을 따로 놓아두었기 때문에, 독일사, 알제리 전쟁…에 관한 서적들도 소장하고 있다. "나에게 있어서 책은 그저 교양의 도구일 뿐이지 책 자체를 위한 것이 아닙니다." 그는 어떤 클럽에도 속해 있지 않다("제복을 입기 좋아하거나 이러저러한 팀, 클럽에 속하기를 좋아하는 사람들이 있는데, 나는 어떤 일이 있더라도 개성 있는 개인주의자로 남을 것입니다"). 그는 '멀리 가야만 하고, 다소 피곤하며, 게다가 비싸기 때문에' 더 이상 사냥을 나가지 않는다. 그는 휴가 동안 가끔씩 테니스를 치고 '즐거움을 위해' 스키를 탄다. "나는 옆에 리프트가 있는데도 어깨에 스키를 메고 산에 올라가지는 않을 겁니다. 나는 올라가는 것보다 내려오는 것을 더 좋아해요. 나는 쾌락을 더 좋아합니다."

한' 시선을 정의하는 '중성화'neutralisation를 경험케 하는 경제적 중성화의 경향이 있는 대상들을 보여준다. 상업적인 **화랑**은 이와 대립되는데, 그런 화랑은 다른 사치품 백화점들('고급 의상실', 골동품 상점 등)처럼 응시의 대상일 뿐만 아니라 구매될 수 있는 대상들을 제공해 준다. 이는 마치 지배계급의 피지배분파들, 특히 미술관을 자주 관람하는 교사들의 '순수한' 미학적 성향이 예술작품을 물질적으로 전유할 수 있는 수단을 가진 지배분파들 내의 **행복한 소수**의 성향과 대립되는 것과 같다. 실상 예술작품과의 관계 전체는 회화, 조상(彫像), 중국식 화병이나 고가구들이 전유가능한 예술품의 세계에 속할 때 변화되는 것이다. 이에 따라 그 관계는 작품들을 일련의 사치재들 내에 포함시키는데, 이 사치재들은 그것들이 주는 즐거움과 그것들을 통해 설명되는 취향을 입증할 필요 없이 사람들이 소유하고 즐기는 것들이고, 개인적으로 소유되지 않을 때조차도 사람들이 일하는 사무실이나 사람들이 자주 드나드는 객실을 치장하면서, 그들이 속해 있는 한 집단의 지위 속성의 일부를 이루는 것이다.

지배분파들이 탁월하면서 변별적이고, 선별적이면서 선택적인 예술작품을 사치품들의 세계에 등록시키는 일련의 품목을 발견하기 위해서는 『꼬네상스 데 자르Connaissance des arts』와 같은 잡지를 펼쳐 보는 것으로 충분하다. 예를 들면, 보석, 모피, 향수, 양탄자, 장식 융단, 고가구, 샹들리에, 청동제품, 자기, 도기, 은기, 호화판 서적, 호화 승용차(Volvo, SM, Mercedes, Rolls 등), 호화 담배(크래븐, 벤슨 앤 헤지스, 켄트, 로트만스), 고급 의상(디오르 부띠끄와 Old England), 성, 저택, 영지, 시골 저택, '특징 있는 저택', '호수가 있는 공원', 샴페인, 보르도 산 포도주, 부르고뉴 산 포도주, 꼬냑, 유람선, 카메라 등이 그것이다. 파리의 경매인 단체는 오뗄 드루오'Hôtel Drouot(파리 9구에 있는 유명한 전시경매장 — 옮긴이)나 빨레 갈리에라Palais Galliera(파리 16구에 있는 르네상스 양식의 건물로서, 그 속에 복식·의상박물관이 있다 — 옮긴이)에서 이루어지는 경매에 관해 호화스럽게 제시된 공고를 싣는다. 그 옆에는 '가구와 예술작품', '오래된 도자기', '회화, 조상과 예술작품'을 제공하는 볼떼르 가 주변과 포부르 생 또노레의 골동품상에 관한 두 개의 광고가 있다. 미국의 초현실주의자들의 작품을 전시하는 갤러리 아르디티에 관한 광고는 '19세기 프랑스식·영국식 실내장식'을 제공하는 '뀌리오지떼'Curiosité의 광고와 접해 있다. 막스 아고스티니(1914년에 출생한 후기 인상파 화가)의 작품을 전시하는 갤러리 마르땡-까이으(포부르 생 또노레)에 관한 광고는 뒤뽕 라이터에 관한 광고와 마주 대하고 있다.[18]

물질적인 전유와 상징적인 전유의 결합은 사치재의 소유에 있어서 그러한 소유를 특히 탁월함의 상징으로 만들어 주는 정통성과 동시에 부차적인 것이 가지는 희소성을 부여해 준다. "프렝스 드 꼬냑Princes de Cognac: 이것에 대해 말하기 위해서는, 꼬냑을 표현하는 수단으로 아주 오래된 경구가 필요하다. 과육이 많은charnu: 꼬냑이라는 물체의 특성. 프렝스 드 꼬냑에는 과육이 많지만, 지방이 없고, 단지 근육뿐인 날씬한 과육을 함유하고 있다. 이는 루벤스의 작품에 대해 보티첼리의 작품이 가지는 관계와 같다. 향기fleur: 핀fine 샴페인(꼬냑 지방의 최고급 브랜디)으로 만들어지는 포도나무 꽃의 향기, 꼬냑의 귀족. 오래된 핀 샴페인인 프랭스 드 꼬냑은 향기, 우아하고 정화된 향기를 가지고 있는데, 이 향기는 영혼을 고양시키는 순수한 것이다. 적갈색 술통fûts roux: 농포성 습진에 걸려 있었고, 과다한 탄을 배출시켰던 아주 오래되고 세련된 술통. 프랭스 드

---

[18] 정보의 질은 차치하고라도 적절한 정보의 밀도 또한 중요하다고 생각해서 우리는 여기에서 이용한 자료 전체를 이 잡지의 1973년 11월호에서만 추출했다. 이 잡지를 2년간(1972~1973) 주의 깊게 관찰한 결과, 1973년 11월호만 이용해도 대표성을 보증할 수 있었기 때문이다.

꼬냑은 이러한 적갈색 술통에서 숙성되었다. 거기에서 알맞은 정도로 단맛이 없고, 순수하며, 목질화된 맛이 배어난다. **낙원**paradis: 그리고 또 말하자면 꼬냑을 가장 오랫동안 보존했던 술 창고가 있다. 프랭스 드 꼬냑은 꼬냑 성에 있는 메종 오따르Maison Otard의 낙원에서 숙성되어 왔다. 프랭스 드 꼬냑은 **한정량**으로 생산된다(일 년에 단지 몇 백 병정도). 그리고 그것은 단지 **선별된** 상점과 레스토랑에만 있다"(『꼬네상스 데 자르』, 1973년 11월호, p. 16).

부르고뉴 산 포도주에 관해서도 같은 고풍스러운 비교적(秘敎的) 효과가 있다. '부르고뉴에서는 지금 에뽕다쥬épondage의 계절이다. 마지막 포도 수확에 관한 소식이 잠잠해지자마자, 사람들은 이미 포도밭에서 분주히 일하기 시작한다. 흠이 없고 정밀한 전지가위를 가지고서 포도재배자들은 쓸데없는 포도 덩굴들을 베어 내고 다음 봄에 가지가 커질 포도나무 그루터기를 준비한다. 이것이 수많은 **손놀림**을 요하고 무아야르Moillard가 **당신들**을 위해 신경을 쓰는 세심한 작업, 즉 에뽕다쥬이다. 당신의 쾌락을 위해 가장 유명한 포도원들 중에서 **선별**되었기 때문에, 무아야르의 부르고뉴 산 포도주들은 단지 자격 있는 배급자들에게만 위탁된다'(p. 200).

쾌락의 무언의 순간에 은폐되어 있는 무장해제되고 수동적인 단순한 소비로부터 **숙련된 시음**을 분리시키는 기술적이고 고풍스러우며 비의적인 **동반어법**을 가진 탁월한 기량을 통해서, **감정가**는 그가 획득할 수 있는 물질적인 수단을 가지고 있는 만큼 진품들을 상징적으로 전유할 만하다고 스스로 주장한다: '몇몇 **감정가**들에게 있어서, 프랑스에서 맥주는 단 **하나뿐**이다. 물론 맥주가 별로 없기는 하다. 하지만 한 명의 **감정가**가 **감정가**로 될 수록, 즐기는 것은 더 어려워진다. 배제. 그래서 만약 어떤 감정가들이 그들의 애호를 1664년에 대해서만 표시한다면, 그것은 전적으로 1664년만이 유일한 쾌락을 마련해 주기 때문이다. 너무나도 드문 쾌락[…]. 게다가, 그것은 **삼백 년**을 가지는 쾌락이다[…]. 가끔씩 **진짜**에 관한 취향을 재발견해 보는 것이 바람직하다'(p. 187). '약간의 사람들만이 특급 꼬냑이라고 할 수 있을 만한 것을 감히 설명하도록 허용 받을 수 있다. 꼬냑 성의 남작은 그럴 만한 권리를 가지고 있다. 1795년에, 오따르 남작은 꼬냑 성에 정착하기로 결정했다[…]. 그는 또한 성의 궁륭 밑에서 자신의 꼬냑을 숙성시킬 수 있는 이상적인 장소를 발견했다. 그리고 사람들이 특급 꼬냑이 V.S.O.P가 되기 위해서는 아주 오랜 해동안 숙성시켜야 한다는 것을 알고 있을 때, 이것이 얼마나 중요한 것인가를 이해하게 된다. 1795년 이래로, 꼬냑 성에서 **변한** 것은 아무 것도 없었다. 특급 꼬냑에 바쳐진 **궁륭**들, 숙성, 배려, 그 아무 것도 변하지 않았다'(p. 155).

최종적으로, '터무니없이 비싼' 물품의 구입을 전제하는 과시적이고 동기 없는 지출은 사람들이 가격을 매길 수 없는 것들에 대해서 인정할 줄 아는 가격을 확립하는 가장 명백한 방식이 된다. 즉, 단지 돈만이 야기할 수 있는 사랑의 돈에 대한 비환원성의 절대적인 증거가 되는 것이다: '— 진정한 사치란 무엇인가? — 그것은 세련됨이다. 즉, 자기 자신을 위해 사치를 즐길 수 있는 사람들에게 있어서 필수적인 것이고, 사치스런 것을 감상하면서 감식안, 취향을 형성하는 사람들을 위한 열쇠이자 만약 비싸다면 가장 단순한 물품인 스카프, 스커트, 구두, 의류에서 사치스러움을 재발견할 수 있는 사람들을 위한 열쇠인 것이다. — 하지만 비싸다면? — 고급의상실은 절대적인 엄격함이고, 절대적인 것은 값을 정할 수 없을 만큼 가치가 있는 것이다'(마르크 보앙, 크리스티앙 디오르 사의 예술 국장, 인터뷰). '스스로 이러한 열정을 즐기고 우리들에게 그것을 제공하기 위해서는 뻬리에 쥬에Perrier-Jouët(대규모의 샴페인 제조회사 — 옮긴이)가 되어야 하고 크라망의 비탈에 있는 가장 훌륭한 포도원을 소유하고 있어야 한다. 샴페인은 거의 전적으로 세계에서 가장 비싼 포도를 가지고서 만들어진다. 하지만 이렇게 18세기에 주조된 술에 포함된 78센

티리터는 샴페인 그 자체를 사랑하는 사람들에게 있어서 **값을 정할 수 없는 가치를** 가진다. 특히 그것이 각별한 주조연대와 관계될 때 그러하다'(p. 14). '당신의 개성을 강조하기 위해서, 우리는 호화롭고, 정교하며, 작은 시계들〔…〕, 우리가 **한정판**으로만 제작하는 시계들을 내놓는다. 우리가 제작한 시계 각각은 그것의 **특성과 그것을 선택할 줄 아는** 사람들의 인격을 부각시킨다〔…〕. 당신은 **유일하고 값진** 시계를 소유하는 것이다'(p. 81).

사람들은 마르크스가 쓴 다음과 같은 글을 읽었을 것이다: '인간은 처음에는 사적 소유자로서 가정된다. 말하자면 자신의 개성을 확립하고, 타인과 구별되며, 이러한 배타적 소유를 통해 타인과 관계를 맺는 배타적 소유자로 가정되는 것이다. 사적 소유는 그의 사적이고 독특한 존재양식이므로, 그의 본질적인 생활양식이 된다.'[19] 회화와 같이 물질적인 매체를 가지는 상징적인 사물을 전유하는 것은 순수하게 상징적인 전유양식을 **상징적인 대체물**이라는 열등한 지위로 격하시키면서, 소유가 갖는 독특한 효력을 부차적인 힘으로 인도한다: 예술작품을 전유하는 것, 그것은 그 작품이나 그 작품에 대한 진실한 취향의 배타적인 보유자임을 자인하는 것이다. 그 작품을 전유할 수 있는 물질적 또는 상징적인 수단이 결여되어 있거나, 단순하게 '그것을 위해서 모든 것을 희생시킬' 수 있을 만큼 확고하게 그 작품을 소유하고 싶은 욕망이 결핍되어 있기 때문에 그 작품을 소유할 만한 자격이 없는 모든 사람들에게 예술작품을 전유하는 것은 물화(物化)된 부정(否定)으로 전환된다.

이 분석에 대한 가히 너무 명백한 예증이 되는 예술작품의 소비는 여타의 이러한 독특한 실천들 중에서 단지 하나일 뿐이다. 생각해 볼

---

19) 칼 마르크스, 'Manuscrits parisiens, 1844', in: *OEuvres*, t. Ⅱ, *économie*, Paris, NRF, 1965, p. 24.

수 있는 것은 자연에 대한 새로운 숭배인데, 별장의 유행과 쁘띠 부르주아적인 관광의 거부가 이를 현대적인 취향으로 회복시켜 주고 있고, 이러한 숭배는 지배분파들 중에서 가장 '구식인' 분파의 '구프랑스'적인 생활양식과 깊은 친화성을 유지하고 있다. 동물, 꽃, 사냥, 미식법, 환경, 승마, 원예, 낚시, 포도주 양조학, 산책과 같은 기사들로 채워지는 『꼬네상스 드 라 깡빠뉴*Connaissance de la campagne*』의 고정란(이 잡지가 자연에 대해 가지는 탁월한 감정능력은 『꼬네상스 데 자르*Connaissance des arts*』가 문화에 대해 가진 감정능력에 견줄 수 있다)은 대상과 정통적 전유 양식에 대한 완벽한 프로그램을 제시해 준다. 조류, 꽃, 풍경과 같은 '자연'을 전유한다는 것은 일종의 문화를, 즉 오랜 기원을 가진 사람들의 특권을 전제하는 것이다. 성, 저택, 게다가 농장까지 소유하는 것이 단순히 돈의 문제로 국한되지는 않는다. 그것을 전유하기도 해야 하는 것이다. 즉, 지하 저장고와, '포도주의 애호가들'이 '최소한 한 번'은 수행했었어야 하는 '포도주와의 심오한 일치 행위'로 묘사될 수 있는 병입술(甁入術)을 전유해야 하고, 사냥의 노획물, 낚시의 비법, 원예술, 요리나 포도주에 관한 지식과 같이 오래된 동시에 습득하는 데 시간이 오래 걸리는 능력을 전유해야 하며, 요컨대 시간의 경과에 무관심하고 오래 지속되는 것들에 뿌리내리고 있는 귀족이나 시골 유지의 삶의 기예를 전유해야만 하는 것이다. "다음과 같은 조건하에서 오이절임cornichons을 만드는 것보다 쉬운 일은 없다고 내 모친은 주장하신다. 즉 달이 새로 뜰 때까지 사람들이 그것들을 모아야 하며, 그리고 유일하게 꺼칠꺼칠한 것은 사람들이 알맞게 린네 행주로 문지른 후에, 24시간 동안 도기 항아리에 있는 다량의 소금에서 그것들을 걸러 내야 한다. 건조되어 있지만 메말라 있는 것은 아닌 사철쑥을 그것들에 첨가하고 빽빽하게 모아 놓기 위해 절인 오이를 구부러뜨려 놓는다는 조건 따위'(『꼬네상스 드 라 깡빠뉴』, 1973년 9월호). 적절한 말과 함께 '집에서 만든 오이절임'

이나 '조모의 비법으로 만든 오이절임'을 내놓는 것은 사람들이 골동품 상점에서 발견할 수 있었던 '한 18세기 프랑스 거장의 작은 회화'나 고물 상점에서 우연히 찾아낼 수 있었던 '매혹적인 가구'를 가지고 있는 것과 같다. 곧 그것은 교양 있는 연장자들과의 세련되고 오래된 교제에 의해서만, 말하자면 오래된 집단에 소속되는 것(이는 오랜 시간에 걸쳐서만 축적될 수 있기 때문에 가장 고귀하고 변별적인 가치를 부여받는 모든 소유물들에 대한 소유의 유일한 보증이 된다)에 의해서만 획득될 수 있는 능력과 시간의 낭비를 과시하는 것이다.

문제시되는 것은 바로 '개성', 다시 말하면 고급품을 전유할 수 있는 능력 속에서 입증되는 개인의 **자질**이다.[20] 가장 고귀하고 변별적인 역량이 투여된 대상들은 그것들을 전유하는 데에 시간과 능력을 요구하기 때문에 **전유할 수 있는 자질**, 따라서 소유자의 자질을 가장 잘 증명하는 것들이다. 그 시간과 능력들은 미술이나 음악과 관련된 교양(=문화)처럼 오랜 시간의 투자를 전제하기 때문에 단기간에 혹은 위임을 통해서는 획득될 수 없으며, 따라서 개인의 내재적인 자질을 가장 확실하게 증명하는 것들로 나타난다. 그로부터 모든 실천들에 있어서 차별화에 대한 추구가 지니는 중요성이 설명된다. 그러한 실천들은 예술과 관계된 소비처럼, 그 어떤 것도 필요로 하지 않는 일종의 **순수한 지출**(특히 가장 커다란 시장 가치를 가지고 있어서, 그 가치를 최소한으로만 소모할 수 있는 사람들에 있어서) 아마도 가장 값비싸고 희소한 것에 대한 소비, 즉 시간의 소비인데, 적절한 소비가 전제로 하는 소비에 바쳐진 시간이나 교양의 획득에 바쳐진 시간을 소비하는 것이다.[21]

20) 개인주의를 시작으로 개인의 유일성을 높이 평가하는 모든 칭찬 형식의 경향은 명백히 성향들의 가장 깊은 곳에 각인되어 있다. 분파들에 의해, 즉 계급 소속을 결정하는 중요한 근거가 되는 자본형태의 차이에 의해 변화하는 것, 그것은 (사실상으로나 이론상으로나) 그 개인의 인격을 구성하고 있는 **특성**들, 특히 높이 평가되고 있는 지적 가치, 도덕적 · 정신적 가치 등이다.

상징자본의 형성과 축적을 목적으로 하는 모든 전환의 기술들 중에서, '개인 취향'이 객체화된 증거인 예술작품의 구매는 가장 완전하고 모방할 수 없는 축적 형태에 가장 근접해 있는 것이다. 다시 말해서 그것은 당연시되는 '차별화', 개인적 '권위', 또는 '교양'의 형태 하에서 변별적인 기호들과 역량의 상징들을 **육화시키는** 것이다. 가격을 정할 수 없을 만큼 가치 있는 작품을 독점적으로 전유하는 것이 부의 과시적인 파괴와 유사한 점이 없는 것은 아니다. 그러한 전유가 가능케 하는 부의 완전한 과시는 불가분하게 자신의 존재와 재산을 분리시킬 수 없는 사람들, 즉 개인의 탁월함을 가장 잘 입증하는 무사무욕에 도달할 수 없는 사람들에 대한 멸시이다. 그러므로 예를 들어 과학이나 기술에 관한 교양에 비하여 문학과 예술에 관한 교양에 부여된 특권이 증명하는 것처럼, '탁월한 교양'이라고 불리는 것을 독점적으로 보유하는 사람들은 효용이 없으면 없을수록 그만큼 위신을 높이는 실천들에서 즉각적인 이익에 대한 근심없이 소비했던 시간을 사회적 회합의 **포트라취**potlatch에 투입할 때에는 유달리 처신하지 않는다.

지배분파들은 소유자들의 독특한 '개성'을 인정하는 배타적인 소유

---

21) 시간의 포트라취(북미토인의 축제일에 행하는 선물교환 — 옮긴이)는 자기 시간을 다른 사람에게 '쪼개거나' 혹은 '주거나' 하는 모든 행동(이것은 손님을 초대하는 행위에서 제공되는 중요한 한 측면이다)이 포함되며, 항상 상징적 가치를 유지하는 모든 종류의 여가도 어느 정도로는 '느긋하게 시간을 보낸다'는 사실에서 확증되는 시간과 돈을 지배하는 능력, 즉 하찮은 것을 위해 귀중한 시간을 소비할 수 있는 능력에서 생겨난다는 점에서 물론 여기에 포함된다. 이러한 시간의 포트라취의 가치를 이해하기 위해서는 실제로 다음 두 가지 사실을 염두에 두어야 한다. 먼저 한 가지는 대리인을 내세움으로써 다른 사람의 시간을 자기 것으로 만들 수 있는 가능성이나, 모든 합리화 전략에 의해 특히 혼란을 피할 수 있도록 시즌 이외의 시간에 아무도 가지 않는 장소에 가는 자유를 이용함으로써 시간을 절약할 수 있는 가능성에도 불구하고, 시간이란 아마도 가장 회피하기 어려운 인류학적 한계의 하나라는 사실이다. 다른 한 가지는 사회적 위계가 높아짐에 따라 시간의 상업적 가치(의사들처럼 행위에 대한 사례금의 형식을 취하든, 월급이나 판매 이익의 형식을 취하든 보수 형태에 따라 다소 직접적으로 경험된다)도 증가한다는 사실이다.

에 의해 지향되는 예술작품의 사용을 객관적으로(그리고 때로는 주관적으로) 독점하지는 않는다. 그러나 물질적인 전유의 조건들이 결핍되어 있을 때, 전유방식의 독특함만이 배타성의 추구에 남을 뿐이다. 동일한 사물을 다른 방식으로 좋아하는 것, 그다지 굉장한 찬탄을 불러일으키지는 않는 다른 사물들을 비슷한 방식으로 좋아하는 것은 이중화하고 redoublement, 남을 추월하고dépassement, 자기의 위치를 이동시키는 déplacement 전략들과 같다. 그 전략들은 취향의 영속적인 변형의 원리로서, 경제적으로 다소 넉넉지 못해서 거의 배타적으로 상징적인 전유만이 가능한 피지배분파들로 하여금 매 순간 배타적인 소유를 확보하도록 한다. 지식인과 예술가들은 차별화의 전략 중에서 가장 위험하면서도 동시에 가장 많은 이익을 가져다주는 것들에 대해 특별한 선호를 가지고 있다. 그것들은 무의미한 대상을 예술작품으로 구성하거나 또는 최악의 경우에 이미 다른 계급이나 계급분파에 의해 다른 방식으로 취급된 대상을 예술작품으로 구성하는 그들의 고유한 역량을 확인해 주는 것들이다(키치kitsch처럼). 이 경우에 소비대상을 예술작품으로 창조하는 소비방식이 있는데, 그것의 제2단계에서의 쾌락에 의해서 서부극, 만화, 가족사진, 낙서와 같이 일상적 소비에 해당되는 '통속적' 상품들은 탁월하고 변별적인 문화작품들로 변형되는 것이다.

지배적 취향의 변형태

교수와 지식인들의 문화적 실천의 금욕적 색채는 다음과 같은 경우에 명백해진다. 즉 그러한 실천들이 속해 있는 체계 속에 그들을 위치시키는 경우에, 그리고 지배방식의 분할로 인해서 빈곤한 부모에게 남겨지는 모든 물질적 전유와 현실적 생활의 승화된 지고(至高)의 대체물인 문화와 상징적 전유의 의미 자체를 사람들이 문제시하지 않을 수 없게 되는 경우에 분명해지는 것이다. 지배계급의 장에서 대립된 극점들에 조응하는 생활양식간의 적대는 확실히 뚜렷하고 총체적이다. 그리고 교수들과 경영자들 간(그리고 특히 아마도 두 개의 범주 가운데서도 하층과 중간층 간)의 대립은 민족학적인 의미에서 두 개의 '문화'를 분리시키는 대립을 상기시킨다. 한편에는, 독서와 시, 철학적 에세이, 정치적 저작, 『르 몽드』와 (비교적 좌파적인) 문학이나 예술 관련 월간지에 대한 독서가 있다. 다른 한편에는, 사냥과 마권(馬券)tiercé, 독서의 경우엔 역사적인 이야기, 『프랑스-수와르』나 『로로르L'Aurore』, 『로또-주르날l'Auto-journal』(자동차잡지 — 옮긴이)과 『렉뛰르 뿌르 뚜스Lectures pour tous』(대중독서잡지 — 옮긴이)에 대한 독서가 있다. 한편에는, 비교적 고전극이나 전위극(예를 들면 플랑숑에 의해 연출된 『따르뛰프Le Tartuffe』나 『르미즈la Remise』, 로르카의 『피의 결혼Noces de sang』이나 투르게네프의 『시골집에서 보낸 한 달 Un mois à la campagne』), 박물관, 고전 음악, '프랑스-뮤직' 방송, '벼룩시장', 캠핑, 등산과 보행이 있다. 다른 편에는, 출장여행과 사업상의 식사, 통속극(로베르 라무뢰, 마르셀 아샤르, 프랑수아즈 도랭)과 뮤직홀, TV의 버라이어티 쇼, 상업 전시회, 경매장과 '고급의상실', 고급 승용차와 배, (별 셋)호텔과 온천 마을이 있다.[22] 그래서 다양한 문화적 실천들의 양식 그 자체, 즉 그러한 실천들이 함축하고 있는

---

[22] 여기에서는 이상에서 검토해 온 SOFRES의 앙케트 조사(보충자료 5)에 대한 조응관계 분석의 결과(여기에서는 자세하게 수록되지 않았지만)에 근거하고 있다. 우리들이 행한 조사에서 제1요인의 축은 두 종류의 분파를 대립시키고 있다. 즉, 그 축은 (상대적으로) 자유시간과 문화자본을 풍부하게 가지고 있지만 경제자본에 있어서는 (상대적으로) 혜택받지 못하는 분파들(교수들과, 그 정도는 아니지만, 공기업 관리직)과, 경제적으로 가장 부유하고 소유재산에 의해, 재정적 참여에 의해, 또한 갖가지 이해관심에 의해, 그리고 학교나 경제·재정 잡지의 구독을 통해서보다는 오히려 현장에서 일하는 과정에서 획득한 특정한 능력에 의해 경제생활에 가장 깊숙이 편입되어 있기는 하지만 문화자본과 자유 시간에 대해서는 상대적으로 빈곤한 상·공업 경영자들과 같은 분파들을 대립시키고 있는 것이다. 사기업 관리직과 자유업들은 이러한 양면적 관계에서 중간적 위치를 점유하고 있다.

사치 취향에서 비롯된 사치상표의 목록

le goût du luxe

ANIMAUX
Achat
Oisellerie du Pont-Neuf
Oisellerie Vilmorin
Naturaliste
Nérée, Boubée et Cie

ANTIQUAIRES
Aaron
Bensimon
Hagnauer
Jansen
Kugel
Lagrand
Laroussilhe
Lévy
Litybur
Mallie de Fonfais
Mancel
Perrin
Taillemas

ARGENTERIE
CERAMIQUE
Andrieux
Helft
Kugel
Nicolier

BAIGNOIRES
Au Bain de Diane
Juif-Delepine

BOTTIER
Roger Vivier

CLINIQUES
Clinique du Belvédère
Cliniques vétérinaires
Clinique du Dr Neienat
Clinique vétérinaire
de Maisons-Alfort
Fondation Windsor
Hôpital Frégis

COIFFEURS
Alexandre
Arden
Carita
Jean-Louis David

COUTURIERS
Balmain
Cardin
Courrèges
Dior
Hermès
Lapidus
Rabanne
Saint-Laurent
Ungaro

DECORATEURS
Carlhian
Demachy
Jansen

EMBAUMEURS
Ets Marette
Roblot

ENFANTS
Jouets
Le Nain Bleu
Meubles
Bonnichon
Thireau
Vêtements
Baby Dior
Dominique
Enfantillage
Petit Faune
Petite Gaminerie
Minimômes

FEUX D'ARTIFICE
Ruggieri

FLEURISTES
Boullet
Lachaume
Lambert
Moreux
Veyrat

FOURREUR
Révillon

INSTITUTS DE BEAUTE
Arden
Carita
Guerlain
Harriet Hubbard Ayer
Lancome
Monteil
Helena Rubinstein

JOAILLIERS
Boucheron
Cartier
Chaumet
Van Cleef et Arpels
Mauboussin

LOCATIONS
Artistes
Marouani et Tavel
Bateaux
International Sea Service
Châteaux
Préfecture d'Indre-et-Loire
Gens de maison
Bons Secours
Train
S.N.C.F. - D.C.P.
Voitures
Murdoch

MAGASINS D'ALIMENTATION
Côte de France
Dominique
Fauchon
Godiva
Hédiard
Petrossian
Maison de la Truffe

MAGES
Belline
Criss
Delya
Martinez
Sabato

MAROQUINIERS
Hermès
Morabito

MEDECINS
Boivin
Chartier
Dolto
Dubost
Hervé
Lacan
Lagache
Leibovici
Nacht
Vellay

TAPIS
Benadava
Catan

TEINTURIERS
Billard
Bobin
Pouyanne
Starisky

TRAITEURS
Battendier
Casimir
Lenotre
Marquise de Presles
Pons
Potel et Chabot
Scott

S. Schroeder, J. Matignon, *Le goût du luxe*, Paris, Balland, 1972.

그는 자기가 고용한 사용인, 즉 집사, 급사장(給仕長), 운전수, 유모, 침모, 사환, 요리사, 정원사를 열거하고 그들의 급료의 대충 액수를 알려주었다.

사용인		
집사	월급	1,500F
급사장	"	1,500F
운전수	"	1,200F
유모	"	1,200F
침모	"	1,100F
사환	"	1,000F
요리사	"	1,000F
정원사	"	800F

그는 꼬메디 프랑세즈 극장에 종신박스석이 설치되지 않은 것을 유감스럽게 생각했고, 아마도 악의를 가지고 야회복 공연의 시즌 예약요금을 경멸했다.

꼬메디 프랑세즈	
한 시즌의 예약요금	
야회복	108F
주 간	85F

그는 신비한 명예직을 가진 유행을 타는 의사들에 대해서 이야기했는데, 에르베, 뒤보, 벨리 또는 샤르띠에 같은 산부인과 의사나 라깡, 다니엘 라가슈, 사샤 나슈트, 라이보비치, 돌또 여사 같은 정신분석의사가 있다.

의사	
무명의 정신분석의사	
진찰1회	60F
유명한 정신분석의사	
진찰1회	200F

그는 블로뉴-쉬르-센에 있는 벨베데르 클리닉 건물 중에서 정원이 내려다보이는 한 아파트를 묘사했는데, 이 클리닉에서는 전기설비의용량을 초과함으로 인한 고장을 피하기 위해 영사기의 콘세트에 플러그를 꽂는 것이 금지되었고, 이런 금지는 병원 측의 특별허가에 의해 해제될 수 있었다.

산원(産院)
최고요금: 벨베데르 산원
출산비용: 분만실 사용료, 간호비용,
식비, 일상약품 사용료
8일간
안마당 쪽의 작은 방: 800F
정원 쪽의 작은 방: 800F
정원 쪽의 중간치 방: 950F
정원 쪽의 큰 방 : 1,000F
정원 쪽의 아파트: 1,250F
(서비스요금, 세금, 특진요금, 음료수, 세탁비, 전화료 등은 포함안됨)

사회 철학과 세계관은 그 실천들이 속한 실천의 세계를 사람들이 염두에 두고 있는 경우에 가장 명증하게 드러나는 것이다. 예를 들어 사람들이 교수들의 보행, 캠핑, 시골이나 산에서의 휴가가 구 부르주아지를 특징짓는 실천들과 사치재 전체, 즉 메르세데스나 볼보, 요트, 호텔에서의 휴가, 온천 마을에서의 체류나 가장 값비싸고 화려한 문화적이고 물질적인 소비의 형태, 즉 자유업의 전유물인 예술관련 서적, 카메라, 녹음기, 배, 스키, 골프, 승마나 수상스키와 대립되는 것처럼, 전위극 또는 시인이나 철학자들의 작품에 대한 독서가 부르주아 극이나 뮤직홀, 역사적인 이야기나 연예 소설 또는 삽화가 있는 주간지와 대립된다는 것을 아는 경우가 그것이다.

생활양식을 구성하는 윤리적 선택 전체에 미학적 선택이 속해 있다는 사실에 대한 최상의 증명은 다음과 같다. 미학적 영역 그 자체에 대해서, 자유업 종사자와 교수들과 같이 문화자본의 측면에서 서로 근접해 있는 두 개의 범주 사이에서 이루어지는 대립이 그것이다.[23] 그리고 그 대립은 다양한 궤적과 상관관계를 가지는 윤리적 성향들 사이의 대립에 기초하고 있기 때문에 매우 다양한 경제적 조건에서 강화와 실현 조건을 발견한다. 이를 이해하기 위해서는 사실상 자본구조라는 측면에서의 차이들과 더불어, 궤적과 관련되어 있는 것들과, 특히 학력자본의 축적을 계획한 덕분에 지배계급에 접근하는 개인들의 비율이 지배분파에서 피지배분파로 갈수록 증가한다는 사실을 염두에 두는 것으로 충분하다. 교수들, 이차적으로는 상급기술자들과 관리직들은 이전의 문화

---

[23] 비교적 상당한 비율이 민중계급이나 중간계급 출신인 사무계통 일반관리직들(INSEE가 규정하고 있는 넓은 의미에서)은 중등교육 교사들에 비해 학력도 낮고, 유명 기념구조물이나 성(城)을 방문하는 것과 같이 위광이 덜한 문화적 실천을 더 강하게 지향하지만 그들이 가진 금욕주의적 취향에 의해 중등교육 교사들에 매우 근접하게 된다.

자본의 축적에 의해 발전된 금욕적 성향을 문화자본의 축적에 지향시키는 경향이 가장 강한데, 이러한 문화자본의 축적은 그들의 취약한 경제자본이 그들로 하여금 많은 이익과 수많은 경쟁적인 쾌락들을 낭비할 여지를 주지 않음에 따라 더욱 배타적인 열의를 가지게 된다. 반면 자유업 종사자들은 어떤 부르주아적 기원에 결부되어 있고 수많은 상징자본의 축적을 전제하는 직업에 대한 요구 자체에 의해 고무되는 사치스런 방임주의laxisme de luxe의 성향을 실현시킬 수 있는 수단들을 소유하고 있다. 우리가 본 것처럼, 교수들(그리고 공기업 관리직들)의 **금욕적 귀족주의**는 예를 들면 박물관, (자유업 종사자들처럼 규모가 큰 전람회, 화랑과 외국의 박물관보다는) 특히 지방에 소재한 박물관에 자주 출입함으로써, 최소의 비용으로 가장 간소한 여가와 진지하고 다소 엄격한 문화적 실천에 스스로를 체계적으로 지향시킨다. 이렇게 그들의 금욕적 귀족주의는 가장 값비싸고(문화적으로 그리고/혹은 경제적으로) 화려한 소비, 즉 삽화가 있는 월간지 구독, 연주회, 골동품 상점, 화랑의 빈번한 출입, 온천 마을에서의 휴가, 피아노, 예술관련 서적, 고가구, 예술작품, 카메라, 녹음기, 외제 승용차의 소유, 스키, 테니스, 골프, 승마, 사냥과 수상스키 활동을 한데 아우르는 자유업 종사자들의 **사치취향**과 대립된다.[24] 자유업 종사자들은 그들이 문화자본에서 획득하는 높은

---

[24] 우리의 앙케트 분석에서처럼, SOFRES의 조사를 근거로 한 조응관계 분석에 의해 추출된 제3요인은 자유업 종사자들을 여타의 모든 분파들과 대립시킨다. 즉, 그들은 특히 사치스런 소비와 여가를 즐기는 경향이 강한데, 이는 이 요인에 대해 가장 큰 절대기여율을 가지고 있는 다음과 같은 특징들을 단순히 열거해 보는 것만으로도 증명할 수 있다(이하는 기여율이 큰 순서대로이다). 삽화가 있는 월간지 구독, 카메라 소유, 수상스키, 녹음기, 예술관련 서적 소유, 테니스, 온천마을 방문, 브리지 게임, 낚시, 스키, 승마, 사업상의 칵테일파티참석 등. 『꼬네상스 데 자르Connaissance des arts』나 『라 메종 프랑세즈La maison française』와 같은 잡지들의 독자 중에 자유업 종사자들이 상당 부분을 차지한다는 사실(15.5%와 18.5%)을 알고 있기 때문에, 우리는 또한 1970년에 CESP에 의해 실시된 앙케트에 근거해서 고가구와 예술작품의 소유, 경매장과 화랑의 출입과 같이 이 잡지들의 구독자들에서

경제적 이윤을 경제에 효과적으로 재투자하기 위해 필요한 어떠한 성향도 능력도 소유하고 있지 않은데, 그 이윤은 그들의 교육과 생활양식에 의해 '지적인' 가치와 결부되어 있다(그들은 아마추어 작가 중에서 높은 비율을 차지하고 있다).25) 그들은 세련된 스포츠와 게임 활동에서, 리셉션, 칵테일 파티와 사교 모임에서 그들이 얻는 내재적인 만족과 그들이 행사하는 교육적 행위와 더불어, 그들에게 사교적 관계를 만들고 유지시킬 수 있도록 해주고 그들의 직업 활동에 필수적인 명예라는 자본을 축적시킬 수 있도록 해주는 상류사회를 발견한다.26) 이 경우는 마르크스가 관찰했던 것처럼, 사치가, 즉 '모든 관습적인 낭비'가 '신용의 수단'처럼 기능하는 '부의 과시'로서 '직업상의 필요성이고 교제비에 포함되는' 경우 중의 하나일 뿐이다.27) 반대로 교수들의 선택들 각각(예

많이 나타나는 특성들을 자유업 분파들에 포함시킬 수 있다. 마지막으로 여가에 대한 INSEE의 앙케트에 의해서 우리는 자유업 종사자들이 손님을 초대하는 빈도가 매우 높다는 점에서 다른 분파와 구별되고 있음을 알 수 있다.

25) 인명록에 기재된 사법관의 14.5%와 의사의 13.5%가 최소한 한 권의 비전문적인 저서(정치 또는 문학)를 쓴 적이 있다(반면 고급공무원은 9.7%, 기업의 고용자와 경영자들은 4.2%에 지나지 않는다).

26) 자유업 전체에서 관찰되는 이러한 경향은 직업, 전문성, 주거지에 따라 다양한 형태를 취한다. 예를 들면, 의사들은 전국 평균보다 높은 저축률(가처분 소득의 15%에 반해 30%)을 나타내고 있지만 비교할 수 없이 높은 소득 때문에 전체적으로 그 소득의 매우 많은 부분을 특히 바캉스(가처분 소득의 10%), 자동차, 내구성 소비재에 지출하고 있다. 그들 대다수는 주거지를 소유하고 있으면서(3분의 2 이상), 별장, 임대용 맨션, 농장, 산림, 토지(공업회사들은 실제로 결코 이런 것을 소유하지 않는다)와 주식도 소유하고 있다. 하지만 부동산을 가장 많이 구입하는 사람들은 시골 일반의(醫)들인 반면, 재산 투자는 오히려 외과의와 전문의가 많고, 일반적으로 그 빈도는 연령과 함께 증가한다(cf. Centre de recherche économique sur l'épargne : Enquâte sur les comportements patrimoniaux des médecins exerçant en pratique libérale, Paris, CREP, 1971, 3 vol.). 우리는 외과의와 여타의 전문의들(특히 파리에 거주하는)이 자신들의 소득의 상당 부분을 사치품의 소비, 특히 예술작품의 구입에 바치는 것으로 가정할 수 있다.

27) 칼 마르크스, Le capital, livre I, chapitre XXIV in: OEuvres, t. I, économie, Paris, NRF, 1965, pp. 1097~1098.

를 들면, 그들에게 뚜렷이 나타나는 잘 조화되고 검소하면서 소박한 실내장식이나 검소하지만 산뜻하게 차려진 식사에 대한 선호)은 그들이 자신들의 문화자본과 자유 시간에서 끌어낼 수 있는 이익은 극대화하고 금전적 지출은 최소화하면서 꼭 필요한 효력을 발휘하는 방식으로서 이해될 수 있다. 만약 자유업 종사자들이 항상 그들이 가진 수단과 어울리는 취향을 가지는 것이 아니라면, 교수들은 거의 그들의 취향과 어울리는 수단을 가진 적이 없다. 경제자본과 문화자본 간의 이러한 불일치는 교수들에게 일종의 금욕적 미학esthétisme ascétique(예술적 생활양식의 보다 엄격한 변형태)을 가지도록 강요한다. 이 금욕적 미학은 정말 빈곤한 사람들이 마시는 발포성의 포도주나 그들이 가진 보석의 모조품처럼 결핍이 소유를 위해 지불하는 선망과 같은 은밀한 대체물과 마찬가지로, 오래된 것을 '시골풍의 것'으로, 페르시아 산 융단을 루마니아 산 융단으로, 대대로 내려오는 저택을 개조된 헛간으로, 회화를 석판화(또는 복제본)로 대체함으로써 그것이 가지는 특성을 '활용한다.'[28]

경제자본과 문화자본, 혹은 더 정확하게 말해서 문화자본의 보증된 형태인 학력자본과 경제자본과의 괴리는 의심할 여지없이 교수층이 사회 질서에 이의를 제기하는 경향을 이루는 기초들 중 하나인데, 그 사회 질서는 교수들의 존재를 승인했던 학력체계의 원리들과는 다른 분류원리를 승인하기 때문에 그들의 업적을 완전히 승인하지 못한다. 이렇게 능력본위주의적méritocratique(그래서 어떤 의미에서는 귀족적인) 반항은 그것이 충절, 거부, 불가능성, 또는 불가능한 것에 대한 거부들(이것들은 그들이 쁘띠 부르주아지나 민중계급 출신이라는 사실과 관련을 가지면서, 순수하게 경제적인 한계와 결합되고 부르주아지에 접근하는 것을

---

[28] 문화자본과 경제자본 간의 이러한 어긋남의 산물로서, 이와 같은 성향의 형태는 중간계급의 신흥분파를 구성하는 사람들에게서도 발견된다(cf. '열정을 가지고 사는' 간호사와의 인터뷰).

금지한다)과 중첩되는 경우에 배가된다.29) 그와 반대로, 자유업 종사자들처럼 고객들에게 문화적 서비스를 판매하면서 생활하는 사람들에게 있어서 경제자본의 축적은 상징자본의 축적, 즉 유능하다는 평판의 획득과, 용이하게 지방에서나 국가적으로 명사(名士)의 정치적 위치로 전환가능한 위신과 신망의 이미지를 획득하는 것과 결합되는 것이다. 또한 우리는 그들이 일상적인 개입을 통해 다른 한편으로 매우 강하게 기여하고 있는 기존의 (도덕적) 질서와 밀접한 관련을 가지고 있으며 스스로 그렇다고 느낀다는 것도 이해할 수 있다. 의사회의 성명 또는 태도 표명과 정치적 행위들은 단지 일상적인 개입의 가장 가시적인 형태들일 뿐이다.30)

29) 문화자본이 피지배적인 지배원리라는 사실에서 도출되는 모순을 피하는 방식들 중에서 주관적으로 받아들여 질 수 있는 것 하나는 피지배계급의 이해를 표명하고 옹호하는 것을 임무로 하는 조직에 간부로서 참여하는 것이다. 그러므로 정치적 대표자의 지위에 오르고 싶다는 야망을 가지고 있는 사람들의 장(성공의 기회가 동등하지 않다)에서 지배계급 내의 다양한 분파의 구성원들의 분포(국회의원 선거의 후보자들의 사회적 특성을 분석해 보면 이 분포상황을 알 수 있다는 상대적으로 자율적인 지배계급의 장(우리가 이미 본 것처럼 그것 자체가 사회계급의 장과 상동적인 구조에 따라 조직되어 있다)에서 분파들 각각의 분포와 상당히 정확하게 조응하고 있다. 따라서 정치적 투쟁은 정통적인(말하자면 지배하면서 그렇게 인식되지 않는) 지배원리를 부과하기 위한 투쟁이 일어나는 영역들 중 하나가 된다.
30) 대통령 선거 1차 투표 전에 전국적으로 200명의 의사들을 표본으로 해서 실시된 SOFRES의 여론조사에 따르면, 의사들의 59%가 지스카르, 16%가 미테랑, 9%가 샤방-델마스, 11%가 그 외의 후보들에게 각각 투표할 의사를 표명하고 있었으며, 나머지 5%는 아직 미결정 상태에 있었다. 대통령으로 당선될 가능성이 가장 높은 후보에 관해 질문 받았을 때, 71%가 지스카르, 12%가 미테랑, 3%가 샤방-델마스, 1%가 그 외의 후보들, 그리고 15%가 모르겠다고 답했다(*Le Quotidien du médicin*, n° 710, 3~4 mai 1971). 같은 호에는 의사들의 지지를 많이 얻은 지스카르의 인터뷰가 게재되어 있는데, 그것은 의사들의 기대에 의식적으로 맞춘 것으로서, 이 인터뷰를 읽으면 그들이 지스카르의 어떤 점을 지지하고 있는지 충분히 알 수 있을 것이다. 이 인터뷰에서 그는 의학도의 선발에 찬성을 표명하고 있고, 의료의 자유 경영, 가정의, 그리고 공립병원의 치료와 사립병원의 치료의 양립에 대한 옹호자임을 자임하고 있으며, 사회보장에서 '낭비의 원천이 되는 어떤 것'이라도 없앨 것이라고 주장하고, 의사회에 대한 개혁은 전혀 없을 것이라고 하면서 그 존재를 인정하고

보통 '지적'이거나 '센 강 좌안에 대한' 취향과 '부르주아적'이거나 '센 강 우안에 대한' 취향간에 나타나는 대립이 단지 현대적인 작품들(여기에 제공된 목록이 갖는 한계 내에서 보면 피카소, 칸딘스키, 불레즈)에 대한 선호와 보다 오래되고 공인된 작품들(인상파 회화와 특히 르누아르, 와또, 『헝가리 광시곡』, 『사계』, 『소야곡』)에 대한 취향 사이에서만, 그리고 영화나 연극과 같은 분야에서처럼 회화나 음악에서 확고해진 가치를 추구하는 것과 새로움에 대한 선입관 사이에서만 이루어지는 것은 아니다. 그러한 대립은 예를 들어 르누아르와 고야(혹은 모르와Maurois와 카프카)에 의해 상징화된 두 개의 세계관과 두 개의 생활 철학 사이에서도, 그리고 두 개의 선택 집합의 중심들, 즉 장밋빛과 흙빛, 장밋빛 인생과 흙빛 인생, 통속극과 전위극, 곤란을 겪지 않는 사람들의 사회적 낙관주의와 곤란을 겪는 사람들의 反부르주아적 비관주의 사이에서도 이루어지는 것이다. 아늑하고 검소한 실내장식과 전통적인 프랑스 요리와 같이 물질적이면서도 정신적인 안락함과 이국적인 요리나 (역으로) 체면 차리지 않는 절충적인 실내장식, 혹은 (역으로) 벼룩시장에서 구입한 유지하기 쉬운 가구들과 전위적인 영화연극의 선호와 같이 미학적이고 지적인 추구 사이의 대립이 그러하다.31)

칸딘스키와 르누아르 사이의 대조가 상징하는 순수하게 미학적인 선호 체계들간의 대립을, 생활양식을 구성하는 선택들 전체 속에 재위치시키기 위해서는, 『꼬네상스 데 자르』의 독자와 같은 사람들의 특성들을 고려해 보는 것으로 충분하다. 비교적 비싼 비용이 드는 이러한 고급문화 잡지는 동시에 사치재, 특히 예술작품의 거래를 위한 광고매체이기도 하

있다.
31) 경영주와 자유업 구성원들은 다른 모든 분파들보다 강하게 부상자의 사진을 추한 것이라고 하면서 거부한다.

'진정 고전적인' 대학교수

울름 가의 고등사범학교 졸업생이자 물리학 교수자격증을 가지고 있는 36세의 Jean L.은 파리에 있는 한 대학의 교양학부 교수이고 북서쪽 교외에 거주하고 있다. 문법학 교수자격증을 소지하고 있는 그의 부친은 중등교육 교사였고, 그의 조부는 초등학교 교사였다. 약사의 딸인 그의 부인은 치과의사이다. 그녀는 파리치과학교의 교수이며 자신의 의원을 경영하고 있다.

'벼룩시장에서 발견한 루이 13세 풍의 수도원 탁자'

'검소하면서 소박한' 취향을 가진 그는 '뚱뚱한 쿠션과 거창한 커튼'도 '실내장식가에 의해 치장된' 아파트도 좋아하지 않는다. 그는 '실내장식의 전체적인 조화에 상당히 민감하다'. "만약 사람들이 운 좋게 아주 아름다운 가구를 발견한다면, 그 가구는 구석에나 있었을 겁니다. 결국 그 뿐이죠. 방을 위해서는 그것으로 충분할 것입니다." "우리 집에는 최근까지, 우리가 결혼하면서 헐값으로 구입했던 가구들이 있었어요. 그것은 상당히 현대적인 양식을 가지고 있었죠. 티크로 만들어진 썩 좋은 가구들도 있었지만, 의자들은 대체로 사용하지 않고 있죠(…). 지금 우리는 우리가 발견했던 정말 오래된, 오래된 가구들을 한두 개 가지고 있어요(…). 벼룩시장에서 어떤 사람이 우리에게 가르쳐 준 썩 좋은 '루이 13세 풍의 수도원 탁자', 아미앵의 골동품 상점에서 발견한 '역시 썩 좋은 루이 13세 풍의 궤'. '당연히 우리는 루이 13세 풍의 의자들을 사지 않을 것인데, 왜냐하면 지나치게 비싸기 때문이고, 게다가 그것들이 정말 루이 13세 시대에 만들어졌다면, 견고하지도 않을 것이기 때문이죠. 그래서 우리는 루이 13세 풍의 의자를 가질 수는 있지만 그것들이 옛날 것이라고 인정받기를 원하지는 않습니다." 집의 가구배치와 장식은 무엇보다도 그러한 것에 상당한 중요성을 부여하고 있는 그의 부인의 몫이다. "그녀는 가구배치와 장식에 대해 상당히 잘 알고 있어요. 나는 전혀 아닙니다. 특히 가격에 대해서는(…). 나는 즐기기는 하지만, 요컨대 완전히 혼자라면, 정말 내가 그런 데 시간을 보낼 것이라고 생각하지는 않아요. 나는 가구배치와 장식에 대한 취향을 그렇게 많이 가지고 있지 않지만, 내 아내는 대단히 좋아하고 결국 나도 역시 감상합니다." 그의 부인은 옛날 파엔자Faenza 산 도자기를 아주 좋아한다. "만약 그녀가 내게 '우리 파엔자 산 도자기 보러 가요'라고 말한다면, 나는 기꺼이 그녀와 동행할 겁니다. 그녀와 동행하는 것은 나를 즐겁게 하죠. 나는 그녀가 나보다 훨씬 더 감수성이 예민하다고 느껴요(…). 내가 정말 구입하고 싶은 물건이 하나 있어요. 나는 아직 그것을 사지는 않았지만 이따금씩 바라보죠. 이것들은 옛날의 과학기구들인데, 왜냐하면 그 당시 사람들은 전적으로 주목할 만한 것들을 지난 세기나 3, 4세기 전에 만들었기 때문입니다."

'나는 무언가 간결한 책을 읽기를 좋아합니다'

그의 집에서, 그는 약간의 잔일을 '의무적으로' 한다. "이것을 해야 한다, 저것을 해야 한다고 내게 말하는 사람은 바로 내 아내죠. 나는 쓸데없는 세심함을 가지고 그 일을 하면서 시간을 보냅니다. 만약 내가 별 주의를 기울이지 않고 그 일들을 한다면 더 빨리 할 수도 있지만, 그 일에서 요령을 익히고 게다가 일을 하면서 순조롭게 진행됨에 따르는 즐거움을 발견하죠."

그는 TV를 가지고 있지는 않지만 때때로 그것을 볼 기회는 가지고 있다. "TV에서 다루는 주제 자체에 대한 관심은 많은 경우 희석되어 버립니다. 어떤 주어진 주제에 대해서 나는 무언가 간결한 것을 읽기 더 좋아합니다. 그러므로 내게는 다른 것과 바꿀 수 없는 어떤 것들이 여전히 있는 셈이죠. 나는 인간이 달에 첫 발을 내딛는 장면이나 그와 비슷한 장면들을 보러 내 모친의 집에 갔었다는 것을 시인합니다(…). 나는 오 분 동안 이반 일리치Ivan Illich를 본 것을 기억하고 있어요. 나는 언제나 그것을 기억할 겁니다. 나는 단순히 그의 저서를 읽는 것 대신에, 그의 모습 자체를 볼 수 있어서 기쁩니다."

'내 모든 독서는 『르 몽드』에 근거를 두어 왔습니다'

그는 『트리뷴 소샬리스트Tribune socialiste』지('이것은 썩 좋다')를 구독하고 가끔씩 『르 누벨 옵세르바퇴르Le Nouvel observateur』지를 읽는다. 그의 부인은 『렉스프레스L'Express』지를 구독한다. "그 신문은 사건들을 피상적으로 보고 있어요. 훌륭한 인터뷰들이 몇 개 있기는 하지만 말예요. 내 모든 독서는 전에 구독했던 『르 몽드』지에 근거를 두어 왔습니다. 지금은 더 이상 매일 그 신문을 읽지는 않아요." 그의 독서는 다소 엄격한 편인데, 탐정 이야기나 소설은 읽지 않는다. "그래도 내 아내가 내게 '당신은 그 소설을 읽어야 해요'라고 말해서, 솔제니친의 「제일(第一)의 권역(圈域)에서 Le premier cercle」를 읽었습니다." 그는 또한 최근에 이반 일리치의 『학교 없는 사회 Une société sans école』("그 저서는 내게 커다란 감명을 주었어요"), 『우연과 필연』(모노), 콘라드 로렌쯔의 『공격본능 L'instinct d'agression』을 읽었다. 그는 7, 8권으로 된 유네스코에서 간행한 문화사를 가지고 있다. "이것은 굉장합니다. 이것은 이야기가 아니에요. 확실히 아닙니다. 인물과 같은 것들이 있다고 해도, 그것은 내게 흥미를 가져다주지 못하죠. 고고학, 그것은 내게 커다란 흥미를 가져다줍니다(…). 내가 자주 보는 『고고학 사전』이라는 책이 있거든요."

'진정으로 고전적이고 절도 있는 것들'

"나는 두 시간 동안 베르메르 Vermeer의 작품 앞에 있으면서 진정으로 만족해했습니다. 반면 저것('사람들이 그에게 제공한 에셔 Escher라고 불리는 유형의' 데셍 모음집)은 전혀 그렇지 않았습니다." 그는 프랑카스텔의 편집에 의해 총서로 출판된 예술사를 매우 좋아한다. "그것은 특히 텍스트로서 아주 훌륭해요. 복제한 것들도 그렇게 많지 않고, 특별하지는 않지만, 비교적 독창적이죠. 그러나 이 총서는 (단순히 일화를 모아 놓은 것이 아니라) 화가들의 사유와 그 사유가 어떻게 그 시대의 사회·경제구조와 결부되는지를 잘 분석하고 있기 때문에 아주 훌륭합니다." 그는 '모든 박물관을 남김없이 자주 드나들지는 않지만' '기꺼이' 갈 의향은 있다. "만약 어떤 친구가 내게 봐라, 내가 아주 좋아하는 것이 있다고 말하거나 내가 보거나 읽은 것이라면(…), 나는 기꺼이 거기에 갈 겁니다. 나는 거기에서 얼마만큼의 시간을 보낼 겁니다." 그는 이태리의 토스카나 지방에 여러 번 갔었고 "사람들이 그 곳에서 볼 수 있는 모든 것을 아주 좋아합니다(…). 나는 그 시기의 화가들을 다른 화가들과의 관계 속에 위치시키기를 매우 좋아하죠. 나는 내 자신에게 말합니다. 어떤 사람이 이러저러한 그림을 그렸다 하더라도 안젤리코 Angelico는 여전히 이러한 그림을 그렸다고 말입니다." 그는 '<콰트로첸토 le Quattrocento의 화가들, 즉 보티첼리, 피에로

델라 프란세스카'를 아주 좋아하고 '또한 베르메르Vermeer, 와또Watteau' 를 매우 좋아한다. "나는 그것의 소재와 기법에 대해서 어떻게 말할 수 있을지 알지 못합니다(…). 나는 표면들, 이어서 이러한 우아함, 매력, 우수와 같은 것을 매우 좋아해요." 화가들은 기법 없이는 그림을 그릴 수 없다는 것을 의식하고 있기 때문에, 그는 루소가 이용하는 기법들을 인정하지 않는다. "그의 기법에는 자연스럽지 못하고, 의도적이며, 기교에 치우쳐 있고, 지나치게 세련된 것이 있습니다." "예를 들면 진정으로 고전적이고 절도있는 마티스의 작품을 나는 아주 좋아합니다. 피카소의 작품들도 대체로 내가 아주 좋아하죠. 내가 잘 모르기는 하지만, 빌롱Villon도 또한 매우 좋아합니다. 진실을 말한다면, 나는 현대 미술을 상당히 부정적으로 봅니다(…). 내게는 그것이 미술이 아니라 완전히 초현실주의인 것입니다. 내 의견으로는 그것은 순전히 정신적인 작업이에요. 달리Dali와 그의 동료들의 작품은 내가 혐오하는 것입니다."

'나는 『푸가의 기법』을 오르간으로 듣기를 좋아합니다'

그는 하이파이 오디오를 가지고 있지는 않지만("나는 그런 오디오를 퍽 가지고는 싶지만, 나로서는 그것이 필수적인 것은 아닙니다") '그렇게 나쁘지는 않은 오디오 하나'를 가지고 있다('내가 4, 5년 전쯤에 600프랑을 주고 구입한 모노 오디오'). "내 의견으로는, 음악이란 그것을 직접 작곡한 사람들의 연주를 보러 가야만 하는 그런 것입니다. 그것이 최상의 방법이죠. 그렇지 않다면 자신의 집에서 그렇게 나쁘지 않고 훌륭한 연주를 들을 수 있는 오디오를 가지는 것이 필요합니다(…). 나는 연주에는 그리 민감하지 못하지만 감상하는 것은 아주 좋아합니다." 그 외에 '경비절약감각', '검소한' 것에 대한 그의 취향, '또한 그가 받은 과학적인 훈련'은 그로 하여금 '순수 음악'을 감상하도록 이끈다. "대표적인 것으로 『푸가의 기법』이 있습니다. 나는 그 곡이 오케스트라로 연주되는 것보다 오르간으로 연주되는 것을 더 좋아해요. 그것이 진정한 순수 음악입니다. 음향은 문제가 되지 않습니다." 그 대신에, 그는 '지나치게 강약이 뚜렷하고, 너무 과장된 낭만주의 음악'을 좋아하지는 않는다. "예를 들어 나는 베를리오즈를 아주 좋아하기는 하지만 『환상교향곡』은 지나치게 과장되어 있어요." '온갖 사소한 활동들'을 하고 있음에도 불구하고, 그는 '일주일에 4일의 저녁 시간'

을 자신이 10년 전부터 참여해 온 합창단과 함께 하는 "조그만 노래 연습과 작은 모임에 참석하는 데 보냅니다." "게다가, 요즘에는 오페라 애호가들의 집단과 함께, 우리는 오페라를 부르고, 피아노를 연주하는데, 이것은 결국 많은 시간을 보내는 것으로 끝나죠" "내가 보기에 음악의 정점은 『코지 판 투테*Cosi fan tute*』(이태리어로 '여자는 누구나 이런 것이다'라는 뜻 — 옮긴이), 즉 모짜르트입니다(…). 나는 풀랑크Poulenc 음악 전반에 대해 열렬한 애정을 가지고 있어요. 나는 드라랑드Delalande(프랑스의 작곡가, 1657~1726, 궁정음악의 대가 — 옮긴이)를 매우 좋아합니다(…). 나는 워젝Wozzeck을 아주 좋아했죠 나는 과거에 파리 오페라좌에서 불레즈가 지휘했던 워젝의 음악을 들으러 간 적이 있었어요 그 전에는 알지 못했죠." 그는 1년에 4, 5번 정도 연주회에 간다. "이번 주에 나는 피셔-디스카우를 들으러 갔는데, 내가 보기에 그는 노래의 신입니다." 그는 경음악이나 샹송은 거의 듣지 않으며 가수들의 음반을 결코 구입한 적이 없다("나는 브라상스를 다주 좋아하지만 그의 노래를 듣지는 않습니다").

'제한된 수단들을 효과적으로 이용하면서'

그는 '영화에 관한 탁월한 전문가'는 아니다. 그는 자주 '단지 그냥 D.에 있는 영화관에서 상영하는 그렇게 질이 나쁘지 않은 현재의 흥행물들'을 보러 간다. 그는 트뤼포Truffaut를 매우 좋아하지만 '미국적 예술에는 무감각'하다("내 생각에 우디 알렌Woody Allen을 제외하고는 수많은 미국영화들에는 뭔가 유치한 것들이 있어요"). 그는 사극들을 그리 많이 보지는 않는다. "물론 아벨 간스Abel Gance의 『나폴레옹』은 놓쳐서는 안 될 영화죠 『전함 포템킨』이나 『알렉상드르 뉴스키』도 마찬가지입니다." "나는 지나치게 무거운 내용을 담고 있는 영화 모두에 대해서는 신경질이 나요. 나는 누군가가 제한된 수단들을 효과적으로 이용하면서 아주 강렬하게 느꼈던 것들을 내게도 느끼게 해주는 것을 아주 좋아합니다."

'미식가'도 '전문가'도 아니지만, 그는 사람들이 그에게 제공하는 음식에 "상당히 민감합니다." "친구들이 나를 식사에 초대할 때, 나는 음식을 음미합니다. 이것이 내가 매우 좋아하는 즐거움이죠" 그는 자신의 집에서 '내놓을 만한 포도주를 소유하려고' 애쓴다("나는 내가 훌륭하다고 인정하는 포도주들을 가지고 있는 보졸레의 소매상을 만났어요 나는 그의 단골

이죠").

'나는 질주하듯이 걷습니다'

그는 '체스 놀이를 무척 하고 싶어 하고' 가끔씩 낙서 놀이를 한다. 그는 사진도 약간 찍는다. "나는 결국 매년, 주로 휴가 동안 36장이 들어 있는 필림 두 통을 찍기에 이릅니다(…). 내가 산으로 휴가를 갈 때 대표적으로 찍는 사진은 풍경들이죠(…). 나는 우리가 본 것을 정확하게 확인하기 위해 지도를 가지고서 몇 시간을 보내요." 휴가 중에, "나는 마치 바보처럼 질주하듯이 걷습니다. 첫날에, 나는 전속력으로 40km를 달리고 나서는 15일 동안 발에 통증을 느꼈죠. 내가 그렇게 걸을 때, 나는 비교적 집중적으로 걷습니다. 하지만 불행하게도 나는 오랜 시간 동안 더 이상 아무 일도 할 수 없게 되죠(…). 1년 전부터 나는 암캐를 한 마리 가지고 있어요. 산책할 때 그 개를 데리고 가지 않으면 안 됨에도 불구하고, 나는 한시도 쉬지 않고 질주하듯이 걷습니다. (…) 토요일마다 나는 그 개를 데리고 나가며, 게다가 2시간의 반은 전속력으로 10km를 걷습니다."

다. 그런 잡지는 분명히 '부르주아적 취향'과 결합되어 있는 동시에 멋진 전시회, 파리 오페라좌에서의 특별 공연, 연극 '초연', 대규모 연주회와 같이 가장 사교적이고 가장 값비싼 문화적 행사들을 한데 아우르는 집단들에 대한 상당히 정확한 하나의 이미지를 제공해 준다. 이 잡지의 독자를 구성하는 사기업 경영자과 자유업 종사자들, 그리고 덜 분명하게 드러나 있어서 매우 엄격하게 선별되었다는 것을 감지할 수 있는 교수와 공업 경영자들은 일반적으로 사치스럽고 호화스런 활동들(골프, 승마)과 적어도 단순한 상징적 전유만큼이나 물질적 전유에 지향된 문화적 실천들에 전념한다. 이는 극장들과 화랑들 — 다시 말해서 센 강 우안에 위치한 — 경매장, 골동품 상점들과 고급의상실에 대한 잦은 출입으로 나타난다. 그들을 특징짓는 '부르주아적 취향'은 '지적인' 취향뿐만 아니라 (무엇보다도 예술작품의 소유와 극장과 화랑에 대한 잦은 출입에 의해) 공업경영자와 특히 대상인의 대다수가 가지고 있는 '중간취향'goût moyen과도 대립된다.『로또-쥬르날*l'Auto-Journal*』의 독자들인 공업경영자와 대상인들은 고급승용차처럼 돈에 좌우되기 쉬운 희귀재들만을 전유한다 (보충자료6).32)

'지식인' 분파들은 예술가에게 '부르주아' 예술이 그들에게 부여하는 사회 현실과 정통적인 표상에 대해 **상징적인 이의 제기를 하도록** 비

---

32) '부르주아' 관객과 '지적인' 관객 간의 거리를 측정하기 위해서는, 다음과 같은 공연들을 보러 간 관객 중에서 학생, 교사, 예술가들의 비율에 주목해 보면 된다. 생뜨의 고전 음악제에는 53%, 라 로셸의 국제현대미술전에는 60%, 전위극으로 성별된 낭시 국제연극제에는 66%, 르와이양 현대음악제에는 83%이다. 그리고 실제로 공연을 관람한 회수도 동일한 논리로 변화하고 있는데, 생뜨에서는 1인당 평균 3.5회, 라 로셸에서는 5회, 낭시와 르와이양에서는 7회로 나타나고 있다(cf. J. Henrard, C. Martin, J. Mathelin, *étude de trois festivals de musique*, Paris, CETEM, 1975 et F.X. Roussel, *Le public du festival mondial de théâtre de Nancy*, Nancy, CIEDEHL, 1975).

> oct 6e 1971
>
> **la télévision** par Jacques Siclier
>
> « LES HOMMES DE L'ART »
>
> Médecin-chef de la clinique endocrinologique de Paris, le professeur Gilbert Dreyfus donne une consultation, puis il raconte comment il eut, dans sa jeunesse, la révélation de Rembrandt. Il parle de son amour de la peinture. Nous voyons également, dans cette émission de Champ visuel, un médecin de banlieue, collectionneur de tableaux « pour le plaisir des yeux », le docteur Dolfuss, passionné d'égyptologie et archéologue ; le docteur Apelbaum, qui peint « pour se retrouver avec lui-même », et le docteur Genon-Catalot, qui accroche des toiles de peintres modernes dans sa salle d'attente et anime une galerie de peinture.
>
> Les producteurs de Champ visuel ont voulu comprendre et nous faire comprendre pourquoi les médecins sont des amateurs d'art. La réponse est donnée par le professeur Dreyfus : « Parce que, comme les artistes, ils ont l'amour de la vie et l'horreur de la mort. » L'émission se développe sur ce thème. Des œuvres de Mantegna, Léonard de Vinci, Géricault, Cézanne, rejoignent dans l'idée de la lutte contre la mort les travaux de Vesale, les planches anatomiques et ces « écorchés » destinés aux études médicales qui deviennent, dans la manière dont ils sont présentés, des œuvres d'art.
>
> Trois réalisateurs se sont partagés les reportages composant ce numéro, auquel la souplesse du montage, la beauté partout égale des images en couleurs, donnent une unité de style remarquable. Il faut ajouter à cela la richesse de l'iconographie.
>
> Les « hommes de l'art » est un des sujets les plus intéressants qu'aient traités Champ visuel. C'est, hélas ! l'avant-dernier, sinon le dernier, car la série de Pierre Schneider et Robert Valley est condamnée. — (Deuxième chaîne.)

(기사의 개요 — 옮긴이)
필자: 자끄 시끄리에(1971년 10월)
타이틀:「예술인들」
내용: <Champ visuel(시야)>라는 TV 프로그램의 해설. 이번 방송에는 렘브란트의 애호가, 에집트학・고고학의 애호가, 자기가 그림을 그린다는 의사 등등의 '예술인'이라 불리우는 의사가 몇 사람 등장한다. "왜 의사 중에는 예술애호가가 많을까?"라는 문제에 대해 "의사는 예술가와 같이 생명을 좋아하고 죽음을 싫어하기 때문이다"라고 어떤 의사는 답하는데, 어떤 종류의 회화와 인체해부도는 '죽음과의 전투'라는 점에서 공통성을 가지고 있다는 것이다. 이번 방송은 이 프로그램 중에서도 가장 흥미로운 주제를 다루었다.

예술가와 의사의 관계를 단순히 생산자와 매수된 고객 간의 관계로 생각하는 것은 단순한 생각이다. 의사와 예술가와는 "생명에의 사랑과 죽음에의 혐오"라는 점에서 공통점을 갖는다. 이 점을 생각하는 것으로 충분하다. 죽음에 대한 부인(否認)은 그것을 주제로 택한 TV의 방송제작자에게도, 이 프로그램을 기사로 쓰는 기자에게도, 그리고 확실히 미리 전향한 독자들에게는 더욱더 그것의 명백한 증거를 제시하는 것이다.

제5장 차별화의 감각 — 지배계급 535

교적 강하게 요구하는 반면, '부르주아지'는 그들의 의상전문가, 보석상이나 실내 장식가들에게 기대하는 것과 같이 자신들의 예술가, 작가, 비평가들에게 동시에 **사회 현실을 부정할** 수 있는 구별의 상징들을 제공해 줄 것을 기대한다.33) 사치품과 예술작품은 단지 부르주아적 생활을 둘러싸고 있는 외관 중에서 가장 가시적인 측면일 뿐이다. 또는 이것은 최소한 분할 자체에 반하는 위장된 분할, 탈이해/이해, 예술/금전, 비세속적인 것/세속적인 것에서, 그리고 그러한 것에 의해서 근본적으로 이중적이면서 허구적으로 통합된 부르주아 생활의 사적이고 가정적인 측면이며, 안식적인 것의 일부분일 뿐이다. 조심스럽게 정치화되거나 과시적으로 탈정치화된 진보적인 정치신문들, 실내장식관련 잡지와 예술관련 서적들, 초보적인 안내서와 여행담, 향토 소설과 위인전기들은 사

---

33) 실제로, 하나의 계급 혹은 계급분파는 지식인이나 예술가 일반에 대해 (반-주지주의가 쁘띠 부르주아와 부르주아의 어떤 분파들의 결정적인 특징이 됨에도 불구하고) 그 계급이나 분파가 내리는 전체적인 판단에 의해 정의된다기보다는 생산의 장에서 제공되는 선택지 중에서 그 계급이나 분파가 택하는 예술가나 작가들에 의해 정의된다. 따라서, 예컨대 지배계급의 지배분파의 반주지주의는 지식인의 장에서의 위치가 반주지주의에 바쳐진 지식인들을 선택하는 데서 확증될 것이다. 가장 '순수한' 장르, 즉 사회세계와 정치에 대한 모든 참조에서 가장 완전하게 순화된 장르(순서를 매기자면, 음악, 시, 철학, 회화)에서 멀면 멀수록, 그 지배분파들이 승인하는 생산자들, 즉 극작가나 연극평론가, 철학자나 정치평론가들은 생산자들 자체에 의해 승인되는 사람들로부터 멀어진다. 게다가, 예술가의 생활양식이 하강중인 쁘띠 부르주아에게 불러일으키는 반응을 보면 알 수 있는 것이지만, 이 생활양식, 그리고 특히 그 중에서도 의상과 같은 상징적 속성이나 성적 혹은 정치적인 행동과 같은 처신과 연령(또는 사회적 지위)간의 일상적인 관계에 대해 예술가에게 이의 제기하는 모든 것은 부르주아적 생활양식의 기본인 모든 실천규범에 대한 고발을 감추고 있다. 오스트레일리아의 신화에서, 주술적인 수단에 의해 20세에 가질 수 있는 부드럽고 매끈한 피부를 유지하면서 세대들간의 관계구조를 전복시키는 늙은 여성들과 마찬가지로, 예술가와 지식인들은, 노벨상을 거부하거나 다른 사람들이 명예를 추구하는 나이에 젊은 좌파들과 교제하고 세도가와는 교제하지 않은 사르트르 식으로 사회질서의 가장 깊숙한 곳에 은폐되어 있는 기반의 하나, 스피노자가 공순(恭順 obsequium)이라고 부른 것, 즉 '서로 존중해 주고' 그 존경을 요구할 권리가 있다고 느끼는 사람들의 성향을 가끔씩 문제시할 수 있다.

회 현실을 은폐하는 스크린과 같다. '부르주아' 연극은 아름다운 장식, 미인, 가벼운 연애 사건, 천박한 대화, 낙관적인 인생관(마찬가지로 받아들여질 수 있는 명사와 형용사의 모든 상이한 조합)으로 부르주아적 생활양식들 중의 하나를 거의 비현실적으로 표현하는 것에 불과하다. 이러한 연극은 아마도 '부르주아'가 인정하는 예술의 전형적인 형식일텐데, 이는 부르주아가 그러한 연극에서 자기 자신을 보기 때문이다. 부르주아지는 예술(문학이나 철학은 말할 것도 없고)로부터 자기의 확신에 대한 강화를 기대하는데, 음악과 같이 고도로 중성화된 분야에서조차 전위의 대담함에 관해서는 충분하게나 불충분하게나 결코 진정으로 승인할 수 없다. 그리고 (프루스트의) 깡브르메르Cambremer부인처럼, '예술에 있어서는 항상 혁신 쪽에 있음'을 스스로 확언하는 데 별다른 고통을 느끼지 않고 있었던 현명한 예술애호가들이 있었다고 하더라도 (예술가들의 혁신성을 거부했던) 과거의 사람들과 같이 비록 상징적이라도 무질서에 대한 동일한 초조함을 가지고 있으며, 예술적으로 승화될 때조차도 '운동'mouvement에 대한 동일한 공포감을 가지고 있는 플로베르나 말로의 찬미자들이 오늘날에도 존재하는 것이다.

전위 예술의 생산이 불균등하면서도 항상 단기적으로 부르주아지들의 기대를 저버리는 데 바쳐졌다는 것을 이해하기 위해서는 예술 생산의 전체적인 논리와 그 장이 지배계급의 장과 유지하고 있는 관계를 고려해야 한다.34) 분석이 단지 일련의 대립들의 끝에서만 예술적 전위의 취향을 드러내 준다는 것은 결코 우연이 아니다. 사실 모든 것이 예

---

34) 가장 진보적인 생산자들을 사후(死後)의 시장이나 이익으로 향하게 하는 생산과 소비 간의 본질적인 괴리에 대해서는, P. Bourdieu, Le marché des biens symboliques, L'année sociologique, vol. 22, 1973, pp. 49 ~ 126; La production de la croyance: contribution á une économie des biens symboliques, Actes de la recherche en sciences sociales, 13, 1977, pp. 3 ~ 43을 볼 것.

술의 정통성을 체현한다고 할지라도, 그것은 예술생산자들의 전위적 취향이 준(準)-부정적인 방식으로, 즉 사회적으로 인정받은 모든 취향에 대한 다음과 같은 거부들의 총합으로서 스스로를 정의했던 방식으로 이루어지는 것이다. 즉 대상인과 벼락출세한 경영자, 예술가들이 생각하는 바와 같이 '부르주아'의 한 화신으로서 플로베르에 의해 조롱거리가 된 '식료품 상인', 그리고 특히 아마도, 오늘날 문화적 자만으로 인해서 정통문화 상품 중에서 가장 접근하기 쉬운 것(가장 손쉽게 접근할 수 있는 오페레타와 통속극) — 곧 이러한 새로운 관객에 의해 격하된다 — 이나 중간문화 상품으로 인도되는 쁘띠 부르주아지들의 **중간 취향**에 대한 거부와, **부르주아적 취향**, 즉 예술가들 중의 한 분파에서 가담자들을 발견하는 '센 강 우안'의 전형적인 사치취향에 대한 거부와, 마지막으로 부르주아적 취향과 대립된다고 할지라도, 예술가들의 시각에서는 단지 (중압적이고 이톤적이며 수동적이고 빈약한 교훈주의didactisme, 그리고 진지한 척하려는 정신과, 특히 용의주도함과 **지체된** 발상 때문에 경멸받는) 부르주아적 취향의 변형태로만 보일 뿐인 교수들의 **현학적인 취향**[35]에 대한 거부이다. 그렇게 해서 이중부정의 논리는 예술가들을 도전에 의한 것처럼 대중취향의 특성들을 계속해서 일정하게 선호하도록 이끌 수 있는 것이다. 예를 들어 우리는 예술가들이 '부르주아적 안락함'과는 대조되는 유지하기 쉽고 실용적인 실내장식을 선택하는 데 있어서, 한편으로 보면 모든 점에서 자신들과 구분되는 민중계급과 중간계급의 하위분파들의 의견과 일치하고 있음을 본다. 이는 그들이 키치kitsch나 팝 아트와 같이 대중취향에서 가장 조소받는 형식들을 이차적인 형태

---

35) 생활양식들을 나타내는 데 있어서, 우리는 금욕적인 취향과 같이 중립적이지만 그다지 환기력을 갖지 않는 용어를 사용할지, 아니면 '현학적인 취향', '부르주아적인 취향'과 같이 상징투쟁의 영역에 포함될 위험이 있는 그 영역에 고유한 '레테르'(이것들은 이 상징투쟁의 영역에서 날조되었다)를 사용할지 항상 망설여진다.

로나마 복원시킬 수 있다는 것과 같다. 여타의 모든 생활양식과 물질적인 집착에 대한 이러한 거리두기에 의해 정의되는 예술가의 생활양식은 특별한 종류의 상속자본을 전제한다. 여기에서 자유시간은 독립요인의 역할을 하는데, 이것은 부분적으로 경제자본으로 대체될 수 있는 것이다.36) 그러나 자유시간과 그것이 획득될 수 있도록 허용해 준 것을 포기함으로써 그 시간을 보호하려는 성향은 다음과 같은 사항을 전제로 한다. 즉, 포기를 가능하게(말하자면 견딜 만하게) 하는 데 필수적인 (상속받은) 자본과 고도로 귀족적인 포기의 성향이 그것이다.

시간의 각인

젊은 사람과 늙은 사람들, (어떤 지위에의) 상승지원자와 현보유자들 간의 대립뿐만 아니라 항상 그러한 대립과 겹쳐지지는 않는(최소한 몇몇 부문들에서는, 고참자들이 또한 가장 젊은 편에 속하기도 하기 때문에) 계급 내에서의 고참자와 신참자들 간의 대립이 지배계급에서만큼 결정적인 계급은 아마도 없을 것이다. 지배계급은 지배의 주요 원리를 부과하기 위한 경쟁과 각 계급 내에서 계속되는 투쟁으로부터 야기될 수 있

---

36) 일상적인 세계관을 거의 완전히 전도시킴으로써, 예술가들은 (자주 그들의 직업과 무관한 노동에 의해 벌어진) 돈을 자신들의 직업적 활동의 구성 요소를 이루는 '예술가의 생활'을 영위하고 일하기 위한 시간을 사는 수단으로 간주한다는 것은 흔히 있는 일이다 (예술가들의 시간 활용에 관한 흥미 있는 기술은 B. Rosenberg and N. Fliegel, *The Vanguard Artist*, Chicago, The Quadrangle Books, 1965, 특히 p. 312에서 찾을 수 있다). 따라서 예술가들(과 지식인들)은 종종 시장이 없는 물품들을 단기간에 생산하기 위해, 그리고 그들이 희소성과 가치를 창조하는 데 기여하고 박물관, 화랑이나 교양 라디오와 같은 집합적인 상품이나 서비스들을 준-독점적인 방식으로 전유하는 물품과 장소들, 즉 골동품, 작은 레스토랑, 새로운 구경거리 등을 '발견하기' 위해 그들이 마음만 먹으면 벌 수 있는 돈을 물 쓰듯 소비해야만 시간과 교환하는 것이다. 자유 시간 그리고 시간과 맺는 관계의 변이는 불균등한 소비 성향과 함께, 소비지출이 아주 불균등하게 다양한 계급들의 자원ressources을 표현하도록 만드는 요인의 하나이다.

는 위기들을 극복할 수 있는 경우에만 자기 자신의 영속을 견고하게 할 수 있다. 세대간의 차이들(그리고 세대 갈등의 잠재성)이 커지면 커질수록, 지위들에 대한 정의나 그 지위들에 접근하는 제도화된 방식들, 즉 그러한 지위들에 임명된 개인들이 속한 세대양식*modes de génération*들에서 나타나는 돌발적인 변화들은 더욱 중요해진다.37) 따라서 특정한 시점에서 지위에 접근하는 양식의 다양성과 관련된(그리고 특히 관리직이나 상급기술자들처럼, 이 관계에 따라 매우 분산되어 있는 집단들에서 보여주는) 차이들은 다음과 같은 변화들이 야기하는 다양성과 겹친다. 즉 지위에 대한 규정의 시간 도중에 일어나는 변화와 지위에 대한 접근조건들에서 나타나는 변화, 그리고 특히 학력체계의 변형과 그 체계가 생산수단과 맺고 있는 관계의 변용과 연관된 다양한 접근양식들의 상대적인 비중의 변화들이 그것이다.38) 이러한 역사적인 변화들이 상급기술

---

37) 공식적인 통계학에서 사용되고 있는 분류 체계들은 필연적으로 과거 분류 투쟁의 상태와 조응하기 때문에, 그 체계들은 단지 새로운 직업의 출현과 오래된 직업의 소멸 혹은 재정의에 따른 차이들을 회피하도록 해줄 수 있을 뿐이다.

38) 가장 금욕주의적인 윤리적 성향을 높이 평가하는 고연령자들과 현대적 관리직에서 가장 전형적으로 나타나는 가치관을 서로 인정하는 젊은이들 간의 대립은 특히 관리직과 상급기술자들에서, 그리고 이차적으로는 교수와 자유업 종사자들에서 두드러지게 나타난다: 예를 들어, 지배계급 전체에서 양심적인 동료를 선택하는 사람들은 45세 이상의 사람들 중에서 51.5%를 차지하고 있는 데 비해 45세 이하의 사람들 중에서 24.5%를 차지한다. 한편, 활동적인 동료를 선택하는 사람들은 전자에서 19.5%를 차지하고 있는 데 비해 후자에서는 39%를 차지하고 있다. 관리직과 상급기술자들에 있어서는, 활동적인 친구를 선택하는 사람들이 젊은이들 중에서 42.5%를 차지하고 있는 데 비해 연장자들 중에서는 불과 8%를 차지하고 있다. 한편, 양심적인 동료를 선택하는 사람들은 젊은이들 중에서 15%를 차지하고 있는데 비해 연장자들 중에서는 54%를 차지하고 있다(관리직과 상급기술자들에 있어서 보다 현저하게 드러나는 이와 같은 형태의 변이는 '활동적'이란 형용사의 경우처럼 변화하는 '의지가 강한'의 경우나, '양심적'의 경우처럼 변화하는 '예의가 바른'이란 형용사의 경우에서도 확인된다). 정통문화에 관한 취향에서도 동일한 논리의 변화가 관찰된다(이는 아마 문화자본의 전반적인 변화와 상관관계를 가질 것이다): 예를 들어 좋아하는 음악작품에 대해서 45세 이하의 관리직과 상급기술자들은 『랩소디 인 블루』(45세 이상의 17.5%에 비해 32%)나 『사계』(24%에 비해 47%)를 자주 꼽는데 비해서 『아를르의 여인

자와 관리직들처럼 경제와 가장 직접적으로 연관된 분파들의 경우에서 특히 중요하다 해도, 그러한 변화들은 보다 은밀한 방식으로 지배계급 전체에 영향을 주어 왔던 것이다. 그것들은 결국 세대의 효과라기보다는 생물학적 혹은 사회적 연령의 효과로서 인정받을 만큼 연령과의 관계에서만 자신을 드러내기 때문에, 그리고 궤적들, 즉 집단적 역사에 의해 한 세대 전체에 객관적으로 제공된 기회들의 결정된 상태에 대한 반응들과 같은 개인사들로 재번역되기 때문에 간과되기 쉽다. 자유업들 (또는 최소한, 의사들)은 다른 것들 중에서 가장 맬더스주의적인 지위접근의 조건들을 옹호함으로써, 지위에 대한 전통적인 정의와 그 지위가 요구하는 능력들을 성공적으로 유지시켜 왔다. 말하자면 그들은 역사와 세대 간의 분할을 모면하는 것이다. 반대로, 비슷한 유형의 객관적인 기회들과 결합된 같은 세대양식의 산물 전체라는 의미에서, 관리직이나 상급기술자들과 같은 범주들은 궤적과의 관계와 세대와의 관계 모두에 따라 분리된 개인들을 집합시킨다. 사실, 자격증과 승진에 따른 접근양식의 이중성, 그리고 그러한 이중성에 상응하면서 접근양식과 그것에 상응하는 특권에 대한 정연한 옹호를 방해하는 분할들로 인하여, 이러한 범주들은 교육연한의 연장이 가지는 효과들에 의해 훨씬 직접적으로 영향받아 왔다. 지위에 특권을 부여하는 자격증의 수를 증가시킴으로써, 교육연한의 연장은 자격증과 지위 사이의 실제 관계와 자격증 보유자와 비보유자 사이에서 이루어지는 지위에 대한 경쟁의 형태를 변형시켜 왔던 것이다.[39] 게다가, 경제의 변화는 간부배치와 관리의 상이

』(28%에 비해 14.5%), 『헝가리 광시곡』(58.5%에 비해 32%), 『아름답고 푸른 도나우 강』 (30.5%에 비해 13%) 등을 꼽는 사람은 비교적 적다.
39) 이러한 관계 속에서 교수들은 자유업과 상급기술자·관리직 사이에서 중간적 위치를 점유하고 있다. 그들의 지위에 접근할 수 있는 조건들을 통제할 권력이 결핍되어 있기 때문에, 그들은 최소한 고등 교육의 수준으로 계급 상승의 조건을 통제하려고 애쓰는 것이다 (cf. P. Bourdieu, L. Boltanski et P. Maldidier, La défense du corps, *Information sur les sciences*

한 기능들 사이의 수적·위계적인 관계들이 변형되는 것으로 재번역되고, 그것에 의해서 이러한 변형들은 승진한 독학자, 전문대학 출신의 상급기술자, 자연과학 분야의 그랑 제꼴('이공과대학'Polytechnique, 국립고등광업학교 등) 출신의 상급기술자, 각종의 정치전문학교Institut des sciences politiques나 고등상업학교(HEC)의 졸업생들과 같은 다양한 유형의 양성기관을 나온 사람들에게 제공된 **기회체계의 혼란**을 동시에 야기한다. 여전히 사회적·교육적 출신에 따른 차이들이 언제나 특정 시점에서 형식상으로 동일한 지위를 차지하는 개인들 사이의 중요한 차이들을 결정해 왔고, 경제의 변화에 기인하는 변화들에 대하여 다양한 집단들이 보여줄 수 있었던 반응원리가 그러한 출신에 따른 차이들 내에 존재하고 있음은 물론이다. 가령, 기업에 대한 은행 지배의 강화와, 기업그룹, 자본, 경영, **특허**brevet의 국제화에 기인하는 기술관리에 대한 재정·판매 관리의 강화는 자격증과 그에 적합한 지위로 이끄는 제도들, 즉 한편에는 정치대학Science Po이나 국립행정학교ENA와 고등상업학교HEC, 다른 한편에는 '이공과대학'과 여타의 기술학교들을 재평가하도록 유도해 왔고, 그와 동시에 이러한 제도들이 양성하는 부르주아지 분파들에 제공되는 일종의 기회의 재분배를 야기해 왔던 것이다. 권위 있는 학교들이 가지는 특이한 학문적 위계의 하단부에 위치해 있음에도 불구하고, 이러한 경제구조의 변화 덕택으로, 그리고 주로 각종 정치전문학교의 매개를 통해서, 파리의 대 부르주아지는 아마 이전보다 더 완전하게 경제와 국가의 주요 행정에서 지도적인 지위를 재전유하게 된다(이런 경향은 예를 들어 최근에 점점 더 다수가 하버드, 컬럼비아나 M.I.T.로 유학하는 '이공과대학' 출신자들의 집단적·개인적 반격을 야기한다). 그리고 또 최소한 이미 기성의 위치들이 가지는 이익에 상당하는

sociales, X, 4, 1971).

이익과 정확하게 예상할 수 있는 경력의 한계를 보증해 주기는 하지만, 안전성에의 동일한 보장은 없는 수많은 새로운 위치들*positions nouvelles*의 출현은 이익의 차등적인 기회체계를 교란시키는 경향이 있다. 즉, 최소한 그러한 위치들이 가지는 위험과 이익이 극대화되는 시기에서, 사회구조의 임계점point critique 상에 위치해 있는 이러한 새로운 위치들은 우선적으로 대담한 투자 성향, 투자를 실행하기 위해 필요한 사교관계와 투자에서 성공하기 위해 필수적인 정보를 자신들의 출신계급으로부터 제공받는 사람들의 주목을 끄는 것이다.

> 따라서 상급기술자들과 같은 범주에서, 부르주아지 내에서의 연륜과의 관계만큼이나 문화·학력자본과의 관계에 따라 분리된 개인들의 일부와 조응하는 취향을 가진 집단들을 구별지을 수 있다. 한쪽에는 이미 늙은 상급기술자들이 가지는 쁘띠 부르주아 취향이 있는데, 이들은 중간계급 혹은 민중계급 출신으로서 말단에서 진급했거나 이류 학교를 거친 사람들이다. 그리고 다른 한쪽에는 젊은 상급기술자들의 부르주아 취향이 있는데, 이들은 최근에 그랑 제꼴을 졸업했고 최소한 한 세대 전부터 부르주아지에 속해 있었던 사람들이다.40)

40) 상급기술자들 중에서 48.8%는 (고등교육기관 출신이 아니라) 기사양성학교 출신이고, 6.5%는 기사 면허 이외의 다른 고등교육 면허를 획득한 후에 전향했으며, 10.6%는 바깔로레아 후 1년 내지 2년을 요구하는 면허를 보유하고 있고, 9.2%는 최소한 하나의 바칼로레아를 가지고 있으며, 8.3%는 기술자 면허, 5.0%는 BEPC(중등교육 전기과정 수료증서)), 3.8%는 CAP(직업적성증서), 4.7%는 CEP(직업교육증서)만을 가지고 있을 뿐이고, 3.1%는 어떤 면허도 가지고 있지 않다(보충자료 2). 동일한 직업집단 내에서, 6년 내지 8년의 경력 차이에 의해 다음과 같이 벌어질 뿐인, 처음부터 분리되는 두 개의 범주가 평행할 수 있는 것이다. 한 쪽은 이공과대학의 졸업생이고, 다른 쪽은 내부 경쟁에 의해 승진한 사람들이다. 후자에 속한 사람들은 자기들이 속하게 된 새로운 집단에서 그들이 그 때까지 속해 있던 하위 집단에서의 고참의 이익을 잃어버리기 때문에, 원래 그들이 속해 있던 집단에서라면 획득했을 급여 수준에 이르기까지 몇 년을 필요로 하는 사람들이다. 이렇게 승진한 사람들은 퇴직하기 몇 년 전에야 주임기사의 지위에 오르게 될 것이지만, 이공과 대학 졸

관리직의 주변에 위치한 fourre-tout 범주에서조차 동일한 분할이 재발견된다. 그러한 범주는 다음과 같은 사람들이 동시에 조우하는 일종의 통로이다. 전통적인 문화자본(대개의 경우 과학방면의)을 가지고서 (위임받은) 권한으로 ㅈ무를 수행하는 전직 상급기술자들, 자격증(우리가 '가문'이라는 자격증을 제외한다면)에 의해서만 드물게 인정되는 학업 만회(學業 挽回)에 엄청난 노력을 기울이는 것을 대가로(공기업에서는, 내부승진시험을 통해) 승진한 경영관리직들, 공기업에서 훈련받았지만 그들 중의 다수는 사기업의 고위직으로 이동하게 되는 그랑 제꼴('이공과대학'과 국립행정학교) 출신의 젊은 관리직들, 마지막으로 경영전문학교(비즈니스 스쿨)나 정치전문학교에서 획득한 학력자본을 갖추고(동시에 다른 자본들도 가지고 있으면서), 그들의 출신분파였던 '구 부르주아지'의 생활양식과는 다른 생활양식의 경향을 보이면서, 주로 영업이나 관리에 관계하는 새로운 유형의 관리직들이 그들이다.41)

많은 경우에 자신들이(승진이나 자격증에 의해서) 소유하고 있는 학력자본과 사회자본이 결정하는 다양한 접근양식들은 매우 상이한 경력들과 조응한다는 점을 모든 것이 지적해 주는 것처럼 보인다. 학력자본

업생들은 몇몇 사기업에 '몸담게' 되기를 기대하면서 35세에서 45세 사이에 그 지위에 이르게 된다.

41) '강림(降臨)'이라고 불리우는 것, 즉 공기업의 '엘리트'가 사기업으로 유출되는 것이 증명하듯이, 일반적으로 상급관리직의 범주로 분류되는 사무직(아마도 중앙관청의 요직은 별개의 문제일 터이지만)은 고학력 보유자들에게는 일시적인 통과점으로서의 의미를 가지고 있을 뿐이며, 출신계급이 높을수록 이런 지위는 가볍게 보이는 것이다(예를 들어 지배계급 출신의 국립행정학교 졸업생들과 특히 고위관료의 자제들은 민중계급과 중간계급 출신의 졸업생들보다 국립행정학교를 졸업한 후에, 혹은 정기적으로 사기업에서 일하는 것을 당연하다고 생각하는 경향이 더 강하다). 반대로 '차례차례 승진한' 사람들에 있어서 사무직은 '이름 있는 경력의 마지막을 장식하는 것'이다. 사실, INSEE의 자료에 '상급관리직'으로 분류되어 있는 사람들 중에서 6.2%는 면허를 전혀 가지고 있지 않고, 16.7%는 CEP(직업교육증서), 10.9%는 CAP(직업적성증서)나 그와 동등한 면허, 그리고 11.8%는 BECP(중등교육 전기과정 수료증서)만을 가지고 있다고 답한다(보충자료 2).

'살아가는 방법을 아는' 젊은 관리직

파리에 있는 광고대행사의 관리직인 R. 미셸은 굴지의 다국적 기업에 속하는 프랑스 자회사 사장의 아들이다. 그는 제17구에 소재한 사립 가톨릭 학교에서 교육을 받았고, 그 후에는 정치대학Science Po에서 공부했다. 그의 부인인 이자벨은 지방 실업가의 딸이고, 역시 Science Po에서 공부했으며, 주간지 발행사에서 일하고 있다. 각각 30세와 28세인 그들은 두 명의 자녀를 두고 있다. 그들은 파리 제15구에 위치한 5개의 방이 딸린 현대식 아파트에 거주한다. 그들이 좋아하는 것은 '푹신한 안락함'이다. 그들은 잔일을 즐기는 사람들이 아니며, 따라서 그들 자신이 아파트를 정돈하기 위해 한 일이라곤 전혀 없었다. "실내장식은 우리보다 먼저 살았던 사람들이 한 것입니다. 식당의 초록색은 매우 내 마음에 들지 않았는데, 그 색은 다소 음침했죠. 그 식당을 사용하기는 했지만, 그 색은 내가 집에서 일하는 것을 다소 싫증나게 했습니다." 문에는 테두리 장식들이 있다. "나는 그것이 추하다고 생각해요. 그것들을 없애 버리고 싶습니다. 16세기나 18세기 양식을 모방한 화장마감을 보십시오. 이 현대적 아파트에 있는 것들은 뭐든지 한심할 따름입니다. 나는 이를 참아 왔지만, 그것들은 나를 신경질 나게 합니다"라고 미셸은 말한다. 그는 그러한 것들 중의 약간을 없애 버리기는 했지만 '과감하게 계속하지는' 못했다.

'조부모의 세계'

그들의 아파트에는 '대 부르주아였던 조부모와 증조부모의 세계가 약간이나마 존재한다'. '그림 그리는 데에 자신의 삶을 보냈고 일은 전혀 하지 않았던' 미셸의 조부가 그린 그림들과 그들이 물려받은 다른 그림들, 즉 보뎅, 비시에르, 폴롱의 그림들이 있다. 하지만 '대체로 인상파 화가들과 특히 보나르, 모네, 마네, 풍경화를 많이 그린 피사로를 애호하는' 미셸은 그런 그림들을 좋아하지 않는다.

그는 정물화도, '문제시되는' 그림들도 좋아하지 않는다. "페르낭 레제르의 그림이나, 그와 유사한 그림들은 추하고, 짓누르는 듯하며, 무겁습니다(…). 브라크의 그림을 두 점이나 세 점 정도 보는 것은 흥미 있겠죠. 그러나 당신이 모두 같은 방식으로 그려진 그의 그림 이 백 점을 볼 때에는,

언제나 그렇듯이 결국 같은 것으로 되돌아오겠죠. 나는 그렇게 되는 것이 약간 슬프고, 악몽과 같을 것이라고 생각합니다(…). 나는 풍경화를 입수하려고 애씁니다(…). 내 조모의 집에는 보나르의 그림이 한 점 있는데, 그것은 그녀가 소유하고 있는 그림들 중에서 엄청난 가치를 지닌 유일한 그림입니다. 수많은 자손이 있기 때문에, 우리는 그것을 상속받지 못할 겁니다. 하지만 그림을 소유한다는 것은 놀랍고 굉장한 일입니다. 나는 시간을 초월할 수 있을 만큼 유행을 전혀 따르지 않는 그림들을 원합니다."

이자벨은 그녀의 남편과 완전히 일치하지는 않는다. "현대 미술에는 내가 아주 좋아하는 것들이 있기는 하지만, 그 이유는 색채가 내 마음에 들기 때문이죠(…). 가령 비에이라 다 실바(그녀는 이름에 대해서 주저한다)나 당신 뒤에 있는 토뎅을 나는 매우 좋아합니다." 그 둘 모두 가끔씩 화랑에 가며, 일년에 두세 번씩 전시회를 관람한다. 그들은 브라크 전시회에 갔었고, 틀림없이 뒤랑-뤼엘 화랑에서 전시되는 인상파 화가들의 그림을 보러 갈 것이다.

'우리는 평범한 것들을 많이 보았습니다'

마호가니로 제작된 18세기 영국 풍의 식탁과 의자들은 그들이 결혼한 직후에 런던에서 구입했던 것들이다. "우리가 요즘에도 같은 것을 구입할런지 나는 모르겠어요. 우리가 왜 그것들을 구입했는지는 잘 모르겠지만, 부르주아적 관점에서 보면 훌륭한 투자임에 틀림없습니다." 많은 골동품점을 돌아본 후에, 그들은 "결국 아주 비싼 것들을 선택했습니다. 파리에서는 두 배 정도 더 비쌀 겁니다. 우리는 평범한 것들을 많이 보기는 했지만, 서로 '그것은 우리 마음에 들지 않아'라고 말했죠." 파리로 가구를 주문하는 것은 "문제가 되지 않았어요. 그것은 면세품이고, 단지 TVA(부가가치세)만 지불하면 되거든요." 거실에는 고가구와 현대식 가구, 로슈-보부아Roche-Bobois에서 구입한 서가, 스위스 촌의 상점에서 구입한 소파가 있다…

그의 고용주들은 '재규어를, 중역은 알파-로메오나 랑시아를 소유하고 있는' 반면, 미셸은 '구식 푸조 404'만을 자신의 승용차로 소유하고 있다. "가끔씩, 그들은 '그런 당신은 승용차를 바꾸지 않을 거요?'라고 말하곤 하죠. 내가 차를 바꾸는 것이 그들의 짐을 덜어 줄지도 모르겠어요. 그들은 내가 내 차로 고객들을 방문하는 것을 걱정하거든요."

'그곳에는 광고업계에 있는 사람들에게 적합한 것이 있습니다'
주말마다, 그는 집에서 '멋이 없는 더러운 바지'를 입지만, 일을 할 때에는, 아주 세심하고 우아하게 정장을 한다. 그는 파리의 빅토르 위고 거리에 있는 광고업자들을 위한 재단사인 반스Barnes의 상점에서 양복을 구입한다. "그곳에는 영국 산 직물, 영국 황태자가 입는 다소 호화스러운 체크무늬 의류와 같이 광고업계에서 성공한 사람들에게 적합한 것이 있습니다(…). 그것은 고위 공무원들이 입을 수 있는 옷차림이 아니며, 은행가들도 이를 더 이상 이용하지 않죠(…). 은행에서는 단색의 셔츠가 필요합니다. 은행은 광고업계에 비해 그다지 과시적이지 않거든요. 모든 사람들은 자신들이 가진 것을 쓸 따름이죠(…). 직업상, 우리는 사회계급이나 사회적 카스트로 쉽게 사람들을 분류해 냅니다. 그런 일은 한 카스트에 어울리는 제품을 제대로 부여하는 문제죠. 어떤 새로운 사람이 대행사에 들어올 때, 곧 우리는 한 눈에 그를 판단합니다(…). 커다란 깃이 있는 우단 의상을 입은 사람은 자신에 대한 자신감이 별로 없고, 뭔가를 다른 사람들에게 보여주고 싶다는 것을 그 의상으로 상쇄하는 사람이죠." 잠시 동안, 대행사에 '아주 평범한 배경을 가진 경리부장'이 있다 갔다. "그가 왔을 때, 그는 너무 보기 안 좋은 옷차림을 했기 때문에 사무를 방해했죠(…). 마치 무슨 젊은 노동자처럼 옷을 입고 있었거든요." "가령, 어울리지 않게 깃이 작고, 아래가 꼭 끼며, 다소 짧고, 화려한 색깔을 가진 셔츠와 꼭 끼는 넥타이와 함께 양복을 입는 것은, 우리의 기준에 따르면, 보기 흉합니다."

'그것이 몇몇 비서들이 가지고 있는 것과 같은 속물근성은 아닙니다'
"반대로, 지나치게 유행을 따르는 것 또한 보기 흉하죠"라고 이자벨은 덧붙인다. 그녀는 색깔의 선택에 대단한 주의를 기울이면서, '상당히 고전적인 양식으로' 자신의 자녀들의 옷을 입히고 있다. "나는 이따금씩 주름 장식이 있는 예쁜 드레스가 아주 좋아져요. 영국 산 외투도 그렇고요. 사실, 그것이 멋을 부리는 것이기는 하지만, 『렉스프레스』지의 몇몇 비서들이 가지고 있는 것과 같은 속물 근성은 아닙니다. 그들은 미니라는 이름이 앞에 붙은 새로 생긴 아동복 상점에서 자녀들의 옷을 입히는데, 그 상점들에 있는 의류들은 터무니없이 비싸고 부모들이 입는 옷의 축소판에 불과하죠." 이런 직원들은 "내가 보기에, 모두 옷을 잘 입고 색에 대한 완벽한 감각을 가지고 있어요(…). 고약한 취향을 가지고 옷을 입은 새로 들어온 아가씨들이 있었는데, 그들의 옷차림은 저속하고, 싸구려인데다, 값싸 보여서 정말 보기 흉했죠(…). 게다가 4년이 지나고 나서야, 그들은 결국 자신들이 그렇다는 것을 알게 되더군요." 이자벨은 항상 '고급스런 품격을 지닌, 요컨대 언제나 매혹적인' 옷을 입는 동료를 가지고 있다. "내 말은 그녀의 옷차림이 세련되고, 훌륭하다는 거예요(…). 모든 면에서 멋이 있죠." 미셸의 부친 또한 "옷을 아주 잘 입으십니다. 어떠한 겉치장이 없어도 세련돼 보이기 때문에, 조금도 지나침이 없고, 어울리지 않는 색이 없으시죠. 부친께서는 런던에 자신의 재단사를 두고 계십니다." 미셸의 모친도 "지나침이 없으십니다. 모친께서는 언제나 잘 재단된 예쁜 모피외투를 가지고 계실 겁니다." 그녀 역시 런던에서 자주 옷을 맞춘다.

'제분기나 하찮은 것들을 방치해 두는 지방의 하급 직원들'
"쁘띠 부르주아지들은 어떠한 취향도 가지고 있지 않습니다. 우리는 그들이 인종차별주의자라는 것은 잘 의식하고 있지만, 이는 우리가 자주 쓰는 표현입니다."(미셸과 이자벨은 마찬가지로 대 부르주아지의 구세대에 속하는 사람들의 행동과도 '거리를 둔다'는 점을 줄곧 지적한다 — 특히 아마도 동료의 딸이 사회학자인 만큼, 그녀 앞에서는) 지방 공업경영자인 이자벨의 부모는 더 엄격하거나 덜 너그럽다. "정원에 제분기나 하찮은 것, 소름끼치는 것들을 방치해 두는 지방의 하급 직원들과 같은 쁘띠 부르주아적인 현상에 관해서, 어머니는 '그것은 파렴치한 일이야. 사람들이 그런 짓을 못하도록 금지시켜야 해'라고 말하시곤 하셨죠. 그런 짓은 완전히 독단적이고, 정말 파쇼적예요. 비록 우리가 누구나 자신과 맞는 취향을 가질 권리가 있다는 견해를 옹호했다 하더라도 말이죠."

'익힌 야채와 치즈를 곁들인, 아주 가벼운 식사'
의류나 가구에 관해서와 같이, 요리에 관해서도 거드름과 '지나침'에 대한 동일한 거부, 즉 동일한 '차별화'의 의미가 존재한다. '제조년도를 식별해 내는 포도주 연구가'는 아니지만, 미셸은 '포도주에 관해서는 제법 정통'하다. 지하실에 포도주 저장 창고를 가지고 있는 그의 장인이 포도주에 관해 조금씩 가르쳐 준 것이다. 그의 집에 갈 때면, 그들은 '레스토랑에서는 더 이상 마실 수 없는 전설적인 술인 1926년 마르고Margot 산 포도주'를 마신다(…). "가령 내가 속한 집단 내에서, 레스토랑에 가서 포도주를 선택하는 사람은 바로 나죠. 나는 카오르 사람un Cahors처럼 한심해 보이지는 않거든요. 내 선택이 생-테스테프나 생-테밀리옹이 가지고 있는 것과 같은 취향이 아니라는 것을 나도 알고 있습니다(…). 당신이 조금이나마 알고 있는 것에 비해서, 보통 아무도 포도주를 선택할 줄 모릅니다. 당신은 살아가는 방법을 아는 사람처럼 보이는군요." 그들은 집에 자신들이 구입한 커다란 1926년 뵈브 크리꼬veuve Clicquot 술병을 몇 개 가지고 있다. "고급입니다. 우리는 한 달에 두세 번씩 그 술을 마시곤 하죠. 게다가 연말에 받은 선물들도 있습니다(…). 위스키로 치면, 우리는 시바스를 마셔요. 역시 구하기가 상당히 어려운 술이죠." 그들은 '한 병에 40프랑인 아주 훌륭한 포도주를, 보르도에서 15프랑이나 18프랑을 주고' 구입한다. 저녁에 그들만 있을 때에는 '익힌 야채와 치즈를 곁들여서, 아주 가볍게 식사'한다. 그들은 '크림을 곁들인 에스칼로프escalope, 송아지 소테sauté, 카레, 우리가 가끔씩 구입하는 연어 요리들을' 자신의 동료들에게 대접하기 좋아한다. 미셸은 '잿속에서 익힌 포도를 곁들인 싱싱한 오리의 간과 거위고기 조림'을 무척 즐긴다. 그는 상담을 위한 잦은 점심식사 때문에, 르 고 에 미요le Gault et Mill 잡지에서 언급된 100군데의 파리의 일류 레스토랑 중에서 30군데를 가 보았다("30군데 가운데서, 자비로 지불한 곳은 10군데 뿐입니다"). 또한 그는 전통 프랑스 요리('실제로는 아내가 만든 요리')를 좋아한다. 하지만 그는 조그마한 레스토랑에는 거의 가지 않고, '이태리 요리, 중국 요리와 같은 외국 요리'도 별로 즐기지 않는다.

'그것은 건강에 좋거든요'

미셸과 이자벨은 한 골프 클럽에 가입해 있다. "그 클럽은 굉장하지만, 거기에 있는 사람들은 아니에요. 그들은 노망든 사람들이거든요. 프랑스에서는 그들이 사회적으로 엄격히 분류된 사람들일지 몰라도, 일본에서는 골프 클럽에 가입한 사람들이 인구의 30%나 된다고 하더군요." 그 클럽의 가입비는 10,000프랑이다. 그들은 자녀들 때문에 그 곳에 더 이상 가지 않지만, 이미 자신들의 회원권을 도중에 중지시켰다. 미셸은 더 이상 테니스를 치지 않는다. "그것은 짜증나게 힘이 들어요(…). 항상 달려야 하고, 네트에 붙어 있어야 하는데, 이는 내게 심각한 문제를 야기하죠. 나는 허리가 안 좋거든요(…). 골프는 근육에 덜 해를 줍니다." "유행의 희생자들이 이번 겨울에 사람들 입에 많이 오르내렸습니다." 그들은 장거리 스키를 타러 간다. 그들은 또한 중고 경주용 자전거를 구입했고 지난 여름에 긴 자전거 여행을 다녀왔다. "그것은 건강에 좋거든요"

학생이었을 때, 미셸은 공브로비츠Gombrowicz나 브레히트Brecht의 연극을 보러 오베르빌리에 있는 국립민중극장TNP에 가곤 했지만, 지금은 더 이상 가지 않는다. 그들은 최근에 뱅센느에 있는 라 까르뚜셔리la Cartoucherie(탄약고를 개조한 소극장들로 태양극단의 근거지 — 옮긴이)와 파리 오페라 극장에 다녀왔다. 그들은 꽤 자주 영화를 보러 가는 편이다. 그들은 하이파이 오디오와 녹음기를 소유하고 있는데, 그것으로 '프랑스-뮤직' 방송에서 방송되는 고전음악 토론회를 청취한다. 미셸은 모짜르트의 『피가로의 결혼』, 슈베르트, 바하, 베에토벤의 『4중주곡』들을 자주 듣는다. "나는 베베른의 작품과 같은 순수 현대음악을 감상하는 법을 배우는 데에 성공하지 못했어요." 문학작품이나 소설들을 거의 읽지 않는 미셸은 토니 뒤베르Tony Duvert의 책을 읽을 예정이다(그는 '다소 자극적인' 서적들을 좋아한다. 그는 로브-그리예의 『고무지우개Les Gommes』를 읽기는 했지만 "주목하지는 않았습니다"). 그는 심리학이나 경제학 저서들과 같은 '인문학 서적'을 주로 읽는 편이다.

새로운 관리직의 모습

한 주 사이에 『르 몽드』지에 게재된 구인란에 대한 간략한 분석은 새로운 종류의 관리직들이 가지는 특성들의 체계를 확인하기에 충분하다. 다시 말해서 그들은 기업구조의 새로운 상황이 요구하는 바에 따라, 상업화를 지향한다.

'생산직 관리자'이든지, 판매직 상급기술자, 판매직 관리자, 재정 관리자, '일반 판매직 관리자', '판매 전문 기술자'이든지, 그들은 무엇보다도 교섭력을 갖춘 '협상가'여야 한다(1973. 7.3.). 그리고:

* '보다 높은 수준의 교섭'에 소질이 있는: '수완'을 가지고 처신할 줄 아는(7.4.); '모든 수준의 교섭'에 예민한 감각(7.4.); '모든 수준의 교섭'(7.7.); '보다 높은 수준에서 공무원과 교섭하는 데에 익숙한, 아주 훌륭한 협상가'(7.7.); '높은 수준의 교섭에 대한 타고난 재능'(7.5.); '높은 수준의 교섭과 협상'(7.5.); '높은 수준의 협상'(7.5.); '은행과의 협상'(7.3.); '관공서들과의 관계에 책임을 지는 것, 직업 조직 내에서 회사를 대표하는 것'(7.3.); '교섭과 추진에 대한 의욕'; '과제 해결과 인간관계에 대한 관심, 화술의 유창함'(7.4.);

* 그리고 내부 협상에서, 다시 말하면 판매관리부의 책임자로서: '판매와 관리 사이의 조정과 중재에 대한 지속적인 활동'(7.3.); 구매 책임자로서, '이러한 직책은 마케팅부와 생산 조직간의 연결에 대한 완벽한 통제를 요한다'; 판매직 상급기술자로서, '그가 주도해야할 협상들은 이해의 태도와 그의 능력이 정당화하는 창조정신을 필요로 한다'(7.3.); 마지막으로, '고객, 판매원, 공무원, 애프터-서비스 전문가와 제조 사이의 조정자';

* 새로운 상업학교들 중의 한 곳에서 공부한, 즉 HEC, INSEAD, 고등상업학교ESC나 고등실업학원Institut supérieur des Affaires(ISA)들이 대체로 함께 거명되는데, 이 학교들은 대개의 경우 '미국의 대학교에서의 이수기간'(7.6.)을 가진다;

* 다국적 기업에 소속되어 있다는 사실이 함축하는 또는 국제 무역에 전념할 수 있는 자질과 태도를 갖춘('반드시 필요한 영어실력'과 마케팅, 머천다이징 등에 관한 영어용어, 그리고 '기회opportunité' 등과 같은 영어식 표현들);

* (권위를 대체하는) '공동작업'(7.7.)과 '추진'력에 대한 취향을 가지고 있는; '역동적이고 유연한 성격을 가진 사람은(…) 틀림없이 하나의 팀에 합류할 수 있을 것이다'(7.6.); '20명의 부원들을 지도하고 그들에게 동기를 부여하는 것'(7.3.).

* 창조적이고 역동적인('수출이 점차로 신장되는' 회사 그 자체와 같이)(7.4.); '하나의 팀을 지도하고, 고무시키며, 양성하는 것', '역동적이고 창조적인'(7.4.); '역동성, 모험심, 종합력, 그리고 팀정신'(7.3.);

* 젊은(젊은 관리직);

* 기동적인, 다시 말해서 잦은 출장, 특히 미국에서의 체류에 대비해야만 한다.

동일한 측면이 '새로운 희귀조(稀貴鳥)들'이라는 제하의 『렉스빵시옹』지 (1973년 6월호, no 64, p.139)의 같은 호에서 읽을 수 있는, '지원자가 거의 없어서 귀한 직책들'의 변화에 대한 기술에서 나타난다: '개발 책임자는 항상 일년에 70,000프랑에서 80,000프랑을 받고 충원된다; 관리 감사역의 보수는 60,000프랑과 90,000프랑 사이에서 책정된다. Peat Marwick, Arthur Andersen이나 Price Waterhouse에 대한 선호에서 언제나 찾을 수 있듯이, 내부 감사역에 대한 많은 수요가 있다. "하급"은 70,000프랑에서 80,000프랑을, 그리고 "상급"은 110,000프랑에서 120,000프랑을 보수로 받는다. 증권 분석가는 계속해서 일년에 최소한 60,000프랑을 받는다. 양성 책임자에 대한 평가가 폭등했는데, 작년에는 45,000프랑에서 70,000프랑을 받았고, 올해에는 50,000프랑에서 80,000프랑을 받는다. 일류 은행에서는 심지어 110,000프랑에서 130,000프랑을 받는 사람들조차 있다. 대형 슈퍼마켓 관리자에 관해서도 같은 임금상승이 있었다. 올해에는 다섯 명의 도전자들이 눈에 띄었다: 유지 책임자, 호텔 지배인, 머천다이징 책임자(마케팅 계획의 일환으로, 그는 새로운 유통의 순환에 따라 상품의 배치를 개선하려고 한다). 그 하급 판매촉진 전문가는 최대한 "전면"에 상품을 마련해 놓기 위하여, 대형슈퍼마켓의 판매코너를 두루 돌아다니는 것이다. 경영기법 개발책임자(그는 경영의 체계와 기준들을 분석한다, 감사역처럼, 그의 직장 임금은 상당 부분 자신이 끝낸 사무에 의존한다), 공장 감독자(영어권에서 유래하는 그 직책의 기원은 "charter accounting" 사무를 본 경험이 있는 후보자들에서 찾아진다). 그리고 장차 어떤 직책이 부상할 것인가? 두 마리의 새로운 희귀조들이 수평선 상에 모습을 드러낸다. "마케

팅 감사역과 홍보활동 감사역"이 그것이다.'

   1973년에 묘사된 것과 같은 현대의 관리직의 모습은 그 이후 변화된 것으로 보이는데, 이는 아마도 다음과 같은 이유들 때문일 것이다. 즉, 공황이 낡은 경영방식에 더 알맞은 여건들을 제공하고 있기 때문에(그래서 정보 제공자의 말에 따르면, '설명을 듣지 않고서는 아무 것도 말할 줄 모르는' '지도자'가 다시 나타나고 있고, 현장에서 양성된 생산분야 전문가와 판매직 관리자에 대한 수요가 증가하고 있다), 그리고 또한 기술자 양성학교들이 관리자 양성학교들의 대두에 반발해 왔기 때문에(1977년에 '이공과대학'에 주식株式 연구소가 신설된 것이 한 예이다), 그러한 변화가 일어난 것이다. 5,000개의 회사들에 속해 있는 직원 관리자들을 대상으로 실시한 『누벨 에꼬노미스트 Nouvel économiste』(1976. 11. 8.)지의 조사에 따르면, 기업들은 여전히 '열린 정신', '역동성', '적응력과 교섭력', '통합정신'과 '자기 동기부여'를 요구하지만, '충성심'(생 고뱅 Saint Gobain에서)과 '팀정신'(BSN과 오레알 Oréal에서)도 또한 강조한다. 요컨대, 49%가 정치적 입장과 노동조합의 선택에 중요성을 부여하고 있다고 말한 반면, 33%는 이에 동의하지 않는다고 말했다(그리고 18%는 응답하지 않았다).

과 사회자본의 보유자들은 특히 경력의 후반기에서 훨씬 빠르게 이동하는 것이다(관찰자들은 독학자들이 입사에서 대략 35~40세 경에 위치하는 경력의 중반기까지의 시기에 가장 유리한 기회를 가진다는 사실에 대해서 서로 의견이 일치한다). 하지만 직업 생활의 주기 또한 회사들에 의존한다. 가장 규모가 큰 회사들과 친화력이 있는 직업을 가진 자격증 보유자들은 관료적인 유형의 경력을 확보할 수 있는 유일한 사람들이다. 그리고 사실, 우리가 예견할 수 있는 것처럼, 새로운 부르주아 생활양식의 전체적인 특징은 대규모의 사기업에 속한 관리직들 사이에서 보다 잘 관찰되는 것이다.

관리직과 상급 기술자들은 도구, 기계 등의 형태로 객체화된 문화자본을 상징적으로 전유하는 수단들을 독점하고 있다. 그러한 수단들은 경제자본이 문화자본에 대하여 권력을 행사하는 데에 필수적인 것들이다. 그리고 그들은 이러한 독점으로부터 기업 내의 실질적인 경영권과 상대적인 특권들을 획득한다. 그럼에도 불구하고, 그들이 가진 문화자본이 산출하는 이익들은 최소한 부분적으로 이러한 자본에 대한 권력의 보유자들에 의해, 즉 문화자본의 집중과 사용을 보장하는 데에 필요한 경제자본을 소유하고 있는 사람들에 의해 전유된다. 그 결과로, 관리직과 상급 기술자들은 지배계급 내에서 불확실한 위치를 점유하게 되는데, 그러한 위치는 그들을 회사와 '사회질서'에 대한 매우 양면적인 집착에 이르게 한다. 다시 말해서, 정치적·사회적 권리의 요구와 저항에 있어서, 그들이 일반 노동자들과 똑같은 상태에 있다는 인식에서 비롯되는 진정한 연대감을 품는 반면에, 학교의 평가에 의해 확립된 일반 노동자들과의 정당한 거리를 유지하는 것에 대해 유념하거나 보통 노동자들처럼 취급받는 것에 대한 능력본위주의적 분개에 따라 행동하는 것이다. 그리고 역으로, 그들 자신에 대해서나 그들 자녀들에 대해서나 지배계급에 통합되고자 하는 그들의 근심스러운 추구는 항상 자신들이 가진 이해관계의 국면적 상황에 따라 변화하면서, 그들이 완전히 전유할 수도, 완전히 무시하고 거부할 수도 없는 투쟁목표들에 대한 양면적인 유감의 감정과 관계되어 있다. 관리직과 상급 기술자들이 총체적으로 가지고 있는 이러한 모든 특징적인 성향들은 아마도 다음과 같은 사람들에게 있어서 가장 집약적으로 나타난다. 즉, 학력자본이나 해당 시점에서 가장 중시되는 학력자본(예컨대, 전문대학 졸업증보다는 그랑 제꼴 졸업증이 중시되거나, 문학이나 전통적인 자연과학에 대한 교양보다는 경제적·법적 교양이 중시된다), 혹은 이윤에 대한 세금을 가장 높게 부과하는 시장들에서 학력자본이 효력을 발휘하기 위해 필요한 사회관계자본을 소유하고 있지 않기 때문에, **단순한 전문기능자**technicien, 엄밀하게 말하면 경제적, 정치적 또는 문화적인 역량이 없는 실행자의 위치에 처해진 사람들이 그들이다. 그들은 그들을 이러한 위치에 도달하게끔 만든 쁘띠 부르주아적 성향들을 지배계급의 낮은 위치들에 도입함으로써, 사기업에 의해 제공된 새로운 지위들의 많은 부분을 점유하고 있는 그랑 제꼴 출신이면서 대체로 명문가 출신인 젊은 관리직들과 거의 모든 점에서 대립된다.[42] 이 관리직이란 계급분파는 관료적 통계 중에 단순한 범주일 뿐만 아니라, 동시에 그것은 사람들에게 부여되고 스스로 부여하는 표상 가운데서 분명해지는 집단적인 방어운동으로 나타나는

---

[42] 그리고 그 장의 또 다른 영역, 즉 '자수성가한' 수많은 중·대기업 경영자들에 대해서도 마찬가지이다. 홉이 말한 바 있는 관성이 붙은 배처럼, 그들의 아비투스는 계속 금욕주의와 절약의 미덕, 최초의 취향과 관심을 연장시키려는 경향이 있다. 즉, 경영자들은 그들이 경영하는 기업의 규모와 지위, 그리고 이와 불가분하게 그들이 소유하고 있는 부동산이나 그랑 제꼴 졸업장 등에 따라서 서로 구분된다. 뿐만 아니라, 그들은 정도는 덜하지만 그들이 차지하고 있는 위치로 그들을 인도해 온 궤적에 따라서도 서로 구분되는 것이다(이상의 분석은 이후에 행한 프랑스의 대기업 200개 회사의 경영자들의 특성에 대한 분석에 의해 검증되고 분명해졌다 — Cf. P. Bourdieu et M. de Saint Martin, "Le Patronat", *Actes de la recherche*, 20~21, mars-avril 1978, pp. 3~82).

데, 이 계급분파의 분산은 '관리직'이라는 위치가 가지는 객관적인 모호함을 나타낸다. 그것은 관리직들이 협력과 거리두기 사이에서 동요하게 되어 있고, 그래서 그들로 하여금 자신들의 연대성을 방매(放賣)할 수 있도록 해주는 **병합전략**stratégies d'annexion의 목표가 되는 것으로 귀착되기 때문이다. 그런데 그들의 연대성은 '관리직'이라는 말이 한 지위의 점유와 연계된 보수(報酬)로서, 명목과 실질과의 게임에서 특히 유효한 한 수단인 자격증 중의 하나라는 사실에 기인한다.

비록 새로운 지위(그에 조응하는 생활양식을 가진)와 기존의 지위들 간의 대립이 사기업과 공기업간의 대립에 정확하게 부합하지는 않지만, 특히 '신흥 부르주아지'의 독특한 생활양식이 존재하는 사기업 관리직에 있어서는 그러한 대립이 나타난다.43) 그리고 실제로, 우리의 조사가 신흥 부르주아지의 변별적인 특징들을 대체로 불완전하게만 포착한다고 하더라도,44) 그 조사는 공기업 관리직(대부분 민중계급과 중간계급 출신이고, 상급 기술자와 보다 유사한)과 사기업 관리직(더 젊고, 전체적으로 더 높은 출신계급을 가지면서, 많은 경우에 고등상업학교HEC와 정치대학Sciences po을 거친, 그래서 자유업과 유사한) 간의 사소하지만 체계적인 대립들 전체를 기록하고 있는 것이다. 사기업 관리직들은 골동품상들과 다소 잦은 만남을 가지며, 다음과 같은 것들을 선택한다. 즉, 그들은

---

43) 사기업 관리직들을 다른 분파와 구별짓는 SOFRES의 앙케트에 따르면, 그들 중 22%가 35세 미만이고 49%가 49세 미만인데 비해서 공기업 사무관리직들은 각각 14%와 40%로 나타난다(보충자료 2). 관청의 상급관리직들(범주 A)의 세대 당 평균과세소득은 47, 323프랑인데 비해서 다른 상급관리직들은 62,803프랑이다(보충자료 1).
44) 1963년에 실시된 이 앙케트는 실천들과 역사적인 조건에 결합된 선호체계들의 변이를 포착하는 데 최선의 수단이라고는 할 수 없었다. 그런 이유로, 우리는 '관리직의 소비행위'에 대한 시장조사(보충자료 5)의 2차 분석에 의존해야만 했다. 사치재의 수요에 대한 세심한 예상에 의해 유지되었기 때문에, 그들의 소비행위는 새로운 생활양식들 중에서 가장 변별적인 소비행위들에 안성맞춤이었다.

'사업상의 관광여행'

업계의 용어로 '포상 세미나'와 '고급 세미나'라고 불리우는 것들은 현대적인 기업들이 자신들의 관리직들에게 제공하는 일련의 비밀스러운 이익들의 일부를 이룬다. '숙박 설비가 있는 세미나들'(다시 말해서, 하루 이상 지속되고 회사 밖에서 벌어지는 세미나들로서, 1973년에 25,000개의 세미나들이 개최된 것으로 추산되었다)은 '사업상의 관광여행'을 전문으로 하는 호텔들(노보텔, 프랑텔, 소피텔, P.L.M., 메리디엥Méridien, 메르뀌르 Mercure, 모텔르리Motellerie)을 수반하는 가장 번창하는 산업이 된다. 총매상고의 4%를 사용해서 체인을 설립하는 것(Seminotel과 같이)은 세미나와 회의를 전문으로 하는 일단의 호텔들의 격상을 보장한다. 고문 회사들(Cegos나 Sema)과 그 회사에 속한 사회심리학자들은 '창조성에 관한 세미나'와 그 세미나를 준비할 책임을 지는 '지도원'들을 파견하고 있다(1일 당 200프랑에서 600프랑까지의 가격이 책정된 294가지의 '양식들'이 수록되어 있는 세고스Cegos의 '목록'을 보라). 세미나르크Séminarc는 인세아드Insead의 한 졸업생이 고안해 낸 것인데, 그는 가을과 봄의 여섯 달 동안 침체되어 있는 레 자르끄les Arcs의 휴양지가 가진 수익성을 높이기 위해, 그 곳을 세미나 센터로 만들었다. 이 뉴스를 실은 경제 주간지(『렉스빵시옹』, 1973년 12월호)에 따르면, '가을과 봄은 상급 관리직들이 명상하기에 좋은 시기이다.' 성수기에는 최고 경영자를 위한 호화 세미나들과 주요 고객들을 맞아들이는 반면, 비수기인 겨울에는 '열심히 근무했던 판매부원들을 위한 재교육-포상 세미나들'로 예약되어 있다. 이러한 문제들에 정통한 사람으로 알려진 질베르 트리가노(클럽 메디떼라네Club Méditerranée의 사장 — 옮긴이)는 '20년 후에, 우리 클럽은 아마도 50%의 명목상의 회의와 50%의 진짜 휴가를 마련하게 될 것입니다'라고 말한다. 인플레이션의 원인들에 대해 자문해 보는 사람들은 소홀히 다루어진 다른 요인들 중에서, '사업상의 관광여행', '회사 증정품', 직무용 승용차를 가진 실업가들이 다른 실업가들에게 수지맞는 사업의 한 원천이 된다는 사실을 고려해야 할 것이다.

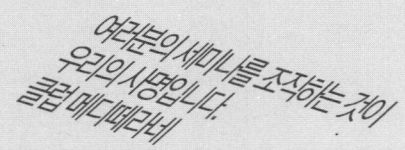
여러분이 세미나를 조직하는 것이
우리의 사명입니다.
클럽 메디떼라네

"한 세미나 참가자의 고백"

"저는 클럽 여종업원들의 천사 같은 미소, 신속하게 처리되는 수속절차, 시간을 엄수하는 비행편(우리가 튀니지에 갔었다고 제가 당신에게 말씀드렸죠?)들을 인정합니다. 마을에서 환대를 받은 것처럼, 여행은 아주 쾌적했어요. 제르바 라 두스Djerba la Douce는 정말 조그만 낙원이에요. 얼마 안 있어 리용과 브뤼셀에서 온 단체들이 우리처럼 특별기를 타고 도착했습니다. (태양 때문에) 옷차림을 바꾸고 나서, 우리는 일정과 클럽에 대한 소개를 들었죠. 그 후에, 요리 전문가의 보증이 있는 클럽의 풍요한 식탁la table d'abondance에 갔습니다. 이름을 내세울 만한 곳이더군요. 다음에, 음, 맞아. 저는 버뮤다bermuda에 있었습니다. 수상스키를 타는 것 말고는 달리 할 게 있겠어요? 일이요? 일은 이튿날에 시작해서 다음 날에도 계속되었죠. 하지만 항상 아침에만 일했어요. 그것도 훌륭한 조건을 갖춰진 곳에서요. 영사기, 개인용 마이크 등과 같은 좋은 시설이 구비된 쾌적한 회의실이 있었거든요. 그 클럽으로서는 재차 좋은 점수를 딴 셈이죠.

그런 분위기는 보고와 토론이 활발하고 아주 재치 있게 진행되도록 해 주었죠. 나머지 시간은 소풍, 음악회, 스포츠…(결코 강제적이지 않습니다) 무위도식하기, 공연, 야회들로 채워집니다. 물론 나이트클럽도 있고요. 마지막 날에는 디너쇼가 있었습니다.

자, 훌륭한 세미나란 이처럼 유익한 것입니다! 사람들은 정말 편안함을 느낄 수 있는 좋은 조건 속에서 효과적으로 일하게 되죠. 저는 설교를 늘어 놓는 사람처럼 보이고 싶지는 않습니다. 하지만 당신이 그 클럽보다 더 좋은 곳을 추천하실 수 있을까요?"

『렉스빵시옹』, $n°$ 63, 1973년 5월호

"별 셋짜리 세미나"

"별 셋짜리 호텔 다섯 곳:
트루아 자르끄 Trois Arcs(고급설비)
라 까스까드 Cascade (디럭스)
삐에르 블랑슈 Pierre Blanche (고급설비)
라 까쉐뜨 Cachette(호화설비)
뒤 골프 Golf(호화설비)

모든 침실들에는 욕실과 화장실이 딸려 있고, 전화(그 휴양지에는 자동식 통화기가 있다), 라디오 등이 설치되어 있다. 레스토랑은 아르끄 삐에르 블랑슈Arc Pierre Blanche와 정상에 열두 곳이 있고, 아르끄 샹뗄Arc Chantel에 두 곳이 있다."

"여러분이 푹 쉴 수 있는 세미나"

"자연 전체가 레 자르끄les Arcs를 지배해 왔습니다. 휴양지는 산의 격렬한 급류만이 흘러내려 오는 장소인 이제르Is re 계곡을 굽어보는 곳에 위치해 있습니다. 운 좋게도 햇볕이 잘 드는 곳에 위치해 있기 때문에, 이 계곡에서는 일광욕을 최대한 즐기실 수 있습니다."

회의실만큼이나 호텔 침실에서도, 여러분은 몽블랑의 산악지대에 펼쳐져 있는 전경을 한눈에 보실 수 있습니다."

*Séminarc*에 대한
참고자료에서

1975-1976년도 요금표

(1975. 12. 1. ― 1976. 11. 30.)

별 셋짜리 호텔 600실. 요금은 일인당 일일당(단위 프랑)

참가자수	비수기	성수기 (학교의 방학 중 76. 1. 24.~76. 3. 20)		
		1박2일 2박3일	3박4일	4박5일 5박6일 6박7일
10~25인	170	250	235	205
26~50인	165	245	230	200
51~75인	160	240	225	195
76~100인	155	235	220	190
101~200인	145	230	195	185
201~300인	135	225	190	180

'행복한 세미나 참가자들'

'만약 성공적인 회의나 세미나를 위한 최적의 장소가 있다면, 그 곳은 바로 몽블랑 산악지대의 중심부에 위치한 므제브 Megève(오뜨-사부아 Haute-Savoie) 근처의 몽 다르부아Mont d'Arbois에 있습니다.

저는 세미나 참가자들과 회의 참가자들을 만났는데, 그들은 햇볕에 그을려 있었고, 편안해 보였으며, 요컨대 거기에 있는 것을 행복해하고 있었습니다. 물론 일을 위해서이기는 하지만, 낯설음을 맛보는 것과 휴식을 취하기에 좋은 환경에서죠.

업무의 측면에서, 호텔 르 몽다르부아(le Mont d'Arbois)는 각 기업의 특별한 요구들에 부응합니다. 시설이 아주 완벽해요. 20명에서 200명까지 맞아들일 수 있는 회의실과 위원회실, 시청각 기구, 동시 통역기 등이 구비되어 있거든요. 그처럼 각 시설이 '당신의 뜻대로' 준비되는 것이죠.

에어 알쁘Air Alpes의 비행기(몽 다르부아는 파리와 90분 거리에 있습니다), 기차(파리에서 야간열차를 타면 됩니다), 그리고 도로(당신은 자유롭게 여정을 선택할 수 있습니다)를 통해 거기에 갈 수 있습니다.

기분전환이라는 면에서, 그 곳은 낙원입니다. 계절에 따라, 당신은 몽블랑의 환상적인 산악지대 중심부에서 스키를 타거나 프랑스에서 가장 아름다운 골프 코스들 중의 한 곳에서 골프를 칠 수 있거든요. 또한 호텔에서는 테니스 코트, 사우나실과 체육관이 딸린 실내 수영장을 당신 마음대로 이용할 수 있어요.

스포츠를 좋아하지 않는 사람들을 위해서, 비할 데 없는 경치와 다양한 가능성을 지닌 므제브Megève라는 매혹적인 마을을 볼 수 있는 훌륭한 산책로가 제공됩니다. 호텔 자체에 대해 말하자면, 무대가 마련되고, 오케스트라와 스타들까지도 출연하는 즐거운 야회가 요청에 따라 열릴 수도 있습니다. 식사에 있어서는, 이 최고급 호텔에서 아주 친절한 서비스와 함께 나무랄 데 없는 요리를 당신에게 제공합니다. 가격에 관해서는 안심하십시오 매우 경쟁적인 가격이며, 특히 9월과 12월에는 더 그렇습니다. 이에 대해 당신을 납득시킬 수 있는 최상의 방법은 호텔 르 몽 다르부아의 가격을 조사해서 비교해 보는 것이겠죠(tél. 50/21 25 03에 전화해서 톰멘씨(M. Thommen)나 지글러씨(M. Ziegler)에게 문의해 보세요).

마지막으로 한 가지, 고지에 머무르면 정신적인 능력이 고양된다는 점이 입증되었다는 사실입니다. 르 몽 다르부아는 해발 1,300미터에 위치해 있습니다… 당신의 세미나는 보다 효과적일 것입니다.'

— 『앙트르프리즈』, 977, 31-5-1974(광고).

공기업 관리직들이 선호하는 블라밍크Vlaminck, 르누아르, 반 고호와는 대조되는 달리와 칸딘스키를, 『아를르의 여인』, 『라 트라비아타』, 『신들의 황혼le Crépuscule des dieux』, 『소야곡』과 『세라자데Schéhérazade』보다는 『푸가의 기법』과 『왼손을 위한 협주곡』을, 또는 그 밖에 베꼬 Bécaud, 뻬아프와 자끄 브렐보다는 아즈나불, 프랑수아즈 아르디와 브라상스를, 여행담, 역사와 고전작품보다는 철학 에세이와 시를 선택하는 것이다. 그들은 이상적인 동료를 성실하고, 쾌활하며, 침착한 사람이 아닌 예술적이고 기품 있는 사람으로, 그리고 이상적인 실내장식을 검소하고, 균형 잡혀 있으며, 소박한 것이 아닌 복합적이고, 아주 독창적이며, 최신의 것으로 묘사한다. 요컨대, 협의의 문화적 능력(작곡가들에 대한 지식)이라는 점에서는 거의 다르지 않지만, 사기업 관리직과 공기업 관리직들은 에토스의 영역으로 드러나는 모든 영역에서 분명히 대립된다.

만약 두 범주들이 각각 대립되는 범주에 맞는 지배적인 속성들을 보이는 일단의 개인들을 포함하지 않는다면, 이러한 차이들은 훨씬 더 뚜렷해질 것이다. 즉 잠시 동안 공기업의 고위직을 맡고 있는 부르주아 출신의 그랑 제꼴 졸업생들은 '이공과대학'을 졸업한 상급기술자들이나 자유업들과 매우 유사한 반면, 중간계급이나 민중계급 출신이면서 자격증이 없는 사기업 관리직들은 공기업 관리직, 보통 기술자들과 아주 비슷하다.

그러나 신흥 부르주아지를 특징짓는 것은 주로 실업가인 구 부르주아지와의 대립에 의해서이다. 사기업 관리직들은 보다 젊은 나이에 영향력 있는 위치에 도달하고, 대체로 대학 졸업장을 갖추고 있으며, 보다 대규모적이고 현대적인 기업에 대부분 소속되어 있기 때문에, 온천마을에서 휴가를 보내고, 리셉션과 사교상의 의무를 중시하는 전통적인 부르주아지인 상공업 경영자들과 다음과 같은 생활양식에 의해서 구별된다(동일한 대립이 경영자들 사이에서 발견됨에도 불구하고). 즉, 보다 '젊고' '현대적'이며, 여하간 지도자에 대한 새롭고 지배적인 정의에 일치되는 생활양식이 그것인데, 그들 중 거의 전부는 금융 일간지인 『레 제코Les échos』(공업경영자의 보급지수가 91인데 비하여, 그들의 보급지수는 126이다)와 경제·금융 전문 주간지들을 읽는다(공업 경영자의 보급지수가 190인데 비하여, 그들의 보급지수는 224이다). 또한 그들은 자신들의 자본을 부동산에 투자하는 경향이 덜한 것으로 보인다. 게다가 그들은 대체로 세련된 동시에 활동적이고, 많은 경우에 요트, 스키, 수상스키, 테니스, 그리고 이차적으로 승마와 골프처럼 '인공두뇌적'인cybernétiques 스포츠에 열중하고, 브리지와 특히 체스처럼 '지적'인 동시에 세련된 오락게임을 즐긴다. 그리고 무엇보다도, 그들은 외국을 지향하고 (공기업 관리직과 상급 기술자들과 함께, 그들은 외국 여행자 중에서 가장 높은 비율을 차지하고 있다) 현대적인 사고방식에 열려 있는(직업상의 회의와 세미나에 대한 그들의 매우 잦은 참석에서 증명되는 것처럼) 현대적인 관리직이 가지는 역할을 자신들과 보다 철저하게 동일시한다. 우리는 이러한 대립에 대해 명백히 부차적이지만 퍽 유의미한 마지막 지표를 아래의 사실에서 확인할 수 있다. 즉, 상공업경영자들이 전형적으로 전통적인 주류인 샴페인에 가장 집착하고 있는 반면, 사기업 관리직들 중 거의 대다수는 (일정한 비율로) 자신들의 집에 위스키를 소유하고 있다는 사실이 그것이다.45) 지배계급 내에서 보통 정반대에 놓여 있는 위치들과 조화를 이루고 있기 때문에 양립할 수 없어 보이는 사치스러우

---

45) 사기업 관리직의 81%, 상급관리직의 80%, 자유업의 74%, 공기업 관리직의 69%, 공업경영자의 62%, 상업경영자의 60%, 그리고 교수의 58%가 항상 자택에 위스키를 마련해 두고 있다고 말하는 반면, 공업경영자의 80%, 상업경영자와 자유업 종사자의 75%, 사기업 관리직의 73%, 공기업 관리직과 상급기술자의 72%, 그리고 교수의 49%는 샴페인을 보유하고 있다고 말한다.

면서도 지적인 소유물들에 대한 이러한 조합은 기업에 있는 신흥 부르주아지를 전통적인 경영자들과 마찬가지로 교사들과 대립시키는데 전통적인 경영자들에게서 보여지는 화려한 승용차, 호텔에서의 휴가, 요트, 골프들은 지금은 다소 '낡은 유희'로 간주되는 윤리적 취향들을 상기시키는 것이다. 하지만 기업에 있는 신흥 부르주아지는 자유업들과도, 그리고 자유업들을 특징짓는 사치와 교양에 대한 다음의 다소 상이한 조합과도 대립된다. 그 조합은 경제 전문 일간지(『레 제코』)와 주간지(『렉스빵시옹』, 『앙트르프리즈』)들을 구독한다는 사실이 증명하는 경제생활에 대한 강한 집착에 의해서, 그리고 (항공편을 이용한) 잦은 외국 출장, 사업상 필요한 식사와 칵테일파티, 회의와 세미나들과 같은 현대적이고 국제적인 생활양식을 예상케 하는 직업 활동에 의해서 자유업들을 특징짓는 것이다.

신흥 부르주아지의 특징을 규정하는 데에 있어서 경제 전문 일간지와 주간지의 구독이 가지는 결정적인 영향력에 비추어 볼 때, 아래의 사실을 환기시키는 것은 중요하다. 1973년에 프랑스 여론 연구소IFOP에 의해 실시된 조사에 따르면, 『앙트르프리즈』지를 구독하는 사람들 중 20%는 1,000명 이상의 봉급 생활자들을 고용하고 있는 회사들에 속해 있다. 그리고 20%가 화학 공업, 항공 산업, 기계 공업이나 전자 공업계에서 일하고 있는데, 그러한 기업들은 프랑스에 있는 기업들 중에서 단지 2.6%에 해당할 뿐이고, 구독자들 중 6%만이 전체 기업들 중에서 13.5%에 해당하는 건설회사와 공공 토목공사를 담당하는 회사들에 속해 있는 것이다. 호텔, 카페와 레스토랑과 같은 상업 관련 회사들(기업들 중 상당히 높은 비율을 차지하는)과는 반대로, 금융, 서비스와 유통 관련 회사들에는 상대적으로 높은 비율의 구독자들이 있다. 회사 내에서 보면, 구독자들 중 4.6%는 회사 사장이거나 부사장들이고, 15%는 판매직이, 12%는 관리직이 차지하고 있으며, 단지 10%만이 생산직에 종사하고 있다(『앙트르프리즈』지, 구독자들의 직업적 특성, IFOP의 조사결과, Paris, Régie presse, 1973, p. 20). 게다가 『앙트르프리즈』, 『렉스빵시옹』의 (비슷하지만 아마도 여전히 보다 두드러지는 특징들을 보여주는) 구독자들과 『레 제코』의 구독자들은 그들이 경제와 사업에 관해 말하기 좋아하고, 프랑스와 외국으로 자주 출장을 나가며, 신용카드를 소지하고 있고, 외국어로 쓰여진 잡지들을 읽으며, 현대적인 집기(한편으로 보면, 신흥 부르주아지와 새로운 도시 구역간에, 현대식 빌딩과 현대식 집기간에 체계적인 연관을 관찰할 수 있었음에도 불구하고, 매우 모호한 지표이다)를 가지고 있다는 점에서 다른 정기간행물들의 독자와 특히 구별된다는 것을 알 수 있다. INSEAD(유럽 경영대학원)의 졸업생이 보여주는 특징들을 고려함으로써, 이러한 신흥 부르주아지의 이미지를 명확히 할 수 있다. 그곳의 졸업생들은 상당수가 전통적인 경영자출신으로서, 이러한 독창적인 학교제도(그곳의 교육은 많은 경우에 미국에서 양성된 국제적인 교수진에 의해 대부분 영어로 이루어진다)에서 다국적 기업, 특히 미국 기업의 관리직이라는 지위(대체로 판매와 경영을 담당하는)를 향한 성공적인 전환을 달성하기 위해 필요한 능력을 습득해 왔던 것이다. 이런 '역동적이고 젊은 관리직들'은 『렉스빵시옹』(63.5%), 『렉스프레스L'Express』(53%), 『앙트르프리즈』(33%), 그리고 뒤이어 『르 누벨 옵세르바뙤르』(22.5%)지들을 구독하고, 스키(71.5%), 테니스(58%), 항해(37%), 승마(23.5%)를 즐긴다. 대부분 새로운 직업을 가지고 있는 그들의 배우자들(일하는 배우자들 중 10%는 저널리스트이고, 6%는 통역가이며, 12%는 의사거나 심리학자이다)은 동일한 현대적인 성향들(84%가 최소한 외국어 하나는 구사한다)을 공유하면서도 전통적인 문화양식들(28%가 최소한 한 달에 한 번은 박물관이나 전시회를 관람한다)에 보다 집착하고 있다(J. Marceau, The Social Origins, Educational Experience and Career Paths of a Young Business

Elite, Final report for SSRC Grant of 1973～1975, Paris, 1975, p. 117. dactyl.을 보라).

우선 회사들 내에서 벌어지는 분류 투쟁은 생산을 광고에, 엔지니어링을 마케팅에 종속시키려고 하는데, 그 투쟁에서 지도자들의 각 범주는 자기들이 보다 나은 자격을 갖추었다고 느끼는 직무들을 위계의 정점에 위치시키는 일정 규모의 가치관들을 받아들이면서 자신들의 직업적 이익을 증진시키고자 하는 것이다. 그리고 지배계급의 지배분파 내에서 벌어지는 동일한 형태를 지닌 모든 투쟁들은 세계관과 살아가는 법 전체에 관련되는 가치관들의 갈등과 분리할 수 없는데,[46] 왜냐하면 그러한 갈등들은 상이한 부문별 이해관계뿐만 아니라, 상이한 학력과 직업상의 경력들을, 그리고 그것들을 통해 상이한 사회적 충원들을, 따라서 아비투스의 최종적인 차이들을 대립시키기 때문이다. 이와같이 예컨대 거의 모두 정치대학Science Po이나 고등상업학교 HEC 출신들이고 아주 중요한 사회자본(가문간의 교류, 동기생들)을 소유하고 있으며 많은 경우 각종 사교 클럽에 속해 있고 거의 모두 인명록Who's Who과 사교계의 신사록(紳士錄)Bottin mondain에 자주 실리는 대기업의 재정관리자들(『렉스빵시옹』, 1975년 4월호와 7~8월호를 보라)은 생활양식을 이루는 모든 면에서 대부분 기술양성학교를 거치고 대체로 민중계급이

---

[46] 사회세계에 대한 담론들(과학적이라는 표지를 가지고 있는 담론들과 관계될 지라도)이 대부분 항상 상징적 낙인의 전략(단 자기 자신에 대해서는 그렇게 하지 않는)이 되는 이러한 투쟁들에서는, '권위'에 의지하는 것이 상당히 중요한 역할을 한다. 그 때문에 외국에서 공부하는 것임에도 불구하고 '미국에서 공부하는 것'은 이를테면 이중으로 중립적인 '과학'의 객관성을 갖춘 것으로서 높은 상징적 생산성을 가져다주는 것이다. 예컨대 존 맥아더John MacArthur와 브루스 스코트Bruce Scott는 프랑스 기업이 재정관리나 마케팅의 문제보다도 기술적인 문제를 우선시하고, 실제로 이익이 될 수 있는 대량생산과의 관점보다는 오히려 기술적 진보와 새로운 방식의 연구와의 관점으로부터 구상된 기업의 미래를 우선시한다는 비판적 분석을 했는데, 이 분석이 어떻게 이용되었는지는 잘 알려져 있다.

나 중간계급 출신이며 교수들의 여가활동과 매우 유사한 여가활동(등산, 보행 등)을 즐기는 '연구개발부문'의 부장들과 확실히 대립되는 것이다. 이는 지위들(그리고 그 지위들의 점유자들)의 변화가 필연적으로 그러한 변화들을 그것들의 표상 속에서 승인*reconnaître*하려는 일련의 상징적 작업을, 따라서 새로운 분류체계를 부과하기 원하는 사람과 구식 체계의 옹호자들 간의 영속적인 투쟁을 수반한다는 것을 의미한다. 취향은 매순간마다 지배계급에 속한 분파들을 대립시키는 이러한 상징적인 투쟁들의 원칙에 따라 존재하는 것이다. 만약 그러한 투쟁들이 각 행위자를 자신의 생활양식과 결합시키는 이러한 종류의 무조건적 찬동과 기본적인 믿음에 근거를 두고 있지 않다면, 그 투쟁들은 덜 절대적이고 덜 전체적일 것이다. 다시 말해서, 유물론적 관점에서 선호들을 경제적·사회적 산출조건들로, 그리고 외관상으로는 가장 무사무욕한 실천들이 수행하는 사회적 기능들로 환원시킴으로써, 문화에 있어서 **투자**(=자기투입)*investissements*는 경제적일 뿐만 아니라 심리적이기도 하다는 사실이 간과되어서는 안 된다. 예술이나 살아가는 방식에 대한 갈등은 지배계급이나 보다 개별적인 어떤 장에서 지배적인 지배원리를 타인에게 부과하거나, 또는 달리 말해서 사람들이 가장 많이 지니고 있는 자본의 종류에 대하여 가장 유리한 전환율을 획득하는 것을 실제의 투쟁목표로 삼게한다. 그리고 만약 이러한 갈등이 이해관계가 극도로 승화된 형태인 인격의 최종적인 가치관과 관련되지 않는다면, 그 갈등도 그렇게 극적인 형태(예컨대 학교의 교과과정이나 프로그램에 관한 논쟁을 생각할 수 있다)를 띠지는 않을 것이다.

    신흥 부르주아지는 자신의 권력과 이익을 끌어내는 새로운 경제에 의해 요구되는 윤리적 전환을 선도하는 사람인데, 그러한 경제의 기능은 제품 그 자체에 대한 생산만큼이나 욕구와 소비자의 생산에 의존한다. 새로운 경제논리는 절제, 검소, 절약, 계산에 기반한 생산과 축적에 대한 금욕적인 윤리를 신용, 지출, 향유에 기반한 소비에 대한 쾌락주의로 대체하는 것이다. 이러한 경제는 생산 능력만큼이나 소비 능력, 생활수준standing, 생활양식으로 사람들을 판단하는 사회세계를 요구한다. 그러한 경제는 상징재와 상징적인 서비스의 판매자들, 즉 관광회사와 신문・잡지사, 출판사과 영화사, 의류업계와 광고회사, 실내장식회사와 부동산개발회사의 경영자와 관리직인 신흥 부르주아지에게서 확신에 넘친 대변자를 발견한다. 다시 말하면, 그들의 교활하고 명령적인 조언들과 자신들이 본보기가 되는 살아가는 방식의 예증을 통해서, 새로운 취향 생산자들taste makers은 소비, 지출, 그리고 향유의 기술로 귀착되는 하나의 윤리를 제안하는 것이다. 그들은 충고나 경고와 같은 외양을 띠는 규율준수명령을 통하여, 특히 소비행위의 가장 중심적인 주체이자 객체인 여성들에게, 자기를 '해방시킨' 생활양식이 전제하는 소비자의 무수한 의무들을 감당할 능력이 없다는 두려움을 품게 하고, 정신적인 자격결여감(資格缺如感)의 새로운 형태로서, 그러한 의무들을 이행하는 데에 필수적인 성향들을 소유하고 있지 않다는 느낌을 온존시킨다.

신흥 부르주아지는 기업의 장에서 구조가 변형된 결과, 이익의 새로운 전유양식에 적응하기 위해서 필요한 전환을 수행하는 지배분파의 구성원들로 이루어져 있다. 신흥 부르주아지는 윤리적 성향들과 부르주아지 내에서 이루어지는 세계관의 변형에 있어서 전위(前衛)의 위치에 있는데, 부르주아지 자체가 특히 성별간의 노동 분화와 지배의 부과방식이라는 영역에서 뚜렷해진 생활양식의 전반적인 변형에 있어서 전위의 위치(표 22가 보여주는 것처럼)에 있는 것이다.

신흥 부르주아지라는 계급분파는 학교, 교회나 회사에서처럼 은근한 강제manière douce에 기초한, 그리고 사회적 거리 두기의 모든 표현들(특히 의복과 같은 것에서)에 대한 완곡어법과 그러한 거리 두기를 안정시키는 데 적합한 귀족적인 엄격함에 대한 계산된 포기로 나타나는 '느

<표 22> 윤리적 성향의 계급분파별 변이

윤리적 태도	농업 종사자	상공업경영자	생산노동자	사무노동자 일반관리직	상급관리직 자유업
남자는 18세 미만에서도 혼자 외출할 수 있다(1959)	39	29	42	40	62
여자는 18세 미만에서도 혼자 외출할 수 있다(1959)	12	5	14	14	26
18세의 남자에게는 보고 싶은 영화를 보게 해야 한다(1971)	56	62	69	70	69
18세의 여자에게는 보고 싶은 영화를 보게 해야 한다(1971)	55	58	63	66	66
남녀공학은 남자의 교육에 좋다(1971)	59	64	75	81	87
남녀공학은 여자의 교육에 좋다(1971)	55	64	74	78	86
미혼의 미성년자에게 부모의 허가 없이 피임약을 살 수 있도록 해야 한다(1967)	8	18	13	20	32
낙태는 범죄가 아니다(1971)	24	*	44	56	47
자녀들에게 스스로 결정하도록 하고 그들의 결정을 신뢰하는 것이 좋다(1972)	60	60	58	65	70
청년들은 돈을 어느 정도 낭비하지 않고는 살 수 없다(1972)	34	41	42	48	41
남자는 18세 이상에서만 혼자 외출 할 수 있다(1959)	58	71	56	58	38
여자는 18세 이상에서만 혼자 외출 할 수 있다(1959)	83	88	82	82	70
18세의 남자에게는 보고 싶은 영화를 보게 해서는 안 된다(1971)	38	33	25	26	26
	38	38	31	30	28
18세의 여자에게는 보고 싶은 영화를 보게 해서는 안 된다(1971)	21	22	18	13	8
	24	24	20	15	9
남녀공학은 남자의 교육에 나쁘다(1971)	74	70	78	76	62
남녀공학은 여자의 교육에 나쁘다(1971)					
미혼의 미성년자에게 부모의 허가 없이는 피임약을 살 수 없도록 해야 한다(1967)	59	*	43	36	43
낙태는 범죄이다(1971)	36	34	40	29	25
자녀들에게 해야 할 바를 말하고 유약한 자세를 보여서는 안 된다(1972)	50	47	45	37	37
청년들은 너무 많은 돈을 낭비한다(1972)					

* 이 조사에서 경영자는 상급관리직과 자유업의 항목에 포함되었다.
출처: 프랑스 여론연구소(IFOP)

여기서 가정도덕에 관한 모든 질문에서처럼 자유주의나 방임주의에의 경향은 사회적 위계를 따라 올라갈수록 강해지는 경향이 있다(이러한 상관관계는 여기에 기록되지 않은 수많은 통계들이 보여주는 것처럼 도덕적 질서가 아닌 사회질서가 문제되기 시작하면 매우 규칙적으로 역전된다). 상류계급은 항상 윤리적 혁신의 전위의 위치에 선다는 사실을 보기 위해 모든 변이들의 심화된 분석으로 들어갈 필요는 없다. 이 모든 것은 다음과 같은 사실을 지적하는 것으로 보이는데(그리고 특히 사무노동자와 일반관리직은 1959년 이후의 앙케트에서보다 1959년의 앙케트에서 훨씬 더 엄격한 자세를 보인다는 사실), 새로운 교육도덕과 그와 결부된 새로운 성도덕은 점점 더 널리 침투된다고 생각된다. 물론 이런 현상은 한편으로 여성잡지와 여성교육, 가정교육의 전문지가 줄곧 행사하는 정통성의 부과효과 때문이고, 또한 부르주아 계급의 젊은 여성이 고등교육을 받는 경우가 일반화되었기 때문이다. 그 결과 그 여성들의 학생신분이 연장되는 동시에 교육내용이 변함에 따라 부르주아 도덕에서의 여성에 관한 모든 것과 특히 여성들의 관리하에 있었던 모든 가치들이 변화를 겪게 된다. 이 표에서 사무노동자와 일반관리직의 범주에는 기성 쁘띠 부르주아지와 신흥 쁘띠 부르주아지(젊은 사무노동자, 의료보건 서비스 종사자 등)가 포함되는데, 신흥 쁘띠 부르주아지는 전자보다 중등, 고등교육을 받은 경우가 더 많고 그 기간도 전자보다 길다. 그리고 이 신흥 쁘띠 부르주아는 그들이 희망하는 새로운 생활양식의 정통성에 특별히 민감한 것으로 가정되고, 새로운 도덕은 특히 이 분파를 통해 널리 침투하게 되는 것이다.

굿한décontracté' 생활양식에 기초한 새로운 지배양식을 창안하고, (미국으로부터) 도입하는 계급분파이다. 권력의 상징학(象徵學)에 대해 그렇게 많은 역사적 연구가 이루어진 후에도, 복장이나 화장에서의 유행이 지배양식의 기본적인 요소가 된다는 것을 무시하는 것은 단순한 사람들뿐이다. '구식 게임'과 '신식 게임' 간의, 그리고 체제유지적인intégriste 경영자와, 최신의 경영관리술과 홍보활동과 집단역학에 정통한 현대적인 경영자 간의 모든 대립은 아랫배가 나오고 젠체하는 고용주와 햇볕에 그을린 피부를 가진 날씬한 관리직 간의 대립으로 해독될 수 있다. 관리직은 자신의 태도에서처럼 자신의 옷차림에 대해서 '격식을 차리지 않고décontracté', 그가 '노사대표partenaires sociaux'라고 부르는 사람들과의 관계에서처럼 칵테일파티에서 '느긋해décontracté' 하는 것이다.

몸가짐에서와 마찬가지로 말하는 방식에 있어서, 부르주아의 탁월성은 항상 긴장의 완화détente dans la tension, 태도와 절도에 있어서의 여유, 상반적인 특성 사이에서의 흔하지 않은, 즉 공공연하게는 있음직하지 않은 조합에 의해 정의된다. 그리고 모든 것은 마치 구 부르주아지와 신흥 부르주아지를 대립시키는 투쟁에서 그러한 탁월성이 화해시켜야 할 두 집단들의 어느 한 편에 특권을 부여하는 것을 투쟁목표로 하는 것처럼 진행된다. 즉, 지배계급의 연소자들과 신흥 부르주아지가 근엄한 체하는 구 부르주아지의 긴장된 엄격함을 공공연히 고발하고 '긴장완화décrispation'와 '편안한détendu' 생활양식을 권장하는 반면에, 구 부르주아지는 신흥 부르주아지의 '해이한relâché' 생활양식을 비난하고 언어나 품행에 관해서 보다 올바른 태도와 더 많은 절도를 요구하는 것이다.

신흥 부르주아지의 육체적 성향hexis에 대한 일종의 혼합 묘사가 『앙트르프리즈』지(1972년 10월 27일자, n° 894)에 실린 '부동산개발업자'의

물품들은 기술적이거나 미학적이기조차 한 의식(儀式)을 수행하기 위한 것이 아니라, 오로지 이러한 의식을 의미 있게 하고, 말하자면 그것들에 있는 녹patine이 증거가 되는 고색창연함에 의해서 그 의식을 엄숙하게 만들기solenniser 위한 것이다. 이렇게 의식의 도구들로 변형되었기 때문에, 그것들은 자신들이 가진 기능이나 편리함에 관해서 절대로 의심받지 않는다. 즉, 그 물품들은 "당연시되는" 필수품의 일부를 이루는 것이다. 그것들을 사용하는 사람들은 그 필수품에 적응할 것임에 틀림없다.

"부르주아가 거주하는 어떤 구역에는(…), 혁신적이지는 않지만 매우 현대적인 아파트가 있다."『메종 에 쟈르뎅Maison et Jardin』지의 기자에 따르면, 그 아파트는 세르방- 슈라이버(J-J. Servan-Schreiber)의 집이다. "집주인의 방에는 은색으로 도배된 벽이 세 개의 조명등을 가진 스탠드에 의해 비추어지고 있다(…). 침대의 각 면에는, 비행기 조종실의 입구 모양을 띤 출입구가 욕실과 통해 있다. 가장 세밀하게 고안된 것은 침대 곁의 스위치인데, 그것은 욕실의 조명을 밝힐 수 있게 해준다."

『메종 에 쟈르뎅』지, n° 162, 1970년 4월호

초상화로부터 그려질 수 있을 것이다. 여기에 두 개의 견본이 있다: '키가 크고, 날씬하며, 햇볕에 그을린 피부를 가지고 있고, 쥐색 양복을 입고 조가비 모양의 안경을 낀 W. S.는 32세이고, 법학사 학위와 파리 고등상업학교 Ecole supérieure de commerce의 졸업증서를 소지하고 있으며, 실업가의 아들이다.

그는 자신이 직업에 열중하고 있다고 말하지만, 골프와 테니스를 치고 약간의 현대 소설을 읽을 시간을 가질 줄 안다.' '키가 크고, 날씬하며, 앞이마가 벗겨졌고, 미소를 띠고 있는' J.C.A.는 55세이고, 법학사 학위를 소지하고 있으며, 파리 증권시장 근처에서 주식을 거래하는 은행연합회 회장의 아들이다. 그는 '당국과의 교섭에서 만큼이나 그의 동료들 사이에서 편안함과 자신감을 느낀다(…). 비록 몇 년 동안 포커에 무관심하기는 했지만, 그는 한가한 때에 골프장에서 '공기를 마시거나' 오르간을 연주하기 좋아한다.' 그러므로 거의 언제나 그렇듯이, 대 실업부르주아지 출신이면서, 파리의 명문 리세grand lycée를 나온 후 고등교육을 받은 이상적인 혹은 이념형의 이 부동산개발업자는 자신이 예술이나 고전음악 애호가라고 밝히고 최소한 세련된 스포츠들 중의 하나에, 즉 많은 경우에 스키, 골프나 테니스뿐만 아니라 승마, 바다낚시, 요트, 사냥, 비행에 열중한다(이는 그의 '운동선수 같은 외양', '햇볕에 그을린' 얼굴, 또한 소극적으로 보면, 그의 '날씬함'으로 표시된다). 우리가 다른 곳에서 보여주었던 것처럼(P. Bourdieu et Y. Delsaut, 'Le couturier et sa griffe', Actes de la recherche, Ⅰ(1), 1975년 1월, pp. 7~36을 보라), 육체와 그것에서 표현되는 윤리적 성향들과의 관계와 밀접한 연관이 있는 의복의 이용에 관해서는, 『르 피가로』지(1-12-1975)의 한 기사를 인용하는 것으로 충분할 것이다. 그 기사는 BSN의 사장인 앙뜨완느 리부가 활동적이고 편안한 옷차림을 좋아한다는 것과 질베르 트리가노(클럽 메디떼라네의 사장 — 옮긴이)가 좀처럼 넥타이를 매지 않는다는 것을 지적한 후에,

의복이 언어나 다른 모든 특성처럼 준-의식적인 조작의 전략이 된다는 것을 입증한다. '한 젊은 프랑스 실업가가 우리에게 다음과 같이 고백했다. "나는 세 가지 복장으로 옷을 입습니다. 은행가와 공무원을 만나는 지역개발위원회의 모임에 갈 때, 나는 아주 단정하게 옷을 입습니다. 회사에서의 내 옷차림은 자유로운 복장인데, 왜냐하면 나는 실내장식과 비슷한 가구를 제조하는 회사에서 일하고 있기 때문이죠. 공장을 방문하는 경우에는, 나는 가죽 재킷과 터틀넥의 스웨터를 입고 **출근합니다**."'(강조는 필자)

새로운 윤리적 전위집단의 생활양식은 그것이 가진 권력과 생활조건의 근원이 되는 자본구조를 매우 직접적으로 표현한다. 대규모 국영기업, 공기업이나 사기업(이 수준에서는 상당히 인위적인 구별이다)의 관리직들, 또는 현대적이고 많은 경우에 다국적인 대기업의 경영자들은, 자신들의 권위가 현실의 상호작용의 세계와 지역대표로서의 업무와 분리될 수 없는 지방의 명사들인 지방기업의 소경영자들의 방식대로 특정의 토지에 집착하지는 않는다. 일종의 '중심', 즉 지시와 승진통지를 기대할 수 있는 중요한 직책들을 끊임없이 지향하기 때문에, 그들 중 상당수는 국가적이거나 국제적인 학문적 자격증들이 가지는 위신과 권력을 장악하고 있고, 국가적 혹은 국제적인 위계에서 경제시장과 상징시장을 재위치시키는 그러한 시장들의 통합이 진행됨에 따라 점점 더 평가절하되는 국지적인 특권과 위신들로부터 보다 해방되어 있다. 그들은 자신들이 가진 위치가 단지 다음과 같은 것들에만 빚지고 있음을 확신해 왔다. 즉, 각종의 정치전문학교나 비즈니스 스쿨에서 교육받은 경제-정치적 교양, 그리고 서로 밀접한 연관을 가지면서 회의, 위원회나 세미나들에서 자신들이 만들어내는 데에 기여하는 현대적인 경제관과 사회관을 주입받음으로 인해서 그들이 보증한다고 간주되는 학문적 자격증과 기술적이고 '인격적인humaine' 능력('정력', '투지' 등)이 그것들이다. 따라서 이러한 '활동적인 관리직들'은 미국식 경영자managers들이 마시는 위스키, 자신들의 부인에게 위임된 '문예'에 대한 예찬, 그리고 영어로 읽는 경제 뉴스에 대한 취향을 위하여 '구 프랑스'의 경영자들이 마시는 샴페인(그리고 세계관, 프랑스에 대한 시각, 세계 속의 프랑스에 대한 시각 전체가 그것과 동행한다)을 포기해 왔던 것이다. 자주 그러한 경영자들의 상속인들이고, 사실 시간에 의해서만, 그래서 많은 경우에 연령(이 용어가 가지는 일반적인 의미로는 세대의 효과라고 생각될 수 있는 것)에 의해서만 구별되는 구식 경영자들의 부정(否定)이자, 미래인 그들은 보수적인데 있어서는 앞 세대를 넘어서는 사람들인 것이다.

지배분파 내부의 구조뿐만 아니라 지배분파와 피지배분파 간의 관계가 가지는 구조도 다음과 같은 때에는 심하게 변화되는 경향이 있다. 즉, 지도적인 분파 중 점점 많은 부분이 자신의 권력은 아니라 하더라도 최소한 그러한 권력의 정당성을 경제자본으로부터 직접적으로 얻는 것이 아니라 형식상 순수하고 완전한 학력경쟁에서 획득되는 학력자본으로부터 얻게 되는 때가 그것이다. 경제의 새로운 지도자들은 그들이 부여받은 새로운 문화, 다시 말해서 기업경영에 적용되는 경제학의 한 분야를 발전시키는 것과 함께 점점 더 폭넓게 요구되는 그들이 가진 세계관의 합리화로부터 자기의 사회행동에 관한 지적인 권리의 권위를 보유하는 감각을 얻어낸다.[47] 그렇게 해서 지식인의 '무사무욕한 교양'과 자신의 실천에 대한 통상적인 이해관심에 사로잡힌 '부르주아지'의 '무교양(無敎養)' 간의 대립은, 지식인의 무상(無償)의 비현실적이며 비현실주의적인 교양과, '현대적인 관리직'의 경제적이거나 복합기술적인

---

[47] 이러한 세계관에 대해서는, P. Bourdieu et L. Boltanski, "La production de l'idéologie dominante", *Actes de la recherche*, II(2-3), juin 1976, pp. 3~8을 볼 것.

polytechnique 교양 간의 대립에 자리를 내주게 되는데, 이들 관리직은 단순한 '실천'의 무가치함으로 환원될 수는 없는 행동에로 지향된다. 그리고 이런 현상은 신흥 부르주아지에게서만 일어나는 일은 아니다.

구식 지식인들이 정통적인 문화적 실천들이나 최소한 이러한 실천들에 대한 정의를 부과하는 데에 있어서 명백한 독점을 유지하게 되는 것은 아마도 문화를 생산하고 보급하는 제도들(특히 교육체계)의 관성, 문예와 예술에 관한 교양이 특히 '무사무욕'한 교양의 형태를 띠게 되고, 그렇게 해서 다른 계급들과의 관계에서 가장 정통적인 구별의 증거가 된다는 사실 속에서 영속적으로 강화되는 아비투스의 지체현상의 덕택이며, 또한 남성들에게는 활동, 경제와 권력에 정향된 새로운 문화를 일임하면서, 여성들은 취향을 판단할 수 있는 특권과 전통적인 양식으로 문화자본을 유지하는 임무에 국한시키는 성별간의 노동의 분화 덕택일 것이다. 필요하다면, 이러한 점에 의하여 '남성적인 것'과 '여성적인 것'간의 대립의 변형으로서 '행동인'과 '지식인' 간의 대립을 착상해 내는 지도적인 분파들의 경향성이 확증될 수 있다.48)

---

48) 성별에 따른 정기간행물 독자의 분포는 이러한 관심의 분리를 아주 확실하게 보여주고 있다(잘 알려져 있는 바와 같이, 그 분포는 여타의 어떤 계급보다도 지배계급에서 불명확하게 드러나기는 하지만). 여성 독자의 비율은 기술, 자동차, 경제 혹은 과학에 바쳐진 정기간행물에서는 매우 낮고, 또한 정치색이 어느 정도 짙은 정기간행물에서도(즉, 정론지 ─ 일간지와 주간지 ─ 에서도) 낮다. 그 비율은 문학, 가정, TV, 예술관련 정기간행물에서만 남성 독자의 비율과 같을 뿐이다. 『로로르』에서, 『프랑스-수와르』, 『르 몽드』, 『르 피가로』, 『렉스프레스』, 『르 누벨 옵세르바뙤르』로 이동함에 따라서, 즉 독자 중에서 지배계급의 지배분파들의 비율은 감소하는 반면에 피지배분파의 비율은 증가함에 따라서 여성 독자의 비율(정치적인 것을 우선시하는 정기간행물과 관계될 때에는 보통 상당히 낮아지지만)이 증가하기 때문에, 성별간의 분업에 대한 전통적인 표현에 동의하는 독자들의 빈도도 다양한 분파들간의 동일한 논리에 따라 변화한다고 가정할 만하다. 즉, 가장 '여성적인' 분파들은 일에 대한 전통적인 정의를 받아들이려는 경향이 약한데, 그 정의에 따르자면 여성은 정치적인 것으로부터 배제되고 스스로 배제시킨다.

세속적 권력과 비세속적 권력

상이한 종류의 자본의 소유는 계급귀속을 정의하고 자본의 분포는 권력의 장champ du pouvoir을 구성하는 세력관계 내의 위치를 결정하는 동시에, 과거에는 '출신', '재산'과 '재능'이었고 지금은 경제자본과 학력자본인 이러한 투쟁들에서 채택될 수 있는 전략들을 결정한다. 또한 이와 같은 자본의 다양한 종류는 권력의 도구인 동시에 권력투쟁의 목표(내깃돈)가 되는데 사실상 그 권력은 불균등하며, 그 형태들은 시점에 따라서, 그리고 물론 분파에 따라서 정통적인 권위의 원리나 변별기호로서 승인되는 정도가 다른 것이다. 그러므로 분파간의 위계를 정의하는 것, 달리 말해서 정통적 위계화의 요소들, 즉 투쟁의 정통적 수단과 투쟁목표들을 정의하는 것 그 자체가 분파간의 투쟁목표인 것이다.[49]

게임에 참가하는 사람들이 그러한 투쟁목표들에, 최소한 그것들을 놓고 서로 경쟁하는 것에 대해 대체로 동의한다는 사실로 인해서, 우리는 적대관계 내에서 그러한 투쟁목표들을 결합시키는 공모관계나 공모관계 내에서 그것들을 분리시키는 적대관계를 얼마든지 강조할 수 있다. 가령, 예술가들과 최소한 19세기에는 대개의 경우 경영자이기도 한 예술후원자들 간의 상당히 양면적인 관계를 상기해 보는 것으로 충분하다. 후원자들은 일종의 가부장주의적인 비호에 의해서 예술가들의 상징적인 도전에 응수하는데, 그들은 문화상품 생산자들이 실제로 보여주는 상당히 현실적인 모습, 즉 제멋대로 사는 부르주아의 자식들이나 본래의 궤적 이외의 대체된 궤적을 추구하는 빈곤한 친척들의 모습을 부

---

[49] 경제적인 위계화의 원리가 실제로 지배 원리로서 부과될 때, 그리고 그렇게 될 때에만 지배분파들은 본래의 성격을 드러낸다. 이는 최소한 정기적으로는 생산물의 고유가치와 시장가치 간의 불일치가 시간과 함께 소멸되는 경향을 띠는 문화생산이라는 상대적으로 자율적인 장에서조차 사실이다.

각시키는 것이다. 후원자들은 예술가들의 '이상주의'에 따른 결과들과 '실천적' 감각의 결핍으로부터 그들을 보호한다는 자신들의 과시적인 배려에서 예술가들로 하여금 감수하도록 만드는 착취의 구실을 찾을 수도 있다.[50] 한편, 지식인들과 특히 예술가들로서는 지배계급들에 대해 피지배계급들이 가지는 관계와 지배분파에 대해 피지배분파가 가지는 관계 간의 구조적 상동성에서 피지배계급들과의 체험적이면서 종종 현실적인 연대의 기초를 발견할 수 있다. 동시에 그들은 어떻게 보면 '부르주아지들'이 자신들을 승인하지 않을 수 없는 상징적인 자유특권 franchises symboliques을 이용할 수 있는데, 이는 단지 부르주아지들이 '부르주아'적 물질주의에 대한 예술가의 부정 속에 함축된 대중적인 물질주의에 대한 부정에서 자신들의 정신적인 명예에 대한 탁월한 긍정을 찾아내야만 하기 때문이다.

지배계급 내에서 세속적인 측면에 있어서 지배적인 위치를 점유하고 있는 사람들은 사실상 그들로 하여금 문화상품과 그것을 생산하는 사람들과의 **양면적인** 관계를 유지하게 하는 경향이 있는 모순적인 상황에 처하게 된다. 한편으로 속물적인 물질주의와 남성적인 반지성주의로 인해서 지식인들과 예술가들로부터 거부당하는 그들은 피지배계급에 대해서 자신들을 정의할 때, 지식인들과 예술가들이 그들에 반하여 원용하는 바로 그것을 원용하기 마련인 것이다. 그리고 그들은 '그들의' 지식인들과 '그들의' 예술가들이 자신들에게 제공하는 해결책에 완전히 만족할 리도 없다(다시 말해서, 이러한 지식인들과 예술가들은 문화 생산의 장에서 세속적으로 그리고 **일시적으로** 지배적인 위치를 점유하고 있는데, 그러한 위치는 지배계급 내에서 그들이 본래 점유하고 있는 위치와 상

---

[50] Cf. A. Boime, Entrepreneurial Patronage in Nineteenth Century France, in E. Carter II, R. Forster and J. Moody(eds.), *Enterprises and Enterpreneurs, Nineteenth and Twentieth Century France*, Baltimore and London, Johns Hopkins University Press, 1976, pp. 137~208.

응하는 것이다). '부르주아적' 지식인과 예술가를 정의하는 세속적인 권력과 상관적인 이익에 대한 관계 그 자체가, 지배분파들의 시각 그 자체에서조차 지식인들과 예술가들에게 고유한 것으로 정의되는 '무사무욕함'에 대해 의혹의 눈초리를 던지게 하는 것은 아닐까?

지식인들과 예술가들 역시 사회적 공간에 위치해 있으므로, 그들은 무사무욕함과 보편적이면서 일반적으로 가장 최상인 것으로 인식되는 모든 가치들(이는 그들이 문화 생산의 장에서 지배받고 있는 극점에 근접할수록 더 그렇다)과 강하게 관련되어 있다. 지배계급의 공간에서 대립되는 분파의 실천들을 실추시키기 위한 방책으로 그들이 사용하는 이데올로기적 전략들('센 강 우안의' 연극 주제에 대한 '센 강 좌안'의 비평가들의 언급이 이에 관한 적당한 견해를 제공해 준다)은 그것들의 거의 기계적인 완벽함을 다음과 같은 사실에 근거하고 있다. 즉, 한 영역에서는 가장 중요한 자본이 다른 영역에서는 가장 열등한 자본이 될 확률이 큰 다양한 종류의 자본이 분배되어 있는 교차배열적 분포구조 때문에, 그들로서는 자기가 느끼는 필요성 이외의 다른 필요성에 대응하는 '미덕'을 자의적인 것으로 펼하하기 위하여 해야 할 일을 기꺼이 행하기만 하면 된다는 사실이 그것이다. 세속적 위계가 내세에서 전복되기를 소망하는 것은 '세속적인' 권력의 위계와 '비세속적인' 권력의 위계 간의 터무니없는 불일치에 관한 생생한 체험에서 발생하는데, 그러한 소망은 문화 생산자들과 특히 전체로서의 문화 생산자들이 지배계급의 장에서 점유하는 위치에 상응하는 위치를 문화 생산의 장에서 점유하는 사람들에게는 실제로 당연한 요청으로 부과되는 것이다. 전체로서의 문화 생산자들이 지배분파와 대립되는 것처럼, 그러한 사람들은 지배적 취향에 직접적으로 합치되는 생산물들을 제공함으로써 가장 세속적으로 인정받는 생산자들과 대립된다. 그리고 이러한 사실로 인해, 자신들의 생산물이 그에 적합한 시장을 만들어 내야 하기 때문에 세속적으로 그리고 일시적으로 피지배적인 작가와 예술가들은 자신들의 '현세에서의 금욕'과 그들의 '사명'감을 지지하는 한, 지식인의 진정한 아편이 되는 종말론적 소망의 예정된 전령들이다. 이와 같은 종교와의 유비는 인위적인 것이 아니다. 사실 이러한 두 가지 경우에, 엄밀한 의미로 세속적인 이해와 관련해서 가장 명백한 초월은 이해투쟁들의 내재성으로부터 생기는 것이다.

6장 문화적 선의 — 중간계급

서로 다른 사회계급 성원들은 문화를 승인하는 정도보다는 문화를 인지하는 정도에서 차이가 난다. 무관심을 선포하는 것은 매우 예외적인 일이며 적대적으로 거부하는 일은 더 더욱 드물다. 적어도 시험과 비슷한 문화관련 앙케트 조사가 야기하는 정통성 부과의 상황에서는 그렇다. 정통성의 승인에 대한 가장 확실한 지표 가운데 하나는 사회적으로 가장 박탈된 응답자들이 그들의 무지나 무관심을 숨기려는 경향인데, 그들은 자신들의 눈에 비친 조사원이 소유한 문화적 정통성에 경의를 표한다. 예컨대 그들은 자신들의 문화자본 속에서 『비엔나 왈츠』나 라벨의 『볼레로』같은 소위 경음악이나 다소 소심하게 얘기하는 몇몇 위대한 인물에 대한 정통적인 정의에 가장 가깝게 보이는 항목을 선택한다.1)

정통작품이나 실천에 대한 승인은 언제나 최소한 조사원과의 관계에서 드러나는데, 이 조사원은 조사상황 및 그 자신의 사회적 지위의 비대칭성 때문에 정통성의 부과를 부추기는 권위를 가지게 된다. 정통성의 승인은 단순한 신앙고백의 형식("저는 그거 좋아해요")을 띨 수도 있고, 선

---

1) 음악에 관해 표출된 견해는 작품에 대한 지식과 비교해 봐야 한다. 왜냐하면 가장 '고상한' 대답('고급음악에는 다 흥미있어요')을 고르는 사람들 중에 높은 비율(%)이 클래식음악에 대해 거의 모르는 것으로 나타나기 때문이다.

의의 선언("그것을 알고 싶어요")이거나 무관심을 고백하는 형식("저는 그것에 관심없어요")일 수도 있다. 후자의 경우 사실상 관심의 결여는 그 대상에 대한 것이기보다는 조사원에 대한 것이다. 피카소, 혹은 현대예술의 모든 형식을 총괄하는 총칭개념인 '피카소적인 것', 특히 그에 관해 알려져 있는 것, 즉 일종의 장식스타일은 분명한 고발dénonciations의 대상만이 된다. 이것은 마치 지배문화에 대한 불가능한 거부는 그 문화의 최대 약점으로 보이는 것에로 공격대상이 한정되는 그런 비판의 형태로만 고백될 수 있는 것과 같다. 앙케트 조사의 상황에서 작용하는 정통성의 부과효과는 그러하기 때문에 주의를 기울이지 않는다면 (많은 문화관련 앙케트 조사에서 그렇듯이) 어떤 현실적 실천에도 대응하지 못하는 신앙고백을 만들어낼 수도 있다. 이와 같이 연극관람에 대한 어떤 앙케트 조사에서는 초보적 지식만 가진 응답자의 74%가 "연극은 정신을 고양한다"와 같은 기성의 판단을 지지하거나, 연극의 '실제적'이고 '교훈적'이며 '지적'인 미덕을 추앙하는 추종적 담론에 넋을 잃는 반면에, 영화는 단순한 소일거리이자 쉽고 자질구레하며 심지어 통속적인 것으로 격하시키는 것이다. 이러한 의견표명은 그것이 아무리 허구적이라 할지라도 일말의 진실을 담고 있는데, "연극이 정신을 고양한다"는 의견을 승인하는 정도가 가장 높은 사람들이 문화적으로 가장 빈곤하고 가장 나이가 많고 파리에서 가장 멀리 떨어진 지방에 살고 있는 사람들, 요컨대 극장에 가장 안 갈 것 같은 사람들이라는 사실은 우연이 아니다. 이러한 왜곡된 신앙고백을 액면 그대로 취하거나(수많은 선의의 '문화전도자들'populiculteurs 이 그랬던 것처럼), 반대로 무시하는 것은 똑같이 잘못된 것이다. 이러한 신앙고백은 문화자본과 그것을 집중시키는 여러 기관들이 행사할 수 있는 강제력, 본래 의미에서의 문화적 영역을 훨씬 넘어서 행사되는 강제력에 대한 관념을 생각하게 해준다. 이처럼 문학상을 수여하는 결정기관에 부여된 승인은 이 기관과의 거리가 멀수록, 그리고

<표 23> 계급분파별 문학상에 관한 의견(%)

계급분파	실천		지식	상에 대한 판단			
	문학상 수상작을 산 적이 없다 [1]	이번 일년간 문학책을 사지 않았다 [2]	문학상의 이름을 모른다 [3]	심사의혹 무응답 [4a]	좋은 책 무응답 [5a]	심사의혹 아니요 [4b]	좋은 책 예 [5b]
농업종사자	95	88	65	50	26	44	81
생산노동자	90	75	59	43	20	46	71
상공업경영자	82	63	45	39	16	37	64
사무직노동자 일반관리직	74	53	36	28	10	35	56
자유업, 상급관리직	29	46	16	18	16	33	64
초등교육수료자	94	85	68	51	27	48	78
중등교육수료자	66	67	30	23	8	40	53
고등교육수료자	55	21	9	18	5	25	37

출처: IFOP, 『문학상에 대한 프랑스인의 태도』, 1969년 11월

이 자료들은 완전한 관계들의 체계가 구성되어야 의미가 있으므로, 이 일람표에서는 문학상에 대한 일련의 질문들에서 도출된 일군의 관여적 사실들을 제시하려고 한다.

1. 당신은 문학상을 수상한 작품을 사본 적이 있습니까?
2. 작년에 교과서나 아동서적을 제외한 성인을 위한 일반서적을 사본 적이 있습니까?
3. 해마다 여러 문학상이 수여됩니다. 이들 중 아무 상이나, 아니면 가장 중요한 상의 이름을 대실 수 있습니까?
4. "주요 문학상이 결정되는 방식이 자주 의심스럽다"는 의견에 대해 당신은 어떻게 생각하십니까?
5. "주요 문학상은 일반적으로 매우 훌륭한 책에 수여된다"는 의견에 대해 당신은 어떻게 생각하십니까?

결국 그러한 기관이 부과하고 보증하는 기준에 대해 현실적으로 적합할 개연성이 적을수록 그만큼 무조건적이 되는 것이다.

문학상에 대한 판단을 말로 표현할 경향과 능력은 실제 독서량과 이상에 대한 정보량과 동일하게 변화한다고 해도, 아무 것도 읽지 않은(특히 수상작을 읽지 않은) 사람과 문학상에 대해 아무 것도 모르는 사람들에 대한 수많은 자료는 그들 나름대로 어떤 의견을 표현하며, 대체로 호의적인 의견이다(질문 5에 대해 질문대상자 전체의 54%, 응답자의 67%). 이와 같은 지식 없는 승인은 사회적 위계의 아래로 내려갈수록 점점 빈도가 높아진다(일반적으로 책을 사지 않고 수상작도 사지 않은 사람의 비율과 문학상이나 그 심사위원에 대한 판단을 비워놓았던 사람의 비율 사이의 간격이 커진다는 사실이 보여주는 것처럼). 마찬가지로 문학상의 정통성에 대한 분명한 긍정의 판단을 하는 사람의 비율은, 직업과 교육수준의 위계에서 아래로 내려갈수록 증대되는데(표의 4b란과 5b란을 볼 것), 이런 변이는 질문 자체에 의해 직접적으로 작용하는 정통성의 부과 효과의 탓으로 돌릴 수는 없다(그것은 부정적 판단을 제시하는 질문 4가 똑같은 원리에 따라 변하고 질문 5보다 응답률이 낮기 때문인데 ─ 그것은 물론 질문 4가 응답자의 능력에 호소하고 문학계에 관한 특수지식을 요구하는 것이 분명하기 때문이다).

인지와 승인

문화에 대한 쁘띠 부르주아지의 모든 관계는 어떤 의미로는 인지와 승인 사이의 명확한 격차로부터 도출될 수 있다. 이러한 격차는 문화적 선의를 낳는 원리인데, 문화적 선의는 정통문화와의 친밀도에 따라, 즉 출신계급, 그리고 그것과 상관적인 문화획득양식에 따라서 상이한 형태를 띠게 된다. 즉 상승하는 쁘띠 부르주아지는, 박물관의 방문과 미술품

'오늘날의 직업여성들에게 접대recevoir란 계획prévoir을 뜻한다'

"왜냐하면 직업여성들에게 접대는 때 맞춰 집에 와서 현관문의 초인종 소리가 처음 울리기 전에 꽃을 꽂거나 식탁을 정리하고 새 옷으로 갈아입는 것을 의미하기 때문이다. 일에 바쁜 직업여성들은 직장생활에 대한 모든 생각을 접어두고 미소를 띤 사려 깊은 안주인으로 변신하는 것이다."

"이런 일 — 꽃으로 가득한 환대 분위기의 아파트, 경우에 알맞은 스타일의 서비스, 처음 권하는 담배에서 마지막 이별의 잔까지 하나도 소홀함이 없는 훌륭한 환대 — 에 성공하기 위해서, 대부분 집 밖에서 생활하는 이 여성들은 경영의 고문 같은 재능을 발휘함으로써 그녀들 자신의 부재를 보충해야 한다.

무엇보다도 그녀들의 아파트는 그녀들이 단지 거쳐가는 장소라는 인상을 주어선 안 되고, 거주자의 인격을 반영하여 쾌적하고도 세련된 피신처의 인상을 주어야 한다. 그녀들은 스스로 자신의 집의 첫번째 손님이라고 여긴다. 그리고 손님접대를 위해 할애할 시간이 별로 없기 때문에 그녀들은 자신들이 하루 종일 외출해 있거나 혹은 오랜 여행 중에 있더라도 자신들의 집이 사람들을 갖출 준비가 되어있기를 바란다. 그 결과는 그녀들의 존재와 선호를 증명하는 아늑하고도 따뜻하며 친근한 아파트이다.

만약 그녀들이 좋아하는 색깔이 있다면 장식물이 그걸 즉시 드러내 보인다. 만약 그녀들이 여행을 많이 한다면 매번 집에 돌아올 때마다 무언가 새로운 것이 늘어난다. 만약 그녀들이 그림이나 독서를 좋아한다면 벽과 선반이 그녀들의 취향을 드러내줄 것이다. 직장에서 종종 타인들의 의견에 적응해야 하는 여성들은 자신들의 집을 통해 '제가 좋아하는 것은요…'라고 말하는 매우 여성적인 즐거움을 재발견할 것이다.

어떻게 그녀가 손님을 접대하는가? 그것은 물론 아파트의 배치에 따라 식당의 유무, 또는 고정식이나 변형식 식사코너의 유무에 달려있다. 고전적인 스타일로 만찬을 준비할 지 아니면 우아하고 유쾌한 셀프서비스식의 뷔페로 할지는 이상의 아파트 배치와 그녀 자신의 잠재적 가사능력에 달려 있다.

요리인 경우, 미리 모든 것을 계획해 놓고 손에 노트를 들고서 원격조정기로 요리를 만들기도 한다. 그녀들은 시간절약형의 이점을 가진 모든 현대기술을 잘 알고 있다. 또 그 전날 밤 미리 준비해 둘 수 있는 요리의 목록을 가지고 있으며, 그녀들 자신의 메뉴를 몰개성화하지 않고서 요리업자의 서비스를 이용하는 데 익숙하다.

이것이 바로 손님접대의 전략가로서 오늘날의 직업여성이 스스로 가정에 100% 봉사하고 있다는 환상을 주기 위해 멋과 효율을 결합하는 방법이다."

'현대풍의 접대'

여기서 직업여성은 스스로를 위해 일해왔다(…). 이 실내장식의 창시자는 디자이너이자 실내장식가인 프랑수아즈 세(Françoise Sée)에 다름 아니기 때문이다. 그녀는 센 강이 내려다보이는 방 세 개짜리 아파트에 살면서 진짜 거실과 거실 겸 식당 두 부분으로 나누어진 큰 거실에서 접대를 한다. 이것은 간단하면서도 그리 엄격하지는 않은 배치로서 강한 주장 없이 세부에 관심을 기울이는 매우 여성적인 재능을 보여주는 것이다(…). 라카를 칠한 아코디온식 도어는 필요시에 응접실과 식당 부분을 분리할 수도 있다. 벽 양 편은 밝은 겨자색 천으로 장식되어있고, 카펫은 올리브색 초록이며 커튼은 하얀색 천연 실크, 천정은 하얀 색이다. 이 식사코너는 때에 따라 식당이 되는데, 흰 소파 앞에 그녀는 희뿌연 크롬강(鋼)의 다리를 가진 하얗게 라카칠한 탁자와 맥과이어(McGuire)의 접는 하얀색 가죽 소파를 들여 놓는다. 접혀지면 이 탁자는 까치발 탁자가 되는데, 하얀 보조가구를 가진 완벽한 살롱가구를 구성한다. 거대한 살롱의 안락함은 더 더욱 인상적인데 벨벳풍의 송아지 가죽으로 된 코너 소파가 주위를 압도한다. 그 앞에 강철로 가장자리가 둘러진 녹색의 간소한 목제 탁자가 있다.

'파리의 여주인'

미국판 『보그Vogue』지의 저널리스트이자 대단한 여행가인 수잔 트레인 Susan Train은 센 강 좌안의 현대적인 건물의 방 세 개짜리 조용한 아파트에 가정을 꾸몄다. 미와 모드에 대한 체험으로 그녀는 실내장식에 관한 색채와 재질의 조화와 성공적인 스타일 대비에 매우 능숙하다. 그것은 모두 섬세, 미묘함과 고전적으로 우아한 취향으로 장식되었다. 비록 다소 느긋하게 환대하면서도 그녀는 뷔페의 불편이나 커피탁자의 소풍 분위기를 피하기 위해 작은 식당을 마련해 두었다. 그래서 아무도 음식접대를 도와주지 않는데도 식사 후에 그 문을 닫아 어지러운 뒤치다꺼리를 잊어버리게끔 할 수 있다. 식사 중에는 다 먹은 접시와 식기를 모아두는 고리버들 바구니를 사용한다. 첫번째 코스는 미리 준비를 해두고 나머지 식사차례는 요리 데우는 기구와 함께 손수레에 마련한다. 간단하지만서도 세련된 메뉴인데 이는 그녀가 미국인이자 전세계를 돌아다니는 여행가로서 어딜 가든지 맛있는 요리와 이국적인 아이디어를 수집해 오기 때문이다.

— 『메종 에 쟈르뎅』, 162호, 1970년 4월

의 수집과는 대조적으로 유명 기념건조물과 성(城)을 방문하거나 자연과학 혹은 역사관계의 대중잡지 구독, 사진촬영, 영화나 재즈에 관한 지식의 습득과 같이 정통문화 상품과 실천 중에서 부차적인 형식 쪽에 그들의 무장해제된 선의를 투입하는데, 이는 소위 '분수를 넘는' 막대한 에너지와 재능을 쏟아 붓는 것과 비슷하다. 주거에 관해서 좀더 예를 들어보면, 여성잡지에 게재되는 바와 같이 방 수를 늘리기 위해 '키친 코너', '식사코너', '침실코너' 등으로 코너들을 잘 활용하거나, 공간을 넓게 쓰기 위해 '수납공간', '이동식 벽', '소파겸용 침대' 등 공간절약의 아이디어를 짜내는 것과 더불어, 모든 형태의 '모방'과 사실은 아니면서도 그럴 듯 하게 꾸밀 수 있는 모든 것, 그러니까 쁘띠 부르주아지가 집과 그 자신을 실제보다 더 크게 '보일' 수 있도록 단장하는 모든 방식에서 그들의 선의를 투입하는 형식을 볼 수 있다.

문화적 선의는 무엇보다도 ('유복하게 자란' 친구를 선택하거나 '교육적인' 혹은 '교훈적인' 연예물에 대한 취향 같은) 문화적 순응성docilité culturelle에 대한 가장 무조건적인 증언을 매우 자주 선택하는 데서 드러나는데, 이러한 증언은 대상에 부여되는 존경이 크면 클수록 자기는 그것을 즐길 자격이 없다는 느낌("회화는 좋은데 좀 어려워"와 같은)과 결합된다. 쁘띠 부르주아지는 문화에 대한 외경으로 가득 차 있다. 주나 반즈Djuna Barnes의 등장인물 중, 조셉 프랭크Joseph Frank가 지적하듯이, 또 다른 현대문학의 방랑 유태인 (『율리시즈』의) 레오폴드 블룸Léopold Bloom처럼 자신에게 본질적으로 낯선 문화에 통합되기 위해 투쟁하는 펠릭스Felix[2]를 떠올려볼 수 있을 것이다.[3] 유태인이자 쁘띠 부르주아지로서 이중적으로 배제되고 이중적으로 불안하게 포함되는

---

[2] D. Barnes, *L'arbre de la nuit* (Nightwood), Paris, Ed. du Seuil, 1957, pp. 27〜29.
[3] J. Frank, *The Widening Gyre*, Bloomington-London, Indiana University Press, 1963, p. 36.

펠릭스는 문화처럼 보이는 모든 것에 순종하고 과거의 귀족적 전통을 무비판적으로 존경한다. 이처럼 순수하나 공허한 선의(善意)는 그것을 적용하는데 필요한 기준이나 원리를 결여하고 있기 때문에 자기를 어느 대상에 바쳐야 할지를 알지 못하고 쁘띠 부르주아지를 **문화적 통설**(通說)allodoxia culturelle, 즉 승인과 인지 사이의 격차가 드러나는 모든 동일시의 착오와 오도된 승인의 제물로 삼게 된다. 정통성의 환상 속에 경험되는 이단성인 통설은 무차별적인 외경으로 야기되는데 이러한 외경에는 욕구와 불안이 뒤섞여있다. 쁘띠 부르주아지는 이러한 통설로 인해 오페레타를 '고상한 음악'으로, 통속화를 학문으로, 모조품을 진품으로 취급하게 된다. 그리고 이처럼 불안한 동시에 자신감에 찬 오도된 동일시에서 여전히 뭔가 탁월화의 감정에 근거가 되는 만족감의 원천을 발견한다.4)

이러한 중간문화culture moyenne는 그 주요한 소비자인 중간계급이 보기에 그 매력의 일부를 그것이 포함하고 있는 정통문화에 대한 준거에서 찾을 수 있는데, 정통문화는 두 문화 사이의 혼동을 부추기고 정당화한다. 즉 전위적 탐구를 만인에게 접근 가능하게 해주는 소개작업이나, 전위적 탐구자로 자처하는 모든 이에게 접근가능한 작품들이 있는데, 구체적으로는 연극, 문학의 고전작품을 영화로 각색한 것, 고전음악을 대중적으로 편곡하거나 대중가곡의 클래식풍 관현악용 편곡, 또는 보이스카우트의 합창단이나 성가대를 연상시키는 스타일로 고전음악을

---

4) 중간문화의 재화의 내용 자체가(예컨대 정통적 작품에의 눈에 띄는 참조를 통해) 문화적 통설을 초래하듯이, 이 재화를 판매하는 광고선전도 문화적 통설을 끊임없이 유발한다. 즉 그것은 제공되는 생산물의 경제적, 문화적 접근가능성을 강조하는 동시에 문화적 권위자(아카데미 프랑세즈 회원들과 꽁꾸르 상의 심사위원들 같은)를 상기함으로써 그것의 고도의 정통성을 강조하는데, 그들의 권위는 그 자체로 통설의 결과로 생겨나는 것이다. 그 이유는 이미 본 바와 같이 권위가 대상으로 삼는 승인은 인물의 능력과 반비례 관계에 있기 때문이다.

합창연주하는 등, 요컨대 '고급' 주간지나 버라이어티 쇼를 구성하고 있는 모든 것은 자기가 정통적 소비의 정점에 있다는 감정을 만인에게 주기 위해 조직되었는데, 그것은 제공된 생산물에의 즉각적인 접근가능성과 문화적 정통성의 외면적 징표라는 통상 서로 배타적인 두 개의 특징을 결합하고 있다.

정통적인, 즉 학교에서의 통속화는 그 교육적인 목표를 공개적으로 선언하기 때문에 문화의 전달수준을 낮추기 위한 노력이 요구하는 모든 것을 부끄럼 없이 드러낼 수 있는 반면에, 보통의 통속화는 정의상 있는 그대로 받아들여질 수 없으며, 그것이 전제하는 기만(欺瞞)은 소비자들의 공모에 의존할 수 없다면 필연적으로 실패할 것이다. 이러한 공모는 다른 영역과 마찬가지로 문화에서도 '모조품'의 소비가 일종의 무의식적인 허풍이기 때문에 사전에 보장되는데, 이 허풍은 모조품, 할인품, 중고품들의 구매자들이 "이것은 더 싸면서도 같은 효과를 낸다"고 믿기를 원하는 것처럼, 복사본을 원본으로, 위조품을 진품으로 취급함으로써 가장 먼저 이득을 보는 허풍장이를 우선적으로 기만한다.5)

중간문화의 생산자와 소비자는 중간계급의 공간에서 서로 매우 격리된 위치에 있지만 정통적 문화와 그것의 독점적 수탁자(受託者)에 대해서는 동일한 근본적 관계를 공유하므로 그들의 이해는 미리 이루어진 조화에 의한 것처럼 일치한다. 새로운 문화매개자들은(가장 전형적인

---

5) 소비자들이 판매자들과 스스로 공범이 되는 이러한 방어 메커니즘은 다른 영역에서도 발견된다. 이처럼 시장조사 전문가의 말에 따르면 광고의 가장 중요한 기능은 일단 물건을 구매하게 한 후에 안심시키는 근거를 구매자들에게 제공하는 것이다(J. F. Engel, The Influence of Needs and Attitudes on the Perception of Persuasion, in S. A. Greyer(ed), *Toward Scientific Marketing*, Chicago, American Marketing Association, 1964, pp. 18～29). 이러한 재보험의 이데올로기적 메커니즘은 행위자들의 문화적 실천에 대한 그들 스스로의 평가와 그러한 실천의 객관적 진실 사이의 괴리를 설명해 준다. 공인(公認) 정도의 모든 위계상에서, 장의 구조가 객관적으로 행위자들에게 수여한 것보다 더 많은 가치를 행위자들이 자신들의 실천에 부여하는 것으로 보인다.

것은 TV나 라디오의 교양프로그램 담당자, 또는 '고급' 신문과 주간지에 기고하는 비평가나 작가적 저널리스트 혹은 저널리스트적 작가들이다) 생산자인 아욱또르auctores(창조자, 쓰는 사람)와 정통적 재생산자인 렉또르lectores(해설자, 읽는 사람) — 대량보급수단인 매스미디어를 지배함으로써 얻게 되는 특정 분야에서의 권력을 보유하지 못한다면 문화매개자들은 이들(아욱또르와 렉또르)에 대하여 성공을 거둘 가능성이 없다 — 와의 이중적 경쟁에 직면하여 정통적 문화와 매스미디어에 의한 대량 보급 생산을 매개하는 일련의 장르 ('단편', '에세이', '증언' 등과 같은)를 발명했다. 새로운 문화매개자들은 정통적 보급자들의 신분상의 권위도, 많은 경우 특정 분야에서의 능력도 소유하지 않은 채 정통적 문화를 대중에게 보급하는, 불가능하며 그래서 수행할 수 없는 역할을 할당받았기 때문에 — 이 점이 그들을 렉또르의 입장에 접근시킨다 — 그들은 칸트의 말대로 스스로를 '천재의 원숭이'로 만들어야하며 아욱또르auctor의 카리스마적인 아욱토리타스auctoritas(권위)와 고귀한 자유에 대한 대체물을 찾아야 한다. 그런데 이 자유 속에서 아욱토리타스auctoritas는 (새로운 문화매개자들의 캐주얼한 편이성에서 볼 수 있는 것처럼) 유미주의적 오만방자함과, 신분상의 능력을 소유한 대가 또는 그것의 외적 징표인 무거운 교훈적 풍모와 음울하고 비개성적이며 권태로운 현학취미에 대한 분명한 거부를 통해 자기를 드러낸다. 그리고 이 모든 것은 자기 자신의 내재적 가치가 박탈된 '추천자'faire-valoir의 역할에 고유한 모순을 견뎌내면서 이루어진다. 그들은 문화생산의 장에서 낮은 위치에 있고, 지적 또는 과학적인 권위에 대한 양가적인 관계를 맺고 있기 때문에 정통화의 도상에 있는 여러 예술이나 정통적 예술의 부차적이고 주변적인 형식의 시성식(諡聖式)canonisation처럼 위계의 부분적 혁신을 일으키도록 사주 받으며, 이러한 부분적 혁신의 시도는 문화매개자들이 문화적 가치 중심에서 떨어진 거리에 따라 노출되는 통

'매우 검소한' 간호사

B부인은 48세, 로트Lot현에서 조그만 농지를 경작하는 부모가 있다. 그녀는 거의 20년간 파리의 생루이 병원에서 일하고 있다. 그녀는 '학교를 매우 좋아했었고' 초등학교 교사가 되고 싶어 했으나 부모가 '학비를 감당할 수 없어' 초등교육 수료 후 1년 만에 학업을 중단해야 했다. 두 아이를 데리고 28세에 이혼한 그녀는 병원에서 직장을 구해야 했다. 그 후 일을 하면서도 공부를 해서 간호사가 되었다. 그녀의 아들은 26세인데 결혼했고 20세인 딸은 생물학을 전공하는 대학생인데 그녀와 같이 살고 있다. '어린이를 좋아하는' B부인은 '대가족이라면 치를 떤다'('그것은 엄청난 근심거리다').

'저는 결점을 보면 언제나 불쾌하죠'

그녀는 '고등교육을 받지 못한 것'을 매우 후회하고 있다. "저는 제가 가진 것에 만족하지만 더 많이 배웠더라면 하고 바라죠… 교육을 잘 받는 건 매우 중요한 일이에요." 교육은 문법과 철자법을 아는 데서 시작된다. "저랑 같이 일하는 여자애들은 제대로 말할 줄 몰라요 남성 명사인데 여성으로 말하고 또 거꾸로 여성 명사인데 남성으로 말하죠 그걸 보면 그 애들한테 문법 감각이 전혀 없다는 걸 알 수 있어요 정말로 얼마나 초보적인지 알 수 있다니까요." "저는 결점을 보면 언제나 불쾌해요. 어제 누군가 er를 붙여서 examens amener('검사 실시'라는 뜻으로 문법적으로는 examens amenés로 쓰는 것이 옳다 — 옮긴이)라고 썼는데(…) 저라면 그처럼 분명한 걸 틀리면 매우 부끄러워할 겁니다. 개인적으로 저라면 apportés라고 썼을 거예요. 그렇지만 부득이한 경우에(…). 저는 '어린이'를 목적어로 할 때는 amener(데려오다)를 사용하고, '검사'를 목적어로 할 때는 apporter(가져오다)를 쓸 거예요."

'저는 으스대는 사람들을 싫어해요'

그녀는 '소박하고 꾸밈없는 사람들'을 좋아한다. "저는 으스대는 사람들을 싫어해요 저는 무례한 사람들을 참을 수가 없어요… 예를 들자면 '안녕하세요' 인사도 하지 않는 사람과 허락 없이 걸어 들어오는 사람들, 당신이 안중에도 없거나 당신을 무시하는 사람 말이죠. 왜냐고요? 아마도 그들과 당신은 수준이 맞지 않기 때문이겠죠. 저는 상사에게 짓밟히는 건 싫어요."(그녀는 그녀보다 밑에 있는 사람들을 존중한다). 그녀는 또한 '지저분한 사람들'을 싫어한다. "저는 부자가 아닌 가난뱅이라도 최소한 깨끗하게 하고 다닐 수 있다고 봐요. 저는 어떤 환자들이 더러운 발로 들어오는 걸 보는데, 그들은 공중목욕탕에서 씻을 수 있을 텐데 말예요."

'그건 매우 검소하죠'

그녀의 아파트는 '매우 검소하다.' 방이 두 개이고 부엌이 딸려 있다. 그녀와 딸이 방 하나씩 쓰고 있고 식당은 없다. "제 집은 아주 검소해요. 제가 세탁기를 싫어하기 때문에 세탁기도 없죠. 제가 그냥 손빨래를 하는데 어쨌거나 빨래거리가 적어서 다 빤 다음 삶는 그릇에 집어넣으면 아주 깨끗해져요… 아무튼 세탁기는 삶는 그릇만큼 온도가 높지 않으니까요… 냉장고와 요리오븐도 있지만 현금으로 지불했고 할부로 하는 건 좋아하지 않아요. 물론 거실 가구세트나 침실가구처럼 큰 건 할부로 살 수도 있죠. 하지만 작은 요리오븐이나 세탁기, 냉장고 같은 건 그렇게 살 필요가 없어요."

'저는 말끔히 정돈된 게 좋아요'

그녀 방에는 사마리뗀느Samaritaine백화점(파리의 대중 백화점 — 옮긴이)에서 산 70,000프랑 짜리 장롱, 근처의 작은 가게에서 산 탁자와 작은 나무의자가 있다. "제 방은 정말 편안해요. 저한테 잘 맞아요. 아주 검소하거든요." 벽에는 몇 개의 가족사진들이 있고, 그녀가 받은 실내장식품이나 기념품은 상자에 담겨져 있다. "그런 건 방 공간을 많이 잡아먹고 어지럽게 하거든요… 저는 말끔히 정돈된 게 좋아요(…). 물론 유리상자가 있으면 잡다한 것을 그 안에 넣어둘 수도 있겠죠. 그러면 정리에 방해도 되지 않고 더러워지지도 않을 테니까요."

'고전적 의상, 귀여운 수트, 귀여운 면 드레스'

그녀가 옷을 고를 때에도 마찬가지로 '간소함'과 '예절'에 대한 고려가 들어간다. "써서 없애버릴 만큼 돈이 많지도 않아요… 적절하게 예산을 짜야 해요. 그게 바로 중요하죠." 그녀 자신이 청바지를 입고 돌아다니는 건

상상할 수도 없고(그건 그녀 딸에게 더 어울리는 일이다) '고전적 의상이나 귀여운 수트, 귀여운 면 드레스'를 입는다. "요즈음 제라르 빠스끼에Gérard Pasquie에서 나온 네이비 블루색의 주름치마를 샀어요. 빠스끼에는 교외의 작은 상점인데 거기서는 까샤렐Cacharel 같은 유명 상표도 만들어요. 그 치마를 입으니 굉장히 편한데 거기서 만드는 최신 유행의 스커트보다 더 편해요." 그녀는 매주 미장원에 간다. "확실히 기분전환이 돼요. 머리손질하는 걸 좋아하거든요. 한번 하는 데 별로 시간도 안 듭니다. 분위기도 조용해서 패션잡지 같은 걸 읽죠." 그녀는 거의 잡지를 사지 않는데 "잡지엔 너무 광고들이 많고 또 비싸기만 하지 읽을 건 별로 없거든요." TV는 딸 방에 있다. '시간 보내거나' '기분전환할 때' 외에는 거의 보지 않는데 만약 보게 되면 주로 버라이어티쇼나 상송 프로를 본다. 사실상 그녀는 '그렇게 시간이 많지 않다.' "많이 먹으니 차라리 잠이나 실컷 푹 자는 게 나아요."(대체로 그녀는 구운 돼지고기나 샐러드, 과일을 먹는다.) "그게 제 몸 건강에 좋다고 생각해요. 8시간은 잘 필요가 있어요." 그녀는 2, 3년 동안 영화를 보러 가지 않았다. "마지막으로 본 영화가 이름이 잘 기억 안 나지만 의사에 대한 얘기였어요." 그녀는 '음악을 들으려고 주로 프랑스 엥테르France-Inter 방송을 듣는다.' 그녀는 프레데릭 프랑수와Frédéric François를 좋아하는데 "그 사람 노래는 가사가 의미있어요. 앙리꼬 마샤스Enrico Macias도 괜찮은데 현대적이고 좀 향수에 젖어있죠. 위그 오프레Hugues Aufray도 좋아하는데 정말 괜찮은 가수에요. 철학이 있는 것 같아요(…) 노래에서 제가 좋아하는 건 의미 있는 가사인데 저는 주로 가사를 유의해서 듣거든요."

여름 휴가 때에는 그녀는 해변가(대서양 연안의 앙데이Hendaye, 아르까숑Arcachon, 레 사블 도론느Les Sables d'Olonne)에 작은 아파트나 빌라를 빌린다. 휴식을 취하기도 하고, 해변가를 '좀' 걷기도 하고, '미니골프'를 약간 치기도 하고 '뜨개질을 좀 하다가 햇볕이 너무 따가우면' '너무 많이 하지는 않는다.'

---

* 나이가 더 어리고 더 자격요건이 좋은 다른 간호사와의 면담은 본 장 뒷부분에 실려 있다. 양자를 비교해 보면 여러 직업을 갈라놓는 연령집단간의 대립이 사실상 학교적 세대와 사회적 궤적, 그에 따른 생활양식상의 차이에 상응한다는 것을 아주 구체적으로 알게 될 것이다.

설의 효과와 결합되는데, 여러 '장르', '스타일', '수준'의 혼합을 통해 다음과 같은 쁘띠 부르주아지 문화의 객체화된 이미지를 생산하게 된다. 즉 '용이하고', '한물갔고', 유행에 뒤지고, 격하된, 한 마디로 가치가 하락된 정통적 생산물과 대량생산의 장에서 가장 고상한 생산물을 결합시키는 것으로서, '시적인' 상송선집, 자칭 권위 있는 대중문화의 선도자이면서 스스로 통속화하는 권위자들을 내세우는 잘 팔리는 '지적'인 주간지, 재즈와 교향곡 일부를 결합하여 내보내는 TV 프로그램, 뮤직홀 연주용 또는 실내악, 현악 사중주곡과 집시악단, 바이올리니스트와 거리의 바이올린 주자, 벨 칸토와 칸타타, 오페라 가수와 상송가수, 『백조의 호수』의 '빠 드 듀Pas de deux'와 롯시니의 '고양이의 듀엣 Duo des chats' 등이 그것이다. 이러한 통제된 침범형식은 그것이 단순히 위계의 무정부적이면서도 열정적인 오도된 승인의 표현이 아닐 때 그것은 결국 명예회복과 고상화의 배려로부터 고무되는데 이 경우의 침범형식은 가장 전복적이지 않은 것이다. 쁘띠 부르주아지 관객은 이 점을 잘 알고 있는데, 그들은 그들의 온건한 혁신주의적 **취향제조자들** taste-makers에 의해 제공된 '질(質)의 보증'을 승인할 수 있다. 그리고 이 취향제조자들은 일반인을 대상으로 한 역사잡지에 기고하는 아카데미 회원, TV토론에 참여하는 소르본의 교수, '고급' 버라이어티 쇼에 출연하는 바이올리니스트 메뉴인Menuhins 같은 문화적 권위의 모든 제도적 표징들로 둘러싸인다.6) 착오에 빠지지 않는 한 중간문화는 통속성과의 대비로 생각되어진다.

---

6) 따라서 가장 아카데믹한 생산물이 왜 가장 전형적으로 '중간적인' 생산물이며 TV 같은 매체에서 상당한 강화수단을 발견하는지를 설명하기 위해 검열제도나 '정치적 공모'(비록 알려져 있는 것이라 해도를 환기시킬 필요는 없는 것이다. TV라는 강화수단은 간접적으로 (TV가 제공하는 광고의 경제적 효과와 그에 상응하는 출판·보급전략의 변화를 통해) 제한생산의 장과 대량생산의 장 사이의 관계를 변화시키는 방향으로 작용한다.

쁘띠 부르주아지는 자신들이 시행한 분류에 자신이 없고, 또한 자신들의 자연적 경향으로서의 취향과 의지적으로 희망하는 취향 사이에서 갈라져서 부조화된disparate 선택을 하는 경향이 있다(민속예술과 이국풍의 음악의 복권을 기도하는 신흥 쁘띠 부르주아지는 이런 선택을 적극적으로 추구한다). 또한 이런 경향은 음악이나 회화에서의 그들의 선호에서나 일상적 선택에서나 똑같이 나타난다.[7] 라디오에 대하여 말하면 그들은 경음악에 대한 취향과 교양 프로그램에 대한 관심을 결합하는데, 이 두 가지 재화의 집합은 사회공간의 양극에서 상호배제적이다. 실제로 생산노동자들은 거의 전적으로 이단적 성격의 프로그램을 청취하는 경향이 있고, 지식인의 극에 가장 가까운 지배계급 분파(상급관리직과 자유업 종사자들)는 (라디오 방송의 프로그램 내용에 따라 그것을 듣는 사람의 가치를 하락시키는 효과가 다르다는 점을 고려한다면) 정통성에 대한 기성의 위계에 대응하여 위계화된 선호를 나타낸다. 그런데 쁘띠 부르주아지는 오페레타 같은 정통적 문화의 부차적인 형식과, 라디오극, 과학 프로그램, 시와 같은 정통적 소비의 대용물에 큰 지위를 부여한다는 점에서 다른 범주들과 분명하게 구별된다. 또한 열성적인 사진사, 재즈와 영화의 전문가들의 대부분이 그들에게서 나온다는 사실과 그들은 작곡가보다는 (상대적으로) 영화감독에 대한 지식이 풍부하다는 사실도 알려져 있다. 마찬가지로 보다 정통적인 예술의 영역에서 그들의 선택은 회화에서는 뷔페나 블라밍크, 음악에서는 『세라자데』, 『랩소디 인 블루』,

---

[7] 반즈Barnes의 작품 『밤의 나무Nightwood』(p. 24)에서 훼릭스Félix는 이러한 괴상한 것에 대한 취향을 공유하고 있다. "법령과 법률, 민화와 이단사상에 통달해 있고 희귀한 포도주를 시음(試飮)하고, 진귀한 책과 노파들의 구전된 이야기 — 성인이 된 남자들과 지옥에 떨어진 짐승들의 이야기 — 를 읽고, 요새와 교양의 설계에 박식하고, 모든 길 위에서 무덤을 지나칠 때마다 멈춰 서며, 수많은 교회들과 성을 방문해 본 사람, 그의 마음은 세비네 부인Madame de Sévigné, 괴테Goethe, 로욜라Loyola, 브랑톰Brantome에게로 천천히 공경스럽게 돌아간다."(앞의 책)

『라 트라비아타』, 『아를르의 여인』이나 『칼춤』같이 '중간적'이거나 '격하된' 작품에로 향하는 경향이 특별히 강하다. 이러한 대상들에서 그것들이 그런 용도로 만들어진 것은 분명 아닌데도, 적어도 어떤 특정 시점에서는 새로운 문화매개자들과 그들의 독자나 시청자인 쁘띠 부르주아지가 그것들에 부여하는 대우를 미리 경향지워주는 속성을 발견하기는 쉬운 일이다.

그러나 독자적 소비형태에 의해 그것들에 부여된 속성들을 특정 시점에 중간문화로 분류된 대상들 가운데 위치시키는 것은 잘못이다. 오늘의 시점에서 전형적으로 '중간적'인 대상이 어제는 가장 '세련된' 취향의 반열에 끼었을 수 있으며, 또한 가장 신용이 실추된 대상들을 명예회복시킬 수 있는 유미주의자의 강력한 일격에 의해서 내일에는 혹은 오늘부터라도 그 반열에 다시 낄 수 있다는 사실이 증언하는 바와 같이, 중간언어라는 것이 존재하지 않듯이 중간문화도 존재하지 않는다. 중간문화를 만드는 것은 대상의 착오, 경멸, 오도된 신앙, 통설과 같은 문화에 대한 쁘띠 부르주아지적 관계이다. 주관적으로도 객관적으로도 **불행한** 이 관계는 지배자들의 눈에는 항상 문화의 어떤 획득방식과 획득양식을 표시하는 가장 반박할 수 없고 가장 객관적인 지표(오늘날 어떤 종류의 음악적 선호의 체계에서 보이는 전형적인 '디스크 애호'discophile〔실제 연주를 통해서가 아닌〕를 통해 형성된 선택처럼)를 통해서 노정되지만 이것을 실체적인 것으로 취급하는 것을 피해야 한다.

문화에 대한 쁘띠 부르주아지적 관계, 그리고 정통적 시선이 비추는 모든 것을 소위 '구제'하듯이 자기가 만지는 모든 것을 중간문화로 변화시키는 쁘띠 부르주아지의 능력, 그것을 만드는 것은 그것의 '본성'이 아니다. 그것은 사회공간에서의 쁘띠 부르주아지의 위치 그 자체, 즉 쁘띠 부르주아지의 사회적 본성이고 이것은 정통적 문화에 대한 쁘띠 부르주아지적 관계와, 열렬한 동시에 불안하고 단순 소박한 동시에 진지한 그들의 정통적 문화에 접근하는 양식을 규정함으로써 끊임없이, 그리고 무엇보다도 우선 쁘띠 부르주아지 자신들에게 자기를 상기시키는 것이다. 요컨대, 그것은 정통적 문화가 쁘띠 부르주아지에 대항하여 만들어지지도 않았고 그들을 위하여 만들어지지도 않았으며, 그래서 그들도 정통적 문화를 위해 만들어지지 않았다는 사실과 그들이 정통적 문화를 전유하자마자 그것은 정통적 문화이기를 멈춘다는 사실이다. 이것은 포레Fauré나 뒤빠르끄Duparc의 멜로디가, 가까운 장래에 교외나 지방의 음악학교가 발달한다면, 쁘띠 부르주아의 거실에서 솜씨 좋건, 나쁘건 간에 불려짐으로써 그것의 정통성을 상실하게 되는 것과 같은 것이다.

학교와 독학

쁘띠 부르주아지의 여러 분파들 중 일부는 독학에 의해 축적된 소량의 문화자본을 소유하는 정도에 따라 그 위치가 결정되는데, 이런 분파와 특징적인 문화와의 관계는 다음과 같은 효과의 맥락 속에서만 이해될 수 있다. 즉 일정한 교과과정과 표준화된 교육수준에 따라 제도적으로 조직된 단계적 학습의 가능성을 경우에 따라 매우 불균등하게 제공하는 교육체계가 그 존재 자체만으로 발휘하는 효과가 그것이다. 계층화된 학식(이 계층화는 분야와 학과에 따라 다소간 자의적으로 이루어진다)과 그것들 자신의 계층화된 학력자격들과의 대응관계는 다음과 같은 현상을 만든다. 예컨대 가장 높은 학력자격의 소지자는 그보다 낮은 학력자격이 보증하는 모든 지식의 소유를 암묵적으로 보증하는 것으로 간주되도록 만들거나, 또는 똑같은 직업에 종사하고 똑같이 유용한 능력, 즉 그들의 직무수행에 직접적으로 필요한 능력을 소유한 두 사람이 상이한 학력자격을 지녔다면, 그들은 직위(그리고 물론 급료)에서의 차이로 인해 분리될 가능성을 크게 만든다. 그리고 이런 생각을 정당화하는 것은 높은 학력자격에 의해 증명된 능력만이 소위 실천적이고 응용적인 모든 노하우의 기본에 있는 지식('기초지식')에 도달할 가능성을 보증할 수 있다는 생각이다.

그러므로 독학자의 문화에 대한 관계 속에서 그리고 독학자 자신에게서, 정통적 문화를 구성하는 자질과 학식의 계층화된 집합체를 학생에게 전달하고, 시험을 거쳐 학력자격을 발행함으로써 학생이 입문의 일정수준에 도달하였음을 공인하는 권한을 부여하는 유일한 기관인 학교제도의 소산을 보는 것은 아무런 역설도 야기하지 않는다.8) 독학자는 학교제도에 의해 확립된 정통적 순서에 따라서 교양을 획득하지 않았기 때문에 올바른 분류에 대한 그 자신의 불안으로 인해 자신의 분류의 자의성, 그리고 자신의 학식의 자의성을 끊임없이 노정한다. 그의 학식은 제도화되고 표준화된 단계들과 장애들을 무시함으로써, 학교적 교양을 상호연관된 학식의 **계층화되고 계층화하는** 일련의 집합으로 만드는 커리큘럼과 단계의 진행을 독자적 학습을 통해 축적한 학식인데 이것은 끈 없는 구슬들의 집합인 셈이다.9) 독학자의 교양의 부족, 결함, 자의적 분류는 학교적 교양과의 관계에서만 존재하는데, 학교적 교양은 그 분류의 자의성에 대한 오인을 유도할 수 있고, 그것의 결함이 내포하고 있는 필요까지도 승인하게 할 수 있다. 선호의 잡다함, 오페레타와

---

8) 문화적 실천과 의견에 대한 앙케트 조사들이 일종의 학교시험의 형태를 띤다는 것은 우연한 일이 아니다. 그런데 그 시험에서 조사대상자들은 언제나 **규범**에 비추어 판정된다고 스스로 느끼며, 자신들의 학력 면에서의 공인정도에 따라 위계화된 응답을 얻게 되고, 내용과 양태 면에서 그들의 학력자격에 언제나 밀접히 대응하는 선호를 나타낸다.
9) 공식교육을 받은 사람들이 독학한 사람들에게 갖는 이미지는, 통상적인 지각의 부분적 명료성으로부터 산출된 부분적이고 이해가 개입된 진리의 좋은 보기이며, 각 생활기술이 다른 생활기술과의 비교를 통해 후자의 가치를 절하하고 그 자신의 우수성을 강화하는 (무의식적) 전략들의 좋은 보기이다.

오페라를 혼동하고 통속화된 담론과 본연의 학문을 구별하지 못하는 장르와 서열의 혼란, 그의 인생에서 일련의 전기적(傳記的) 우연 이외에는 어떤 연계도 결여된 무지와 지식의 예측불가능성, 이 모두는 독학자의 이단적 획득양식의 독특한 성격에서 비롯되는 것이다. 어떤 제품을 구매하는 경우 어떤 종류의 '브랜드'나 상점이 의미하는 '질의 보증'을 신용함으로써 그 제품의 질에 대해 안심하는 것처럼 정통적 투자감각은 출판사, 영화감독, 극장이나 음악당의 이름같이 많은 경우 외부적 지표로 무장되는데 이 투자감각은 '선발된' 문화소비를 발견하게 해준다. 쁘띠 부르주아지의 성원들은 이런 감각을 결여하고 있어서 TV 퀴즈 프로그램의 회답자의 잘못된 박식이 '교양 있는 사람'의 눈에는 웃음거리로 비치듯이, 항상 지식이 너무 많거나 너무 적을 위험이 있어서 자주 잡다하고 격하된 정보들을 끝없이 축적하게 되어 있다. 이런 학식은 그들이 시간과 면밀한 분류정신을 기울여 모은 사소한 값싼 물건들의 컬렉션(우표, 정밀세공제품 등)처럼 하나의 쁘띠 문화une culture en petit라고 말할 수 있는데 이런 컬렉션이 대 부르주아지의 회화나 사치품 컬렉션과 대비되듯이, 정통적 문화에 대비된다.

 그러나 특히 학력자격의 효과를 누릴 수 없는 희생자인 독학자는 학식의 자격증이 부여하는 무지의 권리le droit d'ignorer를 알지 못한다. 그리고 사람과의 만남이나 독서체험으로부터 우연히 획득된 이런 종류의 교양에서 보이는 무리하게 채용된 절충주의l'éclectisme forcé와, 장르의 혼합과 위계의 전복 속에서 자신의 미적 성향의 전능성을 표명할 기회를 즐거이 찾아내는 유미주의자의 선택적 절충주의l'éclectisme électif 간의 차이가 만들어내는 것을 그것이 확인되거나 드러나는 방식 이외에서 찾는 것은 확실히 헛된 일이다. 후자의 선택적 절충주의의 예로서는 『반항적 인간』의 까뮈Camus를 생각하기만 하면 된다. 이 애독서는 교훈적 철학의 바이블로 말해지는데 고등사범학교를 지망하는 지적 청소년들에게 어울리며 기필코 아름다운 영혼이란 평가를 획득하는 자아중심주의적인 우울 이외에는 어떤 일관성도 없다. 혹은 『침묵의 소리』의 말로Malraux를 생각해도 좋다. 이것은 여기저기서 모은 교양을 슈펭글러 Spengler류의 구식 형이상학적 수법으로 포장한 저작인데, 가장 모순적인 '직관', 슈로서Schlosser(오스트리아의 미술사가, 1866~1938 — 옮긴이)나 워링거Worringer(독일의 미술사가, 1881~1965 — 옮긴이)로부터의 성급한 차용(借用), 수사법적으로 장식된 범용(凡庸)한 의견, 이국풍의 고유명사의 순전히 주문(呪文)에 의한 나열, 그리고 허구가 아니기 때문에 소위 명석하다고 말해지는 통찰력을 태연하게 병치시킨다.10) 사실(그러나 그것을 말할 수 있는 사람은 그것을 알고 있다하더라도 그들 자신이 거기에 걸려있기에 그것을 말하지 않을 것이고, 또 말하고 싶다고 생각하는 사람들은 그것을 모르기 때문에 말하지 않는다면, 누가 그것을 말할 것인가?), 『베이예 데 쇼미에르La Veillée des Chaumières』11) 지의 연재소설의 판화로부터 미로나 회랑이나 동굴이나 폭포를 뽑아낸 요정의 나라, 이니즈 Inize 와 드루이드의 여자 예언자 베레다Velléda, 사라센 풍의 지하묘지와 중세의 성, 성모 마리아의 암굴과 힌두교의 사원, 스위스의 오두막집, 백악관과 알제의 모스크 등, 여러 특징을 잡다하게 모아서, 전체로서의 쁘띠 부르주아지 문화를 다른 형태로 현실화한 저 우편배달부 슈발의 이상궁전의 이미지를, 하나의 문장 속에 '바다의 파도같이 셀 수 없는 웃음'과 파르테논 신전의 기사, 루벤스의 '『촌제村祭』'와 크메르 조

10) 이 평가가 높은 두 예(까뮈와 말로)를 선택한 것은 독자를 엄밀한 추론에 초대하기 위해서였다.
11) 농촌의 우체부인 페르디낭 슈발Ferdinand Cheval(1836~1924)은 배달 중에 모아서 오뜨리브Hauterives(Drômes)에 있는 자기 집으로 가져온 돌들로 1879년과 1912년 사이에 혼자서 그의 「이상적 궁전」을 지었다. 이 예외적인 '기념비'(문화장관 시절 말로가 그렇게 분류했다)는 이 텍스트에서 언급한 모든 측면 아니 그 이상의 측면을 포함하고 있다. '라 베이예 데 쇼미에르La Veillée des Chaumières는 주로 농촌독자들에게 역사소설을 연재하여 소개하는(판화도 곁들인) 잡지였다. 〔영역자 주〕

각, 송대의 회화와 시바의 춤, 로마네스크 교회의 삼각면tympan과 '안티고네의 불멸의 진실' 등을 모두 우주와의 교감이란 이름으로 정리나열하고 있는 말로의 과장된 표현 본래의 의미와 구분되는 것은 어느 하나도 없다.12) 단, 말로에게는 참조의 고상함, 특히 오만함, 존대, 후함, 한 마디로 자신감을 보이는 것은 제외된다. 이런 자신이란 여러 대상을 소유했다는 확신인데, 그것은 마치 태고 적부터 부여된 **선물**에 의한 것 같이 항상 소유했었다는 확신에 뿌리를 박고 있으며 자신의 교양의 비정통성을 드러내는 순진함, 무구(無垢)함, 겸허함, 진지함과 정반대된다. "나보다 더 끈질긴 사람이 있다면 그 사람에게 일을 시켜라", "용감한 마음에는 불가능이 없다", "나는 노고의 밭에서 나의 승리자를 기다린다", 이와 같은 노동을 위한 노동에 대한 순수한 사랑의 고백은 물론 말로에 따른 것은 아니다.13)

물론 여기서 우리는 모든 상승중인 계급들(즉 이전의 부르주아지이며 오늘의 쁘띠 부르주아지)과 기성계급들(이전의 귀족이며 오늘에는 부르주아지) 사이에 성립된 대립의 원리에 근거하여 접근한다. 즉 전자에는 획득과 축적과 축재, 요컨대 소유욕을 볼 수 있는데, 그것은 그들이 불안정한 상태에 놓임에 따라 생기는 불안, 즉 여러 가지 소유물에 관하

---

12) '비록 위(魏)와 나라(奈良)의 보살상, 크메르와 자바의 조각, 송(宋)대의 회화 등은 로마네스크 교회의 삼각면tympan, 시바의 춤, 파르테논 신전의 기사 등과 똑같은 우주적 일체감을 표현하지는 않는다. 그러나 이 모든 작품들은, 심지어 루벤스의 '『촌제Kermesse』'에서조차 한 종류의 우주적 일체감을 표현하는 것이다. 그리스시대 걸작품이 동양의 신성관념(神聖觀念)에 대해 거두는 승리는 어떤 합리적 이성에서 나오는 게 아니라 "바다의 파도같이 셀 수 없는 웃음"에서 나온다는 것을 이해하기 위해서는 그저 아무거나 그리스 걸작품을 한 번 들여다보기만 하면 될 것이다. 소리를 죽인 오케스트라처럼, 이미 멀리 후퇴한, 고대비극의 파도와 천둥이 안티고네의 불멸적 절규를 압도하는 게 아니라 거기에 수반되는 것이다'(A. Malraux, *Les voix du silence*, Paris, NRF, 1952, p. 633).
13) 이들 문구는 페르디낭 슈발Férdinand Cheval의 「이상적 궁전」의 비문에 있는 것이다. (영역자 주)

여 특히 소유자의 질투가 깊은 전제지배의 대상인 여성에 관한 항구적 불안과 분리될 수 없다. 후자에는 사회관계자본의 재생산조건의 일부를 구성하는 과시, 낭비, 관대만이 아니라 자신감도 볼 수 있는데, 이것은 특히 귀족적인 정중함과 우아한 자유주의에서 나타나며 사랑하는 대상을 소유의 대상으로 취급하는 질투를 금지한다.14) 상속된 부의 소유자에게 부여되는 주요한 특권은 자수성가한 사람에게 항상 따라다니는 불안을 모르는 것이듯이, (몰리에르의 희곡 『수전노』의) 아르빠공 Harpagon도, (『여자학교』의) 아르놀프Arnolphe도 "소유란 도둑이다"라는 말을 아마도 너무 잘 알고 있어서 그들 재산을 도둑맞는 것을 두려워하지 않았다.

문화의 대량축적의 원리인 축적하려는 격심한 욕구는 극단으로 즉 부조리로 치닫는 재즈나 영화 애호자의 도착(倒錯)perversion에서 매우 분명하게 드러나는데, 이러한 도착은 교양화된 응시의 정통적 정의에 내포되어 있는 것이다. 그리고 이러한 도착은 작품의 소비를 (영화의 제작진과 타이틀, 오케스트라의 편성, 녹음날짜 등과 같은) 작품에 대한 부대지식의 소비로 대체한다. 혹은 이러한 축적에의 욕구는 사회적으로 미미한 주제들에 대해 고갈되지 않는 지식을 수집하는 모든 이들의 획득하려는 집념에서도 볼 수 있다. '상승지향을 가진' 출세지원자들 — 예컨대 의사에 대해 간호사, 뽈리떼끄니끄(이공과대학) 출신자에 대해 일반기술자, '큰 문으로 들어간'(처음부터 요직에 들어간) 엘리트 관리직에 대해 '작은 문으로 들어간'(낮은 지위로 출발한) 일반관리직처럼 — 은 문화적 자격을 보증하는 자격증의 보유자에 대해 그들을 대립시키는 상징적 계급투쟁의 가운데에서 보다 '근본적'이고 '무상으로' 주어지는 지식을 선호하면서, 가치가 절하된 자기들의 지식과 기술을 실용적 목

---

14) P. Benichou, *Le sacré de l'écrivain* (Paris, José Corti, 1973), pp. 177~178.

적에 너무 긴밀하게 종속시키고, 너무 '이해에 좌우되고', 그것의 획득 과정에서 너무 성급함이 드러나는 것으로 평가하는 것을 많이 볼 수 있다. 그리고 국가적 규모의 경쟁시험에서부터 잡지의 편집회의와 취직면접, 사교파티에 이르기까지 많은 시장에서 쁘띠 부르주아지의 아비투스의 문화적 생산물들은 미묘하게 신용이 실추되는데, 그 이유는 이 문화적 생산물들은 획득됨이 없이 소유되는 것이 가장 중요한 문제들에 관해서 획득작업을 상기시키기 때문이고, 또한 그것들이 동반하는 진지함을 통해 윤리적 성향을 너무도 분명하게 보여주기 때문인데, 이런 성향으로부터 그것들이 도출되며 이런 성향은 또한 문화에 대한 정통적 관계의 거의 완벽한 반명제이다.

쁘띠 부르주아지는 문화의 게임을 게임으로서 놀 줄을 모른다. 그들은 문화를 너무 심각하게 받아들여서 허풍이나 사기, 혹은 단순히 문화와의 깊은 친밀성을 증거하는 거리감이나 건방진 태도를 용납하지 않는다. 이처럼 문화를 너무 심각하게 받아들이기 때문에 무지나 실수에 대한 두려움으로부터 영원히 벗어날 수 없거나, 경쟁에 참가하지 않은 사람들의 무관심을 내세우거나 또는 자신들의 결함을 당당히 고백하거나 심지어 그것을 당연히 주장할 권리가 있다고 생각하는 사람들에 특유한 유유하고 초연한 자세로 대응함으로써 시련을 살짝 비켜가지도 못한다. 그들은 교양을 학식과 동일시하면서 교양인은 광대한 지식의 보고를 소유한 사람이라고 생각하며, 그들은 신앙상의 교리와 함께 시골의 일개 교구신부에겐 금지되어있는 자유를 동시에 손에 넣을 수 있는 추기경이 가장 단순하고 가장 고도의 표현의 형태로 교양은 결국 **문화에 대한 관계**로 환원된다("교양이란 모든 것을 잊어버린 후에 남는 것이다": 정치가 에두아르 에리오Edouard Herriot[1872~1957]의 말 ― 옮긴이)고 하나의 경구 속에서 공언해도 그 말을 믿기를 거부한다. 그들은 문화를 삶과 죽음, 참과 거짓의 문제로 만듦으로써 무책임한 자신감이나 무례한 건방짐, 심지어 철학이나 예술 또는 문학에 관한 영감있는 에세이의 단순한 몇몇 페이지에서 전제되는 숨겨진 불성실함에 대해 조금도 의심하지 않는다. 그들은 자수성가한 사람인지라, 나면서부터 즉 본성nature과 본질essence에 의해 문화에 연결되는 사람들에게 특유한 자유와 대담함을 가능케하는 친밀한 관계를 문화와 유지할 수 없는 것이다.

경사(傾斜)와 경향(傾向)

문화 혹은 언어에 대한 관계 속에서 드러나는 일련의 성향은, 문화에 관한 성향의 경우, 여러 권위와 행동의 모범들을 불안스레 추구하게 하고 (고전작품과 문학상 수상작처럼) 확실히 보증된 생산물을 선택하게 하는 순응에의 배려로 나타나거나, 언어에 대한 성향의 경우, 충분히 주의를 기울이지 못할까봐 극도의 두려움을 갖고 자신과 타인에게서 부정확한 언동과 도덕적 결함을 추방하려는 경향을 띠는 일종의 엄격주의 같은 과잉교정hypercorrection으로 나타나는데, 이러한 성향은 도덕 혹은 정치에 대한 관계 속에서 드러나는 다음과 같은 일련의 성향과 다른 것이 아니다. 즉 도덕적 측면에서는, 모든 생활을 엄격한 하나의 규율에 종속시키고 무슨 일에서나 원칙이나 계율에 의해 자기를 지배받게 하는 경향이 있는 기술이나 행동규칙에 대한 거의 채워질 수 없는 갈망을 들 수 있으며, 정치적 측면에서는 미학적 혁명주의를 절망케하는 존경할 만한 순응주의나 신중한 개량주의를 들 수 있다. 상승하는 쁘띠 부르주아의 문화축적의 전략이나 학교전략의 진정한 성격은 그들의 전략 전체와의 관계라는 맥락에서 가장 잘 드러나는데, 이 전체 전략 속에서 모든 형태의 금욕주의, 엄격주의, 법률만능주의, 모든 형태의 축적에의 경향과 같은 쁘띠 부르주아의 아비투스에 특징적인 여러 성향의 근본에 있는 필연성이 분명히 표현되고 있다. 따라서 그들의 자녀 양육 전략은 모든 자원을 자기가 속한 집단의 상승궤적을 연장시킬 사명을 띤 소수의 후손에게 집중시키기 위해 소비를 제한함으로써 출발점에서의 경제 및 문화자본의 축적을 달성할 수 있는 사람들의 전략이다.

주지하다시피 출산율은 저소득집단에서 높이 나타나고 중간소득집단에서는 가장 낮게 나타나며 고소득집단에서 다시 높게 나타난다. 그렇다면 그것은 상대적인 육아비용이 — 저소득집단에서는 자녀들의 미래가 자신들의 현재와 달라 예측할 수 없어서 투자를 줄이기 때문에, 고소득집단에서는 그러한 투자에 부응하는 소득을 갖고 있기 때문에 상대적 육아비용이 낮아진다 — 중간소득집단, 즉 사회적 야망으로 인해 자원에 비해 상대적으로 많은 교육투자를 하게 되는 중간계급의 경우에 가장 높기 때문이다. 이 상대적 비용은, 가족이 자손을 통해 사회구조내에서 동태적으로 정의된 지위를 재생산하기 위해, 즉 자녀들에게 지닌 효과적인 야망을 실현할 수단을 자녀들에게 줌으로써 가족이 기대하는 미래를 성취하기 위해 행하는 금전적 또는 비금전적 투자와 가족이 보유한 자원 사이의 비율로 정의된다. 이것으로 서로 다른 계급 또는 분파의 출산율과 그 성원들이 객관적으로 이용할 수 있는 상승이동의 기회 사이에서 관찰되는 관계가 설명될 수 있다(표 24 참조). 두 세대 이내에 지배계급에 진입할 수 있는 기회가 거의 전무한 민중계급은 매우 높은 출산율을 보이는데 이것은 세대간 이동성이 증가하면서 약간 감소하고 있다. 직공장과 사무직 노동자들 사이에서 지배계급에 도달할 확률(또는 고등교육체계처럼 그런 접근을 보장할 수 있는 수단에의 도달 확률)이 일정한 수치에 이르자마자 출산율은 급격히 감소된다(육체노동자가 높은 비율을 차지하는 공공부문의 사무직 노동자층에서는 출산율이 2.04%인데 반해

<표 24> 계급분파별 지배계급에의 도달확률과 출산율

계급분파	지배계급에의 도달확률*	출산율**
농업노동자	1.8	3.00
단순노동자	2.3	2.77
농업종사자	2.9	2.83
단순기능공	3.7	2.42
숙련공	4.3	2.10
직공장	9.6	1.94
장인	10.6	***
사무직 노동자	10.9	1.97
상점원	12.0	1.68
소상인	15.6	***
일반관리직	19.2	1.71
일반기술자	20.4	1.67
초등학교 교사	32.5	1.68
공업경영자	35.0	2.09
대상인	35.6	
상급기술자	38.7	
상급관리직	42.0	2.00
교수	52.7	
자유업	54.5	2.06

* INSEE(1970)-보충자료 2, 부친 직업에 따른 지배계급에의 도달확률(남성의 경우, %)
** 「양친이 모두 있는 가정의 평균자녀수」, G. Calot & J.C. Deville, '사회문화적 환경에 따른 혼인율과 출산율', Economie et Statistique, 27, Octobre 1971, p. 28.
*** Calot & Deville은 장인과 상인을 합쳐 1.92명으로 출산율을 잡고 있으나 장인의 출산율이 상인의 그것보다 상당히 높다는 것을 알 수 있다(여기서 발견된 분포를 확증해 주는 1968년 센서스의 분석에 따르면 상인보다 장인이 생산직 노동자에 훨씬 가깝다. 가구별 16세 이하 자녀의 평균수는 생산직 노동자의 경우 1.35명, 장인의 경우 1.01명, 상점원 및 사무직 노동자의 경우 0.88명, 상인의 경우 0.78명으로 나타난다).

서, 거의 비육체노동자들로 이루어진 사기업부문 사무직 노동자들의 출산율은 1.83%이다). 상승의 가능성이 비교할 수 없을 정도로 높은(또 직업에 따른 소득차가 더 큰) 중간계급의 경우 출산율은 최저로 (1.67% ─ 1.71%) 남아있다. 지배계급으로 가면 출산율이 다시 크게 상승하는데 이것은 그들의 지위를 유지하기만 하면 되는 이 직업범주들의 재생산 전략 체계에서 생물학적 재생산이 민중계급과 중산계급의 경우와 동일한 기능을 수행하는 것이 아님을 보여준다.

쁘띠 부르주아지는 객관적 상승가능성과의 관련에 의해서만 정의된다는 역설적 특성을 가지고 있는데, 그러한 가능성은 만약 그들이 그것을 손에 넣기를 희망하지 않았다면, 그리고 그것에 의해 경제·문화자본으로 된 그들의 자력(資力)에 '정신적' 자력을 부가하지 않았다면 소유하지 못했을 가능성이다. 그들의 과거인 프롤레타리아에서 벗어나는데 성공하고 그들의 미래인 부르주아지에 진입하길 열망하기 때문에

'높은 지위에 오르려고 애쓰는' 일반기술자

29세인 쟈끄 C씨는 기술 컨설턴트 사무소의 제도공이다. 기술부문에서 중등교육을 받고, 공업교육수료 인정증서에 상당하는 자격("이것은 시험이 아니다")을 취득한 후 2학년에서 학업을 중단, 부친이 상급기술자로 일하는 회사에 17세에 제도공으로 입사하였다(월급은 45,000프랑). 그러나 병역을 마치고 돌아와서는 그 회사에 다시 취직되지 않아서 다른 회사에 들어갔는데 여전히 제도공으로 일한다.

'CNAM에서 다시 공부할 5년'

그는 회사를 몇 번 바꾸었다. "저는 어떤 회사에서 2년 동안 배울 수 있는 것이라면 다 배우고 나서 다른 회사로 옮기곤 했습니다. 그런 식으로 계단을 올라갔어요." 3년 전부터 그는 건물의 구조를 전공했다. 1966년에는 CNAM(국립공예학교) 교육과정을 시작했다("동료가 한 번 해보라고 알려줬습니다"). 그는 항상 실내장식을 하고 싶어 했기 때문에(어렸을 때 그의 아버지는 그것에 반대했다) '건축분야의 길을 가기로' 결심해 '직업에 응용되는 예술의 수업'을 듣기 시작했다. "이렇게 해서 건축분야에 발을 들여놓게 되었지요"(…) 건축관계의 비서양성학교에서 공부하고 있는 그의 여동생이 '건축사무소와 그곳을 지배하고 있는 분위기'에 대해 말해 주었다. 그래서 그는 건축술, 건축사, 건축업무에 관한 수업을 받았고("이 때문에 지금의 건축 컨설턴트 사무소에 들어오게 된 겁니다.") CNAM에서 다시 5년간 공부해야 한다.

그의 아내는 26세로 부친은 경찰관이고 모친은 백화점 점원이다. 5년 전부터 그녀는 르노Renault공사의 비서로서 일한다. 그녀는 기술·경제 바깔로레아를 획득한 후, 임원비서 상급자격인정서를 취득하였고 현재는 '비서'로서 일하고 있다("우리에게 약속됐던 길과는 매우 멀리 떨어져 있다고 할 수 있죠(…). 경영자들은 그들 비서들의 자격이나 능력을 충분히 이용할 줄 몰라요(…). 우리는 법률에 관해서도 얼마간의 지식을 가지고 있죠. 21세까지 한 두 가지 지식을 배우지 않고는 학교에 남아있을 수가 없죠. 그 후 우리는 속기 타이피스트로 고용되었어요.")

'쾌적하고 집같이 아늑한'

그들은 파리 서부근교에 있는 아파트에 산다. 그들은 집에서 손님을 접대하는 일이 그리 많지 않다("친척을 제외하면(…), 친구가 별로 많지 않다"). 쟈끄는 인테리어가 '쾌적한 것이 가장 중요하다'고 생각하고, '좀 부드럽고' '집같이 아늑한 곳'이 되길 바란다("저는 따뜻하고 아늑한 분위기를 좋아해요"). 그렇지만 그는 '좀더 큰 방'을 가졌으면 한다. 하지만 그들 '형편에 한계가 있다.' 그들의 가구들은 2년 할부로 구매한 것들인데 큰 소파는 '로슈 보브와Roche-Bobois의 바겐세일에서 7,000프랑에 산 것'이고, 식기대는 인테리어 전문점에서 3,000프랑에 산 것이다. 그는 '현대적인 것'을 좋아하고 또 '하얀색 가구'를 원한다. 그러나 아내가 좋아하는 영국식 가구는 싫어한다('그녀는 식기의 컬렉션과 함께 큰 가구'를 갖고 싶어한다).

그림에 관해 말하자면 그는 "이렇다할 기준이 없습니다(…). 일단 제 맘에 드는 거라야 합니다." 그는 "모딜리아니를 아주 좋아하는데, 특히 그의 형식이 매우 순수한 것을 좋아합니다." "그 사람 그림을 모두 보지는 않았지만 내가 봤던 그림들은 아주 맘에 들어요 내가 본 것은 잡지에 실린 사진이었고, 파리에서도 그 작품을 대부분 봤을 겁니다(…). 그랑 빨레Grand Palais 전시회에도 여러 번 갔었지요(…). 한번은 현대회화 전시회였는데 별로 마음에 들지 않더군요(…). 제가 좋아하는 또 다른 그림들은 고호의 것이죠. 고호 그림은 정말 대단하죠. 거기서는 뭔가 끓어오르는 걸 느낄 수 있죠"(그의 부인 또한 인상파를 좋아한다. 그녀는 피카소 전시회에 갔었는데 "초기작품 그러니까 청색시대의 그림 전부가 마음에 들었습니다").

'뭔가 성취하고 더 높은 지위에 오르기 위해'

그는 '뭔가 성취하고 더 높은 지위에 오르기 위해서' 지금의 일 이외에 수업을 계속 듣고 있는데, 그 수업은 그의 하루 스케줄을 규칙적으로 만든다. 그것은 매우 벅찬데, 그는 아침 8시에 집에서 나와 저녁 7시에 들어간다. 일주일에 두세 번 저녁 때와 토요일 아침에 수업을 듣는다(CNAM 강의 말고도 그는 집에서 수학을 개인교습 받고 있다). 그래서 그는 '독서를 할 시간이 별로 없는데 특히 재미로 읽는 독서는 더 더욱 할 시간이 없다.' 그가 읽는 책들은 '점차 기술이나 과학에 대한 것 그러니까 뭔가 배우려고 읽는 것'으로 바뀌고 있다. 그는 '액션소설'을 좋아해서 여태까지 '모험소설'("꾸스또Cousteau의 책인데, 글쎄 그걸 과학적이라고 불러도 될지 모르겠지만"), '전쟁관계의 책'('2차대전이나 공중전에 관한 책')을 읽어왔다. 그는 '학교에서는 역사를 좋아하는 편'이지만 '역사관계의 책은 별로 가지고 있지 않다.' "왜 그런지 모르겠지만 연애소설은 전혀 맘에 들지 않아요." CNAM의 수업을 들으면서부터 그는 '독서의 취미를 잃어버리게' 되었다. "다른 책을 읽으면 별로 기분전환이 되지 않죠. 다른 걸로 휴식을 취하자니 이젠 또 시간이 없구요."('의학관계' 책이나 '도덕적 문제를 제기하는' 책을 좋아하는 그의 부인은 최근에 보리스 비앙Boris Vian을 읽고 있다. 그녀는 『나날의 거품L'écume des jours』이 '매우 재미있다'고 생각했지만 『마음아픈 고통L'arrache-coeur』은 덜 좋아한다. 그러나 그녀의 남편은 그런 걸 '일체 좋아하지 않는다.')

'야간수업이니 시험이니 하다보니' 지난 겨울 동안 그들은 거의 외출하지 못했다. 최근에 약간 외출하긴 했지만. 때때로 영화관에 가는데 '영화가 쉽기도 하고, 원할 때 보러갈 수도 있고, 10프랑이니 그다지 비싸지도 않기' 때문이다. "우리는 대체로 좋은 영화에 흥미가 있어요. 영화보러 가기 전에 약간 소문을 듣고가요." 그는 '서부극, 모험활극영화'를 좋아하지만, '영화가 좋고 잘 만들어지고 감독도 괜찮으면 다 좋아하니까 진정한 선호가 없는 셈이다.' 그는 최근에 진짜로 우스꽝스런 이태리 영화를 봤다. "지붕 위에서 수녀가 하늘로 날아가고, 실업가가 자기가 가진 걸 다 팔고… 아마 심리적 이미지인 듯한데 그런 건 어떤 특정 계층의 사람에게만 의미가 있을 겁니다." 게다가 "제가 같이 그런 영화를 보게 된 경제학 전공 학생이나 수학자, 그런 사람들조차 저보다 더 잘 이해하지는 못하더라구요… 그런 영화를 누가 도대체 진정으로 이해할 수 있을지 모르겠어요." 그들은 『스팅』을 봤다. 그의 부인이 말하기를, "그 영화에서 좋았던 건 특히 배우들의 연기, 즉 등장인물들이었어요." 그녀는 『대부』도 괜찮았다고 하는데 특히 마론 브란도Marlon Brando의 연기가 좋았다고 한다.

아무튼 그는 '고전적인 것'에 대한 취향을 가지고 있고, '보수적'이다. 그렇지만 '비-순응주의적인 기질도 있다.' "젊은 나이에 매사에 개의치 않으면 비순응주의자입니다(…). 혁명주의적이라고 부를 수는 없겠지만 그래도 뭔가 조금이라도 변하기를 바라죠." 그는 『르 까냐르 앙쉐네Le Canard

Enchaîné』지를 읽는데 '정부각료들에 대한 비판, 의회의 가십, 정계나 부동산업계와 재계의 거대관계의 이야기를 즐기기' 때문이다. 특히 외국의 정정(政情)을 알기 위해서는 '르 누벨 옵세르바뙤르'를 읽는다. 하지만 그는 일간지를 정기적으로 읽지는 않는다.

분명히 노력을 많이 들인 겁니다

올해까지 그들은 파리시립극장Théâtre de la Ville의 좌석을 연간예약하였다. 그의 부인이 덧붙여 말하길, "입장권은 별로 비싸지 않은데 그건 중요하죠. 사실 오페라좌에서의 관람료는 물론이고, 다른 모든 극장에서의 관람료도 우리의 가격수준을 넘어서죠."("누레예프Noureev 발레를 보러간 적이 있는데 입장권이 두 매에 90프랑이 넘더라구요. 그래서 다시 생각해보고는 보지 않았죠." 그녀는 바깔로레아 시험을 보기 전에 TNP(국립민중극장)에 종종 다니면서 『햄릿』, 『샤이요의 광녀 *La folle de Chaillot*』, 『사형집행인의 노래 *Chant public devant une chaise électrique*』 등을 봤다. 그들은 발레를 즐긴다(특히 '고전발레'). "모이세프Moïsseïev발레를 정말 좋아했어요. 분명히 힘든 훈련이 있었을 거에요." 또 그들은 CNAM 근처의 음악극장 Théâtre de la musique에 발레를 보러 다녔다. "고전발레는 아니었지만 매우 좋았죠." "『불새』였어요." 그의 부인이 덧붙여 말했다. "노력이 많이 들어가 있다는 걸 느낄 수 있었어요. 정말 두드러져 보였어요."(그녀는 또 '프랑스의 지방의 민속무용과(…) 전세계의 민속무용'을 좋아한다). 연극을 보러가면 쟈끄는 희곡이 '잘 연기되기를' 소망한다. 그는 TV에서 다이제스트로 본 매직 서커스Magic Circus를 보러가기를 좋아한다.

거의 매년 그들은 스페인에서 휴가를 보낸다("싸거든요." 그의 아버지는 스페인 사람이고 해변가에 아파트를 가지고 있다). 휴가 동안 그는 '책을 많이 읽고', 그의 부인의 말에 의하면, '매일밤 나이트 클럽에 간다.' 그는 수상스키를 배우려고 했다(그의 부인은 선수수준이다). "하지만 저는 전혀 수상스키를 못해요. 다리에 별로 힘이 없거든요. 그래도 일년 동안 하지 않는 체력단련을 해야 하니까 휴가 때면 완전히 녹초가 되어버리죠(…). 일하는 시간이 짧으면 여가시간이 더 많을텐데, 그러면 더욱 일을 잘 해내기 위해 그 시간을 사용할 것입니다(…). 내가 하는 것처럼 일을 하려면 거기에 미쳐야 하니까요." "지금으로서는 난 억만장자처럼 살고 싶습니다. 저는 일상생활의 진부한 것들 심지어 휴가 같은 것도 지겨워요. 넓은 땅에다 숲, 수영장, 큰 빌라, 스포츠시설, 테니스장을 가진 억만장자가 되고 싶어요." 그의 부인은 배로 하는 여행을 떠나고 싶어한다. "낚시를 하고 친구들과 담소하면서 햇볕을 받고 누워있거나 춤추고 책 읽고 하면 좋겠어요." 그녀는 특히 휴가 때 루마니아의 지중해 클럽에서 보내기를 즐긴다. 그들은 '모텔식의 숙소'를 고른다. "거긴 편안하기도 하지만 서로 누군지 모르는 호텔과는 다르죠(…), 모든 게 아주 가까이 있어요." 거기 있는 동안 그들은 루마니아 관광을 좀 했다. 왜냐하면 "타국에 갔으면 좀 둘러봐야 하니까"하고 그가 덧붙인다. 그는 '조직자들의 태도'를 전혀 좋아하지 않는다. 대부분 저녁때면 "대개 방학을 보내기 위해 거기에 온 학생들인 '친절한 조직자들'이 마련한 행사가 있었어요. 그런데 그 친구들의 공연은 별로 훈련을 쌓은 게 아니었어요. 심지어 즉흥적인 노력도 없어요. 전혀 신경을 쓰지 않으니까요!"

쁘띠 부르주아지는 이러한 상승에 필요한 축적을 달성하기 위해 어디선가 그 자본 부족을 보충할 자원을 꼭 찾아내야 한다. 이 부가적인 힘은 과거의 궤적에 암시되어있는 미래의 성취를 위한 선행조건으로서 과거 궤적의 경사pente에 새겨져있는 성향penchant인데, 이 힘은 한정력(限定力)pouvoir de limitation과 제한력(制限力)pouvoir de restriction으로서 **부정적으로만** 행사될 수 있고, 따라서 그 효과는 칸트가 말한 대로 '부정(마이너스)의 크기'의 형태로만 측정될 수 있다. 즉 그것은 지출을 억제하는 의미에서 '절약'이고 자연스런 임신을 제한하는 의미에서 산아제한이다. 상승하는 쁘띠 부르주아가 자신들의 현재 위치보다 상위의 (또는 적어도 상위에 있다고 믿지 않는다면 실제로 그들이 있다고 **믿는** 위치보다는 상위의) 가능성을 가진 것처럼 행동하고 그렇게 함으로써 실제로 가능성을 증대시킬 수 있다면, 그 이유는 그들의 성향이 일정 시점에서의 위치(이것은 성향을 낳는 모태이다)를 재생산하는 것이 아니라 개인적 집단적 궤적의 그 시점에서의 **경사**pente를 재생산하기 때문이다. 쁘띠 부르주아지의 아비투스는 개인적이거나 집단적인 사회적 궤적의 경사이고, **경향**penchant으로 변형되는데, 이 경향에 의해, 상승중인 궤적은 연장되고 달성된다. 과거의 궤적은 그것을 연장하는 미래를 향한 지향의 형태로 보존되는데 의미가 있는데, 라이프니츠가 말한 바 일종의 **끊임없는 상승노력**nisus perseverandi은 '합당한' 야망을 제한하고 그것에 의해 이런 현실적 상승지향을 실현하는 데 지불해야 할 대가를 낮게 억제한다. 상승하는 쁘띠 부르주아지는 끊임없이 자본주의 기원의 역사를 다시 만들고, 이를 위해 그들은 청교도처럼 금욕주의에 의존할 수밖에 없다. 다른 사람들이 돈, 문화, 인간관계 등과 같은 현실적 보증을 내세울 수 있는 사회적 교환에서 쁘띠 부르주아지는 정신적 보증만을 제시할 수 있을 뿐이다. 쁘띠 부르주아는 (상대적으로) 경제·문화·사회관계자본이 빈약하기 때문에 희생이나 절제, 단념, 선의, 승인, 간단히 말해 미덕으로 지불함으로써만 자신들의 '상승지향을 정당화'할 수 있고 그러한 상승지향을 실현할 수 있는 가능성을 부여받을 수 있다.

만약 경제자본이 많은 분파, 즉 중소상인이나 장인, 토지소유자 등이 저축에 노력을 집중하는 반면에(꽤 최근까지 그래왔지만), 문화자본이 많은 (일반관리자나 사무직 노동자) 분파가 주로 학교라는 기관을 이용한다면, 양자의 경우에는 그들을 은행이나 학교의 이상적인 고객으로 만드는 금욕적 성향을 자신들의 경제적·학교적 전략에 투자한다는 공통점이 있다. 문화적 선의와 절약정신, 진지함과 일에 대한 열중 같은 이러한 성향들은 여러 쁘띠 부르주아지들이 (진정한 경제 및 문화자본의 소유자와는 반대로) 자기를 완전히 은행이나 학교의 처분에 맡기면서도 이런 기관에 부여한 보증인 것이다. 그 이유는 쁘띠 부르주아지가 근본적으로 부정적 성격의 자산으로부터 이윤을 획득할 수 있는 것은 이러한 보증을 통해서 뿐이기 때문이다. Prétention(상승지향)은 또한 pré-tension(선취지향先取指向)이라 쓸 수 있다. 상승지향을 낳는 과거의 상승운동을 영속화하는 경향으로 전환되는 상승적 경사는 그 이면에 절약정신과, 쁘띠부르주아적 미덕에 연관되는 사소한 것을 지니고 있다. 이런 선취지향으로 인해 쁘띠 부르주아지가 대립되는 상승지향들 사이의 **경쟁**에 무리하게 참가하게 되고, 언제나 공격성으로 폭발하기 쉬운 영구적인 **긴장**이란 대가를 치루면서 항상 **자신의 분수에 넘치는** 생활을 하게 된다면, 그것은 또한, 특히 금욕주의나 맬더스주의malthusianisme 같은 모든 형태의 자기착취를 통해 상승을 실현하는데 불가결한 경제적·문화적 자산을 자신으로부터 끌어내기 위해 필요한 힘을 쁘띠 부르주아지에게 부여하는 것이기도 하다.

쁘띠 부르주아지가 가장 명확한 것은 아니더라도 최대의 희생을 하는 것은 사교관계sociabilité와 거기에 따르는 만족에 관해서이다. 그는 자신의 위치가 전적으로 자신의 노력 덕택이라고 믿기 때문에 자기를 구하기 위해서는 자신밖에 믿을 게 없다고 확신하고 있다. 각자 자신을 위해서 살고, 각자의 집은 그의 성곽이다. 자신의 노력을 집중하고 비용을 줄이기 위해서 그는 개인적 상승에 걸림돌이 되는 인간관계는 심지어 가족관계까지도 끊어버린다. 빈곤에는 빈곤의 악순환이 따르고 (상대적으로) 가장 덜 박탈된 사람을 가장 많이 박탈된 사람에게 매어놓는 연대성의 의무는 빈곤을 영원한 악순환으로 만들 수 있다. '도약'은 언제나 단절을 전제하는데 불행에 빠진 예전 친구를 버리는 것은 단지 그 일면에 불과하다. 이 변절자에게 요구되는 것은 자신의 가치체계의 전도인데 그것은 태도 전체의 전환이다. 이와 같이 확대가족(이것은 피임 기술이 충분히 사용되지 않았다는 식의 소극적 원인으로는 완전하게 설명되지 않는데)을 핵가족 또는 독자(獨子)의 가정에로 전환하는 것은 가족관계 및 가정 내 단위의 기능에 대한 대중적 관념의 폐기를 뜻하며, 또한 확대가족 특유의 즐거움과, 선물의 교환, 파티, 다툼을 포함하는 전통적인 사교양식을 버리는 것일 뿐만 아니라, 가정의 불안정과 사회 및 경제적 불안으로 점철된 세계에서 노후의 불확실성에 대비해 확대가족이 특히 어머니들에게 제공하는 거의 유일하게 확실한 보호를 버리는 것을 의미한다. 쁘띠 부르주아에게 가족관계와 친구관계는 더 이상 불행과 재난, 고독과 빈궁으로부터 자신을 지킬 수 있는 보험도, 필요한 경우에 도움의 손길이나 대부, 직업을 제공할 수 있는 원조나 보호의 네트워크도 아니다. 그러나 그런 관계는 아직 '인맥(人脈)' 즉 경제 및 문화자본의 수익을 극대화하는데 없어서는 안될 사회관계자본이 아니다. 그러한 인맥이 가져다주는 사의(謝意)와 상호부조, 연대, 물질적 및 상징적인 만족은 장기적으로 또는 단기적으로 그들에게는 금지된 사치에 속하는 것이기 때문에 비용이 얼마가 들든 간에 제거해야 할 질곡(桎梏)에 지나지 않는다.

외아들에게는 모든 희망과 노력이 집중되는데, 그런 정도는 아니라도 자식의 수를 소수로 제한함으로써 쁘띠 부르주아지는 자신의 야심에 내포된 속박의 체계에 복종하고 있을 따름이다. 만약 그가 수입을 늘릴 수 없다면 그 자신의 지출이나 그가 먹여살려야 할 사람 수를 줄여야하는 것이다. 그러나 이렇게 함으로써 그는 결국 자식의 수에 관한 정통적인, 즉 사회적 재생산의 요청에 응하는 지배적 표상에 자기를 적응시키는 결과를 가져온다. 산아제한은 인원제한numerus clausus의 한 형태(분명 가장 기초적인 형태)이다. 쁘띠 부르주아지는 부르주아지가 되기 위해 스스로 자기의 규모를 축소시키는 프롤레타리아이다.

만약 쁘띠 부르주아지가 단지 사회학자들의 머리 속에서만이 아니라 실제로 소형의 부르주아지라면, 객관적 사실에 대한 객관적 정의를 얻는다는 명목으로 '쁘띠 부르주아지' 개념을 포기함으로써 잃을 것이 무엇인지가 명확해진다. 여기에서도 다른 경우와 같이 토착적 개념은 사회학적으로 볼 때 관여적인 특성들을 시사성(示唆性)이 풍부한 형태로 집약시킨다. 게다가 객관화하는 환원작업은 그것이 아무리 난폭하더라도 계급적 경멸과는 아무런 공통점이 없는데, 이러한 경멸은 미학적인 예언의 전통적인 조소거리나 정치적 비난의 단골 표적(예컨대 프루동에 대한 마르크스의 공격을 생각해 보면 된다)인 쁘띠 부르주아에 대한 수많은 저작에서 분명히 드러난다. 그러한 환원작업은 '상승지향'이나 '편협함'과 같은 계급차별주의에 의해 가장 자주 지적되는 아비투스의 특성들을 그것을 산출한 객관적 조건들에 연관시킨다. 덜 까다로운 미덕을 즐기면서 덜 무례한 표정을 지을 수 있는 사람들은, 자신들이 비난하는 특성들이 개인적 상승, 즉 표준적 개인의 선택적 추출을 보증하는 메커니즘의 불가피한 대상(代償)임을 잊고, 마치 사회구조가 그들에게 자신들의 소외를 '선택'할 자유를 남겨둔다는 이유로 쁘띠 부르주아의 '악덕'과 '미덕'(이것은 물론 지배적 윤리와의 관계에서만 정의된다)을 그들의 경우에는 사회구조가 아니라 행위자 개인에게 돌려져야 하는 것처럼 말한다.

있는 그대로의 자세로 대량으로 자기를 재생산하는 프롤레타리아의 번식력을 거부하면서, 쁘띠 부르주아지는 제한적·선택적 재생산을 '선택'하는데, 그것은 자주 그들의 수입계급(輸入階級)인 부르주아 계급의 엄밀하게 선택적인 기대에 따라서 구상되고 형태를 갖춘 유일한 생산물(외아들)에 한정된다. 쁘띠 부르주아지는 긴밀히 짜여져 있으나 편협하고 다소 억압적인 가정 안에 스스로를 가둔다. '작다'(쁘띠)라는 형용사나 그와 동의어인 형용사가 항상 다소간의 경멸적인 뉘앙스를 가지고 쁘띠 부르주아지가 말하고 생각하고 행하고 가지고 있고 존재하는 모든 것에, 심지어 비록 쁘띠 부르주아지의 강점이긴 하지만 그 도덕성에까지 부착될 수 있다는 것은 전혀 우연한 일이 아니다. 다시 말해서 쁘띠 부르주아지의 도덕은 엄격하고도 엄밀하여, 형식주의와 세심한 시선은 언제나 그 도덕을 편협하고 견고하며 경직되고 과민하며 옹졸한 것으로 만들어 버린다. 쁘띠 부르주아지는 그 자신의 사소한 배려와 필요를 좇아 작게 사는 부르주아지이다. 심지어 사회세계와 그 자신의 모든 객관적 관계가 표현되는 신체적 성향hexis corporelle조차 부르주아 계급에로 이르는 좁은 문을 통과하기 위해 스스로를 작게 만들어야 하는 사람의 그것이다. 옷차림이나 말(과도한 경계심과 신중함으로 과잉교정된 말), 몸짓, 전체적 거동에서 엄격하고 절도있으며 신중하고 검소한 그에게는 언제나 자유활달한 여유나 폭넓고 통이 큰 너그러움이 조금은 결여되어있다.

쁘띠 부르주아지 취향의 변이형

그러므로, 통계적 집계가 충분히 진전된 단계에 이른다면, 부르주아의 여유의 에토스와 쁘띠 부르주아의 선취지향(先取指向)에 의한 제한의 에토스를 대비할 수 있다. 전자는 세계와 자기에 대한 확신에 찬 관계로서, 그 결과 세계와 자기는 **필연적인 것으로**, 다시 말해 존재와 당위가 일치된 것으로 경험되는데, 이러한 일치는 건방진 태도, 우아함, 활달함, 기품, 자유스러움, 한마디로 **자연스러움**이란 **자기에의 확신***certitudo sui*을 나타내는 내밀하거나 명백한 모든 형식에 토대를 제공하고 권위를 부여한다. 후자는 부름받았으나 선택받지는 못한 자들, 즉 의무라는 영원한 기원 속에서 미래모습을 언젠가는 실현하려는 그들의 상승지향을 기초하는 사람들의 엄격한 의지주의*volontarisme rigoriste*이다. 그러나 분석이 세련화되자마자 이러한 성향체계가 사회구조내의 중간적 위치에 도달하거나 거기에 머무르거나 통과하는 방식들만큼이나 많은 양태를 띠고 있으며, 이러한 위치 자체가 일정할 수도 있고 상승하거나 하강할 수도 있는 것임이 드러난다.

 여기서는 지배계급의 경우와 동일한 연속적 조작을 시행했고 동일한 실효변수와 설명변수를 사용하여, 중간계급을 대상으로 수집한 앙케트 조사자료의 조응관계를 분석하였다(조사대상자의 실수는 583명). 첫번째 변인은 지배계급의 경우보다 더 큰 비중을 가지고 있다(첫번째 변인은 7%, 두번째 변인은 3.4%, 세번째 변인은 3%). 이는 분명, 자본구조만이 아니라 자본총량도 변인의 구성요소에 포함되기 때문이다. 자본총량의 효과는, 중등교사에 매우 인접한 문화매개자들이 제외될 수도 있는 문화자본의 쪽에서나, 이용가능한 정보를 가지고도 대상인과 소상인, 대장인과 소장인을 분명히 나누기가 결코 쉽지 않은 경제자본의 쪽에서나 계급의 경계를 획정하는데 따르는 어려움과 상대적 자의성에 의해 완전히 없어지지 않는다(이것 때문에 여기에 제시한 그림 15, 16은 상권에 실린 이론적 그림 5, 6에서 나타나는 것과 같은 사회공간의 체계적 변형으로 나

<그림 15, 16> 쁘띠 부르주아 취향의 변이형 조응관계 분석
제1, 제2 관성축에 의해 포착된 그림 — 특성공간(그림 15)과 각 분파의 분포공간
(그림 16). 절대기여율이 가장 높은 항목은 제1요인에 대해서는 밑줄친 대문자로,
제2요인에 대해서는 밑줄 없는 대문자로 표시했다.

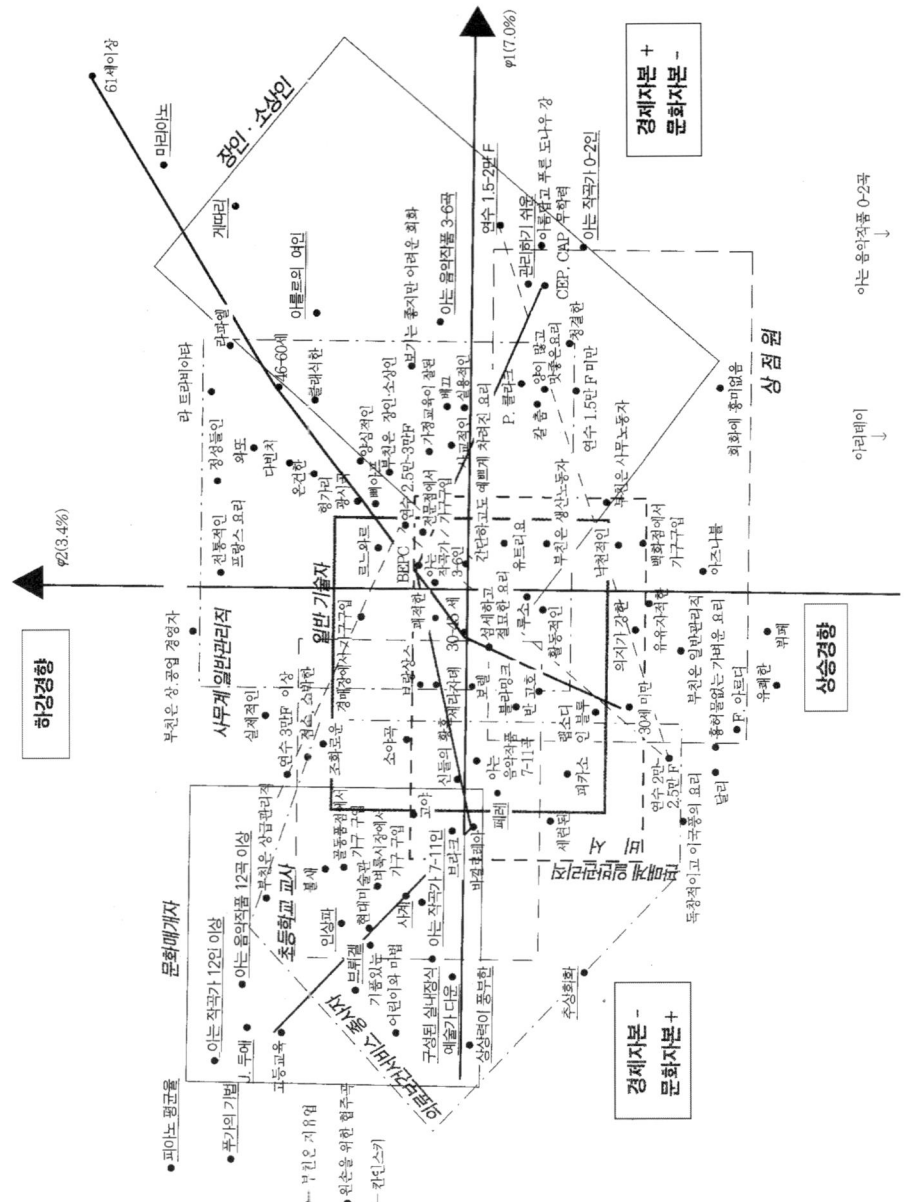

타난다. 거기서 자본의 양과 구조는 서로 다른 두 차원에 대응하는 반면에, 여기서는 첫번째 변인이 제2차원에 또 어느 정도는 제1차원에 대응하고 두번째 변인이 제3차원에 대응한다. 이 첫번째 변인은 지배계급의 분석에서의 첫번째 변인이 낳은 것과 비슷한 대립구조를 보여준다. 한편에서 우리는 최소한 12명의 작곡가 이름을 댈 수 있는 능력(2.0%), 최소한 12개의 음악작품에 대한 지식(2.4%), 루브르 박물관과 현대미술관의 정기적 방문, 『사계』(2.4%)나 『푸가의 기법』(1.6%), 『피아노 평균율』(1.6%)처럼 전형적인 '음반애호가'의 성향을 보여주는 클래식 작품, 쟈끄 두에(1.8%)와 레오 페레 같은 '지적인' 가수, 회화의 취향공간에서 바하나 비발디에 필적하는 브뤼겔 같은 화가들, '고전양식 회화처럼 추상회화도 마음에 든다'고 하는 회화에 대한 야심적인 판단(2.4%), '예술적인' 친구들(2.0%), 구성된 양식에 상상이 넘치는 내부장식의 선택을 발견할 수 있다. 다른 한편에서는 작곡가(2.9%)와 작품(2.7%)에 대한 적은 지식, 『아름답고 푸른 도나우 강』(2.8%)나 『아를르의 여인』(1.5%)처럼 통설al-lodoxia의 효과에 의해 정통적인 것으로 인지될 수 있는 작품의 선택, 게따리(1.6%)와 같은 경음악 가수들, ('깨끗하고 단정한' '유지하기 쉬운' 내부장식과 같은) 가장 '평범한' 선호의 선택을 보게 된다(상대적인 기여와 관련해서, 좋아하는 인테리어를 표현하기 위해 선택된 형용사들은 르누아르와 칸딘스키 같은 화가들의 선택에서도 볼 수 있는 것처럼 다른 두 변인보다 첫번째 변인에 의해 더 잘 설명된다는 것을 알 수 있다. 특히 문화자본이 우세한 쪽에서 보이는 '조화롭다'거나 '양식을 구성한 것'이라든가 '상상이 넘치는 것'과, 경제자본이 우세한 쪽에서 보이는 '깨끗하고 단정한', '관리하기 쉬운' 같은 형용사에 관해 말할 때 그러하다).

설명변수를 도상에 투사해 놓은 것을 보면 지배계급의 경우처럼 학력자격이 (수입의 경우와 달리) 첫번째 축(횡축)을 따라 직선적 형태로 분포되어 있음을 알 수 있다. 개인적 차원에서 보면 첫번째 변인에 의해

장인과 상인은, 문화자본이 가장 풍부한 신흥 쁘띠 부르주아지(문화매개자, 의료보건직 종사자)와 대립되고, 이차적으로는 초등교사와 대립되며, 일반기술자와 일반관리직이 중간적 위치를 차지한다.

두번째 변인은 가장 전통적이거나 가장 보수적인 윤리적 또는 미학적 성향을 일관되게 특징지운다. 이런 성향은 공인되고 오래된 가치에 집착하는데, 회화의 경우에는 라파엘(2.6%), 다빈치(2.3%), 와토(1.6%)로 나타나고, 클래식음악의 경우에는 라 트라비아타(2.4%), 샹송에서는 마리아노(1.9%)로, 일상생활의 공간에서는 전통적 프랑스 요리(2.3%), '말끔하고'(2.3%), '조화로운'(1.6%) 인테리어로 나타난다. 이와 같은 성향들은 기성가치에 대한 거부나 무시 외에는 공통점이 없어 보이는 여러 성향들(죠니 아리데이Hallyday-4.4%, 아즈나블Aznavour-3.3%, 뷔페Buffet-2.3%, 따뜻한 인테리어-1.6%, 유쾌한 친구-2.9% 등의 선호를 보인다)과 대립된다. (두번째 변인으로 가장 잘 설명되는 지표들 가운데서 동일한 대립을 볼 수 있다. 한 쪽에는 '양심적' 또는 '실제적 정신을 가진 친구'들이 놓이고, 다른 쪽에는 '의지가 강한 친구', 백화점에서의 가구구입, 샹송 가수 프랑수아즈 아르디(Françoise Hardy), '회화엔 별 흥미없어' 같은 판단 등이 선택된다).

'객관적' 특성들이 설명변수로 도상에 투사되면 지배적 취향의 경우에서처럼 두번째 변인은 나이에 따른 대립(최고령층은 두번째 축의 맨 위에 위치하고 경제자본이 우세한 쪽에 위치하는데 비해, 최연소층은 같은 축의 맨 아래에 있고 문화자본이 우세한 쪽에 위치하는 대립)을 표현하는데, 이와 불가분하게 출신계급에 따른 대립(대소의 경영자, 상급관리자, 자유업 종사자의 자녀들은 종축의 플러스 쪽에 놓이고, 생산직 노동자나 사무직 노동자의 자녀는 마이너스 쪽에 위치하는 대립)을 표현하고 있다. 달리 말해서 각 분파들 내부에서 두번째 변인은 쇠퇴하는 사람들과 상승하는 사람들의 대조를 보여주며, 여러 분파들의 중간계급 전체에

<그림 17> 쁘띠 부르주아 취향의 변이형 조응관계 분석.
제1,3 관성축의 간략도식

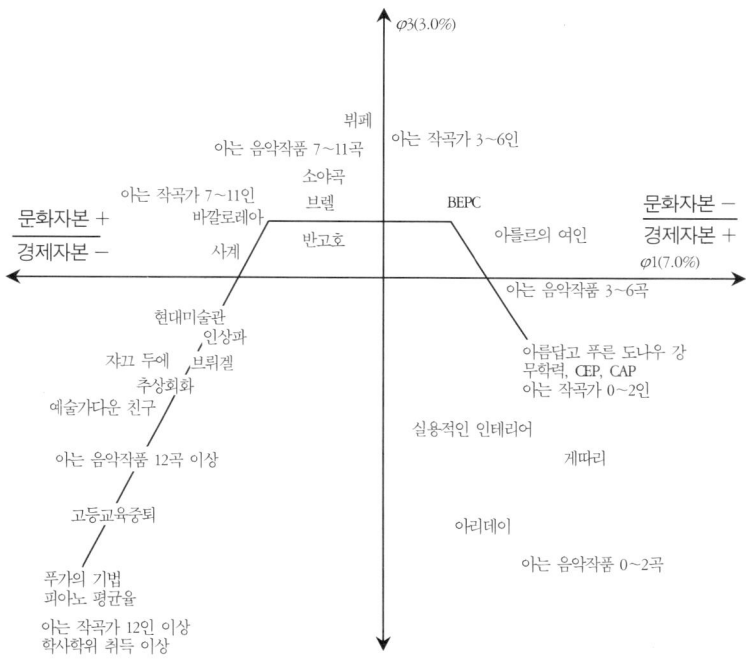

이 간략도식에는 절대적 기여율이 1.5 이상인 변수들만을 표시하였다. 설명변수 중에서는 학위만 표시하였다.

서의 분포는 대체로 각 분파내부에서 두 개의 범주가 차지하는 부분에 대응하는데, 문화매개자와 사무계 일반관리자는 플러스 쪽으로 기울고, 상점원이나 비서들은 마이너스 쪽으로 향하는 대립을 볼 수 있다.

마지막으로, 부르주아지 취향이 가장 발달한 자유업 종사자와, 지배적 문화공간의 양극을 대표하는 두 분파(한편에는 교수와 지식인, 다른 한편에는 대상인과 공업경영자)가 대립되는 지배계급의 경우처럼, 세번째 변인은, 중간계급 전체의 양식적 특성들을, 즉 그 계급을 다른 계급과 가장 잘 대립시키는, 간단히 말해 가장 전형적으로 '중간적인' 제 특성들을 가장 완벽하게 소유하고 있는 사람들을, 문화자본을 가장 적게 가진 사람들 즉 장인 및 상인과, 문화자본을 가장 많이 지닌 사람들 즉 문화매개자 및 초등교사와 대립시킨다(그림 17 참조). 중간적 문화능력을 나타내는 지표, 예컨대 음악작품의 평균적 지식(4.0%), 작곡가의 이름에 대한 평균적 지식(2.9%)(전자의 경우 7곡에서 11곡, 후자의 경우 3인에서 6인), 또는 브렐 이나 뷔페(1.7%), 반 고흐(1.9%), 다빈치(2.2%), 『소야곡』(1.9%)처럼 가장 전형적으로 중간적 성격을 띤 문화상품에 대한 취향과 같은 지표들은, 한편으로는 음악작품의 지식(2.2%)과 작곡가 이름의 지식(4.0%)과 『푸가의 기법』(2.2%) 같은 보다 정통적인 작품에 대한 취향을 보여주는 지표들과 대립되고, 다른 한편으로는 작품(3.3%) 및 작곡가(1.8%)에 대한 낮은 지식을 보여주는 지표들과 게따리(2.4%)나 아리데이(1.9%)와 같은 가장 비정통적인 가수와 작품에 대한 취향과 대립된다(이 세번째 변인으로 잘 설명되는 지표들은 모두 이미 앞서 언급한 바 있는 절대적으로 매우 높은 기여를 한 것들이다).

또한 설명변수를 도상에 투사하면 예측할 수 있는 바처럼 중간적 학력(BEPC 또는 바깔로레아)의 소유자와 저학력(CEP 또는 CAP) 및 고학력(고등교육 중퇴 또는 수료) 소지자 사이의 대립을 보여주는데, 이러한 대립은 대체로 중간계급 출신자와, 민중계급이나 상류계급 출신자 사이의 대립으로 가중된다. 따라서 '중간문화'는 초등교사, 일반기술자, 의료보건직 종사자, 사무계통 일반관리자들 사이에 가장 특징적인 것이다.

조응관계의 분석은 일련의 사실의 집합을 체계적으로 부각시키는 능력을 가지고 있는데 이 집합을 설명하기 위해서는, 쁘띠 부르주아지 계급 성원들의 선택(이 선택이 일반적으로 덜 정통적인 대상에 관련되기 때문에)이 현상적으로는 매우 다르더라도 지배계급의 취향을 조직하는 구조와 거의 유사한 구조에 따라 조직되며, 특정한 경제자본 소유에 기반하여 그 위치가 결정되는 장인과 소상인을 초등교사 및 문화매개자에 대립시키는 원리가, 지배계급에서 상공업경영자와 교수·예술제작자를 구별하는 원리와 전적으로 유사하다는 사실을 지적하는 것만으로는 충분하지 않다. 두번째 변인에 의해 조명되는 관계가 제기하는 문제, 즉 대체로 '보수' 또는 '혁신'으로 정의될 수 있는 일단의 미학적, 윤리적 정향과, 복잡한 관계에 의해 그 자신이 사회공간의 횡축상의 위치에 결부되는 출신계급과 연령 사이의 관계 문제는 사회적 시간-공간에 놓인 위치(즉 직업)와 이 공간에 놓여있는 행위자들 자신 사이의 관계를 체계적으로 조사함으로써만 다루어질 수 있다.

이러한 사회공간의 **중앙부**에서 일어나는 일이 통상 잘 파악되지 않는다면, 그 이유는 그것을 이해하고 또한 (예컨대 정의상 명확히 **한정된** 어떤 종류의 코드를 사용하여) 측정하기 위해서는 최선의 경우에도 위치와 행위자 모두를 이동시키는 같은 방향 혹은 반대 방향의 운동을 일시적으로 정지시켜야 하기 때문이다. 그러나 이러한 운동은 사회계급의 장의 양극간에 위치하는 상대적으로 불확실성과 불확정성의 장소인 사회공간의 중앙부·중간영역을, 부동하는 일련의 통과장소의 집합으로 혹은 거기서 같은 방향이나 반대 방향의 궤적과 상승·하강 궤적에 의해 이동하는 행위자들이 일정 시간동안 서로 만나는 유동적인 일련의 통과장소의 집합으로 만든다.

만약 현실을 보다 정확히 파악하려면, 중간적 위치나 중앙부의 위치를 다음과 같은 장소로 특징지을 수 있을 것이다. 즉 전체라는 질서에 대해서 부분적으로는 무질서화된 경향을 띠지만 그래도 질서 있는 운동들의 질서구조에 불과한 사회적 공간-시간이라는 상대적으로 불확정한 영역의 가운데를 이동하는 일련의 움직이는 통과장소로서이다. 이러한 장소가 그렇게 이동하는 것은 최소한 부분적으로는, 거기서 일시적으로 만나는 사람들, 그 실천과 궤적이 그 장소에 부착되어 있는 결정들에 의해 부분적으로 결정되는 사람들, 그들이 자신의 운동에 의해, 아니 보다 정확히 말해서 그들이 차지하고 있는 위치의 현실이나 표상에 복종하게 하는 변형에 의해서, 그리고 어떤 경우에는 그들의 운동중에 얻게 되는 변형에 의해서 그 장소들을 이동시키는 것에 기여하기 때문이다.

이러한 현상은, 행위자들이 그 위치를 '끌어올림으로써' 사회공간에서 '상승'하는 경우나, 또는 그 위치를(패주敗走의 효과와 함께) 자기들의 하락경향 속에서 '끌어내림으로써' 사회공간에서 하강하는 경우나 모두 타당하다. 덧붙여 말하자면 쉽게 지칭되지 않는 실재를 언급하기 위해 어쩔 수 없이 사용하게 되는 기계적 은유는 다음과 같은 사실을 망각하게할 우려가 있다. 즉 행위자들이 자기 자신의 위치에 대해 품는 일정한 표상은 그 위치의 객관적 미래에 의해 결정될 뿐 아니라 다른 행위자들이 그 위치에 대해 품는 표상에 의해서도 결정되는데, 이러한 표상은 고려되는 위치의 객관적 미래가 결정되는 것을 돕는다는 사실이다.[15] 사실상 그러한 세계에 대한 적절한 묘사는, 보통의 사고양식, 보통의 언어 가운데, 그리고 사회과학의 보통의 기대에 새겨져 있는 실체론적 리얼리즘에의 모든 성향, 경향, 성벽(性癖)에 대해 매 순간 질문하는 것을 전제로 하는데, 사회과학은 그 명칭(쁘띠 부르주아지는 역시 쁘띠 부르주아지라고 불려져야 한다)과 그 수(오차가 없는 정확한 숫자는 매우 '과학적인' 것으로 보여진다. 따라서 사람들은 훌륭한 권위에 의존해서 '프랑스에는 많아야 4,311,000명의 쁘띠 부르주아가 있다'는 것을 배운다)와 관련해 명확히 정의되고 엄밀한 **경계**를 가진 집단이나 엄격한 분류를 요구하는 것으로 귀결된다[16](이런 이야기를 하는 것은 이하의 분석

---

[15] 물론 여기서 중간적 위치에 대해 말한 모든 것(이 경우 가장 명확하기 때문에)은 사회적 시간-공간의 모든 위치에도 들어맞는다.

에서 반드시 나타나게 될 리얼리즘적 사고양식으로의 모든 전락 — 그것은 일시적으로는 불가피한 것이다 — 에 대한 독자들의 관대한 용서를 청하기 위해 쓰여진 것이다).

그러므로 사회적 장(場)에서 중간적 위치는, 사회계급의 장의 하위장(下位場)(사회공간에서 횡축에 따르는 제2차원), 즉 경제의 장과 문화의 장의 어느 한 쪽의 상대적 불확정성에 따라 특징지워지는 중간영역(사회공간의 종축에 따르는 제1차원)에 위치하는 것으로 공시적(共時的)으로 결정된다. 또한 그 중간적 위치는 어떤 시점에서 그 위치를 차지하고 있는 개인들의 역사와는 상대적으로 독립된 하나의 역사(이것은 그 위치를 차례로 점유하는 사람들의 집단적 역사라고 할 수 있다)를 가진 것으로, 달리 말해서 과거와 미래의 궤적, 즉 하나의 과거와 하나의 미래를 가진 것으로 통시적(通時的)으로 정의될 수 있다. 이 미래 즉 어떤 위치가 그 점유자들에게 약속하는 집합적 미래는 상대적으로 **미리 결정되거나** *prédéterminé*(이 경우 그 미래가 어느 **정도 유망한 것으로** 결정되거나, 다소간 확실하게 상승과 하강, 또는 정체가 예고된다), 또는 거의 **불확정적인** 채 열려 있을 수도 있다.

이러한 중간적 또는 중립적 위치의 점유자 모두에게 공통된 속성 중 가장 특징적인 것은 분명 이러한 구조적 불확정성에서 나오는 일련의 특성들이다. 사회계급의 장 양극에서 같은 거리의 지점에 있고 인력(引力)과 척력(斥力)이 균형을 이루는 중립지대에서 쁘띠 부르주아지는 지속적으로 윤리적, 미학적, 정치적 딜레마에 당면하는데, 이로 인해 그들은 가장 평범한 활동을 의식적 차원과 전략적 선택의 차원으로 옮겨 놓게 된다. 자신들이 열망하는 세계에서 살아남기 위해 그들은 '분수에 넘는 생활'

---

16) C. Baudelot, R. Establet and J. Malemort, *Le petite bourgeoisie en France* (Paris, Maspero, 1974), p. 153.

을 할 수밖에 없고 자신들이 부여한 이미지가 남에게 어떻게 받아들여지는 지를 나타내는 신호라면 아주 작은 것에까지도 신경을 쓰고 과도하게 민감해진다. 그들의 상승지향을 낮추려는, 그리고 그들을 '제자리로 돌려놓으려는' 냉대나 거부에 직면하게 되면, 그들은 언제나 경계태세를 취하고 유순한 태도를 공격성으로 바꿀 준비가 되어있다.

그러므로 상대적으로 미리 결정된 위치들 가운데서 급속한 경제·사회적 쇠퇴와 아울러 상당한 수적 감소를 겪어온 장인이나 소상인의 위치처럼 하강하는 위치와, 근소한 수적 증가와 이에 연관되는 경제적·사회적 이익의 변화를 경험해 온 사무계통 일반관리직과 상점원과 같이 안정적인 혹은 상승하는 위치를 구별할 수 있다.17) 다른 한편에는 불확정적 영역 중에서 가장 불확정성이 큰 장소, 즉 주로 중간계급에서 문화자본이 우세한 쪽에서는18) 그것이 제시하는 현재에 관하여, 또한 그것이 예고하는 매우 불확실하고 그래서 크게 열려있는, 위험스럽고, 확산되어있는 미래(고도로 미리 결정되어있는 위치들의, 확실하지만 닫혀진 미래와는 반대된다)에 관해서 아직도 잘 결정되지 않은 위치들이 있다. 이러한 새로운 또는 혁신된 몇몇 위치들은 최근의 경제적 변화(특히 디자인, 포장, 판매촉진, 선전, 마케팅, 광고 등 구매자의 욕구를 생산하고 상징적 성격을 띤 작업의 점증하는 역할, 심지어 재화생산에서의 그러한 역할의 증대)에서 초래된다. 그 위치를 점유하고 있는 사람들은 자신들이 제공해야 할 상징적 서비스를 팔기 위해서는 특히 생활양식의 영역과 물

---

17) 공무원 가운데에서 강력하게 미리 결정되어진 위치(예컨대 사무계통 일반관리직)에 나타나는 제 특성 가운데, 여기서 고려되는 관점에서 가장 의미있는 것은 물론 그러한 위치들이 신분적으로 보증하는 캐리어의 구조를 통해 상대적으로 예측가능한 개인적 궤적의 보장을 제공한다는 것이다.
18) 이 위치들의 대부분은 학교제도가 변화한 결과로 출현한 것이기 때문에 그것들이 문화자본이 우세한 쪽에 있는 것이다.

질적·문화적 소비영역에서 규범과 욕구를 부과하는 **상징적 행위**(보통은 '사회사업'이나 '문화보급활동'이란 완곡한 표현으로 언급된다)에 의해 잠재적 소비자의 구매욕구를 생산해야만 했는데, 그 위치들은 어떤 의미에서 그들에 의해 '발명되고' 부과된 것이다.

모든 것은 마치 위치들의 공시적 및 통시적 특성들이 개인들의 공시적 및 통시적 특성들, 즉 일정 시점에서 개인들의 위치를 지배하는 자본의 양과 구조, 그리고 그들의 과거 및 잠재적 궤적을 결정하는 이들 두 특성의 시간축에 따른 변화와 밀접한 통계적 관계를 맺는 것처럼 진행된다. 왜냐하면 (여기서 행한 것처럼) 여러 위치들을 그 점유자 개인들의 특성으로 특징짓거나 그 반대로 그러한 특성을 위치들에 의해 특징짓는 것이 똑같이 가능하기 때문이다. 이것은 특히 공시적 특성의 경우 잘 드러나는데(계속적으로 그래왔지만) 자본규모와 구성은 위치에 너무 분명하게 연관되어 있기 때문에 어떤 경우에는 점유자와 위치 간의 관계와 이것이 일어나는 메커니즘에 대해 문제삼지 못하게 된다. 그러나 중간계급은 통시적 특성의 경우에도 이런 관계를 증명할 매우 유리한 기회를 제공한다. 따라서 우리는 이 분석의 출발점에 돌아왔다. 즉 통시적 특성으로 정의되는 위치들의 광범한 집합들과, 명확히 시간과 연관되는 개인적 제 특성, 즉 나이처럼 과거(경제자본이 우세한 쪽에서는 경제체계의 과거, 문화자본이 우세한 쪽에서는 학교제도의 과거)와 미래와의 관계를 보여주는 특성과, 자본의 양과 구조의 변화를 나타내고, 과거와 미래에 대한 관계 전체를, 그리고 또한 다른 사회계급에 대한 관계의 전체를 나타내는 (불완전한) 지표로서의 출신계급 같은 개인적 제 특성 사이에 성립되는 관계로 돌아온 것이다.

미래와 사회적 상승 사이 또는 과거와 사회적 하강 사이의 이러한 연관은 지배적인 세계관에서 매우 강조된다(개인이나 위치가 '장래성이 있다'고 말할 때 이는 사회적 상승, 즉 부르주아지화를 의미한다). 그것은 모든 사회적 경쟁 메커니즘(그 중에서 가장 전형적인 것은 물론 패션이다)에 기반하고 있고 그것에 의해 강화되는데 여기서 계급간의 차이는 동일한 목표를 향한 경주에서의 시간적 격차로 나타난다. 그것은 정치적 혹은 심지어 학문적 무의식 속에서 진화론적 도식을 아무 문제에나 규범적으로 사용하는 형태로 기능하는데, 그러한 도식은 '민중'을 대체된 과거와 동일시하거나 또는 보다 미묘하게 혁명적 세계관, 즉 '민중'에게 미래를 주는 지배적 세계관의 전복을 아르카이즘archaïsme(의고주의擬古主義)의 전형적 형식으로 바꾸어 놓는다(이러한 사고도식은 지식의 장처럼 새로운 것과 낡은 것 사이의 대립에 기반하는 세계에서 특별히 효율적이다).

쇠퇴하는 쁘띠 부르주아지

어떤 종류의 직위에서는 사람수가 감소하고 그것은 그 직위의 경제적 퇴조를 표현하는 것인데, 그러한 직위들은 그 객관적 특성과 실천, 그리고 의견들이 과거와 결부된 존재에서 나타나는 것으로 보일 수 있는 개인들에 의해 점유된다. 횡축의 우단에 위치한 상대적으로 나이가 대체로 많고 학력자본도 적은(기껏해야 CEP나 CAP 소지) 장인과 소상인은 자신들의 모든 선호에서 **퇴행적 성향**을 드러내는데, 이런 성향은 분명 그들의 억압적 경향의 원천으로서 젊은이들의 행동을 위시하여 특히 구 질서와의 단절을 나타내는 모든 징후에 대한 그들의 반응에서 잘 볼 수 있다. 따라서 그들 눈에 단지 도덕적 타락으로밖에 보이지 않는 모더니즘이나 안일에의 모든 경향에 반응하면서, 일상생활에 관한 모든 측면에서 그들은 생산직 노동자들과 같은 정도로 필요성에 구애받지

'정확하게 중간인' 빵집 부인

D부인과 그의 남편은 그르노블에서 제빵업에 종사하고 있다. 그녀는 12살 때 양친이 돌아가셔서 고아원에 보내졌다. 14살까지 학교에 다녔지만 CEP를 따지 못했다. 그녀의 남편은 처음에 유제품 가공공장에서 야간근무를 하였고 그 후 8년 동안 제빵사로 고용되었다. 12년 전 그는 자기소유의 빵집을 경영하기 시작했다. 그들한테는 약국에서 일하는 22살 난 결혼한 딸이 있다. 그들은 지금 조그만 빵집(일꾼 한 명을 고용하고 있는)을 갖고 있는데 곧 다른 작은 빵집을 사기 위해 팔 예정이다. 그러나 이번 일은 별로 부담스럽지 않고 '긴장도 별로 없다.' 최근에 그들은 그르노블 주변에 집을 샀다. 거실, 식당, 몇 개의 침실, 부엌, 목욕탕이 있고 크고 잘 가꾼 정원으로 둘러싸인 집이다.

'저는 청결을 좋아해요'

내부에 들어서면 모든 게 말끔히 잘 닦여있다. "저는 자랑하고 싶진 않지만 뭐든지 깨끗이 정리되어있는 걸 좋아해서 항상 집을 가지런하게 유지하길 좋아해요 왜냐하면 제가 집에서 시간이 나면 하는 일이 다 그런 것이거든요.' '올바르고 가지런하게 하려는' '결코 두드러지지 않으려는' 근심이 그녀가 말하는 것에 역력하다. 그녀는 자신의 집에 대해 "어떻든 일해 온 대가… 보상이죠" "지금 집은 꽤 괜찮아요 물론 훨씬 나은 집도 있지만요. 하여튼 나쁘지 않아요(…). 그냥 평범한 보통집이죠 제가 자랑하는 것은 아니고요. 집이 좀 더 작았더라도 샀을 거예요 사실 그게 올바른 거죠 그렇게 초호화판도 아니고 또 그렇다고 해서 흔해빠진 것도 아니에요." "우린 절약하라는 말을 들으며 자랐습니다(…). 지난날 그렇게 일하다보니 돈을 쓸 시간도 없었죠(…). 외출할 시간도 거의 없어서 당연히 돈을 절약하게 돼요. 종종 저는 이렇게 말한답니다. 쓸 시간도 있고 또 쓸 돈도 있는 사람들이 있죠. 저도 돈은 있어요. 하지만 시간이 없어요. 슬프지만 사실이에요."

'낡은 것과 아주 현대적인 것의 중간'

결국엔 체인점인 레비땅Lévitan에서 사게 되었지만 가구를 고르는 건

'정말 골치아픈 일'이었다. "저는 끝도 없이 가게들을 돌아다녔어요. 실수를 안하려구요(…) 제 나이에 맞는 걸 원해요. 50대 사람이 초현대적인 가구를 갖고 있는 건 정말 봐줄 수가 없어요(…). 저는 낡은 것과 아주 현대적인 것의 중간을 찾고 있었죠." 집을 살 때 그녀는 '당장 입주하기'보다는 '여유를 가지길' 원했다. "어떤 사람들은 금방 집에 들어가려고 해요. 하지만 저희는 그런 걸 싫어했었던 것이죠. 전혀 우리에겐 소용이 없었을 테니까요. 우린 오랫동안 기다렸고 그래서 좀더 낫게 할 수 있었어요."

'아주 평범하지도 그렇다고 가장 아름답지도 않은'

거실은("아주 평범하지도 그렇다고 가장 아름답지도 않은 가구이죠") 고전적인 게 좋아요. 긴 회색의자로 말하자면, "그런 색조 의자엔 앉을 수 있죠." "의자의 노예가 되지 않으면서도(혹시 더럽힐까봐) 아주 편안하거든요." 그녀는 이 모든 걸 혼자서 골라야 했다. 그녀 남편은 그녀를 따라 돌아다닐 시간도 생각도 없었다. "그는 정말 무심했어요. 그냥 '당신이 좋은 대로 해'라고 했죠." 그녀는 '방의 스타일에 어울릴 만한 것을 찾아다녔다. "제가 그리 능력있는 건 아니지만 방마다의 어떤 특정한 스타일을 존중해야 해요."

'닦으니까 좀 나아 보이죠'

벽에는 형부가 선물해 준 그림하고 '사진예술가'한테서 산 그림이 걸려있다. "그림이 더 있었으면 하지만 살 돈이 없어요." 그녀는 자기가 레코드 듣길 좋아한다고 생각하지만 결코 사본 일도 없고 살 생각을 하지도 않는다. 어떤 것도 낭비하지 않으려는 절약정신 때문에 집에 잡다한 것들을 '구해올' 수 있었다. "삼촌이나 이모 집 다락방에서 찾아낸 장신구랑 잡다한게 많아요. 많이 더럽고 녹슬었지만 깨끗이 닦았죠. 닦고 나니까 모든 게 좀 나아보이죠(…) 내가 그런 걸 찾았을 때 누구도 그런 걸 가져가려고 하지 않았을 거예요. 너무 더러웠거든요."

'저는 과시하는 걸 싫어해요'

그녀의 가정은 그녀에게 많은 걸 의미한다. 여분의 돈이 생기면 그녀는 유행에 뒤진 옷이나 그녀가 거의 껴보지도 않은 보석을 사기보다는 '집에 뭔가 쓸모 있는 가구나 그런 것'에 쓰거나 '오랫동안 유지할 수 있는' 커튼이나 카펫을 사려고 한다. "어떤 사람들은 계속 새 옷을 사요. 저는 그럴 필요를 못 느껴요. 때때로 그런 사람들은 전혀 입어보지도 않을 것을 사기도 해요. 상점에서 마음에 들어하다가 어쩌다 하룻밤 사이에 더 이상 좋아하지 않게 되죠. 예를 들어 신발만 해도 그래요. 새 신발을 신고 조금 발이 아프면 한두 시간 신어보고 생각하기를 '안되겠어, 너무 발이 아퍼. 신지 말아야겠어'하고는 신발장에 처박아버리죠. 저는 절대 그러지 않아요." 그는 '진짜 보석,' '금 장신구'를 좋아하지만 가지고 있는 것을 끼지는 않는다. "저는 보석을 달고 다니면서 과시하는 걸 좋아하지 않아요. 사람들은 이렇게 말하곤 하죠. 저 여자 좀 봐, 완전히 보석으로 치장했군. 저는 자신의 부를 뽐내는 걸 좋아하지 않아요. 그렇게 표현해도 된다면요."

'자신을 단정하게 하기 위한 손질'

그녀는 결코 옷에 돈을 낭비하지 않는다. "저는 옷장에 돈을 많이 쓰는 사람이 아녜요." 어쨌든 "유행은 계속 변하죠(…) 어떻게 해도 결코 따라잡을 수가 없죠." 정말로 그녀는 '고전적인' 옷을 더 좋아한다. 그녀는 결혼식에의 초대를 받아들일지 말지 결정하지 못한다. "비싼 새 것을 많이 사서 딱 한번 입어보고 끝나니까 별로 가고 싶지가 않아요." 그녀는 때때로 미용실에 가는데 그런 걸 '고역'이라고 생각한다. "저 자신을 단정하게 하는 손질일 뿐이죠." 어린 시절을 보낸 시골에서는 "화장을 하느라 오랜시간 거울 앞에 앉아 있지 못했답니다." D부인은 당연히 '두 사람'을 위해 그렇게 많이 요리하지도 않는다. 그렇지만 손님이 오면 그녀는 로렌지방의 파이나 도피네지방의 그라펭, 여러 종류의 구운고기, 고기속을 넣은 토마토 등 '전통요리'를 만드는 걸 즐긴다.

'돈을 막 내다버리는 사람들'

그녀는 '자기와 똑같은' 취향을 가진 사람들과 아주 잘 지낸다. 그녀는 '품위있는 사람들'을 대접하길 좋아한다. '천박해지지 않으면서 아주 절약하기 때문에'("돈을 낭비하는 건 정말 싫거든요") 그녀는 '돈을 막 내다버리는 사람들'과 잘 지내지 못한다고 생각한다. 그녀는 '몹시 가난하면서도 돈이 생기자마자 써버리는 사람들을 이해할 수 없다(…)" "가장 덜 아끼는 사람이 언제나 가장 잘 사는 사람은 아니죠 어떤 것도 스스로에게 거부하지 않는 사람은 종종 중간계급 사람들이에요. 그들은 마음이 내키면 언제나 멋진 케이크나 좋은 와인을 사러 가죠. 돈이 떨어지면 계좌에 달아두고요." 그녀는 '어떻게 예산을 관리할지 모르고' '월말이 되면 돈을 꾸러오는 사람들(비록 명확히 이야기는 안했지만 분명 민중계급 사람들인)에게 동일한 불만을 갖는다.

'심각히 생각할 필요가 없는 즐거운 프로그램'

그녀는 '최소한 십년간' 영화관에 가질 않았다. 그녀는 가끔 손님들이 상점에 놓아두고 가는 『파리마치 Paris Match』나 『쥬르 드 프랑스 Jour de France』같은 주간지나 일간지를 읽을 시간이 없다고 말한다. "그런 데엔 진지한 얘기들은 별로 없고 광고들만 많아요." 그녀는 TV를 좀 보는, 그렇다고 '아주 많이 보는' 편은 아닌데 주로 일요일에 보고, 밤 10시 이후로는 안 본다. 그녀는 'TV광'이 아니지만 '심각히 생각해 볼 필요가 없는' 즐거운 프로를 좋아하고, 특히 제작자가 '너무 잘 만들려고' 애쓰지 않는다는 조건으로 특히 쇼 프로를 좋아한다. "요새 저는 제작자들이 쇼 프로에서 잘 만들려고 한다는 걸 알아요. 예전 방식이 훨씬 나았어요." 그녀는 그 모든 형식상의 실험이나 특수효과들을 안 좋아하는데 아베르티 Averty의 최근 실험작도 별로 안 좋았다. "저는 머리나 코, 다리 등을 따로따로 보게 되는, 사물들이 잘려져있는 장면을 싫어해요 제게는 모든 게 굉장히 단순해 보여요. 아마 제가 유행에 뒤졌음에 틀림없어요(…) 우선 어떤 가수가 3미터나 키가 크게 늘어나는 걸 볼 수 있죠 그 가수는 또 2미터나 긴 무기를 갖게 되죠. 재미있게 여기지세요? 오, 저는 정말 좋아하지 않아요 우스꽝스러울 뿐이에요. 저는 형태를 변화시키는 것에 흥미없어요" 대신 그녀는 '전통적인' 가수, 그러니까 '보통 키에 전혀 변형되지 않는, 정상적으로 노래를 부르는 가수'를 좋아한다.

'내 남편은 호텔을 좋아하지 않아요'

매년 그들은 두세 주 정도 카라반을 타고 휴가를 떠난다. 두세 번 그들은 리비에라에 있는 카라반 캠프장에 갔었다. 작년에는 그르노블 지역의 호수 근처에서 머물렀다. 카라반을 가지기 전까지 그들은 휴가를 그렇게 떠나지 않았다. 그녀의 남편은 '호텔이나 레스토랑을 전혀 좋아하지 않는다.' 휴일에 그녀 남편은 공굴리기를 하거나 카드를 하며 '많은 친구들을 사귄다.' 그녀는 아무 것도 안하고 있는 걸 싫어한다. 그래서 그녀는 쉬면서 뜨개질을 하거나 무늬 양탄자를 짠다. "그건 괜찮은 취미예요. 시간이 더 빨리 가거든요." 그들은 해변가에서 약간 소일하고 친구들과 빠스띠스 pastis를 마신다. 여름휴가 외에는 그들의 일이 너무 벅차서 외출할 시간이 거의 없다. 일요일 저녁마다 일을 시작하는 그녀 남편은 일요일 오후까지 잠을 푹 잔다. 기껏해야 그들은 '1년에 한 번, 부활절이나 성신강림대축일 월요일에 외출한다.' "공휴일이기 때문에 일요일, 월요일 이틀 동안 가게문을 닫았죠."

않으면서도 퇴행적이라 할 수 있는 선택을 한다(예컨대 그들은 '깨끗하고 말끔하며', '유지하기 쉽거나', '실용적인' 인테리어를 선호한다고 말한다). 마찬가지로 클래식 음악과 샹송의 분야에서도 그들은 부르주아 문화의 격하된 작품(『아를르의 여인』이나 『아름답고 푸른 도나우 강』 같은)을 선호하고, 특히 가장 유행에 뒤진 동시에 가장 전통적인 가수(게따리와 마리아노)를 선호한다.

분파 전체의 특징적인 선호가 최고의 밀도와 강도로 표현되는 것은, 다른 위치들에 대해서도 역시 타당한 논리에 따라, 연령과 궤적의 통시적 특성들에 대하여 그 위치의 통시적 특성들이 가장 잘 조화되는, 다시 말해 집단적 역사와 가장 직접적으로 연결되어 그 객관적 진리를 가장 잘 표현하고 그 미래를 예고하기에 가장 적합한 하위집단에서이다. 따라서 (종축의 상방에 위치한) 소장인과 소상인의 집단은 대부분 그 아버지들도 역시 소장인이거나 소상인이었고 전직(轉職)을 시도하는데 필요한 경제자본과 특히 문화자본의 결여로 인해 경영곤란에 직면하여 그들과 함께 소멸할(어떤 경우에는 더 오래된 것이기도 하지만) 운명에 처한 소기업(식료품점, 전통공예품제작소 등)의 주인의 지위에 어떤 대가를 치르고서도 남아있을 수밖에 없는데, 이들 집단은 그 체계적으로 시대에 역행하는 선택으로 인해 그 분파의 다른 부분과 구별된다. 이 다른 부분은 현대풍의 장인(전기기술자, 기계기술자 등)의 대부분을 포함하는데 이들은 BEPC나 심지어 바깔로레아를 소지하고 있고 특히 나이가 어리거나 파리 거주자인 경우에 그 윤리적, 미학적, 정치적 선택에서 일반 기술자들과 매우 유사하다.19) 하강하는 쁘띠 부르주아지는 시간의 여

---

19) 장인의 예는 다음 사실을 상기시킬 만한 좋은 기회를 제공한다. 즉, 실제에서는 하나의 공간인 것(때때로 이것은 하나의 장이다)을 하나의 점으로 다룰 때 필연적으로 단순화가 따른다는 것이다. 그리고 이러한 단순화는 사회공간 전체를 파악하기 위해(또 어떤 '직업'에 관련된 개별연구에서 자율화 그 자체의 효과에 의해 거의 불가피하게 초래되는 오

러 공격에 의해 그 위치가 위협당하고 있지만 자신들의 위치가 '간소하고' '진지하며' '정직한' 생활 덕택이라고 확신하기 때문에, 그들은 모든 영역에서 가장 엄숙하고 전통적인 가치들을 표현한다('세심한 정성을 들인', '클래식한' 내부장식, '양심적이고' '분별있는' 친구, 프랑스 전통요리, 가장 규범에 가까운 화가들, 즉 라파엘·다빈치·와토, 가장 오랫동안 칭송되는 가수들, 즉 뻬아프·마리아노·게따리의 선택). 이들이 새로운 도덕에 대한 분노를 표현하면서 그것의 현란한 야망, 돈 문제나(신용거래로 물건을 구매하는 경향) 육아, 성 문제상의 방종을 거부하는 것 역시 의미가 깊다. 생산직 노동자들이 좋아하는 생활양식에 가장 특징적인 요소들(예컨대 낙천가bon vivant적 기질)을 거부하는 한편, 그들은 새로운 직업의 사람들을 특징짓는 모든 덕목('예술적인' '유쾌한' '기품있는' '세련된')과 이들이 기꺼이 보여주는 모든 '모더니즘적' 취향을 체계적으로 배제한다(그들은 결코, 예술가에 대한 쁘띠 부르주아지의 분개의 표적 중의 하나인 피카소나, 젊은이들의 새로운 생활양식을 전형적으로 대표하는 프랑수아즈 아르디와 죠니 아리데이를 언급하지 않는다). '세심한 정성을 들인 것soigné'에 대한 그들의 미학은 그들로 하여금 노동의 가치나 질서, 엄밀성, 배려를 승인케 하는 '양심적인 것'이라는 에토스의 한 차원인데, 그것은 남의 눈에 안 뜨이려는 생각을 가지고 행동하는 생산직 노동자나 민중계급에서 상승한 쁘띠 부르주아들에게서 빈번히 나타나는 (그러나 구(舊)-쁘띠 부르주아에게서는 사뭇 다른 의미를 지닌) '절제sobre'에 대한 취향과는 구분된다. 그러나 그것은 무엇보다도, 신흥 쁘띠 부르주아지의 '해방된' 취향과, 그리고 전위적 부띠끄와 '남녀공용'의 미용실에서 시선을 끄는 그들의 '환상들'에 대립된다.

류를 피하기 위해) 어떤 위계의 한 단계에 자신을 위치시킴에 따라 불가피하게 된다.

실행 쁘띠 부르주아지

자본구성으로 볼 때 중앙에 위치한 실행 쁘띠 부르주아지들La petite bourgeoisie d'exécution은, 독학의 노력에 대한 숭배나 주로 시간과 문화적 선의를 요구하는 것을 공통된 특징으로 하는 모든 활동(예컨대 컬렉션)에 대한 취향처럼 그들을 쁘띠 부르주아지의 가장 완벽한 실현으로 만드는, 본 장의 서두에서 언급한 모든 특징들을 최고도로 보여준다.[20] 이와 같은 중간적 성격을 띤 집단에 관해서는, 그것이 어떤 점에서 인접분파들과 구별되는가를 보여주는 것과, 고령자층(그 중에서도 특히 부르주아 계급이나 쁘띠 부르주아 계급 출신이고 그 윤리적·미학적 선택에서 하강 쁘띠 부르주아지의 가장 퇴행적인 분파에 매우 가까운 사람들)으로부터, 고학력의 경우에는 특히 신흥 쁘띠 부르주아지의 상승멤버에 유사한 젊은층에 이르기까지, 그 성원들이 통시적 특성 면에서 어떻게 분포되어 있는가를 보여주는 것은 같은 일이다. 모든 것이 마치 그 분파 전체를 특징짓는 기본적 성향이 상승하는 젊은층에서의 낙관적 진보주의로부터 고령층에서의 비관적·퇴행적 보수주의까지 연령과 출신계급에 따라 체계적으로 변화되는 것처럼 일어난다.

최초의 적은 축적으로 가능해진 상승을 문화자본의 심화된 축적을 통해 추구하려는 야망과 연관된 가장 발달된 형태의 금욕적 성향과 문화에 대한 신앙을 볼 수 있는 것은 바로, 일반관리직이나 사무직 노동자처럼 가장 안정된 미래를 제공하는 직업의 젊은 성원들과, 특히 민중

---

[20] 모든 '일반관리직'(사무계통, 일반기술자, 초등교사)의 19.5%와 사무직 노동자의 20.3%가 도서관에 등록되어 있다(반면, 상점원과 소경영자의 경우는 각각 3.7%, 2.2%를 보이고 있다). 그리고 이들 각각의 18.5%와 12.9%는 우표를 수집하고 있고(반면, 상점원과 소경영자의 경우는 각각 3.7%와 2.8%), 또 이들 각각의 14.2%와 10.3%는 통신강좌나 야간수업을 듣는다(반면, 상점원과 소경영자의 경우는 0%와 2%)(보충자료 4).

계급 출신이고 얼마 높지 않은 학력(BEPC나 바깔로레아)을 가진 사람들에게서이다. 학교교육을 통해 단계적 진보를 약속받은 그들은 자연스럽게 교양과 지성의 광명에 대한 신앙에 기초한 진보주의적 세계관에 끌리게 되며 각자의 학교 성적에 따라 대우를 받는 온건한 개량주의로 향하게 된다. 그들이 가진 모든 것은 교육 덕택이며 또 교육에서 그들이 갖고자 열망하는 모든 것을 기대하는데 그들은 종종 상급관리자들이 **구상**한 것을 **실행**에 옮기는 관계에 있다. 그들은 상급관리자들의 지시를 따르고 그 계획을 실현하고 그 설명서를 이용하기 때문에 그들은 능력상의 차이 아니 더욱 간단하게는 학력상의 차이를 위계구조와 동일시하는 경향이 있다. 이것은 매우 자주, 승진을 통해 지위가 상승된 사람들이 그 직업에 실제로 필요한 기술과 지식과는 무관하게, 그들이 넘지 못한 학력장벽이 자신들 앞에 자의적으로 설치한 한계(예컨대 대수를 모른다거나)에 부딪칠 때 더욱 그러하다. 따라서 흥허물없는 식사나 쾌활한 친구에 대한 취향처럼 대중적 에토스의 몇몇 측면과 그들 자신을 특징지우는 측면을 결합시킨다는 점에서 그들이 스스로를 하강하는 쁘띠 부르주아와 구별한다는 것은 이해할 만한 일이다. 그러한 특징에는 '양심적인' 친구 또는 '집안이 좋은' 친구의 선택, '간소하고 단정한' 의복과 같은 금욕적 가치에 대한 집착의 표시나 격한 동시에 순진무구한 문화적 선의를 나타내는 수많은 지표들이 포함된다. 정확성과 엄밀성, 그리고 진지함, 즉 선의와 헌신을 요구하는 일에 할당되고 문화자본보다는 문화적 선의가 더 풍부한 그들은 『칼춤』이나 유트리요의 그림처럼 전형적으로 '중간적'인 작품에 대한 선호를 지니고[21], 가구를 백화점에

---

[21] 정통적 문화에 대해 '선호'의 개념을 말하는 것은 능력이 일정 수준 이상인 경우에만 (학력이 대강 중등교육수료 이상에 상응하는) 타당하다. 이것은 다음과 같은 사실에서 분명히 나타난다. 즉 그 이하 수준의 응답자들은 자신들이 알고 있는 화가를 좋아한다고 말함으로써 선호의 문제를 학식의 문제로 다루고 있다. 또 알고 있다고 답하는 작품 수와 같이

서 구입하며, '깨끗하고 말끔하며' '유지하기 쉬운' 내부장식을 선호하고, 아즈나불, 페츄라 클락, 죠니 아리데이 등을 선택하고 사진과 영화에 큰 흥미를 보인다.22)

상승이동의 요청에 따라 전적으로 정의되는 이 순수하고 공허한 문화적 선의는 도덕의 차원에서도 그 등가물을 가지고 있다. 상승하는 분파의 금욕적 엄격주의rigorisme ascétique가 그것이다. 하강하는 분파의 억압적 엄격주의rigorisme répressif는 그 집단이 사회적으로 퇴행하는 것으로부터 생긴 한(恨)의 감정을 행동원리로 하는데, 그것은 오직 과거만을 가진 사람들에게 미래를 가진 사람들 특히 젊은이들을 비난하는데서 오는 만족감을 주는 것 외에는 다른 어떤 목적도 갖고 있는 것 같지 않다. 반대로, 상승하는 분파의 금욕적 엄격주의는 종종 정치에서 신중한 진보주의와 연관되며, 전적으로 사회적 상승을 지속시키기 위해 필요한, 자기자신에게와 가족에게 부과하는 규율을 만들어 낸다. 이에 대한 증거를 다음과 같은 사실에서 볼 수 있다. 보통은(특히 자녀교육, 직장일, 외출, 독서, 성행위 등에 관해) 다른 여러 계급들보다 훨씬 엄격한, 상승하는 쁘띠 부르주아가 낙태나 미성년에 의한 피임약 사용과 같은 문제의 실천들이 자기의 상승과 관련해 제기되는 경우에는 언제나 그 엄격주의와 아무런 모순도 없이 지배적 도덕 및 그 도덕에 가장 집착하는 계급분파보다도 훨씬 덜 엄격하다는 점에서 볼 수 있다. 그리고 상

나 더 많은 작곡가를 알고 있는 응답자의 비율은 교육수준에 따라 높아지는 반면, 가장 교양이 많은 응답자들은 그들이 알고 있는 몇몇 작품에 대한 가치를 인정하길 거부한다.
22) 사무원층은 특히 그 중에서도 젊은 층은 리스트에서 제시한 영화들을 꽤 많이 보았는데(평균 3.5작품, 숙련공과 직공장의 경우는 2.4, 장인과 소상인의 경우는 2.3), 그들은 감독보다 배우에 더 흥미를 보인다(그들은 평균 2.8명의 배우를 거명하는데 비해 감독은 1명만 거명한다. 그리고 종종 그들은 자기가 보지 않은 영화에 나오는 배우 이름도 거명한다). 그래서 그들이 다른 어떤 직업보다 높은 빈도로 비스콘티Visconti의 『로코와 그의 형제들 Rocco et ses frères』을 봤다면, 그것은 아마도 아니 지라르도Annie Girardo와 알랭 드롱Alain Delon 같은 스타들 때문이었을 것이다.

승하는 쁘띠 부르주아가 나이를 먹으면서, 그리고 이전에 그들이 지불한 노력과 희생을 정당화하는 미래가 매력을 상실하면서 낙관적 금욕주의로부터 억압적 비관주의로 이행하는 경향이 있다는 사실도 이와 같은 논리에 의해 이해될 수 있다.

그러므로 일반관리직과 사무직 노동자들의 경우, 질문내용이 억압적 성향을 표현할 기회를 제공할 때마다 중간계급의 다른 분파들에서보다 연령집단간의 편차가 크게 관찰된다. 예컨대, 학교의 교사가 충분히 엄격하지 못하다는 견해에 반대하는 비율은 35세 미만인 경우 36.2%인데 35 ~50세에서는 29%, 50세 이상의 경우는 26.4%로 떨어진다. 교사가 너무 정치적이라고 생각하는 비율은 앞의 연령집단별로 각각 44.6%에서 47.6%, 60.4%로 상승한다.(IFOP, 『학교교사에 관한 조사』, 1970년 3월, 2차분석을 참조할 것)

상승하는 쁘띠 부르주아의 전 생활은 대부분의 경우 자신의 열망을 투사하는 자식을 통해, 대리에 의해서 알게 될 뿐인 미래에 대한 예상이다. 아들을 위해 그가 꾸는 미래란 꿈이 그의 현재를 갉아먹는다. 그는 여러 세대에 걸친 전략에 매달리므로 지연된 쾌락, 나중에 즉 '시간이 있을 때' '보증금을 다 갚은 후에' '애들이 더 자라면' '나중에 은퇴하면' 이루어질 지연된 현재의 사람인데, 그 나중이란 다른 말로 하면 종종 너무 늦었을 때, 즉 삶에 너무 예금을 많이 선불해서 그 '원금'을 거둘 시간이 없고 '바라는 것을 버려야' 한다. 즉 잃어버린 현재에 대한 보상이 없는데, 특히 희생과 만족감 간의 불균형이(예컨대 자녀에 대한 일체감의 상실과 같이) 뚜렷해지면서 미래에의 지향으로만 완전히 규정되는 과거가 이전의 의미를 상실해 버릴 때 그러하다. 사회적 위계 속에서 자신이 상승함으로써, 또는 그 자신의 이미지에 따라 형성된 대리인인 자식, '그를 위해 모든 것을 해준' '그래서 부모에게 모든 걸 빚지고 있는' 자식을 통해 그들이 되고자 했던 또 다른 자기alter ego에 모든 것을 낭비해 버린 이들 이타주의적 구두쇠들에게는 오직 회한(悔恨)만이 남는데, 이 회한은 그들에게 그렇게 많은 것을 요구하는 사회세계에 속임을 당할지도 모른다는 불안의 형태로 항상 그들을 쫓아다닌다.

　일반관리직과 사무직 노동자들 중 고령층은, 직업의 정상에 도달하고 자기평가의 계기를 찾고자 애쓰면서 그들의 가치와 심지어 직업에 대한 생각이, 새로운 에토스를 지니고 있고 보다 학력이 좋은 새로운 세대의 등장에 위협받고 있다고 느끼면서 미학적·윤리적 차원과 정치적 차원에서 보수적 성향에 경도되는데, 이는 그들을 소상인 및 전통적 장인에 가깝게 위치시키는 조응관계의 분석에서 잘 드러난다. 자신들의 복수를 하기 위해서 그들은 단지 친숙한 지형, 즉 도덕에 스스로를 위치시키고 그들 자신이 해야 할 일을 기꺼이 하고, 자신들의 특별한 도덕을 보편적 도덕으로 높이기만 하면 된다. 이들 집단은 다른 모든 사람들과 마찬가지로 자신들의 이해(利害)에 적합한 도덕을 가지고 있을 뿐만 아니라 도덕에의 이해(利害)도 갖고 있다. 여러 종류의 특권을 고발하는 그들에게 도덕은 모든 특권을 얻을 수 있는 권리를 부여할 유일한 자격이다. 그들의 회한의 감정은 종종 근본적으로 애매모호한 정치적 입장으로 귀결된다. 즉 말로는 이전부터 표명하는 신념에 충실한 척하지만 그것이 단순히 도덕적 분노에다 주관적으로도 객관적으로도 완벽하게 표현될 수단을 제공하지 못할 때는, 현재의 환멸을 감추는 가면의 역할을 하는 경우가 종종 있게 되는 것이다. 그리고 좀 나이가 든 장발의 보헤미안들에게서 청년기를 넘어서도 남아있을 수 있는 눈물을 자아내는 인도주의적 무정부주의는 나이가 들면서 추문과 음모를 끝없이 반추하는 파시스트적 허무주의로 쉽게 변화될 수 있다.

정치적 성향의 여러 가지 변화과정 중에서 이상에서 기술한 형태는 그 중의 하나인데, 사무직 노동자와 일반관리자들이 나이가 들면서 같은 계급의 청년층의 태도보다는 하강하는 분파(소상인과 특히 소장인)의 태도에 가까워지게 되는데, 여기서 특히 이런 변화형식을 기술하는 것은 생물학적 노화(이것은 암묵적으로 현명함과 분별이 증가하는 것과 연관된다)와 점증하는 보수화 경향과의 사이에 초역사적transhistorique 관계를 수립하는 전형적으로 보수적인 경향을 반박하기 위해 의도된 것이다. 사실상 정치적 성향과 정치적 입장의 변화는 연령과의 사이에 명백한 관계를 가지는데, 그것은 시간의 경과에 따라 달성되는 본인의 사회적 위치에서의 변화라는 매개를 통해서만 그러하다. 그리고 사회적 노화, 즉 사회적 궤적에 여러 형태가 있듯이 정치적 의견의 변화형식에도 많은 형태가 있다. 보수화 경향과 노화의 관계를 인류학적 법칙으로 간주하고, 이런 관계를 혁명적 이데올로기와 이데올로그idéologues에 대한 비관적이고 각성된 이미지를 정당화하는 근거로 보여주는 보수주의 이데올로기는 그 나름대로 확실한 외양을 띠고 있다. 한편으로는 부르주아지와 쁘띠 부르주아지의 청년층(이데올로기에 의해 고려되는 그들에게만)에게 일어나는 사회적 노화의 다양한 형식들은 대체로 사회적 성공과 실패에 상응하는 두 집단으로 나눠질 수 있고, 다른 한편으로는 이 두 궤적의 집단이 모두 서로 다른 통로를 통해 보수적 성향으로(물론 그 양태는 크게 다르겠지만) 귀결된다면, 사회학적으로 이해가능한 통계상의 관계를 자연법칙으로 바꿔놓기 위해서는 이데올로기 자체의 다양성, 그리고 이데올로기적 노화와 사회적 노화와의 관계의 다양한 형태를 빚어내는 사회적 원리를 무시하기만 하면 된다는 것을 알 수 있다.

젊은 세대에 속하는 일반관리직, 일반기술자[23], 특히 초등교사 중 가장 교육을 많이 받은 사람들은 연령과 궤적의 관점에서 선행세대의 대극(對極)에 위치하는데, 정통적 문화에 관한 능력과 선호에서 신흥 쁘띠 부르주아지에 가깝다(그들은 똑같이 『푸가의 기법』, 『사계』, 『소야곡』, 『피아노 평균율』을 자주 고르지만, 더욱 자주 『칼춤』, 『헝가리 광시곡』, 『랩소디 인 블루』를 고르고, 『어린이와 마법』은 잘 안 고른다). 그러나 일상생활의 차원과 직접 관련되는 분야에서 그들은 신흥 쁘띠 부르주아지와는 여전히 동떨어져 있는데, 신세대의 학교교육에 접촉된 시간이 짧을수록 더욱 그러하다. 이와같이 이상적인 친구에 관해서 신흥 쁘띠 부르주아지는 '활동적이고' '세련되고' '기품있고' '예술적인' 사람을 바라지만, 그들은 '낙천적이고' '양심적이며' '사교적인' 사람을 바라는 경향이 있는데, 여기에다 '예술적인'이란 응답을 들먹인다면, 그것은 그 요소가 금욕적 쁘띠 부르주아지가 정통적 문화에 부과하는 가치에 의해 용인할 만하다고 보는 부르주아지적 가치의 유일한 차원이기 때문이다. 초등교사의 직업은 학력 및 출신계급과 직업집단의 구성의 변화로 인해 어느 정도 서로운 직업들의 특징을 공유한다. 그 직업을 선택하는 사람들의 출신계급의 상승과 연관된 그러한 변화는, 가장 대표적으로 여성화féminisation인데, 사회적 궤적과 그에 따르는 모든 특성이 상이한 행위자들(예컨대 상승이동하는 남자들, 출신계급이나 결혼으로 상층계급에 속하는 여자들)로 하여금 동일한 위치를 동시에 점하게 하는 사태를 야기해왔다.

신흥 쁘띠 부르주아지

이러한 사례가 명확히 보여주듯이, 연령의 차이는 학교적 세대양식

---

23) 일반기술자들(그들은 전체적으로 중심에 가장 가까운 위치를 점하고 있는데)의 선택의 분포에서 변별적인 특징은 그들이 다른 직업에 비해 분명히 자연과학서나 기술관계 책을 더 많이 읽고, 사진을 찍거나 8미리 영화촬영을 더 많이 한다는 사실이다.

의 차이, 즉 학교 교육제도에 대한 관계 속에서 그리고 그 관계에 의해서 규정되는 세대간의 차이를 특징짓는데, 이런 경향은 문화자본이 우세한 집단으로 갈수록 현저해진다. 젊은 세대의 사무직 노동자와 일반 관리직 중 가장 학력이 높은 사람들(주로 민중계급과 중간계급 출신인)은, 새로운 직업의 사람들(특히 부르주아지 출신이 아닌 사람들)과 문화에 대한 관계를 공유하며, 적어도 부분적으로는 **중단된** 궤적과 그것을 연장하거나 회복하려는 노력에서 비롯되는 사회세계에 대한 관계를 공유한다. 이처럼 새로운 직업은 부친의 사회적 위치로부터 약속된 기성의 위치를 요구할 수 있게 했을 학력자격을 학교제도로부터 획득하지 못한 모든 사람들의 자연적 피난처이며, 또한 그것은 학력자격과 위치 간의 이전의 대응관계를 준거로 기대할 수 있는 모든 것을 그들의 학력자격에서 얻지 못한 사람들의 피난처이기도 하다.

여기서도 역시, 위치에 대한 완벽한 기술(記述)은 그 위치를 차지하고 거기서 성공하도록 경향지워진 사람들에 대한(암묵적으로는 규범적인 성격을 띠는) 기술을 포함한다. 즉 정확히 말해서 여러 궤적에 결부된 성향이 그 위치에 적합하도록 작용하는 매개물, 요컨대 '천직'이라는 말로 통상 감춰진 모든 것에 대한 기술을 포함한다. 이로부터 즉각적으로 보여지는 것은, 어떤 보장도 제공하지 않고 반대로 어떤 보장도 요구하지 않는 위치, 또한 어떤 입장료도(특히 엄격한 학력상의 자격은) 요구하지 않지만 학교의 졸업장에 의해 증명되지 않는 문화자본으로부터 최대의 이익을 도출하려는 기대를 갖게 하는 위치, 어떤 확실한 미래의 직업전망(완전히 확립된 직업의 경우에 얻게 되는 종류의 미래)도 보증하지 않지만 심지어 가장 야심적인 미래까지도 배제하지 않는 위치들은 그것들이 현재적·잠재적으로 불확정적이기 때문에, 큰 문화자본을 불완전하게 학력자본으로 전환한 하강경향의 개인들에게서나, 상승경향에 있으면서 사회관계자본의 결여로 인해 중간적 위치 가운데서도 가

'정열적으로 사는' 간호사

엘리자베스 F.는 25세이다. 그녀는 철학 바깔로레아를 획득한 다음 간호대학에 입학했다. 4년 전부터 그녀는 파리 대학도시병원에서 간호사로 일하고 있다. 그녀의 아버지는 공무원이었고 어머니는 현재 우체국 직원이다. 그녀는 작은 현관이 있는 원룸아파트에 혼자 산다. 거기에는 아무런 가구(탁자, 의자, 선반 등)도 없다. 매트리스, 카세트, 책 모든 것이 방바닥에 널려있다. 벽에는 칠레전쟁에 관한 다리오 포Dario Fo(이탈리아의 배우·극작가)의 공연포스터가 걸려있는데 이것은 대학도시내의 국제관la Cité internationale에서 열린 칠레에 관한 시와 노래 리사이틀에서 산 것이다. 이외에도 예이츠 극의 포스터("아주 아름다워요"), 영화『아프로디테 차일드Aphrodite Child』의 스틸사진("정말 감동적이죠"), 조카의 사진, 오렌지색 거울("매우 기능적이죠"), 진주·조개·법랑·콩 등으로 만든(이중에서 몇 개는 그녀 스스로 만들었다) 온갖 목걸이를 담은 진홍빛 판이 걸려 있다. 그녀는 가구를 사려고 하지 않는다. "그런 걸 좋아하지 않아요. 단지 그다지 필요없는 것은 갖게 되지 않게 되죠. 저는 그게 저녁식사에 초대한 사람들에게 별로 편안치는 않다는 걸 인정해요. 하지만 그건 중요치 않다고 생각해요." 그녀는 대모(代母)한테 중고차 시트로엥 2CV를 샀다("그분은 제게 싸게 팔았어요"). 그녀는 고등학교를 졸업하기 2년 전에 '매주 목요일 아동센터에서 일해 처음으로 번 돈'으로 전축을 샀다. 그것은 정말 클래식 음악에는 '맞지가' 않았고 그녀의 레코드들도 '아주 많이 상했다.'

"저는 무언가 만드는 것을 좋아해요"

그녀는 자신의 개성을 표현하길 열망하며 개성적인 것을 '창조할 수 있는' 기회라면 어떤 것이든 놓치지 않으려고 한다. "저는 그림 그리기를 좋아합니다. 가족들 모두가 그림을 그려요. 제 여동생도 그리고, 제 아버지도 한 때 그렸죠." 비록 이따금씩이지만 주로 그녀는 자신이 좋아하는 사람들의 흑백초상화를 그린다. "저는 색을 좋아하지만 제 그림에서는 색은 그리 중요치가 않죠. 가장 중요한 것은 "곡선과 사람의 표정을 포착하는 표현이죠(…) 제가 그리는 동안에는 즐거움을 느끼죠. 나중에는 의미가 없더라도요." 그녀는 법랑그릇을 만드는 법을 배웠다. 처음에는 그녀 숙모가 열다섯 살 때 작은 가마와 같이 준 책에서 배웠는데 나중에는 시립 청소년센터에서 동생과 친구들하고 같이 법랑그릇을 만들었다.

'좀스럽게 사는 사람들'

그녀의 유일한 화장은 보이지 않을 정도의 기초화장(파운데이션 크림)이다. 그녀의 머리카락은 가늘고 중간 정도로 길다. 그녀가 친구들에게 기대하는 첫번째 자질은 '기쁨이다.' "저는 살아가는 걸 즐거워하는 건강한 사람을 좋아해요." "저는 아마도 제 자신이 편안치 못해서 그런지 스스로 편안히 지내는 사람들을 좋아해요. 제 생각엔 사람들을 계속 살아가게 만드는 것은 사물들을 결코 그대로 받아들이지 않으면서 언제나 무언가 바랄 수 있다는 것이에요(…) 제가 싫어하고 받아들일 수 없는 사람들은 썰렁해 보이는 사람들, 즉 재미도 없고, 취미도 없고, 정열도 없는 사람들을 뜻하는 겁니다. 아마도 '정열이 없다'는 건 너무 심한 표현인 것 같네요. 제가 보기에 그들은 아무 것도 원하지 않고 무언가를 느끼는 것 같지도 않고, 결코 자신들 바깥은 쳐다보지 않는 사람들처럼 보입니다. 그들은 정말로 환경전체의 감옥에 갇혀있어요. 거기서 빠져나오지 못하고 심지어 빠져나올 수 있다고 깨닫지도 못하죠. 제 환자들이나 동료들 중에도 그런 사람들이 꽤 많이 있어요. 아마 물질적 만족이나 사회가 제공하는 물질적인 것들에 너무 의존적인 사람들(…) 제가 그런 사람들을 싫어한다고 말할 수도 없겠지만 어쨌든 그런 사람들한테는 관심이 없어요. 그들에겐 정말 흥미없어요."

'제 몸을 가지고 무언가 하는 것'

그녀는 '자연'을 숭배한다. 그녀는 '사람들에게서 그리고 거리에서 자연적인 그 모든 것'을 숭배하며 '파리에서 볼 수 있는 자연, 꽃, 숲'을 사랑한다. 1년 내내 그녀는 몽레이유Montreuil극단과 함께 '신체표현'을 연습했다. "제 몸과 더불어 무언가 하는 것(…) 굳이 연극적인 것은 아니지만 제 몸을 표현하는 동작이나 몸짓, 그런 걸 저는 즐겨요." 그녀는 바캉스 기간에 캠프장 가는 걸 피한다("지금은 너무 조직화되어서 거의 호텔들뿐이죠"). 그녀는 해변가에서 아무 것도 안하면서 일주일씩이나 그렇게 보내질 못한다. "해변에 가고, 일광욕하고, 때때로 수영하고(…) 그렇게 이틀만 해도 지겨워지거든요." 그녀는 그리스나 이탈리아, 발레아레스Baléares섬들까지 히치하이크(지나가는 자동차에 편승하면서 하는 도보여행 — 옮긴이)를 한다. "저는 그런 식으로 여행하는 걸 좋아해요. 부분적으로는 그게 일년의 나머지 시간을 코내는 방식과 아주 다르기 때문이죠(…) 하지만 또 일말의 불안감(이건 흥미로운 것이죠)을 안고 살기 위해서, 또 다른 사람들을 만나고 의사소통하기 위해서이기도 합니다." 지난해 그녀는 루에르그Rouergue지역의 사원 복구에 참여했고, 여가시간에 외르 에 루아르지방Eure-et-Loir의 현지답사하는 고고학팀과 같이 일해왔다. 격주로 수요일에 (격주마다 수요일에 쉰다) 그녀는 '이론을 조금 공부하기 위해' 국립고등연구원École pratique des hautes études의 강좌를 수강하고 있다("이 강좌는 역사와 고고학의 몇 가지 개념을 이해하는 데 도움이 되요").

"주제를 선정하고 그것에 대해 토론한 후 만들었죠"
그녀는 또한 3년 동안 파리근교의 브와 다르시Bois d'Arcy에서 친구들과 연극을 했다. 그들은 시 낭송을 포함하는 공연물spectacles-poésie을 많이 공연했는데, 특히 보리스 비앙Boris Vian을 사람들에게 널리 알리기 위해 그의 작품을 토대로 한 스펙타클-뽀에지(spectacles-poésie)를 상연했다. 그들은 또 그들 스스로 쇼 대본을 쓰기도 했다. "저희는 주제를 고르고 그것에 대해 토론한 다음 그것을 만들었죠. 하지만 그때 거기 모인 사람들은 너무 젊었고 그래서 난장판이었습니다. 모두가 바깔로레아 이후 각자 자기 길을 갔고 우리는 끝내 다시 모이지 못했습니다." 때때로 그녀는 여전히 여자친구와 연극을 한다. "우리들끼리 조그만 활동을 하는 거죠"("저는 연극을 직업으로 할 생각은 없어요. 그저 취미일 뿐이죠").

"단지 더 싸기 때문에 거기에 가는 것은 아니죠"
그녀는 정기적으로 극장에 간다. 그녀는 최근에 대학도시의 극장에서 떼아트르 오브리끄Théâtre Oblique에 의해 공연된 『알리바바의 동굴』을 봤다. "'꽤 좋았어요.' 또한 재미에 홀Salle Gémier에서는 『다리오 포Dario Fo』를 보았는데, '아주 사회비판적이더군요, 하지만 사람들을 향하여 말하는 형태로 되어 있더군요. 훌륭했어요.'" 그녀는 비싸지 않은 구경거리를 보러 간다. "단지 더 싸서 가는 게 아녜요. 사실 대학도시에는 그리 비싸지 않은 좋은 구경거리들이 많아요(…) 물론 아주 쾌적한 건 아니지만 바깥에서 좋은 저녁시간을 보낼 수 있어요. 그리 비싸지 않은 10프랑 정도로요(…) 공연이 끝나면 우리는 보통 여기로 돌아오거나 다른 친구들을 만나서 그 연극이 괜찮으면 토론을 하기도 하죠." 그녀는 어렸을 적에는 코메디-프랑세즈에 갔었는데 더 이상 가지 않는다. "거길 싫어하는 건 결코 아니에요. 하지만 그건 제가 좋아하는 종류의 연극이 아닙니다. 어쨌든 그건 고전적인 극장이지만 정말로 거기에 대해 아는 게 별로 없어요." 다른 한편, 불르바르 연극에 대해 말하면, "그것은 전혀 연극이 아니죠(…) 연극은 사람들을 감동시키고 연기자와 관객을 함께 참여하게 해야 하는데(…) 불르바르 연극은 전혀 그렇지 않죠. 심지어, 관객들이 거기서 결국 자신들 생활 그러니까 매일 하는 것을 보기 때문에 긴장완화를 하려는 것인지조차 잘 모르겠어요. 연극은 긴장을 완화하는 것이 아니라 꿈꾸고 무언가를 창조해내는 것이라야 해요."

'보리스 비앙Boris Vian과 그에 대한 많은 글들'
그녀는 클래식 음악 특히 바하와 베토벤을 사랑한다. 종종 그녀는 훼릭스 르끄레르Félix Leclerc, 레오 페레, 쟈끄 브렐 — 그녀가 열다섯 살 때 푹 빠져있던 가수다("제가 여러 해 동안 줄곧 좋아했던 유일한 가수죠"), 그리고 조르쥬 브라상스를 종종 듣는다. "저는 쉐이라Sheila를 전혀 좋아하지 않아요. 그건 음악이 아니라 상업용의 노래이고 아편 같은 거예요. 제가 제일 싫어하는 부류예요." 비록 그녀가 아마도 자신의 가정교육(그녀 가족도 굉장히 싫어하는) 때문에 좋아하지 않는 것일 수도 있지만 그녀는 죠니 아리데이Johny Hallyday는 '뭔가 가지고 있다'고 생각한다. 그녀는 핑크 플로이드Pink Floyd를 좋아하는데 그들의 레코드도 한 장 갖고 있다. 하지만 '단지 피상적으로 좋아할 뿐이다.'
그녀는 시간 있을 때 (물론 좀체로 시간이 나진 않지만) 『르 몽드』와 『르 누벨 옵세르바뙤르』지를 읽는다. 그리고 『르 까나르 앙쉐네』지도 꽤 규칙적으로 읽는다. 그녀는 고교시절에 더 많은 책을 읽었다. 독서로는 주로 소설인데, 최근에는 '한 스인Han Suyin이 쓴 네팔에 관한 책', 사강F. Sagan 소설 모두, 보리스 비앙과 그에 대한 많은 글을 읽는다. 그녀는 반 고호(쁘띠 빨레Petit Palais에서 열렸던 전시회에도 갔었다), 고야, 뷔페, '선중심으로 그려진 그림은 무엇이나' 좋아하는데 인상파를 좋아한다. "인상파의 회화는 현실의 구체적 대상물이기보다는 더 심연에 놓인 환영vision이죠(…) 당신은 진정으로 무언가를 보고 그것을 재현해 낸 사람들의 인상을 얻게 된다는 것을 느낄 수 있어요." 그녀는 최근에 로댕박물관을 방문했는데, '환상적'이었다. "저는 그저 그의 작품이 좋아요. 정말 멋지거든요."

장 제한된 위치를 모면하는데 필요한 학력자본을 완전히 획득하지는 못한 개인들에게서 전형적으로 나타나는 성향에 미리 적합하게 되어 있다.

첫째로, 위치들의 불확정성에 기인하는 (평균적) 위험을 받아들이는 경향이나 관용정도는 분명, 다른 조건이 모두 동일하다면, 상속자본에 따라 달라지는데, 이것은 한편으로는 당사자가 어느 정도 자신을 가지느냐에 따라 성향 그 자체가 어느 정도 확실성을 띠는지가 달라지고, 다른 한편으로는 잠정적으로 별로 이익이 없는 위치에 머물러 있게 하는 경제력을 소유하고 있기 때문에 그 사람을 필요성으로부터 실제로 거리를 유지할 수 있게 하는 정도에 따라 변화된다.[24] 가장 위험한 위치에 수반되는 개인적 위험은 상속자본이 증가함에 따라 주관적·객관적으로 감소하는 반면에, 이익기회는 자본이 증가함에 따라 증가한다. 여기서 말하는 자본에는 도래하는 미래의 위치를 기대하게 하는 경제자본이나 새로운 상품을 만들고 파는데 필요한 상징적 폭력에 의해 그러한 미래를 만드는데 일조하는 문화자본만이 아니라, 특히 새로운 성원의 충원이 현재 성원들의 호선으로 이루어지는 제도화되지 않은 직업부문에서 경쟁에 참가하고 거기에서 진전하는 것을 가능케 하는 사회관계자본을 포함하는 것이다.

게다가 그 위치에 더 많은 자본이 도입될수록 결국은 위험이 감소하고 적어도 장기적으로는 더 큰 이익이 되는 그 위치들은, 사회적 쇠퇴를 피하기 위해 **명예로운 피난처**를 추구하는 사람들에게 더 큰 이익을, 아마도 단기적으로 볼 때는 그리고 '천직'의 구체적 결정에서는 가장 큰 매력을 제시한다. 청소년의 학외활동교육자나 문화활동 지도자와

---

[24] 이 법칙은 안전한 직업을 버리고 예술가라는 직업을 선택하는(혹은 그 반대로), 그리고 예술가라는 직업 중에서도 (장르, 기법 등에서) 조사 당시 가장 위험한 직업들의 선택을 결정하는데 강한 작용을 한다.

초등교사 간에, 저널리스트나 TV 프로듀서와 중등교사 간에, 그리고 여론조사기관이나 시장조사기관의 기능원과 은행원이나 우체국원 간에 보이는 대립을 생각해 보기만 하면, 다음과 같은 사실을 알 수 있다. 즉 위계구조 속에 자리잡고 있으면서 그 현재와 미래에서 정의된 직업의 명확한 이미지를 부과하는 기성의 위치들과는 달리, 새로운 또는 내용이 혁신된 직업들은, 비서에 대해 '여성협력자'collaboratrice라든지 정신과 간호사에 대해 '정신요법 간호사' 등과 같이 다소간 공공연하게 완곡화된 상급의 호칭을 사용하는 데서 드러나는 상징적 회복의 전략을 허용하거나 고무한다. 그러나 이러한 효과는, 행위자들이 자신들의 야심을 기존 직업에 적합하게 조정하기보다는 자신들의 야심에 적합하게 조정된 직업을 창출하고자 노력하는 경우에, 즉 여러 활동들에 의해 그들 자신의 생산물에 대한 욕구를 만들어내려고 노력하는 모든 경우에서 가장 잘 드러난다. 이러한 그들의 활동은 처음에는 수많은 '사회복지' 관계의 직업들처럼 자발적이지만 고전적인 전문화과정(예컨대 여러 종류의 학위증에 의해 인증된 전문가 양성과정의 창설, 직업윤리와 직업 이데올로기의 창출 같은)에 따라 공식적으로 인정되고 다소간 국가의 재정지원을 받는 '공공사업'으로 자기의 가치를 인정받기를 목표로 한다.

신흥 쁘띠 부르주아지는 남에게 상품을 권하고 이미지를 만드는 여러 종류의 직업(판매, 마케팅, 광고, PR, 패션, 실내장식 등)과, 상징적 상품과 서비스를 제공하는 모든 제도에서 자기를 실현하게 되는데, 그러한 제도에는 최근에 상당히 확산된 다양한 의료보건·사회부조관계의 직업(결혼생활상담원, 성문제 전문가, 식이요법 영양사, 취직 어드바이저, 육아전문의 보모 등)과 문화생산 및 촉진에 종사하는 직업(문화활동지도자, 학외활동교육자, 라디오 및 TV제작자와 사회자, 잡지기자 등)과 더불어 공예가나 간호사 같은 기존 직업도 포함된다. 이와 같이 최근 15년 사이에 옛말에서의 공예장인(실내장식 장인, 금장식 장인, 고급가구 장인, 액자 장인, 금은세공사, 장신구 장인, 금박사(金箔師)나 조각세공사 등 전문의 기술학교 출신인 소장인과 그들의 가치관에 매우 가까운 사람들)에는 전체적으로 학력이 높고, 또한 파리에 거주하는 부르주아 계급출신자가 많고, 그 생활양식의 측면에서 문화매개자들과 보다 유사한 액세서리, 날염직물, 도자기, 수예품 등의 제조업자들이 추가되었다. 이와 비슷하게 비서와 간호사 가운데 민중계급이나 중간계급 출신인 사람들은 사무계통 일반관리자와 매우 유사한 반면에, 청년층에는 파리에 거주하며 부르주아 계급출신자가 많고 이런 사람들은 새로운 직업 특유의 모든 특징을 나타낸다. 일반적으로 새로운 또는 혁신된 직업의 불확정성은 행위자들의 궤적의 이질성이 특별히 두드러진다는 것을 의미한다. 따라서 언제나 출신계급과 그에 연관된 모든 성향에서 분리되는 두 집단을 구별할 수 있는데, 이들은 직업의 정의와 그 직업을 보유하는데 필요한 능력 또는 미덕에 관해 다소간 공공연하게 대립하게 된다.

출신계급의 이러한 이중성이 신흥 쁘띠 부르주아지 내에 야기하는 대립은 윤리적 선호와 거부의 관계에서 매우 명확하게 표현된다. 그 자신의 가치관에 직접 반대되는 모든 가치들, 즉 신흥 쁘띠 부르주아지가 추구하는 바로 그 미덕(쾌활, 세련, 기품있음, 예술적임, 상상력이 풍부함)을 거부하는 쇠퇴하는 쁘띠 부르주아지와는 달리 의료 보건 서비스직 종사자들은 그들의 최초 환경의 가치관과 현재 환경의 가치관 간의 대립을 표현하는 것처럼 보이는 모순된 선택을 한다. 어떤 사람들은 대부분의 다른 사람들이 최상 위에 위치시키는 성질(세련, 기품, 쾌활)을 거부하는가 하면, 또 다른 사람들은 기성 쁘띠 부르주아들이 최고로 평가하는 성질(온건함, 고전적임)을 거부한다. 이러한 불확실성 아니 심지어 지리멸렬(支離滅裂)함은 특히 가정생활에 관하여 새로운 생활양식을 발명해내고 자신의 사회적 좌표를 재설정해야 하는 새로운 직업의 성원들 각자에 존

<그림 18> 보는 영화 (선호도가 감소하는 순서로)

의료보건 서비스직	판매계 일반관리직과 비서	사무직 노동자	장인과 소상인
이탈리아식 이혼광상곡	이탈리아식 이혼광상곡	로코와 그의 형제들	사상최대의 작전
심판	사상최대의 작전	이탈리아식 이혼광상곡	악덕과 덕
아브레市의 일요일	아브레市의 일요일	악덕과 덕	이탈리아식 이혼광상곡
구애자	로코와 그의 형제들	황야의 칠인	아브레市의 일요일
시실리의 검은 안개	구애자	사상최대의 작전	로코와 그의 형제들
빗 속에서 노래를	황야의 칠인	황제의 비너스	칼과 정의
로코와 그의 형제들	심판	비아리츠로의 여행	구애자
몰살의 천사	시실리의 검은 안개	심판	황야의 칠인
사상최대의 작전	악덕과 덕	구애자	황제의 비너스
칼과 정의	빗 속에서 노래를	칼과 정의	빗 속에서 노래를
부랑자를 위한 발라드	추악한 세관원	부랑자를 위한 발라드	추악한 세관원
비아리츠로의 여행	부랑자를 위한 발라드	아브레市의 일요일	심판
치타	칼과 정의	해적	부랑자를 위한 발라드
악덕과 덕	비아리츠로의 여행	빗 속에서 노래를	몰살의 천사
황제의 비너스	해적	추악한 세관원	북경의 55일
추악한 세관원	치타	북경의 55일	비아리츠로의 여행
북경의 55일	몰살의 천사	시실리의 검은 안개	해적
황야의 칠인	북경의 55일	치타	시실리의 검은 안개
해적	황제의 비너스	몰살의 천사	치타

* 여기서는 파리사람들만의 선택을 취급했다. 릴 지역의 앙케트 대상자에게는 이것과 다른(조사시에 상영된 영화에 따라서) 앙케트를 사용했는데, 그들의 선택은 이것과 비슷한 경향을 보여주었다.

재한다. 어떤 위치의 불확정성이 허풍떠는 또는 완곡하게 표현하는 전략을 조장한다면, 그 위치의 점유자는 자신의 사회적 정체성에 관한 확신의 결여라는 대가를 치러야 한다. 이는 공업경영자의 35세된 딸의 다음 증언에서 볼 수 있는데, 그녀는 디자인 상품, 현대풍의 공예품과 선물상품을 취급하는 파리의 한 부띠끄 주인이다. 그녀는 실내장식전문학교를 나왔지만 학위가 없는데 미술공예품의 판매를 마치 하나의 예술처럼 한다. "사람들이 제 직업을 물을 때, '저는 상점주인입니다'라고 말하면 항상 저는 대답을 하는 게 제가 아닌 것처럼 느껴요. 왜냐하면 정말로 제 자신을 상점주인이라고 보지 않기 때문이죠. 하지만 결국에는 어찌되었거나 잘 모르겠지만(…) 저는 판매인이라는 느낌과는 거리가 멀고 광고대행사 직원이나 실내장식가와 더 비슷하다고 여겨져요. 모든 게 말하기가 복잡하군요. 잘 알 수는 없지만 사회의 주변부에 있는 것 같아요. 저에게는 판매하는 일이 게임이에요. 그러니까 언제나 사고파는 일종의 도박이죠."

신흥 쁘띠 부르주아지 중에서 상류계급 출신이고, (매우 자주) 학력자본의 결여로 인해 문화매개자나 공예장인 같은 새로운 직업으로 전향해야 했던 사람들은 그들의 출신계급의 평균보다는 짧지만 중간계급의 평균보다는 긴 기간의 학교교육을 받았기 때문에 그들은 문화에의 '친밀성'이라는 형태의 거대한 문화자본과 '인맥'이라는 형태의 사회관계자본을 소유하고 있다. 그들은 중간계급 내에서 최고의 능력을 보여주며 부르주아지와 매우 유사한 선택체계에 경도되어 있다. 예컨대 『푸가의 기법』, 『왼손을 위한 협주곡』, 『불새』, 『사계』, 고야, 브라크, 브뤼겔, 쟈끄 두에, 현대미술관, 골동품상점과 벼룩시장, '조화롭고' '분별있고' '세심히 정성을 들인' 내부장식, '세련되고' '예술적이며' '기품있는' 친구들, 『시실리의 검은 안개』, 『몰살의 천사』, 『심판』 같은 '지적인' 영화들 또는 희극영화 중에서는 『구애자』 등(그림 18 참조)이 그 구성요소들이다. 그들은 학교 교육제도와 양면적 관계를 맺는데, 이러한 관계는 모든 형태의 **상징적** 저항에의 공범자라는 감정을 유도함으로써 그들로 하여금 재즈, 영화, 만화, 공상과학소설같이 적어도 잠정적으로는 정통적 문화의 주변부에 있는 모든 형태의 문화형식을 받아들이게 하는 경향이 있고, 또한 재즈, **청바지**, **록뮤직**, 그리고 전위적 언더그라운드같이 그들이 독점하고 있는 미국 패션과 모델들을 정통적 문화에 대한 복수의 기회로 드러내게 된다. 그러나 그들은 종종 학교 교육기관에 의해 무시되는 이러한 영역에 학문적인 심지어 현학적인 성향을 가져오는데, 이러한 성향은 학교도 부인하지 않는다. 그것은 그들의 직업계획을 구성하는 복원전략의 문화적 대응물인 명백한 **명예회복**의 의도로부터 나오는 성향이다.

이처럼 의료보건 서비스직 종사자들은 감독 이름을 배우 이름보다 더 많이 거명할 수 있는 데 이로써 그들은 주로 배우들한테만 흥미를 가지는 사무직 노동자나 비서들과 거리를 보이게 된다.25) '찬탄할 만하며 애절한' 영화라는『심판』이나 세르주 부르기뇽Serge Bourguignon감독(신문의 비평에 따르면, 이 영화는 "12세 소녀와 30세 남자의 만남과 우정에 대한 '순수하고 시적인' 이야기를 '너무나 완벽한 섬세함'으로 그리면서 '때때로 문제삼을 만'하지만 '결코 통속적이지 않은' 수법을 사용하는 감독 — 1962년 11월 24일자『르 몽드』)의『아브레市의 일요일』에 대한 그들의 선호는 모든 심리학적 질문들 속에서 준(準) 직업적인 관심을 확실히 보여준다.26) 그러나 그것은 또한 다른 많은 징표들 가운데서도, 종종(비서와 부장, 간호사와 의사의 경우처럼) 공간적 근사성에서 그들이 봉사하는 지배계급과 의도 및 희망에 있어서 동일시되지만, 보이지 않는 장벽으로 엄연히 구분되는 과도적이고 매개적인 이들 범주의 사람들의

---

25) 의료보건 서비스직 종사자의 모호한 위치를 드러내는 또 다른 사실은 다음과 같은 것이다. 이들은 다른 중간계급 성원보다 멋진 스포츠를 실천하는 비율이 비교할 수 없을 정도로 높다(예컨대 이들 중 단지 41.6%만이 테니스를 한 번도 쳐보지 않았다고 답하는 반면에, 초등교사의 경우는 70.4%가 그렇다고 답한다. 스키의 경우 전자는 41.6%인데 비해 후자는 78.5%로 나타난다).
26) 의료보건 서비스직 종사자보다 문화자본이 다소 적은 판매계 일반관리직과 비서들은 더욱 상이한 선택을 보여준다. 이들은 민중계급의 성원들이나 소경영자들이 좋아하는 영화(『사상최대의 작전』,『황야의 칠인』,『악덕과 덕』)에 교직자나 의료보건 서비스직 종사자들보다 더 높은 관심을 보이는데, 이들은 그 정도는 낮지만 교직자나 의료보건 서비스직 종사자들이 좋아하는 영화(『시실리의 검은 안개』,『심판』,『아브레市의 일요일』)에도 관심을 보인다.

높은 문화적 열망(철학서적을 읽었다고 말하는 사람이 많다는 사실에도 반영되어 있는)을 보여주는 징표이다.

이들 새로운 직업의 상당부분이 여성들에 의해 점유되고 있다는 사실은 이러한 충원에서 스스로를 표현하는 그들의 잠재능력의 실현에 확실히 기여한다. 이 직업범주의 이런 저런 특성들을 설명하기 위해 그 특성 중의 하나인 성비(性比)를 살펴보는 것은 나이브하게 보일 것이다. 특히 이들 분파의 여성들로 하여금 그녀들의 눈에는 최고급으로 비치는 형용사('기품있는', '세련된')를 선택하게 하는 사회적으로 주입된 일련의 성향(특히 취향에 관한 것에로 향하는 경향)은 또한 여성들로 하여금 새로운 직업을 선택하게 하는 '천직'이란 개념의 기반이며, 여기서 그녀들이 보여주는 기능적 적성의 기반이다. 이러한 기능적 적성들 중 어떤 것도 상품 및 서비스의 생산 및 판매와, 종종 성공적인 상징적 부과의 본질적 필요조건인 자기현시(自己顯示) 양자에서 모두 요구되는 미학적 성향이 아니다.

이들 계급탈락된 déclassé 쁘띠 부르주아지가 재계급화 reclassement (처음 계급에로의 복귀)를 열망하면서 보여주는 선호체계 전체의 본질은 그들이 가장 단순하게 귀족적인 특질에 대한 매력을 단호하게 드러내는 형용사('기품있는' '탁월한' '세련된' '기교가 넘치는')를 고르는 빈도가 매우 높다는 것이다.[27] 탁월성에 대한 이런 종류의 일관된 지향, 그리고 기성 쁘띠 부르주아지 및 민중계급과 가장 분명하게 결부되는 취향과 가치로부터 거리를 유지하려는 가히 체계적인 배려는 그들의 모

---

27) 이렇게 탁월성의 이상에 적합하고자 하는 경향은 가볍게 차린 요리와 독창적이고 이국풍의 식사('작은 중국식당')가 결합된 선택이나, 프랑수아즈 아르디, 뷔페, 반 고호 등이, 교수들이 좋아하는 칸딘스키나 자유업 종사자들이 좋아하는 『왼손을 위한 협주곡』과 결합되는 선택에서 잘 드러난다.

든 실천에, 즉 휴식 속에까지도 일종의 긴장의 분위기를, 자유롭고 '해방된' 생활양식의 추구에 일종의 구속을, 긴장완화와 간소함에 일종의 허식을 부여하는데, 이러한 지향과 배려는 쁘띠 부르주아지적 에토스의 새로운 변형태를 가장 의미깊게 보여준다.

    출신계급이 높고 문화에 대한 친밀성을 가진 이러한 **잘 무장된 상승지향**은 그 수단과 양태면에서 상승한 쁘띠 부르주아지의 불안에 가득찬 상승지향과는 사뭇 다른데, 그것은 보통의 판단기준이 결여된 어려운 상황을 자기가 헤쳐나갈 수 있게 하는 일종의 사회적 후각(嗅覺)으로 기능한다. 가령 사진에 대해서 보면, 신흥 쁘띠 부르주아의 성원들에게서 임산부나 고철폐기장, 푸줏간의 도마, 상처입은 사람이나 자동차 사고와 같은 피사체라도 촬영하기에 따라서는 보기에 역겹지 않은 것으로 변모시킬 수 있다는 판단을 인정하는(특히 실천으로) 경향이 다른 계급의 사람들과 마찬가지로 적다하더라도, 그들은 바다의 석양, 풍경, 고양이와 노는 소녀, 민속무용(이것들이 아름다운 사진의 대상이 될 수 있다고 그들이 말하는 경우는 더욱 드물다)과 같은 대중취향이나 쁘띠 부르주아지 미학 특유의 '감상적인'cucu 대상을 찾아내는데 있어서는 더 능숙하다. 일반적으로 이러한 후각으로 무장한 문화적 허풍은 — 이것은 희귀한 화가나 작곡가, 작품(『어린이와 마법』, 『불새』, 칸딘스키, 달리, 브라크)을 선택하는 경향과 미술관 특히 현대미술관을 찾는 빈도 사이의 차이로 측정된다 — 각 직업범주에서 유산상속자와 자수성가(自手成家)한 사람들이 점하는 비율에 따라 달라진다. 문화적 허풍은 특히 문화매개자와 판매계 관리직 사이에서 빈도가 높고, (공공부문 관리직과 중등교육 교사의 경우와 마찬가지로) 상승한 쁘띠 부르주아지에게서는 매우 드물며, 새로운 직업의 상승 분파(그림 15・16에서 종축의 마이너스 쪽에 위치하는)에서는 차별화의 의도가 거의 없는 상태로 축소된다.

상류계급 출신의 신흥 쁘띠 부르주아지 성원 중 39.5%가 12개 이상의 음악작품을 안다고 답하는 반면, 그 작품의 작곡자를 12명 이상 거명한 사람은 25%에 불과했다. 이러한 차이는 민중계급이나 중간계급 출신의 이 분파 성원들에서는 나타나지 않는다. 후자의 성원들 중에서 15%가 12개 이상의 작품을 안다고 했고 역시 15%가 12명 이상의 작곡가를 거명했다. '좋은 음악이면 무엇이나 좋아해요'라고 답하는 사람은 전자에서 85%, 후자에서 58%로 나타나는데, 이것은 똑같은 논리에 의해서이다.

신흥 쁘띠 부르주아지가 보유하는 성향은 파리에서만 완전히 실현된다(표 25 참조).28) 문화적 상승지향은 그것에 의해 유효성이 증대되는 교육과 함께, 보다 집중적인 문화상품의 공급이나 문화적으로 혜택받은 집단과의 접촉에서 얻는 소속감 및 유인과 같은 문화적 가치의 중심지에 가까이 있기 때문에 얻게 되는 이익들을 전유하게 해주는 요인들 중의 하나이다.29) 결국 이 계급 안에서 파리사람들과 지방사람들 간의 체계적인 차이가 분명히 드러나는 그 어떤 직업범주도 없다. 열거하자면, 정통적 실천의 밀도(가령 미술관 방문의 빈도)와 능력의 범위(예컨대 음악에서)에서의 차이. 혹은 정통적 문화에 대한 관계상의 차이(다른 조건이 동일하다면 회화나 음악의 세계에 문외한이라는 감정 — '그건 내 강점

---

28) 지방 거주자들은 잡지에다 파리 거주로부터 얻을 수 있는 것의 대체물, 즉 문화적 후각 혹은 배짱의 진정한 원리인 '세간의 움직임에 참가하고 있다'는 감각을 그들에게 제공해줄 것(이것은 확실히 『누벨 옵세르바뙤르』의 주요한 역할이다)을 요청할 수 있는데, 그래도 여전히 신흥 쁘띠 부르주아지의 성향은 파리에서만 완전히 실현된다.
29) 소유하는 자본이 크면 클수록 문화적 환경에 의해 제공되는 기회가 가져다주는 이익은 커지고, 또한 집단의 문화자본이 크면 클수록 그 집단이 그 성원에 대해 가하는 순응유도 압력도 커지므로, 파리사람과 지방사람 간의 격차는 교육수준이 높아질수록 커지게 된다.

<표 25> 파리 및 지방에서의 기성 쁘띠 부르주아지와 신흥 쁘띠 부르주아지의 지식과 선호(%)

쁘띠 Bg.의 유형/ 소재		아는 작곡가 0-2인	아는 작곡가 3-6인	회화에는 흥미가 없다	회화는 좋지만 어렵다	쟈끄 브렐	아즈나블	질베르 베꼬	랩소디 인 블루	칼춤	실제적인 친구를 좋아한다	따뜻한 인테리어를 좋아한다
기성a	파리	37.3	34.9	9.3	66.7	53.6	37.7	31.3	21.1	24.5	13.4	27.0
	지방	58.5	23.1	19.8	61.4	35.8	42.5	28.3	28.8	20.3	16.6	25.6
신흥b	파리	10.4	17.9	3.0	20.9	34.3	23.9	13.4	17.7	9.7	12.1	25.8
	지방	32.7	26.9	5.7	42.3	50.0	36.5	32.7	35.6	15.6	30.8	43.1

쁘띠Bg.의 유형/ 소재		아는 작곡가 7-11인	아는 작곡가 12인 이상	인상파를 매우 좋아한다	추상회화를 좋아한다	레오 페레	쟈끄 두에	불새	푸가의 기법	피아노 평균율	예술적인 친구를 좋아한다	구성된 인테리어를 좋아한다
기성a	파리	21.4	6.3	16.3	7.7	32.5	8.7	12.2	5.1	4.2	10.5	3.6
	지방	14.2	4.2	8.2	10.6	28.8	4.7	4.0	2.8	2.8	8.1	3.8
신흥b	파리	43.3	28.4	37.3	38.8	47.8	23.9	21.0	22.6	17.7	39.4	20.9
	지방	34.6	5.8	25.0	26.9	36.5	13.5	8.9	2.2	4.4	15.4	15.7

* a: 장인・소상인, 사무노동자, 사무계 일반관리직, 초등교사, 일반기술자
 b: 의료보건 서비스직, 문화매개자, 미술공예품 장인・상인, 비서, 판매계 일반관리직

이 아니야', '그것에 대해선 잘 몰라' 같은 반응 — 은 지방사람들 사이에 더 두드러진다). 특히 종종 알지도 못하면서 멋있는 의견을 승인하는 경향의 차이가 있다. 즉 파리사람들은 언제나 모든 능력수준에서 가장 정통적인 판단('좋은 음악은 무엇이나 좋아해요.')이 말로 형성되기만 하면 그것을 선택하는 경향이 더 큰 데 비해, 지방 사람들은 무지('그것에 대해서는 잘 몰라요')나 무능력('그건 복잡하군요')의 고백과 결합된 정통성의 승인을 표현하는 판단에 동의하는 빈도가 매우 높다. 문화적 상승지향을 나타내는 징+표상의 차이는 예컨대 '상상력이 풍부하거나' '세심한 정성을 들인' 내부장식의 선택이나 '멋있고' '기품 있는' 의복의 선택(대중적 여성잡지에서 선전하는 새로운 생활양식의 전형적인 두 표현이다), 그리고 특히 지방사람들이 좋아하는 『랩소디 인 블루』 대신에 희귀한 음악작품, 즉 『불새』, 『푸가의 기법』, 『피아노 평균율』에 대한 공공연한 선호인데, 이를 통해 신흥 쁘띠 부르주아지 petite bourgeoisie nouvelle는 지방보다 파리에서 더욱 결정적으로 상승된 쁘띠 부르주아지 petite bourgeoisie de promotion와 스스로를 구별짓는다. 모든 생활양식의 지표와 의복선택, 요리에서의 취향이나 윤리적 선호상의 차이에서 지방사람들은 언제나 더 신중하고 더 소극적으로 '해방된다'.

파리사람들과 지방사람들의 대립과 더불어, 지배계급 출신의 새로운 위치 점유자들과 기타 계급 출신의 점유자들 간의 대립(이것은 특히 문화적 능력에 관해서 두드러진다)은 새로운 직업의 내용 일부를 항상 포함하는 사회관계상에서의 허세가 성공하는 제 조건을 분명히 한다. 새로운 생활양식 중에서도 가장 눈에 띄고 높은 평가를 받지 못하는 측면만을 습득한 상승이동하는 개인들은, 문화적 능력도 윤리적 성향도, 그리고 특히 사회관계자본과 투자감각(지배계급 출신자들은 이것들에 의해 이전에 점유했던 위치로의 명예회복을 기대할 수 있다) 등도 갖추지 못한 채, 자신들의 학력에 함축되어 있는 장래와는 양립불가능한 운명에서

도망칠 방법을 주변적이고 엄밀하게 정의되지 않은 위치에서 찾게 되는데, 그들은 학교제도에 의해 야기된 통설allodoxia의 효과에 의해 자기를 이끌었던 위치들이, 정통적인 점유자들만의 활동의 효과에 의해 (특히 그들 상승하는 사람들을 배제하는 것에 의해) 가치를 회복함에 따라 그 위치들로부터 추방될 가능성을 언제나 갖고 있다.

의무로부터 쾌락의 의무로

상속된 성향이 어떻게 개인들로 하여금 그것이 지향하는 위치를 점유하도록 하는지를 이상의 진술을 통해 알 수 있다. 이러한 욕구를 파는 상인들, 즉 상징적 재화와 서비스의 판매자들은 언제나 자신들의 상품의 모델이자 그 가치의 보증인으로서 스스로를 팔며, 또 자신들이 파는 것을 신뢰하기 때문에 그렇게 잘 팔게 되는데, 이들과 더불어 정직하고 신용있는 판매자로서의 상징적 권위는 보다 난폭한 동시에 부드러운 강제의 형태를 띠며, 이는 그 판매자가 스스로를 속이고 또 자신이 파는 것의 가치를 진지하게 믿는 한에서만 고객을 속일 수 있기 때문이다. 이러한 새로운 '대체'산업은 물건들을 살 만한 여유는 없지만 기꺼이 말에는 만족하는 사람에게 물건 대신 세련된 말을 팔기 때문에 신흥 쁘띠 부르주아지에게서 이상적인 고객을 발견한다. 이 신흥 쁘띠 부르주아지는 신흥 부르주아지가 물려준 생활양식, 그 궤적의 예측된 도달점과 그들이 실제로 희망하는 목표를 부과하는 일에 철저한 확신을 가지고 협력하는 경향이 있다.[30] 요컨대, 신용구매방식으로, 즉 자기에게

---

30) 조르쥬 뻬렉Georges Perec의 소설, 『사물의 시대Les choses』(Paris, Julliard, 1965)는 독자적 방법으로, 한 쌍의 신비화된 기만자(欺瞞者)들(광고연구소의 사회심리학자들)이 사물들의 전 가치가 그 사물들에 대해 사용되는 담론 속에 존재하는 그러한 사물들과 유지하는 관계들을 포착하고 있다.

합당한 시기 이전에 정통적인 생활양식의 여러 속성들, 가령 고풍스런 명칭을 지닌 저택, 메를렝 해변분양지Merlin-Plage의 스튜디오, 가짜 호화승용차와 보기에만 호화로운 바캉스 등을 획득하려는 이 쁘띠 부르주아지 소비자들은 전동(傳動)벨트의 역할을 하도록 완벽하게 적응하며 소비경쟁과 스스로를 구별지으려는 사람들과의 경쟁에 돌입하게 된다. 사실상 자기를 차별화하는 특징 중의 하나는 바로 어떤 상징적 행위에 의해 정통적인 생활양식을 남들에게 가르칠 정당한 권리를 가지고 있다는 감정이다. 이러한 상징적 행위는 단순히 그 자신의 생산물에 대한 욕구를 산출하는 효과, 즉 자신을 정통화하고 그것을 실천하는 자를 정통화할 뿐만 아니라, 모델 즉 지배계급의 모델 아니 더 정확히 말해서 지배계급의 윤리적 전위(前衛)를 형성하는 분파들의 모델이 제시하는 생활양식을 정통화하는 것이다.

이상의 분석에 대해 다음과 같은 반론을 제기할 수 있다. 즉 기업 혹은 라디오·TV·연구소·주요 일간지 및 주간지 등의 거대한 문화생산의 관료조직에서 그리고 특히 '사회복지'와 '문화활동' 관련 직업에서 새로운 분업체제에 의해 우아한 조작의 역할이 맡겨진 사람들은 실제에서는 자기자신들과 그 활동에 대해 매우 다른 이미지를 가지게 된다는 것이다. 이 새로운 문화매개자들은 문화생산과 유통기관의 위계구조 내에서 피지배적 위치를 점하고 있고, 가끔씩 피지배계급과의 지적인 연대성을 위한 기반을 제공하는 소외에 가까운 경험을 함으로써, 문화적 '위계구조'가 유지하고자 하는 여러 위계구조들과 **문화적 질서에 대한 도전을 목표로 하는 담론들**에 공감하는 경향이 있고, 또한 권한을 독점하려는 (기술관료적) 야심, 여러 위계구조들에 대한 적의와 그것을 만드는 보편적인 창조원리의 이데올로기라는 특정의 위계구조를 고발하는 경우, 모든 **이단적 주장**의 논점으로 돌아오는 경향이 있다. 그러나 사실상 이들 직업은 그 점유자들에게, 분업체계에서 그들의 위치에 연관된 전복적 성향과 그 위치에 붙여진 조작적 또는 보수적 기능 사이의 차이, 그리고 직업상의 장래계획이라는 주관적 이미지와 그 직업의 객관적 역할 사이의 차이에서 나오는 본질적인 모호성을 강제한다. 그러한 기능의 수행 자체가, 기업의 심리상담의사가 되어버린 몇몇 베테랑급의 1968년 5월 혁명에서의 활동가들의 경우처럼 그러한 차이의 원리, 즉 은폐dissimulation와 오인méconnaissance의 원리를 전제할 수도 있다. 그들은 자신들의 애매모호한 위치를 받아들이고 그렇게 하는 자신들을 받아들이기 위해 어쩔 수 없이 소위 그 지위의 정의에 미리 각인된 교묘히 애매모호한 담론과 실천을 만들어낼 수밖에 없다.31) 자신들의 메시아적 열망과 그 실천의 현실 사이의 모순에서 살아남고, 자신들의 사회적 정체성을 받아들일 수 있기 위해 그 정체성에 관한 불확실성을 배양해내고 따라서 근심스런 자기자신에 관한 질문을 감추고 세상에 대한 질문을 할 수밖에 없는, 체제에 봉사하는 지식인들은 지식인 세대전체의 실존적 분위기를 특별히 강렬하게 경험하는 경향이 있는데, 그 세대는 집단적 희망을 너무나 절망적으로 바란 나머지 거기에 지쳐 자기도취적 내성적(內省的) 명상에서 사회세계의 변혁이나 심지어 그 세계를 이해하려는 희망의 대체물을 찾는다.

따라서 신흥 또는 혁신된 부르주아지는, 지배계급의 지배분파 내에서 계급간, 세대간이나, 남녀간의 위계관계에 대한 공공연히 권위주의적인 이미지에 기반한 구식의 보수주의를, 학교제도의 합리적 이용으로 인해 새로운 경제논리에 따라 스스로를 다른 직업으로 전환할 수 있는

---

31) M. Villette, La carrière d'un "cadre de gauche" après 1968, *Actes de la recherche en sciences sociales*, 29(1979), pp. 64~74.

수단을 마련하게 되는 사람들의 파악된 자기이해(利害)에 적합하게 전환된 보수주의로 대체하기 위해 벌이는 투쟁에서, 경제적으로나 정치적으로나 신흥 쁘띠 부르주아지에게서 자연적인 연합세력을 발견하게 된다. 이 신흥 쁘띠 부르주아지는 신흥 부르주아지 안에서 자기들의 인간으로서의 이상이 실현된 모습(즉 '활동적인' 관리직)을 발견하며, 또한 상승 쁘띠 부르주아지의 다소 침울한 금욕주의를 버리고 새로운 윤리적 규범(특히 소비에 관한 규범)과 그에 대응하는 욕구를 강요하려는 기도에 열렬히 협력한다.

윤리적 구제의 새로운 교리를 사람들에게 강요하는 것에서 그 직업적, 개인적 구제를 기대하는 신흥 쁘띠 부르주아지는 생활양식과 관련된 모든 것 특히 가정생활과 소비행동, 남녀간·세대간의 관계, 가족 및 그 가치관의 재생산을 둘러싼 투쟁에서 전위적 역할을 수행하는 경향이 있다. 신흥 쁘띠 부르주아지는 거의 모든 점에서 쇠퇴하는 쁘띠 부르주아지의 억압적 도덕성에 대립하는데, 쇠퇴하는 쁘띠 부르주아지의 종교적 또는 정치적 보수주의는 종종 도덕적 무질서 특히 성도덕의 문란에 대한 도덕적 분노에 모아진다. 이와 같은 경향은 프루동 Proudhon에서 파레토 Pareto에 이르는 압도적으로 쁘띠 부르주아지적 보수사상의 전체 조류를 꿰뚫고 흐르는 '포르노크라시'(Pornocratie: 본래는 르네상스기의 로마 교황청에서, 고급 창부가 정치에 강한 영향력을 끼치는 상황을 지적하는 말이었으나, 이로부터 일반적으로 여성의 영향력이 강한 정치를 야유하는 말인데, 여기서는 성도덕의 문란을 상징하며 퇴폐적인 사회상황을 비난하는 넓은 의미로 사용됨 ― 옮긴이)의 주제와 반(反)페미니즘적 태도에서 발견된다. 그러나 상승하는 쁘띠 부르주아지 분파는 엄격하지만 약간의 영웅주의도 없지는 않은 간소한 낙관주의를 가지고 있는데, 이것은 하강 쁘띠 부르주아지의 억압적 비관주의에도 대립되지만, 신흥 쁘띠 부르주아지는 그 기본적 선택에 있어서 귀족적 상승지향을 품고 있다는 점에서, 그리고 남녀간의 관계에 대한 전복적인 표상을 갖고 있다는 점에서 상승 쁘띠 부르주아지의 금욕주의에도 대립된다.32)

의무라는 도덕은 쾌락과 선의 대립 위에 성립되고 사람들은 그것에 의해 즐겁고 쾌적한 것은 무엇이나 의심하고, 쾌락을 두려워하며, 신체에 대하여 '절도', '수치심', '신중함'으로 이루어진 관계를 유도하고, 금지된 충동의 모든 간족을 죄와 연관시키는 반면에, 새로운 윤리적 전위는 의무로서의 쾌락devoir de plaisir33)을 대립시킨다. 이러한 의무는 '재미있게 시간을 보내지' 않는 것34), 즉 파리사람들이 약간 당당하게 표현하기를 좋아하듯이 '즐기지'jouir35) 않는 것을 하나의 실패이자 자존심에 대한 위협으로 만든다. 쾌락은 윤리적이기보다는 과학적인 이유로 허용될 뿐만 아니라 강력히 요구되는 것이다.36) 또한 충분히 쾌락을 맛

---

32) 새로운 직업 성원들을 남녀관계에 대한 전도된 표상으로 이끄는 주요 결정인자들 가운데 하나는, 바로 중간계급(특히 그 안의 새로운 분파들)에서 부부 중 부인들이 남편들보다 학력자격이나 직업상의 지위가 높은 경우가 가장 빈번하게 발견되며, 동등한 학력자격을 갖고 있는 경우, 남편들의 상대적으로 더 높은 직업적 지위는 분명 가장 크게 개탄의 대상이 된다는 사실이다.

33) 이러한 면에서 일종의 '생각할 수 없는 것'일 수밖에 없는 것에 대한 구식 도덕의 관점을 예견하면서, 칸트는 다음과 같이 말했다. "향락을 강제하는 것은 분명한 부조리이다. 그리고 향락을 유일한 목적으로 갖는 행위에의 강제로 분류되는 모든 것에 대해서도 그러한데, 향락이 정신화(혹은 미화)되더라도 그러하다. 그리고 그것이 신비적이고 천상적(天上的)이라고 불리는 향락일지라도 그러하다."(I. Kant, Critique du jugement, trad. Gibelin, Paris, Vrin, 1928, p. 46, No. 1)

34) M. Wolfenstein, "The Emergence of Fun Morality," in E. Larrabee and R. Meyersohn (eds), Mass Leisure, Glencoe, III, The Free Press, 1958, pp. 86~97.

35) 전위적인 영화비평의 독자들이 잘 알고 있듯이, jouir(즐기다)/jouissance(즐김)은 그 구어적 의미 '온다to come'를 이용함으로써 에로틱한 의미가 될 수도 있다(영역자 주).

36) 물론 사회적 도덕(특히 초기 단계에 있고 공격적으로 부과되는 시점에서는)을 객관화하려는 노력은 많은 위험을 안고 있다. 명료성은 반대되는 에토스에 대한 찬동으로부터 나오는 단순한 결과에 불과할 수도 있다. 두 적대적 도덕을 특징짓는데 사용되는 각 단어는 물론 상대방 도덕의 옹호자에 대한 모욕으로 기능할 수도 있다. 따라서 완전히 '중립적인' 어조를 발견하길 희망하는 것은 헛된 일이다(예컨대 심리학적 담론에서는 '금욕적'이라는 말을 '매조키스트(自虐的)'와 동일시할 것이다). 각 경우에 사회학적으로 객관화된 것

보지 못하는 것에 대한 불안은 쾌락에의 공포를 극복하려는 노력의 논리적 귀결인데, 가령 자기표현과 자기 신체의 표현('육체표현')과, 타인과의 의사소통('관계맺기' '교류'), 심지어 (하나의 집단이 아니라 자기자신의 정체성을 추구하는 복수의 주체로서 고려되는) 타인들에로의 침잠immersion dans les autres에 대한 추구와 결합되고, 그래서 구식의 개인적 윤리는 개인의 건강에 대한 찬미와 심리요법으로 대체된다. 개인적 경험을 계급에 공통된 유적 경험의 특수한 사례로 부각함으로써 개인적 경험을 비개인화하는 '정치화'의 조작과는 반대로, '도덕화'와 '심리화'의 조작은 경험을 개인화하고, 그런 점에서 종교적 구원의 추구가 다소간 세속화된 형태와 완벽하게 일치한다.37) 정신분석적의 용어를 사용하는 데서 볼 수 있듯이, 현대적 도덕은 분석이라는 구실로 대상을 도덕화하는 심리학적 유포본(流布本)vulgate이다. 에릭슨Erikson이 '오르가즘의 완

의 이면에 감취진 실제 경험적 내용(예컨대 금욕적 미덕추구의 이면에는 자기초월의 노력이나 고양에서 즐거움을 얻는 덕에 대한 영웅적 측면이 감춰져 있고, 해방주의 신봉자의 관대한 순수함의 밑바닥에는 사회적 구속과 제재의 부조리에 대한 민감한 감각이 감춰져 있다)을 재구성해야 할 필요가 있다. 그리고 여기서 지속적으로 행해진 것처럼 기술된 성향들은 그것의 사회적 생산조건에 준거를 두고 봐야할 것이다. 예컨대 억압적 성향은 억압(또는 사회적 퇴행)의 산물로 간주되어야 한다.

37) 정치화와 심리화 간의 대립을 너무 지나치게 밀고 나가면, 다음과 같은 사실을 잊을 위험이 있다. 즉 전투적 공동체에 참여하는 것은, 하나로 통합되고 다른 것으로부터 분리되며 그 자신으로 완결된 독자적 법과 언어, 의식(儀式)을 지니고 있으며 성원의 헌신과 희생을 요구하고 승인하는 집단에 융해됨으로써 성원 각자에게는 그 모든 보증과 재보험이 제공되는 것인데, 그 결과 개인의 실존적 어려움들에 대한 해결책이 주어질 수도 있다는 사실이다(D. Mothe, *Le métier de militant*, Paris, Seuil, 1973). 그러나 또한 정당에의 가입의 논리를 집단적 요법의 논리로 환원하는 것은, 다음과 같은 사실을 망각하게 할 위험이 있다. 즉 심리학적 거래 특히 집단에의 헌신과 승인('동지적 신뢰')의 교환은, '전체적 제도'(전면적 의존을 요구하면서, 제도 밖의 자신들의 존재와 소유 대부분을 그 제도에 부여하는 사람들에게 대부분을 제공하는)와 그 성원들(제도에서 대부분을 기대하고 최소한도로만 제도밖에 존재하거나 소유하고 있을 때, 대부분을 제도에 제공하고 또한 제도에서 받는) 사이의 훨씬 깊은 거래로서 유일하게 실제로 경험되는(그러나 이 점에서 무시할 수 없는) 형태라는 사실이다.

벽한 상호공유라는 유토피아'에 두는 강조에서도 나타나듯이, 현대적 도덕은 '정상적인 것normal'이라는 그럴듯한 실증적 정의를 정상성normalité이라는 절대적 요청으로 변용하고, 그 이론적 도덕으로 말해지는 의무로서의 오르가즘을 킨제이Kinsey류의 잘못된 풍습과학의 발견에 토대하며, 그 결과 대부분의 사회에서 집단적 오인이 통하는 최후의 장소인 성적 교환의 영역에 '기브 앤 테이크'라는 가공할 합리적 계산의 원리를 도입하는 것이다.38) '성행동'sexualité은 아주 최근의 역사적 발명물로서39) 매우 불평등하게 분포되어 있는 사회적 가능성의 조건들에 좌우되는데, 현대적 도덕은 성행동에 대한 관념과 체험을 자연스런 것으로 만들기 위해 성행동에 대한 잘못된 과학의 권위를 빌림으로써, 구식 도덕이 '자연스런' 성행동의 지옥으로 판정했을 모든 사람들을 '성적 빈곤'의 병리학으로, 즉 정통적인 성적 능력의 유일한 심판자인 정신분석학자나 성과학자들의 관심으로 돌려놓는다. 그리고 '성 혁명'을 따라잡지 못한 이들 '야만인'들은 다시 한 번, 성적능력의 획득조건이 보편화되지 않은 채 그 성적능력에 대한 정의만 보편화됨으로써 희생자가 된다.

이런 점에서 언제나 그 진리가 부분적이고 일시적인 과학보다는 종교적 예언에 더 가까운 이러한 자칭 과학적 도덕은 일상생활의 제 문제에 체계적인 답을 제공한다. 예컨대 그것은 신체단련 및 유지라는 관념과 유년기 및 육아에 관해, 자기들의 성행동관에 완전히 조화되는 이미지를 제시한다. 전통적 체조는 실제 체험에서 운동의 가치를 거기에 요구되는 노력이나 심지어 고통('예뻐지려면 고통도 참아야한다')으로 측정하고, 규율을 예찬하는 육체적 노력을 '의지의 단련'으로 보며 심지어

---

38) P. Bourdieu, *Esquisse d'une théorie de la pratique*, Paris-Genève, Droz, 1972, pp. 194~195.
39) Cf. N. Elias, *La civilisation des moeurs*, Paris, Calmann-Lévy, 1973 et *La dynamique de l'occident*, Paris, Calmann-Lévy, 1975.

긴장의 경험에서 쾌락의 한 형태를 발견할 수도 있는데, 이러한 체조의 금욕주의는 한물간 것이 된다. 그 대신 그 자리에 자칭 '반(反)체조'라는 새로운 체조가 들어서는데, 그것은 똑같이 명령적이나 정반대되는 규범체계를 대치시킨다. 긴장을 이완으로, 노력을 쾌락으로, 규율을 '창조성'과 '자유'로, 고독을 의사소통으로 대체함으로써, 이 새로운 체조는 마치 정신분석의가 정신을 다루듯이 신체를 다루는데, '매듭이 풀리고' 자유화되고 더욱 간단히 말해 재발견되고 받아들여져야 하는('편안함을 느끼면서') 신체를 '듣기' 위해 근육에 귀를 기울인다. 신체에 대한 관계의 이러한 심리화는 자아의 고양과 분리할 수 없는데, 이 자아는 도구가 아닌 기호로서 취급되는 신체(여기서부터 '소외된 신체'의 정치학이 열린다)라는 매개를 통해 타인들과 '관계할'('경험을 공유할') 때에만 진정으로 완성되는 ('성장' '자각' '반응'으로) 자아이다. 그러한 것들이 자기자신의 신체의 무통분만(無痛分娩)인 '육체표현'의 행사 이면에 놓여 있는 의도이다.40)

동일한 대립이 육아영역에서도 발견된다. 어린이의 본성을 위험하고 강렬한(본질적으로 자기성애적自己性愛的인) 욕망으로 보는 청교도적인 견해는 육아를 '훈련'이나 바르게 고치는 일로 보게 되고, 또한 유아교육을 어린이의 나쁜 본능을 길들이면서 어린이를 통제하는 일련의 기술로 보게 된다. 그러한 견해는 어른들에게 **욕구**, 즉 정통적 욕망을 정의하고, 가령 정통적인(배고픔이나 고통의) 울음과 비정통적인 울음을 구별하거나 '좋은' 버릇과 '나쁜' 버릇을 구별하는 권력을 부여한다. 이

---

40) 비록 일상생활의 관찰과 우리의 설문조사에서 제공된 간접적 지표들만에 근거하더라도, 우리는 새로운 형태의 신체적 훈련을 둘러싸고 조직된 유파의 헌신자들은 주로 신흥 쁘띠 부르주아 여성 가운데서 충원되며, 해방된 신체라는 주제는 '부부의 문제'나 '여성해방' 같은 것 역시 포함하는 강한 종교적 색채(최소한 그 용어법에서는)를 지닌 문제틀에 속한다고 생각할 수 있다.

와는 대조적으로 치료요법적 윤리는 해방주의적인libérationniste 진부한 문구들('아버지에 대한 관계', '성장불안')을 동반하며, 어린이에게는 있는 그대로 받아들여져야 하는 좋은 본성이 있다고 신뢰하며 또한 **정통적인 쾌락욕구**(타인의 주의를 끌고, 애정을 획득하고, 어머니에게 이야기를 듣고 싶어 하는 욕구)도 가진다고 본다. 또한 **정통적인 쾌락**의 원천이기도 한 자녀교육(부모 **양쪽**에게 기쁨과 젊음, 그리고 **결합**을 가져다주면서 이러한 소비대상을 산출하는 출산은 이런 의미에서 심리요법상의 의무이기도 하다)은 어린이를 자기의 신체와 세계를 탐구하고 발견해야 하는 일종의 도제(徒弟)로 다룬다. 그러한 자녀교육은 일과 놀이, 의무와 쾌락 간의 경계를 모호하게 하면서 놀이를 근육 및 정신학습으로 즉 주관적으로 즐겁고 객관적으로 필수불가결한 **필요쾌락**으로 정의함으로써 쾌락을 어린이와 부모 모두의 의무로 만드는 것이다.

과학시대를 합리화하는 신화인 정신분석은 자유롭게 해석되어 정통화작용을 하는 담론을 제공하는데, 이 담론은 어떤 에토스에 대한 자의적인 동시에 필연적인 전제가 합리적 토대를 가진 것으로 보이게 해준다. 그리고 윤리로부터 치료로의 이행은 그런 담론을 생산하는 정신요법의 필요성을 만들어낸다. 실제로 합리적인 **정신요법의 전문가들**(정신분석의, 심리요법사, 결혼생활상담자 등등)에 의존하여 정신적 건강을 추구하는 경향은 자신들의 생산물에 대한 욕구를, 즉 자신들이 공급할 수 있는 재화와 서비스 시장을 산출할 수 있는 전문가집단의 발달과 변증법적 관계에 있다는 것은 의심의 여지가 없다.

분명, 새로운 심리학 이론의 출현(정신분석, 유전심리학 등)을 포함하여 수많은 (상대적으로) 독립적인 인과적 연계가 결합된 결과에서 비롯되는 가정윤리의 모든 변화를 이 하나의 요인에만 돌리는 것은 잘못일 것이다. 그러한 가정윤리의 변화는 다음과 같다. 부르주아 가정의 소녀들이 고등교육기관에 대량진출하고 그 교육에 연관된 생활양식에 적응하는 수가 매우 많아지거나, 사회적 재생산 양식이 변화된 결과로 학업상의 실패가 도덕적 과오 이상으로 중요시되거나, 이전에 주로 남성들의 관심사였던 학문적 근심이 주로 여자들에게서 보이던 윤리적 불안을 대체하는 경향이 있거나, 노동시장에 대한 여성들의 접근이 증대하며, 경제적 생산 그 자체의 변화로서 자신의 생산물에 대한 욕구를 생산하고 희소성을 인위적으로 창출하는 것에 그 어느 때보다 더 큰 강조를 두는 것 같은 모든 종류의 매개를 통해 간접적인 방식으로 소비자의 도덕을 조장하는데 기여한다. 치료요법적 도덕의 발달은 의문의 여지없이, 유아교육이나 성문제에 대한 정통적 능력의 정통적 정의의 독점을 주장하는 전문가집단(정신분석의, 성과학자, 결혼생활상담자, 심리학자, 전문잡지기자 등등)의 형성에 결부되어 있다. 그리고 그러한 분야에 대해서 현재 요구되는 능력과 실제 능력 간의 차이로 인해 요청되는 재화 및 서비스 생산의 장의 구성은 일련의 전환전략 전체와 분리해서는 이해될 수 없는데, 이러한 전략을 통해 가정교육과 학교교육에 의해 윤리적 전위의 역할을 수행하게 되는 행위자들은 노동시장이 그들에게 거부한 특권적 위치에 대한 대체물을 기성의 교직자 집단과 의사집단 사이의 간극에서 찾을 수 있었다. 따라서 사전권유(宣傳勸誘) prosélytisme로 시작하고 선전권유 그것 자체를 하나의 직업으로 만들기까지 하는 끝나는 모든 이들과, 특히 사회부조, 평생교육, 문화활동의 지도, 유아교육·성문제에 관한 상담 분야에서 포교의 봉사활동에 특유한 열광적인 불안정상태로부터 한 세대를 거쳐 준(準) 공무원 지위의 안정상태로 이행한 모든 협회와 단체의 모범적인 역사는 '모범을 보여주는 예언'의 관료체제화된 형태이자 타인들에 대한 **모범으로서** 자신의 생활양식을 **제공하거나 파는 것**을 그 내용으로 하는 모든 직업의 이중성의 본질을 시간이 흐르면서 드러내보인다.

이러한 관료적 사회에서 윤리적 예언자의 윤리적 개종권유활동이 필연적으로 기성 쁘띠 부르주아지의 금욕적 도덕에 대립된다면, 그것은 그들이 기성의 직업을 택하기보다는 그들 스스로 자신의 직업을 만드는 선택(이런 점이 그들의 특징이다)과 마찬가지로 그들의 생활양식과 윤리·정치적 입장표명의 기반에는 자기 자신 속에 있는 유한한 것, 한정된 것, 결정적인 것, 한 마디로 쁘띠 부르주아지적인 모든 것에의 거부가 있기 때문이고, 다시 말해서 사회공간내의 일정한 자리에 배치되기를 거부하기 때문이다. 이러한 거부의 자세는 **실천적 유토피아주의**인데, 이것은 그때까지 지식인들의 특권이었고, 그들로 하여금 모든 형태의 유토피아를 환영하게 하는 경향이 있는 것이다. 특정계급으로 분류되고 계급탈락되며 재계급화되고 있는 그들은 스스로를 사회공간내 확정된 장소인 특정계급에 범주화되고 배치되기보다는 분류될 수 없고 '배제되었으며' '낙오되고' '주변적인' 어떤 것으로 간주한다. 확실히 문화·스포츠·교육·성 같은 모든 분야에서의 그들의 실천은, 청소년기 대항문화에 대한 안내 책자의 다음과 같은 지표들에서 보는 바와 같이, 분류(=등급화)의 의도를 드러낸다.41) 즉 유기농업, 합기도, 인지학(人智學)anthroposophie, 반 체조, 반핵, 반 정신의학, 반 방사능, 반 과학주의, 반 예방접종, 점성술, 생체역학bio-dynamie, 생체에너지, 샬리 에브도 Charlie Hebdo(정치풍자 신문 —— 옮긴이), 독립제작영화, 비언술적 의사소

---

41) 이러한 사람들이 모든 형태의 사회학적 객관화에 혐오감을 가지는 반면, 심리학·정신분석적 마법에 매혹된다는 것은 별로 놀라운 일이 아니다. 또한 이들이 과학적 '환원주의'에 대한 오래된 인종주의적 입장에서의 고발이 취하는 모든 매력적인 변종에 기꺼이 박수를 보낸다는 사실도 놀랍지 않다. 이러한 고발은 지적 귀족주의의 기본형식인데 실천의 과학적 객관화를 위한 모든 노력을 윤리적 심지어 정치적인 유죄선고와 같은 것으로 생각하는(이것은 '과학=강제수용소'라는 주제의 형태로 나타나는데, 가장 진부한 하이데거 이후의 화석화된 학자들로 하여금 그 주제에 관해 지식인들의 고급 주간지에 뜻하지 않은 **복귀**come-back를 수행하게 한다)것으로부터 의외로 조장되고 강화된다. 그리고 사회학자의 위치가 분류를 피하려는 사람들의 피난처의 하나인 시대에서는, 과학 사회학의 존재가 그 어느 때보다도 납득되지 않게 되었다는 것도 놀랍지 않다.

Catalogue des ressources, op. cit, pp. 134-148.

통, 신체, 창조성, 무용, 다이어트, 마약, 생태주의, 유년, 비교(秘敎), 육체표현, 외계인, 광기, 포크뮤직, 평생교육, 미래학, 게슈탈트 요법, 위기(圍碁)go, 환각제, 장애자, 하타 요가hatha-yoga, 마리화나, 유사요법, 동성애, 공상, 이민, 발명, 유도, 검도, 운동요법, 궁도, 라르작Larzac 고원, 자유, 투쟁, 최면술, 동양의학, 초월적 명상, 장수식이법, 유목, 비폭력, 신 잡지, 비교대조, 초심리학, 도자기 제조, 감옥, 초능력 현상, 식물, 하이킹, 지방취미, 만남, 억압, 짚시풍 마차, 공상과학소설, 텔레파시, 치료, 직물, 광주리 엮기, 채식주의, 녹색, 공동생활, 글라이더, 자유비행, 여행, 초(超)과학의 보급, 요가, 선(禪). 이상의 것들은 일종의 사회적 비상(飛翔)의 꿈, 사회적 장(場)의 중력으로부터 도피하려는 필사적 노력을 솔직히 표현하고 있다.

반체제적인 기질과 아울러, 경쟁이나 위계구조와 등급화, 그리고 무엇보다도 학력에 의한 등급화, 지식의 위계구조, 이론적 추상화나 기술적 능력 등을 상기시키는 모든 것을 피하려는 배려에 의해 이끌림으로써, 이들 새로운 지식인들은 최소의 비용으로 지식인의 만족감과 권위를 보증하는 생활양식을 발명하고 있다. '금기'에 대한 도전과 '강박관념'의 해소라는 이름으로 그들은 지적인 생활양식 중에서 가장 외면적이고 쉽게 빌려올 수 있는 측면들, 즉 자유롭게 해방된 매너, 화장이나 의복의 대담함, 해방된 포즈와 자세를 채택하고, 이렇게 배양된 성향을 정통화의 도상에 있는 문화영역(영화, 만화, 언더그라운드)과 일상생활(거리예술), 개인적 영역(성행동, 화장, 자녀교육, 여가), 존재에 관한 문제(자연과의 관계, 연애, 죽음의 문제 등)의 영역에 체계적으로 적용한다. 지식인적 생활양식의 대중화이기도 한 이 새로운 지적 대중화의 조작을 위한 완벽한 대상인 그들은 프로이드, 프레네Freinet, 로저스Rogers, 라이히Reich, 프리에Fourier와 바쿠닌Bakounine에게서 추려낸 새로운 대중 **자발 혁명주의의 통속적 판본**nouvelle vulgate spontanéiste을 즉각적으로 승인한다.[42] 사회세계로부터의 이러한 낭만주의적인 도피는, 신체와 자연을 고양시키기 때문에 '야생적'이고 '자연적'인 것으로의 회귀라고 생각되는데, 이런 도피의 '교양화된' 심지어 학교적인 측면을 지적할 필요는 없을 것이다. 대항문화는 그 원리를 암묵적인 것으로 남겨둔다는 점에서는 정통적 문화와 공통적인데(어느 경우나 에토스의 성향에 뿌리박고 있어서 이해가 가능하다), 그것은 이전에는 지식인들에게 국한되

---

[42] 셀레스땡 프레네Célestin Freinet(1896~1966)는 프랑스의 교육학자로서 독자적인 교육방법을 실천하였고 공교육에 지대한 영향을 끼침. 저작으로 『교육과 노동』(1949)이 있음. 칼 로저스Carl Rogers(1902~)는 미국의 심리학자로서 상담자 중심요법을 개척하였으며 오늘날에는 카운셀링의 이론적 기초를 세움. 라이히Wilhelm Reich는 정신분석학자.(일역자 주)

있던 여러 가지 특질, 가령 변별적 게임, 탁월한 포즈, 그 밖의 내면적 풍요의 외면적 표징을 거의 누구나 이용할 수 있도록 함으로써 차별화의 기능을 지금도 수행할 수 있다.

이전부터 **욕망**의 언어로 구사되어온 광고에서[43] 보여지는 대중적 담론의 주제와 철학에서 보여지는 고도의 통속화라는 전형적인 주제 사이의 일치, 또한 더 나은 자를 살아남게 하는 지배계급의 사회정책과, 자유주의와 관대함을 선택하는, 특히 그 보급면에서 부르주아지적인 새로운 유아교육법 사이의 대응은, 부르주아지와 쁘띠 부르주아지의 전위들이 지지하는 새로운 윤리가 계몽된 보수주의의 한 형태와 완전히 양립가능하다는 것을 보여주기에 충분할 것이다. 여기서 다음과 같은 문제를 제기할 수도 있을 것이다. 즉 해방의 도덕이 경제에 대하여 경제이론이 항상 **꿈꾸는** 완벽한 소비자를 현재 제공하고 있으며, 또한 그것은 소비하게 이끌 뿐만 아니라 또 항상 최신의 것을 소비하도록 하지 않는가하고 의심해 볼 수도 있다. 새로운 윤리의 가장 중요한 기여는 그것이 (순수하게 가산하는 행위의 통계적 집계라는 연합관계에도 불구하고) **고립된** 소비자들, 그리고 그로 인해 새로운 경제질서로부터 분리된 시장(어린이용, 틴에이저용, 노인용 등)을 확산된 방식으로 자유롭게(혹은 강제로) 대면하는 소비자들, 집단적 기억과 예측에 의해 부과되는 제약과 구속에서 해방된 소비자들, 요컨대 가정 단위들에 고유한 시간구조 ─ 생활양식이라든가 때때로 몇 세대를 넘어가는 장기적 '계획', 시장의 난폭하고 직접적 구속에 대한 집단으로서의 방어 등 ─ 로부터 해방된 소비자들을 양산한다는 것이다.

---

[43] E. Dichter, *La stratégie du désir, Une philosophie de la vente*, Paris, Fayard, 1961.

7장 필요한 것의 선택 — 민중계급

아비투스를 기꺼이 충족되어야 하는 필요성으로 정의하는 기본적 명제는 민중계급에서 가장 잘 드러난다. 왜냐하면 그들에게 필요성이란, 통상 그 말 자체가 의미하는 것, 즉 필요한 재화의 피할 수 없는 결핍을 감추고 있기 때문이다. 필요성은 필요취향을 부과하는데, 그것은 필요에 적응하고 그 결과 필요한 것을 수용하고, 불가피한 것에 대한 인종(忍從)의 한 형식을 함축하고 있다. 그런데 이러한 성향은 지식인이나 예술가의 반항의 양태와는 다른 양태를 항상 부여한다고 할지라도, 혁명적 의도와 양립될 수 있는 깊은 성향이다. 그리고 사회계급은 생산관계내의 위치만이 아니라 통상의 경우(즉 높은 통계적 확률로) 그 위치에 결부되는 계급의 아비투스로 정의된다.[1]

모든 시대, 모든 나라의 **민중주의적 지식인들**narodniki은 노동자계급의 조건에 대한 그들 자신의 관계를, 그 조건에 대한 노동자계급의 관계로 혼동할 정도로, 대상에 자기를 깊이 투영함으로써, 또한 관찰자나 심지어 당사자로서 생산관계에서의 노동자의 위치를 점유해 보면 그 위치에 대한 노동자의 경험을 충분히 이해할 수 있는 것처럼 기술함으

---

[1] 아비투스와 그 효과를 강각하는 현상은 부르주아지가 민중에 대해 품는 모든 견해에 공통적인데, 사회적 조건에 의해 생산되는 제 특성을 자연스런 것으로 생각하게 하는naturalise 보수적 비관주의에서나, 노동자계급이 필요성에 대한 반항의 형식에서조차 필요성에 의해 틀지워진다는 사실을 무시하는 관념적 혁명주의의 낙관주의에서나 이런 현상을 발견하는 것은 전혀 우연이 아니다.

로써 노동자계급의 조건에 대해 **통계적으로 개연성이 약한** 표상을 제시한다. 이러한 표상이 통계적으로 개연성이 약한 이유는 그 표상으로 인해 발휘되는 조건화 작용conditionnements 자체로 인해, 그 표상이 흔히 그것과 연관되는 노동자 계급의 조건과의 관계의 산물이 아니기 때문이다.

여기서, 지식인이 노동자의 아비투스 없이 그 위치에 있음으로써 노동자 스스로가 자신의 조건을 이해하기 위해 사용하는 것과는 다른 지각과 평가도식을 통해 노동자계급의 조건을 포착할 때 만들어내게 되는, 노동자들의 세계에 대한 찬동할 수 없는 표상이 참인가 거짓인가를 검증하려는 것은 아니다. 이러한 표상은 **진정으로** 지식인 자신이 일시적이고 결연하게 노동계급의 조건에 처함으로써 노동자의 세계에 관해 획득할 수 있는 경험이다. 그리고 이것은 노동자계급의 조건에 처할 수밖에 없는 사람들에게 '통상의 경우에' 부과되는 조건화의 산물인 아비투스가 없이 점점 더 많은 개인들이 그 조건에 처하게 됨으로써(이미 실제 일어나고 있듯이), 점점 더 통계적으로 개연성이 높아질 가능성이 있다. 민중주의는 전도된 자민족중심주의일 뿐이다. 그리고 노동자계급과 농민계급에 대한 묘사가 거의 언제나 참상묘사주의misérabilisme와 천년왕국주의적millénariste 고양 사이를 왔다갔다하는 이유는 노동자계급의 조건에 대한 완벽한 정의의 일부인 계급조건에 대한 관계를 그러한 묘사에서 제외시키기 때문이다. 또한 허구적인 동일시와 그것이 자극하는 분개만이 그러한 묘사를 정당하게 보이도록 해준다면, 그 이유는 자신이 묘사하는 조건에 대한 **실제적** 관계를 진술하는 것(이것은 반드시 그 관계를 **체험**하는 것을 요구하지는 않는다)보다 노동자계급의 조건에 대한 자신의 관계를 묘사하는 것이 쉽기 때문이다.[2]

---

[2] 노동자계급의 세계관의 정확한 표상을 구성하기 위해서 (구성하는 사람이) 단순히 노동자계급 출신인 것만으로는 충분하지 않다는 사실은 말할 필요가 없다. 그 이유는 스스로 거리두기가, 국외자가 이 계급에 대해 두는 단순한 거리만큼이나 철저하게 폐쇄된, 이들

필요취향과 순응의 원리

　필요취향의 고유한 효과는 그 작용이 필요성의 작용과 결합되어 있기 때문에 눈에 보이지는 않더라도 언제나 작용하고 있는데, 이러한 효과는 취향이 어떤 의미로는 본래의 시간 밖에서 작용하면서 취향을 산출한 조건이 소멸한 후에도 계속 잔존할 때 가장 분명하게 드러난다. 이것을 증거하는 사례로는, '자기들이 번 돈을 어떻게 써야 할지 모르겠다'고 말하는 어떤 장인이나 소(小)기업주, 혹은 농민이나 노동자의 계급적 조건에서 뒤늦게 벗어난 하급 사무노동자들의 행위들이 있다. 후자의 사람들은 생활에 필요한 재화나 서비스 없이 지내거나 스스로 그에 해당하는 노동을 자신이 직접할 때 얼마나 절약할 수 있는지 계산하는데서 즐거움을 얻고, 이와 비슷하게 돈을 낭비한다는 고통스런 느낌없이는 그런 재화를 구입할 수 없는 사람들이다. 백만 프랑을 갖는다고 해서 백만장자처럼 살 수 있는 것은 아니며 벼락부자가 스스로 보기에 비난받을 만한 사치가 새로운 생활조건에서는 기본적 필요를 소비하는 것이라는 사실을 깨닫는데는 일반적으로 오랜 시간이 걸린다.[3]

　호텔이나 미용실과 같은 여러 가지 시설에 관해서, 사치한 시설과 보통의 시설의 본질적 차이를 이루는, 순전히 상징적인 서비스의 '정당한 가치'를 **평가**하기 위해서는, 자신은 관료적 기구에 의해 개인에게 제

계급과의 관계(가령 민중주의적 선전권유)를 가정하거나 결정할 수 있기 때문이다.
3) 엘리아스Norbert Elias는(텐느Taine를 따라서) 다음과 같은 사실을 보여주는 리슐리외 Richelieu공작의 행위에 대해 언급한다. 즉, 현재 부르주아지와 쁘띠 부르주아지의 거리를 특징지우는 것처럼 17세기의 귀족과, 절약하며 이윤을 추구하는 부르주아지 사이의 거리를 특징지웠던, 돈을 일일이 세보지 않고 소비하는 기술은 그 존재 자체가 사회관계자본의 재생산에 종속되는 계급의 제한된 경우에서는 명백한 교훈의 대상이 될 수 있다는 것이다. "공작은 그 아들에게 대귀족처럼 돈을 쓰는 법을 배우도록 금으로 가득 찬 지갑을 넘겨주었다. 아들이 쓰고 남은 금을 가져오자 공작은 아들이 보는 앞에서 그 금을 창밖으로 던져버렸다." N. Elias, *La société de Cour*, Paris, Calmann-Lévy, 1974, p. 48.

공되는 이러한 배려와 관심의 정통적 수혜자라고 느껴야 하고, 또 그런 배려와 관심을 제공하도록 보수를 받는 사람에게 대해서는 부르주아지가 그 하인에게 지니는 '관대한' 감사와 같은 거리감 및 자유의 혼합된 감정을 보여주어야 한다는 것을 사람들은 망각하는 경향이 있다. '어떻게 서비스를 받을지를 아는 것'이 부르주아적 생활기술의 구성요소라는 점을 의심한다면, 어떤 부류의 생산노동자나 하급 사무노동자들은 어떤 좋은 기회에 멋진 레스토랑에 들어가서 주인-하인 관계와 이것이 가져다주는 불편함을 상징적으로 파괴하기 위한 것처럼 (자신들이 어떤 손님을 대접하고 있는지 즉시 깨닫는) 웨이터와 대화를 금방 시작하는 것을 떠올리기만 하면 된다. 진열장에 놓여 있는 200만 프랑(舊貨)짜리 시계를 보거나, 외과의사가 아들의 약혼파티에 300만 프랑을 썼다는 이야기를 듣는 노동자는 그 시계나 약혼을 선망하지 않고 200만 프랑의 돈을 선망한다. 200만 프랑으로 살 수 있는 것으로 그 금액의 시계 이외의 것을 볼 수 없는 욕구의 체계를 생각해 낼 수 없기 때문에, 그는 그 돈을 전혀 다른 일에 사용할 것이다. 흔히 하는 말로 "우선하는 것이 많을" 때에, 200만 프랑 짜리 시계를 사는 걸 생각만 해도 미쳐버릴 것이다. 하지만 누구도 진정으로 사회세계의 다른 편에 있는 사람들의 '위치에' 서본 적은 없다. 어떤 사람의 과도한 사치는 다른 사람들에게는 최우선하는 필요성인데, 이것은 그 200만 프랑의 한계가치가 100만 프랑을 소유한 사람들의 수에 따라 달라지기 때문만은 아니다. 과시적이라 불리는 많은 지출형태는 결코 낭비적인 것이 아니고, 어떤 생활양식(약혼식의 파티 같은 것)에는 필요한 요소 이상으로 종종 사회관계자본을 축적하는 기회를 부여하는 훌륭한 투자가 된다.

수많은 이유로 인해(특히 부르주아지와 노동자의 생활세계가 물리적으로도 사회적으로도 분리되어 있기 때문에) 이런 두 가지 경험(200만 프랑의 시계와 자식의 약혼식에 300만 프랑을 사용하는 것)은, 비록 실제로 일어난다고 해도 그 개연성은 매우 낮은 것이다. 실제로 마르크스가 다소 거칠게 썼듯이 "질적으로 양적으로 그들의 눈에 비치는 것은 그가 관여하는 세계의 현상(現狀)에 의해 결정될 뿐만 아니라 분업에 의해 그에게 할당되는 경제력과 사회적 위치에 의해서도 결정되는데, 그가 아무리 탐욕에 가득 찬 눈과 귀를 가지고 있다 하더라도 분업은 그에게 적잖은 것을 금지할 것이다."[4] 일반적으로 민중계급의 사람들은 특권계급의 욕구체계에 대해 아는 바가 없으며 특권계급의 자력(資力)에 대한 그들의 지식도 추상적이고 비현실적이다(그래서 샹제리제 부근의 훌륭한 식사의 평균가격을 물었을 때, 생산노동자의 13%는 모른다고 대답하고, 35%는 15~24프랑으로, 22%는 25~29프랑으로, 13%는 30~39프랑으로, 13%는 50프랑 이상으로 대답하는 반면에, 상급관리직, 공업경영자, 자유업 종사자들은 앞의 순서대로 각각 2%, 11%, 20%, 33%, 14%로 나타나고, 일반관리직은 그 중간의 값을 매긴다).

    욕구체계의 형태로 통계에 기록된 것은 어떤 아비투스로부터 나온 선택의 일관성이다. '더 많이 소비하지' 못하는 것, 혹은 다른 방식으로 소비하지 못하는 것, 달리 말해 더 높은 수준의 자력(資力)에 포함된 욕구체계에 도달하지 못하는 것은 이론적으로 소비성향을 전유의 능력으로 환원하거나 아비투스를 특정 시점의 (일정한 소득수준에 의해 제시되는 것과 같은) 경제적 조건으로 환원할 수 없음을 가장 잘 드러낸다. 모든 조건이 수입과 소비 사이에 직접적 관계가 존재한다고 믿도록 부추긴다면, 이는 취향이 거의 언제나 그것이 기능하는 경제조건과 동일한 경제조건의 산물이기 때문이고 그래서 사실은 수입이 산출한 아비투스

---

4) K. Marx, *L'idéologie allemande*, Paris, Ed. sociales, 1968, p. 326.

와 연합하는 형태로만 취향을 만드는 원인으로서의 유효성을 수입의 탓으로 돌리기 때문이다. 아비투스의 고유한 유효성은 동일한 수입이 매우 다른 소비패턴과 결부되었을 때, 후자를 이해하기 위해서는 다른 선택 원리가 개입되었다고 가정함으로써만 이해 가능할 경우에 잘 드러난다.

예컨대, 평균가계수입이 34,581프랑으로 숙련공의 25,716프랑보다 훨씬 많은 직공장은 수입대비 식생활 지출에서 숙련공과 비슷한 수준이다. 즉, 숙련공의 경우, 38.3%, 일반관리자의 경우 30%와 비슷하게 직공장의 지출비율은 35.4%이며, 직공장의 실제 식생활 지출액은 상급관리자의 12,904프랑과 비슷한 12,503프랑이다. 사실상 이 모든 것은 이들이 '잘 먹는 것'에 대한 대중적populaires 가치와 이런 가치에 대한 대중적인 해석을 따르고 있다는 점을 보여준다. 먼저, 전분성 식품·돼지고기·감자·닭고기 등 가장 전형적인 대중적 식품의 소비 지출이 증가한다. 둘째로는, 생산노동자들에게 '좋은 식사'를 상징하지만 삼가할 수밖에 없는 값비싼 상품, 가령 햄·소세지류charcuterie·와인·커피 특히, 상류계급에서는 급격히 소비가 감소하는 설탕 등에 대한 지출은 버터에 대한 지출과 함께 크게 증가한다(버터는 식용유소비가 줄어들 때 365프랑에서 444프랑으로 오른다). 셋째로, 비싸지만 부르주아 생활양식의 특징을 이루는 상품의 소비는 훨씬 적게 증가하거나 아예 증가하지 않는다. 예컨대 송아지고기·새끼양고기·양고기·생선·갑각류·감귤류 과일 등이 그것이다. 신선한 과일보다 신선한 채소가 더 많이 증가하고, 이 두 가지 모두는 햄·소시지류보다 덜 증가한다.[5]

---

5) 식품에 소비되는 지출액이 절대치에서 크게 증가하면 다른 지출액은 상대적으로 덜 증가하며, 지출구조는 숙련공의 경우와 거의 동일하게 남아 있다. 그러나 지출이 상당히 증가하는 항목도 있다. 예컨대, 소형가전제품, 유지·보수비용, 미용, 전화, 책, 신문, 오락, 교육비, 휴가비 등이다(보충자료 3).

다른 예를 들어보자. 30,000~50,000프랑의 수입수준에서 더 높은 수준으로 올라가면 상급관리직의 식품 구입은 생산직 노동자와 똑같게 변화하지 않는다. 비록 이 두 경우에 식품지출이 증가하더라도(상대적으로 상급관리자의 경우에 더 많이 증가하겠지만), 지출이 증가하는 항목은 중요도에 따라 살펴보면 다음과 같다. 교수나 상급기술자를 포함하는 상급관리직의 경우, 식전주(食前酒), 레스또랑에서의 식사, 비(非)-주류음료, 양고기, 케이크류, 쇠고기, 신선한 과일, 생선 및 갑각류, 치즈 순이지만, 생산직 노동자의 경우는 돼지고기, 식전주, 토끼고기, 신선한 과일, 말린 야채, 빵, 신선한 야채의 순이다.6)

생활양식의 차원 혹은 '생활의 양식화'의 차원에서 가장 중요한 차이의 원리는 세계에 대한, 즉 물질적 구속과 시간적 절박성에 대한 주관적·객관적인 거리상의 변이에 있다. 세계나 타인에 대해 거리를 두거나, 초연하거나, 되는 대로 식의 성향, 객관적으로 내면화되기 때문에 주관적이라고 부를 수 없는 성향은, 그것의 일면인 미학적 성향처럼, 절박성에서 상대적으로 해방된 생활조건에서만 형성될 수 있다. 필요성에 대한 종속은 형식상의 탐구와 모든 형태의 예술을 위한 예술이 지닌 무상함과 무의미를 거부하면서 민중계급 사람들로 하여금 실용적이고 기능주의적인 '미학'에 경도되게 하는데, 필요성에의 종속은 일상생활의 모든 선택의 원리이며, 본래적 의미에서의 미적인 의도를 '미친 짓거리'folies라고 배제하게 하는 생활기술의 원리이기도 하다.7) 따라서 생

---

6) C. Roy, Les conditions de vie des ménages, exploitation triennale 1965-66-67, *Les collections de l'INSEE*, décembre 1973, M 30.
7) 노동자계급의 정치활동이나 조합활동으로부터, 사용수단과 특히 추구하는 목표와 관련해서 순수하게 상징적인 외관을 그 활동에 부여하는(사용수단에 관해서는 전형적으로 학생들의 시위에서 특징적이다) 모든 것을 배제하게 하는 것은 바로 이러한 필요에의 종속과 같은 '현실주의'이다.

산직 노동자는 기타 계급보다도 더 많이 깨끗하고 단정하며 유지하기 쉬운 실내장식을 좋아한다고 말하거나8) 또는 언제나 경제적 필요성을 고려할 때 실속 있는 의류를 좋아한다고 말한다. 옷에 대해서 그들은 '심플하고'('다목적', '다용도로'), 즉 가급적 티를 덜 내면서 모험스럽지도 않은('격식차리지 않는' '실용적인'), '실속 있는', 즉 소위 값싸고 질긴 의류를 선택하는데, 이런 이중적으로 신중한 선택은 한편으로는 옷을 사는데 투입할 수 있는 한정된 경제자본과 문화자본(시간은 말할 것도 없이)으로 보나, 다른 한편으로 그러한 투자로부터 그들이(사무직 노동자들과 달리 적어도 노동 그 자체 속에서) 기대할 수 있는 상징적 이익으로 보나 확실히 가장 **합리적인** 전략인 것이다.

"유행에 신경쓰지 않는 경향이 있다"고 말하는 여성의 비율은 집밖에서 일하는 여성보다는 일하지 않는 여성의 경우가 항상 높고(전자가 47%인데 비해 59%), 또한 여성잡지를 읽는 여성보다는 전혀 읽지 않는 여성의 경우가 항상 높은데, 이것을 남편의 직업별로 살펴보면, 장인·소상인(62%), 농업종사자(61%), 생산노동자(55%)의 부인의 경우가, 일반·상급관리직, 자유업 종사자, 대상인·공업경영자의 부인(43%)보다 분명히 높게 나타난다. 이와 비슷하게 '유행을 따르는' 경향은 일반관리직이나 사무직 노동자의 부인들의 경우 상당히 강한데 비해, '가장 경제적이고 실용적인 것이라면 무엇이나 선택하는 것"은 나이에 따라 크게 증가하

---

8) 민중계급의 성원들은 피지배민족의 성원들처럼 자기의 소속계급에 대해 지배자들이 품는 이미지를 부인하는 것을 명예스런 것으로 여길 수 있다. 따라서 **청결함**이나 성실성('가난하지만 성실하다는 것')을 민중계급이 중요시하는 것은, 몇몇 형태의 과시적 절제성과 같이 부르주아지의 편견을 반박하려는 배려와 어느 정도 관계가 있다. 이와 똑같은 **명예회복**의 의도는, '우리에게 없는 것은 취향이 아니라 돈일뿐이다'라거나 '쓸 수 있는 돈이 있다면 우리는 옷을 어떻게 예절바르게 입는지 또는 무엇을 사야할지 알게 될 것이다'라는 점을 스스로 납득시키기 위해 고안된 담론에 근거하고 있다.

고, 가정주부에게는 더 더욱 빈번한 경우인데, 농업종사자, 장인, 소상인, 생산직 노동자의 부인의 경우 가장 두드러지게 나타난다. 이 마지막 두 범주의 부인들은 또 "그들의 남편을 즐겁게 하는데" 주요한 관심이 있다고 빈번히 답한다. '세련되거나' '순응주의적이 아니거나' '스포티한' 의복보다는 고전적인 의복을 선택하는 것은 '가장 경제적이고 실용적인' 의복의 범주와 비슷하게 나이에 따라 크게 증가하며, 의복의 미학에 대한 일종의 투자지표인 엘르Elle잡지의 구독률과는 반비례한다. 고전적인 의복의 선택은 농업종사자와 생산직 노동자 부인의 경우(각각 67%, 59%)에 가장 강하게 나타나고, 이런 선택을 가장 드물게 표현하는 부르주아지 여성(39%)은 가장 빈번하게 스포티하거나 세련된 옷을 선택한다(보충자료 42). 의복에 투자를 적게 하고 그런 문제에 관한 미학적 세련성에 덜 투자하는 경향은 다음의 경우에 잘 드러난다. 즉, 상대적으로 큰 비율의 민중계급 여성이 시장이나 통신판매 혹은 '대중적인' 백화점에서 옷을 구입하는 반면, 부르주아 여성은 부띠끄나 '호화' 백화점에서만 구입하는 경향이 있다(보충자료 45). 이러한 논리는 화장품의 영역에서도 마찬가지로 나타난다. 화장품에 대한 수많은 시장조사를 보면, 민중계급 여성은 화장품이나 미용에 대한 지출을 최소로 줄인다. 이 지출항목은 농업종사자의 부인에서부터 생산직 노동자, 장인·소상인, 일반·상급 관리직의 부인으로 갈수록 크게 증가한다. 따라서 민중계급의 여성은 화장에 관하여 0도(零度)의 좌표에 있는데 비해, 화장 내용의 복잡성(가령 립스틱만 바르기, 거기에다 파운데이션 추가, 거기에다 아이섀도우 추가, 거기에다 아이브로우 펜슬 추가 등)과 돈, **특히 시간 소요비용은 사회적 위계가 높아질수록**(전술한 순서대로), 최소한 사무직 노동자와 일반관리직까지는 계속 증가한다고 말할 수 있다.

이와 같은 민중계급의 실천은 금전이나 시간, 그리고 언제나 거의 이익이 되지 않는 노력을 확실하게 절약하기 때문에 그들의 경제적 조건에서 직접 도출될 수 있는 것처럼 보이지만, 실제로는 ("그것은 우리가 쓸 것이 아니다"라는 자제에서 보여지는) 필요한 것의 선택원리에서 비롯된다. 여기서 '필요한 것'이란, 기술적으로 필요한 것, 즉 실용적이거나 이른바 기능적인 의미의 필요성인데 이것은 '더 이상도 아니고 딱 알맞는 것'이기 위해 필요한 것이라는 의미인 동시에, '단순하고' '검소한' 사람들에게 '단순하고' '검소한' 취향을 강요하는 사회적·경제적 필요성에 의해 부과되는 것으로서의 의미이다. 아비투스를 구성하는 여러 가지 성향 속에는 객관적 기회에 자기를 적응시키는 일이 포함되어 있는데, 그러한 적응은 가령 '단정한 조발(調髮)'이나 '간소하고 짧은 드레스'나 '튼튼한' 가구 등과 같은 모든 현실주의적 선택(어떤 경우에도 접근 불가능한 상징적 이익을 단념하는 것을 토대로 여러 실천이나 대상을 그것의 기술적 기능으로 환원하는 선택)의 근본에 있는 것이다. 따라서, 집단의 모든 물건을 미학적 선택의 기회로 만들거나, 엄밀하게 그 기능에 의해 정의되는 공간인 욕실이나 부엌에까지 조화나 미의 의도를 확대하고, 특히 냄비나 찬장의 선택에 미학적 기준을 적용하는 전형적인 부르주아적 발상만큼 민중계급의 여성들에게 낯선 것도 없다. 그 여성들에게 파티용 식사나 의상은 일상적 관습의 단절에 의해('해야 할 일을 해야 한다'는 형태로) 일상의 음식과 복장에 대립되는데, 이것은 살롱이나 식당, 응접실처럼 사회적으로 장식용으로 지정된 방이 일상공간과 대비되는 것과 같은 것이다. 여기서 '장식적인 것'과 '실용적인 것' 사이의 대립에 의해 사람들은 기존 관습에 따라 벽난로 위의 골동품이나 사이드 보드 위의 수풀 그림, 탁자 위의 꽃병 등으로 장식하는데, 이들 강제된 선택에는 어떤 자문(自問)이나 탐구도 전제되지 않는다.

    이러한 관습주의는 관습적인 구성에다 관습적인 포즈를 고정시키는 대중적 사진의 그것과도 같은 것인데[9], 이는 부르주아적 형식주와, 그리고 예의범절의 해설서나 여성잡지가 추천하는 손님접대법, 식사매너, 모성의 훈련법 같은 모든 형태의 예술을 위한 예술의 형식과 대립되는 것이다. '해야 할 일을 한다'거나 '행해지는' 일을 하는(화장품을 파는 상인은 '요즘은 대개 이런 식이죠'라는 말이 대중들의 자신없는 마음상태에 끼치는 힘을 잘 알고 있다) 선택은 어떤 **보증**도 있을 수 없는 세계에서 최소한의 안심감을 보증하는 것에 덧붙여, '실용적인' 것의 추구와 '매너'와 '격식'에의 거부를 기본으로 하는 실천의 경제 속에 당연하게 조직되는 것이다.10)

심지어, 지배적 규범의 관점에서 볼 때 가장 '비합리적'으로 보이는 선택도 필요취향에 근거하고 있다. 물론, 거기에는 문화자본의 결여로 인한 정보 및 특수한 능력의 부재라는, 전적으로 부정적인 효과도 작용한다. 예컨대, 벽난로와 복도, 현관 등에 장식된 골동품과 자질구레한 장신구에 대한 취향은 보통의 경제학자나 심미가는 알지 못하는 의도, 즉 최소의 비용으로 최대의 '효과'('이건 정말 굉장한 효과가 있을 거야')를 얻으려는 의도에 의해 고취되는데, 이것이 부르주아 취향에서는 통속성의 정의 자체이다(차별화의 의도 가운데 하나는 그 반대로 가능한 최소의 효과로 최대의 시간, 금전, 창의력의 비용을 이끌어내는 것이다). 싼 가격에 큰 효과를 내는 것, 즉 '이건 공짜로 얻은 거야'라고 자기를 납득시킬 수 있을 때만 허용되는 '미친 짓거리'가 아니라면 무엇이 '가짜'고 '싸구려 상품' 같은 것이겠는가? 노점상이나 판촉전문가들은 다음과 같은 금지된 소비를 '거래'로 제시함으로써 '낭비'를 금하던 억제심이나 검열을 그들이 틀림없이 해제할 것이라는 점을 잘 알고 있다. 즉, 색깔을 생각하지 않고 가격만 보고 고른, 유행에 뒤떨어진 소파, TV 앞에

---

9) Cf. P. Bourdieu, *Un art moyen*, Paris, Ed. de Minuit, 1965, pp. 54~64.
10) Cf. Y. Delsaut, L'économie du langage populaire, *Actes de la recherche en sciences sociales*, 1975, 4, pp. 33~40.

갖다 놓기 위해 오래 전부터 꿈꾸던 소파나, 가격이 할인돼서 결국 사긴 샀지만 '다시는 나일론 옷은 안 입을 것'이라고 맹세하게 되는, 입을 수 없는 나일론 옷 같은 것이다.

그리고 필요성에의 인종(忍從)이 필요취향의 근본에 있다는 것을 여전히 증명할 필요가 있다면, 가정생활의 일상적 관리를 합리적 계산과 형식적 생활의 제 원리('각각의 것을 그것에 마땅한 자리에', '무엇이나 그것에 합당한 시간에')의 제약에 따라 영위하길 거부함으로써 야기되는 시간과 에너지의 낭비를 떠올려 보면 된다. 그런데 이러한 낭비는 자신의 건강('제몸을 너무 돌본다')이나 외견상의 미('야하게 잘 차려입는다')에 시간이나 신경을 쓰는 것을 거부하는 것과 모순되는 것처럼 보인다. 사실상, 이중의 의미에서 피지배적 존재인 민중계급의 여성들은 (건강이나 미용 같은) 그 생활양식의 두 가지 특징에서 다음과 같은 사실을 증명한다. 즉, 그녀들은 가계를 조절하고 절약하기 위해 따져보지 않고 그녀들이 쓸 수 (줄 수) 있는 유일한 것인 노력과 시간에 그다지 충분한 가치를 두지 않는다. 달리 말하면, 그녀들은 **자기 자신을 높게 평가하지 않는데**(정말로 그녀들은 숙련된 노동력과 세련된 몸매를 갖춘 부르주아지 여성들과 달리 노동시장에서 낮은 평가를 받는다), 자신에게 언제나 일종의 **자기만족**을 암시하는 배려와 관심을 두거나, 건강이나 날씬한 몸매나 미모를 보증하는데 필요한 매순간의 배려와 관심과 주의를 그녀들 몸에 쏟을 만큼 충분한 가치를 자신들에게 부여하지 않는다.[11]

일련의 지표들이 일치하는 바와 같이, 민중계급의 여성은 다른 계급의 여성보다 그들의 신체에 **가치**를 덜 부여하고 **관심**도 덜하다. 일례로, 스

---

[11] 여기서 민중계급의 여성들이 페미니스트적 권리요구에 대해 가지는 이미지의 원리가 나타난다.

스로 보통 사람보다 아름답지 못하다고 생각하는 비율이 상류계급의 여성과 중간계급의 여성의 경우는 각각 24.2%, 33.2%이지만, 농업종사자의 부인과 생산직 노동자의 부인의 경우는 각각 40.2%, 36.0%이다. 나이보다 늙어보인다는 비율은 전자의 집단이 각각 10.1%, 7.6%인데 비해 후자의 집단은 각각 13.0%, 14.0%이다. 그리고 민중계급의 여성은 거의 언제나 다른 계급여성보다 피부나 코, 손을 제외하고는 자신에게 더 낮은 점수를 부여한다. 그들은 미에 가치를 덜 부여하고 모든 신체적 배려에 시간이나 돈, 관심을 일관되게 덜 쏟는다(보충자료 44).

순응의 원리는 대중취향을 규정하는 유일한 명시적 규범인데, 그 원리를 재확인하는 경고('그녀는 자신이 누구라고 생각하는가?', '저건 우리 같은 사람을 위한 게 아냐')는 어느 경우에나 객관적 조건에 의해 부과되는 '합당한' 선택을 조장하려고 하며, 다른 집단과 동일화함으로써 자기를 차별화하려는 야심에 대한 경고, 즉 같은 존재상태에 있는 사람들과의 연대성을 상기시키는 것까지 포함한다. 그리고 여러 계급의 실천과 문화적 선호간의 일정한 격차는 대부분 다음과 같은 사실에서 비롯된다. 즉 자신의 문화적 경험과 그것으로부터 생성되는 담론에 가치를 부여할 수 있는 '시장'을 자기 주위에서 발견할 기회가 많으면, 그런 경험을 갖는 기회도 많은 것과 같은 식의 변화를 보여주며, 또한 부분적으로는 그러한 기회를 결정하는데도 기여한다는 사실이다. 민중계급의 사람들은 그들이 접근할 수 있는 (특히 TV를 통해) 정통적 문화작품에 대해 저조한 관심을 보여주는데, 그것은 단순히 능력과 친숙성이 결여됐기 때문만은 아니다. TV 같은 소위 통속적인 화제가 부르주아적 대화에서 추방된 것처럼(보충자료 6), 전람회, 연극, 콘서트, 심지어 영화 같은 부르주아적 대화에 특유한 화제는 민중적 대화로부터 자기를 차별화하려는 의도만을 표현하기 때문에 사실상으로나 원칙상으로 민중계급의 대화에서 배제된다. 가장 무자비한 정숙명령rappel à l'ordre은 그 자체로 분명 민중계급의 이상한 현실주의를 설명하기에 충분한데, 그것은 직접 경험되는 사회세계의 동질성이 발휘하는 폐쇄효과로부터 형성된다. 즉 그것에 대해서는 가능한 다른 어떤 언어도, 다른 어떤 생활양식도, 다른 어떤 친족관계도 없다. 가능성의 세계는 닫혀있다. 타인들의 기대는 객관적 조건이 부과하는 성향을 그만큼 더 강화한다.

고정관념화stéréotypisation가 진행되는 만큼 진행되는 실천과 발화의 의식화(儀式化)는 부분적으로는, 순응의 원리를 매우 엄밀하게 적용한 결과로 생기는 것이다. 가령 성인 남성이 다른 가정을 방문하면 어떤 종류든 술을 마실 것이라고 예상되는 것처럼, 중년여성이 '나이에 비해 너무 젊게' 옷을 차려입으면 심하게 아니 잔인하게까지 제재를 받는다(조롱이나 등 뒤에서 놀리는 것 등). 계급상의 큰 차이가 본성상의 차이에서 비롯된 것처럼 보이기 때문에(의사부인은 '좋은 옷을 입도록 되어있는' 것으로 말해지는 것처럼) 주의를 끌지 못하거나 관대하게 허용되는 경우가 많은 것('그는 순종(純種)이야', '그는 우리랑 달라')과는 달리, 자기와 같은 계급의 사람들(혹은 같은 계급 출신자)에게는 조금의 일탈도 용납되지 않는데, 그것은 이 경우 차이란 자기를 탁월화하려는 의도, 즉 자기가 속한 집단을 거부하거나 부인하려는 의도에서만 생겨나기 때문이다(따라서 부르주아의 아들이 가족과 인연을 끊으려는 경우에는 호의적으로 받아들이지만, 노동자의 아들이 그와 똑같이 행동하면 비난을 받게 되는 것이다.12)

---

12) 비난을 받는 것은 차이가 아니라 자기와 남 사이에 금을 그으려는 노골적인 의도이다. 부르주아지를 정의하는 '자연스런' 차이는 그 '단순소박함'이 탁월화의 부정적 의도로부터 나온 것이 아닐수록 더 쉽게 받아들여진다. 차이는 정치활동이나 노조활동으로 의식이 각성된 사람들, 세칭 '골치아픈 일을 만드는 사람'이나 '다루기 쉽지 않은 사람', '무엇하나

문화나 언어, 의복에 관한 모든 종류의 '야심'이 특히 남성에게 금지된다면, 그것은 민중계급에 있어서 남녀간의 분업과 성도덕에 관해 다른 계급보다 엄한 표상으로 인해, 미학적 추구 특히 의복이나 화장이 여성에게만 국한되기 때문만은 아닙니다.13) 또는 그러한 추구가 부르주아의, 또는 부르주아의 인정을 받기 위해서라면 기꺼이 그들의 요구에 복종하는 사람들(보통 욕하는 말로 '아첨꾼', '알랑대는 놈' 같은 말이 그 극단적 형태를 나타낸다)의 특징으로 보이는 성향 및 매너('격식' '예의범절' 등)와 다소간 분명하게 결부되기 때문만도 아니다. 그것은 또한 여성적인 동시에 부르주아적인 것으로 인식되는 요구에 굴복하는 것이 남성다움에 대한 이중적인 부인의 지표, 다시 말해서 모든 지배를 성적 지배의 논리와 어휘 속에서 당연한 것으로 생각하는 일상언어가 표현하게 되어 있는 이중적 종속의 지표로 나타나기 때문이다.

민중계급과 지배계급(특히 그 중 지배분파)의 대립은 남성적인 것과 여성적인 것의 대립의 유추에 의해, 즉 강한 것과 약한 것, 뚱뚱한 것(투박

그냥 보아 넘기지 않은 사람'을 암시하는 '정치를 한다'는 사람에게만 인지되고 고발된다. 여기서 모든 형태의 온정주의(溫情主義)가 구사하는 은근의 전략stratégie de condescendance 이 이런 성향으로부터 이용할 수 있는 것이 무엇인지를 분명히 해준다.
13) 모든 지표에서 민중계급은 성행동과 남녀간의 분업에 관한 모든 문제에서 더 엄격한 도덕을 고수하고 있음이 드러난다. 따라서 의복의 경우, 물론 기능적 이유에서지만, 이들은 여성이 일하면서 바지를 입는 것을 기꺼이 받아들이지만 집안에서나 외출할 때는 다른 어떤 계급보다 바지를 입는 것을 반대한다. 마찬가지로 이들은 언제나 여성이 일할 때나 외출할 때나 미니스커트를 입는 것을 굉장히 싫어한다(Sondages, no. 1, 1968, p. 79). 순결을 중시하지 않는 자의 비율은 생산직 노동자(34%)나 특히 농업종사자의 경우(53.5%)가 일반관리직(57%)과 상급관리직(59%)의 경우보다 그 비율이 낮게 나타난다. 육체적 사랑이 삶에서 매우 중요하다고 생각한다고 답하는 비율도 사회적 위계가 높아질수록 조금씩 증가한다. 역으로, 생애에서 오직 한 사람을 사랑했다고 답하는 비율은 사회적 위계가 높아질수록 감소하고, 동시에 두 사람을 사랑할 수 없다거나 사랑은 주로 (육체적 쾌락보다는) 부드러움을 가져다준다거나, 호색과 부정(不貞)은 사랑을 파멸시킨다고 말하는 비율은 이와 비슷하게 감소한다(보충자료 46).

한 것)과 날씬한 것(세련된 것) 등과 같은 범주에 따라 조직된다는 것은 단지 공론(空論)이 아니다. 따라서 음식에 관해서도 민중계급(또 당연히 그 중에서도 여성보다는 남성)은 남성과 여성의 대립처럼 다른 계급과 대비된다. 예컨대 주지하다시피, 농업노동자를 빼고는 다른 어떤 계급보다 높은 비율(59%)의 상급관리직이 매일 아침에 우유를 마신다(생산직 노동자의 경우는 42%). 마찬가지로 초콜릿의 경우는 상급관리직이 12%, 생산직 노동자가 5%, 농업노동자가 5%이고(여기서 성별 차이는 나타나지 않는다), 또 프랑스에서 전형적으로 부르주아 및 여성음료인 차의 경우에도 상급관리직이 27%, 생산직 노동자가 3%, 농업노동자가 0%로 나타난다. 그러나 민중계급은 아침에 주로 스프나 **육류**, **치즈**같이 주로 **짜고 영양이 많고**, 분명히 남성적인 음식을 먹는 게 특징이다. 아침에 스프는 거의 농업노동자만 먹고, **육류**는 농업노동자의 46%, 생산직 노동자의 17%, 상급관리직의 6%가 최소한 때때로 아침에 육류를 먹는다고 답한다. 상급관리직과 대학교수는 역시 분명히 여성적인 것으로 인식되는 잼이나 꿀 같은 **달콤한** 음식을 먼저 찾는다. 이들 중 40%는 단 음식을 매일 먹는다고 하고, 농업노동자와 생산직 노동자는 각각 29%, 11%가 매일 먹는다고 답한다. 또 남성 가운데 38%만이, 여성의 경우는 63%가 때때로 먹는다고 한다(보충자료 48).[14] 또한 주지하다시피, 사회적으로 구성된 모든 남녀간의 차이는 사회계층이 높아질수록 특히 지배계급의 피지배분파로 갈수록 약화되는데, 후자의 경우에 여자들은 가장 전형적인 남성의 특권인 정론지의 구독이나 정치에 대한 관심을 공유하고 또 남자들은 '여성적'이라고 간주할 수 있는 취향에 대한 관심과 성향을 주저없

---

[14] 이러한 대조는 예전의 조사에서도 나타나는데, 아침식사로 짠 것(달걀, 햄, 소시지, 파이, 치즈)을 먹는 비율은 농업종사자에서 생산직 노동자, 사무직 노동자, 상급관리직으로 갈수록 낮아지고, 단 것(잼, 꿀, 과일)을 먹는 비율은 그 반대로 변한다(cf. H. Gournelle et A. Szakvary, Enquâte sur le petit déjeuner en France, *Annales d'hygiène de langue française*, T. 3, n. 2, mai-juin 1967, p. 28).

이 드러내는 경향이 있다.15)

지배자들은 진화론적 도식에 따라 자신들의 존재·행위방식을 실현된 이상으로 인지하는데 이러한 도식을 적용함으로써 문화적 관성 또는 '문화적 지체'의 효과를 말하기 전에, 다음과 같은 질문을 던져 볼 필요가 있다. 즉 남성다움과 그것을 생산하고 지지하는 모든 것(예컨대 '영양가가 많은' 음식과 음료, 힘든 일과 운동)의 기본적인 측면으로서의 **육체적인 힘**16)에 대한 민중계급의 가치평가가, 농민계급과 노동자계급이 모두 노동력에 의존하며 이러한 노동력은 문화재생산과 노동시장의 법칙으로 인해 다른 어떤 계급보다도 순전히 근육의 힘으로 환원된다는 사실과 어떤 이해가능한 관계를 맺고 있지는 않는가 하는 것이다.17) 그리고 노동자계급처럼 노동력만 풍부한 계급은 다른 계급에 대항하여 (그 노동의 철회를 제외한다면) 그 투쟁력만을 가지고 있는데, 이것은 그 성원들 각자의 육체적 힘과 용기, 그 성원의 수, 즉 그들의 자각과 연대성, 달리 말해서 그들의 연대성에 대한 그들 자신의 자각에 달려있다는 사실을 기억해야만 한다.

---

15) 분명 남녀간의 분업에 대한 규범에서 일탈하는 것에 대한 보다 큰 관용은 소위 동성애자로 불리는 사람들이 사회 계층상 위치가 매우 높을수록, 또 거주지역의 크기가 커질수록 왜 크게 증가하는지를 부분적으로 설명해 준다. 아는 사람 중에 동성애자가 있다고 답하는 비율은 농업종사자의 경우 10%, 생산직 노동자는 16%, 장인 및 소상인 22%, 일반관리직 및 사무직 노동자 25%, 상공업경영자 및 상급관리직과 교수는 37%이다. 이는 또 주민수가 2,000이 못되는 마을에서는 10%나 파리 근교에서는 38%로 나타난다(보충자료 47).
16) 남녀간 분업의 준거는 개인적·집단적 정체성의 표상을 함축하는데(예컨대, 생산직 노동자는 일단의 직업을 분류하도록 요청받으면, 육체노동을 하지 않는 직업 전부를 '그들 모두 동성애자야!tous des pédés!'라고 말하며 하나의 범주에 넣어버린다), 그것은 실천의 고유한 성적인 차원, 즉 가능과 불능, 능동성과 수동성을 상기시키기보다는 남녀 양성에 신분적으로 결부되는 미덕과 능력, 즉 강하고 약함, 용기와 비겁을 환기시킨다.
17) 나이를 먹음에 따른 노동력의 급속한 가치 하락은 이러한 사실을 구체적으로 상기시킨다.

따라서 새로운 치료요법적 도덕의 여러 가지 전달수단(여성잡지, 주간지, 라디오 방송 등)을 통해 행사되는 도덕화 또는 탈-도덕화의 고유한 정치적 효과를 무시하는 것은 잘못된 것이다. 농민층의 경우에는 지배적 생활양식과 신체의 정통적 이미지를 부과함으로써, 그들 자신들의 고유한 재생산조건에 대한 타격을 받고(농가의 주인이 독신인 경우), 자신들의 정체성의 원리를 정의할 수 있는 계급으로서의 존재에 대한 타격을 받는데, 이러한 극단적 경우에서 볼 수 있는 것은 다음과 같은 것이다. 즉 노동자계급의 성원은 자기자신을 계급으로서 긍정하는 가장 자율적인 형식의 하나로서 '남성적'이라는 가치에 찬동하는데, 이러한 자세를 여러 가지 형태로 문제시하는 것은 피지배계급의 자율성에 대한, 그리고 완벽한 인간과 사회세계에 대한 자기 나름의 표상을 스스로 만들어내는 능력에 대한 최종적 피난처의 하나를 위협하는 것이다. 그리고 계급의 정체성과 단일성의 가장 기본적 제 원칙, **무의식** 속에 머무르는 제 원칙은, 신체와의 관계라는 결정적인 점에서 피지배계급이 자신들을 지배자의 시선으로만, 즉 신체와 그 용법에 대한 지배자적 정의와의 연관하에서만 자신을 계급으로 파악하는 경우에는 실제로 타격을 받게 될 것이다. 다시 말하자면, 정치적으로 구성되지 않은 똑같이 중요한 다른 다양한 영역과 마찬가지로 이 영역에서는 부과효과에 대한 집단적 저항의 가능성, 즉 지배자의 분류법에 의해 부정적 가치를 부여받은 특성을 반대로 긍정적 가치로 구성하거나(예컨대 '검은 것은 아름답다' 전략같이) 긍정적 가치를 부여받은 특성을 새롭게 만들어낼 가능성은 배제된다. 따라서 피지배계급에게는 다음의 두 가지 선택만이 가능하다. 하나는 자기 자신과 소속집단에의 충실(이것은 항상 자신을 부끄럽게 생각하는 습성으로 전락시킬 위험이 있다)이고, 다른 하나는 사회적 정체성(미국 페미니스트들의 집단적 반항에 의해 '자연스런 외모'를 권장하고 추구했던 유형의 사회적 정체성)에 관한 통제를 집단적으로 획득하려는 야

大食 챔피언

"콩먹기에서 프랑스 챔피언인 베네자끄 사람Bénéjacquois 프랑수아 브뤼아는 오늘밤 네Nay市에서 타이틀 방어전을 가질 것이다(그의 기록은 15분 동안 2.7킬로). 뽀Pau 출신의 유력한 도전자 앙리 부아라메가 타이틀을 뺏을 수 있을 것인가?

몇 초 후 경기심판이 이들의 이름을 크게 부르자, 그들은 냅킨을 목에 두르고 시작했다. 먼저 한 접시 가득 채운 베이컨과 강낭콩을 해치웠다. 계속 지켜봅시다! 갑에게 한 접시, 을에게 한 접시.

딸꾹질… 이건 주교관의 차 모임이 아닙니다. 이들은 콩을 눈 깜짝할 사이에 해치우고 있습니다. 접시 더 가져오세요! 관중들은 또 다른 사람을 도와주고 그들의 편인 프랑스 챔피언을 격려하며 소리치고 있다.

챔피언이 앞서가기 시작했다. 식충이처럼 500그램씩 무서운 속도로 먹고 있는 레이몽 뿔리도는 또 한 접시 받아들고 경쟁자를 돌아본다. 두 턱과 헤라클레스처럼 튼튼한 배. 두 접시 사이에 라이벌들은 상대를 겁주려는 레슬링선수 같다. 세번째 접시! 챔피언은 계속 씹고 있다."

La République des Pyrénées, juillet 1978.

심에 정반대되는 것으로 지배자적 이상에 동화하려는 개인적인 노력이다.

지배의 효과

피지배적 위치에 자기를 적응시키는 것은 어떤 형태로 지배를 수용하는 것을 의미한다. 자기평가는 학교시장의 인증행위로 사전에 정통화되는 직업상의 지위와 수입이라는 사회적 가치의 기호에 의해 좌우되는데, 정치적 동원효과 그 자체로는 이런 자기평가의 의존효과를 완전히 상쇄하지 못한다. 무능력감, 좌절감 혹은 문화적 결격감(缺格感)을 통해 지배적 가치에 대한 어떤 형태의 승인을 암시하는 피지배계급의 생활양식상의 특징들을 열거하기란 쉬운 일이다. 어디에선가 안토니오 그람시Antonio Gramsci는, 노동자는 명령의 실행자로서의 성향을 모든 생활영역에서 취하는 경향이 있다고 말했다. 민중계급의 생활양식은 위스키나 회화작품, 샴페인이나 음악회, 항해여행이나 미술전람회, 철갑상어요리나 골동품 같은 사치재가 없는 만큼이나 이러한 재화에 대한 수많은 값싼 대체재가 존재하는 것이 특징이다. 즉 샴페인 대신 '발포성와인', 진짜가죽 대신 '모조가죽', 회화 대신 조잡한 착색 석판화chromo가 그것인데, 이런 것은 소유할 만한 가치가 있는 재화에 대한 정의를 받아들이는 제2단계에서의 박탈을 나타내는 지표이다. 다시 말해서 그들 자신의 목적을 설정하려는 바로 그 의도의 박탈은 대량으로 보급되는 문화상품(간단하고 반복적인 구조로 인해 수동적이고 공허한 참여를 일으키는 음악, 문화를 대량생산하는 기술자들이 TV시청자를 위해 고안하는 오락프로, 그리고 특히 필적할 수 없는 능력을 지닌 비전적秘傳的이거나 '초인적' 기술의 달인達人인 프로와 아마추어 사이에 승인된 단절을 수립하는 스포츠 흥행 등)에 의해서 보다 은근한 형태로 이루어지는 박탈에 대한

승인과 결합된다.

아도르노Adorno는 일찍이 대중음악의 형식 및 그 용법과 소외된 노동세계 사이에 **직접적인 소박한 유추를** 설정함으로써 대중적 문화생산에 대한 비판을 정식화했고, 이러한 비판을 어떤 스포츠 비판과도 같이 믿을 수 있게 하는 것은 그것이 아마추어의 노스탤지어와 반감을 민중주의적 완전무결함으로 표현될 수 있게 한다는 사실인데, 이러한 비판은 본질적인 것을 은폐해 왔다.[18] 보통 사람들이 '팬'의 역할로 환원되는 것은 음악이나 스포츠 분야만이 아니다. '팬'이란 활동가의 가장 희화적(戱畵的) 형태인데, 그들은 열정을 가지고 대상에 참여하고 심지어 광신적 배외주의chauvinisme로 흐르기도 하는데, 그 분야의 전문가들의 박탈을 환상적으로 보상하는 것에 불과한 수동적이고 허구적인 참여에 갇히게 된다. '대중'의(더구나 '엘리트'의) 문화적 생산물에 대한 관계를 재생산하고 재활성화하며 강화하는 것은 생산라인이나 사무노동의 단조로움이 아니라 노동자의 세계경험의 근본에 있는 **사회적 관계**, 즉 노동 및 노동의 생산물인 **자기의 일**opus proprium을, 노동자에 대해 타자의 일(소외된 노동)opus alienum로 제시하는 사회적 관계이다.

자동화automatisation가 진전됨에 따라 경제적 박탈은 그것에 가장 명확한 정당화를 제공하는 문화적 박탈과 결합되었을 때에만 현상을 완전히 오인하고 따라서 암묵적으로 승인된다. 신체화된 문화자본을 소유하는 것은 기술적인 물품에 객체화된 문화자본을 적절히(즉 정통적

---

[18] Cf. T. W. Adorno, On Popular Music, *Studies in Philosophy and Social Sciences*, 9, 1941. 예컨대 가장 정통적인 음악이 레코드와 라디오를 통해 '대중적' 음악만큼 수동적이고 단편적으로 사용되더라도 정통적 음악의 가치가 떨어지거나, 대중음악에 대해 흔히 가해지는 비판인 소외효과를 야기한다고 비난받는 일은 없다는 것을 보이기란 쉽다. 형식의 반복성이란 특징에 대해서 말하면, 그레고리안 성가나(이것은 그러한 반복에도 불구하고 매우 훌륭한 가치를 지니고 있다) 요즘 각광받는 중세음악, 그리고 원래 '배경음악'으로 소비되도록 작곡된 17, 18세기 희유곡(嬉遊曲)divertimento에서 그 극에 달한다.

정의에 따라서) 소유화하는 전제조건인데, 보통의 노동자들은 이러한 문화자본을 결여하고 있기 때문에 자신들이 사용하기보다는 거기에 봉사하는 기계와 도구에 의해 지배되고, 또한 그들을 지배하는 정통적 수단, 즉 이론적 수단을 지닌 사람들에게 지배당한다. 공장에서도, 또한 쓸모없고 이해관계와 무관한 지식에 대한 존경을 학생들에게 가르치고, 상호연대적으로 위계화된 활동과 개개인들 사이에 과학적·교육적인 이유라는 '자연스런' 권위를 부여받은 관계를 만들어내는 학교에서도, 노동자들은 자기들의 실제적 유용성을 증명할 필요도 없이 정당화되는 질서원리로서의 정통적 문화와 대면한다. 문화자본이 가장 빈곤한 사람들이 정통적 문화작품(혹은 심지어 쇼 비즈니스 산업이 그들에게 제공하는 수많은 볼거리)에 대해서 갖는 경험은 보다 기본적이고 보다 평범한 경험의 한 형식에 불과하다. 그것은 실제적이고 부분적이며 암묵적인 노하우와 이론적이고 체계적이며 명백한 지식의 단절(그것은 심지어 정치에서도 재생산되는 경향이 있다)의 경험이고, 달리 말해서 학문과 기술, 이론과 실천, '구상'과 '실행', 그리고 '독창적'이고 '개성적'인 작품에 자신의 이름을 부여하고 그래서 그 작품의 소유권을 주장하는 '지식인'이나 '창조자'와, 자신보다 위대한 어떤 의도에 봉사하면서 자신의 실천이라는 생각은 박탈당한 채 단지 일을 실행하는 육체노동자 사이의 단절의 경험이다.[19]

---

[19] "8월 8일자의 쉬드-웨스트 디망쉬*Sud-Ouest Dimanche*에는 4인승 컨버터블 자동차cabriolet로 개조된 르노 R 5 자동차 사진이 실려 있다. '차체제조공과 부인복 디자이너가 협력하여 자동차에 옷을 입히다'라는 제목의 기사에는, 차체제조공 로르씨를 그 차의 제작자로 보여주고 있다. 이것은 완전히 거짓이다. 이런 개조차를 구상하고 까샤렐Cacharel을 위해 그것을 디자인한 것은 나이므로 그 저작권은 내 것이다. 내가 몸소 차체제조공의 작업장에서 그 개조를 감독했다. 로르씨는 단지 기술상의 역할만 수행했다. 따라서 그 기사에서는 '예술가와 부인복 디자이너가 협력하여 차를 변모시키다'라고 제목을 붙였어야 했다(독자투고란, *Sud-Ouest Dimanche*, 1976, 8월 22일).

교육체계는 제도화된 분류를 조작하고, 사회계층에 대응하는 '수준'으로의 구분과, 이론과 실천, 구상과 실행 같은 사회적 분할을 끝없이 반영하는 전공·학과로의 분할에 의해 사회세계의 위계구조를 변형된 형태로 재생산하는 객체화된 분류체계인데, 이러한 교육체계는 외견상으로는 중립적인 사회적 분류를 학력상의 분류로 변형하고, 순수하게 기술적이라서 부분적이고 일면적으로 경험되는 위계구조가 아니라 본성에 기초한 전체적 위계구조로 경험되는 위계구조를 수립하게 되어서, 사회적 가치는 '개인적' 가치와 동일시되고 학력상의 위엄은 인간으로서의 위엄과 동일시된다. 학력자격이 보증하는 '교양'은 지배자측의 정의에서 '완벽한 인간'의 기본적 구성요소의 하나이고, 그 결과 교양없음은 그 사람의 정체성과 인간으로서의 위엄을 훼손하는 본질적인 결함으로 인식되는데, 모든 공식적 상황, 즉 자신의 신체와 매너, 언어와 함께 다른 이들 앞에 설 때, 그 사람은 침묵을 강요당하게 된다.[20]

학력(따라서 그것에 의해 결정되는 사회적 궤적)의 사회적 결정요인에 대한 오인(誤認)은 학력자격에게는 자연권이란 가치를 부여하고 학교를 사회질서를 유지하는 기본적 기관의 하나로 만든다. 피지배계급의 성원들이 자신들의 객관적 이해(利害)를 발견하고 자신들의 이해관심에 부합하는 문제틀problématique을 만들어내며 그것을 다른 계급의 성원들에게 부과할 최소한의 가능성을 갖게 되는 것은 분명히 교육과 문화의 영역에서이다. 실제로 문화적 박탈의 사회적·경제적 결정요인을 자각하는 정도는 표 26과 27에서 분명히 드러나는 바와 같이 문화적 박탈의 정도와 거의 반비례 관계에 있다. 어떤 인간의 사회적 운명의 전 책임을 그의 인격에, 즉 그의 재능과 장점에 돌리는 카리스마적 이데올로기는

---

[20] 가령 베아른Béarn 지방의 농민은 촌장선거에서 가장 많은 표를 얻었음에도 불구하고 촌장이 되지 못할 것이라고 생각하는 이유를 다음과 같이 댄다. "나는 사람들 앞에서 말할 줄 모르거든요."

학교제도를 초월하여 그 효과를 발휘한다. 모든 위계적 관계는 피지배계급이 그것에 부여하는 정통성의 일부를, 그것이 '교육'과 '무지'와의 대립에 근거한다는 막연한 인식으로부터 이끌어내게 된다.

> 학업과 인생에서의 성공에서 사회적 배경의 효과에 대한 인식은 장인, 상인, 농업종사자, 생산직 노동자들에게서 특히 약한 반면에, 상급관리직의 경우에는 이러한 효과에 대한 인식이 비교적 높고, 지능의 효과를 높이 평가하는 의견도 적지 않다.[21](표 26 참조)

노동자계급 내에서 발견되는 **공식적인**(즉 지위나 임금에 공식적으로 기록되어 있는 것) 차이를 낳는 가장 분명한 원리는 그 직위에서의 고참성(古參性)과 교육정도(전문지식이나 일반교양)이다. 여기서는 특히 직공장의 경우에 이런 요인들이 능력의 보증으로서, 혹은 '덕성'의, 즉 순응성의 심지어 순종의 증명으로서 높이 평가되는지를 검토해 볼 여지가 있다. 아무런 학력자격증도 없는(혹은 아버지가 아무런 자격증도 갖지 않은) 사람의 비율은 단순노동자로부터 단순기능공, 숙련공을 거쳐 직공장으로 갈수록 크게 감소한다. 자녀수의 제한이나 체조, 수영 같은 스포츠의 실천과 같은 상향이동에의 야심과 종종 결부되는 금욕적 성향을 보여주는 다양한 지표도 마찬가지로 변화하며, 또한 성이나 유명 기념

---

21) 모든 것으로 미루어 볼 때, 민중계급이 교육에 관한 자신들의 계급적 이해를 인식하기 위해서는 그들이 최소한 교육과정에 참여할 필요가 있다고 생각된다. 다시 말해서 '보수적인 힘으로서의 학교교육'을 발견하기 위해서는 '해방하는 힘으로서의 학교교육'을 먼저 경험하는 것이 전제된다. 그래서 중간계급과 민중계급 출신의 학생들은 학교제도를 지배하는 카리스마적 가치관에 종종 찬동하더라도 '민주화'의 문제틀에 가장 민감한 것이다. 그러나 무엇보다도 집단적 자각을 일깨우는 성격을 지닌 것은, 가장 가치가 하락된 과정과 부문에로 추방되는 경험이고, 또한 이미 자기가 획득한 자격증의 평가절하를 발견하는 것이다.

<표 26> 학교 및 사회에서의 성공의 사회적 요인에 대한 의식(%)

응답자의 계급분파	학업의 계속을 좌우하는 요인은			인생에서의 성공을 좌우하는 요인은				
	무응답	지능	사회적 배경	무응답	직업 의식	사회적 배경	지능	교육 수준
농업종사자	6	65	29	–	51	13	21	15
생산직노동자	3	55	42	2	48	11	19	20
장인·상인	1	55	42	–	45	9	35	11
일반관리직	4	45	51	2	34	18	28	18
상급관리직	4	52	44	5	34	18	35	8

출처- SOFRES, 1971년 1월.

<표 27> 불평등 감소방안에 대한 견해(%)

프랑스에서 청년층에서의 기회불균등을 줄일 수 있는 최선의 방안은	농업종사자	생산직노동자	경영자	사무노동자 일반관리직	상급관리직 자유업
상속세의 근본적 개혁	–	3	–	1	6
교육의 완전한 민주화	10.5	16.5	–	25	29.5
가장 박탈된 사람에 대한 사회복지의 증대	38	50.5	71	49	23.5
사기업의 국유화	–	4	–	3.5	–
국가경제의 활성화	24	20	8	18	38
무의견	27.5	6	21	3.5	3

출처- SOFRES, 1970년.

건조물의 방문, 음악회·연극에의 참석, 레코드의 소유, 공공도서관의 이용과 같은 문화적 선의를 나타내는 지표도 마찬가지 경향의 변화를 보여준다. 그러나 그렇다고 해서 노동자계급의 정점에 위치하는 사람들이 쁘띠 부르주아 계급의 하층부와 구별되지 않는다고 결론을 내려서는 안 된다. 그들은 많은 점에서 쁘띠 부르주아 계급과 구별되는데, 특히 그들은 여가시간의 사용에서도 육체노동자처럼 행동한다. 즉 직공장의 53.9%와 숙련공의 50.8%는 최소한 1주일에 한번은 '아마추어 목수일'bricolage에 시간을 쓴다. 그리고 그들이 민중계급의 생활양식에 대해 강한 연대감을 갖는다는 사실은 그들의 소비행동, 독서경향, 취미,

특히 복장처럼 사회적 위치의 상징화에 관계된 모든 것에서 드러나는데, 복장의 영역에서 그들은 단순기능공이나 단순노동자만큼 피복비를 절약하지는 않지만, 직접 육체노동을 하지 않는 사무노동자 이상의 사람들에게 특징적으로 보이는 몸에 대한 배려를 드러내 보이지는 않는다. 요컨대, 모든 것은 다음과 같은 사실을 보여주는 것 같다. 즉 의연하게 순응의 원리에 따르는 숙련공 및 직공장과, 최소한 머리 속으로는 이미 경주에 참가하고 있는 사무노동자들 사이에는 생활양식의 수준에 대해서나 정치적 입장의 선택에 대해서나 진정한 경계가 존재하는 것이다.22)

> '장터축제'fête foraine나 스포츠행사처럼 가장 전형적으로 대중적인 놀이나 소일거리에서 거리를 두려는 경향은 전자(숙련공 및 직공장)보다 후자(사무노동자)의 경우에 더 심하다. 전자의 경우 60.4%(단순기능공·단순노동자의 경우는 58.2%)가 지난해 적어도 한 번 '장터축제'에 갔다고 답한데 비해, 사무노동자는 49.5%가, 일반관리직은 49.6%가 그렇다고 답했다. 일반적으로 생산노동자가 TV에서 스포츠나 서커스를 많이 본다고 하고, 일반관리직이나 사무직 노동자는 과학, 역사, 문학프로를 종종

---

22) 말 그대로의 언어학적 분석을 통해 어떻게 이런 경계가 언어영역에서 결정되는지를 검토하는 일은 흥미로울 것이다. 앙케트 조사원의 '사회감각'은 조사대상자가 사용하는 언어의 언어학적 지위를 측정하는 측면에서가 아니라, 교양 있는 대화자들이 가질 만한 사회적 이미지의 측면에서 좋은 척도인데(응답자의 언어와 발음을 분류하는데 쓰이는 분류법은 학교에서 사용되는 방법이다), 이런 사회감각에 의한 판단을 받아들인다면, 이러한 차이는 사실상 생산직노동자(또한 장인·소상인)와 사무직 노동자 사이에서 매우 두드러진 것으로 나타난다. 전자의 경우 오직 42%만 '정확하다'고 (조사원에 의해서) 판단되는 불어를 말하는데 비해, 사무직 노동자의 경우는 이 비율이 77%이다(또한 후자의 경우, 4%는 '문장이 다듬어진'châtié 말을 구사하는데, 이런 현상은 생산직노동자에는 전혀 나타나지 않는다. 마찬가지로 사투리 억양이 없는 비율은 전자의 경우 12.5%로부터 후자의 경우 28%로 증가한다.

'언제나 타인을 위해 일하는' 직공장

61세의 L씨는 14세 반의 나이에 프랑스 국영철도회사SNCF에서 견습공으로 일을 시작했다. 이어 그는 숙련공이 되었고 지금은 직공장이다. 그는 '객차용 차량'을 담당하고 있다. 52세인 그의 부인은 직업을 가져 본 적이 없다. 그녀는 중등교육을 수료했고, 직업을 갖고 싶어 한다. 이 부부는 자녀가 넷 있는데, 맏이는 컴퓨터 프로그래머이고 둘째는 도미니코 수도회의 수도사이고 셋째는 한때 사장 비서였다가 결혼 후 직장을 그만두었다. 막내는 바깔로레아 시험을 공부하고 있다. 이들은 그르노블의 HLM(저低월세 주택단지)에 살고 있다.

'당신은 스스로 하고 있는 일이 무언지 알아야 합니다'

L씨는 자기 아파트를 많이 개조했다. "한번만 봐도 알 수 있을 겁니다. 저기에 방이 있었고 여기에 또 방 하나가 있었죠. 너무 식구가 많아 정말 집이 꽉 찼어요. 그래서 벽을 헐었는데, 그러면 더 많은 공간을 가질 수 있었거든요. 또 더 많은 사람 특히 가족 전체가 함께 놀 수 있고요. 내 아들이 친구들과 함께 노래 부르며 춤출 때는 방이 여러 개 필요하죠." 이들의 가구 대부분은 몇 년 동안 머물러 살던 튀니지에서 산 것이다. 중고품상이나 골동품상은 '모두 사기꾼이고 협잡꾼이다.' 그의 아내가 덧붙여 말하기를, "당신은 스스로 무얼 하는지 알 필요가 있어요. 하지만 그런 게 무슨 소용이 있는지 모르겠네요. 그래서 내 남편은 그들 모두가 사기꾼이고 당신을 속여 먹으려 달려든다고 말하는 거지요. 그들은 우리한테 가짜를 팔아먹으면서 진짜라고 가격을 우겨대거든요."

'나는 그것을 잘 사용하는 법을 알았어요'

집은 '미술관'이 아니다. 장식이나 화병은 '먼지받이'가 아니다. 아파트를 꾸미고 있는 다양한 물건들은 대개 아이들이나 친구가 선물한 것이거나 '발굴된' 것인데 다들 나름대로 '쓸모'가 있다. L부인은 뭘 사더라도 그것을 놓을 자리를 찾기 전에는 사질 않는다. "지금 저 화병이 필요한데, 나는 꽃을 원했기 때문에 화병을 원했죠. 그들은 내가 저 화병의 쓰임새를 잘 알고 있기 때문에 나에게 사줬어요." 아이들은 "내가 쓰지 않거나 찬장에

집어넣어 버릴 것을 사는 게 아무 소용도 없다는 걸 잘 알고 있어요. 모든 것이 다 제자리가 있어야 해요. 사실, 저는 물건들을 처박아 두는 걸 별로 좋아하지 않거든요." 그들 부부는 까르푸Carrefour나 레코드Record 같은 슈퍼마켓이나 누벨 갤러리Nouvelles Galeries 같은 백화점에서 물건을 산다. "저는 윈도우 쇼핑을 안 좋아해요. 곧 바로 큰 슈퍼에 가죠. 거기에 가면 모든 게 다 있고, 여러 상점을 돌아다닐 필요 없이 고를 수가 있거든요"라고 L씨는 설명한다. 그는 언제나 슈퍼에서 계산하고 나오는 것으로 휴일을 시작한다. "저는 제가 지불하는 가격과 제가 구입한 것의 품질에 흥미가 있습니다. 만약 눈감고 뭘 산다면, 무엇이나 속아 사게 될 테니까요."

'이제는 일하는 게 즐거워요'
최근에 그들은 그르노블 교외의 산 속에 있는 작은 집을 사게 되었다. 몇몇 친구들이 (한 친구는 엔지니어였는데) 몇 년 전에 그들보고 사라고 권했다. 지난 3년 동안 그들은 그 집의 개조공사(改造工事)를 많이 했다. "모든 게 썩어 있었어요. 계단을 올라가다가 바닥으로 떨어지는가 하면 지붕엔 타일이 하나도 남아있지 않아 비가 사방에서 새었죠." L씨는 혼자서 그 모든 집수리를 다 했다. "알다시피 저는 철도에서 견습공으로 일을 시작했는데 견습공은 모든 걸 다 배워야 하거든요. 병원에서 석 달 과정, 전기용접에 석 달 등등. 언제나 어느 정도는 일을 기억하고 있어야 했죠." 그들은 이 집을 본가로 만들려고 했다. "이제 일하는 게 좋아요. 내 집이니까요. 다른 사람을 위해서 일하는 게 아니니까요. 일하고 착취당하는 것엔 진력이 났어요."

'마흔 두 살에 스키 배우기'
그는 추운 날씨와 눈을 상당히 좋아하는데 스키 타는 건 좋아하지 않는다. "다칠까봐 겁나요. 저는 손자들이랑 작은 썰매를 타지요. 알다시피 저는 튀니지에서 처남 차를 타다 사고를 당해서 팔목을 다쳤어요. 상태가 어떤지 그냥 잠깐만 봐도 알 수 있을 겁니다. 그래서 작은 썰매 타는 걸 좋아해요. 그냥 앉아있으면 되니까 떨어질 염려도 없거든요." 그의 부인은 아이들 때문에 마흔 두 살에 스키를 배우기 시작했다. "우리는 같이 밖에 나가요. 하루 종일 카페에 앉아 있거나 차 안에서 꽁꽁 얼면서 시간 보내고 싶지가 않아서요." "남편이 젊었을 때는 스포츠를 많이 했어요. 특히 축구요."

'단지 좋아만 하면 됩니다'

그는 가끔 요리를 한다. "아내가 없는 경우나 처제들과 있거나 저 혼자 있는 경우에 어머니 집이나 처제 집에 가서 먹기보다는 혼자 요리하는 걸 더 좋아해요." 그의 부인은 누군가에게 대접하고 싶을 때 요리책에서 메뉴를 살펴본다. "아이들이 '그냥 어머니가 좋아하는 걸로 만드세요'라고 해도 그 말을 안 듣는 편이죠. 그러면 저는 '인생에서는 시작할 때는 싫지만 그래도 종종 하게 되는 일들이 있단다. 그저 그런 일을 좋아하기만 하면 돼'라고 타이르죠." "저는 (식사용의) 보통 포도주vin de table는 까르푸에서 사죠. 거기가 다른 곳보다 싸기 때문이지요. 11도의 알코올에 1.40프랑, 병으로 사면 11도에 확실히 2.35프랑일 거예요."

'언제나 할 일이 있어요'

그들 부부는 바캉스 기간에 캠핑을 간다. "해변가에서 수영을 하지요. 저는 조개 줍는 걸 좋아합니다… 산에 가면 버섯이나 달팽이를 찾죠. 언제나 할 일이 있어요." 그리고 부인도 덧붙여 말한다. "지난여름에 남편은 할 일이 없어 좀 풀이 죽어 있었어요. 남편은 게으른 걸 싫어해서 언제나 할 일을 찾지요. 사실 그래서 우리는 캠핑을 갑니다. 남편은 호텔이나 식당에 가만 앉아있는 걸 참지 못해요. 캠핑을 가게 되면 쇼핑하고 수영하느라 바쁘죠. 물론 다 해야 하는 일들이죠. 그 다음에는 주변 지역을 대강 살펴봐요. 이태리에 갔을 때 우리는 유적지와 고고학 관계의 장소를 다 들렀어요. 남편은 저만큼 즐거워하지 않았지만요. 저는 개인적으로 동호회에 가입해 있는데 그런 게 재미있어요."

'서커스 중계, 게임, 퀴즈'

그는 텔레비전에서 '축구시합, 자전거경기 등 온갖 스포츠'를 다 본다. "2~3년 전에 월드컵이 열리는 동안 저는 경기를 보려고 새벽 한두 시에 일어났어요." 다른 때는 그렇게 TV를 많이 보지 않는다. "저는 웨스턴 영화나 활극을 좋아해요. 하지만 그게 연극이나 그와 비슷한 것이라면 그냥 잠을 자버리죠." TV에서 연극을 보기 좋아하는 그의 아내는 덧붙이길, 자기 남편은 '서커스 중계, 라 삐스뜨 오 제뚜왈la Piste aux étoiles(쇼 프로그램) 기 뤽스Guy Lux의 게임 프로그램'도 좋아한다고 말한다. 그는 사람들이 많이 모이는 곳을 싫어해서 축구경기를 보러가지는 않고 '신문에서 경기 결과를 읽는다'. 그는 신문을 사지 않고 때때로 누군가 버린 것을 주워 읽는다. 어제 그는 '『르 피가로』, 『로로르』, 『르 까냐르 앙쉐네』, 『르 누벨 옵세르바뙤르』를 집으로 들고 왔다.' 그의 부인이 말하기를, "남편이 가장 많이 읽는 신문은 『로로르』인데 거기엔 교통사고, 싸움 같은 것들이 많이 실려있어요 『르 몽드』는 정치얘기가 전부고요. 남편은 모리스 르블랑 Maurice Leblanc의 추리소설, 미셸 제바코Michel Zevaco의 역사활극소설을 읽어요. 저는 침대에 누워 신문을 퍼들자마자 잠이 들거든요." 그의 부인은 지역도서관에서 책을 빌리는데 최근에 솔제니친의 『암병동』, 미셸 드 쌩-삐에르Michel de Saint-Pierre, 삐에르-앙리 시몽Pierre-Henri Simon, 프랑수아즈 빠르뛰리에Françoise Parturier의 서한집 등을 읽었다. 그녀는 '평가할 만하다'고 여길 때 책을 산다.

'클래식 작곡가의 이름은 제게 묻지 마세요'

그가 어렸을 때 그는 클라리넷을 좀 불었다. "그러고 나서 축구를 했는데 둘 다 할 시간은 없었죠 저는 음악을 즐기니까 음악에 아이들이 흥미를 갖도록 격려해 왔어요." "비발디는 괜찮아요. 정말로 감동적이고 사랑스런 음악이죠 베토벤 음악도 위안이 되니까 괜찮아요… 하지만 베토벤, 쇼팽, 바하 말고는 클래식음악 작곡가 이름은 묻지 마세요. 딴 사람들은 모르니까요." 그들은 레코드판이 몇 개 있는데 주로 댄스뮤직이다. 그가 좋아하는 가수는 쉐라Sheila이다. "제가 못 참는 가수 둘이 있는데 실비 바르땅Sylvie Vartan과 기 베아르Guy Béart죠." 그 부인은 마리 라포레Marie Laforêt, 레 꽁빠뇽 드 라 샹송Les Compagnons de la Chanson, 무스타키Moustaki를 좋아한다.

'그것은 뭔가를 나타내고 있다'

그들은 거의 영화를 보러가지 않는다. "TV로 보면 되지 왜 귀찮게 영화관에 가나요?" 그들이 파리에 갔을 때, 샤뜰레 극장에서는 『백마정白馬亭

과 『금양모 기사단金羊毛 騎士団』을 보고 모가도르 극장에선 『비엔나 왈츠』를 봤다. 또 결혼한 후에는 한번도 오페라를 보러간 적이 없는데, 젊었을 때 그는 『토스카』나 『라 트라비아타』를 보고 즐겼다. 첫번째 파리여행에서 그들은 '미술관을 전부' 구경했다. "심지어 그레뱅, 루브르, 베르사이유, 빵떼옹까지 구경했죠. 한꺼번에 다 봤어요." "저는 그림을 좋아합니다만 화가들 이름은 잘 몰라요… 고야, 피란델로, 미켈란젤로 등은 들어본 적이 있어요." 그의 부인은 이런 식으로 미술에의 무관심을 노정하는 그를 보고 당황해서 다음과 같이 말한다. "하지만 당신은 미켈란젤로를 좋아하잖아요. 시스틴 성당을 정말 좋아했잖아요." 그러자 그가 덧붙인다. "나는 그 그림들이 뭔가를 나타내고 있기 때문에 좋아하오. 하지만 연필로 네 번 휘갈긴 그림들을 당신이 바라보고 있을 때, 그리고 사람들이 엄청난 돈을 주고 그런 걸 사는 걸 보면서 나 같으면 그걸 다 쓰레기통에 던져 버릴 거라고 생각했소. 어쨌든 속기는 싫단 말이오."

본다(보충자료 7). 비슷한 수입수준의 경우 생산직노동자는 식비에 많이 지출하고 미용이나 건강에의 배려(옷, 위생, 머리손질, 약품 등)엔 덜 쓴다(보충자료 3). 옷에 대한 소비를 보면, 남성에서는 사무직 노동자의 85.6%, 여성에서는 마찬가지로 83.7%를 차지한다. 이들은 똑같은 옷을 사더라도 더 싸게 산다(일례로, 이들은 오버코트를 살 때 사무직 노동자가 지불하는 돈의 83%만 쓰고, 재킷의 경우는 68.7%, 구두의 경우는 83.5%를 쓰는데, 이런 차이는 여성의 경우에 훨씬 더 두드러지게 나타난다). 그리고 무엇보다도 서로 다른 종류의 옷을 산다. 생산직노동자들은 추운 날 아침 일찍 모터사이클로 출근할 때 입는 진짜 또는 모조가죽 재킷과 까나디엔느canadiennes(안에 털을 댄 짧은 외투), 작업복, 무명천으로 된 노동복, 오버올overall작업복을 산다. 사무직 노동자의 경우는 쁘띠부르주아적 체면을 상징하는 오버코트를 사고, 블라우스, 에이프런, 스포츠 재킷, 블레이저 코트를 산다. 또한 숙련공은 가용한 통계자료에서 유일하게 제외된 범주인데, 대체로 생산직노동자와 비슷한 수입을 얻으면서도 사무직 노동자와는 다르다(단 영화나 레코드에 대한 지출은 제외하고).

그러나 지배계급과 그 가치체계로부터의 거리, 혹은 그것으로부터 스스로 거리를 설정하려는 태도(다만 참으로 부정적인, 단순히 결여에 의해 거리를 두는 것과는 다르게)가 추구되는 것은 문화영역에서가 아니다. 물론 일상생활의 기술의 차원에 속하는 모든 것이 있다. 가령 내핍생활, 고통, 굴욕 등의 시련을 통해 획득된 지혜인데, 이러한 지혜는 조상으로부터 물려받은 언어, 심지어 고정관념으로서 밀도가 높은 언어 속에 정착되는 지혜이며, 향락과 축제의 감각, 자기표현 및 일상생활에서의 타자와의 연대의 감각(민중계급을 특징짓는 '낙천적'bon vivant이라는 형용사가 환기하는)인데, 요컨대, 주어진 생활조건에 대한 적응의 한 형태인 동시에 그것에 대한 방어수단을 구성하는 현실주의적(그러나 체념적이지는 않은) 쾌락주의와 회의적(그러나 냉소적이지는 않은) 물질주의에 의해 생성되는 모든 것이다.23) 혹은 거의 문장으로 씌어진, 그래서 실제적인 문맥에서 벗어난 말투들에 대한 무거운 검열과 구속으로부터 해방되어서, 구체적 상황과 경험과 전통을 공유하는 것에 대한 공통된 준거 속에서, 그 말투의 생략, 단축과 은유의 원리를 발견하는, 그러한 말투에서 보이는 유효성과 활력이 있다. 그리고 또한, 정치에 관련된 것, 노동조합투쟁의 전통에 속하는 모든 것이 존재한다. 거기에는 확실히 대항문화의 진정한 원리가 자리잡을 수 있으나, 사실상 문화적 지배의 효과가, 나중에 살펴보게 될 것처럼 결코 그 작동을 멈추지 않는다. '대중문화culture populaire'는 '대중'과 '문화'라는 역설적인 말들이 결합되어 통용되고, 바라든 바라지 않든 지배자 측에 의해 문화의 정의가 부과되는 것인데, 이런 문화의 존재를 믿는 사람들은, 만약 그들이 보고자 한다면, 거기서는 ('의학적' 지식과 같이) 다소간 오래된 학문적 교양의 단편, 물론 계급의 아비투스의 기본원리에 따라 선택·재해석되고 그 아비투스가 생성하는 통일적 세계관 속에 통합되어 있는 단편들밖에는 찾을 수 없다는 것을 각오해야 한다. 달리 말해서 그들이 요구하는 대항문화, 즉 지배적 문화에 실제로 대립되고, 어떤 지위의 상징 혹은 남들과 분리된 생활의 선언으로서 의식적으로 요구되는 문화를 발견할

---

23) 이상적인 친구로서 '낙천적인' 사람을 드는 비율이 가장 높은 생산직노동자들은 또한 잘 먹고 잘 마시는 사람을 좋아한다고 대답하는 비율도 가장 높다. 이러한 대답의 비율은 생산직노동자의 경우 63%, 농업종사자는 56%, 일반관리직 및 사무직 노동자는 54%, 장인 및 상인은 50%, 경영자·상급관리직·자유업은 48%로 나타난다(보충자료 34). 마찬가지로, 스펙터클이나 축제, 향연의 분위기를 자아내는 모든 것과 거기에 기여할 줄 아는 사람들을, 그들의 취향에 따라 지적하면, 이런 취향은 이상에서 본 제 특징을 통해서 접근할 수 있다. 또한 그들에게는 회화에 대해 생활의 '즐거운 순간들'과 축제의 상징을 영원화하도록 요구하는 경향이 매우 명확하게 나타난다.

수는 없다.

도시노동자계급의 예술이라는 의미에서의 민중예술art populaire이 존재하지 않는다면, 그것은 이 계급이 하층 프롤레타리아의 절대적 빈곤과 불안으로부터의 거리에 의해 자기들의 위치를 측정하는 순수하게 부정적인 것 이외의 위계구조를 알지 못하기 때문이고, 다른 영역과 마찬가지로 문화영역에서도 그들을 부르주아지에 연결하는 '가진 자'에 대한 '빼앗긴 자'의 관계로 기본적 정의가 내려지기 때문이다.24) 민중예술이라는 말로 사람들이 보통 의미하는 것, 즉 자본주의 및 전자본주의 사회에서의 농민계급의 예술은 어떤 위계구조의 존재와 상관적인 양식화stylisation의 의도의 산물이다. 즉 지방에 기반하며 상호간에 자율적인 고립집단은 그들 나름의 사치와 빈곤의 위계구조를 가지는데, 복장, 가구, 액세서리 같은 상징적 징표가 그것을 표현하고 증폭한다. 여기서도 역시 예술은 그것이 전치하는 차이를 드러낸다. 민중계급의 여러 가지 실천의 영역 중에서 양식 그 자체가 양식화를 달성하는 유일한 영역이 언어의 그것이라는 것은 우연이 아니다. 거기서는 각 집단의 두목의, 즉 '친분(親分)'의 말인 은어(隱語)argot가 통용되는데, 그 중에는 반·정통성(反·正統性)contre-légitimité의 주장을 함축한다. 가령 지배자의 도덕과 미학의 가치체계를 조소하고 그 신성함을 모독하려는 의도에 따른 것이다.

문화적 지배의 고유한 논리에 의하면 문화적 정통성에 대한 가장

---

24) 생산직노동자에게 제공되는 '경력'carrière은 분명히 처음에는 하층 프롤레타리아로 전락하는 **부정적인 경력의 반대**로 경험된다. '승진'에서 중요한 것은 경제적 이점을 얻는다는 것과 아울러, 불안정한 생활과 빈곤상태로 다시 떨어질 수도 있다는 항존하는 위협에 대한 보장을 동시에 얻는 것이다. **부정적 경력이 지닌 잠재적 가능성**이 숙련공의 성향을 설명하는 데 중요한 것은, 승진의 잠재적 가능성이 사무직 노동자와 일반관리직의 성향을 설명하는 데 중요한 것과 마찬가지이다.

전면적인 승인이 정치적 정통성에 대한 가장 급진적인 도전과 공존할 수 있고 또한 실제로 자주 공존한다는 사실을 의미한다는 것을 잊는 경향이 있다. 나아가서 정치적 자각은 종종 자기평가의 복권과 회복의 전체과정과 연대를 맺게 되는데, 이 전체과정은 문화적 위엄의 재확인(그것은 해방적인 것으로 경험되며 실제로 언제나 그렇다)의 과정을 통과함으로써 지배적 가치체계에의 종속을 초래한다. 또한 지배계급은 자기들의 지배를 학력자격과 '학교'가 보증하는 제 능력에 결부된 위계구조의 승인으로서 어떤 원리에 토대를 두는데, 그 근거가 되는 원리에 대해서도 이상과 같은 전체과정이 종속되는 것이다.

노동자계급 내부에서 생산관계에서의 위치와 정치의식과 문화에 대한 관계라는 3자가 맺는 관계를 이론(異論)의 여지없이 명확하게 하기 위해서는 특별한 조사가 필요할 것이다. 그러나 잘 알려져 있다시피 노조가입률이 단순노동자의 경우 23%에서 단순기능공의 29%, 숙련공의 30%(이중 24%는 CGT ― 주요한 프랑스 노동조합조직 중 프랑스 공산당에 가장 가깝게 연계되어 있는 조직 ― 소속)이고, 낮게는 직공장 및 일반 기술자의 경우는 18%에 이르는데, 다른 생산노동자보다 교육수준이 높은 직공장의 경우에 노조가입률이 가장 낮다는 사실에서 보이는 것처럼 교육수준과 노조가입률의 상관관계는 약한 것으로 나타난다(cf. G. Adam, F. Bon, J. Capdevielle et R. Mouriaux, L'ouvrier français en 1970, Paris, Armand Colin, 1971). 또한 교육수준과 마찬가지로 지배적 문화에 대한 지식도 직업상의 위계구조에서의 위치가 올라감에 따라 증가하는 것도 명확하다. 단순기능공과 단순노동자보다 약간 더 교육을 많이 받고 나이도 많은 숙련공과 직공장은 약간 더 큰 문화적 능력을 보여준다. 제시된 음악작품 중 한 곡밖에 알지 못하거나 전혀 알지 못하는 비율이 후자의 경우에는 단지 17.5%인데 비해, 단순노동자・단순기능공의 경우는

48.5%이며, 이들 중 꽤 많은 수의 사람들이 음악이나 회화에 대한 질문에 답변을 거부한다. 숙련공과 직공장은 종종 규범적인 화가를 인용한다. 레오나르도 다빈치(단순노동자·단순기능공의 20%에 비해 38%), 와또, 라파엘… 반면에, 단순기능공과 단순노동자는 피카소, 브라크, 루소(꼭 화가인 세관 루소와 작가인 쟝 자끄 루소를 혼동하지만)같이 다소 임의적으로 모호하게 친근한 이름을 댄다.25) 그리고 무엇보다 단순기능공과 단순노동자는 '회화에 별 흥미가 없다'거나 '클래식음악은 이해하기 어렵다'는 것을 기꺼이 인정하나, 그들보다 문화의 정통성에 더 종속되는 숙련공들은 무지의 고백과 결합되어 있는 승인의 의사를 표명하는 의견(예컨대 "저는 클래식 음악을 좋아하지만 잘은 모릅니다"라든지 "회화는 참 좋은데 좀 어려워요")에 찬성하는 경향이 있다.26)

따라서 모든 점으로 미루어 볼 때, 다음과 같이 생각할 수 있다. 즉 노동자계급 중에서 가장 정치적 자각이 높은 집단은 문화와 언어에 관하여 지배자측의 규범과 가치체계에 깊이 종속되어 있고, 그 결과 그들은 학교제도에 의해서 지식 없는 승인을 주입당하는 사람들(거기서 초등교육의 사회적 효과 중의 하나가 나타난다)에 대해, 문화적 권위의 소유자들이 정치의 분야를 포함해서 행사할 수 있는 권위부과의 효과에 매우 민감해지는 것이다.

---

25) 단순기능공과 단순노동자의 10.5%와 소상인의 17%가, 제시된 화가 중에서 루소를 언급하는데 비해, 숙련공은 6%, 초등학교 교사 및 일반기술자는 3%, 일반관리직은 0%가 그렇게 답한다. 단순기능공과 단순노동자는 10.5%, 숙련공은 4%가 언급한 브라크는 그가 죽은 시기가 조사기간과 일치해서 라디오와 TV에서 자주 보도되었다.
26) 상송에 관해서 보면, 연령차와 교육정도의 차이가 야기하는 효과는 상송에 대한 취향에서의 상당히 뚜렷한 차이를 낳는데 있어서 서로 결합된다. 즉 직공장, 숙련공은 삐아프, 베꼬, 브렐, 브라상스 같이 가장 오래 되었고 평가가 확립됐지만 또한 문화적 가치의 위계구조에서 가장 높은 위치에 있는 가수를 선호하는 경향이 있는데 비해, 단순기능공과 단순노동자는 죠니 아리데이, 프랑수아즈 아르디를 언급한다.

8장 문화와 정치

아마 정치의 문제에 대한 가장 급진적 접근은 마르크스와 엥겔스가 예술과 관련하여 제기했던 질문을 정치에 대해 제기하는 것일 것이다. 그들은 예술의 생산능력이 소수의 개인 손에 집중되고 그와 관련하여 (심지어는 그 결과로) 대중의 능력이 박탈되는 현상을 분석하면서, "화가는 존재하지 않고 기껏해야 다른 일 가운데 하나로서 미술에 종사하는"[1] (공산주의) 사회를 상상하는데, 거기서는 생산력의 발전에 힘입어 노동시간의 전반적 축소(전반적 감소와 균등한 배분을 통해서)는 "모두로 하여금 사회의 일반사(이론적인 동시에 실천적인)에 참여할 자유시간을 충분히 허락한다".[2] "정치인은 존재하지 않고 기껏해야 다른 일 중의 하나로서 정치를 하는 사람만 존재한다". 다른 영역에서와 마찬가지로 이 영역에서도 유토피아는 자명한 증거들을 파괴하고 통상적 질서들의 전제조건들을 분명히 하도록 강제하는 방식으로 과학적으로(물론 정치적으로) 정당화된다. 실제로 민중주의적 관용정신 complaisance populiste 의 외면적 관대함은, 다른 시대의 지식인과 예술가들이 기꺼이 따랐던 보통선거에 관한 엘리트주의적 비난에 정반대되지만, 정치에 대한 선천적 지식을 민중에게 부여하는 민중주의적 관용정신은 또한, 사회세계에 대한 담론의 생산능력, 그리고 그를 통해 이 세계를 변화시키는 의식적

---

1) K. Marx et F. Engels, *L'idéologie allemande*, Paris, Editions sociales, 1968, pp. 433~434.
2) F. Engels, *Anti-Dühring*, Paris, Editions sociales, 1950, p. 214.

행위능력의 '한정된 개인에로의 집중'을 표명하기보다는(또는 비난하기보다는) 은폐함으로써 그것을 정당화consacrer하는 데도 기여한다. 유토피아적 역설은 통념(通念)doxa을 부순다. 회화(繪畫)나 정치에서의 "라파엘Raphaël 같은 사람이 체내에 잠자고 있는 모든 사람들"이 자기를 실현할 수 있는 사회세계를 상상함으로써, 유토피아적 역설은 (신체화되었거나, 객체화된) 생산도구들의 집중이 예술에 대해서처럼 정치에 대해서도 마찬가지로 이루어진다는 점을 인식하도록 강제하고, 이런 독점에 책임이 있는 메커니즘들이 어떤 '이데올로기적 국가기구들'보다도 훨씬 더 효과적으로 배제시키는 모든 라파엘들을 잊지 않게 해준다. 이상화(理想化)된 대중은 있는 그대로의 사회세계에 대한 지식은 아니더라도 최소한 이 세계에서의 그들의 위치와 이해(利害)에 대해 전적으로 실천적인 지식만 갖고 있다고 간주하더라도, 다음의 문제를 검토해 보아야 한다. 즉 정치감각sens politique은 그것이 실천적 상태에서 함축하고 있는 진실에 부합하는 담론 속에 표현될 수 있는지, 있다면 어떻게, 그리고 그것에 의해 과연 의식적이고[3] 명확한 표현이 내포하는 동원력을 통해 현실적으로는 집단적인 행위의 원리가 될 수 있는 지, 있다면 어떻게 가능한 지를 검토해야 한다. 다시 말해서, 현실에 보다 가까이 머물기 위해서는 이런 정치감각이 그것이 자주 주장되는 것처럼 정말 틀림없는 일종의 후각(직감력直感力)flair infaillible 인지, 그리고 이 직감력이 최소한 정당한 문제와 여론의 생산수단을 점유한 자들에 의해 생산되고 제공되는 담론 시장에서 가장 적당한 상품인지를 확인하게 해주는지를 물어야 한다.[4]

---

[3] 마르크스가 『독일 이데올로기』 가운데에서(p. 59) 제시한 등식을 수락한다면, "언어는 현실의, 실천적인 의식이다".
[4] 보이지 않는 손의 철학의 역사적 기원과 정치, 경제 사상 속에서의 그것의 기능에 관해서는, Albert Hirschman, *The Passion and the Interests, Political Arguments for Capitalism before its*

정치학은 오래전부터, 정치에 대해 질문을 받은 사람들의 상당한 부분이 거기에 답하기를 '기권했었다'는 사실과, 이러한 '무응답'이 성별, 연령, 교육수준, 직업, 거주지역, 정치성향에 따라서 의미 있게 달라진다는 사실을 기록하면서도, 거기서부터 아무런 결론도 도출하지 못한 채, 이 가증스런 '기권행위'를 개탄하는 것에 만족해 왔다. 이런 '늪지대' marais(무응답의 범주)가 '자유민주주의'의 작동 속에서 수행하는 역할과 또한 그것이 기성질서의 유지에 기여하는 것을 의심해 보려면, 이런 '늪지대'가 대부분 소위 '민중'이나 '대중'으로 불리는 사람들로 구성된다는 사실을 지적하는 것으로 족할 것이다. 기권주의(棄權主義)는 아마도 체계의 탈락자라기보다는 그것이 오인(誤認)된(고로 승인(承認)된) **정치참여제한제도로서 작동하기 위한 조건들 중의 하나일 것이다.**

문제삼아야 할 것은 '개인적 의견'이란 개념 자체이다. 여론조사는 그것의 응답자들에게 아무런 구별 없이 '개인적 의견'('당신의 입장에서는', '당신의 의견에 따르면', '당신은 그것을 어떻게 생각하십니까?' 식의 모든 문항들에 의해 강조되는 의도)을 안출(案出)해 줄 것을 강요하거나, 미리 준비된 다수의 의견들 중에서 아무런 도움 없이 자신의 수단으로 선택할 것을 강요함으로써, 다음과 같은 정치철학을 암묵적으로 수락한다. 즉 이 정치철학은 정치적인 것으로 제시된 문제에 답변하기 위하여 정치적 원칙을 활용함으로써 정치적 선택을 말 그대로의 정치적 판단으로 만들며, 그런 판단을 내릴 권리뿐만 아니라 권력도 모두에게 인정한다. '개인적 의견'의 개념에 관한 사회사에 따르면, 다음과 같은 사실을 확실히 알 수 있다. 18세기의 발명품인 이 개념은 합리주의 신앙에 근거하고, 이 신앙에 따르면, 데카르트의 말처럼, '올바로 판단하는' 능력, 즉 내재적이고, 자발적이며 즉각적인 감정에 의해 선과 악을 구별하고,

---

triumph, Princeton N.J., Princeton University Press, 1977을 읽어볼 것.

참과 거짓을 구별하는 능력은 (칸트가 말하는 미적 판단능력처럼) 일정한 규준을 보편적으로 적용하는 보편적 능력이다. 물론 이런 능력을 충분히 개발하고, 보통선거라는 보편적 판단을 현실적으로 정립하기 위해서 필수불가결했던 것은 특히 19세기부터 실시된 보통교육이었다는 점을 우리는 인정해야 한다. '개인적 의견'의 개념은 아마도 그것의 자명한 성격의 일단을 다음과 같은 사실에 힘입고 있다. 즉 '개인적 의견'은, 판단들과, 판단의 생산수단들과, 판단의 생산자들의 적법(適法)한 생산에 대한 **독점**을 고집했던 교회에 반대하여 구성되었기에, 그리고 **관용**의 개념, 즉 이런 문제에 관해서 그 생산자가 누구이든 모든 의견이 동등하게 유효하다는 확신에 의하여 모든 **권위에의 도전**이란 개념과 분리될 수 없었기에, 그것은 처음부터 지식인과 의견의 독립된 소생산자들의 이해관심을 표현했는데, 이들의 역할은 전문화된 생산의 장과 문화적 생산물의 시장, 그 다음에는 (신문잡지류와 정당 그리고 모든 대표기관들을 통하여) 정치적 여론생산에 전문화된 하위-장(下位-場)의 형성과 병행하여 발전되었다는 사실이다.

투표행위같이, 정치에 관한 앙케트에 답변하는 행위, 혹은 정치참여의 다른 수준에서, 정론지(政論紙)journal d'opinion의 구독이나, 정당에의 가입행위는 수요와 공급이 만나는 특별한 경우이다. 즉 한쪽에는 상대적으로 자율적 세계인 이데올로기적 생산의 장champ de production idéologique이 있는데, 거기서는 특정 시기에 객관적으로 가용한, 사회세계에 대한 사고수단(思考手段)들이 경쟁과 갈등 속에서 창조되고, 이 과정을 통해 정치적으로 생각할 수 있는 것들의 장champ du pensable politiquement, 다시 말해서 **정통적 문제틀**problématique légitime이 정의된다.[5]

---

[5] 다른 분야에서와 똑같이 예술생산의 장은 가능한 예술적 위치들의 장을 매순간 한정한다.

다른 한편에는, 계급관계의 장 속에서 상이한 위치를 차지하는 사회적 행위자들이 있는데, 이들은 **특수한 정치적 역량**(力量)compétence politique spécifique의 다소에 다라 정의된다. 이 정치적 능력은 정치문제를 정치문제로 인식하고, 거기에 정치적으로 답변함으로써, 즉 문자 그대로의 정치적 원칙(가령 윤리적 원칙이 아니라)으로부터 그것을 정치적으로 취급할 수 있는 능력이며, 말의 완전한 의미에서 자기가 **유능하다**는 다소간 생생한 감정, 즉 정치문제에 개입하여, 정치문제에 관한 자기의 의견을 진술하고, 심지어는 그 흐름을 변화시킬 수 있는 자라고 사회적으로 인정됐다는 감정의 강약과 불가분의 것이다. 실제로 기술적 능력(정치적 교양)이란 의미에서의 역량은 신분적 속성과 귀속이라는 사회적으로 인정된 능력이란 의디에서의 역량과 상호연관되며, 그 반대는 무능인 동시에 객관적("그것은 내 일이 아니다"), 주관적("나는 그 문제에 관심 없다") 배제인 것이다.[6]

여론조사와 검열

여론조사가 제공하는 가장 중요한 정보인 무응답율과 그것의 범주별 변화를 진지하게 검토하는 것은, 특정 범주와 연관된 특정의견을 가질 확률(이 범주의 구성원들이 제시된 여러 선택지들 중의 하나를 선택하는 빈도에 의해서 나타간다)이 **조건적 확률**probabilité conditionnelle 에 불과하다는 것을 인식하는 것이다. 이런 확률은 하나의 가능성이 실현된다는 조건에서만 다른 하나의 가능성이 실현되는 것으로, 이 경우에는 답변의 단순한 부재라기보다는 한 의견의 생산이다. 조사의 결과로 기

---

[6] 이와 같이 매우 전반적인 관계는 우리가 아는 바대로, 예술적 역량의 분야에서 관찰되는데, 주관적 배제("나는 그것에 관심 없다"든지 "그것은 우리에 관한 것이 아니다")는 객관적 배제의 결과일 뿐이다.

록된, 즉 명백하게 표현된 의견들이 적합하게 해석될 수 있는 것은 다음과 같은 조건하에서이다. 즉 이 의견들이 그것들의 존재와 의미 속에서 한 의견을 생산할 (절대적) 확률에 종속된다는 것을 유념해야만 한다는 것이다. 그리고 이 의견을 생산할 확률(이러저러한 특수한 의견을 생산할 조건적 확률과 최소한 마찬가지로 유의미한 방식으로)은 응답자의 속성에 따라, 또한 질문의 속성, 보다 정확히 말해서 질문의 속성과 응답자의 속성 사이의 관계에 따라서 달라진다. 이 확률은 여자에 대해서보다는 남자에 대해서 보다 크고, 젊을수록, 인구밀도가 보다 조밀한 도시(특히 파리)에 살수록, 보다 큰 학력자본(학위로 측정된)과 경제자본(수입으로 측정된)을 보유할수록, 그리고 보다 높은 사회적 위치를 점유할수록 더 크다. 이런 변수들과 연관된 변화는, 제기된 문제들이 경험으로부터 격리될수록, 그 내용과 표현(또한 이차적이지만, 이데올로기적 생산의 장 속에 보다 최근에 출현할수록)에 있어서 평범한 현실로부터 분리되고 추상적일수록, 그리고 제기된 문제들이 문자 그대로 정치적 원리들에 기반하는 대답을 요구할수록(이것은 질문의 구문과 어휘 속에서조차 드러난다), 그만큼 두드러진다.

가장 '정통적' 행위자들, 즉 이중적 의미에서 가장 유능한 행위자들은 제기된 문제가 '정통적'일수록 그만큼 더 정당화되고, 즉 의견을 표현할 마음이 되어 있는 동시에, 그렇게 요구된다고 느끼는 것처럼 모든 것이 일어난다. 이처럼 그들의 정치적 소속이나 선호의 문제에 대답(그들이 가장 가깝게 느끼는 정당을 지적함으로써)할 수 없는 사람들은 다른 질문들도 무응답으로 내버려둘 가능성이 가장 높은 사람들이라는 것과, 이런 현상은 제기된 질문이 전문적정치의 성격을 보다 분명하게 띨수록 더욱 그러하다는 것을 알게 된다. 그래서 프랑스 여론조사회사 SOFRES에 의해 '부동표층'Marais으로 분류된 조사대상자들이, 프랑스는 '가난한 나라들'을 원조해야 하느냐고 질문을 받았을 때의 응답률이

81%이고, 스스로를 극좌파에 가깝다고 말하는 사람들(91%), 또는 좌파(90%), 중도파(86%), 우파(93%)나 극우파(92%)에 가깝다고 말하는 사람들의 응답률과 큰 차이를 보여주지 않는 반면에, 그들에게 프랑스가 '민주주의 체제'를 가진 나라들에 관심을 가져야 하는지 질문을 받았을 때에는 전자의 응답률은 분명히 후자들보다 적게(51%) 나타나고, 후자들 중에서 극좌파는 76%, 좌파는 67%, 중도파는 75%, 우파는 70%, 극우파는 74%로 나타난다. 이런 격차는, "프랑스가 저개발국가들에 대한 원조를 증가시켜야 하는지, 현상대로 유지해야 하는지, 감소시키거나 마침내 폐지해야 하는지"를 물었을 때 훨씬 더 커지는데, 부동표층으로 분류된 사람들의 18%가 응답하지 않은 반면, 극좌파의 7%만, 좌파의 6%, 중도파의 7%, 우파의 6%, 극우파의 1%만 무응답이었다.7)

1960년과 1976년 사이에 여러 여론조사기관들에 의해 제기된 질문들에 대한 응답과 무응답의 분포들을 이차적으로 분석한 것에 토대하여 이런 명제들을 완전히 유효하게 하기 위해서는, 제기된 질문의 내용과 형식을 체계적으로 변화시킴으로써 앙케트를 진행해야 할 것이다. 예컨대, 구체적 체험에 대해서는 미지의 것인 동시에, 생각할 수 있는 모든 정치적 행위에는 접근불가능한 것으로 체험되는 외교정책의 문제로부터, 평범한 생활에 대한 윤리적 응답을 요청하는 가장 일상적인 문제나, 급료, 노동관계, 노조에 영향을 주는 모든 것처럼 정치적이거나 조합적 경험 속에 가장 직접적으로 근거한 문제에 이르기까지, 그리고 '정치학'의 가장 추상적인 정식들로부터, 때때로 전자와 실제적 등가물인 구체적 질문들에 이르기까지. 실제로 이런 종류의 이상적 조사표를 재구성하는 일은 상이한 기관들의 앙케트에서 원용된 질문들을 병렬함으로써만 가능하다.

---

7) SOFRES, *La France, l'Algérie et le Tiers Monde*, février 1971

그런데, 무응답의 비율은 여론조사기관에 따라(다른 조건이 동일하다면, SOFRES는 항상 IFOP 보다 낮은 무응답의 비율을 얻는 것으로 보인다), 앙케트(주제와는 무관하게)에 따라, 즉 조사원에게 주어진 지시내용에 따라, 그리고 그것을 시행하는 후자의 성향에 따라서 달라진다. 또한 똑같은 주제에 대해서는 국면에 따라 무응답률은 달라진다.[8]

게다가 응답의 부재는 항상 부정적 결정의 산물은 아니며, 특히 여기서 분석된 능력의 결여에 의한 무응답 옆에, 적극적으로 선택된 무응답도 고려해야 한다. 이런 무응답은 적법한 응답과의 불일치의 효과가 표현되는 진정한 기권인데, 그것은 감히 표현되어서는 안 되기 때문에, 침묵 이외에는 다른 출구를 제공하지 못하는 윤리적이거나 정치적인 갈등이란 검열을 받게 된다. 특별히 분명한 검열의 사례는 탈세비리(脫稅非理)에 대한 답변("세금신고에 대하여 다음의 세 가지 가능한 태도가 있을 때, 당신이 보기에 가장 정상적인 태도는 어느 것인가? 자신의 소득을 자세히 양심적으로 신고한다, 의도적으로 소득을 빼고 신고한다, 가능한 한 신고소득을 최소화하려고 애쓴다?" ― IFOP, 1969년 2월)에 대해서 농업종사자와 소경영자가 높은 비율로(이들의 무응답률은 각각 17.1%, 15.8%인데 반하여, 사무직 노동자와 일반관리직에서는 4.1%, 상급관리직과 자유업의 성원들에서는 5.1%, 생산직노동자에서는 8%) 기권하는 경우이다. 갈등과 이에 관련된 검열의 전형적 경우에는, 상급관리직은 노조의 역할에 대한 질문("임금노동자조합이 현재 프랑스에서 수행하는 역할을 인정하십니까? 부인하십니까?" ― IFOP, 1969년 4월)에 상대적으로 높은 빈도로 기권한다(생산직노동자의 22%, 사무직 노동자와 일반

---

[8] 현재의 연구수준에서 서로 다른 시기에, 같은 여론조사기관에 의해 제기된 동일한 질문(IFOP에 의해 1974, 1975, 1976, 1977년에 실시된 핵에너지에 대한 일련의 앙케트)에 대한 무응답의 비율에서 보이는 변화의 논리를 포착하는 것은 불가능하다. 어쨌든 이 모든 것으로부터, 이런 변화들은 표현된 상이한 의견들의 변화들보다는 낮은 상태에 머물고 있다는 사실을 알 수 있다.

관리직의 19%, 경영자의 27%, 농업종사자의 41%). 농부들이 노동자와 그들의 조직에 대해 맺는 관계의 모호성과 양면성은 그들의 높은 기권율에서 확실히 나타나는데, 이것을 단지 무능의 탓으로 돌릴 수만은 없다. 그것은 똑같은 조사에서, 그들이 더 잘 알지도 못하는 학생운동에 대한 질문에 대해서는 더욱 자주(72%에 대해 59%) 대답하고 있기 때문이다.

 동일한 형태의 당혹감이, 한 집단의 구성원을 기권자와 찬성자와 반대자라는 거의 똑같은 세 계급으로 나누는 분포로 나타날 수 있다. 1968년에 IFOP가 실시한 체코와 소련간의 관계에 대해 설문("당신은 지난 8월 26일, 체코와 스련간에 체결된 모스크바 협정이 체코인들에게 만족스럽다고 보십니까, 그렇지 않다고 보십니까?") 앞에서, 공산당 PCF의 지지자라고 생각하는 조사대상자의 37%는 기권하고, 19%는 그 협정이 만족스럽다고 대답하며, 44%는 그렇지 않다고 대답한다. 공산당 이외의 좌파나 우파 정당의 지지자라고 생각하는 조사대상자들은 전자보다 훨씬 높은 빈도로 대답하며(통일사회당 PSU 지지자의 18%만 무응답이고, 중도파의 22%, 사회주의자와 급진파의 26%, 드골파인 공화국 민주연합 UDR 지지자의 27%, 지스카르파인 독립 공화당 RI 지지자의 32%가 무응답), 이 협정이 만족스럽지 않다는 대답의 빈도 역시 훨씬 높다(PSU의 80%, 중도파의 73%, 사회주의자와 급진파의 70%, UDR의 69%, 독립공화당의 64%). 마찬가지로, 학교교육에 성교육을 도입하는 문제에 대해서("학교에 성교육 교과과정을 신설하는 것을 찬성하십니까? 반대하십니까?" — IFOP, 1966) 농업종사자의 19%는 기권했고(상공업경영자의 11%, 생산직, 사무직 노동자, 일반관리직의 9%, 상급관리직과 자유업의 7%), 33%는 이 교과과정에 반대한다고 답변하고(이 경우 확실히 매우 강한 적법성의 강지효과에도 불구하고 그렇다), 48%는 그것에 찬성한다(한편 상급관리직과 자유업의 74%, 생산직, 사무직 노동자, 일반관리직의 72%, 상공업경영자의 60%는 이 과정에 우호적 견해를 표시한다).

단 하나의 같은 앙케트(1971년 2월에 SOFRES에 의해 실시된, '프랑스, 알제리, 그리고 제3세계'라는 설문조사) 속에서, 즉 다른 조건이 모두 동일하다고 간주되는 경우에, 무응답 비율들 사이의 거리가(가령, 남성과 여성에 대한) 어떻게 달라지는가를 검토함으로써, 응답자의 역량(이중적 의미로)과 질문의 대상과 형태 사이의 관계에 고유한 효과에 대한 상당히 정확한 관념이 형성될 수 있다는 것은 여전히 사실이다. 먼저, 윤리적 관점에서 해석될 문제들, 즉 전통적 도덕에 따라 여성들이 취급할 역량을 지닌 문제들에 대해서 다음과 같은 질문을 받았을 때 남성과 거의 같은 빈도로 여성이 응답한다는 것이 확인된다. 즉 "프랑스는 외국인 노동자들이 거주하도록 충분한 또는 불충분한 노력을 하는가"(남녀 모두 85%), "그들에게 교육의 기회를 충분히 부여하는가"(남성 75%에 대해 여성 70%), "그들을 충분히 친절하게 받아들이는가"(남성 83%에 대해 여성 80%), "그들에게 충분히 적정한 급료를 지불하는가"(남성 83%에 대해 여성 77%) 등의 질문이다. 그러나 여성들은 보다 순전히 정치적인 문제에 직면할 때는 남성들보다 응답의 가능성이 훨씬 줄어든다. 이처럼 '알제리와의 협력정책의 계속'같이 질문 자체가 순수한 정책상의 문제에 대해서는 여성 중의 75%만(남성의 92%에 대해) 응답하는데, 이것은 외교문제가 내정문제보다 구체적 경험으로부터 더 멀리 떨어져 있기 때문이며, 특히 그 외교문제들이 여기서처럼 모든 윤리적 기준("프랑스-알제리 관계에 대해서, 프랑스가 알제리와의 협력정책을 추구하는 것이 바람직하다고 생각하십니까?") 밖에서 접근될 때 그러하다. 여성들이 남성들과 같은 비율로(남녀 각각 88%) 답변하게 되려면, 협력의 추상적 문제가 윤리의 영역으로, 더 나아가 전통적인 성별 분업이 심정과 감성의 전문가인 여성에게 할당한 박애정신의 영역으로 대체되는("여러 저개발국가들 중에서 프랑스는 가장 가난한 나라들에 특히 관심을 가져야 한다고 당신은 생각하십니까?") 것으로 충분하다. 그러나 프랑스가 민주주의 체제를 가진 나라에 관심을 가져야 하는지를 질문함으로써 특히 정치적이거나 정치학적인 질문(상이한 집단들에 대해 상이한 현실을 환기하는 추상적 어휘)을 재도입한다면, 응답하는 여성의 비율은 다시 59%로(남성의 74%에 대해) 심하게 감소한다.

여기서 남녀간 분업효과의 전형적인 표현이 나타난다. 여성이 의견을 표명할 의무에서 면제되고 이 일을 남성에게 위임하여 대리로 선택할 자유가 있다고 더 느끼는 만큼, 남성은 더욱더 강력하게 의견을 표명하도록 (그렇게 하도록 허락될 뿐만 아니라) 요구된다고 느낀다. 이것은 확립된 성별분업의 표상 속에서 남성에게 묶인 책무의 예(자주 문화에 대한 조사에서 분명히 나타나듯이 견딜 수 없는 것이다)인데, 여기서 성별분업의 표상은 경제자본과 특히 문화자본의 위계 속에서 아래로 내려갈수록 더욱더 강하게 승인되고 구속력이 크게 된다.[9]

---

[9] 성별상의 신분의 효과는 정치적 능력을 보여주는 또 다른 칭호인 학위의 효과에 의해 강화되거나 상쇄될 수 있다. 그래서 국회의원 선거에서의 투표의 의도에 대해 질문 받았을 때, 여성들이 전체적으로 남성들보다 덜 자주 응답한다면, 남녀간의 거리는 사회적 위계 속에서 아래로 내려갈 때 증대되는 경향이 있다. 즉 상급관리직의 경우 무응답의 비율은 여성이 21%, 남성이 18%이고, 일반관리직의 경우는 여성이 22%, 남성이 17%이고, 사무직 노동자의 경우는 27%와 17%, 장인과 상인에게서는 32%와 24%, 생산직노동자의 경우, 28%와 18%, 농업종사자의 경우, 38%와 26%로 나타난다(G. Michelat et M. Simon, Catégories socio-professionnelles en milieu ouvrier et comportement politique, *Revue française de science politique*, XXV, 2 avril 1975, pp. 291～316). 사실 분파별 분석은 미학에 관해서와 마찬가지로 정치에 관해서 남녀간의 차이가, 피지배계급들에서 지배계급들로 갈수록, 그리고 지배계급과 그리고 확실히 쁘띠 부르주아지 내에서는 경제적으로 지배적인 분파들로부터 피지배적인 분파들로 갈수록, 줄어드는 것으로 나타난다. 모든 것을 통해 볼 때, 정치에 관해서나 혹은 다른 것에 관해서나 성별상의 신분의 거부는 교육수준이 높아질수록 강화되는 경향이 있다. 그래서 중등교육이나 고등교육을 받은 여성들은 같은 교육을 받은 남성들보다 가족계획운동에의 참여가 정치적 행위를 구성한다고 판단하거나, 성교육이 정치문제라고 말하는 사람이 더 많게 되는 것이다(보다 낮은 교육수준의 남녀 사이에서 이 두 문제에 대한 반응은 역전된 관계가 나타난다).

보다 일반적으로 말해서, 일상생활이나 사생활에 관한 문제와, 주거, 음식, 자녀교육, 성행위(性行爲) 등 가정의 도덕에 속하는 문제들에 대한 질문일수록, 남녀 사이의 간격과 고학력자와 저학력 자간의 간격은 좁아지며, 종종 완전히 사라지기도 한다. 그래서 가령 딸의 교육에 대한 질문에서,10) 여성들의 응답률은 남성들보다 조금 낮고(93.6% 대 96%), 저학력자의 응답률은 고학력자보다 조금 높다(초등교육수준이 94.5%인데 반해서 고등교육수준은 92.8%). 사회적으로 여성에 할당된 영역인 요리에 대한 질문에 대해서, 여성은 전체적으로 보다 자주 남성보다 응답한다(선호하는 요리에 대한 질문에서 여성의 응답률이 98%인데 반해 남성은 94%). 그 지식이 남성적 속성인 술에 대한 질문을 예외로 하면, 요리의 문제가 일반적으로 논의되는 질문에서는 마찬가지이다("당신은 일반적으로 프랑스인들이 너무 많이, 보통으로, 충분치 않게 먹는다고 말하겠습니까?" 이에 대한 응답률은 남성 98%, 여성 96%였다).11)

똑같은 논리에 따라 통상적으로 특히 높은 무응답률을 나타내는 생산직노동자들이, 경영자들과 노동자들 사이의 갈등에서 정부의 역할에 대한 질문에(무응답률은 생산직노동자들에게서 13%, 상급관리직과 자유업에서 18%, 사무직 노동자와 일반관리직에게서 19%, 장인과 상인에게서 25%, 농업종사자에게서 31%),12) 혹은 봉급생활자들의 이해를 가장 잘 지켜 주는 정당과 노조에 대한 질문(무응답률은 생산직노동자

---

10) 딸의 교육에 관한 질문에서 남성의 응답률이 높게 나타나는 것은 그것이 하나의 원칙의 응용을 분명히 요구하는 질문이라는 사실과 확실히 관련된다. 이 경우의 질문은 "당신은 18세의 딸을 그녀가 원하는 영화를 보도록 내버려두어야 한다고 생각하십니까?"였다 (IFOP, 1971년 3월).
11) SOFRES, *Les habitudes de table des Français*(프랑스인의 식사습관), 1971년 12월(보충자료 34).
12) "당신은 경영자와 노동자 사이의 갈등에서 정부가 노동자들의 요구를 지지한다고, 경영자들의 이해를 지지한다고, 중립적이라고 생각하십니까?"(SOFRES, 1970년 10월)

<표 28> 성별로 본 무응답률

"현재 프랑스에는 다수의 외국인 노동자들이 있습니다. 그들은 자주 고된 일자리를 가지고 있습니다. 당신은 프랑스가 다음 사항들을 위해서 충분한, 또는 불충분한 노력을 한다고 생각하십니까?"				"여러 저개발국가의 집단들 중에서, 당신 생각에 프랑스는 특히 어디에 관심을 가져야 할까요?"			
	충분	불충분	무응답		예	아니오	무응답
그들을 거주하도록				가장 가난한 나라들에			
남성	30	54	16	남성	70	18	12
여성	27	57	16	여성	74	14	12
그들에게 교육의 기회를 준다				프랑스의 옛 식민지에			
남성	34	41	25	남성	50	37	13
여성	31	39	30	여성	41	39	20
그들을 친척에게 보낸다				외교정책이 프랑스의 그것과 비슷한 나라에			
남성	47	36	17	남성	56	24	20
여성	40	40	20	여성	48	20	32
그들에게 적당한 임금을 준다				민주주의 체제를 가진 나라에			
남성	44	39	17	남성	40	34	26
여성	37	40	23	여성	25	34	41
프랑스와 알제리 간의 관계에 대해서 당신은 프랑스가 알제리와의 협력정책을 추구하는 것이 바람직하다고 생각하십니까?							
	예	아니오	무응답				
남성	56	36	8				
여성	47	28	25				

자료: SOFRES, (⋯.)
(교육수준별 분포는 가용可用치 않음)

에게서 36.4%, 경영자, 37.6%, 사무직 노동자와 일반관리직, 38.9%, 상급관리직과 자유업, 40.1%, 농업종사자에게서 49%)에 왜 가장 열성적으로 응답하는지 알 수 있다.[13] 반대로, 제기된 질문이 순전히 정치적

---

13) "다음 노조와 정당들 중에서 현재 어느 것이 봉급생활자의 이해를 가장 잘 지켜주고 있다고 당신은 생각하십니까? UDR(공화국 민주연합: *드골파의 정당명), 중도주의자, PC(공산당), CFDT(프랑스 민주노동총연맹: *사회당 노선에 가까운 좌파노조), CGT(노동총연맹: *공산당 노선에 가까운 좌파노조), PS(사회당), CGT-FO('노동자의 힘': *CGT에서 분리된 우파성향의 노조)"(IFOF, 1970년 2월 2일)

이거나 정치학적일수록, 즉 그 질문의 내용과 언어의 측면에서 실생활의 경험이나 고려되는 집단의 고유한 이해와의 직접적 관련 없이 질문이 구성될수록, 남녀간의 간격과 고학력자와 저학력자간의 간격은 증대된다. 중동 '분쟁'과 베트남 '전쟁' 사이의 관계에 대한 IFOP의 제한된 질문 속에서 나타나는 것이 이것인데,14) 무응답률은 여성에게서 40%에 도달한 반면, 남성에게서는 21.8%였으며, 초등교육수준의 조사대상자에게서는 40.6%, 고등교육수준의 경우에는 8.5%였다. 또한 앞에서 이미 언급된 체코인들에 대한 모스크바 합의의 이해에 관한 질문에서는 앞의 순서대로 무응답률을 보면, 44.6%와 21.1%, 그리고 39.4%와 11%였다.15) 선거 민주주의의 일종의 실험적 실현으로서의 여론조사는 다음과 같은 사실을 보여준다. 즉 (성과 계급에 무관하게 모두에게 의견의 권리와 의무를 부여하는) 민주주의적 자발주의(自發主義)spotanéisme démocratique와, (이 권리와 의무를 '지성'intelligence과 '역량'compétence으로 인해 선출된 '전문가'들에게만 국한하는) 기술관료적(技術官僚的) 귀족주의(貴族主義)aristocratisme technocratique 사이에 존재하는 이율배반은, 기술관료적 선발로 인해 모든 경우에 배제됐을 사람들이 '자유의사에 따라' 스스로를 민주주의적 게임으로부터 배제하게 하는 메커니즘 속에서 그 이율배반의 실제적 해결책을 발견한다는 사실이다.

---

14) "당신의 의견에 따르면, 중동 분쟁과 베트남 전쟁 사이에 어떤 연계가 있습니까, 없습니까?"(IFOP, 1967년 10월 9일)
15) 다음과 같은 외교정책에 대한 질문에 대해서 같은 형태의 분포(무응답률이 여성에게서 43.4%, 남성에게서 19.6%, 저학력자에게서 38.9%, 고학력자에게서 9.4%) 가 관찰된다. "당신은 프랑스의 외교정책에서의 정부의 행동에 만족하십니까, 불만이십니까?"(IFOP, 1966년)

신분과 능력

이상에서 본 바와 같이, 조사대상자가 제시된 질문에 응답할 가능성은 각각의 경우에 질문(보다 일반적으로는 질문이 제기되는 상황)과, 일정한 능력(그것 자신이 이 능력을 행사할 가능성에 따라 결정되는 능력)에 의해 규정되는 행위자(혹은 행위자들의 계급)와의 관계 속에서 규정된다. 정치'능력'pouvoir politique(투표할 능력, '정치를 논할' 능력, 또는 '정치에 관여할 능력')을 사용하는 경향이 이런 능력의 실상에 따라 결정된다는 것을 볼 줄 안다면, 달리 말해서 무관심은 무능력의 표현일 뿐이라는 것을 볼 줄 안다면, 정치에 대한 '이해관심(利害關心)'이나 '무관심'은 보다 더 잘 이해된다.16)

이 가설은 보통 당연한 것으로 간주되지만, 응답성향과 마찬가지로 정치에 관해 표명된 관심은 여성보다 남성에서 높으며, 교육수준과 사회적 위계에서의 위치, 연령, 그리고 거주도시의 규모가 높아지거나 커짐에 따라 높아진다는 사실을 이해하게 해주는 유일한 것이다. IFOP(여론조사 1-2, 1969)의 한 조사에 따르면, 정치에 매우 관심이 있다고 말하는 사람의 비율은 초등교육수료자들에게서 2%, 중등교육수료자들에게서 13%, 고등교육수료자들에게서 34%로 나타난다. 이런 비율은 Emeric Deutsch, Denis Lindon, Pierre Weill(Les familles politiques aujourd'hui en France, Paris, Ed. de Minuit, 1966, pp. 104~105)의 조사결과에 따르면, 앞의

---

16) 무관심과 무능력 사이의 연계는 다음의 여러 관찰자들에게 감지됐다. 예컨대, D. Riesman & N. Glazer, "Criteria for Political Apathy", in A. W. Gouldner, ed., *Studies in Leadership*, New York, Russel & Russel, 1965, pp. 505~559; E. Kris & N. Leites, "Trends in twentieth Century Propaganda", in G. Roheim, ed., *Psychoanalysis & the Social Sciences*, New York, IUP, 1947(특히 p. 400).

<표 29> 교육수준별로 본 무응답률

	초등교육수료자	중등교육수료자	고등교육수료자
교사는 좋은 직업이다	10.5	9.8	11.4
교사가 현재 상황에서 근무하는 것은 존경받을 만하다	11.2	8.3	4.1
많은 교사들은 현재 그들의 일을 성실히 하고 있지 않다	35.5	26.7	17.7
교사는 젊은이들에게 충분히 엄격하지 않다	21.6	16.9	8.3
프랑스 교사들의 휴가는 너무 길다	12.0	7.2	3.1
교사들의 봉급은 충분치 않다	46.4	25.9	19.2
교사들은 너무 많이 정치에 관여한다	32.3	17.6	12.4
교사들은 직업훈련이 잘 되어 있지 않다	47.9	24.5	12.5

(출처: IFOP, 1970년 3월)

위의 표에서 첫번째 질문이 속하는 일상적 경험의 영역에서보다는 여타의 질문에 대한 무응답률이 전체적으로 높게 나타나는데, 이것은 교육수준이 낮은 사람일수록 그만큼 통제불가능해 보이는 제도인 교육체계에 질문이 관련되기 때문으로 이해된다. 가정과 정치의 중간영역에서 질문이 정치쪽으로 지향되어 도덕의 영역에서(질문 속에서 존경이라든가, 성실히라든가, 엄격과 같은 윤리적 함의를 갖는 어휘들에 의해 환기되는) 격리되면 될수록 무응답률이 증가하는 것을 보게 된다. 마지막 두 질문의 분포를 비교해 보면(그리고 특히 마지막 질문에 대한 무응답률에서 남녀간의 격차가 32.5%와 42%인데 비해, 뒤에서 두번째 질문에 대한 그것이 18.5%와 32%로 훨씬 크게 나타난 사실은), 이 경우에 응답이나 기권의 경향, 달리 말해서 사회적 능력은 다음의 두 원리에 따를 수 있다는 것을 알 수 있다. 즉 학력자격이 부여하는, 교육체계를 판단할 신분적 능력과, 성별에도 역시 종속되는, 정치를 판단할 신분적 능력이 서로 누적될 수 있느냐 없느냐의 원리이다.

순서대로 6%, 14%, 32%이다(남성의 비율은 11%, 여성의 비율은 5%). 마찬가지로, 정치토론(예컨대, 'Face à face')과 정치, 경제, 사회문제에 할애된 방송에 대해 표명된 관심은 여성보다 남성에게서 높고, 지방도시들보다 파리에서 높고, 저학력자들보다 고학력자들에게서 높다. 'Face à face'(*'대담'對談이란 토론프로를 '자주' 보거나 '때때로' 보는 사람의 비

만약 내가 좀더 지식이 있다면…

　내가 하고 싶은 말은, 내가 좀더 지식이 있다면 어떤 일들을 확실히 더 잘 이해할텐데. 그게 전부에요. 내가 더 지식을 갖게 되면 일은 많이 달라질텐데. 나는 모임에 자주 가지 않아서… 다른 방법들이 있지요. 흔히 하는 말로 '똑같은 무기로'(A armes égales)는 신문이나 TV 같은 것이 있지요. 그러나 계속해서 그 흐름을 따라가야 해요. 내내 마찬가지인데, 시간이 있어야 해요. 다른 무엇보다도 내게 없는 것은 시간이에요. 내게 시간이 있다면 모든 것에 대해 지식을 쌓기를 좋아하고, 어떤 것, 아니 모든 것들이 어떻게 진행되는지를 알 수 있을텐데. 그러나 나는 정말 시간이 없어요. 조금만 시간이 더 있다면, 나는 그것에 관여하고 무언가 더 알려고 시도하고 그 흐름을 더 깊이 따라갈텐데. 다시 말해서 좀더 지식이 있다면 누군가와 더 많이 토론할 수 있고, 많이 알지 못할 때는 격리된 채로 남아 있게 되지요.

(가정부)

　물론 아무나 정치에 관여할 수 있는 것은 사실이죠. 그러나 결국 정치에 관여하기 위해서는 그래도 어떤 교육이 필요하죠. 무엇보다 먼저 학교에 가야하고, 많은 것을 배워야 합니다.

(시청 직원)

율은 무학력자에게서 43.3%, CEP의 소지자에게서 51.8%, 중학교 수료증서brevet나 CAP의 소지자에게서 55.5%, 대입자격증서나 고등교육의 학위소지자에게서 65.7%로 나타나는데 비해, 사회경제적 문제들에 할애된 방송을 보는 사람들의 비율은 앞의 순서대로 각각 34.8%, 47.8%, 55.8%, 그리고 65.7%이다(문화부 발행, 『프랑스인의 문화적 실천, 파리, 1974, 권2, pp. 28, 29). 똑같은 논리로 남성은 여성보다(26%에 대해 22%), 청년들은 노인들보다(49세 이하에서 26%, 50~64세에서 23%, 65세 이상에서 19%), 상급관리직과 자유업은(32%) 일반관리직과 사무직 노동자들(28%)이나 장인과 상인들(27%)이나 생산직노동자들(23%)이나 농업종사자와 농업노동자들(17%) 보다 자주 여론조사 결과에 큰 관심을 가진다고 말한다(SOFRES, 여론조사에 대한 여론조사, 1975년 11월). 또한 1976년 9월에 SOFRES에 의해 실시된 다른 여론조사에 따르면, 한 정당의 강령에 대해 자기들끼리 토론하고, 시위에 참여하고, 한 정당에 가입하거나 '그들 사상의 승리를 위하여' 정당에 헌금할 생각이 가장 강한 사람들은 역시 상급관리직과 자유업의 구성원들이었다.

이러한 규칙성을 정치인의 충원과 승진 속에서 관찰되는 규칙성에 접근시켜야 한다. 그리고 이 모든 것이, 남자인 경우와 더 큰 학력자본을 지닌 경우에 정치에 적극적으로 참여하고 정당에서 요직을 점유할 가능성이, 비교할 수 없을 정도로 커진다는 것을 증명하는데 실제로 기여한다. 프랑스 국회의 하원에서 여성이 차지하는 비율은 1.8%, 상원에서는 2.5%에 불과하다. 모든 정당들의 중앙집행부8에서 여성이 차지하는 비율은 지방의원직에서의 비율보다 훨씬 낮다.[17] 투표할 의도에 따르면 사

---

[17] 운동원들 전반에 대해서는 주로 다음 자료들을 이용하였다.
On a utilisé principalement, en ce qui concerne les militants en général, J. Lagroye, G. Lord, L. Monnier-Chazel, J. Palard, *Les militants politiques dans trois partis français, PC, PS, UDR,* Paris, Pedone, 1976; M. Kesselman, Système de pouvoir et cultures politiques au sein des partis politiques français, *Revue française de sociologie,* XIII, oct.-déc. 1972; sur les militants socialistes, R.

회당의 잠재적 지지자들의 50%는 여성이 차지하지만, 1977년 6월에 낭뜨에서 개최된 사회당의 전국대회에 출석한 의원들 중에서 여성은 1.5%에 불과했으며, 파리시 지부의 당원 중에서 차지하는 비율은 30%에 불과하다. 또한 공산당의 경우를 보면, 파리지구 연맹회의에 출석하는 활동가들 중에서 여성이 차지하는 비율은 31%이고, 당의 요직에 있는 의원들 중에서는 29%, 같은 지구연맹의 세포의 서기국원 중에서는 26%를 차지하고 있다.

마찬가지로 생산직노동자는 UDR에 투표하는 사람의 31%, 전 당원의 16%(지롱드현 ── *보르도를 현청소재지로 하는 프랑스 최대의 현 ── 에서는 당원의 17.6%)를 차지하지만, 이 당의 요직에서 생산직노동자가 차지하는 비율은 2%, 1968년 당선된 의원 중에서는 겨우 1%에 불과하다. 사회당에 대해서 살펴보면, 투표성향에서 생산직노동자는 프랑스 전국의 사회당 지지 유권자 중의 36%(전 노동인구에서 생산직노동자가 차지하는 비율은 40%)를 점하고, 지롱드현 지부 당원의 21.9%(이 현에서는 34.2%가 생산직노동자)를 점하는데, 생산직노동자는 파리시 지부에는 거의 없고(1.7%), 낭뜨의 전국대회에 출석한 의원 중에서는 5%, 1968년에 당선된 의원 중에서는 0%이다. 생산직노동자는 전 노동인구 속에서보다 공산당 당원 중에서 많은 비율을 차지하고 있는데(가령 지롱드현의 공산당에서 53.8% 인데 비해, 전 노동인구의 34.2%), 이들은 요직을 맡은 의원들이나 세포의 서기국원 중에서나(파리에서는 17%인데,

---

Cayrol, Les militants du Parti socialiste, contribution á une sociologie, *Projet*, 88, sept. -oct. 1974; H. Portelle, T. Dumias, Militants socialistes á Paris, *Projet*, 101, janv. 1976; *L'unité*, 257, ler-6 juillet 1977 et Qui sont les cadres du PS?, *Le Point*, 249, 27 juin 1977; sur les militants communistes, F. P.atone, F. Subileau, *Les militants communistes de la Fédération de Paris*, Paris, Fondation nationale des sciences politiques, 1975; enfin sur les députés, R. Cayrol, J. C. Parodi, C. Ysmal, *Le député français*, Paris, A. Colin, 1973 et M. Dogan, Les filières de la carrière politique, *Revue française de sociologie*, VIII, 4, 1967, pp. 468~492.

이것은 파리의 전 노동인구 중에서는 26%이다), 하원에서는(1968년에 당선된 의원 중의 37%인데 비해, 전 노동인구에서는 40%) 조금 낮게 대표된다.

고등교육 수료자가 정치인 중에 과잉대표된다는 점이 지적되어야 한다(저학력자에게는 투사적 활동이 다른 접근로를 제공하기는 하지만). 1968년 의원 당선자 중에서 67.5%는 고등교육을 이수했고, 14%는 중등교육을 이수했다. 사회당의 그레노블 전국대회(1973년 6월)에 출석한 의원 중에서 54.6%는 고등교육을 이수했고, 23.3%는 중등교육 수료자였다. 이상의 모든 사실로부터, 큰 학력자본의 소유는 사회당의 의원으로 당선되기 위한 필요조건이 되어가는 경향이 있음을 지적할 수 있다. 1971년과 1973년 사이에 사회당에 가입한 의원들의 2/3는 고등교육 수료자인데 반해서, 1968년 이전에 가입한 의원들의 36.4%만이 고등교육 수료자였다. 이들 의원들이 '지도적인 직무'(하원의 운영위원, 각종 위원회의 위원 등)를 맡을 가능성은 학력자본의 크기에 달리거나(사회당 의원들 가운데, '지도적 직무'를 맡은 의원의 64%는 고등교육수료자인데 반해서, 이런 직무를 맡지 않은 의원들 중에서는 31%만이 그러했다), 의원 대부분이 고등교육수료자인 정당에서는 소지하고 있는 학력자본의 종류에 달려있다(PDM ─ 현대민주주의 중도파 ─ 이나 UDR의 '지도적 직무'를 맡은 의원들은 그렇지 않은 의원들보다 법학이나 문학을 이수한 경우가 많다).

그러므로, 학력자본과 가장 순수하게 정치적인 문제에 응답하는 경향 사이에 확립되는 매우 긴밀한 관계 속에서 특별히 정치적인 능력의 불균등한 분포라는 단순하고 직접적인 효과를 보는 것은 나이브한 것이 된다. 이 정치적 능력은 좁은 의미에서 순수하게 정치적인 행위와 판단을 생산하기 위해 필요한 학문적이고 실천적인 지식의 소유에 의해 정의되며, 특히 순수하게 정치적인 언어를 자유롭게 다룰 수 있는 능력에 의해 정의되는데, 이 능력은 학력자본과 같이 변화한다고 상정할 수도 있는 것이다.

조사대상자들에게 일군의 정치운동, 정치집단이나 정당을 그들이 원하는 대로 재조직하라고 권유하면, 그들은 일반적으로 그들의 사회적 위치가 높을수록, 혹은 그들의 학력자본이 클수록 그만큼 많은 집단을 만든다. 대입학력증서 이하의 학력수준인 사람들은 기껏해야 네 개의 집단을 만드는 반면에, 그 이상의 학력자들은 다섯이나 그 이상을 만든다. 대학수료증서 이상의 학력자의 1/4은 적어도 9개의 집단을 구성한다(이런 행동은 CEP나 CAP의 소지자들에게서는 예외적으로만 나타나고, 무학력자에게서는 전혀 보이지 않는 것이다). 세련된 분류를 할 수 있는 능력, 시행된 분류에 대해 논평하는 경향, 그리고 특히 명칭이나 한정어(限定語)qualificatifs를 구성된 집단들에 부여하는 경향은 사회적 위치, 학력자본과 **출신계급**에 따라 더욱 심하게 달라진다.[18]

18) 이러한 결론은, 1970년에 파리지역에서 18세 이상의 남녀를 대상으로 실시한 심화된 면접(샘플수 130)에 의한 예비조사의 결과를 간단히 통계적으로 분석한 것에 토대한 것이다(샘플수가 적고 불완전하기 때문에, 경향의 지적 이상의 것으로 나타나는 규칙성을 찾는 것은 불가능하며, 경향의 지적도 증명보다는 예증의 명목으로 사용되어야 하고, 이것도 분명히 검증의 대상이 되고 있다. 첫째 단계에서는 조사대상자들에게 15장으로 된 한 세트의 카드를 주었는데, 거기에는 다음과 같은 정치운동, 정치집단 혹은 정당의 이름이 쓰여 있다(악시옹 프랑세즈, 민주중도파, 공화제도의회, 프롤레타리아 좌파, 드골 좌파, 공산주의자연맹, 라뚜르 뒤 뺑 운동, 옥시당, 공산당, 진보와 현대 민주주의 중도파, 통일사회당, 급진파, 독립공화파, 사회당, 공화국방위연합). 그리고 그들에게 그들이 원하는 대로 카드를 재조작하도록 요구하였다(그들은 시행된 분류에 논평을 요구받거나, 그 성격을 규정하는 한정어나 이름을 부여하도록 요구받지 않았다). 둘째 단계에서는 24장으로 된 한 세트의 카드를 주었는데, 거기에는 다음과 같은 정치인이나 노조지도자들의 이름이 쓰여 있다(베르즈롱, 샤방-델마스, 데깡, 뒤크로, 뒤아멜, 에드가 포르, 모리스 포르, 게스마르, 지스까르 데스뗑, 크리빈, 르까뉘에, 마르셰, 망데스-프랑스, 미떼랑, 모레, 니꾸, 필리쁭, 뿌쟈드, 로까르, 사바리, 세기, 세르방-슈라이버, 띡시에-비냥꾸르, 와롱의 24인으로서, 이중에

(정치적 능력의 불균등한 배분이란 요인을 너무 강조하는) 앞에서와 같은 해석은 외견상 잘 들어맞는 것처럼 보이지만 정치적 노동분업의 대조적이면서도 상호보완적인 두 개의 표상들을 기록한 것에 불과하다. 즉 기술관료적 표상은 순전히 기술적인 능력을 '정치적 책임'이나 '책임 있는' 정치적 선택에 접근하는 전제조건으로 만들고, 상호보완적 표상은 무능력incompétence과 무기력impuissance의 감정에 토대하는데, 경제적으로 문화적으로 가장 박탈된 사람들을 '전문가'에 대한 의존이나 비밀정치cryptocratie(이것은 다른 계급들을 과대평가하는 또 다른 방식이다)에 대한 믿음으로 운명지우는 것이다. 모든 피상적으로 주어진 자료의 기록과 마찬가지로 이와 같은 외양에 대한 시인은 이들 표상의 객관적 기반에 대한 탐구를 가로막는 결과를 가져오며, 보다 정확히는 정치적 노동분업의 현실 속에서 이 노동분업의 표상에 포함된 진실에 대한 탐구를 가로막을 수도 있다. 사실, 다른 영역에서처럼 이 영역에서도 현실과 표상들 사이에 관계가 확립되는 것은, 노동분업상의 주어진 위치와 연관된 개연성이 육화된 형식인 성향들을 통해서이다. '기술적' 능력은 근본적으로는 사회적 능력과 이러한 특수한 능력을 행사하도록 신분적으로 정당화되고 요구된다는, 따라서 그것을 소유한다는 상응하는 감정에 근거한다. 이런 감정을 품게 되는 것은 사회적 능력을 획득하도록 사회적으로 승인된 필요와 능력의 함수인 획득성향을 통해서이다. 달리 말해서, 학력자본과 정치적 질문에 응답하는 경향 사이의 관계를 이해하기 위해서는, 정치적 담론을 이해하고 재생산하고 심지어 생산하는 능력(이 능력은 학력자격에 의해 보장된다)을 고려하는 것만으로는 불충분하다. 주어진 문제별로 윤리적 원칙에 입각하여 응답하기보다

필리뽕은 미지의 이름에 대한 반응을 측정하기 위해 삽입되었다). 그리고 그들에게 먼저 이들 각자가 어느 집단이나 정당에 소속되었는지를 묻고, 그 카드들로 집단을 구성하도록 요구하였다.

는 명확하게 정치적 분류와 분석원칙에 입각한 특수한 정치교양을 동원함으로써 정치에 관여할 만하다는, 정치를 논할 자격이 있다는, 정치적인 것을 정치적으로 말할 권위를 가지고 있다는 (사회적으로 공인되고 장려된다는) 감정을 또한 고려해야 한다.[19] 학력자격의 효과는 그것의 원칙상 성별 지위의 효과와 그리 다르지 않다. 각각의 경우에 문제가 되는 것은 단순한 정치적 교양만큼이나 정치에 관한 신분상의 권리이다. 정치적 교양은 이러한 권리를 행사할 전제조건이고, 이 권리는 그것을 행사할 자격이 있다고 느끼는 사람들이 스스로에게 부여하는 것이다. 기술적 능력과 사회적 능력과의 관계는 말할 능력과 말할 권리 사이의 관계와 같으며, 행사의 조건인 동시에 한 결과인 것이다. 학력상의 신분이나 성적 정체성과 같은 속성들의 강압에 의해 산출된 표시의 효과는 그것의 원칙상 성별 지위의 효과와 그리 다르지 않다. 각각의 경우에 문제가 되는 것은 단순한 정치적 교양만큼이나 정치에 관한 신분상의 권리이다. 정치적 교양은 이러한 권리를 행사할 전제조건이고, 이 권리는 그것을 행사할 자격이 있다고 느끼는 사람들이 스스로에게 부여하는 것이다. 기술적 능력과 사회적 능력과의 관계는 말할 능력과 말할 권리 사이의 관계와 같으며, 행사의 조건인 동시에 한 결과인 것이다. 학력상의 신분이나 성적 정체성과 같은 속성들의 강압에 의해 산출된 표시의 효과는 그/그녀의 사회적 규정을 감당하도록 강제된 표시된 개인에게나, 그/그녀가 그/그녀의 본질을 실현하도록 기대하는 타인들

---

[19] 모독적인 말을 한다고 보일 위험을 무릅쓰고, 다음과 같은 사실을 지적하지 않을 수 없다. 즉 지식인들이 지난 세기에 보통선거의 위험을 고발하거나 플로베르와 같은 특권적 지식인에 의한 지배를 기획하는 것은, 그리고 그들이 오늘날 그들의 **본질상** 중대한 시사문제에 관한 의견을 생산하고 표명할 자격이 있는 동시에 그러한 의무를 지고 있다고 느낄 수 있다면, 그것은 문화적 능력에 의해(인민전선人民戰線Front populaire 당시에는 흔히들 '지성'에 의해라고 말했다) 부여된 정통성에 대한 동일한 믿음의 이름으로였다는 사실이다.

계급적 자각

맨 먼저, 처음에 내가 결혼했을 때는 분명한 정치적 의견이 없었다. 나는 브레따뉴(*프랑스의 북서부지역으로 영국에 인접한 지역) 출신이었고, 문제들이 많다고 느끼고 있었으나, 그것을 꼬집어 말할 수는 없었다. 그것을 깨닫지 못한 채 나는 한 공산당원과 결혼했다. 처음에 내가 집에 돌아와서 뤼마니떼-디망쉬l'Humanité-Dimanche(*공산당 기관지의 일요판)를 보고, 나는 화가 났다. 나는 여러 달 동안 이 신문을 모르고 있었다. 그 후 조금씩 그것이 아마도 약간 강경한 입장을 취하는 것을 인정하게 됐지만, 현실적으로 그런 입장들은 승인될 만한 것이었다. 남편은 노조의 조합원이었기 때문에 나는 조합원과 상대하게 되었다. 그 후 나는 첫째 애, 둘째 애, 셋째 애를 갖게 되었고, 모두가 겪는 생활고를 겪게 되었는데, 게다가 내가 부양해야 할 어머니가 계셨기 때문에 그 생활고는 더욱 무거웠다. 남편은 생산직 노동자였고 그래서 나는 노동자들의 문제를 알게 되었다. 그 후 알제리 전쟁 당시 나는 나의 정치적 입장을 정하게 되었고, 과거에 일어난 추악한 일들에 대항하여 사람들이 항상 투쟁해 왔다는 것을 알게 되었다. 이 전쟁은 승인될 수 없다고 항상 생각되었고, 내가 당의 투쟁을 이해하게 된 것은 바로 그 점에서였다. 그것은 특히 샤론Charonne 역 사건이(*1962년 2월 8일 알제리 독립에 반대하는 비밀군사조직OAS의 테러활동에 항의하여 공산당을 중심으로 파리에서 대규모 시위가 있었는데, 그 당시 지하철 샤론 역 입구에서 9명의 공산당원들이 압사한 사건) 일어났을 때였고, 나는 심하게 자괴감(自愧感)을 느꼈는데, 그것은 내가 그날 밤 남편을 집에 붙잡아 두지 않았다면 그는 분명히 거기에 있었을 것이었기 때문이다.

(재봉사, 선반공의 부인, 42살, 공산당원)

에게도 부과된다(이런 관계를 사회심리학적으로 바꾸어 놓은 것이 특히 부부 사이에서 잘 드러난다). 특정 분야에서의 교양이라는 의미에서의 능력이 신분상의 특성이라는 의미에서의 능력과 맺는 관계는 존재와 본질과의 관계와 같을 수 있다는 것은 바로 이런 이유에서이다. 다시 말해서 그 능력을 소유할 권리가 있는 사람만이 그것을 획득할 의무가 있다고 느끼는 것이다.

이런 분석들의 증거가 되는 실마리를 다음과 같은 사실에서 찾고자 한다. 즉 다른 조건이(특히 학력자본이) 동일하다면, 여성은 엄밀한 의미의 기술적 능력의 영역에서보다는 그것을 주장하는 그녀들의 방식에서 남성과 더 구별된다. 이처럼 학력자본이 동일하다면, 여성은 그녀들에게 제기됐던 문제들 중에서 남성과 거의 같은 정도의 부분을 정치적인 것으로 인정한다.[20] 여성은 정치운동과 정당들의 세계 내부에서 남성과 거의 같은 수의 집단을 구성하며 또한 거의 같은 빈도로 이런 집단들에 명칭을 부여한다. 물론 정치가 남성의 일이고 이 분야에 대한 그들의 관심이 여성보다 크다는 이유로 남성은 여성보다 정치인들의 이름을 더 많이 알고 그 정치인들이 어느 집단, 어느 정당이나 운동에 속하는지를 더 자주 알고 있고 자기들 선거구에서 선출된 의원의 이름과 정치성향을 약간 더 자주 말할 수 있다. 그러나 차이가 분명해지는 것은 무엇보다도 이러한 능력을 사회적으로 주장하는 문제가 대두될 때이다. 즉 교육수준이 같다면, 여성은 제기된 여러 문제들에 대해 그것이 정치적인지 아닌지를 모르겠다고 말하는 경우가 남성보다 더 많다. 여성은 보다 자주 필리뽕(Philippon)이 누구인지 모르겠다고 인정하는데 비해, 남성은 이런 무지상태를 은폐할 개연성이 더 큰 것이다. 자기의 정치적 입장을 여성은 정

---

[20] 조사대상자들은 17개의 문제 목록에서 그들이 정치적인 것으로 생각하는 것을 선택하도록 요구받았다.

치의 지도(地圖)에서 막연한 지역zone으로 지적하는 것으로 만족하는 반면에, 남성은 정확히 특정한 지점을 자기의 위치로 지정하는 경향이 있다. 특히 여성은 보다 자주 정치가 전문가의 일이라고 인정하기를 주저하지 않는다. 끝으로, 여성은 한 후보를 선택해 투표해야 할 순간에 당혹스럽다고 말하는 경우가 남성보다 분명히 더 많다. 여성은 그들의 정치적 선택능력을 다른 사람에게(물론 우선적으로 남편에게) 위임하는 경향이 더 클 뿐만 아니라 여성은 남성보다 정치에 대해 훨씬 더 지역적이고 더 도덕적이며 감정적인 견해를 갖고 있는 것으로 보인다. 이와 같이 어느 교육수준에서나 여성은 장애자에 대한 지원이 정치문제라고 생각하는 경우가 남성보다 조금 더 많고, 반대로 국회의원 선거나 시의회 선거, 또는 베트남을 위한 의연금모집이 정치문제라고 판단하는 경우가 남성보다 조금 적었다.

이와 같이 성별과 학력자본이나 사회계급에 따른, 즉 어느 장(場)이든 간에 거기에서의 권력을 보유할 기회의 크고 작음에 따른 무응답률의 변화는 다음과 같은 사실을 보여준다. 즉 사회적으로 승인된 능력이란 의미의 정치적 유능성은 사람들이 그것을 가질 권리 또는 의무가 있는 한, 사람들이 갖게 되는 자격들 중의 하나인 셈이다. 또한 다른 조건이 같다면, 탈정치화된 정치적 담론의 규범(문체의 중립성, 완곡어법 등)에 대한 순응도에서 그 질문이 어느 정도 포화상태에 있는지에 따라서 보여지는 무응답률의 변화는 다음과 같은 사실을 보여준다. 즉 외견상(外見上) 학자이며 외견(外見)을 연구하는 학자인 '여론학자(輿論學者)'doxosophes가 그들의 조사와 분석에 과학의 외양을 부여함으로써 '무능력한' 사람들에게서 그들의 무가치성indignité의 감정을 강화할 때, 유능성의 한계를 부과하는 것에 기여함을 보여준다.

정치적 발언권

아무리 초보적인 방식이라고 할지라도 정치적으로 말하는 경향은, 즉 '예' 또는 '아니오'라고 답하거나 미리 짜여진 응답 앞에 x표하는 행위는 발언권을 가지고 있다는 감정에 정확히 비례한다. 1968년 5월 위기 이후 신문잡지의 도움을 받아 실시한 교육제도에 관한 '전국적 여론조사'에 응답한 사람들 중에서 소위 자발적 표본의 구성만큼 위의 사실을 더 잘 보여주는 것은 없는데,[21] 이 응답자들은 이 여론조사에 응답함으로써 **공인되고 권위 있는 의견**을 표현하고, 정통적 압력단체의 의향을 반영할 정당한 근거를 가진 **당사자로서** 자신들을 주장했던 것이다.[22] 교육에 관해 **동원된 의견**(청원의 논리로)을 표명하는 층은 고등교

---

[21] 이 앙케트는 과학연구보급협회의 요구에 따라 1969년 8월 1일부터 15일 사이에 다수의 일간, 주간지에 질문지를 게재하고 독자의 응답을 구하는 형식으로 실시되었다(뤼마니떼Humanité와 파리지엥 리베레Parisien libéré가 질문표를 게재하지 않은 사실은 확실히 민중계급이 낮게 대표되는 현상에 기여했다). 질문지에는 다음과 같은 사항들에 관한 20개의 질문이 실려 있다. 즉 학년별 교과과정의 구성, 교육의 현황, 교육내용, 교육방법, 대학조직의 변화, 교육자의 양성, 선별, 보수, 교사와 학생(또는 대학생)과 학부형과의 관계, 다양한 교육 행정직원들의 권한, 학교에 주어진 역할(직업교육, 인격형성 등), 교육기관에서의 정책, 의무교육 연한의 연장, 사교육기관에의 지원 등이었다. 그 앞에는 게재지에 따라 장단의 차이가 있지만 전문(前文)이 실려 있는데, 여기서 앙케트는 '영리목적이 없는 독립된 기관'인 과학연구보급협회에 의해 조직되고 '신문잡지의 호의적 협력을 얻어' 실시된, '중요한 주제'에 대한 '진정한 전국적 여론조사'로 소개되고 있었다.

[22] 여기에 응답한 사람들의 집합 속에는 다양한 집단들이 교육제도에 대해 나름대로 행동하려는 의도에 비례하여 대표되는데, 이 집합은 교육제도의 모든 수준에서 이 제도의 지향에 대해 끊임없이 영향력을 행사했던 자임(自任)하는 정통적 압력집단을 완벽하게 대표한다. 그래서 응답자 집합이 표현하는 행동이념idées-force은 그 후의 모든 변화를 예측하게 해준다. 예컨대, 응답자의 '대다수'(이 말은 이 경우 적합하다)는 경쟁시험의 잔존, 선별시험의 도입, 그랑 제꼴의 유지, (자기 자신에 대해서는) 일반교양으로 지향된 교육과 (타인에 대해서는) 직업준비로 지향된 교육의 강화 등을 원했다. 다른 조사와 비교할 수 있는 모든 점에 대해(즉 그랑 제꼴과 경쟁시험에 대한 질문과 여론조사기관에 의해 제기된 바 없는 질문을 제외하고, 언급된 모든 질문에 대해), 이상의 경향은 대표추출표본échantillon représentatif에서보다 자발적 표본échantillon spontané에서 보다 강했다.

육을 이용하는 사람들과 거의 일치한다. 고립된 행위자가 어떠한 위임도 없이 교육제도에 대한 명백하고 일관성 있는 의견을 스스로 진술할 개연성은 이 사람이 자신의 재생산을 어느 정도로 교육제도에 의존하고 있는가, 그리고 객관적으로 주관적으로 교육제도의 작동에 어느 정도 이해관심을 가지고 있는가에 달려있다.

이런 제도의 운명에 영향을 미치는 경향이 그 제도 속에서 그가 갖고 있는 중요성에 따라 증대되는 것처럼, 그 제도에 대해 말하는 것이 정당하다는 감정과 그 제도의 작동에 대한 이해관심의 직접성이 증대될수록 교육제도에 대한 응답률은 증대된다.[23] 이처럼 응답의 확률은 여자들(이들은 게다가 한 집단의 이해나 일반적 이해의 대변자로서보다는 '학부모'로서 응답하는 경향이 강하다) 보다는 남자들에게서, 지방사람들보다는 파리사람들에게서 더 높게 나타나는데, 특정한 사회계급의 응답률은 이 계급성원이 자녀를 그랑 제꼴에 보낼 객관적 기회와 매우 가깝다(즉 농민이나 생산직노동자의 경우, 이 응답률은 거의 제로에 가까운데 10,000명중 0.09명과 0.05명의 비율이고, 장인과 상인에게서는 10,000명중 0.7

---

23) 이러한 능력과 성향은 일련의 질문에 대해 문장으로 답하기 위해서 필요한 능력과 성향에 결부되고 또한 학력자본에 매우 긴밀하게 결부된다는 것은 자명한 것인데, 조사대상자가 패널조사에서처럼 문자를 통해 정기적이고 계속적으로 조사를 받을 때 분명히 드러나는 윤리적 성향의 고유한 효과를 통해 결부되는 것이다(이것은 응답자가 한 달 동안 매일 15분 씩 청취하는 라디오방송을 기록해야 하는 광고매체연구센터에 의한 앙케트 응답률의 경우에 나타나는데, 이 응답률은 학업에의 열성에서 드러나는 문화적 선의와 부분적으로 똑같은 변화를 보여주며 일반관리직과 직공장에서 최고에 달한다(그 다음은 숙련공에서). 이들은 도서관과 콜렉션 등에의 출입률이 비교적 높은 것이 특징으로 알려져 있다. 분석을 완전히 하기 위해서는 신문에 의한 선별조작의 고유한 효과에 대해 물어야 하고, 질문이 전달된 것이 자식이 다니는 학교나, 협회, 조합, 또는 정당을 통해서가 아니라 보통 읽는 신문을 통해 전달됐다는 사실이 응답자들의 집합의 구조에 영향을 끼칠 수 있었다는 사실을 명확히 하려는 노력이 필요하다(예컨대, 정기구독자들은 신문을 사서 보는 독자들보다 응답률이 더 높은 경향이 있다는 것을 지적하는 것으로 충분할 것이다).

명, 사무직 노동자에게서는 0.9명, 일반관리직에게서는 3명, 초등학교 교사에게서는 19명, 공업경영자와 대상인에게서는 5명, 상급관리직에게서는 11명, 상급기술자에게서는 22명, 자유업에서는 26명, 중등교육과 고등교육의 교수들에게서 110명인데, 이 숫자는 응답자의 각 집합의 남성인구와, 전 노동인구 중에서 거기에 대응하는 분파를 비교함으로써 얻어진 숫자이다. 중고생이나 대학생들에 대해서는, 응답자들의 학년이 높을수록, 교육기관의 수준이 높을수록(중등교육 꼴레쥬CES*1나 기술교육 꼴레쥬CET*2 보다는 고등학교lycée, 보통대학보다는 그랑 제꼴), 지방보다는 파리에 거주할수록 응답률이 높고, 출신계급에 밀접히 연관된다(공업경영자, 상급관리직이나 자유업 종사자의 자식과 생산노동자의 자식을 비교해 보면, 대학생일 경우에는 전자가 후자보다 2~3배 더 높고, 중고생일 경우에는 6배나 높다). (*1: 1963년부터 1975년까지 쓰였던 4년제 중학교의 명칭/ *2: 고등학교의 보통코스에 진학하지 않은 자에게 직업교육을 실시하는 단기코스의 교육기관으로 1975년 이후 '직업교육 리세'LEP로 부름)

이와 똑같은 경향이 교육제도에 대해서 여론조사기관에 의해 제기된 상이한 질문들에 더한 응답들 속에서 나타난다. 일반적으로 무응답률은 남성보다 여성에게서 높았고(1968년 10월의 IFOP에 의해 실시된 진로지도법에 대한 앙케트에서는 여성 29.7%, 남성 25.7%로, 1968년 9월에 IFOP의, 대학입학시험에 대한 앙케트에서는 여성 16.9%, 남성 11.2%로, 1968년 9월 IFOP의, 라틴어를 제4학급〔*꼴레쥬의 3학년〕에서 가르칠 것인가에 대한 앙케트에서는 남녀 모두 26%), 고학력자에게서보다는 저학력자에게서 높았으며(앞의 조사결과의 순서대로 살펴보면, 각각 초등교육수준 32%, 고등교육수준 15%, 그 다음에 19% 대 6%, 35% 대 10%), 파리거주자에게서보다는 지방거주자에게서 높았는데, 응답률은 사회적 위계에서 위로 올라갈수록 증대된다. 이것은 앞의 전국조사에서의 자발적 표본이, 추출된 표본조사에서의 조사응답자 전체가 접근하는 극한치(極限値)imite라는 것을 의미하는 것이며, 다시 말하면 추출된 표본조사에 의해 획득된 응답들은 자발적 표본을 구성하는데, 후자가 그대로 지각되지는 않더라도 여기서 기술한 것과 원칙상 완전히 유사한 구성의 법칙의 산물이라는 것이다.

> **양과 질**
>
> 이 분야에서 질의 개념보다 양의 개념을 우선시하는 것은 위험하다. 이 문제에 대해 객관적 판단을 하기 위해서는 어떤 능력이 요구된다고 나는 생각한다.
>
> *(교수시험을 통과한 여성교수,*
> *과학연구보급협회의 앙케트의 난 외에 기록한 노트)*

자발적 표본 내에서 한 범주가 적게 추출될수록 그 표본들은 범주 전체에 대해 덜 전형적인 것이고, 편차의 원리는 거의 항상 교육제도에 관계된다(이처럼 공업경영자와 대상인의 90.7%는 바깔로레아와 동등 이상의 학위를 소지하는 반면에, 전 노동인구 중에서는 11.3%만이 소지하며, 장인과 소상인의 28.7%에 비해 전 노동인구의 2.8%만 소지한다). 또한 한 계급분파가 교육제도로부터 고립될수록 응답자는 교육제도에 이해관심이 가장 많은 쪽에서 나오고, 이들은 조사 당시 자녀들을 중등교육이나 고등교육기관에 보낼 나이에 있다. 즉 자발적 표본에서 교수 중의 49.7%는 35세와 54세 사이의 연령이었는데 비해, 전 노동인구에서의 이 비율은 38.9%였다. 자발적 표본에서 자유업 종사자 중의 69.7%는 35~54세의 연령인 반면, 전 노동인구에서의 이 비율은 53.5%였다. 이 비율은 공장경영자와 대상인에게서는 77.1%인데 비해 전 노동인구에서는 50.7%에 불과했다.

이런 과잉선별sur-sélection의 결과로 인해 계급들과 분파들 간의 차이가(중간계급과 지배계급의 내부에서 그들의 문화자본이 클수록 그만큼 표본수가 커진다) 최소화되고, 결국 제기된 상이한 문제들에 대한 합의 정도는 확실히 모집단에서보다 더 크게 된다.[24] 응답자 중에 교육자의 비율이 심하게 과잉대표되었다면, 그들은 여러 이유로 교육문제에 이해관심이 많고 말할 자격이 있다고 인정되기 때문이다. 사실 앙케트의 응답자률의 위계는 단순한 소속감에 연관된 이해관심의 효과보다는 집단의 정통성에 따른 효과가 우세하다는 것을 보여준다. 실제로, 여러 교육자 범주들의 응답률은 교육기관의 위계 속에서 위로 올라갈수록 증대되고(초등학교 교원에서 10,000명당 19명의 비율이고, CET의 교사인 경우 34명, CEG의 교사인 경우 60명, 고등학교 교사의 경우 199명, 대학교수의 경우 224명), 각 교육기관 내에서의 직급에 따라서도 증대된다(중등교육기관에서의 대리교원(代理敎員)은 58명, 중등교육 교원자격자는 175명, 중고등교육 교수자격자는 382명, 고등교육기관에서의 조수는 164명,

---

[24] 학부모들은 질문지의 응답을 꼬르넥Cornec연맹*(과학연구보급협회로가 아니라)으로 보내는데, 이들은 대체로 상대적으로 사회계층과 학력수준이 낮다는 점과 여성의 응답률이 높다는 점에서 다른 부모들과 구별된다. 이런 현상은 한 조직 내에서 선행하는 동원과 이런 소속감이 부여하는 '권위'의 증대는, 다른 조건이 동일하다면, 정치적 참여의 성향을 증대시키는 경향이 있다는 사실을 보여준다(교육자 집단 내에서 자발적 응답자로서 아무 조직에 속하지 않는 사람들이, 교수자격을 가진 여성들과 중등교육 교원자격자의 남성들이 주요 멤버인 '교육법 연구집단'pédagogiques의 활동가들과 매우 다른 특성을 나타내는 현상은 이런 식으로 설명될 것이다. J. M. Chapoulie et D. Merllié, *Les déterminants sociaux et scolaires des pratiques rpofessionnelles des enseignants du second degré et leurs transformations*, Paris, CSE, 1974, 특히 pp. 120~124를 참고할 것). 꼬르넥 연맹의 회원인 학부모들은 사회관계자본과 문화자본의 관점에서 과소선별되었는데, 응답자의 동원율은 높지만 전반적으로 질문에의 응답률은 다른 경우보다 저조하다. 다만(특히) 사립교육기관에의 지원문제에서는 더 높은 응답률을 보여주었다.(* 변호사 쟝 꼬르넥이 주재하는 대규모의 시민단체인데, 공립학교 학부모들이 회원이고 공교육에 관한 제 문제를 취급한다).

강사는 204명, 조교수와 교수는 320명). 중등교육에서의 유자격 교사, 특히 '고전적' 학과(라틴어, 희랍어, 불어, 역사, 지리)를 가르치는 교사들은 모든 범주들 중에서 가장 높은 응답에의 경향이 있는데, 이것은 한편으로 교육체계에 마찬가지로 강하게 결부된 초등학교 교원들보다 이들이 더 정통화되어 있고légitimé, 다른 한편으로 이들은 연구에만 아니라 교육기관 밖에도 관심을 둘 수 있는 대학교수들보다(불어, 라틴어, 희랍어, 역사같이 가장 전통적인 인문학관계의 학과를 가르치는 교수들은 다른 학과나 다른 학부의 교수들보다 응답률이 훨씬 높은 것은 예외이다) 교육제도에 더 **집착하기** 때문이다. 이것은 아마도 이들이 다른 범주들보다 **교육의 위기의식이** 강하기 때문이기도 할 것이다.

    라틴어나 희랍어, 불어, 역사같이 이전의 중등교육에서 지배적이었던 학과의 교수들은 특히 높은 응답률을 보여주는데(이들은 1968년 5월 이후 많은 책과 논문들을 썼다), 이것은 특히 중등교육에서 정통문화의 내용과 그것을 전수하는 정통적 방식의 재규정이, 중등교육과 거기서 준비하는 입학시험 이외에는 다른 시장이나 존재이유가 없는 생산물의 생산자(또는 재생산자)로서의 그들의 존재 자체를 위협하기 때문이기도 하다.

    그러나 이러한 분석의 교훈은 다음과 같은 것이다. 즉 몇몇 사람들에게만 제기되는 문제를, 추출된 조사대상자들에게 미리 짜여진 응답으로된 질문지를 배포하는 나무랄 데 없는 절차를 통해 모두에게 획일적으로 부과함으로써 단순히 인조적인 가공품을 만들 가능성이 많은 것이다. 그리고 이렇게 만들어진 의견들은 질문이 주어지기 전에 이미 존재하고 있었던 것이 아니라 질문함으로써 존재하게끔 만들어지는 것이며, 질문하지 않는다면 표현되지도 않았을 것이고, 또는 권위 있는 대변인을 통해 표현되었을 수도 있는데, 이것은 판이하게 달랐을 것이다. 의견들은 어떤 경우이건 **자발적으로** 형성되거나 스스로 드러날 가능성은 거의 없는데, 어떤 의견의 표명이란 그것이 동원하는 집단을 드러냄으로써 그 의견에 힘을 부여하는 방식들 중의 하나이기 때문이다. 정치적 의견은 그것이 소유한 진실의 내재적인 힘에 의해 부과될 수 있는 순수하게 정보공급적인 판단이 아니고 실현에의 야심을 담은 **행동이념** idée-force인데, 그것이 자신의 상징적 효율성에 의해 동원하는 집단이 많고 강력할수록 그만큼 그것의 잠재적 실현에의 야심은 커지는 것이다. 달리 말해서 정치적 의견은 필연적으로 집단의 동원력과 (정치적 힘으로서의) 존재에의 야심을 포함하기 때문에 그것은 그 정보적 내용에 의해 정의되는 만큼, 문자 그대로의 정치적 힘으로서의 그것의 존재의 원천인 (사회적인) 힘에 의해 정의되는 것인데, 비록 정치적 의견 그 자체가 특정 정치적 의견이 잠재적 형식으로 포함하고 있던 집단을 동원함으로써 그 사회세력을 존재하게끔 만드는데 일조하는 것일지라도 그러하다.

신분상의 유능성으로부터 생겨난 말, 즉 강력한 말은 그것이 말한 바를 실현하는데 기여하며 이런 말에는 마찬가지로 신분상의 무능성에서 비롯되는 침묵이 상응한다. 그리고 이런 신분상 무능성의 침묵은 기술적 무능력으로 체험되고 다음과 같은 위탁 이외의 다른 선택을 남기지 않는다. 즉 무능한 자는 유능한 자에게, 여성은 남성에게, 저학력자는 고학력자에게, '말할 줄 모르는' 자는 '말 잘하는' 자에게 위탁하는 것으로서 이것은 **오인되고**méconnue **승인된**reconnue **박탈**이다. 기술적으로 유능하다고 인정된 타인에게 정치문제에 관한 책임을 위탁하는 경향이 소유한 학력자본에 반비례하여 변화한다면, 그것은 학력자격(과 그것이 보장하는 것으로 간주되는 교양)이 권위를 행사할 수 있는 정당한 자격이라고 자격증 소지자에 의해서 뿐만 아니라 타인들에 의해서도 암묵적으로 간주되고 있기 때문이다. 한편에는 정치는 그들의 소관사항

이 아니라고 인정하며 권리를 행사할 수 있는 실제적 수단의 결여로 인해 자기에게 부여된 형식상의 권리를 포기하는 사람들이 있고, 다른 한편에는 자기가 '개인적 의견'을, 혹은 유능한 자들의 독점물인 권위 있는 의견을, 즉 영향력 있는 의견을 주장할 권리가 있다고 느끼는 사람들이 있다. 정치적 분업에서 대립되는 그러나 상보적인 이 두 개의 표상들은 성향과 실천과 담론 속에서 계급간 성별간에 정치적 '권력'의 객관적 분할을 재생산하며 이를 통해 이런 분할을 재생산하는데 기여한다.25) 오늘날 이 문제들에 공통적인 역설적 전도현상 중의 하나로서, 19세기의 개혁가들이 투표할 능력이 있는(쥘 시몽Jules Simon은 말하기를, "심판자는 자기가 행하는 바를 알아야 하고, 자기 스스로를 계몽해야 한다") 시민을 길러냄으로써 보통선거를 정상적으로 작동시키리라 기대했었던 교육은 이제 선택원리로 작동하는 경향이 있다. 그리고 이 선택원리는 공식적으로 부과되지 않거나 심지어는 암묵적으로 부과될수록 선거 민주주의에의 불평등한 참여, 그리고 경향적으로는 **모든 정치적 분업의 토대**를 제공하고 정당화하는 데 더욱 효과적으로 기여하고 있는 것이다.

개인적 의견

니체는 어디선가 '개인적 표현'에 대한 학교적 숭배를 비웃었는데, '인격'의 숭배와 도야를 격려하는데 기여하는 제도적 메커니즘, 특히 지

---

25) 민중계급의 성원들에게 그들의 사회세계에 대한 표상(가령 계급구조에 대한 그들의 이미지)을 표현하도록 부추기려는 모든 시도는 자기가 자격이 없다는 느낌과 뒤섞인 무능력감이 야기하는 어려움에 직면하게 된다("당신 같은 사람들이 왜 나 같은 놈들에게 의견을 물으러 오는지를 나는 모르겠소. 이 모든 것을 당신은 나보다 더 잘 알잖소"). 다른 한편, 사회학이 어떤 사람들에게 야기하는 거부반응 중 하나는 그것이 권위 있는 대변인에게만 질문하지 않고 아무나 먼저 온(혹은 끝에 온) 사람에게 질문한다는 점이다.

적이고 학교적인 메커니즘 전체를 완전히 묘사하는 것은 용이한 일이 아닐 것이다. '인격', 그것은 '개인적 생각', '개인적 스타일' 그리고 특히 '개인적 의견'같이 독점적이고 독특하며 독자적인 **개인적 특성**의 집합이다. 희소한 것, 탁월한 것, 선택된 것, 독특한 것, 독점적인 것, 상이한 것, 바꿀 수 없는 것, 비교할 수 없는 것, 독자적인 것 등과 일반적인 것, 통속적인 것, 진부한 것, 특징 없는 것, 보통의 것, 평균적인 것, 평범한 것, 범속한 것 등의 대립은 반짝이는 것과 광택 없는 것, 섬세한 것과 조야한 것, 세련된 것과 야만적인 것, 고도의 것(고상한 것)과 저속한 것 사이의 모든 유사한 대립과 함께 부르주아적 도덕과 미학을 특징짓는 어휘의 기본적 측면의 하나이다(다른 하나는 편안과 가난 사이의 대립을 중심으로 조직된다). 교육제도가 사회세계에 대한 시각의 주입에 기여하는 것을 파악하기 위한 역사교과서의 내용에 대한 다수의 연구와 같이, 그것을 가장 직접적이고 가장 가시적인 이데올로기적 개입의 측면에서 찾거나, 혹은 심지어 역사 이미지(독일어의 Geschichtsbild: 역사상歷史像)의 기본적 요소들에 대한 프랑크푸르트 학파의 연구처럼 이 학과의 교육에 퍼져있는 역사에 대한 엘리트주의적 철학의 측면에서 찾으려는 사람들은 확실히 본질을 놓치고 만다.[26] 사실 교육기관은 전반적으로 그것이 부과하는 노동의 엄격한 개인주의적 조직으로부터 시작하여 그것이 분류과정에서 사용하는 분류도식에 이르기까지, 그것이 가르치는 내용들과 그 내용들이 가르쳐지는 방식은 말할 것도 없고 일반적인 것보다 독자적인 것을 항상 우선시 하는데, 쁘띠 부르주아지나 대

---

[26] 여기서 문제가 되는 분석은, 지배적 주체(즉 '위인')나 인격화된 집단적 실체를 강조함으로써 학교에서 가르쳐지는 역사가 역사에 대한 카리스마적 철학을 전달한다는 것을 보여주는 장점은 갖고 있지만, 이런 분석은 사회적 이해관심과 적대적 집단들 간의 갈등에 대해서는 아무런 비중도 부여하지 않고 있으며, 역사적 과정과 사회적 조건들에 대한 비판적 성찰보다는 도덕적 판단을 요구하는 것이다.

매우 개인적인 의견

정당은 내게 흥미를 끌지 못한다. 나는 어느 정당에 투표하고 싶지 않고, 어느 후보에게 투표한다. 무소속 후보가 낫다.

나는 사회주의에 대한 정확한 정의를 모른다. 그 말은 현재 너무 많이 사용되는 말이지만 그것은 모든 것을 의미하며 또한 아무 것도 의미하지 않기 때문에, 그것의 현재상태를 더 이상 모르기 때문에 어떻게 그것을 건설할 것인지 말 것인 지에 대해 당신에게 설명할 수 없다. 그것은 너무 모욕당하고 있다. 개인적으로 나는 한 정당에 가입할 수 있으리라고 생각하지 않는다. 나는 단번에 같은 취향을 가질 수 없을 것이다. 나의 가계는 쟝세니스트jansén iste였고, 할아버지는 서적상인이었기 때문에, 나는 모든 것에 개방적으로 되었고 특정한 일반적 이념에 열중할 수 없다. 다시 말해서 나는 여러 정당에 좋은 점들이 있다는 사실을 받아들인다. 매우 개인적인 의견이 중요한 것이라면, 내게는 양립가능한 복수의 주의주장의 요소들을 조합할 수 있는 정당을 찾는 것이 가능하다고는 생각하지 않는다.

(회계사)

부르주아지의 자녀들이 이 체계에 도입한 개인주의나 자아주의(自我主義)égotisme에의 경향을 강화하는 방향으로 작용한다. 지드Gide가 그의 『일기』에서 말했듯이, '개인적인 것 이외에는 어떠한 것도 가치가 없는' 문학과 그것이 문학의 장과 교육제도 속에서 대상으로 하는 예찬(禮讚)은 분명히 자기숭배의 중심에 있고, 거기서 자주 사상가의 탁월성에 대한 거만한 긍정에로 단순화되는 철학은 나름대로 하나의 역할을 맡고 있다. 그리고 이 모든 현상은 다음과 같은 것을 예측하게 한다. 즉 정신분석은 유적(類的)인 메커니즘을 기술하지만 개인의 원체험(原體驗)의 단일성 속으로 귀착시키는 것immersion을 공인하고 장려하는데(반대로 사회학은 그것이 개인적인 것을 유적인 것, 일반적인 것으로 환원하지 않는 한 별로 큰 저항을 야기하지 않는다), 정신분석은 이 자아숭배의 현대주의적 변종 속으로 들어가게 된다.

'개인적 의견'에 대한 쁘띠 부르주아지의 지향을 완전히 설명하기 위해서는, 교육제도나 문화의 보급기관에 의해 행해지는 강화(强化)만이 아니라 이러한 지향이 한 차원을 이루는, 아비투스가 생산되는 사회적 조건들의 특수한 특징들 역시 고려해야 한다. 실제로 '개인적 의견'에 대한 권리요구와 타인에의 모든 위탁형식, 특히 정치에서의 위탁에 대한 불신은 그들의 모든 과거와 미래의 계획이 개인적 구제로 지향되는 개인들의 고유한 성향체계 속에 논리적으로 각인된다. 이 개인적 구제는 다음과 같은 것에 근거한다. 즉 개인적 '재능'과 장점, 타인과의 억압적 연대감의 단절, 거기에 거추장스런 의무의 거부에 근거하며, 노동에서처럼 거주환경에서, 사색에서와 같이 레저에서 공적인 것, 집단적인 것, 일반적인 것, 특징 없는 것, 남에게서 빌려온 것에 대해 사적인 것, 내밀한 것('자기 집에서와 같은' 것)을 일관성 있게 우선시하는 선택에 근거하는 것이다.[27] 그러나 쁘띠 부르주아지의 단순하게 '이기주의적' égoïstes인 성향은 자기들의 인격의 통일성을 주장하는 수단을 모든 자신들의 실천 속에서, 무엇보다도 먼저 자신들의 직업 속에서 찾는 사람들의 미묘한 자아중심주의égotisme와는 아무런 공통점이 없다. 후자의 사람들에게는 직업은 자유로이 선택되고, 자유로이 유도된 자유로운 활동인데, 거기서 익명의, 비인칭적인, 교환가능한 역할로 환원될 수 없는 '개성'personnalité이 독자적 힘으로 부상하여 나타나는 것이다. 그리고 쁘띠 부르주아지는 존재하기 위하여, 혹은 최소한 그들의 사회적 존재를 인정받기 위하여(특히 부르주아지와 그들의 갈등 속에서) 이 익명적인 역할에 여전히 자기 자신을 동일시('규칙은 규칙이다')해야만 하는 것이다.28) 그리고 권리의 위탁과 특정 집단에의 가입에 제동을 거는 의혹에 찬 신중함은 자신들이 유례없는 사상과 의견의 최적의 대변자라는 자신감과는 아무런 공통점이 없다.

정치정보에 관하여 특히 신문과 주간지를 신용하는 사람은 상급관리직이 가장 많은데(신문에 대해서는 상급관리직이 27%이고, 일반관리직과 사무노동자는 24%, 농업종사자는 14%, 생산노동자는 11%, 장인과 소상인은 8%), 주간지에 대해서는(상급관리직이 19%, 일반관리직과 사무노동자는 7%, 생산노동자는 6%, 장인과 소상인은 5%, 농업종사자는 4%), 이것은 소위 '의견의 저널'이라는 가장 구체적이고 가장 정통적 수단에

---

27) 개인적 구제의 요구들(야간 강의에의 참석이나 상사의 명령에 대한 복종)이 집단적 구제의 요구들(노조활동에의 참가 등)과 갈등하는 경우가 드물지 않은데, 그것은 실제적인 이유로 그러하고 또한 이러한 요구들이 사회세계에 대한 완전히 대립되는 두 개의 시각을 고무하기 때문이기도 하다. 사회인의 재교육과 기업 내에서의 승진체계(내부시험 등)를 실행하는 것은 기술연마에 덧붙여 기성제도와 사회질서에의 참가를 보증해주지 않는다면 적극적으로 승인되지 않을 것이다.
28) 여기서 자유로운(그리고 고독한) 의사에 의해 수행되는 의료행위의 단일성을 옹호하기 위하여 '의료질서'의 옹호자에 의해 생산된 다수의 문학작품을 상기해야 하는데, 이것은 또한 집단작업을 인정해 달라는 요구가 대학질서의 옹호자들 가운데 야기했던 분노에 찬 항의를 상기하게 한다.

분류할 수 없는 대학교수

— 당신은 당신의 정치적 위치를 설정할 수 있습니까?

글쎄요. 그것은 니가 답변할 수 없는 질문이오. 나는 이런저런 시기에 이런저런 정당에 투표했다고 말할 수 있을 거요.

— 당신은 다른 방식으로 당신을 정의 할 수 있습니까?

그런 정치운동들을 통해서 말이오? 글쎄요. 당신은 드골주의를 어디에 위치시키겠소? 그것은 내가 당신에게 물을 질문이오. 자기 스스로 좌파라고 말하는 드골주의자가 있고, 우파라고 말하는 드골주의자가 있소. 그들 가운데 하나는 그것을 한 번 말했지(웃음). 그는 용기가 있었지. 내가 성년이 된 이후로 투표했던 방식을 돌아보면, 우파에 투표했었고, 망데스 프랑스에게 투표했었고, 꽤 자주 드골에게 투표했었지. 이제 당신이 원하는 대로 내 위치를 정해 주시오. 누가 목에 칼을 들이대고 정당 하나를 선택하라고 강요한다면, 무엇보다 먼저 나는 선택하지 않을 거요. 그래도 선택하라 한다면, 그것 중에 어떤 것을 선택하지 않기 위해서 다른 어떤 것을 선택할 것이오. 아니오. 난 모르겠소. 나는 정당들의 원칙에 불만이오. 그건 다른 많은 것처럼 필요악이라고 생각하오. 그러나 나 개인적으로는 관계가 없다고 생각하오. 나는 일정수의 일들을 제외할 수 있지요. 제외를 통해 내가 공산당원이 되는 건 아니고요. 확실히 좌파적 유형, 망데스주의적 유형, 드골주의적 유형의 여망이 있는데, 결국에는 서로 통하고 나에게는 낯선 것이 아니죠. 그리고 동시에 모순적으로 나는 어떤 유형의 질서에 찬성하오. 무질서 속에서는 아무 것도 할 수 없다는 것이 내 생각이오. 정상적인 시기에는 물론이죠. 다른 한편, 나는 중도파가 아니오. 내 생각에 입장을 선택해야 할 때는 나는 입장을 선택할거요. 아시다시피 당신 질문에 답하기는 어렵군요. 결국 당신은 내가 현재로선(과거에 그랬듯이) 1940년대식의 드골주의에 가깝다고 할 수 있을 거요. 그것은 정당이 아니고 오히려 일종의 철학이오. 그것은 드골주의 운동에서 증명되지는 않았고, 내가 인정하지 않는 것도 많지요. 이런 이유로 나는 어떤 정당에도 가입하지 않을 것이오.

(파리의 대학교수)

의존함으로써 '의견을 형성'하려는 관심의 표명(교육수준과 함께 상승한다)으로 볼 수 있는데, 이 '의견의 저널'은 TV나 라디오 같은 동질화된 생산물을 제공하는 매스미디어에 대립하여 자신의 의견에 따라서 선택될 수 있는 것이다(Sofres, Télévision et politique, mai 1976). 이것과 동일한 구조의 대립은 다음과 같은 사실에서 보여진다. 즉 자기의 요구를 실현하는 방법으로서 상급관리직에서는 공적 기관에의 청원이란 수단에 호소하는 빈도가 특히 높은 반면에 생산노동자와 사무노동자는 다른 모든 범주들보다 높은 빈도로 파업을 중요시하였고, 장인과 소상인과 일반관리직은 무엇보다도 가두시위(이것은 그 시기에 따라 급거동원되는 것이고, 그 시기를 넘어서 생존하지는 않는다) 들었다는 사실이다.

> 정치란 내 생각엔 하나의 투쟁이에요. 그래서 투쟁에서는 수가 많아야 하고 대중이 필요하지요. *(가정부, 공산당원)*
>
> 그들이 정말 파업할 때는 진정으로 그럴 필요가 있기 때문이에요. 사람들은 재미로 파업을 하지는 않아요. *(가정부)*

그러나 '개인적 의견'에 대한 요구가 형성되는 사회적 조건과 이런 야망이 실현되는 사회적 조건에 대해 간략하게나마 성찰함으로써 다음과 같은 사실은 충분히 보여줄 수 있을 것이다. 즉 정치 앞에서의 형식적 평등이라는 단순 소박한 믿음에 반해서, 가장 박탈당한 사람들에게는 순전한 기권démission밖에는 다른 선택이 없다고 보는 민중적 시각이 현실적이라는 것이다. 이러한 기권은 신분상 무능력의 체념적 인정, 즉 타인에의 완전한 위탁인데, 이것은 맹목적 신앙fides implicita이란 신학적 개념이 탁월하게 보여주는 것처럼 자기를 전면적으로 인도하는 것remise de soi이고, 자기의 대변자를 선택함으로써 자기의 발언을 선택하는 암묵적 위임이고, 무언의 자기위탁인 것이다.

의견의 생산양식

사실, 모든 응답들이 의견은 아니며, 특정집단의 응답들이 가장된 무응답이거나 제기된 문제틀에 영합하는 양보, 또는 '개인적 의견'으로 단순소박하게 받아들여진 윤리적 담론에 불과할 가능성은 확실히 그 집단을 특징짓는 무응답의 가능성과 같은 방식으로 변화한다. 자신의 이해관심(利害關心)과 경험을 정치적 담론의 차원에 연관짓고, 의견의 일관성을 추구하며, 입장표명prises de positions의 전체를 명백하게 정치적인 원칙을 축으로 통합하는 경향과 자질은 실제로 학력자본에 매우 밀접하게 종속되고, 이차적으로 총자본의 구조에 종속되는데, 이 경향과 자질은 경제자본에 대한 문화자본의 상대적 비중처럼 증가한다.[29]

신분에 따른 유능성의 불평등한 분배상황은 정치적 판단능력의 사회적 조건을 환기하도록 강요하는데, 이런 불평등을 인정하는 것으로는 충분하지 않다. 다음과 같은 가장 근본적인 정치문제가 완전히 은폐되는데, 다시 말해서 정치문제에 대한 모든 답변은 판단행위의 산물이고 그것도 순전히 정치적인 판단행위의 산물이라고 하는 주지주의적 전제를 받아들임으로써 정치문제에 대한 답변의 **생산양식**이라는 문제가 은폐되는 것이다.[30] 정치에 관한 지배자적 정의에 의해 정치로 분류되는

---

[29] 이러한 명제는 미학의 차원에서도 마찬가지인데, 다음과 같은 일반적인 명제의 특수한 사례인 것이다. 즉 이러한 일반적 명제에 따르면, 언어상의 또는 실천상의 입장표명을 있는 그대로, **의도적 체계화**(에토스의 원칙이라기보다는 윤리의 원칙, 미학의 원칙, 정치적 사고의 원칙)에 따르는 **명벅한 제 원칙**에 종속시키는 경향과 자질은 학력자본이 클수록 증대된다. 이러한 관계는 적어도 학력자본이 보장하는 특정 분야에서의 능력의 효과에 의해서 성립되는 만큼, 적어도 이 자본의 획득에 필요한 존재조건을 매개로 성립된다.

[30] 여론조사와 투표의 유사성을 증명하기 위해서는 앙케트의 질문 자체에 각인된 정치철

문제(가령 학생들의 시위나 낙태의 문제)에 대한 응답은 서로 다른 세 가지 생산양식에 따라 생산될 수 있다. 응답의 첫번째 생산양식은 **계급의 에토스**인데, 일상생활의 모든 문제들에 대해서 응답들간의 객관적인 일관성이 있고 세계에 대한 실제적 관계라는 실제적 전제와 양립가능한 응답들을 산출하게끔 구성된 것이 아닌 생성적 형식formule génératrice이라고 할 수 있다. 두번째 생산양식은 **체계적 정치적 '방침'** ≪parti≫ politique(예술적 방침이라는 의미로)인데, 이는 명시적이고 특히 정치적이며 논리적 검증과 성찰적 검토를 받아야 할 원칙들의 체계로서 일종의 정치적 공리계(公理系)axiomatique politique(통상적 용어로 '노선'이나 '프로그램')이다. 이것은 특정한 연산방식(演算方式)algorithme에 포함된 무수한 정치적 판단과 행위들을 산출하고 예견하게 해준다. 마지막 생산양식은 **이 단계 선택**이라고 할 수 있는데, 자기가 (일단계로) 선택한 정당parti politique(여기서는 일련의 문제를 정치적 문제로 구성하는데 기여하는 정치적 '노선'을 제공하는 조직의 의미로서)에 의해 규정된 '노선'에 적합한 응답을, 지식의 양식에 비추어 (이단계로) 식별하는 작업이다. 이러한 암묵적이거나 명시적인 위탁에 포함된 찬성의 의사 그 자체는 앞에서 본 '방침'에 토대한 에토스나 명시적 선택에 따라 이루어지는 실제상의 승인의 원리를 따른다는 것을 알게 된다.31)

 명백히 '정치적'인 원리에 따라 산출된 실천과 담론들의 의도적 일

학 말고도 분석방법에 함축된 정치철학(특히 통계의 순수한 집계集計적 원리)을 분석해야 한다. 그래서 선거의 투표결과를 예상하려면 모의 투표를 상정할 때야 비로소 여론조사는 현실에 가까운 결과를 얻을 수 있다는 것을 우리는 알게 된다.
31) 이러한 이 단계 선택이 취향의 영역에서 매우 흔하게 관찰된다는 것을 지적하는 것으로 충분하다. 거기서 소비자들은 하나의 생산주체나 보급매체(어떤 상점, 어떤 극장, 어떤 라디오방송 등)를 선택하고, 이 선택을 통해 그것이 제공하는 선별된 상품들을 선택하는 것이다. 이 때에 소비자들은 무조건적으로 인테리어 디자이너나 건축가, 기타 미학적 서비스의 판매자 같은 미학적 수임자에게 위탁하는 것은 아니고, 후자는 이 경우 정당의 역할과 매우 흡사한 역할을 수행하는 것이다.

관성cohérence intentionnelle과, 암묵적 원리에 따라(즉 '정치적' 담론의 수준 이하에서, 다시 말해 어떤 명시적 주입을 거치지 않고 단순한 친숙화 과정을 통해 획득되며, 성찰 이전의 방식mode préréflexif으로 활용되는 객관적으로 체계적인 사고와 행위의 도식을 통해서) 생산된 실천들의 객관적 **체계성**systématicité objective은 판이하다. 이러한 두 가지 형태의 정치적 **성향**은 기계적으로 각 계급의 상황에 연결되지는 않은 채, 주로 다음과 같은 과정들을 통해서 계급의 상황에 밀접히 연결된다. 즉 물질적 존재조건(그것의 절박한 요구는 고르지 않은 절박성을 띠고 있고 그래서 상징적으로 '중화시키기'neutraliser는 그 용이성에서 서로 다르다)과 실천의 상징적 통제수단, 즉 **정치적 경험**의 언어화와 개념화의 수단을 취득케 하는 학교교육을 통해서이다. 민중계급이, 정치에 대한 지배자적 정의에 포함된 속성들이 자연발생적이고도 당연하게 갖추어진 '정치관'('미학'과 마찬가지로)을 갖고 있다고 믿는 민주주의적 경향은, 일상적 선택에서 (정치에 관한 지배자적 정의에 입각하여 정치적인 것을 구성될 수 있건 없건) 표현되는 실천적 제어력이 지속적인 경각심과 어떤 분야에서나 유능하다는 의식 같은 명백한 원리에 입각해 있는 것이 아니고, 계급 아비투스라는 암묵적 사고와 행위의 틀에 입각해 있다는 점을 무시하고 있는 것이다. 이를 정치적 토론의 단순화된 또는 단순주의적 정식으로 표현하기를 고집한다면, 그것은 계급의식보다 계급무의식에 입각해 있다는 점을 무시하고 있는 것이다.

> 나의 경우, 정치는 어린 시절의 고생스런 생활을 통해 내게 다가왔지요. 당신은 내말을 알아듣겠소? *(시청의 여사무원, 공산당원)*

성교육과 같이 본래 가정도덕에 관한 문제는 학교제도의 보급을 통해서 정치문제로 되는 경향이 있는데, 상급관리직을 예외로 하고 모든 직업범주들은 계급 에토스에 의해 지배받으며, 명백히 선언된 정치적 의견으로부터는 거의 독립된 응답들을 나타낸다. 예컨대, 농업종사자들은 아이들에게 성에 대해서 이야기해서는 안 된다고 말하거나 15세 이전에는 성교육을 시켜서는 안 된다고 말하는 빈도가 가장 높은 집단이다. 반면에 사무노동자나 일반관리직은 다른 영역에서와 같이 이 경우에도 그들의 문화적 선의가 지배적인 규범(이 질문 자체를 통해서 환기되는)을 승인하는 경향이 있는데, 그들은 11세 이전에 성교육을 시켜야 한다고 말한 사람이 가장 많았다. 한편, 이 두 범주에서는 정치적 소속에 따른 변이가 별로 나타나지 않았다. 반대로 상급관리직과 자유업의 성원들의 응답은 교육에 관한 일종의 방임주의로 향하는 계급 에토스와 명백히 정치적인 제 원칙을 불가분하게 표현하고 있는 것으로 보인다. 스스로 좌파라고 말하는 그들 중의 80%는 11세 이전에 성교육을 시켜야 한다고 생각하는 반면에, 중도파에 가깝다고 말하는 사람들의 경우는 50%, 우파라고 말하는 사람들의 경우는 33%로 나타난다. 각각의 미학적 선택을 미학적 '방침'의 표명으로 만드는 경향이 있는 '순수한' 미학적 성향에서 보이는 대로, 문자 그대로 정치적인 원칙으로부터, 즉 윤리적 직감으로부터가 아니라 정치적 '방침'의 논리에 따라 일상적 선택을 결정하는 경향은 그 자체로 언어와 신체, 타인들과 세계 일반과의 관계 속에서도 표현되는 특정한 에토스의 한 차원이다.

사실 세 가지 의견의 생산양식들 중에서 나중의 두 가지는, 정치적 판단의 생산에 대한 명백히 정치적인 원칙들이 이 생산양식들 안에서는 명백해지고 원칙들로 형성된다는 점에서 첫째 것과 구별된다. 이러한 원칙의 형성은 그것들의 생산과 관리를 위임받은 제도에 의해서 이루어지거나, 격리된 정치적 행위자에 의해 이루어지는데, 후자는 정치적 질문과 응답에 대한 자신의 생산도구를 가지고 있고, 공장점거나 성교육, 환경오염 같이 외견상으로 상이한 문제들에 대해 체계적인 정치적 응답을 제공할 수 있다. 이 두 경우에 사회계급과 정치적 의견의 관계는 오직 계급무의식의 매개를 통해서는 더 이상 직접적으로 정립되지 않는다. 정치적 의견을 적절하게 이해하고 완전하게 설명하기 위해서는 문자 그대로의 정치적 결정요인을 개입시켜야 한다. 이 요인들은 정치적 의견의 생산원리의 생산을 사실상 독점하는 정당의 '노선'이나 '정강정책(政綱政策)'이거나, 제기된 문제들이 정치적 문제가 되든 안 되든 그것들에 대해 순전히 정치적 의견을 생산케 해주는 정치적 공리이다.32) 그 결과, 개인적 '방침'으로나 정당에 의해 구성되지 않은 문제들에 대해서 행위자들은 그들의 에토스에 귀착되고, 거기서 특정한 에토스 생산의 사회적 조건들이 드러나게 된다. 보통 행위자들만이 아니라 지식인, 사회학자, 언론인이나 정치인 같은 직업적 의견생산자들이 여기에 해당된다. 즉 사회세계에 대한 담론(과학적이건 아니건)의 생산에서는 그 세계에 대한 정치적 행동노선의 결정에서처럼, 공리계와 방법의 불충분(또는 사고와 행동수단에 대한 불충분한 통제)을 보충하도록 요청되는 것은 계급의 에토스이다. 혁명정당의 '노동자 중심 사회주의'ouvriérisme는 확실히 정치적 의견과 행동의 생산원리의 이중성에 대한 이러한 직관과, 오로지 정치적 공리계의 원리를 토대로 일상생활의 모든 **실제적 도전**과 모든 질문에 응답할 가능성에 대한 정당화된 회의주의로부터 비롯된다. 아무튼, 정치적 '방침'의 의식적이고 거의 강제된 체계성과, 에토스의 구의식적 원리로부터 생겨난 실천과 판단의 '즉자

---

32) 자기가 특정한 정치집단에 소속되거나 표명된 주의주장을 충실히 받드는 경우, 그것은 성별, 연령이나 직업 등의 효과와 똑같이 연구될 수 있는 의견생산의 요인과는 성격이 다른 요인인 것이다. 즉 순전히 정치적인 원리는 사회경제적 결정요인에 대해 상대적으로 자율적인 요인들로 기능하는데, 그 결과(이런 생산원리에의 동의는 그것의 결정요인들로부터 독립적인 것은 아니지만) 직접적이고 개인적인 이해와는 상반되는 의견이나 실천의 생산이 가능해진다.

적' 체계성 사이에는 큰 차이가 존재한다. 혹은 정치적 의견의 생산원리의 생산을 한 정당에 위임하기 위해 필요한 최소한의, 동시에 기본적인 의식과, 모든 상황을 정치적 상황으로 구성하고 순전히 정치적 원리로부터 생성된 정치적 해결을 가능케 해주는 체계적 의식 사이에는 큰 차이가 존재한다. 적절한 성향이 없는 정치의식이 비현실적이고 불확실한 것이라면, 명확한 의식이 없는 성향은 그 자체로 불투명하고, 그 결과 잘못된 승인에 입각해서 항상 본래의 목적 이외의 목적에 유용당하기 쉽다.[33]

지적 직업인들(교육자, 연구자, 예술가)은 다른 모든 '혁명적 행동의 지지자들'보다 훨씬 자주 '권위주의'를 혐오한다고 말하고, '계급의 국제적 연대'를 찬성한다고 말하는 경향이 있다. 그들은 "1968년 5월 위기는 전 국민의 일반이해에 유익했었다"고 생각하는 빈도가 더 높으며, 노동자들과 마찬가지의 빈도로 "파업자의 피켓은 정당한 행위다", "인민전선 Front populaire은 유익한 경험이었다"고 말하거나, 그들은 '자유주의'보다 '사회주의'를 더 좋아한다거나 "국가가 주요산업을 국유화하면 사회상황은 호전되리라"고 말한다. 그러나 그들의 응답은 자주 그들의 담론과는 모순되는 에토스를 드러낸다. 즉 그들은 생산노동자들보다 자주 다음과 같이 말한다. '노조에 대한 그들의 신뢰'는 1968년 5월 이후 감소했다거나, 개인을 특징짓는 가장 중요한 요소는 인격이라고(생산노동자들은 보다 자주 계급을 언급한다) 말하거나, "경제발전은 대다수에게 유익하다"(생산노동자는 그것이 소수에게만 유익하다고 생각한다)고 말한다

---

[33] '앙가주망' engagement은 결연한 선택의 산물이기 때문에 항상 자의적 선택으로 체험되는데, 모든 지식인들 중에서 사르트르는 확실히 이러한 '앙가주망'의 추상적 비현실성과 존재조건들에 의해 무리하게 부과되는 선택의 불투명성 사이의 대립을 가장 '진실하게' 느낀 인물이었다.

(이상의 분석은 1968년 5월 위기 이후 남성 3288명〔그중 지적 직업인은 176명〕의 표본을 대상으로 실시한 앙케트 조사의 결과에 토대한 것이다. 이 조사의 결과는 마테이 도간Mattéi Dogan에 의해 『서구에서의 노동자와 정치』라는 주제로 프랑스 정치학회의 원탁회의에서 보고되었다). 지식인들이 모든 문제를 정치적으로 다루는 성향을 갖게 하고, 생활의 모든 차원에서의 모든 입장표명prises de position에서 일관성을 추구하도록 하는 과도한 정치적 일관성sur-cohérence politique의 경향은 특히 그들이 지배계급의 피지배분파 출신인 경우에(지배분파의 성원들에게서 관찰되는 것과는 다르다) 그들의 에토스와 담론 사이에 정립되는 근본적인 불일치에 의해 생겨날 수 있다.

의견생산의 근본적인 성향은 주로 의견을 표현하는 **방식** 중에 드러나는데, 다시 말해서 응답의 통상적인 기록에서 거의 불가피하게 상실되는 '무의미한' 뉘앙스 속에서 드러난다(이것들은 빠르고 표준화된 조사과정을 위하여 대개 최대한 단순화된다). 그 결과 액면상으로는 동일하지만 실제에서는 대우 상이한 행동을, 심지어는 대립된 행동을 예견케 하는 상이한 성향들을 표현할 수 있는 응답들을 같은 범주에 넣게 되는 것이다. 통상적 직관은 신체의 자세와 매너의 미묘함, 의견주장과 **신체적 성향**hexis의 뉘앙스를, 이중적 의미와 정치적 모호성의 원리, 즉 '좌익'이나 '우익', '혁신'이나 '보수'로 존재하는 상이한 방식의 지표로 사용하는데, 이 직관은 같은 아비투스가 외견상 다른 의견을 결합시킬 수 있거나, 다른 한편 상이한 아비투스가 피상적으로(즉 선거에서 나타나는 대로)비슷하지만 그 양태에서는 격리되는 다양한 의견으로 표현될 수 있음을 상기시켜 준다. 그러므로 립셋Lipset(미국의 정치사회학자 — 옮긴이)이 대학생집단을 대상으로 한 조사에서 부모의 직업과 자녀의 정치적 입장 사이에 아무런 상관관계도 없다고 결론을 내리며 거기서 확인된 모든 차이들을 대학과 학과의 유형 같은 요인으로 돌리는 이유는, 다른 글에서 지적되듯이, 그가 어떤 시기에서 대학위치의 차이가 출신계급의 차이에 대한 학교적 이중 번역이라는 사실을 잊었기 때문만이 아니라, 여망의 수준에서도 학과의 선택은 일정한 학력상의 성공을 향해 일정한 출신계급의 개인에게 접근가능한 야망을 표현하기 때문이라는 것을 잊었기 때문이다. 또한, 그리고 특히 그가 정치적 실천과 판단의 양태의 척도를 얻기에 적절한 질문을 사용하지 못함으로써, 그는 정치적 내용에서는 같을지라도 상반되는 성향을 표현할 수 있는 입장표명, 그리고 그 후(1968년 이후)의 정치적 전향이 증언하는 바와 같이, 그 입장표명이 단기적으로 특히 장기적으로 '정치참여'의 양태를 나타내는 태도나 말투 같은 외견상 무의미한 세부사항보다도 유용하지 못한 실천의 예견자인 입장표명을 동일시하도록 만들기 때문이다. '정치참여'의 양태에는 **웅변적** 침묵은 말할 것도 없고 찬성이나 의심, 적대감, 경멸, 체념 등이 있다.[34]

기존질서의 옹호자들이 항상 원용하는 것은 첫째 원리와 두번째 원리의 대립, 즉 일인칭 의견생산과 대리에 의한 의견생산의 대립인데, 예컨대 파업이 일어났을 경우, 그들은 투표 또는 여론조사라는 '민주적' 논리를 노동조합을 통한 표현이라는 '중앙집권적' 논리와 대조시키는데, 그렇게 함으로써 유기적인 위탁관계를 끊고 개인을 홀로 투표소에 들여보냄으로써 개인을 오직 자기 자신에게만 의지하게끔 만드는 것이다. 여론조사도 똑같은 일을 한다. 그것은 가장 능력이 적은 응답자들로 하여금 그들에 의해 공인된 대변인들이 제시한 의견에 반하여 견해를 산출하도록 강제하는 의견의 생산양식을 수립함으로써 위탁계약의 유

---

34) S. M. Lipset, Students and Politics in Comparative Perspective, *Daedalus*, winter 1968, pp. 1〜20; 프랑스 대학생을 상대로 조사한 앙케트의 분석을 토대로 한 비판으로는, Y. Delsaut, "Les opinions politiques dans le système des attitudes: les étudiants en lettres et la politique", *Revue française de sociologie*, XI, 1, janvier-mars 1970, pp. 3〜33을 볼 것.

효성에 문제를 제기한다.35) 정당과 대중의 관계에 있어서 두 가지 개념이 대립되는데, 즉 한편에는 대중정당의 지지자, 다른 편에는 그 활동가의 거의 전부가 '방침'에 따라 정치에 관여할 수 있는 소규모 정당이나 '전위'집단의 지지자가 그것이다. 그리고 이러한 대립관계를 준거하는 것은 역시 의견의 두 가지 생산양식 사이의 대립에 따라서이다. 즉 정당과 대중의 관계들 중에서 하나는 '현실주의'라는 이름 아래 중앙지도부에 높은 정도의 권리를 위탁한다. 다른 하나는 자신을 대신하여 의견을 생산할 권력을 타인들에게 위탁할 이유가 없는, 정치적 의견의 생산수단의 소 소유자들에게 고유한, 정치와의 관계의 무의식적 보편화에 의해 정치적 의견의 자주관리에로 이끄는 것이다. 정당기구와 그들의 지지자들 간의 관계에 대한 통상적 이미지, 특히 "정치적 엘리트는 사회적 기층의 요구에는 부응하지 않는다"거나 "정치적 엘리트는 그들을 권좌에 머무르게 하는 정치적 요구를 만들어낸다"등의 지지자의 목소리가 집행부에 충분하게 대표되지 않는다는 이데올로기는, 이 관계가 같은 정당의 내부에서도 지지자의 당파와 범주에 따라 실제로 상이한 형태를 띠게 된다는 것을 무시한다.

수탁자와 위임자의 관계는 무엇보다도 당원의 충원방식, 정치적 책임자의 양성과 승진양식(한편으로는 예컨대, 공산당의 경우, 거의 전적으로 당에 의해 제공되는 전면적 훈련에 의해 무에서 정치인을 창조해야 하는 반면에,36) 보수정당의 경우는 이미 일반적 훈련을 쌓고 확고한 지위를 점하고 있는 유력자들을 가입시키는 데 만족할 수 있다), 지지기반의 사회적

---

35) 그래서 '개인적 의견'을 자기가 생산할 수단을 박탈당한 사람들에게 정치적 의견에 접근하게 하는 조건인 대리(또는 보조)라는 방법이 보수사상, 즉 '보수적 혁명' 사상의 다소간 교묘하게 은폐된 표적 중의 하나라는 사실은 전혀 우연이 아니다(P. Bourdieu, L'ontologie politique de Martin Heidegger, *Actes de la recherche en sciences sociales*, 5~6, nov. 1975, pp. 109~156)

36) G. Ansart, *De l'usine á l'Assemblée nationale*, Paris, Editions Sociales, 1977.

특성(특히 일반교육의 수준과 그 기반이 활용하는 경향이 있는 정치적 사고방식), 정치적 담론의 형성양식 또는 이러한 담론이 형성되고 순환하는 집단의 조직양식에 따라 좌우된다.[37]

여론조사의 분석은 두번째 요점(지지기반의 사회적 특성)에 대한 몇 가지 지표들을 얻게 해준다. 예컨대 공산당의 지지자들이 그들의 의견을 생산하는 원리는 영역 terrain에 따라, 즉 그들이 실천적으로 아는가, 혹은 이론적으로 아는가, 경험을 통해 아는가 혹은 정치적 학습을 통해 (생산관계의 장에서의 투쟁에 관계되는 모든 것이 이 경우이다) 아느냐에 따라 달라지고, 혹은 반대로 그들은 그들의 에토스의 성향에 맡겨지고, 이 경우 그들은 부르주아지 도덕의 과거 상태를 지키는 파수꾼으로 나타나고 마는 것이다. 또한 공산당의 활동가나 지도자들에게서 두 개의 원리에 따라 생산된 응답들 사이에서, 특히 그들이 정치적 차원에서 표명하는 혁명적 성향과 '윤리적' 차원에서 그들이 드러내는 보수적 성향(이것은 어떤 상황에서는 현실에서 보수적인 정치행동을 낳는 원인일 수 있다) 사이의 모순과 불일치를 보여주는 것은 어린애들의 놀이 같은 것이다. 이와 반대로 통합사회당PSU의 지지자들은 대부분이 '지적' 작업의 종사자들인데, 그들의 응답의 높은 일관성을 통해 모든 것을 정치적인 문제로 구성하는(모든 것을 미학적인 것으로 구성하는 유미주의자의 성향과 같은) 자질을 드러내며, 또한 명백히 일관성이 있는 응답체계(즉, 공산당 지지자들의 응답들보다 명백히 표현될 수 있는 정치적 원리를 축으로 보다 분명하게 통합된)를 제공할 수 있는 자질을 드러낸다. 그들은 타인

---

37) 지식인들은 자기 나름의 담론의 생산자로서 교회나 정당같이 상징적 재화의 정통적 생산권을 독점하려는 기관들에게 항상 의견의 자주관리권을 요구하는 경향이 있다(이런 점에서 생태학적 운동은 자기들에게 투표하는 유권자들의 표의 '소유자'로서 행동하기를 거부하고 그 집행부의 특권을 인정하기를 거부하는데, 그것은 지식인 정당의 이상을 실현한 것으로 표상된다).

들이 에토스의 원리로 '후퇴'하는 경향이 있는 영역에서까지도 순전히 정치적 의견생산의 원리를 주장할 수 있음을 드러내는 정도에 의해 모든 타인들과 구별된다.

모든 정치적 판단들은, 가장 현명해지려는 판단을 포함해서, 정치적 선택의 논리 자체로부터 유래하는 **맹목적 신앙**fides implicita의 불가피한 일부분을 포함한다. 이러한 정치적 선택에는 자기의 **대변자**porte-parole 와 **대리인**fondés de pouvoir의 선택이 있고, 또한 사상, 의견, 기획, 정강정책과 계획의 선택이 있는데, 이러한 후자의 선택들은 '인격' 속에 **구현**되며 그것들의 현실성과 신뢰도는 '인격'의 현실성과 신뢰도에 따라 좌우된다. 대상이 인간이든 관념이든 판단의 대상 자체에 대한 불확실성은 정치의 논리 자체에 각인되어 있다. 그리고 이 정치의 논리는 어떤 정치체제하에서든 정치적 문제나 해결책을 정식화하고 그것을 부과하는 역할이 필연적으로 정치가에게 위임되도록 한다. 그 결과, 그 대리인들은 항상 이미 말로 표현된 판단과 고지되고 공개된(공약의 논리로) 조치들의 카탈로그라는 의미로서의 그들의 (객체화된) **프로그램**을 위해서 선택되거나, 그들의 '인격'을 위해서 선택되는데, 이 '인격'은 **육화된 프로그램**(정보과학에서 말하는 의미로)이고, 판단과 행위('정책')의 전체를 생성하는 원리로서의 그들의 아비투스인데, 이것은 '선택'의 시점에서 후보자에 의해서도 유권자에 의해서도 명백히 언어로 표현되지 않기 때문에 육체적 성향, 어법, 자세, 매너를 통해서만 드러나는 성향의 미묘한 지표를 통해서만 예감되는 것이다.

모든 정치적 '선택'은 보증인인 정치가의 인격과 그가 보증하는 것을 동시에 고려한다. 수탁자(受託者)는 자기의 위탁자가 이미 표명한 의견을 표명하는 사람인 동시에(흔히 얘기되는 것처럼, 그는 일종의 명시적인 위탁계약인 프로그램에 구속된다), 객체화된 프로그램보다는 육화된 프로그램에 따라서(혹은 이데올로기적 생산의 장에서의 자기 위치에 결부

<그림 19> 허용도와 정치적 선호

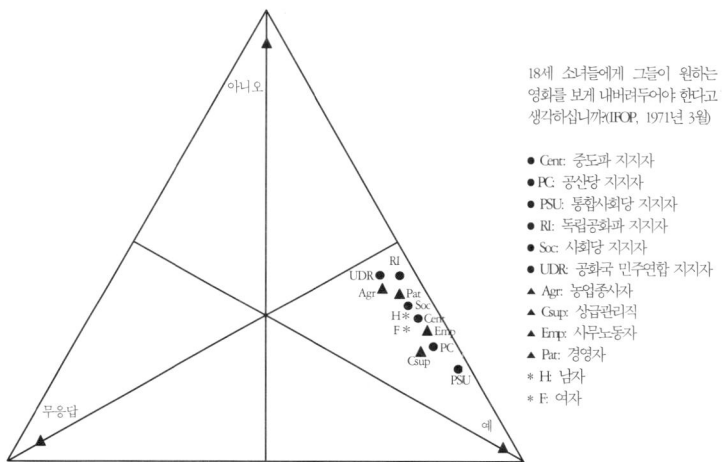

위의 삼각형에서 보는 것처럼 윤리적 지각에 적합한 영역에서 정치적 주의주장을 분명히 해야 할 경우마다 통합사회당의 지지자들은 아주 눈에 띠는 위치를 점하고 있다. 가령 그들 중 53%는 "교사는 젊은이들에게 충분히 엄격하지 않다"는 판단에 반대하는데 비해, 공산당 지지자는 33%만이, 사회당 지지자는 28%, UDR 지지자는 22.5%, 독립공화파는 20%가 반대한다. 마찬가지로 그들은 "프랑스의 교사들은 휴가가 너무 길다"라든가 "교사들은 너무 많이 정치에 관여한다"는 판단들을 인정하지 않으려는 경향이 가장 강한 사람들이다(IFOP, 1970년 3월).

된 특수이해에 따라서) 행동함으로써, 아직 명백하게 표명되지 않은 암묵적이고 잠재적인 의견을 표명하는 사람인데, 이런 행동을 통해 잠재적 의견들을 현재화하는 것이다. 수탁자는 자기에게 인정되지 않은(그리고 경우에 따라서는 그 집단 전체의 전위前衛나 후위後衛의 것일 수 있는) 기대, 의도, 요구들을 검증될 수 없는 유용행위(流用行爲)에 의해 그의 위탁자들에게 부여하기 위해, 그에게 인정된 대변인의 지위가 허락하는 발언의 독점권을 사용할 수도 있다. 요컨대, 수탁자가 이미 명백하게 표명된 명제들의 집합이란 의미로서의 오푸스 오페라툼opus operatum(완

도덕과 정치

나는 항상 공산당에 투표했는데, 그것은 공산당이 가장 청렴한 당이라고 판단했기 때문이죠. 공산당원들은 돈이나 기타 문제로 스캔들을 일으키는 것을 못 봤거든요. 그들 가운데 어떤 이들은 수년 후에 그 당이 그들 맘에 들지 않는 것을 알고 다른 쪽으로 빠져버린 경우도 있는데, 그들은 스스로 떠났거나 떠나도록 설득을 당했지만, 나는 그 당이 가장 깨끗하고 노동자계급을 지켜주는 유일한 정당이라고 생각해요. *(목수)*

인물에 대한 직관

— 국회의원을 뽑을 때 어떤 점을 고려하시나요?
— 첫째로는 당이고, 다음으로는 성실성이 아니고 논쟁하는 방식이죠. 나 개인적으로는 좀더 점잖은 사람만큼은 결과가 좋지 않다고 해도 좀 거칠은 사람을 좋아해요. 나는 자기 말을 노골적으로 하는 사람을 더 좋아하지요. 가령 지금 같으면 공산당의 당수로서 나는 조르쥬 마르셰Georges Marchais보다는 쟈크 뒤크로Jacques Duclos를 더 좋게 봅니다. 내 생각에 쟈크 뒤크로는 자기가 하고 싶은 말이 있을 때 얼버무리지를 않아요. 조르쥬 마르셰는 그렇지 않고 그는 좀 덜 직접적이고 모호한 태도를 취하는 경향이 있어요. *(생산직노동자, 공산당원)*

급진사회당원들은 과거에 그랬듯이 지금도 그런지는 모르겠지만, 아무튼 세르방 슈라이버Servan-Schreiber는 그들을 현대화시키려고 노력하고 있는데, 어쨌든 그들은 늙고 완고한 사람들과 프리메이슨 단원들의 집합이고 확고한 의견을 갖고 있지는 않다고 생각해요. 내 생각에 그것은 그다지 분명한 정당은 아니에요. *(비서)*

완전한 신뢰

나는 그들을 믿고 있고 과거에도 그랬어요. 그들은 말한 것을 항상 실천했고, 그래서 나는 항상 그들에게 투표했죠. *(시청의 여사무원, 공산당원)*

대체적으로 나는 항상 최선을 다하고 특히 당을 위해서는 그렇죠. 당이 내게 시킨 것을 항상 해냈다. 내가 좋아하지 않는 것이 있으면 나는 그것을 싫어한다고 말한다. 결국 대체로 문제가 없고 나는 항상 그들이 하는 것에 동의한다. *(가정부, 공산당원)*

무엇보다도 나는 당의 충고를 따르지요. 나는 그것을 기억해 두고 이미 주어진 명령에 따라 투표하게 된다. *(가구장인, 공산당원)*

많은 사람들이, 투표해야 하기 때문에 투표하러 간다. 그러나 나는 그렇지 않다. 개인적으로 나는 전혀 그렇지 않다. 나는 내가 투표하는 것에 확신을 가지고 있기 때문에 투표하러 간다. 나는 당에 소속되어 있고 나 자신의 생각에 투표하는 것이다. *(타이피스트, 공산당원)*

나는 개인적으로 당 중앙위원회를 신뢰하고 있다고 생각한다. 그들이 이러저러한 사람들이 후보자가 되어야 하느냐를 토론할 때, 그들은 내가 모른 것을 알고 있다. 이러저러한 사람들이 내게 매우 좋게 보이고 공식적 후보보다 더 맘에 들 수도 있지만 지도부에 있는 그들은 알고 나는 모르는 구체적 사항들이 있으리라. 그래서 그들이 어떤 선택을 한다면 분명히 마땅한 이유가 있을 것이다. *(자물쇠 제조공, 공산당원)*

료된 작업)으로서만이 아니라 아직 형성되지 않은 명제들의 생성원리들의 집합('노선')으로서의 모두스 오페란디modus operandi(작업실행방식)로서의 프로그램의 보증인이라는 사실은 뒤르케임의 표현을 빌리면, 왜 모든 것이 정치적 위탁계약 속에서 계약적contractuel이지 않은지를 확실히 설명해 준다.

변화를 지지하는 자는, 말할 필요가 없고 그래서 통상 말없이 통하는 일상적 질서의 일상적 수용인 통념doxa과 단절하고 그들의 이단적 의도를 객체화된 프로그램의 형식으로 백일하에 생산하도록 강제된다. 그래서 그들은 대변인이 표명한 프로그램과 그들의 아비투스가 드러내는 암묵적 프로그램간의 모순에 더욱 심하게 노출된다. 이와 같은 모순은 명시적인 프로그램의 생산이나 재생산의 독점권의 보유자가, 정치적 유능성에 도달하는 은폐된 조건(특히 교육)에 의해, 그들의 위탁자들의 생산조건과는 다른 사회적 생산조건(이것은 그들의 아비투스를 나타내는 가시적인 기호들 속에서 지각될 수 있다)의 산물일수록 더욱 심하게 나타나는 것이다. 반대로 기성질서를 지속시키려는 의도밖에 없는 사람들은 이러한 명시화의 작업을 하지 않을 수 있고, 그의 인격, 탁월함, 우아함, 교양, 그 밖의 여러 **특성들**(귀족의 칭호, 학력자격 등)의 형식으로, 육화된 보수적 프로그램의 브증을 제시하는데 만족할 수 있다. 그들은 자연발생적으로 그들의 말이 적합한 육체적 성향과 말씨, 그리고 발음법을 보유하고 있으며, 말과 말하는 사람 사이에 직접적이고 완벽하고 자연스런 일치가 존재하는 것이다.

의미의 박탈과 유용(流用)

이러한 정치적 선택의 본질적 모호성은, 정치의식을 취급하는 달인(達人: virtuoses)을 포함하여 어느 누구도 실제로 의견을 생산하는 상이한 양식들에 의존하지 않을 수 없게 하는(그리고 이런 의존은 **대응해야 할 상황이 정치적으로 덜 형성되어 있을수록 더우 심하다**) 요인들 중의 하나일 뿐이다. 다른 조건이 같다면, 제기된 문제가 정치적이라고 명확하게 인식되면 될수록, 자율적인 생산과 대리생산이라고 하는 두 가지 특수한 정치적 의견의 생산양식에 더욱더 자주 의존하게 된다. 또한 정치문제로 형성된 문제들의 경우에 정치의식이 높으면 높을수록 이러한 의존의 빈도도 높아진다. 달리 말해서 이러한 의존의 빈도는 가장 순수하게 정치적 성격을 띤 질문에 응답하는 경향(기권하는 경향과는 반대로)을 규정하는 요인들(성별, 교육수준, 사회계급 등)의 전체에 달려있다.

우리들의 앙케트 조사에 따르면 제기된 문제의 전부, 또는 거의 전부를 정치적인 것으로 인식하는 사람의 비중은 무학력자에게서 가장 낮았고, 교육수준에 비례하여 증가하며 바깔로레아와 학사학위의 취득자들에게서 2/3에 달한다(물론 여기서는 '문제들'의 형태가 문제되기 때문에 교육수준에 따른 격차는 다른 행위들을 정치적인 것으로 보는 자질에 대해서보다는 더 강하다). 예상되는 대로, 학력자본에 따라 상이한 행위자들을 나누는 격차는 정치적 논의에서 **비교적 최근에 등장한** '문제들'일수록 그만큼 커지는데, 이런 문제들로서는 여성해방, 자연보호, 성교육 같은 것이나, 또는 중등교육에서 라틴어 수업의 폐지처럼 이데올로기적 생산의 장 밖에서만 제기되는 것들이 있다. 그러나 실업, 노동자의 경영참여, 기업 내의 임금인상, 고기 값 같은 문제들을 정치문제로 인식하는 능력에 관해서도 학력에 따른 차이를 무시할 수 없다.

이것은 사회계급과 정치적 의견 사이의 관계는 사회계급에 따라서, 즉 그 계급에서 가장 빈도가 높은 의견의 생산양식에 따라서 달라진다는 것을 의미한다. 정치적인 것으로 구성된 문제에 대해 문자 그대로 정치적으로 응답할 확률은 사회적 위계 속에서(그리고 수입과 학력자격의 위계 속에서) 위로 올라 갈수록 증대된다. 그러므로 국제관계와 같이 정치적 의견만 있을 수 있는, 전형적으로 정치적인 문제에 대해서, 무응답률로 나타나는(즉 농업종사자는 37.7%, 생산노동자는 38.6%, 소 경영자는 30.9%, 사무노동자와 일반관리직은 25.0%, 상급관리직과 자유업은 16.1%), '의견'을 표현할 능력은 사회계급과 (그리고 또한 물론 성별과 교육수준과도) 밀접한 상관관계에 있다. 표명된 의견의 순전히 정치적인 지향성을 문제삼을 경우에 이것은 지지정당과의 상관관계가 매우 높아진다(정부의 외교정책에 우호적인 의견에 관해서, 지지정당이 공산당인 경우는 48.7%, 사회당인 경우 47.7%, 급진당인 경우 41.2%, 중도파의 경우 52.3%, 독립공화파의 경우 56.8%, 공화국방위연합[UDR]의 경우 76.3% — IFOP, 1966년). 이 점은 (그림 20)에서 매우 분명하게 나타나는데, 거기서 외교정책에 관한 대부분의 질문에서 그러하듯이, 상이한 계급과 계급분파들은 무응답의 축을 따라 분포되는 반면에 상이한 정당에 대한 선호는 만족도의 축을 따라 분포된다. 일반적으로 여론조사나 선거의 분석에서 흔히 이루어지는 것처럼 무응답을 무시하는 행위와 응답자들만으로 구성된 집단에 대해서 빈도를 계산하는 행위는 사회계급과의 관계를 무화시키거나 약화시키는 결과를 가져온다는 것을 우리는 알 수 있다. 다시 말해서 각 범주들에서 제거된 부분이 클수록 각 범주의 '잔존자들'은 바로 그들의 정치화의 정도에서 덜 전형적이 되는 것이다. 덧붙여서, 찬성이나 거부의 최소한의 응답을 산출할 능력과, 상응하는 질문을 산출할 능력, 혹은 (순전히 정치적인 문제틀의 생산의 장에서) 최소한 질문을 만들거나 제기하는 사람에 대해 그 질문이 갖는 순전히 정치적인 의미를 제기된 질문에서 포착하는 능력 사이의 괴리는, 제기된 응답의 의미의 유용(流用)으로 나타나는 **문제틀의 강압효과**effet d'imposition de problématique에서 기인하는 것이다. 조사대상자들은 한

<그림 20> 외교정책에 대한 의견분포

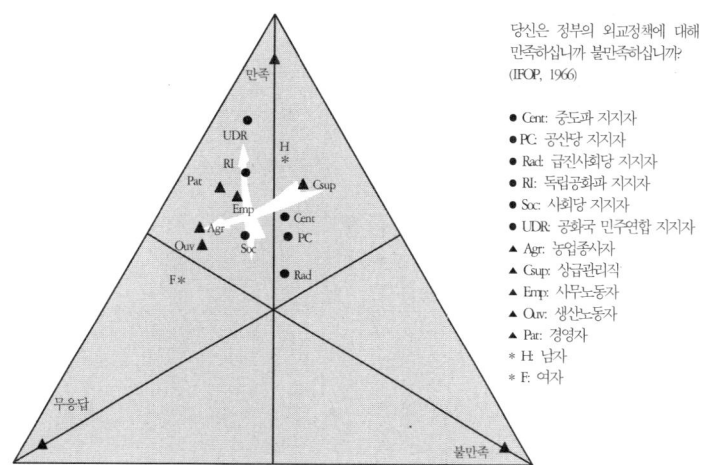

질문에 제공된 응답들 중에서 하나를 고를 때마다 그들의 응답의 의미를 사실상 박탈당하는데, 그들은 현실적으로 이 질문을 제기할 능력도 없고, 그래서 (그것이 우연히 그들의 입장을 표명해 준다고 해도) 그들에게는 완전히 낯선 의견을 그들 자신의 의견으로 취급되도록 허락하는 것이다. 혹은 그들이 제기된 질문에 답변하는 것이 아니라 처음의 질문을 자기의 것으로 해보려고 그들 자신이 산출해야만 했던 질문에 답변할 때마다 그들의 응답의 의미를 사실상 박탈당하는 것이다(이와 같이 질문을 고쳐서 자기의 것으로 하려는 작업 réappropriation은 거의 항상 다른 언어로의 재번역을 통해서 나타나는데, 예컨대 '예산 선택의 합리화'란 표현이 '낭비를 피하는 것'으로 변하는 것으로서 조사관찰의 수준에서부터 자료해독의 수준에 이르기까지 거의 항상 정치학자들에게서 무시된다).

강압효과를(그리고 거기서 결과하는 통설通說[allodoxia] 효과를) 보여주기 위해서는 정치에 대해 '실업계'가 행사하는 영향력에 대한 질문으로 충분할 터인데, 우리는 거기서 매우 자주 사용되는 두 개의 **수사학적 기**

제8장 문화와 정치 775

<표 30> 강압효과

"모든 나라에서 실업계는 정치에 일정한 영향력을 행사하고 있다. 당신의 의견에 따르면, 프랑스에서 이런 영향력은 너무 크다, 적당하다, 너무 작다?"

	너무 크다	적당하다	너무 작다	모르겠음
농업종사자	28	13	3	56
생산노동자, 파출부	34	19	14	33
소상인, 장인	39	23	7	31
일반관리직, 사무노동자	44	25	11	20
상급관리직, 자유업, 공업경영자, 대상인	55	21	8	16

(SOFRES, 「정치와 돈」, 1971년 11월)

<표 31> 새로운 사회주의에 대한 의견

"미테랑 씨는 '가능한 것의 사회주의'라는 새로운 형태의 사회주의를 권장하고 있다. 다시 말해서 유럽공동체 안에서의 프랑스의 위치와 국제적 경쟁을 고려하는 개혁을 말한다. 당신은 이 새로운 형태의 사회주의가 실제에 적용가능하다고 생각하십니까?"

	예	아니오	모르겠음
남자	37	35	28
여자	24	24	52
농업종사자	16	33	51
생산노동자	32	30	38
소상인, 장인	26	31	43
일반관리직, 사무노동자	37	31	32
상급관리직, 자유업	40	32	28
공산당 지지자	45	34	21
공산당 이외의 좌익지지자	48	22	30
UDR(공화국 민주연합) 지지자	19	37	44
민주중도파(르까뉘에Lecannet) 지지자	29	35	36
진보와 현대민주주의 중도파(뒤아멜Duhamel) 지지자	31	28	41
독립공화파 지지자	20	42	38
지지정당 없음, 기권자	18	19	63

(SOFRES, 「가능한 것의 사회주의」, 1971년 6월)

법을 발견하게 된다. 즉 하나는 전제의 부과로서 여기서는 '모든 나라에서'라는 대수롭지 않은 한 구절을 통해 '언제 어디서나 똑같다'는 모든 보수적 역사관을 교묘히 주입하는 것이다. 다른 하나는 (세 개의 선택지에서 보이는 것 같은) 허구적 대칭성의 효과인데, 이것은 모든 응답에 동등한 기회를 부여하는 것처럼 가장하면서 개연성이 별로 없으며 거의 불합리한 응답을 존재하게 하는 것이다. 물론 여기에 중립화(中立化)neutralisation와 완곡화(婉曲化)euphémisation의 효과가 부가되어야 하는데, 이것은 어떠한 '온당치 못한' 의분이나 반발의 표현도 억제하는 경향이 있다. 이 질문 자체는 다른 질문을 제기하는 것을 (다른 허구적 대칭성에 의해서) 정당화하기 위해서만 고안되는데, 후자의 질문은 전자의 지배적 문제틀의 분명한 구성부분이 되며 노조의 행동에 관한 것이 된다. 즉 "당신 생각에 노조의 영향력은 너무 크다, 대체로 적당하다, 너무 작다?"는 식으로 말이다. '실업계'의 영향력이 너무 크다고 판단하는 사람의 비율은 사회적 위계 속에서(가용한 자료는 없지만, 교육수준의 위계를 상정하는 것이 가능하다) 올라갈수록 증대되는 것으로 보이는데, 다시 말해서 응답에 기권하는 사람들의 비율과 매우 정확하게 반비례한다. 그래서 생산 노동자의 34%만 '실업계'의 영향력이 너무 크다고 '판단'하는 반면에, 52%는 기권이나 중립적 입장으로 도피하고 무시할 수 없는 비율(14%)의 사람들이 이 영향력이 너무 약하다고까지 '판단'하는 것이다. 지식과 능력이 결여된 조사대상자들은 '정치학적' 문제에 관한 길고 복잡한 질문을 자기 것으로 하기 위해 시행해야 할 재번역은 자주 오해를 낳게 하는데, 다른 경우에서 보이는 대로, 이 조사대상자들은 기권하거나 미테랑Mitterrand에 대한 그들의 이미지에 따라 응답하는 것 이외에는 선택의 여지가 없다.[38] 사회조사의 상황에서 가장 능력을 결한 행위자들은 강

---

38) <표 31>에서와 마찬가지로, 미테랑의 이름 앞에 붙이는 '므슈'(M; Monsieur의 약자로서 영어의 Mister, Mr.에 상당하다 — 옮긴이)라는 문자나 '권장한다'préconiser라는 말같이

압효과에 거의 전적으로 내맡겨진다는 점이 분명하다. 그리고 이 강압효과는, 그들이 오직 **정치적 문제틀**에 관련해서만 의미를 가질 수 있는 답변들 중에서 선택해야만 한다는 사실로부터 최종적으로 결과하는 것이다. 그런데 이러한 문제틀은 이데올로기 생산의 장 그 자체에 다름 아니다. 다시 말해서 이 장에서 행위자들이 현재 점유하고 수호하는 위치와, 사회세계의 정통적 표상과 이 세계에 대한 정통적 행위의 생산과 강압에서의 독점권을 놓고 경합하는 기관들과의 객관적 관계의 세계인 것이다. 그리고 이러한 관계는 그것이 표명되는 장소에 따라 그 내용이 결정되는 **정치적 입장(입장표명)**의 형태로 자동적으로 구체화된다. 이와 같은 문제틀을 완전하게 전우하는 방법은 **그것의 생산**에 참여하여 중요한 위치를 차지하는 방법밖에는 없다. 그 위치들은 타인들이 고려해야만 하는 위치이고, 그 위치의 존재만으로도 다른 위치의 점유자들로 하여금 그들의 입장표명을 재고하게 강제함으로써 다른 위치들을 변화시키는 것이다 (이데올로기의 생산의 장에서 극좌주의gauchisme가 행동이념으로 출현함으로써 정해지는 구조적 효과들을 고려하는 것으로 충분하다). 정치적 '문제들'(모든 철학적 문제들이나 종교적 문제들 등과 같이)은 둘 또는 그 이상의 적대적 집단들간의 관계를 통해 존재한다. 그래서 정치의 문**외한(門外漢)**들Profanes은 사실상의 전문가들(정치인, 정당 집행부의 전업 종사자[이 말은 이 경우에 적합한 말이다], 정치기자, 직업적 이데올로그)만이 참여하는 순전히 정치적인 게임에 능동적으로 참여할 수 없기 때문에, 기성의 의견들 중에서 그들에게 적합한 의견들을 선택할 기회를 가질 따름인데, 이 제공된 생산물들은 지표(指標)이며 동시에 보증인 **상표**를 항상 붙이고 있다. (로마교황의 회칙, 정당의 중앙위원회의 결정, 전범

매우 학교적인 동사의 사용:'가능한 것의 사회주의'라는 표현 자체는 고도의 정치적인 것이다) 같은 지각될 수 없는 문체적 특징을 통해 중립화의 효과가 발휘된다는 점이 또한 지적되어야 할 것이다.

적典範的 저자에 대한 권위처럼) 어떤 권위에의 **정치적 참조**인 상표label는 사실상 모든 권위 있는 입장표명들로 표현되는 이데올로기의 생산의 장 속에서의 자기의 위치를 분명하게 알려줌으로써 정치적 문외한에게 '자기의 위치를 재확인'하게 해주며 **취해야 할 입장**을 재발견하게 해준다. 이러한 위치의 재발견은 이데올로기 생산의 장에서 정해진 위치의 점유자들에게 명시적으로나 암묵적으로 그가(문외한) 부여하는 권리의 위탁에 토대를 두거나, 또는 그가 자신을 실제로 위치지우고 방향지울 수 있는 정치의 장(場)(즉 통상적이거나 특별한, 잠재적이거나 현재적인, 개인적이거나 집단적인, 자발적이거나 조직된 계급투쟁의 장)과, 고유한 논리에 따라 그 구조를 재생산하는 이데올로기 생산의 장 사이의 상동성을 그가 실제로 통어하는 것에 의해 실현된다.39)

레테르 효과

선거가 있고 그들이 모두 TV에 나올 때, 정당과 모든 것을 알 수 있다. 그렇지 않으면 둘 중에서… 그래도 그들 중에 정말 말을 잘하는 사람들이 있고, 그래도 모든 것을 알게 된다. 그러나 그가 어느 정당에 속하는 지를 말하기 시작할 때 더 깊은 주의를 기울여야 한다.

(가정부)

질문에 대해서 두 가지 상이한 독해가 가능할 때마다 의미의 유용 효과는 거의 불가피하게 발휘되며, 질문을 만들고 그 결과를 분석하거

---

39) 여기서도 다시 한 번 예술작품 시장과의 유비가 나타난다. 즉 '취향'은 그것이 모든 지표들, 모든 객체화된 분류, 그리고 특히 전시와 출판의 장소인 예술생산의 장에서의 위치를 나타내는 모든 지표들, 요컨대 플로베르가 '멋진 의견'opinion chic이라고 불렀던 것을 식별하게 해주는 모든 표지들을 갑자기 박탈당한다면, 육화된 분류체계로서 기능할 것인가?

나 평가할 전문가들이 위치한 순전히 정치적인 차원으로부터 에토스의 무의식적인 틀이 직접적으로 적용될 수 있는 일상적 경험수준으로 질문을 끌어내리지 않는 한, 문외한들은 그 질문에 응답할 수 없을 때마다 의미의 유용효과는 거의 불가피하게 발휘된다. 물론 이러저러한 정치집단에 의해서, 즉 이데올로기 생산의 장 전체에 대해 정치적으로 형성된 이러저러한 질문들이, 신분상의 무능력으로 인해 문제틀의 생산논리로부터 격리되었기 때문에 그 질문을 실천적인 즉 윤리적인 응답을 요구하는 '실제적' 경험에 관한 질문으로밖에는 이해할 수 없는 사람들에게 정치적 문제로 받아들여지지 않을 경우에 이러한 유용효과가 발휘된다는 것이다. 따라서 구체적인 정치능력이 가장 심하게 결여된 사람들은 이데올로기 생산의 장의 수준에서 이미 정치적으로 구성된 문제들을 자신들의 계급 에토스 범주에 의거하여 이해하도록 인도될 경우, 자신들을 도덕적, 사회적 질서의 옹호자 진영에 위치시킬 가능성이 높을 뿐만 아니라 사회질서에 대해 의식적으로 보수적인 진영보다도 더 보수적인 것으로 나타날 수도 있다. 가정도덕에 관한 한, 자유주의와 방임주의laxisme에의 경향은 사회적 위계 속에서 상승할수록 증대되는 경향이 있고(이것은 민중계급의 '권위주의'에 대해 잘 알려진 명제를 정당화해주는 것으로 보인다), 이런 경향은 물론 교육수준의 상승을 매개로 해서 그러한 것이다. 그러나 이런 관계는 도덕적 질서만이 아니라 사회적 질서가 문제되면서부터 역전되는 경향이 있다.

립셋은 비슷한 관찰에 토대하여 미국 민주주의에 대한 사회변증론(社會辯證論,sociodicée: 사회의 현상을 긍정하고 기존의 계급구조를 정당화하려는 논의 — 옮긴이)을 주장하고 있다. 민중계급의 성원들은 경제문제에 대해 '좌파일수록'(영어에서는 liberal and leftist), '자유주의가 경제적이지 않은 용어로 정의될 때'(즉 시민의 자유 등이 문제될 때) 더 '권위주의적'

으로 나타나고, 다른 분야에서처럼 정치에서 진정한 문화(교양)를 정의하는 (관심 있는) '탈이해성'(脫利害性)에 도달할 수 없기 때문에, '자유주의'를 알지 못한다. 한편, 최소한 자기자신들과 자식들에게는 단연코 비억압적인 신흥 부르주아지는 이 '자유주의'를 그들의 생활양식의 중심에 위치시킨다.[40] 민중계급은 사정을 알고서 권위주의적 이데올로기에 찬동할 수 있는 것은 그들이 본성적으로 권위주의적이기 때문이며, 그들이 그들의 생활조건의 변화를 급격하고 난폭한 변혁으로부터만 기대하는 것은 그들의 불관용이 그들을 정치의 단순주의적이고 선악 이원론적인 manichéenne 시각에로 경도시키기 때문이다. 이러한 정치신학의 자연스런 도달점인 '진화론자의 천년왕국설'에 따르면, 민중계급의 생활, 교육 수준의 상승은 미국 민주주의를 향한, 즉 권위주의와 그것의 담지자인 여러 계급들의 폐지를 향한 보편적 운동의 원동력이다. 다음과 같은 사실에 주의를 환기할 필요가 있다. 즉 지배계급의 성원들이 가정도덕의 영역에서 더 '혁신적'인 반면에 '정치적인 것'으로 인식되는 보다 광범한 영역에서 즉 정치경제적 질서의 유지와 계급관계에 관련되는(파업과 노조활동 등에 관한 질문의 응답에서 증명되듯이) 모든 것에 대해서 더 '보수적'이라면, 그것은 분명히 '혁신적'이거나 '혁명적'인 입장을 취하는 경향은 고려되는 변혁들이 그들의 특권들의 토대에 영향을 미치는 정도와 반비례로 변하기 때문이다. 이와 같이 매우 특수한 사례를 하나만 들자면, 상급관리직은 외국인 노동자들과의 경쟁에 의해 보다 직접적으로 영향을 받는 생산직노동자들보다 외국인 노동자들에 대해서 보다 '관대한' 것으로 보일 수 있다. 구체적으로 말해서, "프랑스는 외국인 노동자들이 거주하도록 충분한 노력을 하지 않는다"고 응답하는 비율이 상급관리직은 67%, 생산직노동자는 48%이며, "교육의 기회를 충분히 주지 않

---

40) 이 명제들의 고전적인 해설을 보려면, S. M. Lipset, Democracy and Working Class Authoritarianism, *American Sociological Review*, XXIV, 4, août 1959, pp. 482~501.

는다"고 응답하는 비율은 52%대36%, "그들을 충분히 친절하게 받아들이지 않는다"고 응답한 비율은 45% 대 33%로서 상급관리직이 생산노동자들보다 높은 숫자를 나타내고 있다. 그러나 그들의 '자유주의'는 그들 자신의 이해에 관해 영향을 끼칠 수 있는 정책들에 직면해서는 덜 드러나게 된다. 즉 41%의 상급관리직과 자유업의 성원들은 "프랑스는 외국인 노동자들에게 합당한 급료를 주기 위해 불충분한 노력을 하고 있다"고 평가하는 반면에 생산직노동자는 43%가, 사무직 노동자와 일반관리직은 51%가 그렇게 평가하고 있다. 또한 상급관리직과 자유업의 성원들의 48%는 "프랑스는 저개발국가에 대한 원조를 삭감하거나 폐지해야 한다"고 판단하는 데 비해 생산직노동자는 31%가, 사무직 노동자와 일반관리직은 35%가 그렇게 판단하고 있다(SOFRES, 『프랑스, 알제리와 제3세계』, 1971년 2월).

> 그러니까 공산주의를 발전시키고 사회주의에 도달하기 위해서는 정권을 장악해야 하지. 그런데 현재로는 우리는 너무 민주주의적인 셈이지. 사람들은 너무 많은 것에 대하여 양보하고 몇 년 전까지 있었던 폭력이 없어졌지. 물론 내가 폭력이라고 하는 것은 모든 것을 때려 부수는 것을 의미하는 게 아니라, 사람들이 파업에서 부드러워졌고 무슨 결정을 내리기를 주저한다는 말씀이야. 내 생각에 그것은 노동자계급이 충분히 불행해지지 않았기 때문인 것 같애.   (목수, 67세, 공산당원)

도덕적 질서와 정치적 질서

담론의 생산원리의 이중성은 활동가나 가장 정치화된 노동자들의 담론 자체 속에서 끊임없이 드러난다. 하나는 관찰되는 영역에 따라 어조(語調)와 문체가 변화하는 사실을 통해서이고, 다른 하나는 같은 담론 속에서의 두 개의 표현양식 간에 영속적 긴장관계를 통해서 이런 이중성이 드러난다. 그 중 하나의 표현양식에는 기성의 표현들, 미리 꾸며진 사고와 말들 이상으로 나눌 수 없는 조그만 단위들이 있는데, 이것들은 담론에다가 개념적 보편성의 색조와 또한 암기될 정도로 학습된 듯한 느낌을 부여하며, 논술시험에 특징적인 비현실성을 부여한다(한 청소년 학생이 '현대의 젊은이'에 대해 소논문을 쓸 수 있듯이 한 철도원도 '혜택 받지 못한 계층'에 대해 말할 수 있다). 이런 담론에는 ('유권자', '임금의 재평가' 등의) 가장 학문적인 정치용어들이, 자주 언어의 익살스런 오용 malapropismes의 대가를 치룬 후에("이것은 임금노동자 대중masse salariée의 이익에 반한다"는 말을 한다면서 "이것은 임금총액masse salariale의 이익에 반한다"고 말하는 식으로) 자기들은 거의 학교시험과 같은 상황에 정면으로 맞설 수 있고, 인간의 본성을 지키는 동시에 계급의 명예를 지킬 수 있다는 것을, 요컨대 자기들이 감언이설에 넘어가도록 내버려두지 않는다는 것, 모든 정치인들의 감언이설을 다룰 수 있는 방어책을 가지고 있다는 것을 나타내기 위해 사용된다. 다른 하나의 표현양식에는, 극단적으로 독특한 직접적 경험에의 가장 구체적인 참조가 있는데, 이것은 어조의 갑작스런 단절에 의해 분리됨으로써 각 담론에 현실성과 완결성, 진실성을 부여하는 동시에, 이것들은 담론이 타인들을 동원하는 조건인 보편화를 금지하는 경향이 있다.[41]

말해진 언어에서 가시적인 이러한 효과는 쓰여진 언어에서 더욱 두드러진다. 이와 같이 AEERS(과학연구보급협회)의 앙케트에 응답하는 생산직

---

[41] 에토스나 정치적 공리계의 '순수한' 산물들의 동질성과는 정반대로 (개별적 경험에 기초한) 담론이 띨 수 있는 특수한 형식을 완전히 설명하기 위해서는, 상이한 상황에서 상이한 원리에 따라(즉 정치적 주입의 효과나 문자 그대로 정치적인 조작의 효과가 매우 고르지 못하게 행사되는 영역에서) 산출되는 담론들과 실천들을 묘사하는 '정치적 프로필'을(바슐라르가 '인식론적 프로필'을 묘사하는 방식으로) 서술해야만 한다.

차용된 문체(文體)

근계(謹啓)

현재의 접촉형식인 혁신적인 것으로서 모두에게 유익한 것인데, 이것을 발전시키기 위해 모든 노력이 경주되어야 하며, 팀 정신이 적극적으로 추구되어야 한다.

이론은 이제 기술에게 자리를 양보해야 할 때이고 시청각적인 방법은 최대한 활용할 필요가 있으며, 기업시찰을 실시하는 것이 바람직하다. 정치화도 질서의 안정이 명확히 우선시되기에 충분히 폭넓은 전망에로 지향되는 한 필요하다.

성인교육과 특히 최신정보를 통한 연수는 불가결하고, 현 시점에서 기초훈련은 더 이상 적합지 않다. 지속적인 지식의 평가와 '노하우'know-how는 사회의 진보를 극대화해야 한다.

모든 부문별 이해를 배제하고 진보가 항상 추구되어야 하고, 직업지도 방법의 근본적 개혁이 요청되며, 교육과 지성은 별개의 것으로, 청렴한 기업대표는 젊은이들 중에서 발견될 수 있고 조직자로서 유능한 인물도 쉽게 찾아진다(…).

(식자공植字工, 신문에 발표된 앙케트에 대한 응답으로 AEERS에 보내진 편지 중에서 발췌)

노동자들은 매우 심하게 과잉선별되어서 그들의 소속계급과 일련의 차이점들에 의해 구별된다(그들은 보통의 생산노동자보다 학력이 높고, 그들의 자녀들은 리세와 사립 교육기관이나 고등교육기관에 다니는 경우가 많고, 그들은 훨씬 높은 빈도로 파리거주자이고 파리에서 발행되는 중앙지를 구독한다). 또한 그들 중에는 '세계에 대한 프랑스의 사명'에 대하여 일인칭 복수의 주어로 논의하는 기계공을 볼 수 있고, '불쌍한 프랑스, 아무도 돌아보지 않는다'고 개탄하는 광부를 볼 수 있고, 공식적인 정치적 담론에 특유한 고상하고 과장된 표현들을 이럭저럭 재생산하려는 노력의 전형적 사례인 담론 속에서 '전반적인 복지생활의 도래'를 보장할 수 있는 교육제도론을 피력하는 식자공을 볼 수 있다. 그러나 교육제도에 대한 조합적, 정치적 담론 — 이것은 대개의 경우 핵심어mots clés나 슬로건으로 환원된다(기계공의 말 중에서는 '지엽적 개혁', '속임수', '실업의 해소'들이 보이고, 철도원의 말 중에는 '국민의 활력의 통합', '협조', '통제 없는 관리', '혜택받지 못한 계층'이 있다) — 과의 모종의 친밀함을 증거하는 일반화의 시도를 제외하면, 그들의 응답들은 극도로 개별화된다. 마치 응답자들이 이번 기회를 이용하여 제시된 질문과는 직접적인 관계가 없는 자기의 개인적인 불만을 언어로 표현하는 것처럼 느껴진다. 또한 응답은 '아래에서 일어난 것을 상층부에 알리는' 하나의 방편으로, 특히 교육자의 의식의 결여를 알리는 한 수단으로 보는 사례들도 있다. 한 농업종사자는 모든 질문에 정확히 똑같은 문장으로 "교육자들은 그들의 의무를 수행하지 않고 휴가만을 생각한다"고 응답한다. 다른 사람은 코멘트 속에서 교사의 노동시간의 낭비로 항상 호소하고, 또 다른 사람(속기 타이피스트, 그의 남편은 자동차제조공)은 질문의 반은 무응답으로 남겨둔 채, 나머지 질문에 대해서는 "사람들은 직업의식을 더 이상 갖고 있지 않다. 그들은 오로지 여가에 대해서만 얘기한다"고 답변한다.

정치조직이나 노동조합이 정치적인 능력이 가장 결핍된 사람들에게 자신의 의견을 가지려는 의지를 주입하려고 하며 그들에게 실제로 의견의 생산수단을 제공하려고 노력하는 교육적 행위는 끊임없이 **간섭효과**effets d'interférence와 자기 배제에의 경향(이것은 정치적 능력의 박탈과 무능력감에 의해 강제된다)이라는 장애에 부딪히게 되는데, 확실히 이런 부분적인 이유로 인해 그것은 사회적, 경제적 세계에 관한 일반공식에서 보이는 형식주의와 개별적 경험에의 직접적 참조 사이에서 끊임없이 요동하지 않을 수 없다. 그 결과 이 교육적 행위는 개별적 사례를 경제학에서의 최종적 근거에 진정으로 관련시키려는 분석(이 분석은 의견의 생산자에게도 수용자에게도 불가능한 분석인데)을 수행할 수 없다.42) 남에게 신뢰를 주기 위해서 구체적 상황에 주의를 기울이는 것이 불가결하다면, 문제를 개별성 속에 폐쇄시키는, 즉 **격리시키는** 개별적 사례의 극복은 그것이 **공통된 문제**를 둘러싼 집단적 동원을 실현시키는 조건인 이상, 마찬가지로 요구된다. 이러한 일반성과 개별성의 변증법적 관계는 정치, 특히 **정치적 의식화**politisation의 기도의 중심에 있게 되는데, 기성질서와 결부되는 사람들에게는 자기의 개별적 이해를 일반화할 필요성에 의해서 그렇고, 그 밖의 사람들에게는 자기의 존재조건의 개별성을 보편성 속에서 파악할 필요성에 의해서 그러하다. 그런데 정치적 실천에서는, 그 중에서 여론조사는 그것이 취급하는 생활영역의 다양성으로 인해 다양성을 회복시키고, 가정도덕에 관한 질문(가령 자녀교육, 성행위, 가정에서의 권위, 성별분업 등)을 위시하여 개별적이고 사적인 질문, 그리고 어떤 전위집단에게는 이미 정치투쟁의 쟁점이 될 수 있는 질문들로부터, 교육과 성행위에 관한 질문이라도 그것이 학교교육

---

42) 이러한 조직들(정치조직과 노동조합)을 교육기관들의 영역에서 구별해 주는 것은 그것들이 교육적 행위를 1차 집단의 내부에서 그 집단에 소속된 행위자와 활동가의 개입을 통해 실현한다는 사실이다.

<표 32> 정치적 질서와 도덕적 질서에 대한 시각

	농업종사자	소상인 장인	생산 노동자	사무노동자 일반관리직	상급관리직 자유업
정치적 질서					
파업은 노동자에게 이롭기보다는 해롭다(SOFRES, 1970)	58	57	35	33	42
회사에 파업이 벌어질 때, 일을 계속하기를 원하는 사람은 그렇게 할 수 있어야 한다(SOFRES, 1970)	74	62	41	61	**82**
사용자와 노동자는 동일한 이해를 가지고 있고, 그들은 모두의 이해를 위해 일치협력해야 한다 (SOFRES, 1970)	72	**87**	53	60	80
공기업과 관청에서의 파업권에 일정한 제한을 가하는 것에 찬성한다 (SOFRES, 1970)	**60**	54	51	50	57
프랑스에서 노동조합의 역할은 현재보다 축소되는 것이 바람직하다 (IFOP, 1971)	16	**26**	7	14	20
프랑스에서 노동조합이 수행하는 역할에 반대한다(IFOP, 1969)	24	30	19	26	**33**
도덕적 질서					
18세 미만의 소녀는 혼자서 외출하게 해서는 안 된다(IFOP, 1959)	83	**88.5**	81.5	82	69.5
18세의 소녀에게 원하는 영화를 아무거나 보게 해서는 안 된다(IFOP, 1971)	**38.5**	**38.5**	31.5	29.5	28
남녀공학은 여자들의 교육에는 나쁘다(IFOP, 1971)	24	24	20	14.5	8.5
학교 교과과정에 성교육을 도입하는 것을 반대한다(IFOP, 1966)	**33**	29	19	19	19
미혼의 미성년 여자에게 부모의 허락 없이 피임약을 판매해서는 안 된다(IFOP, 1972)	74	70	**78**	76	62
부모는 자식들에게 해야 할 바를 말해야 하고, 마음이 약하게 보이는 것은 피해야 한다(IFOP, 1972)	36	34	**40**	29	25

공업경영자와 대상인은 SOFRES의 자료에서는 상급관리직과 자유업 종사자들과 함께 편성되었고, IFOP의 자료에서는 장인, 소상인과 함께 편성되었다. 여기에 표기된 숫자는 제시된 판단에 대해 찬성하는 각 범주(가령 농업종사자)의 구성원의 백분율이다(무응답률은 전반적으로 정치적 질서에 대한 질문에 대해서보다 도덕적 질서에 대한 질문 ─ 미성년 여자에 대한 피임약의 판매와 성교육의 도입문제를 예외로 하면 ─ 에 대해서 더 낮았다. 각 열에서 가장 강한 추세를 굵은 숫자로 표시했다.

기관을 개입시키기 때문에 보다 일반적이고 추상적이며 실제적 경험으로부터 보다 격리된 수준에 위치하는 질문들(가령 교육방법, 학생의 모집방법, 교사의 양성과 보수, 리세〔고교〕에서의 성교육과 정치교육의 도입, 학생시위에 관한 질문)로, 혹은 끝으로 노조나 정치투쟁의 전통에 의해 정치적인 것으로 구성된 질문들(가령 파업, 사용자와 노동자의 관계, 노조의 역할 등에 관한 모든 질문들)로 부지불식간에 이행하게 된다. 그런데 응답의 의미의 유용의 효과가 최대로 발휘되는 것은 다음과 같은 경우이다. 즉 기성의 사고기준과 사고도식을 문제시하는 모든 위기상황들처럼(특히 1968년 5월 직후) 애매모호한 정치상황 속에서 정치적으로 가장 박탈된 사람들이(이들은 대부분 경제적으로도 문화적으로도 가장 박탈된 사람들이다) 학생시위가 제기하는 문제같이 그들에게는 아직도 잘 규정되지 않은 정치문제들에 지각과 평가의 도식(가령 권세가의 아들과 방탕한 생활에 대한 윤리적 혐오)을 적용할 때이다. 그리고 이러한 지각과 평가의 도식은, 기성질서의 통상적 옹호자에게 응원을 보냄으로써 그들이 자기들의 '권위주의'를 입증하는 것으로 보인다.

리세에서의 풍기문란과 대학에서의 학생시위나 교육기관에서의 정치에 대한 질문들이 도덕적 반감을 유발하는 함정으로 기능하게 되어 있다면, 그것은 그 질문들이 그들의 실제 문맥 속에서만, 다시 말해서 기성질서의 유지라는 원칙적 문제로부터 생겨나는 일련의 문제들로서의 **지배적 문제틀** 속에서만 실제로 의미를 가질 수 있기 때문이다. 여론조사기관들에 의해 제기된 질문들의 일람표(<표 32>)가 보여주듯이, 이러한 문제틀은 이런 정책의 결정과정에서 그 정책에 대한 의견의 분포를 고려해야 할 사람들에게만 제기되는 질문들을 모아놓은 것이다. 이 문제틀은 지배계급이 그들에게 문제가 되는 집단들에 대해서 자기들이 제기하는 문제들만을 인식하기 때문에, 이 집단들이 제기하는(혹은 그들에게 제기하는)

문제들은 무시된다.

가장 정치적 능력이 박탈된 사람들은 엄밀히 말해서 그들이 무슨 질문에 응답하는지를 모르고, 질문을 기성질서의 보존이나 전복의 문제에 대한 특수한 형태로서 봄으로써 그들로 하여금 제기된 질문을 **재활성화시키는** 이해관심과 성향들을 소유하지 않는다. 그들은 그들에게 실제로 제기된 질문에 응답하는 것이 아니라, 자신들이 사용할 수 있는 수단으로, 즉 그들의 계급 에토스의 실천원리로부터 만든 질문에 응답하는 것이다. 정치적 문제가 도덕적 색채를 띠게 되고 도덕적 분노가 정치적 보수반동주의intégrisme politique로 이행하는 현상이 가장 잘 보이는 경우는, 제기된 질문이 도덕과 정치 사이의 중간영역에 위치할 때이고, 특히 쁘띠 부르주아지, 그 중에서도 쇠퇴중인 개인이나 분파들같이 사회공간 내에서의 그들의 위치가 사회세계를 도덕적으로 지각하는 경향을 갖게 하는 사람들 사이에서이다. 분노의 감정은 쇠퇴하는 쁘띠 부르주아지의 반동적이거나 보수-혁명주의적 입장표명들에 분명하게 근거하는데, 이들은 사회에서와 마찬가지로 가정도덕에서 질서의 유지에 유념하여 풍속의 퇴폐에 대한 도덕적 분노 속에다 그들의 사회적 위치의 전락에 대한 반항을 쏟아 붓는 것이다. 또한 이런 분노의 감정은 자기들의 업적을 충분히 보상해주지 않는 사회질서에 당연한 보수를 요구할 권리가 있다고 확신하는 상승중인 쁘띠 부르주아지의 쟈코뱅적 엄격주의rigorisme jacobin와 업적주의적 반항에도 자주 나타난다. 객관적으로 인정되지 않는 위치를 주관적으로 점유하도록 운명지워진 집단들에 특유한 성향인 이런 단순한 상승지향의 이면적 감정은 그들의 반항 자체에 의해 그들이 기성질서를 인정하는 만큼 그 질서는 그들을 인정하지 않는다는 이유만으로, 그리고 기성질서가 공식적으로 인정하는 가치를 그들에게서는 인정할 수 없다는 이유만으로 기성질서를 비난하게 되어 있는 사람들에게서 나타난다. 이런 이유로 사회질서의 토대에 관련되는 모든 영역에서 항상 변화를 수용하거나 심지어는 변화를 일으킬 용의가 있는 계몽된 보수주의는43) 자신에게 전위로서의 외관을 부여하기 위해 필요로 하는 들러리들을 좌파에서나 우파에서 찾게 되는 것이다.

계급의 아비투스와 정치적 의견

다른 영역에서처럼 여기서도 응답의 설명원리를 하나의 요인이나 여러 요인들의 단순한 총화(總和)에서 찾으려는 노력은 헛된 것이다. 실제로 아비투스는 생성원리의 원래 종합적인 단일성 속에 물질적 존재조건들에 의해 강제되는 일련의 결정효과들을 통합한다(이 효과들의 유효성은 시간이 지남에 따라 사전에 받은 교육과 지식전달작업의 효과에 점점 더 종속된다). 그것은 **육화된 계급**(성별이나 연령 같은 사회적으로 가공된 생물학적 속성들을 포함한다)이며, 세대간의 또는 세대내 이동의 모든 경우에 일정 시점에서의 **객체화된 계급**(재산이나 칭호 등의 형태로)과 다음과 같은 점에서 (그 효과에서) 구별된다. 즉 아비투스는 그 자체를 낳는 모태이며 그것을 현실화하는 조건들과는 이 경우 다소간 다른 물질적 존재조건의 상이한 상태를 정착시킨다는 점에서 객체화된 계급과 구별되는 것이다. 생활을 통해서 행위자에게 행사되는 결정은 하나의

---

43) 이런 윤리적 관용주의는 지배계급의 재생산양식에서의 변화 속에서 그 근거를 발견하는데, 그 변화는 최근의 가족법 개정에서 그 형태가 구체화되었고, 이것은 결과적으로 구부르주아지의 '미덕'을 쓸모없거나 심지어는 역기능적인 것으로 만든다(전환할 수 있는 능력이 없기 때문에 사회적으로 쇠퇴할 운명에 처한 비타협적 보수주의자들은 부르주아적 가치체계의 전복을 사회적 쇠퇴(그들은 그것의 희생물이고)의 원인으로 간주하고 그들의 사회적 구제를 윤리적인 명예회복에서 기대하기라도 하는 것처럼, 그들의 '미덕'을 영속화하려고 노력한다.

체계를 구성하고 그 체계 내부에서 총량과 구조의 두 개의 차원에서 정의되는 소유자본과 같은 여러 요인들과, 생산관계 안에서의 상관적 위치(이것은 직업을 통하여 확인되고, 노동조건과 직업환경 등의 영향같이 직업에 결부된 모든 결정적 요인도 포함한다) 같은 요인들이 우세한 비중을 점하는 것이다.

이상의 사실은, 주지하는 대로, 격리된 상태에서 고려된 한 요인의 고유한 유효성은 이 요인과 문제되는 의견이나 실천 사이의 상관관계에 비추어서는 결코 진정으로 측정될 수 없다는 것을 의미하는데, 같은 요인도 그것이 도입되는 요인들의 체계에 따라서는 상이한 효과, 그리고 때로는 반대의 효과에 연관될 수 있다. 이처럼 바깔로레아 합격자의 자격은, 일반관리직이나 숙련공의 아버지를 두었으나 본인은 단순기능공으로 전락한 아들에게 주어졌을 경우에 사회적 반항의 원리가 될 수 있고(단순기능공들 중에서 바깔로레아 보유자의 수가 일정하게 증가하는 현상은, 노동자계급 가운데에서의 극좌운동의 확장과 무관하지 않은 것이다), 생산노동자나 농민의 자식인 일반관리직에게 주어졌을 경우에는 사회로의 통합의 원리가 될 수 있다. 마찬가지로 학력자격의 가치와 그것이 사회세계와 맺는 상관관계는 그것의 보유자의 연령(이 자격을 보유할 가능성이, 상이한 세대들에 대해 매우 불균등함에 따라서)에 따라서, 출신계급(성姓이나 친척관계같이 상속된 사회관계자본이 그 자격이 가져다 줄 수 있는 **현실적 이익**을 지배함에 따라서)에 따라서, 그리고 또한 확실히 출신지역(말의 억양처럼 육화된 제 특성들과 노동시장의 제 특성들의 매개로)과 성별에 따라서 상당히 달라진다는 것을 알 수 있다.

우리는 공시적으로 점유된 위치와의 관계를 정의하고, 그에 따라 사회세계에 대한 실제적이거나 명시적인 입장표명들을 정의하는 아비투스의 매개를 통해, 정치적 의견의 좌파 우파 사이에서의 분포상황이 자본총량이라는 제일차원과 자본구조라는 제이차원에 의해 규정되는 공간 속에서 계급들과 계급분파들의 분포상황에 상당히 밀접하게 대응한다는 것을 알 수 있다. 즉 우파에 투표하는 경향은 소유한 자본총량이 증가함에 따라, 그리고 또한 자본구조 속에서 경제자본의 비중이 증가할수록 증대되고, 좌파에 투표하는 경향은 이 두 경우에 반대방향으로 증대된다. 이 두 차원(자본총량과 자본구조)에서 성립되는 두 종류의 대립, 즉 지배계급과 피지배계급 사이의 근본적 대립과, 지배계급내의 지배분파와 피지배분파 사이의 이차적인 대립 사이의 상동성은 상이한 공간 속에서 상동적 위치를 점유하고 있는 사람들 사이에 합류와 단결을 촉진하는 경향이 있다. 이런 역설적인 일치가 가장 잘 보이는 경우는 지식인, 예술가나 고수들 같은 지배계급의 피지배분파들과 피지배계급들 사이에서 나타나는데, 양자는 (공통의) 지배자에 대한 (객관적으로는 매우 다른) 그들의 관계를 매우 높은 비율로 좌파에 투표하는 행동 속에서 표현한다.

미슈라G. Michelat 와 시몽M. Simon이 사회직업적 범주에 따른 투표의사의 분포성향을 조사한 바에 따르면,44) 각 계급분파는 좌파투표의 비율과

---

44) G. Michelat et M. Simon., "Catégories socio-professionnelles en milieu ouvrier et comportement politique", *Revue française de science politique*, XXV, 2, avril 1975, pp. 291~316(spéct 296~297) 참조. 사회직업범주에 대해서와 같이 정치적 의견(이것은 매우 개략적이고 양태에 관한 어떤 지표도 없는 범주로 환원되고 있다)에 대해서, 저자들에 의해 채택된 분류법은 기성 쁘띠 부르주아지와 신흥 쁘띠 부르주아지를 분명하게 대립시키지 않는데, 전자는 고전적 정치조직에(비록 계급탈락의 효과가 거기서 권리요구와 투쟁의 새로운 형태를 출현시키기도 하지만) 강하게 집착하는 반면에, 후자는 극좌로부터 통일사회당PSU과 사회당PS의 새로운 사조를 거쳐 생태주의운동에 이르기까지 모든 새로운 정치형태 속에서, 그리고 지적 상승지향을 띤 쁘띠 부르주아지의 자율성에의 희망과 개인적 주권에의 희망을 충족시키기에 적합한 경영참가주의나 자주관리주의적 문제로 된 슬로건 속에서 자기

우파투표의 비율(비교적 별로 달라지지 않는 무응답자는 제외하고) 사이의 수학적 편차에 의해 특징지워지는데, 마치 **자본총량의 효과와 자본구조의 효과가 합쳐지고**, 그 결과 정치공간은 사회공간을 일정한 규칙에 따라 변형시킨 것으로 나타난다. 구체적으로 (우파지지자가 많은 경우, 플러스[+], 적은 경우 마이너스[-]로 하는데) 마이너스 쪽에는 초등학교 교원(-43)이 광부(-44) 옆에 위치하고, 교수(-21)는 숙련공(-19) 옆에, 예술가(-15)는 단순노무자(-15)와 같고, 사무원(-9)은 단순기능공(-10) 옆에 위치하는 반면에, 플러스 쪽에는 공업경영자(+61), 다음에 자유업(+47), 사무계 상급관리직(+34), 그에 근접하여 상인(+32)이 있고, 일반기술원(+2)과 직공장(+1)은 좌파와 우파의 경계선에 위치한다. 이런 현상은 정치공간에서의 그 분파들 각각의 구역을 가장 잘 분류하는 선택을 하는 성원들이 많은 분파들 사이에서 이차적 대립이 성립된다는 사실을 보여 준다. 즉 한편에는 중도파에 투표하는 자가 많은 공업경영자와 자유업 종사자들이 있고, 다른 한편에는 공산당에 투표하는 자가 많은 단순노무자, 단순기능공과 숙련공이 있는데, 이들은 기권자가 많고 상대적으로 분류작용이 약한 선택(공산당 이외의 좌익이나 드골주의자)을 하는 분파들, 즉 예술가, 교수, 초등학교 교사와 직공장들과 대립되는 것으로 보인다. 그런데 후자의 사람들은 아마도 이를 통해 사회공간에서의 그들의 불안정한 위치와 연관된 모호성과 모순을 표현하고 있다.

정치적 실천이나 의견은 다른 실천들과 마찬가지로 출신계급을 나타내는 통상적 지표들을 통해 포착되는 모든 것을 제외한다면 완전히

모습을 확인해야 한다. 그렇지만 다음 사실을 지적해야만 하는데, 사회공간의 중앙에 위치한 모든 직업범주들 가운데, 의료보건 서비스직(+28)은 투표의사에 관하여 공업경영자 쪽에 위치하고, 일반기술원은 광부(+2)쪽에 가깝고, 사무계 일반관리직(+14)과 상점원(+16)은 장인(+13)과 상급기술자(+19), 농업종사자(+20)와 함께 중간적 위치를 점하고 있다.

설명될 수 없다는 것은 자명한 일이다. 출신계급에 관해서는 적어도 세 가지 효과를 구분할 필요가 있다. 첫째는 출발점의 위치에서 현재의 위치로 이끄는 **궤적의 효과**effet de la trajectoire이고, 둘째는 개별적 사회경제적 조건에 각인되어있는 사회적 조건화의 효과 effet des conditionnements sociaux이며, 끝으로 사회세계에 대한 명백한 입장표명처럼 정치적 입장표명을 이해하는 것과 관련하여 특히 중요한 **주입의 효과**effet d'inculcation가 있는데, 정치교육은 그것의 완곡화된 한 형태인 종교교육과 같이 항상 부분적으로는 어려서부터 가정에서 받게 된다.

종교적 실천과 정치적 의견 사이에 확인되는 밀접한 상관관계를 보고 놀라기에 앞서, 이 밀접한 상관관계는 동일한 성향이 두 가지 상이한 방식으로 표명된 것에 불과하다는 사실과 큰 관계가 있는 것이 아닌지를 자문해 볼 필요가 있다. 그것은 단지 종교교육이 그 내용에서처럼 주입방법에서도 정치적 사회화의 완곡화된 한 형태이기 때문만이 아니라, 하나의 실천이나 선언된 신앙을 강제하는 것이 한 계급에 소속시키는 것, 즉 **사회적 정체성**의 브여를 의미하기 때문인데, 이 정체성은 그것에 대응하는 주입의 내용이 무엇이든 '비신자(非信者)'라는 보집합(補集合)과의 대립에 의해서 관계적으로 규정되고, 한 시점에서 그 보집합에서 배제된 모든 특성들을('적색'에 대한 반감에 함축된 보수적 정치성향 같이) 띠게 되는 것이다. 이런 정체성과 그것을 공유하는 사람들에의 **충실**('나는 기독교신자이다'라고 말하는 것)은 **공언된** 신앙에다가 현재의 생활조건에 대한 매우 큰 자돌성을 부여하는 것이다. 종교적 메시지의 내용자체의 고유한 효과에 관해서는, 그것은 사회세계를 '개인적 구제'라는 '인격주의적' 논리로 생각하고, 빈곤과 억압을 숙명으로, 질병이나 죽음과 같은 개인적 숙명으로 받아들이는 경향을 강화시킨다고 가정된다(반대로 정치적 사고방식은 가정관리에 관한 모든 것으로부터 인격주의적 사고방식과 종교가 '윤리'로 구성하는 것 모두를 정치의 영역 밖으로 추방하는 경향이 있다. 그런 사고방식은 소비행동이나 여성의 지위같이 가정에 관한 문제를 정치적으로 생각할 준비가 되어 있지 않은 것이다. 가정문제를 정치문제화하는 전위집단은 대개의 경우 기독교도 출신의 개인들이나 집단들로 구성된다는 사실로 인해 어려움은 배가되고, 그들이 가정문제를 정치화하는지, 정치문제를 가정화하고 탈정치화하는 지를 결정하기가 쉽지 않다.

의견의 수요와 공급

사회계급과 일정 시점에서 사회적으로 형성된 정치적 의견 사이의 관계를 명백히 하려고 노력하는 사람은, 상이한 계급과 계급분파가 다소간 뚜렷한 정치적 입장을 가진 일간지와 주간지들 사이에서 어떻게 자신들의 선택을 배분하는지를, 가용한 통계자료에 기초해서 조사하고 싶을 것이다. 이러한 작업은 여러 범주의 독자들이 신문구독에 부여하는 의미를 묻는 것으로 시작될 때에만 완전히 정당하다. 또한 이러한 신문구독행위들이 보통 신문구독에 부여되는 기능과 전혀 공통점이 없을 수 있으며, 신문제작자나 그들의 후원자들에 의해 거기에 할당된 기능과도 다를 수 있기 때문이다. 사람들이 정보를 수집하고 시류(時流)를 따르기 위해 계속적 노력의 대가를 지불함으로써 형성되는 '개인적 의견'의 신화에 대한 자민족중심주의적(自民族中心主義的) 신앙만이 신문이 (신문 하나를 실제로 읽을 때) 오직 소수에게만 **정론지**(政論紙)journal d'opinion라는 사실을 은폐할 수 있다.

그래서 『프랑스-수와르』와 『빠리지엥 리베레 Parisiens Libéré』 같은 전국지(1977년도의 일일 판매부수는 전자가 51만 부, 후자가 36만 부)의 독자는 우익과 좌익 사이에 거의 비슷한 비율로 분포한다. 즉 전자의 경우, 41% 대 36%, 후자의 경우 33% 대 33%이다(한편『로로르』의 독자를 보면, 이 신문의 내용이 분명히 우파 성향을 띠고 있다는 점을 인정할 때 더욱 놀라운 것은 이 신문독자의 27%가 좌파에 투표하겠다고 말하는 것이다). 앞의 두 신문들 각각의 60%와 64%의 독자들은 이 신문들이 그들 자신의 입장과 반대되는 정치적 입장을 취하더라도 구독을 중지하지는 않을 것이라고 말한다. 그리고 높은 비율의 이 신문독자들은 선거운동에서의 자기 태도나 입장표명을 밝히기를 회피하는 경향이 있다. 그러나 무엇보다도 독자 중의 매우 낮은 비율만(『빠리지엥 리베레』의 경우 24%, 프랑스-수와르의 경우 29%인데 비해 피가로의 경우 37%, 『로로르』의 경우 42%) 신문에서 표명된 의견에 완전히 동의한다고 말하는 반면에 그들 중의 높은 비율은(각각 40%와 50%) 신문들이 그들 자신보다 더 우익적이라고 판단한다. 여기서 우리는 다음과 같은 사실을 알 수 있다. 한 신문의 구체적인 정치적 효과는 이데올로기 생산의 장에서 평가되는 대로 구체적인 정치적 담론의 정치적 지향에 의해 측정되는 것도 아니고, 정치에 직접적으로 할애된 컬럼-인치의 수에 따라 측정되는 것도 아니며, 독자가 신문과 맺는 관계에 의해서 측정되는데, 독자들은 신문의 정치적 메시지를 무시할 수 있고, 신문의 가장 중요한 정치적 행위가 정치에 아무런 중요성을 부여하지 않는 것일 수도 있다.

독자들의 정치적 의견은 독자들이 사회적 위계의 하층부에 위치할수록 신문에 의해 명시적으로 공언된 의견으로부터 그만큼 더 독립적인 것으로 보인다. 『빠리지엥 리베레』나 『프랑스-수와르』(혹은 『로로르』까지)같은 신문을 사는 행위는 사회당이나 공산당에 투표하는 생산노동자나 사무노동자들에게는(그리고 이들은 확실히 이 두 신문의 독자 중에서 양당에 투표하는 가장 큰 층을 형성하는데 앞 신문의 독자 중 사회당 지지자의 10%와 공산당 지지자의 20%, 뒷 신문의 독자 중에서는 사회당 지지자의 9%와 공산당 지지자의 29%가 생산노동자와 사무노동자들이다) 아무런 정치적 입장에의 가담이나 정치적 위탁을 의미하지 않는 행위를 수행하는 것이다. 그리고 비록 이 행위가 객관적으로 정치적이고 확실히 '탈정치화'를 전제하고 실행한다할지라도 그러하다. 지면의 16.3%(『르 몽드』의 경우 2.6%)를 스포츠, 그 중에서도 가장 대중적인 스포츠에 할애하는 『빠리지엥 리베레』는 독자수에 의해 스포츠 신문으로 간주되는데, 이것은 『레뀌쁘l'Equipe』와는 달리 전반적인 정보와 잡다한 기사를 같은 가격에 제공하는 것이다.

그러므로 독자들의 정치적 의견이 그들이 구독하는 신문의 정치적 성향과 상대적으로 독립적인 현상은 정당과는 달리 신문은 반드시 정치적인(통상 좁은 의미로의) 정보만을 제공하는 것은 아니라는 사실에서 비롯된다. 그 정보는 다양한 목적을 가진 상품으로서 매우 다양한 비율로 국제정치, 국내정치, 잡다한 뉴스와 스포츠 소식을 제공하고, 그래서 특별히 정치적인 이해관심으로부터 상대적으로 독립적인 이해관심의 대상이 될 수 있다.[45] 게다가, 신문구매를 통한 소득의 직접적 원천으로서만이 아니라 광고주의 눈을 통한 간접적 가치평가로서의 독자수의 극대화를 의식적으로 추구하다보니[46], 소위 '옴니버스'식의 신문들은

---

[45] 파리에서 발행되는 중앙지에서는 기사에 할애되는 공간이 국제문제로부터 일화거리 기사와 스포츠 기사로 가면서(순서대로 평균 14.8%, 8.8%, 8.9%) 감소하는 반면에 지방지에서는 그 배분이 역순이다(순서대로, 7.9%, 8.4%, 16.5%). (Cf. J. Kayser, *Les quotidiens français*, Paris, Armand Colin, 1963, pp. 125~127). 이러한 차이는 독자들이 주로 지배계급인 전국지(『르 몽드』나 『피가로』 같은)를, 일화거리 기사와 스포츠 기사에 지방지처럼 많은 공간을 할애하는 다른 신문들(최소한 『빠리지엥 리베레』의 경우)과 분리해서 취급할 때 더욱 분명해진다.

[46] 시장조사는 신문의 소득의 중요한 부분을 제공하는 광고주에게 그 신문의 침투도를 증명할 수 있다는 점에서, 독자 대중의 기대를 보다 잘 인식하고 보다 더 충족시킬 수 있게 해주는 지식획득수단이라기보다는 이 투쟁 속에서 하나의 무기이다.

(대부분의 지방지가 허당된다) 그들의 현재적이거나 잠재적 독자들의 어느 분파에게도 기분을 상하게 할 것은 무엇이든 피해야 하고, 특히 고유한 정치적 입장표명(그것들은 똑같은 이유로 날씨 같은 안전한 화제를 위해 낯선 사람들 사이의 우발적 대화로부터 배척된다)을 회피하게 되는데, 그러면서도 가장 덜 정치적인 것으로 인식되는 것, 즉 공식적 언명들은 예외로 한다(이 점이 '옴니버스' 신문으로 하여금 반(半)-공식적이거나 '정부어용신문'으로 보이게 하는 것이다).47) 고객수가 증가함에 따라 필연적으로 더욱 상이한 취향과 의견들을 가진 고객들이 더욱 강하게 요구하는 이런 요청은 다음과 같은 모든 옴니버스 문화상품들의 한결같은 특성을 설명하기에 충분하다. 즉 TV의 연속극, 대형화면의 영화, 베스트셀러, 소위 '마당발'attrape-tout('catch-all')식으로 교묘하게 탈정치화된 정당들의 정치적 메세지, 헐리우드 영화스타들이나 관료적 매력의 배우들의 특징 없는 아름다움, 사교상의 모든 조잡함을 철저하게 갈아버림으로써 현재의 지위를 획득한 모범적인 관리자의 완벽하게 연마되고 길들여진 옆모습, 이런 많은 청중을 모을 수 있는 이상적 상품은 결국 완전히 **분류불가능**하고 non-classants 무미건조하게 되지만, 그 대가로 모든 취향에 수용가능하게 되는 것이다.48)

  그러므로 생산물의 중성화를 통해 독자층을 극대화하는 옴니버스식의 주요 일간지나 주간지에 대해, 일찍감치 소멸하거나 항상 불안정

---

47) 병원이나 기타 공공시설의 대합실, 카페, 미용실같이 전통적으로 읽을거리를 제공하는 장소에는 너무 '튀는' 것으로 배제되는 일간신문이나 주간신문들과는 반대로, 그 어떤 잠재적 고객의 분파도 배제하지 않기 위해 특별히 배려된 '옴니버스' 주간지들(『빠리마치』, 『쥬르 드 프랑스』, 『렉스프레스』)은 이런 기능의 수행이 정확히 요구되는 상황에 완전히 부합한다(『르 빠리지엥 리베레』와 『프랑스 수와르』는 자주 미용실에서 이런 역할을 수행한다).
48) 이런 법칙은 물질적 상품에도 역시 적용되는데, (봉벨Bonbel 스타일의)새로운 부드러운 치즈나 어린이를 위한 식품들을 생각하는 것으로 충분하다.

하게 살아남든(예약구독제의 채용, 책임자의 과잉노동, 열성회원의 헌신적 협력 등에 의해서) 최초의 강령에 대한 신의를 지키는 소그룹이나 전위잡지가 대립된다. 주요 일간지나 주간지는 당초의 강령에 모순되고 그래서 가장 오래되고 가장 '의미 있는' 그들의 독자층과의 연대를 약화시키는 양보와 타협, 방침의 완화를 통해 권력 장악의 조건인 독자층의 극대화를 추구하게 되는데, 이런 독자층의 극대화가 생산단위와 독자대중 속에서 야기하는 갈등을 극복하거나 관리하지 못하게 된다. 이런 이유로 몇몇 주요 정당들(오늘날의 사회당처럼)과 주요 언론기관들은 하나의 장으로 기능하는 생산단위 내부의 경쟁을 합리적으로 관리하는 것이 다양한 독자나 유권자들에게(예컨대, 『르 몽드』의 경우에는 지배계급의 상이한 분파들에게) 그렇게 하려는 의식적인 의도 없이 그들의 상이하고 심지어 대립되기조차 하는 기대들에 부합되는 다원화된 상품을 제공하는 수단이 될 수 있다.

덧붙여서 생산노동자나 사무직 노동자들(『뤼마니떼L'Humanité』나 다른 극좌파 신문을 읽는 가장 정치화된 일부를 제외한다면)은 일간신문에서 정치적 안내자나 도덕적 문화적 조언자의 역할(신문이 이런 식으로 존재하는 것은 엄밀히 말해서 단지 『르 피가로』지의 일부 독자들에게서일 것이다)을 실제로는 전혀 기대하지 않으며, 또한 정보획득, 자료수집과 분석의 수단으로 간주하지도 않는다(신문에서 이런 것을 기대하는 사람들은 확실히 시앙스 뽀〔*정치대학〕나 에나ENA〔*국립행정학교〕의 학생들, 고급관료와 일부 교수들, 다시 말해서 『르 몽드』지가 표적으로 하는 독자층일 뿐이다). 매주 월요일 아침, 사람들은 주말의 스포츠 결과나 그에 대한 코멘트 이외에 소위 '뉴스'라는 것을 신문에서 기대하는데, 이 뉴스는 자기와 지인관계에 있기 때문에(지방신문에 게재되는 사망 란, 결혼 통지란, 사고기사, 학교의 합격자 일람) 혹은 자기와 똑같은 사람의 신상에 일어난 대리체험의 사건이기 때문에(예컨대 1978년 여름 스페인의 대중 캠프장에서 일어난 재난) 직접적으로 그것에 영향을 받는다고 느끼는 사건들 전체에 관한 정보이다. 소위 '진지한' 신문들이 마지막 페이지로 쫓아 보낼 정도로 경멸하는 '잡보(雜報)'(뉴스)에 대한 관심은, 정치적 결정의 중심에 가장 근접해 있는 지배계급의 성원들이 내각의 각료나 국가계획준비위원회의 지명, 아카데미 프랑세즈 회원의 선거나 엘리제궁에서의 리셉션, 정당 집행부에서의 파벌싸움과 대신문, 대기업에서의 상속 싸움(사교계 소식란이나 그랑 제꼴의 합격자 명단은 말할 것도 없고) 같은 '전국적' 뉴스에 쏟는 관심과 본질적으로는 다를 것이 없다. 누구나 아는 고유명사, 즉 재무장관이나 그 최고 고문, 슈룸베르제 Schlumberger(*동명의 형제에 의해 창립된 대국제기업으로서 석유회사로 시작하여 전자관계 업종에까지 진출했음)의 사장이나 여러 가지 상(賞)의 선발위원회 위원장의 이름이, 자기가 실제로 알고 교제하는 친근한 인물, 즉 마을의 이웃이나 사촌과도 같이 서로가 잘 아는 세계에 속하는 사람들에게서 언급되는 것은 오직 부르주아 생활에서의 만찬석상이나 사교적 대화 속에서이다(『르 몽드』를 읽는 것이 사교계에의 입문에 요구되는 전제조건의 하나인 것은 바로 이상과 같은 이유에서이다). 지배계급은 그 성원들의 개인적 관심이 일반적 관심에 특별히 강하게 결부되기 때문에 일반적 관심에 관한 일에 개인적 관심을 갖는다는 점에 의해서 분명히 정의된다는 사실을 망각하는 경우가 많다. 그러나 이것은 잡보 news와 견해views, 즉 소위 '선정적인 저속지'와 문제를 성찰하는 고급지 사이의 반(半)-학문적인 대립을 문제삼는 이유 중의 하나일 뿐이다. 이러한 두 범주의 신문의 독해 뒤에 존재하는 것은 정치에 대해 실제로 아주 다른 두 개의 관계들이다. 전국지를 읽는다는 사실, 특히 『르 피가로』나 『르 몽드』 같은 정통적 대신문을 읽는다는 것은(신문에 글을 쓰거나 투서를 하거나 신문에 공표되는 청원서에 서명하거나 신문에 의해 제시되는 앙케트에 응답하는 것과 마찬가지로) 자기가 정치에의 발언권을 가진 합법적 국민의 일원이라는 것, 즉 정치에 참여하여 실제로 시민권을 행사할 권리와 의무를 가졌다는 것을 표명하는 유효한 수단 중의 하나이다.

전국지 그 중에서도 가장 정통적인 신문의 구독상황이 신분에 따른 할당효과에 의해 교육수준에 긴밀하게 결부된다는 것은 별로 놀랄 만한 일이 아니다. 즉 학력자격은 자기가 정통적인 정치와 문화의 세계에 정당하게 소속되어 있다는 감정을 갖는데 크게 기여하는데, 이런 소속감은 자기가 정통적인 신문을 읽을 권리와 의무를 가지고 있다는 감정을 포함한다. (표 33, 34, 35를 볼 것)

전국지의 구독률은 학력자본에 비례하여 급증한다면(지방지의 구독률은 그 반대로 변화한다), 그 차이는 『르 몽드』와 『르 피가로』에 대해서 특히 크게 나타나는데, 이들 신문의 독자층의 매우 큰 부분은 고등교육 학력자격의 보유자들이다. 학력자본과의 관련을 매개로하여 전국지의 구독률은 사회계급에 결부된다(학력만큼 밀접하지는 않더라도). 즉 스포츠지나 옴니버스식의 대중지(『프랑스-수와르』와 『르 빠리지엥』)의 구독에 한정되는 민중계급에서는 전국지의 구독률은 매우 낮고, 사회적 위계를 따라 상승할수록 그것도 규칙적으로 증가한다. 다른 조건이 동일하다면, 사회적으로 말해서 여자들은 남자들보다 신문의 '비정치적' 기사(지방뉴스, 일화거리 기사, 사교계 소식란 등)에 더욱 흥미를 가진다고 생각할 여러 근거가 있다. 문화적 실천과는 달리 정치에서는 학력자본에 의해 행사되는 신문에 따른 할당효과가, 지배계급의 피지배분파에서처럼 전통적 성별분업의 효과가 약화되거나 소멸될 때까지는 충분히 발휘되지 못한다. 그러므로 지배계급을 제외하면, 전국지의 구독률은 여자들 사이에서보다는 남자들 사이에서 높다고 할 수 있다(지방지의 구독에 대해서는 반대 관계가 나타난다). 적어도 하나의 일간지를 구독하는 비율

<표 33> 교육수준별로 본 구독신문(남성-1975)

응답자의 교육수준	신문의 구독률	신문을 구독할 경우, 그 구독지							
		지방지	전국지	레퓌프	로로르	프랑스 수와르	라 크루아	르 피가로	르 몽드	뤼마니떼
초등교육 수료	64.7	87.3	18.0	3.7	2.7	6.1	0.5	1.3	1.2	3.4
상급초등 교육수료	74.2	80.3	25.2	1.2	4.7	7.3	1.6	5.5	3.4	3.1
기술상업 교육수료	65.5	79.0	15.8	6.9	3.5	8.9	0.3	3.0	3.0	4.4
중등교육 수료	67.2	80.6	28.9	5.6	3.0	7.4	1.0	5.6	8.0	2.7
고등교육 수료	73.1	60.0	54.8	7.3	4.3	8.2	4.0	16.0	28.2	6.6

<표 34> 연령별로 본 구독신문(남성-1975)

응답자의 연령	신문의 구독률	신문을 구독할 경우, 그 구독자							
		지방지	전국지	레퓌프	로로르	프랑스 수와르	라 크루아	르 피가로	르 몽드	뤼마니떼
15 ~ 24	58.9	84.2	21.3	4.6	1.7	5.1	0.1	1.8	5.3	3.2
25 ~ 34	64.6	77.4	32.7	10.4	2.7	8.7	0.6	4.8	10.2	4.3
35 ~ 49	66.7	80.0	28.0	6.1	2.7	9.0	0.9	4.9	6.0	5.5
50 ~ 64	71.9	81.3	25.4	2.5	3.8	7.7	1.7	3.7	4.3	3.7
65세 이상	74.1	82.2	23.7	0.5	5.5	4.7	1.7	6.1	3.3	1.8

<표 35> 사회계급별로 본 구독신문

응답자의 사회직업범주	신문의 구독률	신문구독시	
남성		전국지 구독률	지방지 구독률
농업종사자	60.2	3.8	98.9
단순기능공, 파출부	59.3	17.3	92.5
숙련공, 직공장	63.0	18.8	89.9
소경영자	70.7	20.2	90.1
사무노동자	66.1	33.4	80.5
일반관리직	63.7	40.6	73.3
실업가, 상급관리직	74.0	49.8	67.6
여성			
농업종사자	53.3	—	100
단순기능공, 파출부	46.3	12.8	92.4
숙련공, 직공장	40.6	14.6	91.4
소경영자	72.2	13.0	93.4
사무노동자	50.2	21.6	83.5
일반관리직	50.3	35.3	70.8
실업가, 상급관리직	68.9	52.0	61.7

* 출처: 보충자료 35(CESP. 76)

은 연령에 따라 규칙적으로 증가하는 반면, 전국지의 구독률은 연령과는 거의 무관한데(비록 이 비율이 25∼49세의 연령층에서 그 이상의 연령층보다 약간 더 높기는 하지만), 마치 노령화가 정치상황에 발맞춰야 한다는 감정의 약화를 동반하기라도 하는 것같이 보인다(이런 경향은 『로로르』와 『르 피가로』의 경우에는 나타나지 않는데, 이 신문들의 독자층의 중요한 부분은 상공업관계의 기업주들이고 이들은 상당한 연령까지 현역에서의 활동을 계속할 수 있는 것이다).

그러나 보도지(報道紙)presse d'information와 저속지(低俗紙)presse de sensation 사이의 차이는 행동이나 발언이나 사고(思考)에 의해 정치를 실제로 하는 사람들과 정치의 대상이 되는 사람들 사이의 대립, 능동적 의견과 수동적 의견 사이의 대립을 결국 재생산한다. 그리고 이러한 두 종류의 신문의 대립이, 지배자와 피지배자 간의 관계에 대한 지배자적 표상의 중심에 있는 오성(悟性)entendement과 감성sensibilité, 성찰(省察)réflexion과 감각sensation이라는 이항대립적 형태로 사회세계에 대한 두 가지 관계 사이의 대립을 상기시키는 것은 우연이 아니다. 이 대립은 실천이나 사고(思考)에서 사회세계를 지배하는 사람들의 지고(至高)의 souverain 관점(버지니아 울프Virginia Woolf는 "일반적 사고는 장군의 사고"라고 말했다)과 사회세계에 의해 지배되는 사람들의, 즉 전투에서 패배한 일개 병졸의 맹목적이고 협소하고 부분적인 관점과의 대립이다.[49] 정치분석에서는 관찰자가 지상의 혼란을 위에서 내려다볼 수 있는 거리, 높이나 조감(鳥瞰)의 위치를 전제하거나, 역사가가 일보 물러서서 일종의 정치적 이화(異化)(거리의 설정)를 수행함으로써 성찰의 시간으로부

---

[49] 이러한 대립은 식견이 있는 지도자에게만 포괄적이고 전체적인 관점을 부여하고, 단순한 개인의 개별적 관점은 착오(이 논리에서는 결여에 지니지 않는다)로 간주하는 기술관료적 표상의 원리에 속한다는 것을 말할 필요가 있을까?

터 얻는 객관성을 전제한다. 그런데 이 정치적 이화는 미학적 이화효과(異化效果)처럼 대상의 즉시적 존재, 절박성, 기능을 중화하고 생생하게 난폭성을 띤 직접적 발언이나 명령을 **간접화법**의 완곡화된 형태로 바꾸거나,[50] 정치분석에 쓰이는 통일화작용이라는 추상개념 아래 순수한 사실성 속에 감지가능한 다수의 구체적 사실들, 즉 일화거리나 잡보, 즉각적이고 덧없는 사건들, 소위 모든 센세이셔널한 것들을 포섭하는데, 이런 것들은 단기간에 사건 속에 자기를 침몰시키는 **안일한** 감각, 즉 평범한 독자들의 호기심을 충족시키는 것이다. '안일한' 예술에 대립되는 '난해한' 예술처럼, 포르노그래피에 대립되는 에로티시즘처럼 소위 고급지들은 대상에 대한 거리의 주장을 함축하는 대상과의 관계를 요구하는데, 이러한 주장은 대상에 대한 권력의 주장인 동시에 그 권력 속에서 현현되는 주체의 위엄의 주장이다. 이 고급지들은 독자에게 그가 필요로 하는 '개인적' 의견 이상의 것을 부여한다. 그것들은 **정치적 주체**의 위엄을 그에게 인정하는데, 이런 주체는 역사의 주체는 아니더라도 최소한 역사에 대한 담론의 주체는 될 수 있는 것이다.

이처럼 여러 사회계급과 그들이 구독하는 신문과 맺고 있는 관계의 의미를 명확히 함으로써, 그리고 그 관계를 통해 '정치'에 대한 그들의 객관적이고 주관적인 관계의 한 측면(이것은 또한 여러 정당의 집행부와 선거의 공직에 참여하는 비율로도 나타난다)을 확실히 파악함으로써, 우리는 정치적으로 가장 분명하게 드러난 전국지의 구독상황에서의 차이들로부터 정치적 입장표명에 관한 약간의 지표들을 도출할 수 있다(표 36을 참조). 첫째로, 지방지를 제외하면 거의 전적으로 '옴니버스'식 신문을 구독하는 민중계급들과 중간계급들 사이에 문화적 측면과 정치적

---

[50] 최근에 어느 주간지의 편집인이 '최대의 사회의 적'이라는 범죄자와의 인터뷰를 게재했다고 고소되었는데, 그 인터뷰를 게재할 것인지를 질문받은 '고급의' 대신문사의 요직에 있는 간부 중의 한 사람은 다음과 같이 답했다: "물론 간접화법으로".

측면에서 동시에 명확한 경계선을 그을 수 있다. 즉 일반기술자는 일간지의 구독률에서 직공장에 매우 근접하지만 구독률이 분명히 높은 사무직 노동자와 대립되고, 구독률이 훨씬 더 높으며 우익성향이 더 강한 신문(즉 『라 크루아』, 『르 피가로』와 『르 몽드』를 구독하는 사람이 더 많고, 『뤼마니떼』나 『레뀌프』를 구독하는 사람은 적다)을 구독하는 일반관리직과도 대립된다. 우리는 여기서 확실히 공장 세계와 사무실 세계라는 직장환경의 근본적 차이와 선재하는 차이를 강화하는 고유의 교육과정의 차이가 덧붙여져 나타나는 상승효과를 발견할 수 있다. 즉 일반기술자는 다른 육체노동자의 실천과 이해관심에 가까운 기술교육을 받는데 비해. 사무직 노동자와 일반관리직은 학생들을 최소한 조금은 정통문화와 그것의 가치관에로 입문시킴으로써 민중계급적 세계관과의 단절을 불러오는 중등교육을 받는 것이다.

이 점을 입증하기 위해서는 다음 사실을 관찰하는 것으로 충분하다. 즉 직공장은 사무노동자에 비해 수입은 분명히 더 많고, 거주지의 지리적 분포는 거의 비슷하지만(파리에 사는 사무노동자는 직공장에 비해 약간 더 많을 뿐이다), 직공장의 구독률은 전국지나 주간지나 분명히 더 낮고(일간지의 구독률은 18.5%, 주간지의 경우는 28.4%인데 비해 사무노동자의 경우는 각각 41.4%, 43.2%), 옴니버스식 일간지를 더 많이 읽거나 주간지로는 『뤼마니떼-디망쉬』를 읽는 반면에 사무노동자는 조금 더 많이 『르 피가로』, 『르 몽드』와 『라 크루아』를 읽고, 주간으로는 『라 비*La Vie*』와 특히 『르 누벨 옵세르바뙤르』를 읽는다. 이와 같은 모든 현상들은 다음과 같은 추론을 가능케 한다. 즉 통계적 경계선이 구분지우는 것들은 다른 관계들에서도 대립되는데 특히 종교, 노조와 정당에 대한 그들의 태도들에서 그렇다. 즉 사무노동자의 경우에는 교회에 다니는 가톨릭 신자들이 많고, 노조로는 FO(노동총동맹-노동자의 힘파派: 1947년 공

<표 36> 계급분파별로 본 신문 잡지의 구독자율

민중계급, 중간계급, 상류계급의 계급분파들	일간지										주간지							
	매하프로 리베레	빠리지엥 리베레	오로르	포 쥐르 수 드 프	2,3,4 루 아의 합계	크 루 아	피 가 로	르 몽 드	뤼 마 니 떼	5·9 의 합계	마 뉴 프	르 뻴르렝	라 비	르 뿌 엥	렉 스 프 레 스	누 벨 옵 세 바 퇴 르	뤼 마 니 떼 디 망 쉬	주 간 지 합 계
	1	2	3	4	5	6	7	8	9		10	11	12	13	14	15	16	
민중계급																		
농업노동자	—	0.6	—	—	0.6	1.4	—	—	—	2.0	—	9.8	8.4	1.4	—	—	1.4	21.0
농업종사자	0.3	1.4	0.5	0.5	2.4	0.3	0.8	0.3	0.3	4.1	0.8	12.0	4.8	1.4	2.2	0.3	0.8	71.5
어부, 어업경영자	—	—	—	—	—	—	—	—	—	—	3.2	6.4	1.7	3.2	—	—	6.4	19.2
광부, 단순노동자	—	1.7	0.8	1.7	4.2	0.8	0.8	0.8	0.8	7.4	0.8	3.4	3.0	—	1.7	3.4	1.6	12.6
단순기능공	1.8	2.6	0.4	3.6	8.4	0.2	0.4	0.4	2.0	9.6	0.8	7.2	2.2	1.6	2.6	1.4	5.0	21.6
숙련공	2.6	4.0	1.1	4.0	9.1	0.1	0.7	1.6	2.0	13.5	1.6	4.3	1.4	2.3	3.0	3.3	5.1	21.8
직공장	5.0	3.6	2.1	5.7	11.4	0.7	1.4	2.9	2.1	18.9	2.1	4.3	—	4.2	7.1	2.8	6.5	28.4
중간계급																		
가정사용인	8.3	7.3	5.2	14.6	27.1	1.0	3.1	4.2	2.1	37.5	2.0	2.0	1.0	3.1	6.2	2.0	3.1	47.8
장인	5.4	3.6	4.8	4.2	12.6	0.6	1.2	3.6	1.2	19.2	3.0	5.4	5.4	5.8	6.6	3.0	5.4	34.6
소상인	8.0	3.1	5.6	8.1	16.8	0.6	1.8	5.0	0.6	24.8	6.2	3.7	6.2	3.1	4.9	1.2	3.0	28.3
일반기술자	8.1	1.0	5.7	7.2	10.1	—	5.0	7.3	4.1	26.5	1.9	6.3	7.7	7.7	14.0	10.0	7.3	54.9
사무원	10.8	7.9	1.9	8.2	22.4	2.5	4.7	7.3	4.5	41.4	3.1	5.0	3.8	7.3	9.8	8.2	6.0	43.2
일반관리자	9.7	5.0	6.4	8.8	20.2	2.8	11.1	12.0	2.8	48.9	3.7	3.7	5.9	9.2	21.6	11.1	3.7	58.9
초등학교 교사	10.4	3.5	4.3	7.7	15.5	4.3	2.6	19.0	5.2	46.6	8.6	7.8	8.6	13.8	25.0	25.8	9.5	99.1
상류계급																		
대상인	7.7	—	2.6	2.6	5.2	4.2	5.1	5.2	—	15.5	5.2	3.7	—	5.2	12.8	2.6	—	29.5
공업경영자	8.4	—	—	—	—	—	12.5	8.3	—	25.0	—	4.2	8.4	16.7	12.5	4.2	—	46.0
자유업	2.0	2.0	4.1	8.1	14.2	2.0	18.4	16.3	—	50.9	8.2	8.2	10.1	20.4	30.7	8.1	—	85.7
상급관리자	6.7	1.7	5.9	8.4	16.0	4.2	15.3	22.0	2.5	60.0	2.5	3.4	10.2	17.7	26.3	22.9	2.5	85.5
상급기술자	8.2	1.4	1.4	10.9	13.7	2.8	23.0	24.3	—	63.8	1.4	4.1	8.2	19.0	28.5	13.6	1.4	76.2
교수	9.5	—	3.6	6.0	9.6	2.4	8.4	42.9	6.0	69.3	4.8	4.8	—	15.3	21.4	35.8	7.2	97.5

이 수치는 각 계급분파별로 일간지의 경우는 조사 전날에 그 신문을 구독하거나 그 신문을 읽어 본 사람의 백분율을 표시했고, 주간지의 경우는 조사 전주에 그 잡지를 읽거나 훑어 본 사람의 백분율을 표시했다. 중간계급부터 상류계급에 관해서는 각 열에서 최고의 수치를 진하게 강조했다. 의료보건서비스 종사자와 접객노동자에 관한 수치는 너무 적어서 취급하지 않았다(통계자료에 관해서는 보충자료 39, 이하 본서을 참조할 것).

산당계의 CGT에서 분열하여 사회당계의 소수파가 결성한 노조 — 옮긴이)에 가입하고, 지지정당으로는 사회당(통일사회당이나 극좌정당)과 드골파지지자가 많은 반면에, 생산노동자의 경우는 무종교인과 신자이면서도 교회에 다니지 않는 사람이 많고 노조로는 CGT(노동총동맹)를, 지지정당으로는 공산당이 많다(M. Dogan의 앞의 책을 볼 것). 이러한 대립은 그 자체로 사회적 궤적과 상이한 직업의 노동조건에 결부된 생활양식의 차이의 일부가 된다(예컨대 일가가 도시에 거주하고 프롤레타리아화된 연륜에 따른 차이나 근무하는 기업규모의 차이 등과 같이).51)

『뤼마니떼』를 별도로 한다면, 신문 잡지가 본래 의미에서의 정치적 입장을 구별하는 지표로서의 역할을 하는 것은 중간계급 이상에서이다. 신문구독률과 구독내용을 묘사하는 공간은 중간계급에서와 같이 지배계급에서도 자본의 양과 구조에 따른 통상적 대립을 아주 정확히 재현한다. 즉 한쪽에는 중간계급에서의 장인, 소상인, 지배계급에서의 공업경영자, 대상인 같은 경제자본이 (상대적으로) 풍부한 분파들은 구독률이 전반적으로 낮고, 특히 옴니버스식의 일간지를 구독한다. 다른 한 쪽에서 중간계급에서의 사무노동자, 일반관리직과 초등학교 교사, 지배계급에서는 자유업, 상급기술자, 상급관리직과 교수같이 문화자본이 상대적으로 풍부한 분파들은 전반적으로 구독률이 높고 전국지, 특히 가장 '정통적인' 신문과 주간지를 많이 읽는다. 지배계급에서처럼 중간계급

---

51) 노동자계급과 농민계급 사이의 경계선은 다음과 같은 사실에서 드러난다. 즉 전국지, 특히 『뤼마니떼』의 구독률이 노동자에게서 분명히 더 높게 나타난다는 사실과 농업종사자들은 거의 가톨릭계의 주간지(『르 뻴르렝 Le Pèlerin』, 『라비』) 밖에는 구독하지 않는 반면에, 노동자는 보다 다양한 종류의 신문잡지를 구독하고, 직업상의 위계(이것은 노동자계급에서의 고참성에 따라 결정된다고 할 수 있다)에서 높이 오를수록 공산주의계의 신문구독자가 증가하고, 가톨릭계의 신문구독자는 감소하는 것으로 보인다. 또한 좌파에의 투표성향이 같은 방향으로 변화한다는 사실도 놀랄 것이 없다.

에서도 초등학교 교원이나 교수 쪽으로부터, 소상인이나 대상인 쪽으로 이동할수록 전국지와 좌파 잡지의 독자는 감소하는 반면, 지방지나 우파 잡지의 독자는 증가한다.

신문이 입장표명의 제도화된 생성원리들의 장 속에서 어떤 하나의 구별적 위치에 의해 규정된 입장표명의 생성원리의 역할을 수행하는 것은 오직 지배계급의 성원들에 대해서이다. 그리고 이러한 생성원리는 신문 잡지의 장에서 그 신문이 점하고 있는 위치와 계급들(또는 계급분파들)의 장에서 독자들이 점하고 있는 위치(이것은 그들 의견의 생성원리의 토대가 된다) 사이의 상동성이 보다 완벽할수록 그 독자들을 그만큼 완전하고 적절하게 표현한다. 우리는 이처럼 한 극단에 신문을 조금 읽으며 특히 옴니버스식 신문과 『르 피가로』를 읽는 대상인과 공업경영자를 보며, 다른 극단에 신문을 많이 읽고 특히 『르 몽드』, 『뤼마니떼』나 『누벨 옵세르바뙤르』를 읽는 교수(더 나아가서는 지식인)를 본다. 주간지에 대해서 말하면, 그것은 매일의 정치동향에 대해 일간지보다 더 큰 거리를 유지해야 하기 때문에, 그리고 그것은 정치보다는 문화면의 기사에 많은 공간을 할애하기 때문에, 또한 그것은 광고주를 확보하기에 필요한 충분한 발행부수에 도달하기 위해서 모든 분할 및 배제의 원리를 피하고 가장 옴니버스식의 분야와 대상과 스타일들을 추구해야만 하기 때문에, 비록 『르 누벨 옵세르바뙤르』가 매우 분명하게 『렉스프레스』와 『르 뿌엥』에 대립되기는 하지만, 주간지의 구독상황을 묘사하는 공간은 신문의 그것만큼 분명하지 않다. 또한 중간적 위치를 점하는 여러 계급분파들(특히 관리직이나 상급기술자같이 그것들 중에서 가장 이질적인 분파)간의 차이를 너무 깊게 해석하지 않도록 주의해야 한다. 그것은 해마다 실시된 앙케트의 결과가 대표 샘플에 대응하는 모집단이 너무 적음에서 기인하는 차이를 나타내기 때문이다. 아무튼 우리는 지배계급만을 대상으로 실시한 신문잡지의 구독상황에 대한 앙케트(보충자료 5)에서는 이런 분파들이 구별되는데, 그것에 따르면 사기업 관리직은 공기업, 관청 관리직보다 훨씬 더 자주『로로르』와『르 피가로』(그리고『레 제코』,『앙트르프리즈』같은 경제정보지)를 읽고,『르 몽드』와『르 누벨 옵세르바뙤르』는 훨씬 덜 읽으며, 문학, 자연과학관계의 일에 종사하는 사람은 교수보다『르 누벨 옵세르바뙤르』를 더 많이 읽고『르 피가로』를 덜 읽는다. 그래서 정치적 내용에 따라 배열된 일간지와 주간지의 분포상황 — 옴니버스 신문(『로로르』와 함께),『르 피가로』,『르 몽드』,『르 누벨 옵세르바뙤르』,『뤼마니떼』— 은 다음 순서로 배열된 계급분파에 따라 연속적으로 이동하는 경향이 있다고 할 수 있다. 즉 대상인, 공업경영자, 사기업 관리직, 자유업, 공기업-관청관리직, 교수, 지식인의 순서인데, 그 중간적 범주, 특히 자유업과 상급기술자는 그들의 구독지의 분산도가 매우 크다는 특징을 갖는다.

소유자본의 구조에 따른 분파들간의 대립은 각 분파 내에서 '청년층'과 '노년층', 보다 정확히 말해서 선행자와 후계자, '고수'와 '신참'을 대립시키는 효과들에 의해 혼란스러워진다. 지배계급내의 피지배분파는 지배계급의 공간 내에서의 위치 때문에 대체로 부분적이고 상징적인 전복의 의도 쪽으로 기울어지는데, 그 내부에 (부분적으로 상승지원자의 전복적 성향에 대응하여) 보수 쪽으로 기울 수 있는 (일시적인) 지배자 집단을 포함하게 된다. 마찬가지로 여러 형식의 보수에 결부되어 있는 지배분파의 내부에는 권력으로부터 일시적으로 격리된 후계자들은(그리고 어느 정도는 여자들도) 어느 정도까지 그리고 얼마 동안은 피지배분파가 제시하는 사회세계에 관한 시각을 공유할 수 있다.『르 피가로』나『렉스프레스』와『르 누벨 옵세르바뙤르』사이의 대립은 이와 같이 단순히 지배분파와 피지배분파, 사적인 것과 공적인 것 사이의 대립만을 나타내지는 않는다. 보다 정확히 말해서 후자의 대립의 한편에는 경제의 장의 사적인 축에 가장 가깝고, 학력자본이 가장 결핍되어 있으며 확실히 가장 쇠퇴의 위기를 느끼는 경영자와 연령이 가장 높고 경영자에 가장 가까운 사기업 관리직이 있고, 다른 한편에는 공기업-관청관리직과 교수가 있는 것이다. 그밖에도 『르 피가로』나 『렉스프레스』와 『르 누벨 옵세르바뙤르』 사이의 대립은 선행자와 후계자, 노년층과 청년층 사이의 대립 또한 표현하는 것이다.[52]

『르 누벨 옵세르바뙤르』 같은 잡지는, 계급투쟁과 계급분파들의 투쟁, 보다 단순히 말하면 우파와 센 강 우안이나 좌파와 센 강 좌안 사이의 혼동을 알지 못한 채, 그리고 지배계급의 상이한 내부분할들 사이에서의 부분적 중복으로부터 비롯되는 분류상, 개념상의 애매성을 의식하지 못한 채 이용함으로써, 지식인, 청년, 여성같이 이러저러한 가능한 측면들에서 피지배적 입장에 있는 모든 지배분파들로 하여금 **필연적으로 부분적인** 그들의 이의제기(異議提起)의 총합을 기성질서에 대한 가장 과격한 문제제기로 경험하게 하는 것이다. 이처럼 '구식의 투쟁'을 옛날 일로 돌림으로써, 이 잡지는 그 독자들에게 보너스로 동시에 윤리적이고 미학적이고 정치적인 속물근성이란 쾌락과 실현수단을 제공하는데, 이러한 속물근성은 엘리트주의로 이끄는 지적 전위주의와 민중주의로 이끄는 정치적 전위주의의 외양들을 일종의 반(反)-부르주아적 비관주의 속에 조합할 수 있는 것이다. 사회세계에 대해 제기되는 판단의

---

52) 25세 미만의 독자층은 『르 피가로』의 경우에는 별 의미가 없지만 『르 누벨 옵세르바뙤르』의 경우에는 독자의 20%를 차지한다. 그리고 주목할 만한 사실은 지난 10년 동안에 가장 심한 쇠퇴를 경험한 신문은, 『로로르』와 『르 피가로』인데, 이는 옴니버스식 신문(『르 빠리지엥 리베레』와 『프랑스 수와르』)과 함께 청년 독자층의 비율이 낮은 신문들이라는 사실이다. 이 두 신문의 쇠퇴와 『르 몽드』, 『르 누벨 옵세르바뙤르』의 상승은 지배계급 내에서 학력자본이 가장 풍부한 분파가 증대하는 방향으로 인구구성의 형태적 변화가 일어나고 있음을 가장 직접적으로 반영하고 있는 것이다.

대부분이 '고수'와 신참 사이의 대립에만 토대하는 하는 것으로 보인다면, 그리고 사회질서에 대한 이의제기가 형식들(기성의 예의범절, 정치, 예술의 형식들)에 대한 이의제기로 환원된다면, 그것은 계승을 위한 투쟁이 요구하는 상징적 전복의 전략이 자기가 전제하고 실현하는 게임과 그 내깃돈을 승인하는 행위 속에 그 한계가 있기 때문이다. 보다 정확히 말해서 그것은 지배계급내의 질서가 사회적 시간의 구조를 규정하는 모든 요소들에 매우 직접적으로 의존하기 때문이다. 그런데 사회적 시간은 이중적 의미에서의 계승의 순서인데 그것은 각 연령층에 고유한 정열, 권력, 자유, 의무를 부여하는 표상들이거나, 시간적 거리, 격차, 경의, 뒤늦음 그리고 예의범절이 후계자의 성급함에 부과하는 기대를 유지함으로써 다른 어떤 규칙보다도 사회적 거리를 보장하는 형식의 존중과 존중형식들이다.

정치공간

이쯤해서 우리는 이상에서 확인된 관계의 전체를 정치공간의 도식에 구체화하고 체계화해 볼 수 있다(그림 21). 이 도식은 상이한 계급분파들이 상호관계 속에서(상대적 위치는 절대적 거리보다 분명히 취급하기 더 쉽고 따라서 확실하다) 어떻게 분포하는지를 보여주는 동시에, 각자가 자기의 위치를 아는 참조기준으로서 기능하거나 남과의 차이를 주장하는 문장(紋章)으로서 기능하는 정치적 '생산물'이나 '표식'의 집합과 관련하여 그 분파가 어디에 분포하는지를 보여준다. 이 공간은 자본의 양과 구조에 따라 분포된 계급과 계급분파들의 분포를 나타내는 공간을 일정한 규칙에 의해 변형한 것으로 이해된다. 즉 정치공간(그리고 그림상에서도)의 좌측에 위치한 분파들 전체는 아래쪽으로 당겨지는 반면, 우측에 위치하는 분파들은 위쪽으로 당겨지는데, 이것이 이해가능한 것

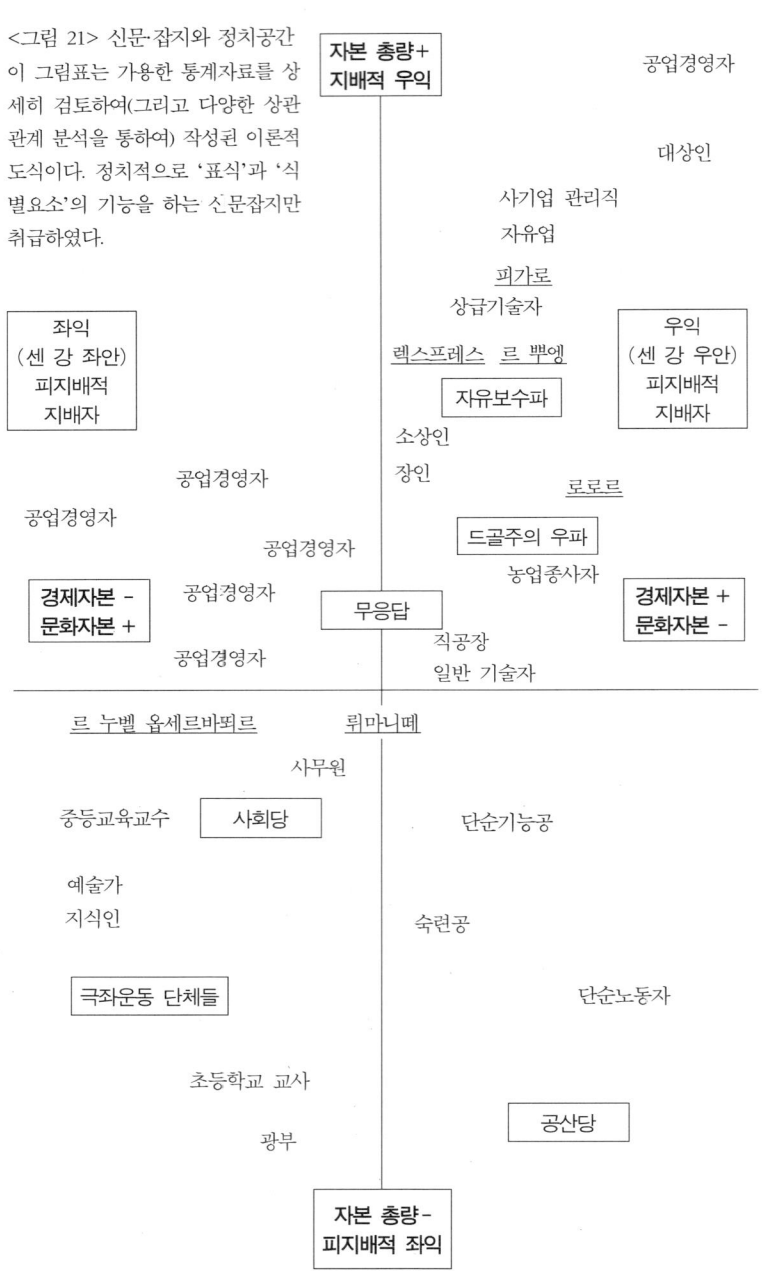

<그림 21> 신문·잡지와 정치공간
이 그림표는 가용한 통계자료를 상세히 검토하여(그리고 다양한 상관관계 분석을 통하여) 작성된 이론적 도식이다. 정치적으로 '표식'과 '식별요소'의 기능을 하는 신문잡지만 취급하였다.

은 자본총량에 의한 대립과 자본구성(그리고 여기에 연관된 궤적)에 의한 대립이 상승효과를 일으키기 때문이다. 각 계급분파들이나 '표식들'에 할당된 위치는 물론 고려되는 집단이나 독자층이 그 주변에 다소간 넓게 분포되는 중심점을 가리키는 것에 불과하다. 표시된 각각의 점에 대응하는 '사회적 면적'은 그 집단의 사회적 분산도(分散度)에 결부된 그 집단의 크기(사람 수)에 따라 실제로 상당히 달라진다(비록 구독자 층의 양적 증가는 신문이나 잡지가 읽히는 공간 자체가 확대되기 때문에 일어나기도 하고, 제한된 사회공간 속으로의 침투도가 강화되기 때문에 일어나기도 하지만 말이다).

궤적의 고유효과

이와 같이 정치적 선택은 통상적으로 이야기되는 것보다 사회계급(그것이 일정한 양과 구조를 가진 자본의 소유에 의해 **공시적으로** 규정될 때조차도)으로부터 훨씬 덜 독립적이다. 이런 사실을 증명하기 위해서는 직업범주를 적절하게 설정하기만 하면 충분하다. 그리고 미슈라 Michelat와 시몽Simon이 열어놓은 방향으로 진전시켜 나갈 수 있는데, 각각의 사회적 위치에 **통시적** 특성을 고려함으로써, 그리고 무엇보다도 상이한 정치적 표식과 그에 대응하는 정치적 생산물이 적절하게 특징이 규정된 각 계급과 계급분파에 대해 의미하는 바를 기술하고 이해하는 수단을 확보함으로써이다. (프랑스에서) 가용한 앙케트 조사로부터는 궤적과 (양친의 직업과 정치적 의견을 통한) 주입의 효과를 추출하고 파악할 수 없다는 것은 유감이다. 그리고 더욱 유감스러운 것은 명목상으로는 동일한 의견이면서도 실제로는 비교할 수 없는, 게다가 (종이 위에서 말고는) 양립불가능하게 만드는 차이들을, 응답자가 **그들의 의견을 발표하거나 정당화하는 방식** 속에서 직접적으로 포착할 수단이 이 조사에는 없다는 것이다. 선거의 논리가, 똑같이 공산당에 대한 한 표라고 해도 예술가나 교수의 한 표와 초등학교 교사, 심지어는 사무노동자나 단순 기능공, 광부의 한 표 사이의 차이를 무시한다고 해서 사회학이 그런 식의 행위를 하는 것이 변명되지는 않는다. 과학적 설명을 산출할 가능성을 추구한다면, 공산당을 지지하는 방식 혹은 자기가 공산당을 지지한다고 표명하는 방식들이 실제로 상이하다는 사실과 **명목상으로는** 같은 공산당에의 한 표라고 해도 다른 의미를 가진다는 사실을 발견해야 한다. 또한 선거의 논리는 그들(유권자)의 의도와 이유에서 모두 상이한 의견들을 동일한 것으로 취급한다는 정치적으로 중요한 사실도 동시에 고려되어야 한다.

장인이나 농업종사자와 직공장이나 일반기술자같이 객관적으로 인접한 범주들을 분리시키는 (때때로 광대한) 차이를 진정으로 이해하기 위해서는 자본의 양과 구조만이 아니라 그러한 특성의 시간적 변화, 즉 객관적으로 점유된 위치의 **주관적 표상**의 토대인, 그 집단 전체의 그리고 고려되는 개인과 그의 가계(家系)의 **사회적 궤적**을 고려하지 않으면 안 된다. 실제로 정치적 선택의 가장 결정적인 특징 중의 하나는, 그 밖의 다른 모든 선택들보다 더, 그리고 무엇보다도 아비투스의 막연하고 깊은 차원에서 이루어지는 선택들보다 더,[53] 행위자가 사회세계에 대해 그리고 점유하고 있고 **점유해야 할** 위치에 대해 소유하는 다소간 명백하고 일관된 표상을 정치적 선택이 개입시킨다는 점이다. 그리고 정치적 담론은 그것이 있는 그대로 존재할 경우 이런 표상의 다소간 완곡화되고 보편화된 표현(그것을 말하는 사람에 의해서도 항상 오인될 수 있

---

[53] 생물학적 유전에 의해 계승되는 것이 문화적 상속에 의해 계승되는 것보다 확실히 더 안정적인 것과 마찬가지로, 생활조건에 의해 주입된 계급적 무의식은 명시적으로 구성된 정치적 원칙보다도 더 안정된 판단과 의견의 생산원리인데, 그것은 그 원리가 의식으로부터 상대적으로 독립적이기 때문이다.

는)에 불과한 경우가 잦은 것이다. 달리 말해서 실제로 점유된 위치와 입장표명들 사이에 그 위치의 표상이 끼어드는 것이다. 비록 이 표상은 (그것을 완전하게, 즉 통시적으로도 정의 할 수 있다는 조건으로) 위치에 의해 결정된다 하더라도 외부의 관찰자에게는 위치가 부과하는 것으로 보이는 입장표명들과는 일치하지 않을 수 있다(이것이 자주 '허위의 식'fausse conscience이라 불려지는 것이다). 개인적인 그리고 특히 집단적인 궤적의 경사도는 사회세계에서 자기가 점유하고 있는 위치에 대한 지각과 그 위치에 매혹되거나 환멸을 느낀 관계(이 관계는 확실히 위치와 정치적 입장표명들 간의 관계가 확립되는 주요한 매개관계 중의 하나이다)를 **시간적 성향**을 통해 지배한다. 개인과 집단이 어느 정도로 미래, 새로움, 운동, 개혁, 진보(이런 성향들은 특히 새로운 질서를 야기하고 혜택을 보는 '젊은이'에 대한 관대함 속에서 나타난다)로 지향되는가, 보다 일반적으로 말해서 어느 정도 사회적-정치적 낙관주의로 기우는가, 혹은 반대로 어느 정도 과거로 지향되어 사회적 원한의 감정과 보수주의에 기우는가 하는 것은 실제로 그들의 과거에서와 잠재적인 집단적 궤적, 즉 그들이 어느 정도 그들의 조상의 여러 특성을 재생산하는데 성공하느냐, 그리고 어느 정도 자기들의 특성을 자손들에게 재생산할 수 있느냐(혹은 그렇게 느끼느냐)에 달려있다.

하나의 계급이나 계급분파는 그것의 존재조건과 위치의 모든 특성을 보존하면서 자기를 재생산할 수 없을 때, 그리고 청년층의 성원들 대부분이 그들의 총자본을 재생산하고 사회공간에서의 위치(출신가정의 위치나 자기의 현재 위치)를 유지하기 위하여 사회공간에서의 평행이동으로 표시되고 존재조건에서의 변화가 동반되는 자본의 전환을 최소한 해야만 할 때, 쇠퇴상태에 있고 과거로 지향되어 있는 것이다. 달리 말해서 계급위치의 재생산이 불가능해지거나(계급탈락의 경우), 그 재생산이 계급분파의 변동(전환)을 통해서만 성취될 때, 그 계급은 쇠퇴상태에 있는 것이다. 이 경우 행위자의 사회적 산출방식의 변화는 상이한 세대들의 출현을 가져오고, 그들간의 갈등은 일반적으로 세대간의 갈등이라고 치부되는 것으로 환원되지 않는데, 이러한 갈등은 자산구조에서 경제자본이 우세한가 문화자본이 우세한가 하는 것과 연관된 가치관과 생활양식 사이의 대립을 원인으로 하는 것이다.

어떤 장(사회계급의 장이건 그 밖의 다른 장이건)의 구조적 역사는 거기에 개입된 행위자들의 생애를 시간적으로 구분한다(그 결과 각 행위자의 개인적 역사는 그가 속한 집단의 역사 속에 포함된다). 따라서 문제되는 장에 특유한 역사를 숙지(熟知)하지 않고는 어떤 모집단으로부터(단순히 자의적인 연령층과 대립되는 것으로) 여러 세대를 나눌 수는 없다. 실제로 이 장에 영향을 주는 구조적 변화들만이, 세대양식을 변화시키고 개인적 생애의 조직과 그 생애들이 같은 템포에 따라 편성되고 리듬화된 생애들의 집합으로 응집함으로써 상이한 세대들의 생산을 결정하는 힘을 보유한다. 역사상의 대사건들(혁명이나 체제의 변동)은 길고 짧은 일정기간 동안 상이한 장들을 **공시화**(共時化)하고, 각각의 장들의 상대적으로 자율적인 역사를 일시적으로 공통의 역사로 융합시키는 효과를 가지고 있지만, 매우 자주 문화생산의 장의 시기구분에서 지표로 사용되는 이 대사건들은 자주 인위적 구분들을 도입하고 각 장에 고유한 불연속성의 추구를 좌절시킨다.

지배계급 가운데서도 그것들의 재생산이 자명할 정도로 보장되는 분파들의 자유주의적 보수주의는, 집단적인 미래가 위협을 받기 때문에 그들의 가치를 과거에 관련해서만, 사회계급의 장의 구조의 과거 상태에 대응하는 가치체계, 즉 가치결정의 논리에 준거해서만 자신들의 가치를 유지할 수 있는 분파들의 반동적réactionnaire 성향에 대립된다.54)

---

54) 가내공업과 상점의 소경영자, 보다 구체적으로 말해서 전체적으로 연령이 높은 이 집단 중의 가장 고연령층에게서 보이는 억압적 성향은 일치하는 다음과 같은 지표들로 표시된다. 즉 그들은 현대예술과 예술가들을 거의 적의에 가까운 불신을 표명하는데, 현대예술가들은 확실히 그들의 실천을 통해, 그리고 특히 그들의 언어와 복장, 미용이나 윤리에 관한 규범이 고취하는 자유를 통해, 소경영자들의 눈에는 그들이 '젊은이들'에 대해 개탄하고 혐오하는 모든 것을 상징하는 것이다. 그들(소경영자) 중의 20%는 "현대의 예술가는 대중을 희롱한다"고 생각하는데 비해, 상급관리과 생산노동자에서는 각각 13%, 일반관리직에서는 9%, 농업종사자에게서는 6%가 그러하다. 그들 중 28%가 "회화(繪畵)는 상업적 매매의 대상일 뿐이다"라는 생각을 긍정하는데 비해, 일반관리직, 생산노동자, 농업종사자에게서는 20%가, 상급관리직에서는 15%가 그러하다(보충자료 51). 그들 중 "교사들이 존경을 획득하는 방법을 모른다고 생각하는 사람이 가장 많고(소경영자의 62%에 비해, 일반관리직과 사무노동자의 55%, 생산노동자의 54%, 농업종사자의 48%, 상급관리직의 45%), 자녀들의 학업상의 실패는 '그들이 충분히 노력하지 않았기' 때문"이라고 생각하는 경향이 강하거나(그들이 57%인데 비해, 일반관리직과 사무노동자에게서는 47%, 생산노동자와 농업종사자에게서는 46%, 상급관리직에게서는 40%), "학교에서의 규율이 충분히 엄격하지 않다"고 판단하는 비율이 높다(그들의 45%에 비해, 생산노동자의 38%, 일반관리직과 사무노동자의 36%, 농업종사자의 31%, 상급관리직의 30%)(Sofres, *Les Français et les problèmes de l'éducation nationale*, Etude auprès des parents, T. II, juin-août 1973). 그들은 영화의 검열을 강화하는 것에 찬성하는 경향이 다른 범주들보다 강하고 이 점에서 생산노동자와 일반관리직과는 대조적이다(보충자료 50). 그들이 대상인과 직공장같이 구독주간지의 의미있는 비중(전반적으로 구독률이 낮다)을 미뉘트Minute에 할애하는 것은 놀랄 만

비슷한 위치를 좇하고 있는 개인들이 그들의 출신계급과 궤적에 따라 상이한 의견을 가질 수 있다는 것이 확실하다 고해도, 개인적 궤적의 효과(그것은 사회공간 속에서 잘 규정되지 않은 위치를 점하고 있고 그로 인해 모든 측면에서 분산도가 매우 큰 집단의 경우에 특히 가시적인데)는 계급에 고유한 효과의 범위 내에서 발휘되는 것으로 보인다. 그래서 같은 계급 구성원들의 윤리적-정치적 성향들은 그 계급 전체를 기본적으로 성격지우는 성향이 변형된 형태들로 나타나게 되는 것이다.[55] 이와 같이 쁘띠 부르주아적 반항을 한계지우는, **공순**(恭順)obsequium이라는 기성질서에의 뿌리 깊은 승인은 또한 신흥 쁘띠 부르주아지의 사회적 미덕의 토대인 것이다. 즉 어떤 재화나 서비스가 문화적 재화나 가정용 기구(機器), 가구나 건물, 의류나 레저용품 같은 '쾌적생활재'로 대표되는 물질적 재화같이 지배자적 생활양식의 다소간 성공적인 구체화이며, 그것들의 획득이 윤리적이나 미학적으로도 지배자적 가치관의 승인을 의미하는 재화나 서비스를 판매하는 경우, 신흥 쁘띠 부르주아에게는 그들 자신의 미덕, 자신의 확신, 자신의 가치관, 한 마디로 자신의 가치에의 확신을 일종의 윤리적 속물근성에다가 팔아넘기는 성향보다 더 성공적인 것은 없는데, 이 **윤리적 속물근성**은 자기 이외의 모든 존재나 행위방식에 대한 비난을 함축하는 것으로 자기가 유일하게 모범적인 존재라는 주장인 것이다. 이러한 성향은 이상과 같은 기도(企圖)의 조건

한 일이 아닌데, 이 주간지는 쁘띠 부르주아적 정한(情恨)의 모든 주제와 사회적 환상(외국인 혐오증 같은)에 많은 지면을 할애하는 신문이다. 이상과 같은 자료를 통해 볼 때 극우파의 정치조직은 그들의 성원을 이 범주에서 충원한다고 추론할 수 있다.

55) 그렇다고 해서 본질적으로 모호한 모든 정치적 입장표명들(나찌 이전의 독일에서 볼 수 있는 '보수적 혁명가'들의 운동을 그 전형으로 한다)을 배제할 수는 없는데, 이런 입장표명들은 확실히 그것들의 불확정성 속에서 계급탈락에의 반항(일종의 형용모순形容矛盾이다)이나, 개인적 궤적과 집단적 궤적 간의 불일치에 내재한 모순들을 재생산하는 것이다.

인 선의(善意)와 그것의 보상인 양심의 편안을 결합시키는 것을 전제하기 때문에, 민중계급의 성원들의 생각을 변화시키고 그들에게 부르주아적 최신의 예의범절, 최신의 유행이나 도덕을 강요함으로써 그들을 경쟁에 들어오게 하려고 노력할 때, 그리고 다른 사람들이 과거에 그들의 억압할 수 없는 방임주의와 무절제를 억압하는 데 쏟았던 것과 똑같은 분노에 찬 확신을 민중계급의 '억압적' 성향을 억압하는데 쏟아 부을 때에 특히 강력히 요구되는 것이다.

정치의 영역에서는 지배계급과 그들이 체현하는 '가치관'에 대한 윤리적 복종은 기성질서에 대한 다음과 같은 이의제기로 나타난다. 즉 기성질서 속에서 자신의 정당한 위치를 차지하지 못했다는 감정에 토대하여 그 이의제기는 그 계급에 도전할 때조차도 목표가 되는 계급들에 의해 부과된 예의범절에 복종하는 것이다. 그러므로 쁘띠 부르주아의 성원들은 지배적 질서가 주장하는 바로 그 원칙들에 의하여 지배적 질서를 고발하는 그들의 애용되는 전략을 적용함으로써, 그 원칙들에 대한 그들의 승인을 증명하는 것이며, 추문(醜聞), 특히 모든 추문의 원천이며 원칙의 활용을 방해하는 위선에 대한 그들의 지칠 줄 모르는 투쟁에 대한 승인을 요청하는 것이다. 어떤 인간이 사회적으로 인정을 받고 싶은 욕구와 지배계급에로의 성급한 동일시는 존재의 상징적 측면에 우위를 부여하는 그들 요구의 성격에서 드러나는데, 그 이유는 위엄이나 '인격'의 존중에 대한 침해가 착취와 억압의 가장 난폭한 형태로부터 해방된 만큼 강하게 느끼기 때문만이 아니라, 그들의 위엄에의 배려 자체가 형식이나 내용에서 요구자의 위엄을 최고로 증명하는 요구로 방향지우기 때문이기도 하다. 그러므로 그들에게 약속된 것(특히 학교와 학력자격을 통하여)을 모두 획득하려고 노력해서 그들이 획득한 것을 상실할지도 모른다는 불안감은 쁘띠 부르주아지의 사회적 권리를 요구하는 전략에 따라 취해진 형태를 완전히 설명하지는 못한다. 노동자들의 투쟁의 통상적 수단인 파업이나 시위는 그들에게는 마지막 수단이고, 그들은 부정이 극도에 달했을 때에만 그것을 고려할 것이다 ("필요한 경우에는 가두로 진출할 것이다"). 그들은 상징적 투쟁수단을 선호하며, 맨 먼저 도덕적 지배관계를 정립하는 교육운동이나, 열광적 신뢰의 대상인 '정보', 그리고 오로지 동일한 '이유'에 의해서, 일종의 윤리적 독촉을 실행하려는 동일한 의지에 의해서 단합된 개인들의 엄밀한 계열적 집단편성인 협회association가 실현하는 집단적 행위의 특수형식이 있다. 봉사활동은 선의의 과시적 소비이고, 그 자체 이외에는 다른 목적을 인정하지 않는 순전히 무사무욕적인 윤리적 활동이며, 그것의 실행자에게 여러 권리를 부여하는데 그 중에서도 특히 큰 것은 의분(義憤)의 권리이다. 그리고 이 권리는 '자기 몫을 한' 사람, 자기의 의무를 완수한 사람, 특히 누구에 의해서도 승인되는 기성사실(旣成事實)을 만든 사람의 완벽함에 의해서 부여되는 것이다.56) 엄밀하게 '무사무욕'하고 '청결하고', '고결하고', '정치'와의 어떤 타협으로부터도 자유로운 행위는 실제로 사회적 승인의 가장 완벽한 형태인 제도화의 기도가 성공하기 위한 조건인데, 모든 협회들이 다소간 비밀리에 추구하는 것이다. 협회활동은 탁월한 쁘띠 부르주아적 운동인데 정당과는 달리 개별적 이해를 직접적으로 충족시킬 것을 약속하면서도 '일반이해'라는 기도에 위엄과 존엄을 부여하는 이익을 가져다준다.57)

---

56) 이런 전략은 개인간의 관계에서 그리고 특히 가정에서의 교환의 경제 속에서 보통 볼 수 있는 것이다. 거기서 제공된 서비스에 의해 획득된 완벽성은 재정적 후원자에게 생생한 비난의 역할을 부여하는 것이다.

57) 이런 모든 것을 통해서 볼 때 다음과 같은 추론이 가능하다. 즉 쁘띠 부르주아지는 어린 시절부터 혜택 받은 생활조건과 인격주의personnalisme에의 경향이 강한 종교적 가치관이 배어든 초기의 교육으로 인해 개인적 존엄을 지키려는 배려와 개인주의적 신중함이 강하게 부추겨질수록, 공산당(불친절하고, 쁘띠 부르주아지들의 특수이해에 둔감하고, 그들이 기꺼이 찬동하는 도덕적이고 교훈적이고 공소하게 인간주의적인 다음과 같은 표현법 — '가치관', '개화(開花)', '책임을 맡다', '추진하다', '책임자', '파트너', '관계자' 등 —

그러나 사회공간에서 일정한 순간에 점유된 위치가 정치 이외의 다른 분야에서 관찰되는 단순하고 직접적인 관계에 의한 정치적 입장표명들에 결부되지 않는다면, 그것은 개인적이고 집단적인 궤적이 상승이나 하강과 연관된 경험들을 통해 사회세계 그리고 특히 그 세계의 미래의 지각에로 이끌기 때문만은 아니다.58) 그것은 또한 그리고 특히 다음과 같은 이유에서이기도 하다. 즉 정치적 '선택'이 계급 에토스에 의한 정치적으로 맹목적인 응답에 불과할 가능성은 연령이 높아질수록, 거주지의 규모가 작아질수록, 혹은 교육수준과 사회적 지위가 낮아질수록 높아지고, 남성보다는 여성에게서 분명히 높게 나타나기 때문이다. 도덕에 의해 정치가 오염(汚染)contamination되는 현상은 농업종사자와 소경영자에게서보다는 더 '정치화된' 생산노동자에게서 덜 나타나지만, 민중계급의 성원들에게서도 많이 보여진다. 즉 실제로 그들 가운데서도 성별로는 여성이, 연령별로는 노인이, 거주지별로는 지방거주자가, 그리고 이것과 상관적으로 직장환경별로는 소기업의 노동자가 그 밖의 다른 사람들보다 사회적 쇠퇴를 경험할 위험이 크고, 하층 프롤레타리

을 달가워하지 않는다)과 타협하기를 더욱 꺼려한다. 그런데 이러한 조건화 혹은 주입의 효과는 그들의 출신계급이 높을수록 그만큼 더 확실하다(그리고 이것은 하강궤적의 효과에 의해 배가될 가능성이 높다). 또한 쁘띠 부르주아지가 통일사회당PSU 쪽으로 움직이는 것을 가상할 수 있으며, 이 당이 공개적으로 덜 혁신적이거나 최근의 사회당의 기술관료적-현대풍의 경향처럼 그것이 정부여당으로 성장한다면, 쁘띠 부르주아에게서는 저항적인 동시에 예절바름이 모두 나타난다. 그러나 그들은 개혁적이고 '지적'인 보수주의에도 마찬가지로 잘 대응한다. 요컨대, 그들은 요동하고 있으며 위기의 상황에서는 갑자기 반대 입장으로 돌아설 수 있는 것이다.

58) 노년층의 정치적 실천과 의견들을 이해하기 위해서는, **수축효과**effet de retrait 뿐만 아니라 특히 사회적 하강의 효과도 고려해야 한다. 수축효과는 직장에서 은퇴하고 사회관계가 약화됨으로써 집단으로부터 받는 압력과 지원이 축소되는 경향이 있는 것이다. 사회적 하강효과는 인간이 더 박탈된 계급에 소속될수록 그만큼 강하게 그리고 특히 그만큼 난폭하게 발휘되는데, 그것은 하강하는 사회적 궤적이 개인이나 집단에게 행사하는 효과와의 유추를 통해 확실히 이해될 수 있다.

아로의 전락이나 재전락할 위험에 강하게 직면하며 동시에 정치적으로 덜 교육되고 조직화된 정도가 낮으며, 그래서 정치적인 지각과 평가의 범주를 통해 문제와 상황을 파악하는 경향과 자세가 약한데, 아무것도 비관주의에로의 경향, 게다가 '정치'에 대한 일반화된 거부반응, 어떤 인물이든 '정치가'는 거부하는 감정, 그리고 결국 기권주의(棄權主義)나 보수주의에로 기우는 경향을 막을 수 없다.59)

---

59) 정치화의 정도에 따라 '진보적'이거나 '보수적'인 정치적 입장표명으로 표현될 수 있는 여러 성향들을 이해하기 위해서는 다음과 같은 작업이 필요하다. 즉 사고와 질병, 해고, 하층 프롤레타리아로의 전락의 위험 하에서 체험하는 매일의 생활체험이 야기하는 깊은 **불안감**과, 이것과 상관적으로 획득되는 이점과 그 이점을 획득하는데 동원되는 개인적, 집단적 전략에의 집착(이것은 기성질서에의 집착과 아무런 공통점이 없다)을 분석해야 한다. 그리고 기업에 의해 부과되는 노동조건, 보다 정확히 말해서 **규율**, 특히 시간적 규율이 어떻게 그 자체만으로 그리고 모든 이데올로기적 주입을 제외하고도 초기교육(이것은 필요에 의해, 그리고 자진해서 그것부터 시작하는 생활의 필요, 고충, 엄격함을 재생산한다)에 의해 주입된 성향들을 계속적으로 강화시키는지를 검증해 봐야 한다. ('정치교육'은 이 대상에 관심을 가지는 사람들이 거의 항상 원하는 것처럼 통상적 의미의 '정치'의 공간과 가장 직접적으로 연관된 표상들의 의식적 전달로 환원되지는 않는다. 또한 판단과 정치적 실천의 원리에 속하는 성향들의 생산조건을 순전히 정치적인 사회화, 심지어는 그것의 제도화된 측면, 즉 공민교육으로 환원하는 것은, 취향(이것도 정치적 성향의 하나이다)이 생산되는 사회적 조건을 순전히 예술교육에 환원하는 것만큼이나 적어도 똑같이 부조리한 것이라는 점은 자명하다). 그리고 질서 있는 세계, 우선 질서 있는 가정의 세계, 즉 노동의 세계에 의해 부과된 **질서**에 종속된 가정의 세계에의 집착은 실천상의 매개물을 통하여 공업관계의 노동자에게 부과되는데, 이러한 매개물의 세계를 보다 정확히 분석해야 한다. 또한 공장의 질서(시간적 질서, 도덕적 질서, 사회적 질서)가 어떻게 소위 '私'생활의 영역에까지 그리고 사생활을 생각하고 표현하게 해주는 사고와 표현의 도식, 그리고 자주 사생활의 영역을 초월하여 적용되는 도식에까지 확대되는지를 분석해야 한다. 끝으로, 가정이 상징하는 안심과 자율과 안정에 가득 찬 이 조그만 섬이 예컨대 과거의 투쟁의 기억과 계급의 **명예를 구성하는 모든 것**(그 가운데는 남녀간의 분업에 관한 '보수적' 견해의 원리인 남성숭배가 포함된다)을 품고 있는 최종적인 방어의 장소인 동시에, 그곳을 통해 지배의 힘들이 실천의 가장 내밀한 부분 무의식의 가장 깊은 부분까지 침입하는 가장 저항력이 약한 장소(이 곳은 신분상 '탈정치화'되고 소비행동에 열려진 여성에 의해 상징되고 동시에 구현된다)가 아닌지를 자문해 보아야 한다.

개인들은 의견에의 접근 가능성, 혹은 의견을 구성하는 수단에의 접근 가능성(전국지의 구독과 같은)이 박탈될수록 그만큼, 지방에 기반을 둔 집단들(또한 場들도)이 행사하는 스크린 효과effets d'écran (혹은 허구적 문맥화 효과文脈化 效果)에 더욱 민감해진다고 할 수 있는데, 즉 자기가 사회공간 내에서 점하고 있는 위치를 평가하는 참조물로서 지리적 기반을 가진 사회적 하위공간(촌락, 인접집단 등)을 드는 경향이 강해진다고 가정할 수 있다. 전체적으로 피지배적인 위치에 있는 공간에서의 지배자들(소토지 구역에서 50ha의 토지소유자, 지방의 명사, 직공장 등)은, 나무를 보고 숲은 못 보듯이, 전 사회를 지배하는 사람들의 선택과 조화되는 정치적 선택을 하게 된다.60) 이것과 똑같은 논리가 사무직 임금노동자와 중간계급의 위계의 최하위에 위치하는 사무노동자가, 노동자계급의 최상위에 위치한 직공장보다 좌파에 투표하는 경향이 강하다는 사실을 부분적으로 보여준다. 그리고 보다 일반적으로 말해서 다음과 같이 가정할 수 있다. 즉 다른 조건이 동일하다면 상대적으로 자율성이 큰 장의 지배자들은 그 장이 사회공간에서 차지하는 위치가 어떠하든 같은 장의 피지배자들보다 우파에 투표하는 경향이 강하고, 또한 모든 장의 피지배자들은 같은 장의 지배자들보다 좌파에 투표하는 경향이 강하다.

정치언어

윤리적 성향의 결정요인의 측면에서 보는 한 설명되지 않은 채로

---

60) 경제시장과 상징시장이 일체화되고 이에 따라 지방에 기반을 둔 사회공간의 자율성이 약화되는 현상은 농업종사자의 '정치화' 경향을 조장하는 경향이 있다. 즉 그들은 점점 더 경제적 메커니즘과 정치적 결정들에 종속된 결과로 점점 더 정치에 관심을 갖게 된다. 그들의 경우 '정치화'라는 것이 생산노동자들에게서처럼 반드시 좌경화를 의미하지는 않는다 해도 현실적으로 좌익을 선택할 가능성이 나타나며, 보수주의 그 자체도 전혀 다른 의미를 띠게 된다.

남아있는 (사회적 위치와 정치적 입장표명간의) 불일치의 부분은 이상에서 본 바와 같이 여론조사와 선거의 경우에 전에 준비된 의견의 공급과 일정한 선택능력 사이에 성립되는 관계에 기인한다. 의견의 소비자들은 대상의 착오(통설通說allodoxia)를 범할 수 있고, 그들이 문자 그대로의 정치적 지각-평가원리를 결여하고 있어서 그들의 계급의 에토스라는 정치적으로 불안정하고 게다가 불명확하기까지 한 도식에 전면적으로 의존하면 할수록, 그들은 자기의 것이 아닌 의견을 자기의 것으로 인정할 위험이 더 커지는 것이다. 그러나 그들도 하나의 구성된 의견을 선택할 수 있다. 즉 다른 의견을 선택할 때, 그 의견이 있는 그대로 구성된 경우라면, 그리고 특히 특정의 전문가집단에 의해 공언(公言)되어서 그 의견이 존중될 가능성이 있는 경우라면, **그들이 그것을 알건 모르건 간에** 다소간 상이한 다른 하나의 의견을 선택하게 되는 것이다. 정치의 장은 정치적 가능성의 세계를 제시하는데, 이 세계는 있는 그대로 이중의 효과를 발휘한다. 첫째로 그것은 **허구적 동일화**fausse identification의 효과를 조장하는데, 이것은 '이미 명시적으로 기술된 것'의 여러 상이한 형식들 속에서 동일한 암묵적 의미가 그것의 정치적 표현을 인지한다는 사실로부터 비롯되는 것이다. 둘째로 그것은 암묵적으로 실현된 가능성의 세계를 가능한 가능성의 세계로 제시함으로써, 그리고 그 결과 **정치적으로 생각할 수 있는 세계를 한정함으로써 폐쇄효과를 생산하는** 경향이 있다. 여기서 이 두 효과는 특별히 강력하게 작용하는데, 그것은 정치적 담론의 '수요'가 공급에 앞서 존재하는 경우(최소한 피지배계급의 경우에는)는 거의 없기 때문이다. 즉 수요는 담론으로 형성되지 않아서, 또는 부분적으로 형성되었기 때문에 그것이 어떤 제시된 의견 속에서 옳든 그르든 스스로를 인지할 수 있을 때에만 그것이 의미하는 바를 알 수 있는 것이다. 이런 이유로 정치학적 앙케트 조사에서 보이는 로고스 중심주의logocentrisme의 분석에로 되돌아가야 하는 것이다. 그런데 이 조사는 그것의 순진무구한 방법론 속에서 정치적 분업의 가장 기본적인 효과를 실험실에서처럼 재구성하는 것이다. 이런 종류의 여론조사는 다수의 언표(言表)들énoncés 가운데 하나의 선택을 제공함으로써 그리고 이미 발표된 언표에 대하여 하나의 입장을 취할 것을 요구함으로써, 정치적 자문의 경우처럼 정치의 본질적 문제자체가 이미 해결된 것처럼 진행된다. 즉 정치의 본질적 문제는 경험으로부터 담론으로, 말로 형성되지 않은 에토스로부터 명확히 구성되고 구성하는 힘을 가진 로고스로, 막연한 계급감각(이것은 사회질서의 자명한 측면들에 대하여 적응하고 인종하는 한 형태를 포함할 수 있다)으로부터 이 질서에 대한 의식적인 파악, 즉 명확한 담론으로의 파악으로 전환하는 문제이다. 여론조사에의 응답을 자기 나름대로의 말로 표현하는 작업을 응답자에게 요구하지 않음으로써 여론조사는 암묵적으로 다음과 같이 전제하는 것이다. 즉 질문대상자는 질문의 진술을 구성하는 명제들을 생산할 수 있거나 혹은 심지어 재생산할 수 있는 것으로 전제하거나, 또는 그런 질문의 생산과정에서 전제되는 언어와 정치와의 관계를 자발적으로 채택할 수 있는 것으로 전제되는 것이다(비록 그런 질문이 항상 생산하는 '예'나 '아니오'라는 응답은 그런 자질의 지표로 간주될 수는 없지만). 동시에 무의식적으로 질문을 요청함으로써 여론조사는 직접적으로 수집된 모든 정보들에 주어질 수 있는 의미를 지배하는 정보획득의 가능성을 스스로 제거하게 된다. 조사표 앞에서는 누구나 형식적으로 평등하다는 선거에서와 같은 요청은 수집된 자료의 형식적 비교가능성과 특히 분석작업의 물리적이고 심리적인 자동화의 선결조건인 자료의 재수집수단을 규격화하는 기술상의 요청과 연계시킴으로써, 여론조사는 응답의 **구성**이란 작업을 그것이 사실상 질문의 산물인 경우에조차도 응답자의 책임으로 넘기는 것이다. 즉 응답의 생산자가 제시된 질문을 '정치적'인 것으로 파악하고 거기에 '정치적' 응답을 하기 위해 필요한 수단이 완전히 박탈되면 될수록, 그리고 명시적으로 구성된 하나의 원칙으로부터 생겨나기 때문에 일관성 있고 동질적인 일군의 의견의 생산조건을 충족시키지 못할수록 질문의 효과는 그만큼 강하게 작용하는 것이다.

에토스와 로고스, 즉 실천적 통어(通御)와 언어적 통어 사이의 단절은 근원적인 것이다.[61] 실천적 통어는 언어적으로 명료하게 표현된 적이 없이, 체계적 개념화는 더 더욱 그러한 채, 일상적 실천을 그것이 포함하는 모든 (객관적으로) 정치적인 측면들로 방향지을 수 있으며, 경험의 상징적 통어는 정치적인 것으로 사회적으로 인정된 담론 속에 표현되며, 또한 한 상황의 구체적 개별성에 대해 직접적이고 독점적으로 참조하는 모든 자세를 괄호 안에 넣는 것을 전제하는데, 양자 사이에는 필연적인 연관이 없다. 이와 같은 이유로 그리고 경험과 표현, 즉 의식과의 관계가 상대적으로 불확정적이기 때문에 동일한 경험들이 매우 상이한 담론들 속에서 표현될 수 있는 것이다.[62] 물론 이런 유연성은 무한한 것이 아니며, 정치언어에다가 그것이 지시하는 것을 자의적으로 존재하게 할 수 있는 힘을 부여하는 것은 잘못이다. 즉 조작행위는 일정한 범위 내에 한정되는 경향이 있는데, 그것은 인간이 저항을 주장하는 입론(立論)을 하지는 못할지라도, 그리고 그것을 명확한 제 원칙으로 표현하지는 더 더욱 못할지라도, 어떤 입론에 저항할 수는 있기 때문이다. 그것은 또한 민중적 언어 langage populaire는 분석의 수단이 없이 때때로 우화나 비유적 이미지 속에서(예컨대, 기업 내의 노동자의 이익분배에의 참가에 반대하도록 지향된 것으로, "당신이 당신 시계를 빌려주면, 나는 당신에게 시간을 드리지요.") 등가물을 갖는 고유의 수단을 자유자재

---

61) 이 점에 대해서는 P. Bourdieu, *Le sens pratique*, Paris, Ed. de minuit, 1979를 참조할 것.
62) 언어로 표현된 입장표명에 비하여 에토스는 상대적으로 불확정적인데, 이런 불확정성은 노동자계급 가운데 가장 빈곤한 분파가 정치에 관해서는 유동적이고 입장을 표변하는 현상(예컨대, 드골주의와 공산주의 사이에서)의 원인인 것이다.

로 사용하기 때문이다. 계급의 아비투스는 어떤 발언이나 대변자 속에서 자기와 같은 의견을 확인할 경우에도 절대로 무오류한 것은 아니다. 다시 말해서 피지배계급의 사람들이 자기모순적 담론을, 즉 그들의 실천의 의미와 객관적 존재조건이 모순되는 담론을 진술한다면, 그것은 그들이 자기 나름의 담론의 생산수단의 소유권을 보유하지 못한 채, 즉 그들의 정치언어를 소유하지 못한 채 정치를 말해야 하기 때문이다.

> 노동자시대의 원년(元年) 같은 것을 경영주들은 무어라 부를까? 뭔가 그런 식으로 아무튼 정말 좋은 시절을 가졌으리라 … *(건설공)*

담론의 전문적 생산자의 개입이 일어나는 것은 경험과 표현 사이의 통과점에서이다. 전문가와 문외한, 기표(記票)signifiants와 기의(記意) signifiés 사이에 관계가 정립되는 것은 바로 여기에서다. 그들의 이해(利害)가 의식, 즉 언어와 굳게 결부되어 있는 피지배자들은 그들에게 제시되는 담론들에 좌우된다. 그 담론들이 통념doxa으로부터 나온 경우에는 언제나 그것들은 통설allodoxia로, 지배적 담론이 조장하는 모든 허구적 인식들 속으로 전락할 가능성을 가지고 있는 것이다. 최선의 경우에 그들 고유의 경험을 재소유화하는 수단을 그들에게 제공하는 역할을 하는 대변자의 말에 의해 좌우되는 것이다. 경험과 표현과의 관계의 본질적인 불확정성은 언어의 지배자적 용법이 행사하는 정통성의 부과와 검열의 효과에 의해 배가되는데, 이 언어의 지배자적 용법은 피지배자들의 대변인에 의해서도 정치적 의견의 정통적 표현양식으로 암묵적으로 승인되는 것이다. 지배자적 언어는 피지배자들로부터 자발적으로 생겨난 정치적 담론의 신용을 실추시킴으로써 그것을 파괴한다. 그것은 피지배자들에게 침묵이나 **빌려온 언어**langage emprunté 밖에는 남겨놓지 않는다. 그런데 이 빌려온 언어의 논리는 민중적 용법의 논리도 아니고, 고장난 학문적 용법의 논리도 아니다. 그런데 학문적 용법에서 '미사여구(美辭麗句)'는 표현의도의 위엄을 나타내기 위해서만 존재하며, 진실하고 현실적이며 실제로 '느껴지는' 것은 아무 것도 전달할 수 없기 때문에 그 언어를 말하는 사람으로부터 그것이 표현했다고 간주되는 경험 자체를 박탈하는 것이다. 지배자적 언어는 사람들에게 대변인에의 의뢰를 강요하는데, 이 대변인들 자신이 지배자적 언어를 사용하도록 운명지워져 있는 것이다(이런 현실은 대변인이 권리위탁자들과의, 좀더 심하게는 그들의 문제와 그 문제들에 대한 그들의 경험과 거리를 두기에 충분한 이유가 된다). 혹은 이 대변인들이 최소한 관례화되고 관례화하는 언어를 사용하도록 운명지워져 있는데, 이 언어는 비망록(備忘錄)pense-bête과 난간(欄干)garde-fou의 기능들 이외에, 그 게임을 즐기지도 그것을 부수지도 못하는 사람들에게는 유일한 방어체계를 구성하는 역할을 수행하는 것이다. 그리고 이 언어는 일련의 규범적 문구와 슬로건을 생산하는 일종의 자동기계와도 같이 겉돌며 다시 한 번 권리위탁자들로부터 그들의 경험을 박탈하는 것이다. 일정한 언어와 그 언어와의 관계는 하나의 생활양식의 총체와 결부되어 있고 '정치적 생활'에 참가하기를 원하는 누구에나 부과되는데, 그것을 통하여 부과되는 것은 세계와의 한 관계, 즉 자기가 말하는 것을 생각함이 없이 말하도록 허락하고, 예술처럼 대상과의 거리를 유지하고 대상을 중성화하는 부인(否認)의 관계인 것이다. 본질적으로 완곡화되고 완곡화하는 이 언어는 보편성의 외양을 가지고 부과되는데, 그것은 그것이 명명하는 모든 것의 현실성을 빼앗는다(심각한 실업의 위기 속에서도 노동부장관은 "완전고용이 어느 정도 침식되었다"고 말할 수 있는 것이다). 이러한 언어는 피지배자들에게 고유한 이해의 표현에 대해서 전면적이고 전혀 눈에 보이지 않는 검열을 부과하는데, 피지배자들에게는 결국 공식적 담론의 완곡화나 '짜증과 불평불만'이란 모욕 사이의 선택밖에는 남지 않게 된다. 최상의 경우에 외견상으로는 '예'나 '아니오'밖에는 아무 것도 요구하지 않는 질문들이 실제로는 암묵의 특권에 의해 다음과 같이 규정된 개인들과 집단들에게 던져지는 것이다. 즉 이 개인들과 집단들은 특정의 범주로 분류된 정치적 의견에 의해서 규정되기보다는 언어에 대해 중성화되고 거의 이론적인 관계를 유지할 수 있는 능력(이것은 '전체의 이해'에 관한 질문에 대해 '일반적 관심'에 호소하는 담론을 생산하고 수용하는 조건이다)에 의해서 규정된다. 그런데 이러한 능력은 정치언어의 '특수한' 용어를 해독하고 조작할 뿐만 아니라 정치적 담론이 그것의 언표의 구성에 의해서와 같이 그것이 함축하는 암묵적 참조에 의해서도 통상 위치지워지는 준-추상(準-抽象)quasi-abstraction의 수준에 자기를 위치시킬 수 있는 능력이다. 혹은 보다 정확히 말하면 그 능력이란 '정치적' 질문을 이중의 의미로 인지하고 그것을 정치적인 것으로 알아보고 거기에 응답할 의무를 느끼는 것이고, 거기에 '정치적으로', 즉 **정치적 예의 규범**에 합당하게 응답하는 능력이다. 요컨대 정치학적 질문은 사람들의 논술적 성향에 호소하는데, 이 성향은 사람들로 하여금 실제 상황에 대한 아무런 참조 없이, 얼마간은 시험문제나 소논문에서처럼 언어를 조작하게 하는 것으로, 학교에서의 연습문제나 사교적 실내게임에 부여되는 유희적 진지함을 언어에 부여하는 것이다.

이상의 사실을 납득하기 위해서는 TV방송의 '파스 아 파스'Face à Face(대담프로 — 옮긴이)의 사회자가 자기가 이해하는 대로의 정치토론에 부여하는 정의를 그대로 적어놓는 것으로 충분하다. "이것이 정치토론 프로그램이라고 말하는 것은 전혀 의미가 없습니다. 당신이 찬성한다면 Habib Deloncle씨(변호사 출신의 정치가로 장관을 역임했다 — 옮긴이)를 시작으로 여러분 각자에게 질문하는 것에서 시작하려고 생각하는데, 그것은 우리가 동의하기를 여러분의 **전반적인 입장**, 그 문제에 관한 **전반적 해석**을 그가 가장 먼저 정의하기로 했기 때문입니다. 그 다음에 우선적으로 **광의의 교육**과 다음으로 역시 광의의 **정보분야**, 두 분야에서 선택된 **실례**들을 여러분이 제시하실 것이고 그 다음에는 당연히 여러분께서 결론을 내리실 수 있을 것입니다." 이런 TV토론프로와 같이 앙케트 조사의 상황은 그것이 저기하는 질문들이 많은 경우에 쓰이는 말이 한두 마디 다른 채로 국립행정학교 ENA의 소논문시험의 논제나, '시앙스 뽀'(정치대학 ― 옮긴이)의 강의제목이나, 『르 몽드』의 기사제목과 같다는 점에서 볼 때 학교적 상황에 근접하는 것이다. 특히 질문이 만들어지는 사회적 관계의 형식 자체에 의해서 양자는 매우 근접한 것이다. 즉 완전히 낯선 사람이 와서 제3자의 권위에 호소할 것을 고려하지도 않은 채 (통상 이런 관계로부터는 배제되는) 정치에 관한 질문을 던지는 상황에서는 **대상을 중성화**하고 그것으로부터 거리를 유지하는 식의 학교에 특유한 방법만이 적절히 대답하는 것을 가능하게 한다. 정치적 토론은 같은 의견을 가진 사람들 사이에서 가장 빈번하게 벌어진다는 사실이 이것을 경험적으로 입증한다. 사정이 이러한 것은 '뜨거운 감자 같은 이슈', 즉 무엇보다도 정치적 주제를 모두 일관되게 회피하기 위해서, 그리고 일상생활의 우연한 접촉 속에서 평범한 말을 사용함으로써만 그리고 계속적 경계를 함으로써만 형성할 수 있는 일시적인 동의를 확립하기 위해서 하나의 자연발생적인 기호학이 사용되기 때문이다.

삐에르 그레꼬(Pierre Gréco: 국립고등연구원의 교수이며 심리학자로 삐아제J. Piaget의 제자이다 ― 옮긴이)는 '당신 친구의 친구는 당신의 친구인가?'라는 질문에 대해 주어진 응답들이 같을지라도 그것들이 그 언표 자체의 구문적 재기입(再記入)에만 토대한 단순한 논리학적 조작의 결과인가 아니면 구체적인 자기의 친구관계의 세계를 심중에 생각한 결과

인가에 따라 원리에서 근본적으로 다를 수 있음을 지적하였다. 태도를 결정하는 어려움 이외에는 어떤 것도 가르치지 않는 여론학자(與論學者) doxosophe의 모든 담론들과 같이 그들이 제시하는 질문은 일정한 거리를 만든다. 즉 질문의 제시는 질문의 정식화의 복잡성 자체를 통해 질문이 복잡하고 심오하다는 인상을 줌으로써 질문 받는 사람을 거리지우는 것이다. 또한 그것은 학교적 담론에서 강요되는 주제들이 요구하는 이런 종류의 공허한 지향성을 부과함으로써 현실로부터 멀어지게 하는 것이다.

가장 순수하게 정치적인 질문들이 그와 같이 비현실적인 성격을 갖는다는 사실은 이데올로기의 생산의 장 속에서 상이한 위치에 조응하는 입장표명들의 장에 다름 아닌 하나의 의미장(意味場)champ sémantique을 참조함으로써만 그 질문들의 완전한 의미를 취할 수 있다는 사실에서 비롯되는 것이다. "당신은 지금보다 확대된 권리를 갖는 지역권을 창설하기 위한 지역행정개혁에 찬성하거나 반대하십니까?"와 같은 질문에 대한 가장 간결한 응답(국민투표에서의 '예'나 '아니오' 같이) 속에 담겨진 객관적인 의미를 완전히 이해하기 위해서는 정치평론가와 분석가들이 보유하고 있는 완전히 독자적인 능력, 즉 다양한 가능성의 체계를 구성하고, 그 질문에 대한 타당한 입장표명들의 전체를 조사하고, 관여된 정치집단의 대내적 대외적 전략 속에서 그 입장표명들이 띠게 되는 의미를 규정하고, 그 집단들이 거기에 투입하는 투쟁목표(내깃돈)가 무엇인지를 분명히 드러내줄 수 있는 그러한 능력을 동원할 수 있어야만 하는 것이다. 요컨대, 가장 고유하게 정치적인, 즉 독자적인 정치적 능력을 가장 강제적으로 요구하는 질문들은 그것들이 의견을 대립시키는 전문가들에게 제시되는 질문들이거나(헌법학의 문제나 완전히 다른 차원에서는 프롤레타리아의 독재 문제 같은 것이다), 혹은 질문의 대상이 되는 사람들의 가장 구체적인 생활조건을 매우 직접적으로 건드리는 질문이라고 해도 이데올로기 생산의 장을 무대로 하는 투쟁에서 공인된 쟁점이 되기 위해서는 갖추어야 할 일정한 형식으로 제시되는 질문인 것이다.

'일반시민의 경제정보'를 조사하려는 강박관념은 지도자층에 자주 나타나는데 거기서 피지배자들이 지배자들의 경제적 능력을 **승인**하기에 충분한 경제적 능력을 가졌으리라는 지배자 측의 원망(願望)이 표현되는데, 이러한 강박관념보다 자기 이해가 질문에 개입된다는 진실을 더 분명히 밝혀주는 것은 없다. 지배자가 기꺼이 그리고 대량으로 유출하는 정보는 피지배자들이 일상생활의 경험에 근거하여 실천적으로 소유하는 정보(예컨대, 물가의 상승, 세금의 불공평 등에 대해 그들이 가지고 있는 지식)의 가치를 (의사가 그의 환자들이 가지고 있는 지식에 대해 그렇게 하듯이) 실추시키는 경향이 있는 정보이다. 거기서부터 사정을 설명하기는커녕 **납득되기**를 요구하고, 특수하고 실천적인 정보와 일반적인 정보를 관련시키는 수단을 제공하기는커녕 개별적 경험들을 일반적 틀 속에 끼어 넣음으로써 사람들에게 교훈을 주는 것에 만족하는 정치적 담론이 생기는 것이다. 수많은 여론조사에서는 때때로 '프랑스인의 경제정보'에 관한 앙케트 조사의 논리가 재생산된다. 이런 종류의 앙케트 조사는 조사대상자들이 공식적 경제학에 대해, 그리고 단순히 경제정책을 정당화하는 언표에 대해 갖고 있는 지식과 승인의 정도를 측정하는 것을 목표로 하는데, 그것은 지고의 자민족중심주의에 따라 행위자들의 실천적인 정치경제활동을 공식적 경제학과 정치학의 서투른 언표로 환원하는 것이다(특히 본질적인 것, 즉 표현양식을 보이지 않게 하기 위해 사전에 그리고 사후에 계산된 부호화작업을 통하여).

정치언어는 상징적인 모든 것이 그러하듯이 사물을 포장하는 기술과 언어로 보상하는 기술의 명수인 지배자의 편에 전반적으로 위치하는데, 모든 것은 피지배자들이 정치언어에 대하여 체험하는 깊은 불신감(이것은 또한 깊은 승인의 한 형태와 배타적인 것이 아니다)을 강화하는 데 협력한다. 정치의 무대와 거기서의 연출에 대한 이러한 의혹, 그것의 규칙을 잘 알지도 못하고 그것 앞에서 보통의 취향은 속수무책이라고 느껴지는 이 '연극'에 대한 의혹은 정치무관주의apolitisme와 모든 종류의 발언과 대변자에 대한 전반적인 불신의 근본원인인 경우가 잦다. 그리고 담론 앞에서의 양의성(兩義性)이나 불확정성으로부터의 유일한 도피수단은 말마디보다는 신체, 형식보다는 실질, '미사여구'보다는 '솔직한 표정'을 자기가 평가할 수 있다는 것에 자신감을 갖는 것밖에 남지 않는 경우가 많은 것이다.

결론 : 계급과 분류

내가 만약 두 개의 악(惡) 중에서
덜 악한 것을 선택해야만 한다면
나는 아무것도 선택하지 않겠다 ······.

칼 크라우스 Karl Kraus

취향은 칸트가 말하듯이 '차별화'하고 '평가'[1]하는 획득된 성향이다. 바꾸어 말하면 취향은 **차별화 과정**을 통해 차이를 만들어 내고 이러한 차이를 두드러지게 만드는, 획득된 성향이다. 그런데 차별화 과정은 라이프니쯔Leibniz적 의미에서의 **판명한** 지식은 아니다. 왜냐하면 취향은 그 자체를 규정하는 변별적 특징에 대한 지식을 암시하지 않은 채로 대상에 대한 (일상적 의미에서의) 인식을 보장하기 때문이다[2]. 기원(起原)으로서의 분류형식인 아비투스의 도식이 특별한 유효성을 가지는 것은 이것이 의식과 언어의 수준 아래서 작동하기 때문이며, 의지적인 검정(檢定)이나 통제에 의한 파악 밖에서 기능하기 때문이다. 아비투스의 도식은 실천을 실질적으로 방향지우며 사람들이 흔히 '가치관'이라고 잘못 부르는 것을, 별 생각 없이 행하는 제스처나 일견 무의미하게 보이는 신체기법(걸음걸이, 코를 푸는 방식, 먹거나 이야기하는 방식)에 새겨

---

1) I. Kant, *Anthropologie au point de vue pragmatiqe*, trad. M. Foucault, Paris, Vrin, 1964, p. 100.

2) G. W. Leibniz, 'Meditaziones de cognitione', veritate et ideis in *Opuscula Philosophical Selecta*, Paris, Boivin, 1939, pp. 1～2 (cf. 그리고 *Discours de Métaphysique*, par. 24를 보라) 라이프니쯔가 '감각이라는 간단한 증거에 의해 구별될 수 있으나, 말 할 수 있는 표지(標識marqes로는 구별되지 않는' 색깔과 맛 그리고 냄새에 대한 예에 덧붙여 다음과 같은 예를 든 것은 주목할 만하다. 그는 '명호하지만 혼란스러운' 지식이라는 관념에 대해 설명하기 위해, 좋은 작품과 나쁜 작품을 알아보기는 하지만 '형언하기 어렵고 설명하기 곤란한 것'에 호소하는 것 이외에는 자신의 판단을 정당화시키지 못하는 화가와 예술가들의 예를 들고 있다.

넣으며, 사회세계의 가장 기본적인 구성 및 평가원리, 즉 (계급, 연령집단, 성별 간의) 분업이나 지배의 분업을 가장 직접적으로 표현하는 제 원리를 신체의 구분과 신체에 대한 관계 속에 투입한다. 이러한 분할은 지배의 분업을 자연스런 것으로 보는 것과 같이 노동의 성적 분업과 성적 노동의 분업으로부터 하나의 특징을 빌려온다. 취향은 사회공간을 차지하고 있는 개인에게 어울리는 것이 무엇인지를 직관적으로 알 수 있게 해주는 분포구조(分布構造)를 실천적으로 통제하는 능력인데, 그것은 일종의 사회적 방향감각('자기 자신의 자리에 대한 감각')으로 기능하며 사회공간 내에 주어진 자리를 차지하고 있는 사람들을, 그들의 재산에 알맞는 지위, 그 지위를 차지하고 있는 사람들에게 걸맞은 실천이나 상품 쪽으로 인도한다. 또한 취향은 사회공간 내에서 그들이 배치될 경우, 그리고 또 상품과 제 집단들간의 대응관계에 대해 다른 행위자들이 갖고 있는 실천적 지식이 주어졌을 경우, 선택된 실천과 대상에 대한 사회적 의미와 가치가 무엇인지에 대한 실천적 예측을 암시한다.

그러므로 사회학자가 분류하는 사회적 행위자들은 분류될 수 있는 행위의 생산자일 뿐만 아니라 그 자체가 분류의 대상이 되는 분류행위의 생산자이기도 하다. 사회세계에 대한 지식은 그것에 선행하여 획득된 이 사회세계에 대한 실천적 지식을 고려하지 않으면 안 된다. 사회세계에 대한 지식은 최초에는 이런 실천적 지식이 부여한 부분적이고 이해관심(利害關心)에 근거한 표상에 대립하여 형성될 수밖에 없지만, 이런 실천적 지식을 그 대상에 포함하는 것을 잊어서는 안 된다. 아비투스에 관해 말한다는 것은 대상의 일부분인 행위자들이 대상에 대해 가지고 있는 지식과 이러한 지식이 대상의 현실에 대해 행하는 기여를 대상 속에 포함하는 것을 뜻한다. 그러나 그것은 달리 말해서 우리가 알고자 하는 현실, 즉 그것의 현실성에 기여하는, 현실에 대한 지식으로 되돌려 놓는 것만을 의미하지는 않는다. 그것은 현실에 대한 지식에 실재를 구성하는 힘을 부여하는 것을 의미하는데, 객관성에 대한 객관주의적 개념화란 명목으로 일반 지식이나 이론적 지식이 현실에 대한 단순한 반영으로 간주될 때, 이러한 힘은 흔히 부정되곤 한다.

마르크스가 『포이에르 바하에 관한 테제』에서 불평하듯이, 지식에 대한 유물론적 이론을 만든답시고 지식을 수동적인 기록으로 만들고 관념론의 손에 지식의 '능동적 측면'을 내맡겨 버리는 사람들은 모든 지식, 특히 사회세계에 대한 모든 지식이 사고와 표현의 틀을 제공해 주는 구성의 행위라는 사실을 잊는다. 또 이들은 존재의 조건과 실천, 그리고 표상 사이에 행위자들의 구조화활동(構造化活動)이 개입된다는 사실을 잊는다. 실제로 행위자들은 기계적인 자극에 기계적으로 반응하는 것이 아니라, 행위자 자신이 그 의미를 생산하는데 일조(一助)했던 세계의 초대나 위협에 반응하는 것이다. 그러나 주지주의적·반발생론(反發生論)적 antigénétique 관념론에서 주장하는 것처럼, 구조화활동의 원리는 보편적인 형태나 범주의 체계가 아니며 내면화되고 **육화된** 도식들의 체계이다. 이 내면화되고 육화된 도식들은 집단적 역사의 과정 속에서 구성된 것으로서 개인적 역사의 과정 속에서 획득되고 **실천적 상태**에서 기능하며, (순수한 지식을 위한 것이 아닌) **실천**을 위한 것이다.

육화(肉化)된 사회 구조들

앞의 사실들은 우선 사회과학이 사회세계를 구성하는데 있어 행위자가 사회세계의 구성행위의 주체라는 사실을 염두에 둔다는 점을 의미할 뿐만 아니라, 사회과학이 구성 원리의 **사회적 발생** genèse sociale을 묘사하고자 하는 목표를 가지며 사회세계에서 이 원리의 기초를 찾고자 한다는 것을 의미한다[3]. 지식의 능동적인 측면에 대한 인식과 종종 병행하는 반(反)-발생론적 편견과 단절하면서 사회과학은 분류체계의 기초를 특성, 특히 물질적 특성(선택과 분류를 전제하고 있는 센서스와 표본조사에 의해 밝혀진)의 객관적 분포구조 속에서 찾는데, 행위자들은 그 분포구조를 위시하여 모든 종류의 사물에 이 분류체계를 적용한다. 정신구조와 분류의 **발생**을 무시하는, 소위 '인지적' 접근(민족학적인 형태로는 구조 인류학, 민족과학ethnoscience, 민족의미론, 민족식물학 등이 있으며, 사회학적 형태로는 상호작용론, 민속 방법론 등이 있다)이라고 불리는 것과는 대조적으로, 사회과학은 분할의 원리와 그 근거가 되는 사회적 분할(세대별, 성별 등)의 관계를 연구하며 분포구조 내에서 차지하고 있는 위치에 따라 이 원리가 어떻게 다양하게 이용되는가에 관심을 가진다(이러한 문제들은 모두 통계의 사용을 요구한다).

사회적 행위자가 사회세계에 대한 실천적 지식에서 활용하는 인식구조는 내면화되고 '육화된' 사회구조이다. 즉 사회세계 내의 '이치에 맞는' 행위에 의해 전제된 사회세계의 실천적 지식은 분류도식('분류형식', '정신구조'나 '상징형식'을 말하는데 이 단어들의 함축적 의미를 별개의 문제로 취급한다면 이러한 표현들은 실제적으로 상호 대체가능한 것들이다), 즉 여러 종류의 계급들(연령집단, 성별집단, 사회계급)로의 객관적 분할의 산물이며, 의식과 담론의 층위 아래에서 작동하는 역사적인 지각·평가도식을 활용한다. 이 분할의 원리들은 사회의 기본구조가 결합함으로써 생겨난 산물이므로 사회의 모든 행위자들에게 공유된 것이며 보편적이고도 의미 있는 세계 즉 상식적인 세계의 생산을 가능하게 만들어준다.

어떤 특정한 사회적 집단의 모든 행위자들은 일련의 기본적인 지각도식을 공유하고 있다. 이러한 도식은 실천의 가장 다양한 영역에서, (사람과 대상을 분류하고 형용하기 위해 사용되는) 반대어의 조합들couples

---

3) 가능성과 불가능성의 의미, 근접성과 거리 있음의 의미가 어떻게 구성되는지를 입증하는 것은 '발생론적 사회학'*sociologie génétique*의 임무이다.

d'adjectifs antagonistes로 객관화를 시작한다. 높은(지고의, 고상한, 순수한) 것과 낮은(저속한, 천한, 소박한) 것 사이의 대립, 정신적인 것과 물질적인 것 사이의 대립, 섬세한(세련된, 우아한) 것과 조야(粗野)한(야비한, 비속한, 야만적인, 난폭한, 조잡한) 것 사이의 대립, 가벼운(교묘한, 쾌활한, 재치 있는) 것과 무거운(느린, 둔중한, 무딘, 힘든, 어색한) 것 사이의 대립, 자유로운 것과 강제된 것, 넓은 것과 좁은 것 사이의 대립 혹은 또 다른 차원에서 말하자면 독특한(드문, 다른, 두드러진, 독점적인, 예외적인, 특이한, 들어보지 못한) 것과 보통의(일상적인, 진부한, 평범한, 사소한, 틀에 박힌) 것 사이의, 또 빤짝이는(지적인) 것과 흐릿한(모호한, 색이 바랜, 흔해빠진) 것 사이의 대립이 그것이다. 이와 같은 여러 형용사들이 엮어내는 대립의 네트워크는 쉽게 받아들여지는 평범하고 진부한 것의 모태가 되는데, 그것은 전체 사회질서가 그 아래에 놓여 있기 때문이다. 이런 모태는 지배자들인 '엘리트'와 피지배자들인 '대중' 사이의 대립에 그 최종적인 근원을 두고 있는데, 후자는 우발적인 무질서이고 조직화되지 않은 다수로서, 상호 교체 가능하고 무수하며 오직 통계적으로만 존재하는 것이다. 이러한 신화적 도식들은 그대로 작동되기만 한다면 지금까지 지칠 줄 모르고 되풀이되어 온 영원한 사회변증론(社會辨證論)sociodicée이라는 주제를 얼마든지 내키는 대로 만들어낼 수가 있다. 이러한 사회변증론에는 모든 형태의 '평준화', '평범화' 혹은 '대중화'라는 묵시록적(默示錄的) 고발 등이 해당되며, 이러한 묵시록적 고발은 사회의 쇠퇴를 부르주아 가정의 '몰락'과 동일시하고(예컨대 동질적이고 미분화된 것으로의 몰락), 수(數)와 미분화된 집단에 대한 강박적인 공포를 드러내는데, 이들 미분화된 집단은 차이에 대해 무관심하며 끊임없이 부르주아적 배타성의 사적 공간을 잠식하려고 위협하고 있다4).

4) 독특한 것과 다수의 것 사이의 대립이 역사의 지배적 철학의 중심부에 놓여 있는 것과

이러한 사회적 신화의 외견상 형식적으로 보이는 대립은 사회적 질서 내의 가장 근본적 대립들과 다소간 관계 맺고 있다는 사실로부터 자신의 이데올로기적 유효성을 발휘하는데, 사회질서 내의 대립은 다음과 같은 것이다. 하나는 분업에 각인된 지배자와 피지배자간의 대립이고, 다른 하나는 지배의 분업에 근거한 지배의 두 원리, 즉 지배계급 내부에서 지배적인 것과 피지배적인 것, 세속적인 것과 비세속적인 것, 물질적인 것과 지적인 것 간의 두 개의 지배원리, 즉 두 개의 권력을 대립시키는 대립이 있다. 이 책에 제시된 사회공간의 도식은, 사회세계에 속해있으며 사회세계에 의해 틀 지워지는 모든 행위자 전체가 마음속에 품고 있는 사회세계에 대한 관념을 조직하는, 역사적으로 구성되고 획득된 범주들의 엄밀한 도표로 읽힐 수 있다. 동일한 분류도식(과 이 분류도식 내에서 표현되는 대립쌍들)은 지배계급의 장 내에 있든지 문화적 생산의 장에 있든지 간에 양극적 지위를 중심으로 조직된 장 내에서 작동한다. 지배계급의 장은 사회계급들의 장을 구성하는 대립과 일치하는 대립을 중심으로 구성되어 있으며, 문화적 생산의 장은 지배계급의 구조를 재생산하거나 그리고 지배계급과 상동적인 대립(예를 들어 부르주아 연극과 아방가르드 연극의 대립)을 중심으로 조직되어 있다. 그래서 기본적인 대립은 대립 그 자체가 오인가능성(誤認可能性)의 수준으로 완곡하게 표현되는 동시에 두번째, 세번째, 나아가 n번째의 대립들(이들 대립은 가장 '순수한' 윤리적, 미학적 판단과 이런 판단에 근거한 저속한 감정과 고상한 감정, 쉬운 미와 어려운 미, 경쾌한 스타일과 무거운 스타일 등의 구도인데)을 뒷받침하고 있다.

마찬가지로, 앞의 대립이 미화된 형태인 다음과 같은 대립, 즉 명석한 것, 보이는 것, 판명한 것, 두드러진 것, '뛰어난 것' 대(對) 모호한 것, 분명치 못한 것, 미분화된 것의 회색성, 판명하지 않은 것, 무명의 다수 사이의 대립은 사회세계에 대한 지배적 인지의 근본적인 범주 중 하나이다.

그러므로 무거운 것과 가벼운 것 사이의 대립은 다양한 용법, 특히 학교적인 용법으로 사용될 경우 부르주아적인 취향으로부터 대중적이거나 쁘띠 부르주아적 취향을 구별해내기 위해 이용되고, 연극비평에 관해서 보면, 지배계급 내의 지배분파를 대상으로 하는 연극비평에서는 '고생스런' 상승지향과 '무거운' 교훈주의에 젖은 '지적' 연극을 비난하고, 기지와 경쾌한 교묘함이 풍부한 '부르주아' 연극을 칭찬하는 형태로 양자의 관계를 표현할 때 이 도식이 이용되기도 한다. 반면에 '지적' 비평은 기호의 의미를 단순히 전도시킴으로써, 거의 수정하지 않은 형태로 그런 동일한 대립을 표현하며 경박함과 동일시되는 가벼움이 심오함과 대립된다. 이와 유사하게 우파와 좌파의 대립은 근본적인 형태에 있어서는 지배와 피지배의 관계에 연관되어 있지만, 첫번째의 변형에 의해서 지배계급 내부의 지배 분파 대 피지배 분파의 관계를 가리킬 수도 있다. 그래서 우파와 좌파라는 단어는 '센 강 우안'의 연극 혹은 '센 강 좌안'의 연극이라는 표현에서 드러나는 의미와 유사한 뜻을 가지게 된다. 더욱더 '비현실화'되어 그것은 전위적 예술·문학집단 내부에 존재하는 두 개의 경쟁적 경향을 구별하기 위해 이용될 수도 있다.

전체로서는 취향판단의 개념장치를 구성하는 형용사의 쌍들이 어떻게 이용되는지를 고려해 볼 때 이러한 형용사의 쌍들이 극도로 빈약하고 분명하지 않다는 점을 알 수 있다. 그러나 바로 이런 이유 때문에 정의될 수 없다는 감정들을 끌어내고 표현할 수 있기도 하다. 이러한 형용사 대립 쌍들의 독특한 사용은 시간에 따라 변하기도 하고, 일반적으로 함축적이기도 한 **전체 담론**과의 관계 속에서만 완전한 의미를 가지게 된다. 그것은 화자의 전략과 관련하여 정의된 장에서 당연하게 받아들여지는 명백한 사실과 전제의 체계에 대한 문제이기 때문이다. 그러나 용법에 의해 구체화되는 각 쌍들은 여타의 용도를 잠재적인 의미로서 가지고 있다. 왜냐하면 각 장들 사이에 존재하는 상동성(相同性)이한 장에서 다른 장으로의 이동을 허용하기 때문이며 하나 혹은 두 개의 뉘앙스(예를 들어 세련된/조야한 대 가벼운/무거운) 즉 약간씩 다른 문맥 속에서 치환(置換) 가능한 여타의 쌍들이 존재하기 때문이다.

일상 언어에 포함되어 있는 반(半)-약호화한 대립은 매우 유사한 가치를 띠고서, 계급분화가 된 사회구성체에서 사회세계에 대한 지배적 시각의 기초로서 재현되는데(가령 민중을 완전히 통제로부터 벗어난 식욕과 성욕의 장소로서 간주하는 경향을 생각해 보라), 이러한 것은 다음과 같은 사실을 알면 납득된다. 즉 위와 동일한 기본적 관계, 다시 말해서 주요한 질서관계(높은/낮은, 강한/약한 등)를 표현하는 기본적 관계는 그것의 형식적 구조로 환원된 형태로, 계급분화가 된 모든 사회에서 재현된다는 사실이다. 조르쥬 뒤메질Georges Dumézil에 의해 연구된 3기능체계structure triadique(인도-유럽어계 제 민족의 신화가 기본적으로는 지상권至上權을 맡는 사제, 힘을 행하는 전사, 풍요로움을 맡는 생산자라고 하는, 실제 사회에 있어서의 기능 구조에 따라 조직되어 있다고 하는 생각 ― 옮긴이)의 재현은 조르쥬 뒤비(Georges Duby)에 의해 그것이 정당화하는 봉건사회의 사회구조에 뿌리내리고 있음을 보여주는데 적용되었는데, 3기능체계의 재현은 지배관계를 표현하는 이상의 불변하는 대립들처럼, 계급분화된 사회에서는 다음과 같은 2개의 분할원리가 교차하는 필연적 결과이다. 즉 하나는 지배자와 피지배자와의 분할이고, 다른 하나는 상이한 원리들의 이름으로 지배를 위해 경쟁하는 지배집단내의 제 분파 간에 보이는 분할인데, 후자는 봉건사회에서는 전사(戰士)bellatores와 학자oratores의 분할이고, 오늘날에는 경영자와 지식인의 분할에 해당하는 것이다.[5]

---

5) G. Duby, *Les trois ordres ou l'imaginaire du féodalisme*, Paris, Gallimard, 1978을 보라.

개념없는 지식

그러므로 다음과 같은 것들을 통해서 사회질서는 사람들의 마음에 점진적으로 새겨지게 된다. 즉 상이한 존재조건과 연관되어 있는 차별화되고 차별화하는 조건화를 통해서, 또한 사회구조 및 그것이 행사하는 구조화작용의 힘을 지배하는 배제, 포함, 결합(결혼, 연애관계, 인척관계 등)과 분할(공존불능, 분리, 투쟁 등)을 통하여, 대상(특히 문화적 작품), 제도(예컨대 학교제도), 언어에 새겨져 있는 모든 종류의 위계와 분류를 통하여 사회질서가 사람들의 마음에 새겨지게 되는 것이다. 그리고 끝으로 가족, 학교제도 등과 같이 특별히 이러한 목적을 위해 고안된 제도들에 의해 부과되거나 혹은 일상생활의 만남과 상호작용에서 지속적으로 발생하는 판단, 결정, 분류, 경고 등을 통하여 사회질서가 사람들의 마음에 새겨지게 된다. 사회적 분할은 분할원리가 되며 사회세계에 대한 이미지를 조직한다. 객관적 경계(境界)는 **경계감각**(境界感覺)sens des limites, 즉 객관적 경계에 대한 경험을 통해 획득한 객관적 경계에 대한 실제적인 예견(豫見)이 되는데, 이런 감각은 사람들이 특정 재화, 사람, 장소 등으로부터 자기 자신을 배제시키는 '**자신의 자리에 대한 감각**'을 가지게 된다는 것을 의미한다.

경계감각은 경계를 잊는다는 것을 의미한다. 현실의 분할과 실천적인 분할원리 간의 조응관계, 사회구조와 정신구조 간의 조응관계가 가지고 있는 가장 중요한 효과 중의 하나는 의심할 여지없이 다음과 같은 사실이다. 즉 사회세계에 대한 최초의 경험은 **통념**의 경험이라는 것, 즉 현실의 세계와 관념의 세계를 분리불가능한 것으로 구조화하기 때문에 자명한 것으로 받아들여지는 질서관계에의 찬동의 경험이라는 것이다. 사회세계에 대한 최초의 지각은 단순한 기계적 반영이 아니라 항상, 그 직접성 속에서 파악될 수 있는 구성 대상의 외부에 있는 구성원리를 개입시키는 하나의 인지행위이며, 동시에 그것은 사회질서에 대한 가장 절대적인 승인형식을 포함하는 오인의 행위이기도 하다. 피지배자들은 객관적 법칙(이 법칙에 의해 그들의 가치는 객관적으로 구성된다)이 육화된 결과인 지각·평가도식을 활용함으로써 자신의 위치와 제 특성의 가치를 평가하는데, 그들은 분포구조가 자신들에게 할당한 특질들이 자기 자신의 특질이라고 생각하며, 자신들에게 거부된 것을 거부하며('그건 우리를 위한 게 아니야'라는 식으로), 자신들에게 부여된 것에 만족하고, 자신들이 품은 기대를 그들에게 부여된 기회에 맞추며, 기존질서가 자신들을 정의한 대로 스스로를 정의하며, 자기 자신에 대해 내린 결정 속에서 사회구조가 그들에게 내린 결정을 재생산한다. 한 마디로 말하자면 그들은 결국 자신들의 운명, 플라톤의 말을 빌리면 '자기 자신의 것'*ta heautou*에 몸을 맡기고, 자신들이 마땅히 취해야 할 태도, 즉 '검소하고', '겸손하며', '눈에 띄지 않는' 존재이기를 수락하는 것이다. 그러므로 뒤르케임이 '논리적 적합성conformisme logique'이라고 불렀던 것6), 즉 사회세계의 다양한 지각범주의 통일적 편성orchestration을 사회질서의 유지에 결정적으로 기여하는 것으로 보는 것이다. 다시 말해서 이러한 지각범주는 기성 질서의 분할상황에(그러므로 지배자의 이해) 맞추어져 있으며 그 구조들에 따라 구조화된 모든 인간에 공통적인 것으로서, 모든 객관적 필연성의 모습을 보여준다7).

(육화된) 분류도식의 체계는 명시적 원리에 바탕한 분류법과 대립되는데, 이는 취향과 에토스를 구성하는 성향(이것들은 이 분류도식의 부분적 측면이다)이 미학이나 윤리학과 대립되는 것과 같다. 사회적 현실감

---

6) E. Durkheim, *Formes élémentaires de la vie religieuse*, Paris, Alcan, 1912, p. 24
7) 다음을 보면 이러한 분석의 이론적 맥락에 대한 더욱 더 자세한 언급들을 볼 수 있다. P. Bourdieu, Sur le pouvoir symbolique, *Annales*, 3, mai-juin 1977, pp. 405~411. 이 논문은 *Critique of Anthropology*, 4, Summer 1979, pp. 77~85에도 들어있다.

각은 사회적 필요성의 특정 형태에 직면함을 통해서 획득되며, 사람들로 하여금 마치 사회세계의 구조와 구조 내에서 자신이 점하는 위치 그리고 지켜야 할 거리를 알고 있는 것처럼 행동하게 만든다.[8] 분류행위 classement를 실천적으로 통어하는 능력은 일관성이 있는 동시에 사회적 현실에 적합한 분류체계를 구성하기 위해 요구되는 학문적 통어능력과는 아무런 공통점이 없다. 사회공간 내 위치에 관한 실천적 '과학'은 분류되는 동시에 그 자신이 분류작용을 하는 인간과 사물에 대해('멋지거나' 혹은 그렇지 않은) 합당하게 처신하는 기술을 전제로 하는 능력인데, 일종의 실천적인 최대치 계산에 의해 너무 가깝지도 않고('친밀해지다'), 너무 멀지도 않은('멀어지다') 올바른 거리를 알아내며, 또한 ('거리를 두는' 것이나', '거리를 지키는 것'으로) 객관적 거리를 증폭하고 ('친하게 지내는' 것과 '허물없이 지내는' 것으로) 그것을 상징적으로 부정하기도 한다. 사회공간 내 위치에 관한 실천적 '과학'은 (사회계급에 대한 수많은 앙케트들이 사람들에게 요구하는 것처럼) 당사자를 분류 속에 명

---

[8] 뿌리 없고 소속이 없으며, 이해관심과 이익에 상관하지 않고 '자유롭게 부유(浮遊)하는' 유토피아 사상가의 이데올로기는 유일한 것을 집합으로 환원하고, 상위의 것을 하위의 것에 의해 설명하고, 또한 분류된 것, 서열화된 것, 경계선을 긋는 것, 즉 부르주아, 쁘띠부르주아지, 일반대중에만 적용되는 설명 모델을 **분류 불가능할** 것으로 예상되는 대상에 적용하는 물질주의적 조잡함의 최고 형태를 거부하는데, 이러한 이데올로기를 통해 지식인들이 사회적 위치감각의 개념화에 관심을 기울이는 경우는 거의 없으며, 자신의 위치와 그것이 강제하는 사회세계에 대한 전도된 관계에 관심을 갖는 경우는 더구나 없다(이에 대한 완벽한 사례는 사르트르Sartre인데, 그의 모든 작품과 생활은, 기성질서의 전복을 지식인의 명예에 관한 문제로 긍정하는 것을 그 기본원리로 한다. 이러한 사실은 그가 『존재와 무』에서 플로베르의 심리학에 대해 논한 부분에서 잘 드러나는데, 이 부분은 창조되지 않은 창조자이며 자기 작품의 산물이기도 한, '신이 되려는 기획'에 사로잡힌 지식인의 인격 가운데서, 일반성과 유개념(類槪念)과 계급으로 환원시키는 모든 종류의 것들로부터 인간을 구원하려고 한 필사적인 노력으로 읽힐 수 있다. 그리고 이 부분은 '꽁트가 유물론이라고 불렀던 것, 즉 상위의 것을 하위의 것에 의해 설명하려는 자세'에 대항하여 자아의 초월성을 긍정하려고 했던 비장한 노력으로도 읽힐 수 있다—cf. J. P. Sartre, *L'Etre et le néant*, Paris, Gallimard, 1943, pp. 643~652 그리고 특히 p. 648을 보라.)

백하게 위치지울 수 있는 능력을 전혀 포함하지 않으며, 이러한 분류를 체계적인 방식으로 묘사하고 그 원리에 대해 말로 표현하는 능력을 포함하는 것은 더 더욱 아니다9). 한 사람이 다른 사람에게 특정한 방식으로 말함으로써 그 사람을 한 계급 속으로 밀어 넣는(그리고 자기 자신도 동시에 한 계급 속으로 들어가는) 실천적인 '귀속판단jugement d'attribution'은, 개념에 의해 그리고 개념을 위해 생산된 명백한 지표들과 계급의 활용을 의식적으로 참조하는 것을 함축하는 지적 조작과는 아무 상관이 없다. 동일한 분류상의 대립(부유한/가난한, 젊은/늙은 등)은 분포구조내의 어떤 지점에도 적용될 수 있으며, 공간의 어떤 단편 속에서도 그 공간 전체를 재현할 수 있다(상식에 따라 말하면, 한 사람은 다른 사람에 비해 항상 부자이거나 가난하고, 우수하거나 열등하며, 더 우파적이거나 좌파적이다. 그러나 이것이 초보적 상대주의를 단정하는 것은 아니다).10)

9) 은근(慇懃)의 전략만큼, 각자가 차지하고 있는 위치에 대한 감각이 기능하는 것을 잘 보여주는 경우는 없는데, 이러한 전략은 전략을 세우는 자와 희생자 양자 모두에서, 실제로 차지하고 있는 위치와 채택한 실천(예를 들어 프랑스에서 친근한 tu('너')의 사용)에 의해 허구적으로 지시된 위치 사이의 격차에 대한 실천적 지식을 전제하고 있다. 롤스 로이스, 실크햇, 골프(부록 4를 보시오)와 자신을 '자연스럽게' 동일시하는 사람이 지하철을 타거나 납작한 모자(혹은 폴로 넥)를 자랑해 보이거나 축구를 했을 때, 그의 실천은 지위에 의한 속성과 관련된 의미를 가지게 되며, 이는 마치 이중인화(二重印畵)surimpression같이 현실의 실천에 계속해서 반영된다. 그러나 또한 우리는 언어학자 찰스 밸리(Charles Bally)가 대화자들 사이의 사회적 격차에 따른 말하기 양식에서 관찰했던 변화와 수신인에 따른 발음의 변화를 지적할 수 있다. 즉 발화자는 높은 지위에 있을 것이라고 추정되는 수신자의 '악센트'에 가까워질 수도 있고 자신의 일상적 악센트를 '강조함으로써' 그것으로부터 멀어질 수도 있다(cf. H. Giles, "Accent Mobility: A Model and Some Data", *Anthropological Linguistics*, 1973, 15, pp. 87 ~ 105).
10) 사회계급들에 대한 일련의 인터뷰(n=30)는 (카드에 쓰인) 30종류의 일반적인 직업을 분류하는 테스트에 기반하고 있었다. 응답자들은 종종 맨 처음에 이 직업들의 집단을 몇 개의 계급들로 나누어야 하는지를 물었으며, 때때로 계급의 숫자와 분류의 기준을 수정할 수도 있었는데, 이는 각 직업의 상이한 측면들, 즉 그 직업을 평가하는 상이한 관점을 고려하기 위해서였다. 혹은 필요하다면 자기들이 하위구분을 무한히 증가시킬 수 있다고 자발적으로 제안해 오기도 했다(그것에 의해서 그들은 학문적 태도 — 최초에는 혼란을 보여

계급에의 귀속판단에 토대하는 어떤 사회공간의 실천감각을 흠잡기는 매우 쉽다. 응답자의 자기모순을, 계급의 존재를 부정하는 논거로 사용하는 사회학자들은 이러한 '감각'이 어떻게 작용하는지, 자신들이 그 감각을 작동하게 만든 인위적 상황에 대해 아무것도 모르고 있다는 사실을 드러낼 뿐이다. 사실 사회공간의 감각은 모든 실천감각과 마찬가지로, 사회공간 속에 자기를 위치짓는 데 사용되었든 다른 사람을 위치짓는 데 사용되었든, 그것이 실천을 방향지우는 **개별적 상황**을 항상 참조한다. 이것은 소도시에서의 계급 표상을 연구하는 앙케트 조사 ('공동체 연구')와 계급에 대해 전국 규모로 실시한 앙케트 조사 사이에 존재하는 괴리를 설명해 준다.11) 그러나 지금까지 종종 관찰되었듯이, 응답자들은 해당 집단의 내부에서 시행되는 분할의 수에 대해서도, 또한 각 '층'의 경계와 그것을 정의하는데 사용되는 기준에 대해서도 동의하지 않는다면, 그것은 단순히 모든 실천적 논리에 내재해 있는 애매화(曖昧化)의 효과 때문만은 아니다. 그것은 또한 분류에 대한 시각이 분류구조 속에서 그 사람이 점하는 위치의 함수라는 사실로부터 발생하는 결과이기도 한다..

그래서 이러한 사회적 게임의 감각보다, 주지주의적 전통이 생각하는 의미로서의 인지행위로부터 더 먼 것은 없다. 그 감각은 '취향'이라

주는 사람이 많다는 사실을 통해서 그들이 거기에 익숙해지지 않은 ─ 의 채용을 요구하는 학문적 질문에 의해 만들어지는 상황의 인위성人爲性을 증명했다). 그러나 직업을 두 개씩 주었을 경우, 그것들을 같은 서열에 놓는데 그들은 거의 항상 일치한다(렌스키Lenski는 뉴잉글랜드의 어떤 소도시에서 가정을 서열화하도록 응답자들에게 요구한 한 실험에서 이와 유사한 관찰을 했다. cf. G. Lenski, 'American Social Classes: Statistical Strata or Social Groups?', *American Journal of Sociology*, 58, September 1952, pp. 139~144.)
11) 이러한 괴리는 동일한 앙케트 조사에서 응답자들에게 자신들이 사는 도시 수준에서의 사회계급을 정의하라고 요구한 다음, 전국 규모에서의 사회계급을 정의하라고 했을 때에도 관찰된다. 무응답률이 후자의 경우에 현격하게 증가하는 동시에, 설정된 계급들의 숫자도 마찬가지로 많아진다(cf. J. G. Manis and B. N. Meltzer, *loc.cit.*)

는 말이 잘 표현하듯이 '맛을 지각하는 능력'인 동시에 '미학적 가치를 판단하는 능력'인데, 사회적 필요성이 본성이 되고 그 사람을 움직이는 행동도식이자 신체적 자동화로 전환된 것이다. 모든 것들이 마치, 사회적 조건과 결부된 일련의 사회적 조건화가 고유의 신체에 대한 지속적이고 전반적인 관계 속에서, 즉 자신의 신체를 모든 상태에서 유지하고, 또 신체를 다른 사람들에게 내보이고 움직이고 그것을 위한 일정한 장소를 만드는 가운데(이것이 신체에 그 사회적 관상觀相physionomie sociale을 부여한다) 사회세계에 대한 본인의 관계를 각인하는 경향이 있는 것처럼 일어난다. 사회적 방향감각의 기본적 측면인 육체적 성향hexis corporelle은 **사회적 가치에 대한 자신의 감각을 경험하고 표현하는 실천적 방식**이다. 사회세계에 대한 관계와 사회세계 속에 놓여있는 자신의 적절한 위치에 대한 관계는 자신이 타인으로부터 뺏을 권리가 있다고 느끼고 있는 공간과 시간을 통해서 가장 잘 표현된다. 더 정확하게 말하면, 자신만만하거나 내성적이고, 활달하거나 편협한 태도나 제스추어를 통해 **자신의 신체로 물리적 공간 속에서** 일정한 장소를 점하고('풍채가 당당하다'거나 '허세를 부린다'고 말해지는), 또한 타인과 말할 경우에는 그 상호작용에 드는 시간과 이 시간을 사용하는 방식, 즉 자신만만하거나 공격적이거나, 버릇없거나 무의식적인 방식을 통해 **자신의 말로 시간 속에서** 일정한 장소를 점하고 있는데, 이러한 장소만큼 위에서 말한 관계를 분명하게 나타내 주는 것은 없다.[12]

제스처와 자세, 그리고 말(단순한 감탄사들이나 가장 잘 쓰이는 상투

---

[12] 가장 세련된 사회 심리학은 개인이 물리적 공간 내에서 차지하고 있는 장소와 사회공간 내에서 점하고 있는 장소 사이에 존재하는 상관관계를 정립하는데, 넓은 것과 좁은 것, 확장된 것과 제한된 것에 대한 대립도식을 여러 가지 실천에 적용하는 통상의 지각은 이러한 사회심리학의 발견을 기대한다(cf. 이런 점에 대해서는 다음을 참조할 것. S. Fisher and C. E. Cleveland, *Body Image and Personality*, Princeton, New York, Van Nostrand, 1958).

어 같은) 등의 형태로 된 복합체보다, 신체를 '기록장(記錄帳)'으로 취급하는 사회화의 논리를 더 잘 드러내는 것은 없다. 연극의 등장인물 속에서처럼 이러한 복합체 속에서도 신체적 모방mimesis corporelle의 환기력에 의해, 완전하게 준비된 감정과 경험의 세계를 일깨울 수 있다. 이와 같이 신체적 체조gymnastique corporelle의 기본적인 행위, 특히 이 체조 중에서도 성적인(남녀간의 차이가 있는) 측면, 즉 생물학적으로 구성된 측면은 사회적 의미와 가치들을 지나치게 감당하고 있는데, 개인이 세계와 맺는 관계 전체, 즉 '거만한' 것이든 '복종적'인 것이든, '확장된' 것이든 '편협한' 것이든, 그 관계를 통해서 세계 전체를 환기할 수 있는 가장 기본적인 은유로 기능한다. 사회적 방향감각의 실천적 '선택'은, 음소들phonèmes간의 선택이 선택행위를 전제하지 않고 실현되는 선택인 것과 마찬가지로, 가능성의 범위에 대한 표상을 전제하지 않는다. '인격'의 지위이 대한 쁘띠 부르주아적 상승지향은 물론이고, 지식인의 로고스 중심주의logocentrisme와 주지주의는, 프쉬케psyché(개인의 인격을 형성하는 요소로서의 종합적 심리현상 — 옮긴이), 혼, 심리현상, 의식, 표상 등을 연구대상으로 하는 과학에 내재한 편견과 결부되는데, 라이프니쯔의 말에 따르면, '우리가 하는 일의 3/4은 자동기계적automates'이라는 사실을 망각하게 하고, 또한 소위 궁극적 가치관이란 결국 신체의 본원적이고 원초적인 성향이고, 다시 말해서 '뱃속으로부터 나오는' 취향이나 혐오, 어떤 집단의 가장 중요한 이해관심이 거기에 걸려있는 취향과 혐오이고, 개인들이 거기에 자기 자신과 다른 사람의 신체를 걸 용의가 있는 것들에 다름 아니라는 사실을 보지 못하게 한다. 구별의 감각, 즉 나눌 것을 나누고 맺을 것을 맺기를 요구하며, 모든 종류의 부적합한 결합과 자연에 반하는 결합들unions, 즉 공통의 분류법에 반하고 집단 및 개인의 정체성의 기초를 이루는 분리diacrisis에 반하는 결합을 배제하는 식별discretio의 감각은, 플라톤이 말하는 '혼합영역terrain bâtard'에 존재하는 모든 것, 이해(理解)를 초월하는, 즉 신체화된 분류를 넘어서는, 그리고 신체화된 사회질서의 제 원리를, 특히 노동의 성적 분업과 성적 노동의 분업이라는 사회적으로 구성된 원리들에 도전함으로써 상식에의 도전으로서 즉 스캔들로서 정신적 질서에 공격을 가하는 모든 것에 대해서, 뱃속으로부터 나오는 흉악한 혐오감, 절대적 혐오, 형이상학적 분노를 일으킨다.13)

이해관심이 개입된 귀속판단(歸屬判斷)

사회세계의 지각에서 활용되는 관여성(關與性)의 원리principe de pertinence, 그리고 이러한 도식을 활용하는 사람들에게 지각 가능한, 그것도 긍정적으로든 부정적으로든 관심 있는 것으로 지각 가능한 인간이나 사물의 모든 특징들을 정의하는 관여성의 원리(이것은 '상식'의 또 다른 이름이기도 하다)가 토대로 하는 것은, 문제가 되는 개인이나 집단이 그 특징을 인식하고, 그 특징에 의해 정의되는 집합에 그 자신이 소속된 것으로 규정함으로써 갖게 되는 이해관심에 다름 아니다. 다시 말해서 관찰된 측면에 대한 관심은, 그 측면을 관찰함으로써 얻어지는 이익으로부터 완전히 무관할 수는 없다. 이러한 점은, 명확하게 낙인찍힌 하나의 특징을 축으로 하여 세워진 모든 분류들 속에서 분명히 보여지는

---

13) 사회화의 과정은 신체를, 남녀간, 연령집단간, 사회계급들간의 분할 같은 사회세계의 여러 분할들 사이에, 더 정확히 말하자면 이러한 분할에 의해 결정된 공간 속에서 실제적으로는 등가의 위치를 차지하는 개인들에 결부된 의미와 가치들간의 분할 사이에 존재하는 모든 종류의 실제적 등가성을 확립하는 유추적 조작자로서 구성하는 경향이 있다. 그리고 이것은 사회적 지배와 종속의 상징체계와, 성적 지배와 종속의 상징체계를, 동일한 신체언어language corporel로 통합시키는 것에 의해 가능하다. 이것은 '예의'politesse에서 잘 드러나는데, 예의는 직선과 곡선 사이의 대립 가운데에서, 혹은 결국 마찬가지지만 신체를 직립시키는 것과 낮추는 것 사이의 대립 가운데에서, 인간들의 위계관계를 상징하기 위해 사용되는 (존경 혹은 경멸 등의) 표지의 생성 원리의 하나를 발견한다.

데, 이런 분류들은 가령 동성애와 이성애 간의 일상적 대립에서와 같이 관심의 대상이 되는 특성을 그 이외의 모든 것(즉 이 경우에는 그 밖의 모든 성애형식性愛形式)으로부터 분리하고, 그렇게 함으로써 후자를 관심의 값어치가 없는 것, 차별화되지 않은 애매한 영역으로 남겨 둔다. 이와 똑같은 일이 다음과 같은 '귀속판단judgements d'attribution'에서 더욱 분명히 나타난다. 즉 실제로는 대상을 비난하는 행위인데, 본래의 아리스토텔레스적인 의미에서의 카테고렘'catégorèmes' 즉 '공공연한 고발'이며, 갖은 **욕설**들처럼 어떤 개인 또는 집단의 사회적 정체성을 구성하는 여러 특징들 중의 어느 하나 외에는 인지하지 않으려는 판단('너는 …에 불과할 뿐이야')이라고 할 수 있다. 이것은 가령 결혼한 동성애자나 표면적으로만 개종한 유대교도를, 숨은 동성애자나 수치스런 유대교도, 즉 (그냥도 비난받아 마땅한 존재인데 그보다 더욱 더한 비난을 받아야만 하는) 이중의 의미로서의 동성애자나 유대교도로 간주한다. 이러한 낙인의 논리는, 사회적 정체성이 다음과 같은 투쟁에서의 쟁점이 된다는 사실을 상기시킨다. 즉 그 투쟁에서는 낙인찍힌 개인이나 집단, 또는 더 일반적으로 말하자면 범주화의 잠재적 대상일 수밖에 없는 한, 모든 사회적 주체가 자기규정을 함에 있어서 자신의 **여러 특성들 중 가장 좋은 것**을 전면에 내세우게 되고, 더 일반적으로는 자신의 여러 특성들에 비추어 가장 편리한 분류 체계를 타인들에게 부과하거나, 혹은 더 나아가 자신이 소유한 것들이나 자신의 현재 모습을 돋보이도록 하기에 가장 적합한 내용을 지배적 분류체계에 부여하는 등의 일을 해야만 한다. 그렇지 않으면 자신이 구비한 여러 특성들 중의 어느 하나에 자신을 가두게 되고, 그러한 편견에 기초한 지각에 대하여 반격조차 가할 수 없는 지경에 이르게 된다. 바로 이러한 투쟁에서 사회적 정체성이 쟁점으로 되는 것이다.

통상적인 논리와 담론들은 그 분할법을 연속적인 양에 적용할 때,

몇 가지의 역설을 야기하게 되는데, 이런 역설에 놀라는 사람들은 언어라는 것을 순수한 논리적 도구로 다루는 일이, 그리고 언어에 대한 이러한 관계가 가능하게 되는 사회상황이 역설적일 수 있다는 것을 확실히 망각하고 있다. 일상적 실천의 분류법이 만들어내는 갖가지의 모순이나 역설은, 모든 실증주의가 믿고 있는 바와 같이 일상 언어의, 이른바 본질적인 불충분함과 같은 것으로부터 연유하는 것이 아니다. 그렇기는커녕, 이들 사회-논리적인 행위가 결코 논리적 일관성을 추구하는 방향을 향해있지 않다는 사실, 그리고 언어의 문헌학적·논리학적·언어학적 용법 — 이 용법들은 언제나 스코레scholè, 즉 시간적 여유, 절박성이나 필요성으로부터의 거리, 생사(生死)가 달린 쟁점의 부재를, 그리고 많은 사회적 영역에서 이들 전부를 제공할 수 있는 유일한 제도인 학교 제도를 전제로 하고 있는 것이기에, 실질적으로는 **학교적** 용법이라고 불리워질 만한 것들이다 — 과는 달리, 이들 행위는 마치 재판에서의 용법처럼 일관성이라는 유일한 기준에 기초한 논리적 판단끼리를 대결시키지 않고, 어디까지나 구체적인 고발과 변호를 대결시키면서 행해지는 입장 결정의 논리를 따르고 있다는 사실들로부터, 이러한 모순이나 역설은 발생하는 것이다. 논리에 의한 설득술과 감정에 호소하는 설득술의 대립이라는 문제는 논리학자나 심지어는 언어학자들마저도 애써 잊으려하는 것이기는 하지만, 이러한 대립에 포함된 모든 것을 별개로 한다면, 다음과 같은 사실은 너무나 명백하다. 즉 언어의 학교적 용법이 연설가나 변호사나 활동가 등의 용법에 대해서 갖는 관계는, 일관성이나 사실과의 양립가능성을 수호하는 일에 신경을 쓰는 논리학자나 통계학자들의 분류체계가 일상생활의 범주화나 '공공연한 고발'catégorèmes에 대해서 갖는 관계와 같다는 것이다. 후자는 그 (공공연한 고발이라고 하는) 어원이 나타내고 있는 바와 같이, 소송의 논리 내에 속해 있다(여기서의 '소송'이란 통상적인 의미로서일 뿐만 아니라 카프카(『심판』)적인 의미에 있어서의 심판이기도한데, 그는 사회적 정체성 — 이것은 정의상 파악될 수 없으며 모든 카테고렘, 즉 모든 비난·고발이 도달할 수 없는 한계이다 — 을 재획득하기 위한 필사적인 노력의 전형적 이미지를 제시한다). 사회세계의 구분에 관한 모든 현실적인 질문들은 어차피 어떤 집단에 소속되어 있는가 아닌가라는 것과 결부된 이해관심을 문제로 삼을 수밖에 없다. 이는 계급투쟁과 계급협력 사이에서 요동하는 '노동자 귀족'이나, 아니면 관료적 통계 특유의 범주인 '관리직' — 이는 명목상 (지배자도 피지배자도 아니라고 하는) 이중의 부정에 의해서 마치 단일한 집단인 것처럼 취급되기 때문에, '이해당사자'의 눈에도, 그 적대자의 눈에도, 또한 객관적 관찰자의 눈에도, 실제로는 그 내용이 다종다양하다는 점이 보이지 않게 되어버린다 — 처럼 경계선상에 위치하는, 따라서 전략적 성격을 지니는 여러 집단에 대하여 최근 커다란 관심이 나타났던 것을 보아도 알 수 있다. 계급간에 경계를 설정한다고 하는 행위는, 그것이 단순히 분류된 제 계급들간 세력관계의 법적으로 보장된 한 상태를 기록하는 작업에 머무르는 것이 아닌 한, 반드시 '누군가를 계산에 넣는다'든가, '자기를 계산에 넣는다'든가, '목록을 만든다'든가, '첨가한다'든가 하는 전략적 의도에 기초해서 이루어지는 것이다.

실제로 법적인 형태를 취하는 자의적인 경계선(가지고 탈 수 있는 화물의 중량을 30킬로그램으로 설정하다든지, 2톤 이상의 차량을 소형 트럭이라 규정한다든지 하는)을 부과하는 것만으로 소맥더미의 궤변[14]으로

---

[14] 소맥더미의 궤변과 물리적 연속체에 대한 모든 역설은, 푸엥카레Poincaré가 지적했듯이 다음과 같은 것을 의미한다. 즉 한 사람이 A=B, B=C 그리고 동시에 A<C를 가지고 있다. 혹은 $A_1=A_2$, $A_2=A_3$, … $A_{99}=A_{100}$ 그리고 $A_1<A_{100}$이다. 달리 말하면 비록 한 알의 소맥이 소맥더미를 만들지 못하고 두 알, 세 알도 마찬가지라는 것이 명백하다고 하더라도 소맥더미가 264알부터 시작되는지 265알부터 시작되는지에 대해 말하는 것은 쉽지 않다. 다시 말해 265알부터는 소맥더미가 되고 264알로는 소맥더미가 안 되는지에 대해 이야기

부터 생길 수도 있는 곤란이 해소되는 경우도 적지는 않지만 이러한 경우를 별도로 친다면, 온갖 경계선들, 심지어 연령층을 나누는 일견 가장 형식적으로 보이는 것조차도 사회적 투쟁의 한 상태를, 즉 특별요금이나 연금을 받을 수 있는 권리라든가, 취학이나 병역의 의무와 같은 수많은 특권과 의무의 배분상태를 규정하는 것이라고 할 수 있다. 알퐁스 알레Alphonse Allais의 소설에 보면 아이가 딱 세 살이 되는 순간에 열차를 세우려고 경보기의 끈을 잡아당기는 아버지의 이야기가 있다(세 살이 되면 기차 삯이 유료가 된다). 이 소설을 읽고 우리가 미소를 짓지 않을 수 없는 것은, 이 상상 속의 지어낸 이야기가 논리학자들이 이따금씩 보여주는 여러 가지의 역설들의 기반에 있는 것에 버금갈 정도로 완벽하게 논리적인 사안임에도 불구하고, 사회-논리적으로 볼 때 얼마나 바보스러운 일인가를 한 눈에 볼 수 있기 때문이다. 여기에서 경계는 힘으로써 밀어붙여 공격도 하고 방어도 해야 마땅한 전선frontières인 것이며, 그것을 규정하는 분류체계는 지식의 수단이라기보다는 오히려 힘의 수단이어서 일정한 사회적 기능에 종속되어 있으며, 어떤 집단의 이해를 만족시키는 방향으로, 드러내 놓고 혹은 암암리에 지향되어 있다.15)

하는 것은 쉽지 않다.
15) 학교제도에 의해 만들어지고 주입된 분류법은 말할 것도 없고, 지배계급 측의 여러 가지 학문에 의해 생산된 수많은 윤리적, 미학적, 혹은 정신의학적, 법률적 분류법은 자신의 외견상의 중립성으로부터 특정한 효력을 이끌어냄에도 불구하고, 한편으로는 모두 사회적 기능에 종속되어 있다. 다시 말해서 이러한 분류법은 상대적 자율성을 띤 여러 장(場)에 고유한 논리와 언어에 따라서 생산되며, 지배적 아비투스의 분류도식에 대하여, 그리고 그것을 통하여 이러한 도식을 낳는 사회구조에 대하여 실제적인 종속dépendance réelle을 야기하는 동시에, 외견상의 독립apparence de l'indépendance을 추가하는데, 외견상의 독립은 분류투쟁lutte des classement과 계급투쟁lutte des classes의 한 상태를 정당화시키는데 공헌한다. 확실히 반(半) 자율적인 분류체계의 가장 전형적인 예로서는 학교적 '성적평가'의 원리인 일련의 형용사의 체계(수秀, 우優, 미美…가可 등)이다(cf. P. Bourdieu et M. de Saint Martin, Les catégories de l'entendement professoral, Actes de la recherche en sciences sociales,

상투어의 표현과 분류체계는 이상과 같이 여러 집단간의 투쟁의 쟁점이 되며, 또한 여러 집단들에게 특정 성격을 부여하면서 각각을 대립적으로 위치지워 나가는 한편, 각 집단은 이것들을 자신의 이익으로 만들기 위해 분투한다. 소위 세 신분(승려, 귀족, 평민)의 모델은 원래 사회구조의 한 상태를 명시화·부호화함으로써 영속화를 꾀하고자 규정된 것이지만, 조르쥬 뒤비Georges Duby는 이 모델이 어떻게 해서 상호간에 대립하는 복수의 집단에 의해 동시에 그리고 차례차례로 이용되어 왔는가를 훌륭하게 보여준 바 있다. 먼저 최초에 이를 이용한 것은 이 질서를 만들어낸 사제들이었고, 그들은 이교도나 보통의 수도사, 기사들에 대해서 이를 사용했고, 다음으로 귀족들이 사제 및 왕에 대해서 이를 이용했다. 그리고 마지막으로는 왕이 이를 이용했는데, 왕은 (주체이면서 동시에 객체이기도 하고, 재판관이면서 동시에 소송당사자이기도 한 이상의 세 신분들과는 달리) 스스로를 분류조작의 절대적 주체, 이 모델이 낳은 제 계급의 외부에 있으면서 상위에 있는 원리로서 설정함으로써, 이해관계가 얽힌 제 집단에 대해 사회질서 내의 일정한 장소를 할당해 주고, 자신은 결국 지고지상의 우위를 확보했던 것이다[16]. 같은 방식으로 남녀간·연령층간의 대립이라든가 세대간의 대립처럼, 다양한 지배형식의 이미지를 제공하는 여러 도식이나 상투어의 표현형 역시 비슷한 조작의 대상이 될 수 있다는 점을 드러낼 수도 있다. 가령 소위 '청년층'은, 자기 자신에 대하여 연장자들이 제시하는 정의를 받아들여 많은 사회에서 그들에게 부여되는 일시적 자유권('젊을 때는 하고 싶은 대로 하고 살아야지')을 이용함으로써 자기 자신에게 귀속된 적합한 일, 젊은이의 '고유한 미덕', 즉 **용기**, 사내다움, 열정 등을 실현하

3, 1975, pp. 68~93).
16) Duby의 *Les trois orders* 특히 422~423쪽을 보라.

고, 중세귀족의 자제라면 무술 수행,[17] 르네상스기의 피렌체 청년이라면 연애와 폭력, 그리고 오늘날의 젊은이라면 룰rule에 입각한 유희의 열광(스포츠나 록음악처럼)을 실천한다. 각자 자신의 고유한 사안에 관여하면서, 요컨대 자신을 '젊음'의 상태로, 즉 무책임한 상태로서 유지하고, 책임 있는 행위를 포기하는 대신 무책임하게 행동하는 자유를 향유한다[18]. 한편 계승의 순서가 위협받는 등의 특정한 위기상황에 있어서는, '청년층'은 더 이상 '젊음'에로 밀려나 있는 것에 만족하지 않고, 반대로 '노년층'을 '늙음'으로 돌리는 경향이 있다. 즉 이 경우 그들은 (사회적으로 완성된 인간이라고 하는 의미에서의) 성인을 정의하는 '책임'을 지기를 희망하기 때문에, 현재의 책임 담당자들을 '늙음' 또는 더 적절하게 말하자면 '은퇴'라고 하는 또 다른 무책임의 형식에로 몰아내지 않을 수 없는 것이다. 소위 '책임자'에게 요구되는 현명함이나 신중함은 이 경우 오히려 뒤집어져서 보수주의, 의고주의(擬古主義), 혹은 그저 단순히 노년 특유의 노쇠한 무책임함에 다름 아니라고 몰아세워진다. 가장 나중에 등장한 신참자들은, 생물학적으로도 가장 젊을 가능성이 높기도 하거니와, 또한 생산자의 사회적 생산조건(즉 주로 가정 및 학교 제도)의 변화에서 파생되는 여러 가지의 변별적 특성을 함께 지니고 있기 마련이다. 따라서 그들이 자신들에 어울리는 것으로서 할당받은 무책임한 행동에서 손을 떼는 시기가 빠르면 빠를수록, 그리고 육화된 한계(예를 들어 오십 살이 되어도, 지위나 임무, 명예 등을 '얻고자 하는 것이 당연하다'고 말하기에는 아직 '너무 젊다'고 생각하는 것과 같은 한계)를 뛰어넘어 '두각을 나타내고' '일거에 도약하며' 그리하여 자기의 전임

---

17) Ibid., pp. 63~64, 그리고 "Les 'jeunes' dans la société aristocratique dans la France du Nord-Ouest au XIIème siècle", *Annales*, 19 (5) (1964년 9~10월), pp. 835~846.
18) 여성에 대해서 보면, 책임 있는 행위를 포기하는 대가의 대부분이, 적어도 부르주아지의 외부에서는 사실상 거부되었다면, 여성에 대해 똑같이 말할 수 있는 부분이 많아진다.

자(前任者)들을 본래의 시기보다 빨리 과거로 구축(驅逐)하고 넘어서며, 요컨대 사회적으로 매장해 버리는 일('그는 끝장이다')을 주저 없이 실행하면 할수록, 그만큼 빨리 '젊음' 곧 무책임의 상태를 벗어나게 된다. 그러나 경계감각이 상실될 때에 나타나는 이러한 연령층간의 경계를 둘러싼 갈등에 있어서, 그들이 승리를 거둘 수 있는 기회가 만일 있다면, 그것은 사회적으로 완성된 인간에 대한 새로운 정의를 내릴 수 있을 때뿐인데, 이 정의에는 통상적으로(달리 말해서 현재에 통용되는 분류원리에 따라서) 젊음이라는 것에 결부된 여러 특성들(열광, 활동력 따위)이나, 통상적으로 성인이라는 신분에 결부된 덕목들을 대체할 수 있는 특성들을 포함하게 된다.

요컨대, 개인이나 집단들은 공통의 분류체계를 이용함으로써 그것에 특정한 의미를 부여하게 되는데, 이러한 의미는 '이익'이라는 용어가 가진 일상적인 의미 이상의 것이다. 즉 그것은 사회적 존재 그 자체로서 그들이 자기 자신에 대해 품고 있는 생각을 규정하는 모든 것이고, '그들' 혹은 '타인'과 대립된 '우리'를 규정함에 있어서 근거하는 가장 기본적이고 암묵적인 계약이다. 이 계약은 공통의 분류체계에 의해 생산된 여러 특성들 상호간에 그들이 조작하는 배제('그건 우리 취향이 아니야')와 포함의 기초가 된다.19) 지배계급과의 관계에서 피지배계급이

---

19) 사회심리학에 따르면, 어떤 집단을 두 개의 그룹으로 분할하는 경우, 그것이 아무리 자의적인 기준에서 행해진 것일지라도, 결국 자신이 속한 그룹의 구성원들에게는 호의적이고 다른 그룹의 구성원들에게는 적대적인 일련의 차별적인 행동을 낳게 되는데, 이 행동의 결과가 자기가 속한 그룹의 이익에 반하는 경우에도 그러하다(M. Billing and H. Tajfel, "Social Categorization and Similarity in Inter-group Behavior", *European Journal of Social Psycholgy*, 1973, 3, pp. 27～52). 더 일반적으로는 행위자들이 현실에 대한 인식을 구성하는 조작을, 특히 '외부인'과의 차이를 강조하고, 내부인과의 유사성을 확대하는 과정, 즉 이화(異化)와 동화(同化)의 과정을, 사회심리학은 '범주적 차이화'différenciation catégorielle라는 용어로 표현한다(예를 들어 다음을 보라. H. Tajfel, "Quantitative Judgement in Social Perception", *British Journal of Phychology*, 1959, 50, pp. 16～21과 H. Tajfel and A. L.

노동력과 투쟁력, 즉 용기와 남성다움에서 비롯되는 물리적인 동시에 정신적인 힘을 자신에게 부여한다는 사실은, 지배계급이 그와 같은 관계를 강자와 약자라는 도식으로 인식하는 것을 막아내지 못한다. 그러나 지배계급은 청년층의 힘과 같이 (이 점에서 청년층은 여성에 가깝다) 피지배계급이 자신들에게 부여하는 힘을 야생적인 힘, 정열, 그리고 충동 즉 맹목적이고 예측불가능한 자연의 힘, 욕망에 대한 비이성적인 폭력으로 폄하시키는 반면에, 지배계급의 힘은 정신적이고 지적인 힘, 타인의 통제를 지향하는 자기 통제력, 자기들과 피지배자들(대중, 여성, 청년)과의 관계를 영혼과 신체, 오성과 감성, 문화와 자연과의 관계로 생각하게 하는 혼의 힘, 혹은 정신의 힘으로 자신들에게 부여한다.

Wikes, "Classification and Quantitative Judgement", *British Journal of Phychology*, 1963, 54, pp. 101~104. 그리고 이 분야에 대한 연구의 개관을 원하면 W. Doise, *L'articulation psychosociologiqe et les relations entre groupes*, Bruxelles, A. de Boeck, 1976, pp. 178~200을 보라). 한편 인종주의racisme에 대한 여러 가지 분석도 이것과 같은 방향인데, 복수의 상이한 그룹이 병존할 경우, 각 그룹이 다른 그룹의 경멸스런 행위에 대하여 자기 그룹의 행위는 좋게 인정되고 가치 있는 것이라는 정의를 대치시키는 경향이 그것이다("날카로운 대치관계에 있는 집단들과 계급들이 있는 곳에는 어디나 각 집단·계급의 가치관과 관습들이 대치되어 있다. 집단간의 대립으로부터 가치관의 격렬한 대립이 생겨나는데, 이 격렬한 대립은 사회질서를 통해 투영되고 사회 계층화를 강화하는데 기여한다." — L. Copeland, "The Negro as a Contrast Conception" in E. Thompson, ed., *Race Relations and the Race Problem*, Durham, Duke University Press, 1959, pp. 152~179). 사회적 정체성은 타자와의 차이에 놓여있으며, 차이는 자기 자신에 가장 가까운 것, 즉 가장 위협적인 것을 의미하는 것에 대항하여 주장된다. 고정관념stéréotypie은 어떤 범주의 구성원(가령 북구인北歐人이나 남불인南佛人, 서양인이나 동양인 등)과 어떤 특성의 소유 사이의 하나의 조응관계가 성립한다는 것을 인정하는 경향인데, 그것에 의해 어떤 사람의 소속범주에 대한 정보는 그 사람에 대한 판단에 강력한 영향을 발휘하는 것이다. 이러한 고정관념에 대한 분석은, 사회 구성체의 모든 구성원들이 상이한 사회계급 구성원들에게 어떤 특성을 부여하는데 일치하는 경향이 있다고 하는, 어떤 사회적 고정관념(부록 4, 「사회학적 게임」을 참조)에 대한 분석과 일치한다.

분류투쟁

　논리적인 동시에 필수불가결하게 사회학적인 분할원리들은 사회집단들 사이의 투쟁 속에서, 그리고 그 투쟁을 목적으로 해서 제 기능을 발휘한다. 이 분할원리들은 여러 가지 개념들을 생산하면서 사회집단들, 즉 한편으로는 그 원리를 생산하는 집단들을, 다른 한편으로는 그 원리에 대항하여 만들어지는 집단들이 생성되기도 한다. (잠재적) 분류도식과 (현재적) 분류체계는 여러 가지 표상들의 토대로서 각 집단을 개개의 경우에 동원하거나 동원해제 하는 근거인데, 사회세계의 의미를 둘러싼 투쟁에서 쟁점이 되는 것은 이러한 분류도식과 분류체계를 지배하는 힘이다. 이것은 다시 말해서 대상을 다른 시각으로 바라보게 하는(가령 가부장주의paternalisme라는 한 낱말이 사회관계의 경험 전체를 변모시킬 때 일어나는 것과 같은), 혹은 지각·평가도식을 지금의 것과 다른 것으로 변화시키며, 이전까지는 눈에 띄지 않았거나 배경에 함몰되어 보이지 않았던 여타의 특성들(가령 지금까지 민족적 혹은 국가적 차이들에 의해 은폐되어 왔던 공통의 이해 같은)을 보여주는 언표행위의 환기력인데, 그것은 또한 분할할 수 없는 연속성으로부터 불연속적인 복수의 단위들을 끌어내고, 분화되지 않은 것으로부터 차이를 끌어내는 **분별력**, 즉 구별하고 **분리**하는, 식별의 힘인 것이다.

　투쟁 속에서 그리고 투쟁을 통해서만, 신체화된 경계들은 구체적 경계선이 되는데, 사람들은 그것과 충돌하며 그것을 이동시켜야 한다. 실제로 분류도식의 체계는, 그것이 경계감각으로 더 이상 작용하지 않게 되고, 기존 질서의 수호자들이 이단의 항의에 대하여, 현실의 것에서도 있고 표상된 것에서도 있는 이 질서의 생산원리를 수호하기 위하여 이러한 원리를 명료화하고 체계화하고, 부호화해야만 할 때, 요컨대 통념doxa을 정통적 의견orthodoxie으로 구성하지 않으면 안 될 때만이 객관화되고 제도화된 분류체계로 형성된다. 공식적 분류체계는 세 신분의 이론과 같이, 분류도식이 암묵적으로 그리고 실천적으로 행한 바를 명시적이고 체계적으로 수행한다. 그러므로 (주어의 속성을 나타내는) 술어라는 의미에서의 속사(屬詞)는 일련의 **부속권한**에, 즉 어떤 지위를 점하고 있는 사람에게 할당된 권력, 능력, 특권, 특전 등이다. 예컨대, 전쟁은 더 이상 전사들이 하는 행위가 아니며, 전사*bellator*의 직무, 고유의 기능, 존재이유가 된다. 분류적 **식별***discretio*의 조작은 법률과 같이 세력관계의 한 상태를 고정하고, 이것을 명시화하고 부호화함으로써 영속화하는 것을 목표로 한다. 논리적이고 정치적인 분할의 원리로서의 분류체계는 그것이 **변별적인 격차** 즉 불연속적 격차의 상징적인 논리 속에서, 기존질서를 구조화하는 일반적으로 단계적이고 연속적인 차이를 변형된 형태로 재생산할 때만 존재하고 기능한다. 그러나 이 분류체계는 사람들에게 정신구조를 강제적으로 부여함으로써 그들로 하여금 의도한 대로 보고 믿도록 하는 특정의 상징적인 권력을 갖게 될 때에만 비로소 그 질서의 유지에 나름의 기여를 하게 되는 것이다.

분류체계는, 분류에 적합하게 구조화된 표상을 강화하여 객관적인 메커니즘의 유효성을 증진시킴으로써 계급의 존속에 기여할 수 있을 때에만 결정적인 투쟁목표가 될 수 있다. 어떤 직무에 공인된 명칭을 부여하는 것은 그것을 완전한 사회적 존재로서 승인하는 것인데, 지명된 것을 원래의 의미에서 변용시킨다. 그 결과 지명된 직무는 더 이상 현재 상태로서의 존재, 즉 관용되고 불법적이고 비합법적인 업무로서 존재하지 않고 하나의 **사회적 직무**, 즉 위임, 사명(독일어의 Beruf), 임무, 역할 등이 된다. 이러한 단어들은 모두 공적으로 **인가받은** 활동, 즉 암묵적 혹은 명시적인 위탁에 의해 어떤 개인이나 집단에게 할당된 활동과, 제도화되기를 기대하면서 '기성사실을 만들어내는', 단순히 부당한 **유용**(流用)과의 차이를 표현한다. 그러나, '집합 표상'(이것은 이 개념의 뒤르케임적 뉘앙스가 의미하는 것과는 반대로 동일한 지각도식 혹은 공통의 분류체제를 적용한 결과의 산물일 수 있는데, 그래도 대립하는 사회적 용법의 대상으로 남아있다)의 고유한 효과는, 다음과 같은 경우에 가장 분명히 드러난다. 즉 언어가 사물에 선행하고, **명목상의 정체성**을 부당하게 유용하는 것에 의해 현실상의 정체성의 형성을 촉진하는 경우인데, 가령 봉사단체가 공인된 직업으로 변모하는 경우나, 동업자의 이익 옹호단체(「관리직」 노동조합과 같은)가 자기 집단의 구성원들에게나 다른 집단들에게나 그들의 존재와 통일성의 **표상**을 조금씩 강요하는 경우이다.

한 집단이 공식적인 분류 속에 존재하거나 부재하는 것은, 그 집단이 어느 정도 사람들에게 자기를 인식시키고 인지시키며 인정받게 하는 능력을 가지고 있느냐에 달려 있다. 즉 많은 경우에 치열한 투쟁을 통해 사회 질서 내의 한 장소를 획득하고, 그리하여 에밀 방브니스트 Emile Benveniste가(『인도 유럽의 제 제도어휘집』에서) '이름 없는 직업 métiers sans nom'이라고 부르는 것, 가령 고대에서의(그리고 중세에도) 상업, 예전의 기도치료사(祈禱治療士: 그들은 '경험이 풍부한 의사'라고 불리었다), 오늘날에는 접골사들, 창녀들과 같은 법적으로는 정식으로 인지되지 않은 직업의 **중간적인**bâtarde 존재상태로부터 벗어날 수 있는 능력에 따라 결정되는 것이다. 집단의 운명은 그 집단을 지칭하는 언어들과 밀접히 관련되어 있다. 실제로 자기를 강제로 승인시키는 힘은 '프롤레타리아', '노동자 계급', '관리직' 등의 한 명칭을 중심으로 그 집단의 구성원들을 밀도 있게 동원할 수 있는 능력이 있는가, 집단에 공통되는 명칭(보통명사)을 전유하고 어떤 고유명사로 소통하고, 그래서 결합시키는 힘, 명칭 및 **슬로건**의 통일력을 낳는 힘을 동원할 능력이 있는가에 달려 있다.

사실상, 말의 질서는 사물의 질서를 엄밀하게 재생산하지 못한다.

분류하고 분류되는 언어의 체계(그 속에서 개별적인 레테르étiquette의 변별적 가치가 결정된다)의 구조는 자본의 분배구조로부터 상대적으로 독립성을 가지고 있는데, 보다 정확히 말하면, 생산장치들의 변화와 관련된 직업에서의 변화와 직함titres의 변화 사이에서 생겨나는 시차(時差)로(이것은 부분적으로는 세력관계의 한 상태를 인가하는 의사 법적擬似 法的 제도로서의 분류체계에 내재하는 관성으로부터 비롯된 것이다) 인해서, 다음과 같은 목적을 띤 상징적 전략들을 위한 공간이 만들어진다. 즉 명목적인 것과 실질적인 것 사이의 불일치를 이용하고, 언어가 지시하는 사물을 소유하기 위하여 언어를 전유하거나, 혹은 그러한 사물을 인증하는 언어를 획득하기를 기대함으로써 사물을 전유하려는 목적이다. 직무를 수행할 자격 없이, 정통적 직함을 요구할 자격을 얻기 위해 직무를 수행한다든지, 혹은 반대로 더 특권적인 혹은 적어도 더 애매하기는 하지만 분류작용이 강하지 않고 그래서 보다 잘 조작할 수 있는 레테르에 의해 부여되는 상징적 이익을 잃지 않으려고 평가절하된 직함과 관련된 물질적 이익을 부인하는 행동들을 보라. 자기 직업을 지시하는 사용가능한 표지 중에서 가장 좋은 것을 차용하고, 필요하다면 직함의 사칭(詐稱)도 불사하는 것(가령 도기공陶器工들이 자신들을 '공예장인'으로 칭하거나, 일반기술자들이 상급기술자로 자임하는 것), 혹은 **자신을** 단순한 안마사와 **구별**하고 의사 쪽에 더 가깝게 보이기 위해 물리치료사kinésithérapeutes 라는 새로운 명칭을 발명하는 행동 등이 있다. 이러한 모든 전략은 다른 모든 경쟁의 과정, 즉 지속적인 변별적 격차를 보장하려고 하는 경주의 과정처럼, 명칭의 항상적인 인플레 현상을 조장하는 효과를 야기하는 경향이 있기는 하지만, 이러한 인플레는 법적 보증을 수반하는 제도화된 분류조작(노동협약, 임금등급표 등)에 의해 억제된다. 가령 노동협약이 작성된 경우에 대립하는 이익집단 사이의 교섭은 직위에 주어진 임무내용에도, 그 직위를 점한 자에게 요구되는 제 특성(가령 학위증)에도, 또한 그것에 대응하는 물질적 보수와 상징적 이익(지위명)에도 불가분하게 관련되어 있다. 그래서 노사간의 교섭은 계급의 생성을 촉진하는 분류를 둘러싸고 벌어지는 끊임없는 투쟁이 제도화되고 연출된 형태이다. 그리고 분류는 계급간의 투쟁의 산물이며 계급간의 세력 관계에 따라 결정되지만 그 자신이 제 계급을 낳는 데 기여하는 것이다.

표상의 현실과 현실의 표상

타인의 특성과 실천을, 혹은 자기 자신의 그것을 분류하는 분류주체는, 또한 (타인의 눈앞에서) 자기를 분류하는 분류가능한 객체이기도 하다. 그것은 (통속적이거나 탁월하고, 저속하거나 고상하고, 가볍거나 무겁고 등으로… 요컨대 대중적이거나 부르주아적인 것이라는 형태로) 분류된 실천과 속성을, 제 집단들(이것들 자신도 분류된다) 사이의 있음직한 어떤 분포에 따라서 전유함으로써, 스스로를 분류한다. 이러한 특성 중 가장 분류작용이 강하고 가장 명확히 분류된 것은 물론 **탁월성의 기호**, 혹은 **치욕의 표지**, 즉 낙인으로서 기능하도록 공공연히 지정된 것들인데, 특히 어떤 계급에의 소속을 나타내는 명칭과 직함이며, 그 계급들의 교차점은 일정 시점에서 국가명, 지역명, 민족명, 가족명, 직업명, 학력자격, 명예상의 호칭 등과 같은 개인의 **사회적 정체성**을 규정한다. 분류하기도 하고 분류되기도 하는 실천이나 특성을 전유하거나 분류함으로써, 자신들 혹은 타인을 분류하는 사람들은 다음과 같은 사실을 모를 리가 없다. 즉 변별적인 대상과 실천은 그들의 '힘'을 표현하는 장소로서, 제 계급에 의해 전유되고 제 계급에 적합하게 됨으로써 그것을 전유하는 사람들을 분류하는 것인데, 그들 자신의 분류를 다소간 적절하게 예기(豫期)할 수 있도록 해주는 분류도식과 유사한 분류도식을 갖춘 다른 분류주체(그러나 또한 그들의 판단과 같이 분류가능하기도 한 주체)의 눈앞에서, 그들 자신을 분류하는 것이다.

사회적 주체들은 자신을 포함하는 사회세계를 포함하고 있다. 이것은 곧 사회적 주체들이, 물리적 세계의 다른 대상물처럼 셀 수 있고 측정할 수 있는, 신체를 위시한 물질적 특성들에 의해서는 충분히 특징지워질 수 없다는 것을 뜻한다. 사실상 이 특성들 각각은 그것이 신장이든 체중이든 혹은 토지의 면적이든 간에, 사회적으로 구성된 지각·평가도식을 갖춘 행위자에 의해 같은 계급의 다른 특성들과 연결되어 지각되고 평가될 경우에 **상징적인 특성**으로서 기능한다. 따라서, '사회물리학physique sociale'과 '사회기호학sémiologie sociale' 사이의 대립을 뛰어 넘으려는 노력이 필요하다. '사회물리학'에서는 객관주의적 형태로 통계를 사용하여 통계학적·경제학적인 의미에서의 '**분포**'를 확립하려고 한다. 여기서 '분포'란 '객관적 지표'를 통해 파악된 유한양의 사회적 에너지가 그것을 전유하기 위해 경쟁하는 수많은 개인들 사이에 분포된 상황을 정량화시켜 표현한 것이다. '사회기호학'은 여러 가지 의미를 해석하고, 행위자가 그것을 생산하고 해석하는 인식조작을 밝혀내려고 노력한다. 달리 말해서 이러한 이분법은, 사회세계에 대한 공통의 표상(뒤르케임이 말하는 '선취관념'prénotion)과의 단절을 대가로 '개인적 의식과 의지로부터는 독립된' 객관적 '현실'에 도달하고, 여러 가지 '법칙'을, 즉 이러저러한 분포들간의 유의미한(그러나 우연적이지 않다는 의미에서의) 제 관계를 분명히 하려는 야심과, 이른바 '현실'을 포착하지 않고 행위자들이 현실에 대해 품는 표상, '표상과 의지로서' 생각된 사회세계의 '현실' 전체를 형성하는 표상을 포착하려는 노력과의 대립에서도 나타난다. 요컨대, 사회과학은 뒤르케임에 의해 대표되는 사회물리학의 한 형식(그것은 논리적 분류수단을 활용함으로써만 '현실'을 인지할 수 있다는 점을 인정한다는 점에서는 사회기호학과 일치한다[20])과, 가

핀클Harold Garfinkel이 말하는 바와 같이, '보고(報告)의 보고(報告)'를 구성하는 것을 목적으로 하고, 최종적으로는 정신적인, 즉 언어학적 구조의 산물에 지나지 않는 사회세계의 여러 가지 기록을 기록할 수 있을 뿐인 관념론적 기호학의 형식과의 사이에서 어느 하나를 선택할 필요가 없다는 것이다. 행위자들은 분포(=배분)에 관한 자신의 경험(그것 자체가 분포구조에서의 그들의 위치의 함수이다)을 기반으로 사회물리학의 대차대조표에서 보이는 그것만큼 객관적인 분할과 분류를 창출해냄으로써, 희소성과 희소재를 얻기 위한 경쟁에 관한 과학의 가운데에 실천적인 지식을 끌어들여야 하는 것이다. 달리 말하다 객관주의적 이론과 주관주의적(달리 말하면 **한계효용론적**) 이론 사이의 대립을 뛰어넘어야 한다. 여기서 전자는 사회계급(또한 성별집단과 연령집단)을 이산적(離散的) 집단, 즉 현실 속에서 객관적으로 그어진 경계선에 의해서 나누어지고 단순하게 가산적(可算的)인 인간의 집합과 동일시하는 입장이고, 후자는 '사회 질서'를, 여러 가지 개인적 분류 혹은 보다 정확히 말하면 분류되고 분류하는 여러 가지 개인적 전략(행위자들이 그것에 의해 자기를 분류하고 타자를 분류하는 개인적 전략)의 총화(總和)에 의해 얻게 되는 일종의 집합적 분류로 환원하는 입장이다.[21]

20) 분류를 자의적인, '조작상의' 구분(연령집단이나 소득구분과 같은)과 기록하는 것으로 족한 '객관적인' 단절(분도의 불연속성과 그래프 곡선의 굴절)로 나누는 실증주의적 경향과, 이런 사회물리학 사이의 친화성을 굳이 지적할 필요는 없을 것이다.
21) 이러한 사회적 한계효용 이론을 잘 말해 주는 표현은 다음과 같다. '각 개인은 자기 자신의 행실demeanor에 대한 이미지와 다른 사람이 자신에 대해서 품는 경의deference의 이미지에 대해 책임이 있기 때문에 완벽한 인간을 완벽한 인간으로 표현하기 위해서는, 각 개인들은 일련의 의례들 속에서 왼쪽에 있는 사람으로부터 받은 경의를 오른쪽의 사람에게 전달함으로써 연쇄를 이루어야한다'. (E. Goffmann, "The Nature of Deference and Demeanor", *American Anthropologist*, 58, June 1956, pp. 473～502).
'…누구의 의견이 가장 자주 언급이 되고 가장 힘을 가지는지, 누가 소수의 의견을, 공동작업의 조정을 위해 필수적으로 요구되는 것으로 만드는지, 누구의 의견이 가장 중요시되는지가 문제였다. 그리고 비록 이러한 '작은 이익과 손해'가 사소한 것처럼 보일지라도, '작

개인이나 집단이 그 실천과 제 특성을 통해 **불가피하게 노정하는** 표상은, 그 개인과 집단의 현실의 구성요소를 이루는데, 이 점을 보기 위해서는 다음과 같은 것을 염두에 두는 것으로 충분하다. 즉 여러 가지 재화는 그것들이 관계적으로 지각되자마자 변별적 기호로 전환될 수 있으며, 그것은 탁월성의 기호일 수도 있고, 또한 통속성의 기호일 수도 있다는 점이다. 한 계급은 **존재상태**être에 의해서 정의되는 동시에 그것의 **지각상태**être-perçu에 의해 정의되고, 또한 생산관계에서의의 그 위치에 의해 정의되는 동시에 그 소비행동(이것은 과시적이 아니면서도 상징적일 수 있다)에 의해서도 정의된다(비록 후자가 전자를 지배하는 것이 사실이라 할지라도). 버클리Berkeley적, 즉 쁘띠 부르주아적 사회관은 사회적 존재를 지각되는 존재로, 즉 외견으로 환원하고, 또한 (연극적 의미에서의) 상연을 하지 않고도 (정신적 의미에서의) 표상의 대상이 될 수 있다는 사실을 망각하면서, 사회세계를, 타 집단들에 의해 제시된 (연극적) 상연에 대해 다양한 집단들이 품는 (정신적) 표상의 총화로 환원하는데, 이러한 사회관에는 상징적 표상의 논리가 존재상태의 물질적 결정요인에 대해 가지는 상대적 자율성을 환기할 수 있다는 이점이 있다. 사회세계의 지각・평가의 범주를 변화시키고 또 이를 통해 사회세계 자체를 변화시키려는 목표를 가진, 개인적이거나 집단적인 분류투쟁은 실로 계급투쟁의 잊혀진 한 측면이다. 그러나 행위자가 자신의 존재상태와의 사이에 맺고 있는 실제적인 관계와, 그가 그 관계에 대해 품고 있는 표상의 근본에 있는 분류도식이 바로 그 존재상태의 산물이라는 사실을

은 이익과 손해'가 발생하는 모든 사회적 상황을 가로질러 이것들을 총합했을 경우 그것의 총체적 효과는 어마어마한 것이다. 상황에 따른 의미의 집합 전체를 통하여 얻은 복종과 지배의 표현은 사회적 위계를 단순히 투사하거나 상징하거나 의례적으로 긍정하는 것 이상의 것이다. 이러한 표현들은 위계를 **상당한 정도로 구성한다.**' (E. Goffman, "Gender Display", Paper presented at the Third International Symposium, 'Female Hierarchies', Harry Frank Guggenheim Foundation, April 3 ~ 5, 1974, 강조는 저자.)

염두에 두기만 하면, 우리는 이 자율성의 한계를 용이하게 보게 된다. 즉 분류투쟁에서의 의치는 계급구조에서의 위치에 따라 결정되고, 사회적 주체 즉 사회세계에 대한 자신들의 사고의 한계를 결정하는 것, 즉 한계가 존재하지 않는다는 환상을 파악하기에 가장 유리한 위치에 있지 않은 지식인을 위시한 사회적 주체들은, 확실히 그들이 자신의 위치에 대해 타인에게 품게 하고, 또한 자신이 품는 것의 표상(이것이 이상의 한계를 결정하는) 속에서 만큼이나 '자기 두뇌의 한계'를 넘을 가능성을 가지고 있지 않다.

후기: '순수' 비평에 대한 '통속적' 비판을 위하여

독자들은 아마도 취향과 예술에 대한 텍스트에서 왜 철학적이거나 문학적인 미학의 전통에 대한 언급이 없는지 의아하게 생각했을 것이다. 그리고 이것이 의도적인 거부라는 것도 깨달았을 것이다.

확실히 학문적 미학은, 실천적 상태에서 정통적 작품 속에 투입된 미학이든, 그것을 명확하게 하고 형식적으로 제시하기 위해 쓰여진 문장으로 표현된 미학이든, 이러저러한 차이는 어떠하든 기본적으로는 본 연구를 통해서 확인된 것(즉 **취향의 불가분성** 혹은 가장 '순수하고' 가장 순화되고, 가장 숭고하고 승화된 취향의 일체성과, 가장 '불순하고', '조야하며', 일상적이고 소박한 취향의 일체성)에 대립하여 형성되었다.

이상의 것을 뒤집어 말하면, 이 책의 연구에서 요구하는 것은 다른 무엇보다도 다음과 같음을 의미한다. 즉 의도적 건망증이라고도 말해지는 것에 의하여 문화에 관한 온갖 교양화된 담론 전체를 기꺼이 포기하는 것이고, 그것에 의해서, 단순히 (기성질서에의) **승인**이라는 과시적 기호(記號)에 의해 확보되는 이익을 포기하는 것만이 아니라, 교양에 따른 즐거움이라는 보다 내밀한 이익의 포기도 함축한다. 후자에 따른 이익에 대해서는, 프루스트Proust가 독서의 즐거움에 대한 자신의 명료한 시각을 얻기 위해 그가 치렀던 대가에 대해 언급할 때, 다음과 같이 진술하고 있다. "내가 여기서 투쟁하고자 했던 것은 나에게 가장 친근한 미적 인상을 상대로 한 것이었고, 그래서 나는 지적 성실성을 그 최종적인, 가장 비정한 한계로까지 밀어붙이려고 노력했다."1)(여기서, '명확한 시각'을 얻는 쾌락은 때때로 음울하기는 하지만 쾌락의 가장 '순수'하고 가장 세련된 형태를 상징할 수도 있다는 것을 그들은 인정할 수밖에 없다).

정통적 미학은 취향의 원래 모습에 대립하는 형태이고, 대규모적 억압을 통해 전체로서 구성되는데, 이러한 취향의 원래 모습이 분명해진 이상, 억압된 것의 회귀를 인정하지 않을 수 없다. 이런 회귀의 인정은, 획득된 여러 가지 진실을 최종적 테스트(이것이 대립하는 이론과의 비교대조의 문제는 아니라고 해도)에 복종시키기 위해서만이 아니라, 직접적 대조를 하지 않은 경우에는, 매우 정상적인 이중화의 효과에 의해 두 개의 담론이 주의 깊게 분리된 2개의 사고·담론공간의 가운데에서 평화적으로 공존하게 되는데, 특히 이런 사태를 피하기 위해서이기도 하다.

안이(安易)한 것에의 혐오

'순수' 취향과 그것을 이론화하는 미학은, '불순한' 취향과 aisthesis (감각·감성)에 대한 거부를 그 기본원리로 한다. 이 aisthesis란, 칸트가 '혀, 입천장과 목구멍의 취향'이라고 부른 바와 같이, 감각의 쾌락으로 환원된, 감지되는 쾌락의 단순 소박한 형태이고, 직접적 감각에 몸을 맡기는 것인데, 별도의 차원에서는 선견지명(先見之明)의 부재라는 형태를 취하게 된다. '순수 취향'이 공공연히 비난하는 '안이한 효과'에 빠진 것으로 보이는 위험을 무릅쓰고라도, 미학을 말하는 언어는, 안이한 것 (부르주아적 윤리와 미학이 그 언어에 부여하는 의미에서)에의 원리적 거

---

1) M, Proust, En mémoire des églises assassinées, in *Pastiches et mélanges*, Paris, Gallimard, Idées, 1970, p. 171.

부 속에 포함되어 있다는 것은 밝혀질 수 있다.[2] 또한 그 본질에 있어서 순수하게 부정적인 것인 '순수취향'은 모든 '안이한' 것에의 **혐오**, 음악이나 문체효과에 대해서만이 아니라 여성이나 그 품행에 대해서도 소위 '배속으로부터'라고 말해지는 **혐오**('소름이 끼치'거나 '구역질나는' 등의)를 그 원리로 하고 있음도 밝혀질 수 있다. 단순하고 따라서 깊이가 없고, 해독이 용이하고 문화적으로 '비용이 적게 들기' 때문에 '싼 값'이라는 의미에서의 안이한 것에 대한 거부는, 당연하게도 윤리적·미학적 의미에서의 안이한 것에의 거부, 너무 **직접적으로** 얻을 수 있어서 '유치하다'거나 '소박하다'고 평가받는 쾌락(이것은 정통적 예술의 지연된 쾌락과는 대립된다)을 주는 모든 것에 대한 거부로 이어진다. 따라서 사람들은 어떤 종류의 저널리즘적인 문체의 야한 우아함, 소위 '경(輕)' 음악(이 '輕'이란 말은 실제로 '안이'하다는 뉘앙스를 함축하고 있다)이나 클래식 음악의 어떤 연주가 지닌 너무 고집스럽고 너무 쉽게 예측할 수 있는 매력을 표현할 때 '안이한 효과'라고 말한다. 가령 리하르트 슈트라우스Richard Strauss 작곡의 『살로메』에 나오는 「일곱 베일의 춤」을 「카페-꽁세르café-concert」의 음악으로 연주할 경우, 그것을 들은 음악비평가가 그 '통속적 관능성'이나 '동양식 싸구려 시장의 취향orientalisme de bazar'를 비난하는 것은 충분히 가능한 것이다. '통속적' 작품들을 비난하기 위하여 사용되는 말, 즉 '안이하다'거나 '가볍다'는 말을 물론이고 '경박하고' '시시하고' '야하고' '표피적이며' '속악(俗惡)한'(이것은 영어의 meretricious[매춘부 같은]의 역어인데, 영어 단어보다 상품上品이다) 등의 말, 혹은 입의 만족을 나타내는 표현으로서 '꿀맛 같은' '설탕처럼 단' '장미향수 같은' '물릴 정도로 단' 등의 말들이 가리

---

2) 미(美)와 안이한 것과의 대립에 분명히 기반한 미학으로는 S. Alexander, *Beauty and Other Forms of Value*, London, Macmillan and C, 1933, 특히 p. 40과 p. 164를 보라.

키는 것처럼, '통속적' 작품들은 단지 세련된 사람들의 세련됨에 대한 일종의 모독, 다시 말해 '안이한' 제공물을 참지 못하는 '까다로운' 청중이나 관객을 모독하는 한 방식이기도 하다(예술가, 특히 악단의 지휘자에게 '그는 자기 청중을 존중한다'고 말하는 것은 하나의 칭찬이 된다). 통속적인 작품은 또한 '저속하고' '품위를 떨어뜨리며' '천박하다'고 비난받는 여러 종류의 유혹방법을 활용함으로써 청중들로 하여금 자기가 값싼 매력에 유혹당하는 초보자로 취급된다는 느낌을 받게 하는데, 꿀맛 같은 달콤한 액체에 대한 유아적 취향의 수동적인 만족감이든 성적 욕구의 가히 동물적인 만족감이든 간에, 쾌락의 가장 소박하고 초보적인 제 형식으로 **퇴행하도록** 유도함으로써 청중들에게 불쾌감과 혐오감을 일으키는 것이다.3) 이 점에 대해서는, 가령 시각과 청각이란 '고귀한' 감각을 다른 감각보다 상위의 것으로 생각하는, 끊임없이 강화되는 플라톤적 편견이나, 칸트가 색채와 그것의 가히 관능적인 유혹에 대하여, 그것보다 더 순수한 것으로서의 '형식'에 부여했던 특권을 상기해 볼 수 있다. 그러나 여기서는 쇼펜하우어의 『의지와 표상으로서의 세계』라는 전형적인 텍스트를 참조하는 것으로 족할 것이다. 거기서 그는 '아름다운 것beau'과 '매혹적인 것joli' 사이에, 칸트가 『판단력 비판』에서 쾌락plaisir과 향락jouissance, '아름다운 것beau'과 '쾌적한 것agréable', 즉 '뜻에 맞는 것ce qui plaît'과 '즐겁게 하는 것ce qui fait plaisir' 사이에 설정한 대립과 똑같은 대립을 설정하고, '매혹적인 것'을, '의지에 대해 그것의 성취와 만족을 **직접** 제공함으로써 **의지를 자극하는 것**',

---

3) 곰브리치는 여러 차례, 특히 정신분석과 미술사의 관계에 대한 논문(E. H. Gombrich, *Meditations on a Hobby Horse and Other Essays on the Theory of Art*, London, Phaidon Press, 1963, 특히 pp. 37~40)에서, 정통적 취향의 토대인 초보적이고 통속적인 만족, 또는 정통적 취향을 정의하는, '간단히 몸에 두를 수 있는', 그가 칭한 바, '사교계에서 금지된 것들'fashionable don'ts(같은 책, p. 146)에 대한 거부를 환기하고 있다.

'미의 직관에 필요한 순수직관상태로부터 감상자를 끌어내는' 것, '의지를 직접 만족시키는 대상을 보는 것에 의해 의지를 틀림없이 유혹하는' 것으로 정의한다. 여기서 의미깊은 것은, 쇼펜하우어가 미각(味覺)의 만족과 성적 만족이란 두 가지의 만족형식(본래의 의미에서 미적인 것이라고 인정되는 만족은 그것에 대항하는 형태로 형성된다)을 둘 다 똑같이 단죄한다는 것이다. 그는 말하기를, "(매혹적인 것의) 저속한 형태는 네덜란드 화가의 실내화(室內畵)에서 발견된다. 그가 음식을 그리면서 너무 진짜같이 그린 나머지, 그리고 있는 것에 대한 식욕을 필연적으로 자극할 때 특히 두드러지게 나타난다. 이것이 바로 의지의 자극인데, 이로 인해 대상에 대한 어떠한 미적 관조(觀照)도 불가능해진다. 그려진 과일은 그래도 용인될 수 있는데, 왜냐하면 우리는 그것을 반드시 먹을 수 있는 것으로 여기게 되지는 않고, 꽃의 완전한 성숙의 결과로, 그리고 그 색채와 형태에 있어서 자연의 아름다운 산물로 간주할 수도 있기 때문이다. 그러나 불행히도 우리는 때때로 식탁에 잘 차려진 굴이나 청어, 새우, 버터 바른 빵, 맥주, 와인 등이 실제와 매우 똑같게 그려진 것을 보게 되는데, 이런 게 모두 용인될 수 없는 것이다. 또한 역사화나 조각에서 매혹적인 것은 나체라는 형태로 표현되는데, 그 자세나 몸에 걸친 얇은 옷, 그것을 표현하는 전체적인 수법은 감상자의 음탕한 마음을 자극하도록 계산되고, 그래서 이것을 순수하게 미학적으로 감상하는 태도는 한 순간에 사라지고, 작가의 작업은 예술의 목적에 反하는 것이 되어버린다."[4]

쇼펜하우어는 이 점에서 칸트에게 매우 가깝게 접근하며[5], 또한 지

---

[4] A. Schopenhauer, *Le monde comme volonté et comme représentation*, trad. *Burdeau*, Paris, Alcan, 1888, T.I, LIII, §40, p. 215.
[5] 쇼펜하우어의 미학은 주요한 부분에 관해서 칸트 미학에 대한 다소 집요한 주석으로 간주될 수 있는데, 포코네는 다음과 같이 올바르게 지적하고 있다. "칸트에게 있어서 본질

배계급 내 피지배분파의 에토스가 합리화된 형태로 표현되는 온갖 종류의 미학에도 접근한다. 그가 잘 표현했듯이, '주관성과 불순한 욕망으로부터 해방된' '순수한 인식 주체'를 '모든 예속과 욕구에 종속된 의지의 주체'로 환원하는 '매혹적인 것'은 감상자에게 문자 그대로의 폭력을 행사한다. 즉 그것은 신중치 못하고 노출광적(露出狂的)이며, 그 리듬(이것은 신체의 리듬과 유사한 관계이다)에 의해 신체를 사로잡고, 그 책략과 중단과 경악의 속임수를 통해 정신을 사로잡으며, 순수취향의 '이화효과(異化效果)'와 '몰이해적 태도'에 정반대되는 현실적 참여를 정신에 강제하는데, 이것은 마치 돈키호테가 가상의 추문에 정말로 분노하여 마스터 페로의 꼭두각시를 공격할 때처럼 상궤에 벗어난 것처럼 보이기 마련이다.6)

대중적 스펙터클(인형극Guignol으로부터 프로레슬링이나 서커스, 심지어 오래된 동네 영화관에서 보는 영화를 거쳐 축구경기에 이르기까지)을 부르주아적 스펙터클에 대립시키는 것으로서 관객의 참가형식만큼 근원적인 요소는 없다. 즉 관객은, 전자에서는 처음부터 끝까지 (야유, 휘파람 불기로) 자기 존재를 드러내며, 경우에 따라서는 (그라운드에 뛰어듦으로써) 직접적으로 참가하는 반면에, 후자에서는 띄엄띄엄, 거리를 두고, 최후에 박수를 치고, 때때로 무리하게 환성을 지르고, 고도로 의례화되어

적으로 몰이해적(沒利害的)인 미학적 판단은 다른 이해개입적 판단과 대립되는데, 이것은 쇼펜하우어에게 있어서도 오직 행위·항쟁만을 위하여 인지하는 주체의 자발적 행위가 순수주체의 관조에 대립되는 것과 마찬가지이다(A. Fauconnet, *L'esthétique de Schopenhauer*, Paris, Alcan, 1913, p. 108).″
6) 이러한 논리에서 브레히트Brecht적 '이화효과'는 지식인이 대중예술 자체 내에서 대중예술과의 거리(이것에 의해 대중예술은 지적인 의미에서 받아들일 수 있는, 즉 지식인에게 받아들여질 수 있는 것으로 만들어진다)를 주장하고, 보다 근본적으로는 민중과의 거리(이것은 지식인이 민중을 조직·편성함에 있어서 전제조건이 되는 거리다)를 주장하는 간격일 수 있다.

있거나, 혹은 (교회에서의 연주회일 경우에는) 아예 완전히 침묵을 지키기도 한다. 재즈에 대해서는 일견 그 반대가 성립되는 것처럼 보일지도 모르지만 그것도 표면상의 것에 불과하다. 이것은 부르주아적 스펙터클이 대중적 스펙터클을 모방하는 것인데, 거기서는 참가의 표시가 (적어도 프리 재즈에 있어서는) 침묵하는 몸놀림(손뼉치기나 발구르기 같은)에 한정된다.

'반성의 취향'과 '감각의 취향'

순수취향이 거부하는 것은 사실 대중적 관객이 굴복하게 되는 폭력이다(대중음악과 그 효과에 대한 아도르노의 서술을 생각해 보면 될 것이다). 즉 그것은 자기에 대한 경의를 요구하는데 이는 거리를 계속 유지하게 하는 거리감이다. 순수취향은 예술작품에 대하여 자기 자신 이외의 어떤 다른 목적도 갖지 않은 궁극성으로서 존재하고, 관객을 칸트적 정언명령에 따라 취급하기를, 즉 수단이 아니라 목적으로서 대우하기를 기대한다. 따라서 칸트의 순수취향의 원리는 향락을 부과하는 대상물에의 혐오, 그리고 그 부과된 향락에 만족하는 조야하고 통속적인 취향에 대한 **혐오**이자 거부이다.7) "어떤 종류의 추함laideur은 그 자체만으로는 모든 미학적 만족감을, 따라서 혐오를 자극하는 예술적인 미를 파괴하

---

7) 칸트에 따르면, "인간을 순수하게 감각적인 자극으로부터 관념적인 감각으로 이끄는 것은 바로 '거부'이다."(I. Kant, Conjectures sur les débuts de l'histoire, in *La philosophie de l'histoire*, trad. S. Piobetta, Paris, Gonthier, 1947, p.115).대상이 '감각에서 제거될 때' 성적 자극은 '상상력의 효과에 의해 지속되고 증대되기까지 한다는 것'을 보여주면서, 칸트는 미의 발견을 성적 본능의 승화에 결부시키면서 다음과 같이 결론내린다. "거부란 인간을 순수하게 감각적인 자극으로부터 관념적 자극으로, 그리고 순수하게 동물적인 욕망으로부터 조금씩 사랑으로 인도하는 교묘한 기술이다. 그리고 사랑과 함께, 순수하게 쾌적한 것의 감정은 미에 대한 취향으로 변하는 것이다."(Ibid)

지 않고서는 자연에 순응적으로 표상될 수 없다. 왜냐하면, 실제로 상상력에만 근거하는 이런 특이한 감각 속에서, 우리가 강력하게 그것에 대항하는 향락에 대상물이 부과되는 것처럼 표상되듯이, 우리의 여러 감각 속에서 예술적 표상은 이 대상물의 본성과 더 이상 구별되지 않고, 아름답다고 간주될 수도 없기 때문이다"(p. 138).[8]

혐오는 폭력으로 강요된 향락, 곧 공포를 일으키는 향락의 역설적인 경험인데, 자기의 감각에 몸을 맡기는 사람들은 잘 모르는 이 공포는 근본적으로, 재현과 재현대상과의 거리(거기서 자유가 드러난다)를 폐기하는 데서 나오는 것이다. 요컨대, 소외상태, 즉 주체가 대상 속에 매몰되는 상황, '쾌적한 것'이 휘두르는 폭력 아래서 눈앞에 보이는 현재에 대한 즉각적 굴종에서 기인한다. 따라서 '쾌적한 것'이란 인간이나 동물에게 공통된 것으로서, 미(美)와는 달리(p. 47) '향락하는 것만을 생각하는 사람들'(pp. 44, 46, 97)을 유혹하기에 적당하고, 또한 이성에 대해서는 '간접적으로 반(反)하는' 것이지만,[9] 그것에 의해 야기되는 감정의 경향과는 반대로, '순수취향'(pp. 64, 66)(이것은 '매력'이 '형식'과 대립되듯이(pp. 59~60) '감각의 취향'에 대립되는 '반성의 취향'이다)은 관심을 배제해야 하고, '사물의 현존에는 조금도 마음을 두어서는' 안 된다(p. 43).[10]

---

[8] 여기서부터 괄호 안의 페이지번호는 칸트의 *Critique du jugemnet*, trad. J. Gibelin, Paris, Vrin, 1946의 것이다.
[9] 쾌적한 것에 고유한 유효성은 그것이 '미래에 대한 의식적 기대'를 배제하면서 욕망의 즉각적 만족을 요구한다는 사실에서 드러난다. "단지 삶의 현재의 순간을 향락하지 않고, 많은 경우에 매우 먼 미래를 눈앞에 있는 것으로 표상할 수 있는 능력은 인간의 우월성을 나타내는 가장 분명한 변별적 특징이다." (Conjectures, op. cit., p. 117).
[10] 헤겔은 칸트의 제3『비판』을 당위Sollen, 즉 devoir(의무)의 차원에 머무른다고 비난하는데, 간단한 문법적 분석으로 그 비판이 정당한 것을 알 수 있다. 즉 취향판단에 관한 언표(言表)가 거기서는 명령법으로, 혹은 기껏해야 실제에서는 수행적인 언표énoncé performatif이면서도 그것을 실현하는 조건에서는 침묵 속에 지나치는 것을 가능하게 하는 일

이미지로서 또한 살아있는 몸의 현실로서 '향락할 것을 강제하는' 대상은 윤리적 저항과 미학적 중화작용을 모두 무력화한다. 요컨대 그것은 재현의 거리두기 능력을 말살하며, 달리 말하다 감지되는 것에의 직접적이고 동물적인 집착을 중지할 자유, 순수한 정의(情意), 즉 단순한 감성의 움직임에 굴복하기를 거부하는 본질적으로 인간적인 자유를 무효화하는 것이다. 혐오란 자유와 인류와 문화에 대한 이러한 이중의 도전이고, 말하자면 반·자연(反·自然)인데, 혐오스런 것에 대한 끔찍한 유혹과 향락과의 **양면적인** 경험이다. 그리고 이 경험은 모든 것을 동물성, 신체성, 식욕과 성욕 즉, 누구에게나 **공통된** 것, 따라서 **통속적인** 것으로 환원하고, 자신의 전력을 다해 저항하는 사람들과 쾌락에 탐닉하고 향락을 맛보는 사람들 사이의 어떤 차이도 없애버린다. "이 '공통의'라는 말은(여기서 확실히 애매함을 드러내는 독일어에서만이 아니라 다른 여러 언어에 있어서도) 통속적인 것(das Vulgare), 어디에서나 볼 수 있는 것을 의미하는데, 그것을 소유하는 것이 어떤 장점이나 특권도 되지 않는다"(pp. 121~122). 감수성이란 의미에서의 자연은 이렇게 모두를 균등화 하지만 가장 낮은 수준에 맞추어서 그렇게 하는 것이다(이것이 바로 하이데거주의자들이 그렇게도 싫어하는 '평준화nivellement'이다). 아리스토텔레스의 가르침에 따르면, 상이한 것들끼리는 그 유사점에 의해서, 즉 공통된 성격에 의해서 차이화된다. 즉 칸트의 저작에서 보면 혐오는 공포의 감정 속에서 누구에게나 공통된 동물성을 발견하는데, 이

종의 거짓 확인faux constatif의 형태로 쓰여 있다. 몇 가지 전형적인 예가 있다. "우리가 숭고하다고 여기는 것의 존재 앞에서 무감동한 채로 있는 사람에 대해 우리는 그가 아무 감정도 없다고 말한다. 우리는 모든 사람에게 취향과 감정을 요구하고, 어느 정도의 교양을 지닌 사람들에게는 그런 취향과 감정이 있다고 가정한다(p. 97)." "거기에다 주체의 취향을 증명하는 모든 판단에 있어서는, 그 주체가 자기 자신에 의해 판단해야 한다(p. 111)." "왜냐하면 그것은 이성이나 오성의 판단이 아니라 취향의 판단이어야 하기 때문이다(p. 114)." "예술은 서로 다른 이중적인 의미에서 자유로워야 한다(p. 146)."

런 동물성의 위에서 그리고 그 동물성에 대항하여 도덕적 탁월성이 구성된다.

"우리는 아름다운 자연에 대해 어떤 느낌도 없고, 마시고 먹는 데서 감각의 단순한 향락을 찾는 데만 열중하는 사람들의 사고양식을 조잡하고 저열한 것으로 여긴다(p. 130)." 그리고 칸트는 '반성의 취향'과 '감각의 취향'의 대립의 사회적 근거를 직접적으로 서술하고 있다. "본능, 즉 모든 동물이 따르는 신의 목소리, 그것만이 최초에는 새로운 피조물인 인간을 인도하였을 것이다. 그것은 인간에게 어떤 종류의 먹을 것을 가르치고 또 다른 종류의 먹을 것은 금지했다. 그러나 이 용도에 대하여 지금은 상실된 어떤 특수한 본능의 존재를 인정할 필요는 없다. 후각은 그것이 미각기관과의 유사성을 가지는 것으로 충분하다. 이처럼 **미각도 소화기관과 주지의 친근성**을 띠고 있다. 인간은 이와 같이 소비할 음식이 유해한지 무해한 지를 예견할 능력을 지니고 있고, 그 예는 오늘날에도 볼 수 있다. 그리고 또한 그 감각은 최초의 남녀에 있어서도 오늘과 같이 날카로웠다는 것이 인정될 수 있다. 왜냐하면, 자기의 감각에만 완전히 빠져있는 사람들과, 동시에 자기의 사고에도 관심을 기울여 자기의 감각으로부터 등을 돌린 사람들과의 사이에, 지각의 힘에 있어서 상당한 차이가 존재한다는 사실은 주지의 사실이기 때문이다."(I. Kant, Conjectures, op. cit., p. 113). 우리는 여기서 사회계급 사이에 설정된 대립항목을 일종의 진화(즉 자연에서 문화로의 진보)의 제 단계로서 서술하는 이데올로기적 메커니즘을 발견한다.

이와 같이 순수취향의 이론은, 그때마다 초월적인 것과 경험적인 것 사이의 마술적 단절을 이용함으로써 경험적, 심리학적 그리고 특히 사회적인 발생(예컨대 pp. 73, 96)을 닮은 모든 것을 취향에 대하여 절대로 거부하지만,[11] 그럼에도 불구하고, 이 이론은 쾌적한 것(즉 '교양화되지 않고' 단지 향락에 불과한 것 -p. 97-)과 문화를 대립시키거나,[12] 취향의 체험적 습득과 교육 가능성을 시사하는 것[13]을 통해서 볼 수 있는 바와 같이, 그 근거를 사회적 관계의 실제 경험에 두고 있다. 즉 문화와 육체적 쾌락(또는 자연)과의 대조는 교양화된 부르주아지[14]와, 무(無)교

---

[11] '미(美)에 대한 경험적 관심'이라는 제목이 붙은 『판단력 비판』의 41절은, 엘리아스N. élias가 '문명화의 과정'이라고 부른 것을 상기시킨다("자기가 단지 인간일 뿐만 아니라 자기 나름대로 구별된 인간이다 — 이것이 문명화의 시작이다 — 라는 생각을 머리에 떠올리게 되는 것은 오직 사회 속에서일 뿐이다"). 그러나 그것은 이 과정을 다음과 같은 하나의 문장에 의해 경험적인 것으로 거부하기 위해서이다. "사회적 경향에 의해서 간접적으로 미에 결부되고 그래서 결국 경험적이 된 관심은, 여기서 우리들에게는 아무런 중요성도 없다."(p. 125 그리고 pp. 107~108). 취향의 사회적 차원에 대한 인식의 예를 하나 더 들어보자. "우리의 만족의 대상에 대한 판단은 전적으로 몰관심적일 수도, 매우 관심 있는 것이 될 수도 있다. 즉 그것은 어떤 이해관심에도 근거하지 않지만, 그래도 하나의 관심을 생산하는데, 순수하게 도덕적인 판단은 이런 종류의 것이다. 그러나 취향판단은 그 자체로는 어떤 이해관심도 구성하지 않는다. 취향을 갖는 것이 관심을 끌게 되는 것은 오로지 사회 속에서일 뿐이다."(p. 43, n. 1)
[12] 칸트는 음악을 교양이라기보다 향락의 문제라고 본다(p. 152). 나중에 그는 제 예술이 정신을 교양화하는 정도와, 이런 예술이 야기하는 '제 능력의 발달'을 암묵적으로 동일시한다. "만약 반대로 미술의 가치를, 그것이 정신을 교양화하는 정도에 따라 판단하고, 또한 그것을 제 능력(이것은 이런 판단 속에 하나로 결합되는 인식이다)의 발달 정도에 따라 측정한다면, 음악은 가장 낮은 지위를 차지할 것이다"(p. 153).
[13] "그 형식에 따라서 대상에 부여된 미를, 매력에 의해서 증대할 수 있다고 생각하는 것은 진정하고 온전하며 진지한 취향에 대해서는 매우 해롭고 통속적인 오류이다. 물론 순연(純然)한 만족감의 부에서, 대상의 표상에 의하여 정신의 관심을 끌기 위해서, 그리고 취미가 아직 조야하고 연마되지 않은 경우에 특히, 취향과 교양을 가치 있는 것으로 만들기 위하여 미에다 매력을 부가할 수 있다는 것은 사실이다(p. 60). "그(어떤 대상을 앞에 두고 그것을 미로 인지하는 자)는 어떤 종류의 사물을 충분한 수로 알고 있는 것에 의해서, 충분히 그의 취향을 형성하였는지를 의심하기 시작할 수 있다"(p. 113). "우리의 취향판단을 수정하고 확장하기 위하여"(p. 115).
[14] 보편적인 것을 교양인의 세계와 동일시하는 칸트의 경향을 보여주는 다음과 같은 몇 가지 지표가 있다. "휘갈긴 윤곽보다는 원에서, 한쪽으로 치우친 즉 일그러진 사변형보다는 등변등각의 사변형에서 더 큰 만족감을 얻기 위해서 취향을 갖는 것이 필요하다고는 누구도 인정하지 않을 것이다. 그러한 것에는 보통의 지성이면 충분하고, 거기에 취향은

양의 자연스럽고 순수한 향락에 탐닉하는 야만스런 환상의 장소인 대중 사이의 대립에 기초한다. "취향은, 매력과 감동이란 요소를 만족감에 혼합하고, 게다가 이런 요소를 자기가 부여한 동의의 척도로 삼을 때, 야만적인 것이다"(p. 59).

만약 칸트의 「부량(負量)의 개념」의 논리에 따라, 극복된 악덕의 양에 의해 미덕의 크기를 재고, 부인된 충동과 정복된 통속성의 강도로 순수취향의 강도를 측정하려는 미학을 상정하고 그 미학의 함의를 추종한다면, 가장 완성된 예술은 문명화된 야만과 억제된 충동, 승화된 조야함의 대립적 명제를, 가장 긴장도가 높은 상태로 포함하는 작품들에서 발견되어야 할 것이다. 가령 오늘날에는 말러Mahler가 그 예인데, 그는 안이함과의 위험스런 게임을, 또한 '대중예술' 또는 심지어 '낡은 수법을 고수하는 예술pompier'을 고상한 형태로 회복하려는 시도를 다른 누구보다도 철저하게 밀고 나아갔다. 또한 과거에는 베토벤이 있는데, 일종의 장례 작업과도 같은 그의 예술적 금욕은, 종종 위인전에서 칭송되듯이 폭력이나 행동의 과잉, 과도함을 극복해야만 했고, 누구나 인정하는 그의 위대함은 이러한 극복된 부량(負量)에 의해 측정된다. 너무 즉각적으로 손에 넣을 수 있는 쾌락을 억제하는 것은 '순수'쾌락의 경험을 위한 선행조건이었지만 이제는 그 자체가 하나의 쾌락의 원천이 될 수 있으며, 세련이라는 작업은, 프로이트가 말한 '예비적 쾌락'을 자신을 위해 배양하게 하고, 긴장의 해결을 언제까지나 연기하게 하며, 예컨대 불협화음과 그 완전하거나 관례적인 해결(협화음에로의 이행) 사이의 거리를 증대시키는 것이다. 그 결과 유미주의자의 쾌락의 가장 순수한 형식, 즉 정화되고 승

필요하지 않다"(p. 75). "우리는 각자에게 이 두 가지 것 양쪽(아름다운 것과 숭고한 것의 감각)을 겸비할 것을 강력히 요구하며, 또한 어느 정도의 교양을 가진 사람은 누구나 이것을 갖추고 있다고 추정한다"(p. 57) (cf. p. 119, n. 1).

화되고 부인된 감각기능aisthesis은 역설적으로 금욕, 즉 **훈련**askesis 속에, 일차적이고 원시적인 감각기능과는 정반대로 단련되고 유지된 긴장 속에 존재한다.

순수쾌락이란 금욕적 쾌락이고, 또한 그것 자신 속에 쾌락의 포기를 포함하는 공허한 쾌락, 쾌락으로부터 정화된 쾌락이기 때문에, 도덕적 우수성의 상징이 되는 경향이 있다. 그러므로 예술작품은 윤리적 우월성의 테스트, **참으로 인간적인 인간을 정의하는 승화능력을 측정하는**, 의심의 여지가 없는 척도이다.15) 미학적 담론의 투쟁목표, 그리고 그 담론이 본래의 의미에서 인간적인 것의 정의를 부과하려는 투쟁목표는 결국 인간성의 독점에 다름 아니다.16) 예술은 인간과 非인간의 차이를 부각할 것을 요구받는다. 예술의 경험이란 자연의 창조의, 즉 소산적(所産的) 자연natura naturata이 아니라 능산적(能産的) 자연natura naturans의 자유로운 모방이고, 그것에 의해 예술가는(그리고 그를 통해서 감상자는) 오직 창조적 천재의 구성법칙에만 따르는(p. 136) '또 다른 자연'(p. 140)을 만들어냄으로써 소산적 자연에 대한 자기의 초월성을 주장하게 되는데, 이러한 경험은 **본원적 직관**intuitus originarius(즉 자기 자신의 규칙이나 구속 이외에는 어떤 규칙이나 구속도 인정하지 않고(p. 133) 자유롭게 그 자신의 대상을 생성하는 창조적 지각)이란 신의 경험에 가장 가까

---

15) 곰브리치는 정물(靜物)이란 것을 공허vanitas의 주제에 일찍이 결부시키는 것(가령 절제를 상징하는 시계의 테마같이)을 지적하면서, 청교도 정신을 가진 사람은 이런 주제 속에서 멋진 꽃과 구미가 당기는 음식에 의해 관능적 향락을 영속화하고, 과거와 미래의 축제를 환기하는 '눈을 즐겁게 하는 것'에 의해서 제시된, 단순한 감관의 쾌락을 거부하는 이유를 발견한다는 점을 인정한다. 그러나 그는 그려진 정물화는, 그것이 자극하는 쾌락이 실재가 아니라 허상일 뿐이므로 사실상 하나의 공허vanitas라고 말한다(E. H. Gombrich, *op. cit.*, p. 104).

16) 칸트가 순수취향을 정의한, 일견 확인적constatif으로 보이는 문장 속에는, 당위Sollen가 포함된 것이 분명하다.

운 것이다. 예술적 '창조'가 만들어내는 세계는 '또 다른 자연'일 뿐만 아니라 '반(反)·자연'이기도 하다. 즉 자연과 같은 방식으로, 그러나 사회적 정당화의 기능을 완수하는 예술적 승화작업에 의해서 자연의 통상의 법칙(예컨대, 무용에서 중력의 법칙이나, 회화와 조각에서 욕망과 쾌락의 법칙처럼)과는 대립하는 방식으로 생성된 세계이다. 열등하고 조잡하며 통속적이고 돈만 바라며 부패하기 쉽고 비굴한, 한 마디로 자연스런 향락을 부정하는 것, 그것은 동시에 승화되고 세련되고 탁월하고 무사무욕한 무상(無償)의 자유로운 쾌락에 만족할 수 있는 사람들의 숭고성을 긍정하는 것이기도 하다. 자연취향과 자유취향 사이의 대립은 '단지 자연스런' 사람들과 자기 자신의 생물학적인 자연(본성)을 지배하는 능력으로 인해 사회적 자연을 지배할 정당한 권리가 있음을 확신하는 사람들 사이에, 신체와 영혼의 대립관계를 도입한다. 그리고 바흐찐 Mikhail Bakhtin이 라블레Rabelais에 관해 지적했던 것처럼, 민중의 상상력은 미학적 사회변증론sociodicée의 근거가 되는 관계를 전복시키는 방향으로 작용할 뿐이다. 즉 패러디, 광대극, 희화(戱畵)처럼 대상을 깎아내리거나, 혹은 속어에서처럼 질을 저하시키는 전략으로 승화의 전략에 대응하고, 지배집단이 그들의 숭고성을 투사하고 인식하는 모든 '가치관'을 뒤죽박죽 뒤섞어 놓으려고 외설과 분뇨담(糞尿譚)을 사용하면서, 민중의 상상력은 차이를 철저하게 부정하고 구별짓기를 비웃으며 카니발의 놀이처럼 타자와의 구별을 낳는 영혼의 쾌락을, 누구에게나 공통된 식욕과 성욕의 만족으로 환원시킨다.17)

---

17) 따라서 예술작품이나 미학적 경험에 대해 과학적으로 말하려는 의도, 혹은 더 간단히 말해, 에세이의 문체(그것은 진실성보다는 독창성을 중시하고 올바른 관념의 평판(平板)보다는 잘못된 관념의 자극을 항상 선호한다)를 포기하려는 단순한 의도는 환원론적 유물론이 탐닉하는 신성모독적인 타락의 하나로 간주되며, 그 결과 이해할 수 없거나 느낄 수 없는 것을 고발하는 무(無)교양의 속물근성의 표현으로 간주된다.

부인된 사회적 관계

미를 신(神)인 예술가artifex deus의 절대적 창조로 보는 이론은 모든 인간들이(그 이름에 걸맞게) 신의 창조행위를 모방할 수 있도록 해주는데, 그 이론은 확실히 자기를 '창조자'라고 부르길 좋아하는 사람들의 직업적 이데올로기의 '자연스런' 표현이다. 이러한 미의 이론은, 예술가를 '모든 사물의 주인'으로 만든 레오나르도 다빈치로부터, 자연이 창조하는 것과 똑같이 창조하고자 했던 폴 클리Paul Klee에 이르기까지 많은 예술가들에 의해, 그것이 왜 어떤 직접적 영향도 없이 끊임없이 재창조되는지를 설명해 준다.[18] 칸트는 '자유로운 예술'과 '보수를 바라는 예술'을 대립시키는데, 전자는 '그 자체로 사람을 즐겁게 하는' 것이고, 그 소산(所産)은 자유이며(그것은 그 자체로 사람을 즐겁게 하고 감상자에게 어떤 강제도 행사하지 않기 때문이다[19]), 후자는 '임금(賃金)처럼 그것이 가져오는 결과에 의해서만 매력적이고 따라서 강제적으로 부과되는'(p. 131) 예속적이고 비굴한 활동이며, 그 산물은 감각될 수 있는 매력의 노예화하는 폭력으로써 감상자에게 강요된다. 이러한 대립은 미학적 쾌락의 두 가지 형식의 대립, 그리고 그것을 매개로 문화'엘리트'와 야만적인 일반대중의 대립과 그것이 맺는 명백한 대응관계와는 별도로, 분업에서의, 보다 정확히는 지적노동의 분업에서의 '순수한' 또는

---

[18] 최근에 이러한 이데올로기를 공식화한 가장 체계적인 시도는 분명 말로Malraux의 시도일 것이다. 그에게서 예술은 자유가 군림하는 영역이고, 그런 명목으로 그것은 의미를 띤 완전히 인간적인 세계를 창조하는 인간 특유의 능력의 상징, 혹은 최소한 예속상태를 극복하고 '세계를 인간화하는' 인간의 영원한 투쟁의 상징이다.

[19] 그 작품은 그 의도에 따라 즉 끝이 없는 종국성finalté으로 다룸으로써 관객은 천지창조의 모방에 대한 또 하나의 모방으로 창조행위를 재생한다('창조적 독해'이론은 또한 이데올로기적 주제의 하나인데 이들 주제가 문예부르주아지의 '영적인 명예에 관한 일'을 재확인하는데 필요불가결하기 때문에 끝없이 재발명되는 것이다).

'자율적인' 지식인들(『학부(學部)의 갈등』에서 서술하는 바에 따르면, 이러한 지식인들은 바로 철학부의 교수들이고, 예술가와 작가가 그 중에서도 가장 순수할 것이다[20])이 점하는 위치에 대한 칸트의 개념을 매우 직접적으로 표현한다. 『판단력 비판』이란 책은 「세계시민적 의도에 의한 보편사의 이념」(거기서는 부르주아 인텔리겐치아의 승화된 관심의 표현을 지적하는 것이 정당하다)으로부터 외견상 보이는 것만큼 격리되지는 않는다. 엘리아스N. Elias의 지적처럼, '자기 정당화의 근거를 자기들의 지적·학문적·예술적인 성과에서 끌어내는'[21] 이러한 인텔리 부르주아층은 돌출하고 불안정한 위치를 차지하고 있는데, 그것은 오늘날 인텔리겐치아가 사회공간에서 차지하고 있는 위치와 완전히 상동적인 것이다. 즉 '대중들의 눈으로 볼 때의 엘리트'인 그들 인텔리 부르주아층은 '궁정귀족의 눈으로 보면 열등한 지위'[22]를 차지하고 있는 것이다.

쾌락과 향락이란 기본적 대립의 제2항은 이중화되는데, 문화의 쾌락의 윤리적 순수성은 단지 (주체성이 없는) 예속적인 향락이란 **야만성**에 대립되어 정의될 뿐만 아니라, '문명'의 **타율적인** 향락에 대립되는 형태로도 정의된다는 것을 안다면, 칸트 저작에서 보여지는 수많은 기묘한 점들은 명쾌하게 설명된다. "우리들은 예술과 학문의 분야에 있어

---

[20] 주석자들에게는 경시되어온 문장(그것은 표면적 진부함 때문에 혹시나 노쇠함의 산물이 아닌지 의아스러워진다)에서, 칸트는 먼저 (대학에 소속된) '동업조합적 학자' 혹은 재야의 '독립학자'와, 단순한 '학식수득자' 즉 성직자, 법무관, 의사처럼 대학에서 획득한 지식을 파는 '실무가와 학식의 전문직인(專門職人)'을 구별하고, 마지막으로 후자의 고객, 즉 '무지한 사람들로 구성된 일반대중'을 구별한다. 그리고 나서 그는 세속적 차원에서 지배적인 제 학부, 즉 법학부·의학부·신학부와, 세속적 차원에서는 피지배적이나 비세속적 차원에서는 지배적인 학부, 즉 철학부를 대립시킨다. 철학부는 세속적 권력은 없으나 '정부의 명령에 독립적'이고, 완전히 자율적인 존재인데, 그 자신의 법, 즉 이성의 법만을 알고 있으며, 그 비판력을 완전한 자유에 의해서 발휘하는 근거를 부여할 수 있다(I. Kant, *Le conflict des facultés*, trad. Gibelin, Paris, Vrin, 1955).
[21] N. Elias, *La civilisation des moeurs*, Paris, Calmann-Levy, 1973, p. 19.
[22] N. Elias, *op. cit.*, p. 35.

서 가장 고도로 교양화cultivé되었다. 우리는 모든 종류의 세련된 예의와 사회적 예법에 관하여 너무 과도하게 문명화civilisé되어있다. 그러나 우리 자신을 도덕화된moralisé 것으로 간주하기에는 너무나 많은 것이 결여되어 있다. 도덕의 관념은 아직도 문화에 속하는 반면에, 그 관념의 적용이 명예에 대한 사랑과 외면적 예절에 있어서 도덕적으로 보이는 결과에 이를 경우에만, 이러한 적용은 단지 문명화를 구성하는 것이다."23) 칸트는 '문명화'의 과정으로 생산된 '사회적 경향에 의해 간접적으로 미에 결부된 관심'을, '경험적인 것'의 암흑에 던져 넣는다. 비록 어떤 향락의 만족도 주지 않는 이런 '세련된 경향'이 순수쾌락과 가능한 한 가장 가까운 것이라 해도 그러하다. 자연의 부정은 미학적 쾌락이란 순수한 도덕으로 이끄는 동시에, '무용(無用)한 경향'이란 타락으로도 이끈다. "이성의 특성 중의 하나는, 그것이 상상력의 힘을 빌려 단지 자연의 본능에 근거를 두지 않은 욕망일 뿐만 아니라, 그 본능에 실제로 대립하는 욕망을 인위적으로 만들어낼 수 있다는 것이다. 이런 욕망은 처음에는 정욕이라 불리고, 점차 일군의 무용한 경향, 실제로 자연에 반하는 경향의 개화를 촉진하는데, 그것을 '관능적 욕망'의 이름으로 부르는 것이다.24)

'反・자연'은 양의적(兩義的)인 것이다. 즉 문명은 비난되고, 문화는 예찬된다. 칸트가 문명화되고 타율적이고 외면적인 쾌락과, '사고의 내면적 형성을 위한 오랜 노력'25)을 필요로 하는 교양화된 쾌락 사이의 차

---

23) I. Kant, Idée d'une histoire…, in *La philosophie de l'histoire, op. cit.*, p. 39, 강조는 필자의 것.
24) I. Kant, *Conjectures*…, *op. cit.*, p. 113.
25) I. Kant, *Idée d'une histoire, op. cit.*, p. 39. 엘리아스는 궁정귀족과 문화 부르주아지 간의 대립이 한편으로는 가벼움・예의범절・의례적 대화와, 다른 한편으로는 깊은 감정・진지함・인격형성・도덕적 청렴함과의 대립, 요컨대 피상적인 것과 깊이 있는 것 사이의 대립을 중심으로 어떻게 형성되는지를 보여준다(N. Elias, *op. cit.*, 특히 pp. 36, 47). 그

이를 지적하는 것은, 윤리의 지형에서, 즉 한편으로는 외적으로 '병리학적'이고, 다른 한편으로는 순수하게 내적인 미적 쾌락의 여러 결정인의 지형에서만 해결될 수 있다. 그리고 이러한 순수미학은 참으로 에토스의 합리화이다. 순수쾌락, 즉 감성 또는 관능에 대한 관심에서 완전히 정화되는 동시에, 모든 사회적·사교적인 관심으로부터 해방된 쾌락은, 과시적 소비로부터도 정욕으로부터도 동떨어져있고, 궁정인의 세련된 타인본위의 향락26)에 대립하는 만큼, 민중의 조야한 향락에도 대립된다. 전형적으로 교수적(教授的)인 이 미학27)의 내용에서 그 어떤 것도, 이런 종류의 책을 보통으로 읽는 유일한 독자층, 즉 철학교수들에 의해 그 보편성이 인정되는 것은 당연한 것이다. 이러한 보편성의 환상은, 여기서도 또한 다른 많은 경우에서와 같이 역사적·사회적인 우연의 일치에 근거하는데, 그들은 역사주의와 사회학주의를 추방하는데 너무 혈안이 되어 있어서 이런 우연의 일치를 알아보지 못한다.28) 그리고 사회

대립의 두번째 항은, 칸트가 언급한 '내적 형성의 긴 노력' 속에 포함된다.
26) "이성은 결코, 향락만을 위해서 사는 인간의 생활을(그 목적 속에서 그가 어떠한 활동을 한다 할지라도)그 자체로 가치 있는 것으로 인정하지는 않는다. 비록 그가 최선을 다해, 향락만을 추구하는 타인을 돕는 도구로서 그렇게 한다 할지라도, 그가 공감을 통해 그들과 모든 향락을 공유하기 때문에, 이런 생활이 가치 있다고 인정되지는 않는다"(p. 46). 그리고 칸트는 그 절의 주석에서, "단순히 향락을 목적으로 하는 행위에 대해 강제된 의무는, 아무리 그런 향락이 정신화(혹은 미화)된다 하더라도, 그것을" 비난한다.
27) 칸트는, 예술은 학교에서 학습될 수 있고, 예술의 규칙에 반드시 복종해야 한다는 생각을 옹호하는 입장을 보여주는데, 이 사실 속에는 그것(전형적인 교수적 미학)과 다른 지표가 보인다. 그리고 이런 점은 결국 깊은 곳에서는 문화(=교양Kultur의 학문적 가치를 옹호하는 그의 담론의 논리에 완전히 일치하는 것이지만, 그 한편에서는 취향이 경험적으로 형성된다는 생각에 대한 그의 거부와는 모순된다. 이러한 모순으로 인해, 그는 그가 부정하려고 했던 바로 그 '규칙의 구속이 없는 천재'라는 이론에 동의하지 않을 수 없게 된다(p. 136).
28) 교수라는 신분, 특히 교수집단의 지배계급 내에서의 위치(즉 피지배분파)와 제 계급을 구성하는 장(場) 전체에서의 위치에는, 시기와 사회의 차이에도 불구하고 대단히 큰 불변요소가 보이는데, 보편성의 환상의 기반인 에토스의 유연성(類緣性)affinité은, 그것에 의해 충분한 근거를 갖는다.

적 충동과 사회적 관심이 사회적 예법의 특수형식에 의해 검열의 한계 내에서 표현되기 위해서는, 그것을 구체적으로 형식화하는 작업이 필요한데, 이런 작업은 이런 망상을 조장할 뿐이다. 그 결과 예술을 오인된 형태의 사회적 차이인 윤리적·미학적 탁월성의 기준으로 삼는 담론은, 예술과 미학적 경험의 보편성을 말하는 보편적 표현으로 독해될 수 있다.

칸트에 의한 취향판단의 분석은, 철학이라는 이름에 걸맞은 철학적 사고와 마찬가지로 비역사적이고(영원perennis하지 않은 철학philosophia은 존재하지 않는다), 또한 예술경험의 보편적 주체로서 구성된 미학적 담론의 주체인 '미학적 인간'homo aestheticus의 실제체험을 유일한 소여(所與)로서 취하기 때문에 완벽히 자민족중심적ethnocentrique이다. 이러한 분석의 현실적 근거는 어떤 특수한 사회경제적 조건과 연관된 성향을 보편화한 일련의 윤리적 원칙에서 발견된다. 그러나 그 형식화된 담론은, 다른 그의 『비판』들(『순수이성비판』과 『실천이성비판』)에서 개발된 이론적 분할과 개념적 구별에 의해 제기되는 문제들을 이 책에서 해결하고, 소위 '칸트적 사고'를 구성하는 사고도식에 따라 '칸트의 사상'을 표현하기 위한 노력으로부터 여러 가지 특징을 획득하게 되는데, 그런 특징을 단지 형식적 가면으로 취급하지 않도록 주의해야 한다.29) 철학

---

29) 자칭 체계적인 사고의 특성은, 그 특징인 보편적으로 적용가능한 도식을 모든 대상에 적용한다는 것이다. 그 결과 그러한 도식(그것이 『판단력 비판』에서 작동하는 것과 동일한 도식으로서, 그리고 이 경우에는 필연적인 것으로 보이는 외견을 가지고)이 너무 명백하게 공전(空轉)되는 것을 보이는 경우에, 쇼펜하우어가 '현학적 희극'이라 부른 것에서 전형적으로 보이는 풍자적 효과를 낳을 수 있다. "나의 친구나 친지 중에는, 완벽한 건강을 자랑하며 단호히 채택한 순서 바른 섭생법에 따라 사는 사람들이 많이 있는데, 나는 그런 친구나 친지들보다 오래 살았다. 그들에게 죽음의 씨앗(병)은 그들 자신은 눈치 채지 못하지만 막 싹트려하고 있었다. 그들은 건강하다고 느꼈고 자신들이 아프다는 사실을 몰랐다. 왜냐하면, 자연적인 죽음의 원인은 언제나 병인데 그것의 인과관계는 느껴질 수 없기 때문이다. 그것은 오성을 필요로 하고, 그것에 대한 판단은 오류를 범할 수도 있다. 한편으로

적 담론의 상징적 유효성의 원리 그 자체는 완전하게 달성되지는 않은 채로, 형식화의 작업이 통합하고자 하는 두 가지 담론구조 사이의 게임에 놓여있다는 것을 알고 있는 이상, 다음과 같이 생각하는 것은 나이브한 일이다. 즉 이런 이중성을 띤 담론의 진실을, 표면에서는 보이지 않는 담론discours souterrain으로 환원하는 것인데, 미에 대한 칸트적 이데올로기가 후자의 담론에서 표현되고, 우리의 분석작업이, 복수의 구조들의 간섭으로 혼란된 표기법을 갱신함으로써 그 담론을 재구성하게 된다. 칸트 자신에서도 그의 독자들에게서도 **미학적 판단의 사회적 범주**는 고도로 승화된 범주의 형태로 기능한다. 그것은 가령 미와 매력, 쾌락과 향락, 혹은 문화와 문명 간의 대립이고, 이것은 모든 의식적인 은폐의 의도 없이 어떤 특정의 장의 표현규범에 적합한 형태로 사회적 대립을 표현하고 경험하는 것을 가능하게 하는 일종의 완곡어법euphémisme이다. 숨겨진 것, 즉 이중의 사회적 관계(문화에 대립되는 문명의 장소로서의 궁정宮廷과 자연과 감성의 장소로서의 민중, 양쪽에 대한 사회적 관계)는 여기서 존재하는 동시에 부재한다. 즉 그것은 텍스트 속에서 성심 성의껏 보려 고해도 볼 수 없는 형태로 존재하고, 이 경우에 칸트의 텍스트를 거기서 은폐되고 변모된 사회적 관계로 환원하는 단순한 독해는, 같은 텍스트를 그것이 자기를 은폐하는 것에 의해서만 자기를 드러내는 현상적 진실에 환원하는 보통의 독해와 마찬가지로 허구적이다.

여록(餘錄)Parerga과 보유(補遺)Paralipomena

취향판단의 참된 원리들의 부인(否認)(그리고 텍스트의 모든 적절한

감정은 무오류적이다. 그러나 우리는 사람이 아프다고 느끼지 않는 한, 비록 그가 느끼지 못하는 병이라도 그가 아프다고 말하지 않는다(I. Kant, *Le conflict des facultés*, trad. Gibelin, Paris, Vrin, 1955, p. 117, 강조는 필자의 것)."

독해에 대한 그것들의 재再부인)으로 사람을 인도하는 사회적 메커니즘을 분명히 하는 방법으로서, 그것을 분명히 하려는(최소한 표면상으로) 목적을 가진 주석적(註釋的) 문장 중에서, 이러한 메커니즘이 작용하는 것을 실제로 보는 것 이상으로 결정적인 방법은 확실히 없을 것이다. 구체적으로는 데리다Jacques Derrida가 제시하는 『판단력 비판』의 독해30)속에서 그런 작용을 살펴보는 것을 말하는 것인데, 그것은 정통적 주석의 가장 형식적인 규칙을 위반함으로써 취향판단에 대한 칸트 철학이 숨기고 있는 전제들을 조명하는 것이라 해도, 여전히 그것은 순수 독해의 검열에 종속되어 있다.

데리다는 문제되고 있는 것이, 정통적 '쾌락'과 '향락'의 대립, 또는 대상의 측면에서 보자면 감지되는 내용의 '매력'으로 유혹하는 쾌적한 제 예술과, 향락 없이 쾌락을 제공하는 '미술' 사이의 대립이라는 점을 확실히 알고 있다. 그는 또한 그러한 대립을 이전의 대립에 명백히 연관시키지 않은 채, '식탁에서나 술병 앞에서의 단순한 감관의 감각을 향락하는 것에 만족하는 사람들'의 조야한 취향, 즉 '이해관심이 개입된 취향'으로서의 '소비적 음식'과, 순수취향과의 대립관계를 주목한다. 그리고 그는 혐오란 것이 '표상적 거리를 제거하고' 또한 사람들을 막무가내로 소비로 몰아냄으로써 자유를 무화시키는 한, 그것은 순수취향의 진정한 기원이라는 점을 지적한다. 거기서 '자유'란, 감지되는 것에 대한 직접적 관여를 중지하고, 정의(情意)에 흐르는 것, 즉 표상된 사물의 현존재(現存在)나 비존재(非存在)에 관한 관심의 결여인 '몰관심적' 태도를 없앰으로써 드러나는 것이다. 그리고 비록 데리다가 명백히 하길

---

30) J. Derrida, "Le parergon I", *Diagraphe*, 3, 1974, pp. 21~57; "Le sens de la coupure pure(Le parergon II)", *Diagraphe*, 4, 1974, pp. 5~31; "Economimesis", in *Mimesis des articulations*, Flammarion, 1975, pp. 57~93(*La Vérité en peinture*, Paris, Flammarion, 1978에서 재인용).

피했지만, 예술작품에 대한 소비자(감상자)의 관계에 해당되는 앞서 말한 모든 대립은, 그 중의 최후의 대립, 즉 칸트가 생산의 수준에서, 자유의지를 활용하는 '자유로운 예술'과 자기의 노동가치를 임금과 교환하는 '보수를 바라는 예술' 사이에 수립한 대립에 연관될 수 있다. 말할 필요도 없는 것이지만, 원래 데리다의 원문에서 보이지 않는 연관을 만들어냄으로써 그 논의를 농축하고 요약하는 이런 종류의 전사(轉寫)는, 거기서는 단지 시사될 뿐인 일련의 연쇄를, '도리(道理)의 질서'를 설정하는 것에 의해 만들어내고, 특히 이 논의 전체에 진실의 확립이란 목표로 향하는 증명작업의 외양을 부여하는데, 이런 종류의 전사는 문자 그대로 텍스트를 변형하고 왜곡하는 것이다. 담론을 요약하는 것은, 문장의 작법과 페이지 구분에 세심한 주의를 기울인다는 사실에서 드러나듯이, 명확한 형식화의 의도의 산물이고, 형식으로부터 내용을 분리하고, 텍스트를 가장 단순한 표현으로 환원하고, 그것을 가장 단순한 형태로 제시하는 것을 목표로 하는 모든 요약을, '요약되고' '단순화된' 것으로 사전에 거부하는데, 그것은 사실상 작품의 가장 근본적인 의도를 부정하는 것이고, 그 어떤 비평가도 시행할 것을 생각해 보지 못한 일종의 초월론적 환원을 통해, 철학적 텍스트가 그것에 의해 철학적 텍스트로서의 자기의 현존재를 주장하는 것, 즉 모든 '통속적' 담론에 대한 자기의 '초연성', 자유, 그리고 그것을 통해 자기의 우월성, 탁월성, 거리를 주장하는 모든 것의 판단중지époché를 시행하는 것이다. 그러나 데리다가 보여주는 고도의 지적 게임은 그 게임에 참가함에 있어서 명석한 것을 전제조건으로 한다. "그것은 쾌락의 문제이다. 순수한 쾌락을 생각하는 것, 쾌락의 쾌락−존재être-plaisir에 대해 사고하는 것이다. 쾌락으로부터 시작하는 제3『비판』(『판단력 비판』)은, 쾌락을 위해 쓰여졌고 쾌락을 위해 읽혀져야 한다. 그것은 개념도 향락도 없는 약간 건조한 쾌락이고, 약간 엄격한 쾌락이지만, 여기서 우리는 다시 한번 엄격함 없이는 쾌락도 없다는 것을 배우게 된다. 쾌락에 몸을 맡김으로써 나는 하나의 명령을 인식하는 동시에, 그것을 변질시킨다. 나는 그 명령에 따른다. 쾌락의 수수께끼가 그 책 전체를 움직인다. 또한 나는 그 명령을 유혹한다. 즉 제3『비판』을 단순히 의도되지 않은 예술작품이나 아름다운 대상으로 다루면서, 나는 마치 이 책의 존재가 내게 무관심한 것처럼(이는 칸트가 설명하듯이 모든 미학적 경험에서 요구된다), 그리고 교란할 수 없는 초연한 태도를 가지고 고찰될 수 있는 것처럼 행동한다."31)

그러므로, 데리다는 그의 텍스트와 그의 독해(이것은 순수한 쾌락의 특별한 사례이다)의 진실을, 모든 현존재의 명제에 대한 **판단중지**를 함축하는 것, 더 간단히 말하자면 문제되는 대상의 현존재에 대한 무관심을 함축하는 것으로서 우리에게 말하지만, 텍스트 자체가 이러한 판단중지와 무관심을 함축하는 텍스트 안에서 그렇게 말하고 있다. 진실을 (자신에게) 말하고 있으면서도 그것을 (자신에게) 말하지 않는 방식으로 말한다는 의미에서 그것은 부인의 전형적인 형태이고, 이것이 사회적 용법에서 받아들이는 철학 텍스트의 객관적 진실을 정의한다. 그리고 그것은 또한 철학 텍스트의 비현실성이나 무상성(無償性), 그 위의 것에는 무관심한 태도에 비례하는 사회적 수용가능성을 그것에 부여한다.32) 그는 전통적 보수주의자들이나 놀랍게 여길 의례적인 위반에 대해서도

---

31) J. Derrida, "Le Parergon", *loc. cit.*, p. 30 (*La Vérité en peinture*, p. 51).
32) 예술적 부인은, 음악의 사례에서 분명히 보이듯이, 정치적・사회적인 것의 부인이나 무효화와 밀접히 결부되는데, 철학적 부인은 여기서는 이러한 예술적 부인의 특수한 한 형식일 뿐이다. 토마스 만이 쓰기를, "만약 파우스트가 독일 정신을 대표하는 사람이라면 그는 틀림없이 음악가일 것이다. 왜냐하면, 세계에 대한 독일인의 관계는 추상적이고 신비적, 달리 말해서 음악적이기 때문이다(Th. Mann, "Deustschland und die Deutschen", *Die Neue Rundschau*, I, 1945 ~ 1946. 8. J. Frank, *The Widening Gyre, Crisis and Modernity in Modern Literature*, Bloomington and London, Indiana University Press, 1963, p. 138에서 인용)."

철학적 게임의 약속사항을 존중하고, 이런 게임으로부터 결코 물러서지 않기 때문에, 그는 철학 텍스트의, 그리고 그것의 철학적 독해에 대한 진실을 철학적으로만 말할 수 있는데(이것은 ─ 정통적 입장에서 보이는 침묵의 형태와는 다른 것이다 ─ 진실을 말하지 않는 최선의 방법이다), 그러므로 그의 담론 자체가 그 생성을 도운 칸트의 예술철학의 진실을, 보다 일반적으로는 철학 자체에 대한 진실을 본래의 의미대로 말할 수 없다. 마치 모든 화가에게 계속 강제되는 회화적인 수사법이 불가피하게 미학화(美學化)의 효과를 낳듯이, 철학에 대해 말하는 철학적인 방식은 철학에 대해 말할 수 있는 모든 것을 비현실화한다.

철학이 제시하는 근원적 질문은 사실상 본인이 철학생산의 장에 소속되는 것, 즉 이 장 자체의 존재와 그에 상응하는 검열에 결부되는 이해(利害)로 인해 한계지위 진다. 철학자들은 계속적이고, 어떤 시점에서 철학적이라고 인정된 문장(책, 논문, 소논문 등) 속에 담겨진, **객체화된 철학**을 구성하는 여러 가지 문제, 이론, 테마, 개념 등을 주석이나 토론, 비평, 논쟁에 부과함으로써, 이것을 철학적인 것으로 구성하는데, 철학생산의 장은 이런 철학자들의 작업의 역사적 산물이다. 그러나 이런 문제, 이론, 테마, 개념 등은 철학의 세계에 들어오기를 희망하고 그것을 교양의 요소로서 단지 인지할 뿐만 아니라 그것 없이는 철학의 장에서 배제된다는 이유로 그것을 (반성 이전의pré-réflexive) 신앙의 대상으로 승인해야 하는 사람들에게는 일종의 자율적 세계로서 부과되는 것이다. 철학을 직업으로 하는 모든 사람들은 이러한 성별(聖別)된 텍스트의 창고의 존재에서 **철학자로서의 생사가 달린 이해관심을** 가지고 있는데, 이러한 창고를 완전히 통어하는 것이 그들의 고유한 자본의 핵심을 구성한다. 따라서, 철학자로서 자신의 존재와 그런 칭호에 의해 보증되는 여러 가지 상징적 권능을 위험하게 한다는 이유로, 그들은 철학의 현존재라는 명제 자체의 실천적 **판단중지를** 함축하는 단절로까지는 가지 않는다. 이러한 단절은, 달리 말하다 이 장에의 소속조건을 정의하는 암묵적 계약에 대한 고발이며, 게임의 약속사항과 그 내기 돈의 가치에 대한 기본적 신앙의 폐기이고, 논쟁의 여지가 없는 승인의 표시(창조와 존경, 공순obsequium, 격분했을 때조차도 관습을 존중하는 것)를 부여하기를 거부하는 것, 요컨대 장에의 소속의 승인을 담보하는 모든 것의 거부를 함축하는 단절이다.[33]

순수한 독해의 가장 대담한 지적 단절에 있어서도, 그것이 동시에 장에의 소속에 의해서 얻어진 여러 가지 은혜를 실제로 폐기하는 사회적 단절이 되지 않으면서, 여전히 이러한 지적 단절은 성별된 텍스트의 창고를 표장(標章), 혹은 담론의 모태로서(진술된 의도가 어떠하든 간에 언제나 성별된 텍스트로부터 그 힘의 주요 부분을 빌려오는 상징적 전략이기도 한 표장, 혹은 담론의 모태로서) 기능함으로써, 그 창고를 사문상태(死文狀態)로부터, 즉 기껏해야 사상사나 지식사회학에 맞는 고문서의 상태로부터 구출하고 그 현존재와 문자 그대로 철학적인 여러 힘을 영속화하는데 기여한다. 어떤 신비주의적 이단사상의 종교적 허무주의와 같이,[34] 철학적 허무주의 역시 해방적 위반의 관례적 의식(儀式) 속에서 최종적인 구원의 길을 발견할 수 있다. 현대예술은 예술이란 것에 대해서 여러 가지 조롱과 신성한 것의 파괴행위를 양산하는데, 이런 행위가 경이로운 변증법적 반전에 의해서, 그 자체가 예술행위로서 예술과 예술

---

33) 모든 학문생산의 장은 그 나름대로 고유한 '관습'bienséance의 '규칙'을 가지고 있는데, 그것은 암묵의 상태에 머무르고 그 비법전수자들에게만 이해되며, 때때로 학자들은 그것을 명확히 성문화하려고 노력한다(가령, 부알로Boileau, 라뺑Rapin, 도비냑d'Aubignac, 쉬블리니Subligny 등이 그 예인데, 그들은 비극작가에게 관객의 정치사상과 도덕사상을 모독할 만한 주제를 삼가고, 관객의 감성에 반(反)하는 유혈장면을 피하며, 또한 등장인물을 사교적 예의범절의 규칙에 맞게 만들고 노골적으로 천박한 용어를 피하라고 엄하게 요구한다).
34) G. Scholem, *Der Nihilismus als religioses Phänomen*, Eranos, 1974와 J. Habermas, Le voile de la Thora, *Les Nouveaux Cahiers*, n. 53, 1978 여름, pp. 16~22 참조.

가의 명예로 항상 이반(裏返)되어온 것처럼, 철학의 철학적 '해체'도 또한, 근원적인 재구성의 희망 자체가 사라져버렸을 때에야 철학의 파괴에 대한 유일한 철학적 대답이 된다.

자신이 속해있는 전통과 자신이 실천하는 활동 그 자체를 대상으로 받아들이며 그것에 준(準)-객관화를 행하는 전략은 뒤샹Duchamp 이래 예술가들에게 공통된 실천이다. 그런데 주석이란 것은, 그 생산조건(학교 강의, 특히 아그레가시옹agrégation의 강의)에 있어서도, 또한 그 작업이 본질적으로 비인칭적 성격을 띠고, 유순한 동시에 엄격한 성향을 요구한다는 점에서도, 전형적으로 학교적인 장르인데, 위의 전략은 이런 주석을 전위잡지에 발표될 만한 개인적 작품으로 변화시킨다. 이런 변화는 대학의 장과 문학의 장과의 거룩한 경계선, 즉 '진지한 것'과 '경박한 것' 사이의 경계선에 대한 하나의 침범, 정통적 입장의 사람들을 분개시키는 침범에 의하여 이루어지는데, 이것은 담론의 표명이란 작업을 전위화가들이 사용하는 의미의 '행위'로 만드는 동시에 철학자의 인격을 철학의 무대의 한가운데에 놓음으로써 사람들의 시선을 철학적 '몸짓'에 끌어모으는 것을 목적으로 하는 연출mise en scène(이것은 특히 데리다가 말한 '이중의 회의'double séance에서 잘 볼 수 있다)을 요구한다.

철학적 담론의 진실을 철학적으로 객관화하는 작업은, 그것이 철학적 정통성을 지향하는 활동으로서 그 자신의 존재의 객관적 조건 속에서, 즉 그 존재의 토대에 있는 제 원칙의 승인을 요구하는 철학의 장이 존재한다는 사실 속에서 자기의 한계를 발견한다. 그리고 이 반(半)-객관화의 작업에 의해서 사람은 동시에 안 쪽과 바깥쪽에, 게임의 가운데와 밖에, 즉 주변부, 경계선 상에 몸을 둘 수 있다. 달리 말하다 '윤곽cadre', 즉 '빠레르공parergon'(장식물)처럼 여러 경계를 이루는 여러 장소,

시작의 끝, 끝의 시작, 내부와 최대의 거리를 가지면서도 외부로 전락하지 않는 지점, 말하자면 **외부의 어둠** 중에, 즉 비-철학적인 것의 통속성 중에, '경험적' '존재적' '실증적' 등등으로 말해지는 담론의 비속함 중에, 그리고 철학적 담론의 모범적 달성에도 그 담론의 객관적 진실의 명시화에도 동시에 가장 가까운 담론을 생산함으로써 침범의 이익과 소속의 이익, 양쪽을 다 손에 넣을 수 있는 장소, 그런 장소에 몸을 두는 것이 가능하다.[35]

이 거룩한 텍스트(『판단력 비판』)의 명백한 논리, 그것이 전면에 내세우는 '도리의 질서', 또한 이 텍스트가 예고하는 플랜 — 그것에 의해서 텍스트는 자기를 해독하는 작업에 필요한 질서를 독자에게 계속 부과한다 — 을 문자 그대로 해석하는 정통적인 독해와는 반대로, 이단적 독해는 거룩한 텍스트의 수호자들이 모든 독해에 부과한 규범과 형식으로부터 자유롭게 행동한다. 즉 한편에는 '올바른' 관점이 있는데 이것은 칸트가 능란하게 조합된 제목과 소제목의 전체 장치와 영속적으로 드러나는 연역적 엄격성의 외부적 징표를 가지고, 그의 담론의 **명백한** 구축술과 논리를 보여줌으로써 미리 지정해 온 관점이다. 그는 또한 순환적 자기정당화의 효과에 의해 어떤 문제틀을 자기의 이전 저작 위에 기초함으로써 그러한 관점을 지정했는데, 이 문제틀은 대체로 바로 그 자신의 저작에서 산출된 오성과 이성, 이론과 실천 등의 분리와 대립에 인한 인위적 산물이며, 헤겔과 다른 철학자 이후에 철학자로 알려지거나 인정되고자 하는 사람이면 누구나 알고 인정해야 하는 문제틀이다. 다른 한편에는,

---

[35] 이러한 경계선 상의 위치의 전반적 특성을 분명히 할 필요가 있다. 가령 그런 위치들이 이중의 게임에 참가하는 것을 가능하게 하고, 이중의 이익을 보증하며, 또한 역으로 이런 위치가 그 점유자에게 부과하는 이중적 취약성, 즉 개인적 정체성의 이중화, 혹은 주관적·객관적 불안정성을 명확히 할 필요가 있다.

탈중심화되고 해방되고 심지어 전복적인, 명확한 의도를 갖고 편향적인 시선이 있다. 이런 시선은 걸어가는 단계를 무시하고 부과된 질서를 거부하며, 주(註)와 사례, 삽입문, 평범한 주석자들에게는 무시되는 세부에 집착한다. 그럼으로써 그것은 그 자유가 정당화되기만 한다면, 정통적 독해의 자의성, 또한 분석되는 담론의 명백한 논리의 자의성을 고발하고 곤란을 일으킨다.36) 심지어 일관된 완곡화와 합리화의 작업을 위한 모든 노력에도 불구하고, 정의상 정통적 주석이 간과하는 부인된 의도를 보여주는 사회적 무의식을 드러내게 된다.

독서의 쾌락

이상에서 살펴본(데리다에 의한 『판단력 비판』의) 순수한 독해는 비록 그것이 관례적으로 우상숭배적인 보통의 독해와는 뚜렷이 단절되지만, 여전히 철학작품에 본질적인 것을 인정한다.37) 즉 이 독해는 그것

---

36) 가령 데리다는 지식의 판단에 대해 정립된 범주의 일람표를 미학적 판단(이것은 지식 판단이 아니라고, 칸트는 지속적으로 강조했다)에 적용하는 것은 인위적이고 부자연스런 성격을 띠고 있다고 비난한다(J. Derrida, "Le Parergon", loc. cit., pp. 47~52, *La Vérité en peinture*, pp. 79~83). 반대로 루이 기예르미Louis Guillermit는 칸트의 세 『비판』의 비교를 통해, 다음의 것을 보여주려고 시도한다. 즉 칸트는 감정과 욕구능력 간의 연관을 단절하고, 감정에 대한 새로운 초월론적 정의를 제창함으로써, 그의 감성론 전체를 검토하면서 말하자면 탈이해적인 유형의 쾌락을 욕망으로 대신하는 것이다. 그러한 쾌락을, 칸트는 미학적 판단의 가운데에서 발견한다. 즉 대상에의 욕망에 결부되지 않고 대상의 실재성에는 무관심하며 그 표상에만 집착하는, 어떤 관상적(觀想的) 쾌락 속에서 발견한다(L. Guillermit, Esthétique et Critique, in H. Wagner ed., *Sinnlichkeit und Verstand in der deutschen und französischen Philosophie von Descartes bis Hegel*, Bonn, Bouvier Voulag Herbert Grundmann, 1976, pp. 122~150).

37) 『판단력 비판』을 미적 대상으로 다루면서, 데리다는 칸트의 가장 깊은 의도, 즉 경박한 것과 진지한 것의 대립을 이용함으로써(의도적으로 미학적이 아닌 칸트의 문체가 그것을 증명한다) 철학과 철학자를 예술과 예술가보다 우위에 놓으려는 의도를 명백히 반박한다. 그러나 그렇게 하면서 데리다는 그 책에다가, 순수하고 순수하게 내적인 모든 독해가

이 그 책을 다루는 방식대로 취급될 것, 즉 예술작품으로 다루어지길 요구하고, 칸트의 작품의 대상 그 자체, 즉 교양화된 쾌락을 자기의 대상으로 하고, 다시 이 인공적 쾌락을, 그 쾌락에 대한 명석한 의식을 함축하는 극도로 교묘한 세련에 의해 인공적으로 고양함으로써, 이러한 독해는 무엇보다도 예술의 쾌락, 예술애(藝術愛)의 쾌락의 모범적 예증을 제공한다. 이 쾌락은 다른 모든 쾌락과 마찬가지로 말하기가 쉽지 않다. 순수쾌락은 차별화의 이윤추구로 환원될 수 없는 쾌락이고, 또한 단순한 유희의 쾌락으로서, 즉 문화의 게임을 잘 하는 것, 자기의 유희술을 유희하는 것, 사람을 '교양화'하는 쾌락을 계발하는 것, 그럼으로써 꺼지지 않는 불처럼, 혹은 끊임없이 공급되는 식량처럼 미묘한 암시나 예의 바르거나 불경한 참조, 예상대로거나 색다른 비교대조 등등을 낳는 쾌락으로 체험된다.

교양화된 쾌락을 계발하고 분석하는 일을 결코 중단하지 않았던 프루스트는 이 점을 가장 명료하게 서술하고 있다. 러스킨Ruskin의 『베니스의 돌Stones of Venice』의 유명한 페이지를 읽으면서 우상숭배적인 쾌락을 이해하고 사람들에게 이해시키려고 애쓰면서, 그는 작품 자체의 특성만이 아니라 그 안에 짜여진 서로 교차되는 참조의 네트워크 전체를 언급해야만 했다. 가령 작품이 독자와 수반하고 조장하며 산출하는 개인적 체험에 대한 참조, 반대로 개인적 체험이 그 암시적 의미에 의해 영향을 주는 여러 종류의 작품에의 참조, 그리고 마지막으로 그 작품의 체험으로부터 동일한 작품의 과거의 체험으로, 혹은 다른 여러 작품에의 참조 등등인데, 이것들 각각은 거기에 결부된 모든 상호연관과 공명관계에 의해 풍부해지는 것이다. "이 페이지 자체가 신비스럽다. 그것

작품에 부여하는 지위, 즉 여러 가지의 사회적 결정요인으로부터 자유로운 무제약적인 대상의 지위를 부여한다. 그리고 또한 이상과 같은 독해는, 이러한 지위를 동시에 자기 자신에게도 부여한다.

은 신약과 구약의 모든 인물상이 일종의 황홀한 어두움과 변화하는 광채를 배경으로 나타나는 성 마르코 교회와 같이 아름다운 동시에 종교적 이미지로 가득 차 있다. 나는 그것을 성 마르코 교회자체의 가운데에서 **처음으로** 읽었던 때를 기억한다. 그 때는 모자이크의 광채가 단지 그 물질적인 빛과 내포된 지상의 오래된 황금으로부터 나오고, 폭풍우치던 어두운 밤이었다. 심지어 종탑의 천사 상을 환히 비추는 베네치아의 태양도 거기에 어떤 것도 더하지 못했다. 거기서 주위의 어둠 속에서 빛나던 천사 상에 둘러싸여 이 페이지를 읽으면서 나는 깊은 감동을 느꼈다. 그러나 그 감동은 아마도 그리 순수하지는 않았을 지도 모른다. 아름답고 신비적인 상(像)들을 보는 쾌락이 커가는 한편, 그 상의 후광에 싸인 이마 곁에 비잔틴 문자로 새겨진 텍스트를 이해하면서 내가 느낀 **박식의 쾌락**이 변질되는 것과 같이, 러스킨의 이미지가 지닌 아름다움은 성스러운 문장에 의거한 과장에 의해 생기를 띠는 동시에 부패되었다. 미학적 쾌락은 더 첨예하게 되지만 그리 순수하게 남아있지는 않고, **이러한 예술과 박식이 뒤섞인 기쁨**에서 일종의 이기주의적인 자기회귀는 불가피하다."38)

교양화된 쾌락은 서로 서로 강화하고 정통화하는 교차된 참조를 자양분으로 해서 큰다. 이러한 참조는 예술작품의 가치에 대한 신앙, 즉 교양화된 쾌락의 토대인 '우상숭배'와, 넋 잃는 소유자possesseurs possédés로서 게임에 참가할 가능성이 있는 모든 사람들에게 그런 작품이 객관적으로 행사하는 흉내낼 수 없는 매력을 불가분하게 만들어낸다.

---

38) M. Proust, En mémoire des églises assassinées, in *Pastiches et mélanges*, Paris, Gallimard, 1970, p.170(강조는 필자의 것). 또한 프루스트는 『독서의 나날들*Journées de lecture*』에서 독서의 여러 가지 왜곡된 형태의 분석을 계속한다. 가령 진리의 탐구를 '물질적 고생'을 요구하는 기록문서의 발견과 동일시하는 학자가 있다. 혹은 '읽기 위해 읽는', 자기의 읽은 것을 '기억하기' 위해 읽는 교양인도 있다(M. Proust, *op. cit.*, pp. 234~240).

이런 게임은 가장 순수한, 일견 '세속적' 이해로부터 가장 자유로와 보이는 형식에서 조차도, 항상 하나의 사회적 게임이고, 또한 프루스트의 말을 빌리면, '습관의 프리메이슨'과 전통의 유산 위에 성립된다. "게다가 진정한 구별짓기는 언제나 동일한 습관을 알고 있는 탁월한 사람들에게만 적용되는 것처럼 보이고, 또 그것은 구구히 **설명하지 않는다**." 아나톨 프랑스Anatole France의 저서는 해박한 무수의 지식을 전제하고, 속인들이 거기서 감지하지 못하는 **끊임없는 암시를** 포함하고 있는데, 이러한 암시는 다른 미(美)는 차치하고라도 비교할 수 없는 고귀함을 만들어낸다."39) 즉 프루스트가 '지성의 소유자'라고 부른 사람들은 자기가 '엘리트'에 속한다는 것을 은근하게 그러나 이론의 여지없이 증명하는 표시(가령 출전出典이나 권위를 보이기보다는, 대화의 상대로 승인된 사람들을 한정하고 선별된 서클로 형성했음을 보이는 상징적 참조의 고상함처럼), 그리고 그들이 이런 소속을 주장하는 은밀한 태도를 지녔다는 것을 마찬가지로 증명하는 표시를, 그것을 해독할 수 있는 '엘리트'에게 보냄으로써 가장 단호한 방식으로 자기의 탁월성을 드러낼 수 있는 것이다.

'경험적' 관심은 순수취향의 가장 탈이해적인 쾌락들의 구성에 가해진다. 이는 세련된 사람들 사이에서 이루어지는 세련된 게임에서 도출된 쾌락의 원리가 결국에는 소속과 배제라는 사회적 관계의 부인된 경험에 존재하기 때문이다. 구별짓기의 감각은 본능의 모호한 필연성으로 기능하는 획득된 성향이고, 자신(自信)의 적극적인 선언과 표명 속에서 나타난다기보다는 오히려 양식 또는 주제의 무수한 선택 속에서도 나타난다. 이러한 선택은 타자와의 **차이를 강조하려는** 배려에 토대함으로, 어떤 시점에서 열등하다고 간주되는 모든 형태의 지적이거나 예술적인

---

39) M. Proust, *op. cit*., p. 244.

활동의 형식을 배제한다. 즉 통속적 대상이나 가치 없는 참조, 단순히 교훈 투로 가득 찬 논술형식, '단순 소박한' 문제(그것은 주로 중요함을 부여받은 귀족서임장貴族敍任狀이, 즉 철학의 계보가 결여되어 있기 때문에 단순소박하다), 혹은 '진부한' 문제(예컨대, 칸트는 과연 『판단력 비판』에서 올바른 것을 말하고 있는가?, 『판단력 비판』을 읽는 목적은 칸트가 말한 것을 올바르게 평가하기 위해서인가? 등등), 경험주의 또는 역사주의라고 낙인찍힌 입장들(분명히 그것들은 철학적 활동의 존재 자체를 위협하기 때문이다) 등등을 배제한다. 이처럼 우리는, 철학적 탁월화의 감각이란, 순수취향을 **신체화된 사회적 관계**, 자연이 된 사회적 관계로 정의하는, 통속성에 대한 배속에서부터 나오는 혐오의 한 형식이라는 것을 알 수 있다. 그리고 만약 『판단력 비판』을 철학적으로 탁월화된 방식으로 읽었다고 하더라도, 우리는 철학적 탁월성의 상징 그 자체로 정당하게 간주되는 이 작품의 기본에 있는 탁월화의 사회적 관계를 분명히 하는 것을 기대할 수 없을 것이다.

부 록

부록1 조사방법에 대하여
부록2 보충자료
부록3 통계자료 — 앙케트
부록4 사회학적 게임

부록1. 조사방법에 대하여

원래 이 책에서는 일단 가능한 한 연구의 진행에 따른 순서로 기술해 가는 방침을 따르고, 다양한 통계적, 민족지적 조사를 통하여 직접 수집된 데이터의 체계적인 설명을 가능하게 해 준 여러 가지 조작들을 그것들이 실제로 시행된 순서에 따라서 차례로 제시하려고 했었다. 그렇게 하면, 만약 처음부터 단번에 제시되었다면 자의적인 혹은 부자연스러운 것이라고 보였을 것임에 틀림없는 논리적 반증의 총체가, 보다 자연스럽게 받아들여지지 않을까라고 생각했던 것이다. 그렇지만 이러한 반증의 총체는, 만일 그것이 연구 최초의 단계부터 발견에 도움이 되는 도식이라는 형태로 존재하지 않는다면 분석자료에서 추출하는 것 등을 절대로 할 수 없었을 것이 틀림없었기 때문에, 이것을 모른 체 하고 있을(또는 알지 못하고 끝낼) 수만은 없었다. 연구의 도달점을 출발점으로 가정하는 것과 같은 기술형식은, 보통 과학성의 가장 좋은 보증으로 가정되고 있는 데이터와 분석방법의 순서 등을 알기 쉽게 제시하는 데에는 그다지 적합하지 않은 것이지만, 그리고 지극히 엄밀하면서도 그 대상으로서 과학적 작업을 소박한 경험주의적 이미지로 보고 있는 사람들의 선입관을 굳혀 버리는 일련의 생략이나 간소화를 어떻게 하지 않을 수 없는 것이지만, 그럼에도 불구하고 결국 이 방법이, 개개의 사실이 스스로 진리치를 받아들이는 모체인 관계들의 체계 속에 그 사실을 바로잡도록 하는 유일한 것으로서 부상하기 시작한 것이다.

그러므로 여기서 연구의 주요한 조작을 대략적으로 설명해 두지 않으면 안 된다. 이러한 회고적 재구성의 작업에는 조금 비현실적인 부분이 있을지도 모르지만, 그것을 은폐하려고 하지는 않았다. 이 책의 기초가 된 앙케트 조사는 핵심을 찌르는 대화와 민족지적 관찰에 의한 선행연구(예비조사)를 한 후, 파리, 릴 및 어느 지방의 소도시에 거주하는 692명의 샘플(남녀 합하여)을 대상으로 1963년에 실시된 것이다. 또 충분히 균질적인 사회단위에서 실천이나 의견이 어떠한 차이를 보이는가를 분석하기 위해 꽤 많은 사람들의 자료가 필요했으므로, 1967~1968년에는 보충 앙케트를 실시하고, 이에 따라 조사 대상자는 1217명에 이르게 되었다. 앙케트는 비교적 안정된 성향에 대해 묻는 것이었으므로 이 시간적인 간격은 응답에 영향을 미치지 않은 것 같다(단 상송에 관한 질문은 이것을 다른 것과 비교할 때 변화가 활발한 분야이므로 예외로 해야 할 것이다).[1]

 제1차 분석이 끝났을 즈음, 몇몇 직업 범주, 특히 장인·소상인, 일반관리직, 상급관리직·교수 등은 객관적 특징의 수준에서도 응답의 선택 수준에서도 꽤 불균질하다는 것이 판명되었기 때문에, 이것을 깊이 검토한 결과, 실수(實數)는 적지만 예술제작자(INSEE에서는 지적 직업으로 분류되어, 교수와 하나가 되어 있다), 문화매개자(INSEE에서는 초등학교 교원과 같다) 및 예술공예관계의 장인·소상인을 별개로 구분하고, 또 일반관리직 중에서는 사무계 일반관리직과 판매계 일반관리직과 비서를, 상급관리직 중에서는 사기업 관리직과 공기업·관청 관리직을, 그리고 교직자 중에서는 중등교육교수와 (극히 소수였지만) 고등교육교수를 각각 구별하도록 했다.

 또 각 집단의 실천이나 선택을 분석할 수 있도록, 파리 거주자와 지

---

[1] 이러한 유행의 효과는 정통적 문화에 대해서도 볼 수 있다. 예를 들면 『사계』나 『소야곡』이 통속화되었기 때문에 중간문화 쪽에 가까워진 것처럼, 제시된 음악작품 속에 몇 곡은, 1963년부터 1967년 사이에 그 사회적 가치가 변화해 버렸는지도 모른다.

방 거주자의 수가 대충 균등하도록 샘플2)을 작성했다. 따라서 상류계급·중간계급은, 각 계급 내에서 집단의 실제 분포를 존중하면서도 그런 계급을 구성하는 모든 분파들이 충분한 규모를 갖도록 하기 위해 전체로서는 실수가 커져 있다. 이렇게 함으로써 특히, 조사시점에서는 상당히 소수였지만, 신흥 쁘띠 부르주아층처럼 전략적 위치를 갖는 것으로 나타나고, 실제로 그 수와 중요성이 점점 증대되고 있는 사회직업범주의 취향을 연구하는 것이 가능하게 된 것이다.

민중계급의 경우, 가장 혜택받지 못한 범주, 즉 단순기술공이나 단순노동자 등, 문제가 되고 있는 점에서 매우 똑같은, 정통적 문화에서 배제되어 있는 범주에 대해서는 본래 주어져야만 하는 할당을 주지 않았다. 또 노동자 계급 전체로 보아도, 대표샘플을 추출한 경우에 본래 그것이 점해야만 하는 할당을 점하지 않고 있다. 이것은 당연하면서도 질문대상자 전체에 적용되는 데이터는 모두 엄밀하게 말하면 항상 의미없는 정보이므로, 여기서는 게재하지 않았다는 것을 의미하고 있다. 한편으로 농업종사자 및 농업노동자는 선행조사의 결과, 이 앙케트의 질문은 정말 부적절하다는 것, 그리고 정통적 문화, 더욱이 중간적 문화에 대해서조차 전혀 관계없는 대다수 사람들의 성향을 파악하기 위해서는, 완전히 다른 방식을 사용할 필요가 있다는 것을 알았으므로 이것을 분석의 대상에서 제외했다3). 그러나 이 경험 덕택에 정통적 문화에 대한

---

2) 각 계급·계급분파의 내부에서는, 한편에서는 파리 및 파리 주변지역, 다른 한편에서는 북부지방 지역에 대해, 거의 같은 수의 앙케트 결과를 사용했다. 북부지방은 파리지역과 확실히 다른 고용구조를 갖고 있다는 점에서, 그리고 특히 파리지역보다도 학위소지자율이 훨씬 낮다는 점에서 특징적이다. 1968년 국내 조사에서는 북부지역에는 파리지역보다 훨씬 많은 수의 상·공업 경영자(대소를 묻지 않고)를 볼 수 있었고, 반대로 상급기술자, 상급관리직, 일반기술자, 일반관리직, 사무원 등은 적었다. 북부지역에 비교적 많은 초등학교 교원을 제외하면 문화자본이 풍부한 직업층은 북부에서는 적은 것 같다.
3) P. Bourdieu et al., *Un art moyen, les usages sociaux de la photographie*, Paris, Ed. de Minuit, 1965, pp. 73~84 et P. et M.C. Bourdieu, "Le Paysan et la photographie", *Revue française*

질문이, 거기서 배제된 사람들에 대해 주어질 때 제공할 수 있는 유일하면서도 가장 기초적인 정보, 즉 지배적 문화가 대부분 보편적으로 승인되어 있다는 정보를 수집할 수 있었고, 동시에 이 질문을 자기 자신에게 묻도록 하지 않고, 권위를 가지고 위에서 행위자에게 발표하도록 할 때, 그러한 상황에서 발표되는 것이 아니라면 이 질문이 존재하지 않는 것과도 같아지는, 행위자에게 발표하도록 할 때 반드시 이르게 되는 **문제틀의 부과효과**를, 최대 강도로 관찰할 수도 있었다(이 효과는 상당히 많은 여론조사의 2차분석에 의해 그 후 명백히 된 바와 같이 순수한 인공물을 생산하는 것이다).

각각의 사회직업 범주에 대해, 성별·연령·학력 등에 따른 응답의 분포상황은 1968년도 프랑스 전국센서스에서 그것과 매우 근접하는 것이 확인되었다. 그러나 신흥 쁘띠 부르주아층을 구성하는 범주들에 대해서는, 센서스에서는 연령과 학력에 의한 분포상황이 나타나지 않으므로, 이것을 확인할 수는 없었다.[4]

조사표는 취향의 통일성이라는 가설 위에서 작성된 것으로, 다른 저작[5]에서 분석한 사진의 실천상황 및 사진과 관련된 태도에 대한 일련의 질문 외에, 집 내부의 인테리어, 옷, 샹송, 요리, 독서, 영화, 회화, 음악, 사진, 라디오, 예능에 관한 일 등에 관한 25개의 질문을 포함하고 있다(뒤에 언급하는 조사표를 참조할 것). 취향의 체계를 재포착하는 것

---

de sociologie, n° 2, avril-juin 1965, pp. 164~174. 더욱이 오늘날에는, 농민층과 교육제도의 관계에 몇몇 깊은 변화가 일어나서, 그것이 상징재의 시장의 통합을 추진하는 방향으로 향하고 있으므로, 이러한 제외 조치는 아마 훨씬 더 정당화되기 힘들어질 것이다.
4) 또한 이 샘플은 다양한 사회직업 범주의 대부분이 INSEE의 앙케트에서보다 학위소지율과 출신계급이 높아져 있는 것에도 주의하지 않으면 안 된다. 단 그것이 샘플의 50%를 점하는 파리지역 거주자가 높은 학위소지율과 출신계급을 갖고 있다는 사실에 의한 것인지, 아니면 여기서는 다양한 범주의 정의가 보다 엄밀했기 때문인지를 확실히 할 수는 없다.
5) Cf. P. Bourdieu et al., *op. cit*.

<표 37> 표본의 주요 특성

	실수	성별		연령				BEPC	바깔로레아	학력		하사하위	하사 이상	부친의 사회계급		
		남	녀	31세미만	31-45세미만	46세 이상	CCEAPP			고등교육 중퇴				민중계급	중간계급	상류계급
단순노동자·단순공	66	69.7	30.3	45.5	36.4	18.2	100	—	—	—	—	—	70.0	30.0	—
숙련공·직공장	69	73.9	26.1	27.5	36.2	36.2	73.5	26.5	—	—	—	—	59.3	41.7	—
가정사용인	31	19.4	80.6	38.7	29.0	32.3	96.6	3.4	—	—	—	—	41.2	53.0	5.9
소상인	44	48.8	51.2	16.3	30.2	53.5	65.1	18.6	14.0	2.3	—	—	11.8	82.3	5.9
장인	56	71.9	28.1	12.3	42.1	45.7	87.7	7.0	5.3	—	—	—	44.2	53.5	2.3
상원원	40	47.5	52.5	47.5	32.5	20.0	57.5	32.5	10.0	—	—	—	30.3	57.5	12.1
사무원	200	34.0	66.0	50.0	24.0	26.0	50.0	32.0	16.0	2.0	—	—	12.2	68.3	19.6
사무계 일반관리직	47	70.2	29.8	10.6	44.7	44.7	30.5	39.1	30.4	—	—	—	23.8	66.7	9.5
일반직기술자	38	81.6	18.4	36.8	39.5	21.1	27.8	47.2	22.2	2.8	—	—	19.4	58.1	22.6
초등학교 교사	40	37.5	62.5	42.5	37.5	20.0	—	5.0	75.0	20.0	—	—	17.6	70.6	11.8
판매계 일반관리직	20	65.0	35.0	30.0	60.0	10.0	20.0	15.0	40.0	20.0	5.0	—	5.0	60.0	35.0
비자	14	—	100.0	50.0	42.9	7.1	7.1	28.6	57.1	7.1	—	—	14.3	50.0	35.7
의료보전 서비스직	45	22.2	77.8	40.0	40.0	20.0	4.7	25.6	46.5	16.3	7.0	—	10.8	40.5	48.6
중예장인	23	60.9	39.1	47.8	30.4	21.7	40.9	13.6	18.2	22.7	4.5	—	10.5	47.9	42.1
문화매개자	17	76.5	23.5	23.5	52.9	23.5	11.8	11.8	23.5	35.3	17.6	—	18.8	18.8	62.6
대상인	72	66.7	33.3	13.9	30.6	55.6	16.7	25.0	36.1	11.1	2.8	8.3	5.9	47.0	47.0
공업경영자	30	73.3	26.7	3.3	40.0	56.6	13.8	13.8	37.9	24.1	3.4	6.9	3.6	17.9	78.6
공기업·민간관리직	80	85.0	15.0	5.3	47.4	47.3	—	—	25.0	10.0	60.0	5.0	11.8	35.3	52.9
신공기술자	72	91.7	8.3	27.8	38.9	33.3	8.4	—	2.8	38.9	38.9	11.1	12.5	25.1	62.5
사기업관리직	80	70.0	30.0	20.0	35.0	45.0	—	11.1	16.7	27.8	44.4	—	5.6	11.1	83.3
자유업	52	69.2	30.8	19.2	36.5	44.2	1.9	—	—	5.8	71.2	21.2	2.2	26.1	71.8
중등교육 교수	48	52.1	47.9	37.5	45.8	16.7	—	—	4.3	4.3	47.8	43.5	12.5	48.0	39.7
고등교육 교수	19	84.2	15.8	—	47.4	52.6	—	—	—	—	—	100	—	26.3	78.7
예술제작자	14	78.6	21.4	28.6	42.9	28.6	14.2	7.1	21.4	28.6	21.4	7.1	16.7	—	83.3
민중계급 전체		62.0	38.0	36.7	34.9	27.1	88.2	11.2	0.6	—	—	—	61.8	37.4	0.8
기성쁘띠B. 전체		49.0	51.0	36.3	32.0	31.6	48.7	27.3	21.0	3.0	—	—	19.7	72.7	7.6
신흥쁘띠B. 전체		42.0	58.0	38.7	43.7	17.6	15.5	19.8	37.9	19.8	6.9	—	11.4	43.8	44.8
지배계급전체		74.5	25.5	17.9	39.3	42.8	5.5	6.8	16.7	17.5	37.9	15.6	8.0	29.4	62.6

이 문제인 이상, 한계지워진 선택지의 조사표에 의한 앙케트라는 형태는 결국, 통계적 처리가 충분히 가능한 사람 수에서부터 서로 비교할 수 있는 정보를 상당수 얻지 않으면 안 된다는 필요성에서, 그만둘 수 없는 **궁여지책**에 지나지 않는다. 이 방법은 먼저 실천의 양태에 관한 것을 대부분 완전히 잃어버리고 만다. 그런데 실제로는 「삶의 방식」이라는 표현에서처럼, 독자적인 존재방식이나 행동방식이라는 의미에서 이해된 기술art에 관한 영역에서, 실천의 수행방식이나 그에 대해 말하는 방식은, 각성되거나 버릇없거나, 혹은 진지하거나 정열적이거나 이런 식으로 종종 완전히 달라져 있는 것이다(적어도 TV나 영화에서처럼, 익숙한 실천이 문제가 될 때에는 언제나 그러하다). 계급 간, 혹은 계급분파들 사이의 차이에 대해 이 책에서 말해지고 있는 모든 것이 **더욱 유효하**다는 첫번째 이유는 여기에 있다.

    게다가 또 취향을 구성하는 성향들의 체계에 대해, 한 장의 조사표라는 필연적으로 한정된 범위 내에서 될 수 있는 한 광범하면서 다양성을 가진 적용의 장을 제공하려고 배려했기 때문에, 어떻게 하더라도 어떤 분야(예를 들면 음악, 영화, 요리, 옷 등)의 전체를 탐구하기 위해, 둘 또는 세 개(때로는 하나만)의 질문밖에 할 수 없고, 그 자체로 종종 한 묶음의 테스트나 관찰을 대신하는 일련의 내기를 하지 않으면 안 되었다. 그러므로 일련의 무지도대담(無指導對談)〔상대에게 일체 시사해 주지 않는 심리학 상의 대화〕나 테스트(사회적으로 알려져 있는 몇몇 얼굴의 사진을 보여주고, 머리카락이나 콧수염, 구레나룻, 턱수염 등 사회적으로 분류 작용을 갖는 속성을 부가함으로써, 남녀의 「이상적인」 얼굴을 재구성하는 것을 목표로 한 테스트 등)를 근거로 귀납적으로a posteriori 작성된 형용사 목록 속에서 자신의 친구에 대해 가장 적합한 말을 선택하도록 조사대상자에게 요구해 보아도, 연인이나 친구, 혹은 직업상의 파트너를 선택할 때 이것을 방향지우는 깊은 성향의, 완화되고 애매화되어 나타난

이외의 것을 얻는다고는 기대할 수 없었기 때문이다(즉 가장 큰 이유는 제시된 형용사 목록이 얼마나 힘들게 작성되었는지는 차치하고서라도, 용모 상의 결점을 나타내는 것이었으므로, 많은 응답자는 자신의 기분에서 가장 덜 격리된 항목을 소극적으로 선택했던 것이다).6) 이렇게 불완전한 측정수단으로 이렇게도 두드러지는, 그리고 특히 이렇게도 체계적인 차이를 기록할 수 있었다는 것은 그 자체가 측정된 성향의 강력함을 이야기하는 증거이다.

실제 일련의 앙케트, 관찰, 실험 등의 전체에 의해 판단되는 개별적 분야를 분석하는 데에는, 정확함이나 면밀함은 어떻게 하더라도 잃어버리게 되지만, 그 부분은 체계성이라는 형태로 보충되고 있다. 즉 어떤 하나의 장, 예를 들면 회화의 장의 수준에서, 어떤 사람이 선호하는 독자적인 배치(르누아르는 레오나르도 다빈치나 피카소와 나란히 선택된 경우와, 유트리요나 뷔페와 함께 선택된 경우에 같은 의미를 갖지 않는다)를 보면, 거기에 직접적 관찰과 질문으로 얻어지는 (그 사람의 선택의) 방식을 나타내는 다양한 지표의 대체물을 볼 수 있지만, 이와 마찬가지로, 유일한 성향체계를 개개의 분야에 적용할 때 그 각각이 갖는 의미는 다른 모든 적용 경우와의 관계로 명백하게 되는 것이다. 어떤 사람의 생산물, 판단, 혹은 실천을 규정하는 제한 없는 창조활동 속에 이런 종류의 체계적인 중복표현을 볼 수 있는데, 이 현상만큼 아비투스의 체계성

---

6) 이와 같은 것은 물론 실내장식이나 옷, 요리 등에 대해서도 적합하다. 특히 대표적인 몇 개의 인테리어를 분석해 보면(실제 다른 기회에 해보기도 했지만) 이 대상의 집합 및 그것을 옷이나 음악의 기호 등과 같은 다른 집합에 연결하는 관계(그것은 무지도대담을 해보면 상당히 확실하게 볼 수 있다)의, 구체적인 체계성이 아마 더 잘 부상했기 때문일 것이다. 그러나 통계적 규칙성을 설정하기 위해서는, 각각의 세계의 가장 의미 깊은 특징을 체계적으로 포착하는 방법을 손에 넣는 것이 전제였으며, 그것을 위해서는 구조가 현실화되어 가는 개개의 독자적인 형식이 가지고 있는 풍요로움을 그대로 그려내는 것은, 무엇보다도 먼저 단념하지 않을 수 없었다.

을 잘 표현하고 있는 것도 없다.

그러나 주된 앙케트로 얻은 데이터를 보완·점검하는 것, 그리고 이처럼 다양한 분야의 광범위한 집합에서 직접 수집된 정보가 부분적으로 그리고 때로는 표면적으로 포함하고 있는 것(그것은 사용된 지표의 강도에 따라 결정된다)을 그렇게 보충하는 것이 가능하다고 한다면, 그것이 가장 잘 나타나는 것은 아마도 하나의 체계적인 앙케트를 중심으로 그 주위에 직접 조사된 분야 각각에 대해서, 그리고 경제적 교양·극장에 다니는 습관·어린이 교육이나 성생활에 관한 성향처럼, 최초로 규정한 조사대상에서 배제되어 있던 분야들에 대해서도, 사용가능한 모든 통계 데이터를 동원하는 것에 의해서일 것이다. 단 그 경우, 이류적(理論的) 자본을 갖지 않는 「데이터 뱅크」(이것은 연구관료라고 할 수 있는 사람들이 정말 좋아하는 실증주의적 제도기관이다)가 기계적으로 모으고 있는 잡다한 데이터를 「2차 분석」에 첨가한다는, 추상적 비현실성에 말려들어서는 안 된다.[7] 2차 분석에 붙어 다니는 한계 중 몇몇은 역시 극복할 수 있는 것이다. 그런 이유로 INSEE에 의해 실시된 다양한 앙케트가 그러한 것처럼, 1966년에 SOFRES가 기업들의 요구에 따라 소비자의 구매의도를 명백히 한다는 완전히 실용적인 목적을 위해 실시한 앙케트(보충자료 5)도, 소비의 빈도와 기회에 대해, 혹은 적잖은 경우에 큰 차이를 포함하고 있는 소비대상의 성격(예를 들면 극장 다니기에 대해서보다도, 거기에는 전위연극도 있고 불르바르 연극도 있는 것이다)에 대해, 대부분 정보를 제공해 주지 않는다. 게다가 이 앙케트는 동일한 질

---

7) 측정조건의 차이에서 오는 것을 객관적인 차이로 취급해버리는 위험에 노출되지 않도록, 여기서는 선택된 지표의 성격, 지시된 질문의 문장화 방식, 더욱이 얻어진 결과의 해석 방식에서의 모든 차이 및 앙케트의 조건과 샘플의 구조에서의 모든 차이(예를 들면 사냥과 낚시가 여기서는 같은 질문 속에서 하나로 되어 있으며, 저기서는 두 질문이 나누어져 있다든가, 교육수준이 어떤 경우에는 다섯 범주로 분류되고, 다른 경우에서는 일곱 범주로 나누어져 분석되고 있다는 것 등)를 체계적으로 조사하고 고려했다.

문 속에 미술관 다니기와 전람회 다니기를 합쳐버렸는데, 이것이 같은 경향의 변화를 나타내지 않는다는 것은(레저에 대한 INSEE의 앙케트에 의해, 보충자료 4) 알 수 있다. 즉 미술관에 다니는 것은 보다 금욕적인 행위로서, 어느 쪽이냐 하면 교수층에서 많이 볼 수 있는 데 반해, 전람회에 다니는 것은 보다 「세속적」 행위로 자유업이나 부르주아 경영자층에 많다. 게다가 이 앙케트는 미술관·전람회·화랑 등에 다니는 빈도가 어느 정도인가에 대해서는 일체 언급하지 않는 것이다. 또 마찬가지로 콘서트, 오페라, 댄스 등도 같은 질문 속에 혼동되어 있지만, 아마도 콘서트와 오페라 사이에는 미술관과 전람회 사이에서 보인 것과 같은 대립이 보일 것이다.

다른 예를 들면, 철학적 저작을 읽고 있다고 하더라도, 읽혀지고 있는 저자의 성격을 알 수 없는 한, 그다지 의미가 없다. 실제 모든 것으로부터 판단하기에 각 집단은 각각 「자신의」 철학자를, 그리고 자신만의 철학자관이나 철학관을 가지고 있는 듯 하며, 어떤 사람들이 테이야르 드 샤르댕Teilhard de Chardin, 더욱이는 생 떽쥐베리Saint-éxupéry나 르프렝스 랑게Leprince-Ringuet의 이름을 상기한 곳에서, 다른 사람들은 사르트르나 푸코를 머리에 떠올리는 식이다. 예를 들면 1967년, 자기 학교에 강연자를 초청한다면 누가 왔으면 좋겠는가라는 질문에 대해, 대부분이 지배계급의 피지배분파 출신인 고등사범학교(ENS) 문과의 학생은 먼저 첫번째토 사르트르, 레비 스트로스, 리꾀르, 푸코 등을 떠올린 것에 반해, 대부분이 고급공무원이나 자유업 종사자의 자제인 국립행정학교(ENA)의 학생은, 오히려 레이몽 아롱, 블로흐-레네Bloch-Lainé(*1), 마세Massé(*2), 드루브리에Delouvrier(*3) 등의 이름을 들고 있고, ENS에서는 1위였던 사르트르는 ENA에서는 겨우 5위에 모습을 나타낸다. 그리고 ENA에서는 망데스 프랑스(ENS에서는 2위), 지스까르 데스텡, 드 골 이라는 3명의 정치가가 최상위에 꼽히고 있다.

* 1 프랑스의 재정가(1920～). 재무부 재무국장, 예금공탁금고 총재 등을 역임한 후, 이 조사를 할 때인 1967년부터 크레디 리요네 은행 총재.
* 2 프랑스의 경제가(1898～). 토목국의 기사를 경유해서, 조사 당시는 프랑스 전기공사 총재. 『계획 혹은 반우연』(1965) 등의 저작도 있다.
* 3 프랑스의 경제가・정치가(1914～). 경제계의 요직을 역임하고, 조사당시는 구 파리지역권 지사. 도시개발에 중요한 역할을 했다.

또 하나의 한계로서 SOFRES의 앙케트(보충자료 5)는 소비와 실천에 대한 설명원리의 체계를 구축하는데 필요한 정보, 즉 자본의 양과 구조・사회적 궤적 등의 정보를 반드시 충분하게 제공해 주지는 않는다. 경제자본(시골의 토지나 도시의 토지, 상・공업이윤 등)에 대해서, 문화자본(객체화된 것 — 예술작품, 오래된 가구, 피아노 등 — 이든, 신체화된 것 — 교육수준 — 이든)에 대해서, 또 조사대상자의 출신계급이나 이전의 경력에 대해서는 더구나 대부분 어떤 정보도 얻을 수 없는 것이다. 1970년에 실시된 CESP의 앙케트 조사(보충자료 6)는 이 결점 몇 개를 보충해 주지만, 그러나 이 경우는 읽고 있는 신문・주간지에 의한 분포(계급 혹은 계급분파에 의한 분포가 아니라)만을 알 수 있는데, 그것도 상당히 불완전한 것이다. 문화부의 요구에 의해 실시된 앙케트 조사(보충자료 4)에 대해서 말하자면, 거기에는 매우 흥미 있는 정보(예를 들면 예술작품의 소유상황에 대한 정보 등)가 포함되어 있긴 하지만, 역시 분파들의 분포에는 사용할 수 없다(직업에 관한 정확한 정보가 수집되어 있지 않기 때문이다).

마지막으로 레저에 대한 INSEE의 앙케트(보충자료 6)는 문화소비에 대해 지금까지 수집된 것 중에서도 가장 주목할 만한 정보자료를 제공하고 있는데도 불구하고, 다음과 같은 한계를 볼 수 있다. 먼저 사용되고 있는 분류법의 성질(예를 들면 여기서는 공업경영자가 기묘한 위치를 점하고 있지만, 이것은 5인 이상의 종업원을 쓰고 있는 경영자를 모두 이 범주에 넣어버렸기 때문이다). 다음으로 여기서는 본인이 신고한 **실천**을 문제로 삼고 있지만, 주지하는 바와 같이 이것과 실제의 실천 사이의 관계는 계급에 의해 반드시 일정하지는 않다는 것. 그리고 마지막으로 이 앙케트는 문화소비의 질에 관한 정보를 제공해 주지 않고, 따라서 실천의 다양성을 과소평가하고 있다는 점. 즉 모든 것이 사실은 질의 문제에 관련되어 있다는 점에 관하여 다양한 실천이나 소비행동의 집합을 그 **빈도**에, 즉 **양**의 문제로 환원해 버리는 것 때문이며, 여기서는 실천의 차이가 일관되게 과소평가되어 있는 것이다(계급들의 서열관계에는 전혀 변화가 없지만). 예를 들면 잘 알려져 있는 것처럼, 미술관을 방문하는 양에서의 차이는, 그 질에서의 차이에 의해 한정되지 않고 다양하게 증폭된다. 특권계급의 사람들은 그다지 집단행동의 리듬에 따르지 않아도 괜찮기 때문에, 연간 혹은 일주일 사이에도 예외 없이 평균적인 정도로 미술관을 방문함으로써, 혼잡한 군중을 피하고 그 속에 섞여 낙담하게 되는 기분을 맛보지 않아도 되는 것이다. 이러한 리듬의 차이 그 자체는, 이에 뒤떨어지지 않는 현저한 차이, 즉 전람회장의 질의 차이(다양한 「수준」의 미술관, 「상품上品」이며 다른 것과는 차별화된 전람회와 그렇지 않은 전람회 등) 및 이와 불가분한 장르・양식・작자 등의 질의 차이에 연결되어 있다. 그러나 많든 적든 무의식적인 차별화의 탐구가, 대부분 무한에 가까운 정도까지의 다양성을 보여줄 때가 있다고 한다면, 그것은 특히 미술관 내에서 돌아다니는 방식(거기에는 특히, 어느 정도의 시간을 가지고 돌아다니는가라는 것이 포함된다) 그리고 아마도 그 중에서 관람 중의 행동방식에 있어서일 것이다.

    조사표에 의한 질문이라는 인공적인 관계 속에서 수집된 데이터나 얻은 정보에는 모두 한계가 있다는 것을 끊임없이 염두에 두었기 때문에, 분석과정을 통해 계속, 즉 무언가 곤란하거나 새로운 가설이 나타나 그 필요가 생길 때마다, 우리는 현실적 상황 속에서 관찰이나 질문을 실시했다(예를 들면 제3부에 삽입한 대화를 참조하라). 그러나 우리가 특히 하지 않으면 안 되었던 것은, 과학적이며 사회적으로 규정되어 있는 조건에서 수집된 데이터, 즉 미리 준비된 질문이나 관찰(이 방법은 만약 그것이 사회학자를 게임의 외부에, 즉 모든 분석이 좋은 방법으로 전제하는 사회분석을 피할 수 있는 장소에 사회학자를 위치시킨다는 효과를 가지지 않았더라면, 과학적 무의식에 대해 이만큼 강하게 요구되지는 않았을 것이다)에 의해 수집된 데이터만이 과학적 구축작업에 개입할 수 있다는 암묵의 규칙을, 조금씩 침범하는 것을 배우는 것이었다. 사회학자는 스스로도 일개 사회적 주체로서 피하기 힘들 정도로 다양한 정보를 소유하고 있으며, 그것들은 측정가능한 관찰 데이터와 합쳐서 검토됨으로써 과학적 담론 속에 집어넣을 수 있는 것이지만, 이러한 모든 정보를 재부상시키기 위해서 그렇게 하지 않을 수 없었다.

마찬가지로 보잘 것 없고, 마찬가지로 곤란하고 결정적인 무수한 선택에 대해, 따라서 많은 경우 너무 사소한 것이어서 보통의 의미에서는 이론이라고 이름붙일 수 없는 무수한 이론적 고찰에 대해 정확한 개념을 얻으려고 한다면, 아마 연구일지(硏究日誌)라도 쓰는 수밖에 없을 것이다. 몇 년 동안, 분류하기 힘든 조사표에 대해서, 예기하지 않은 변화곡선에 대해서, 부적절한 질문에 대해서, 얼핏 보기에 이해 불가능한 분포상황에 대해서, 일지에 쓰는 것이다. 그렇게 하면 우리는 하나의 담론을 생산하게 되는데, 그 성공의 정도는 독자로 하여금 무수한 변경, 수정, 조정, 정정 등의 조작이 필요했다는 것을 깨끗이 잊어버리도록 하면 할수록, 그만큼 성공적이라고 할 수 있다. 또한 이 담론은 '틀리지도 않은' 사회학적 에세이로부터 구별되는, 기록된 하나하나의 말 속에는 현실이 농도 짙게 포함되어 있는 것이다. 그러므로 이 책에서는 갖가지

조작에 대한 현실적 고찰이 모두 결핍되어 있음을 흔히 은폐해 버리는 방법론적 과장도, 또 독자로부터 일체의 검증수단을 빼앗아 버리는 이론의 고답성도 피하려는 배려에서, 결과를 기술해 가는 과정 그 자체 속에 통계분석의 절차를 이해하고 점검하기에 부족하지 않은 정보를 각각 적당한 때에 제시하는 것으로 그쳤다(예를 들면, 정보를 받아들이는 쪽인 독자에게, 분석기술에 대해 대부분 모르는 독자가 헤매지 않도록 세세하게 제시된 조응분석의 정보로부터 얻을 수 있는 결과를 점검하는데 유용한 모든 정보 — 도표의 세로 축과 가로 축, 질문 수와 그에 대응하는 응답양식의 합계, 응답자의 실수, 도표의 성격과 그 코드화 원리, 변수 목록, 실효변수와 예증변수의 구별 하에 놓여 있는 다양한 가설의 기술, 고유치와 관성률의 목록, 주된 절대적 기여와 상대적 기여 등 — 를, 그때마다 제공하려고 했다).[8]

마지막으로 남은 한 가지는 문장의 문제인데, 길게 말할 필요가 있을 것이다. 주된 곤란, 특히 이처럼 주제에 대한 곤란은, 거기서 사용되고 있는 언어가, 지식을 생산하기 위해서도 생산된 지식을 적절히 소유하기 위해서도 필요한, 보통의 경험과의 **단절**을 표시하면서도, 한편으로는 대응하는 사회적 경험을 모르는 사람들, 혹은 알려고 하지 않는 사람들에게 그것을 **느끼도록** 하지 않으면 안 된다는 점에 있다. '구체적'으로 보이는 이 책의 분석은, 구성작업을 전제로 하고 있는 이상, 보통의 의미에서 구체적인 것은 아무 것도 없지만, 과학적 기술의 산물을

---

[8] 출판비용이 너무 비싸지는 것을 피하기 위해, 여기서는 다수의 통계표의 수록을(또는 적어도 예를 들어 일람표라는 형식을 사용해서 그것들을 전부 완전한 형태로 게재하는 것은) 단념하지 않으면 안 되었으며, 도표, 그래프, 기록자료의 게재도, 많은 수를 단념해야만 했다. 또 같은 이유로 문헌 목록도, 유용하고 실제로 이용한 텍스트만으로 한정해도 상당히 방대한 것이 될 것 같았으므로 양해를 구하지 않을 수 없었다. 이에 대해 통계정보의 보충자료 목록(부록 2 참조)은 불가결하다고 생각되어서 이를 수록했다. 이는 분석에 사용된 데이터가 부분적으로만 재현할 수 있는 경우가 종종 있으므로, 이런 경우에는 부족함없는 확인수단을 제공하기 위해서이다.

실제 경험 속에 되돌려 놓고, 보통은 사이비 과학의 잘난 척하는 언어 덕택에 하기 쉽게 되어 있는 거리두기나 중립화의 조작을 보다 하기 어렵게 하기 위해, 이렇게 사용되고 있는 것이다. 이 책의 모든 자료(서적이나 잡지기사 등에서의 카페, 사진, 대화의 발췌 등등)에 대해서도 마찬가지이다. 그것들은 현실 속에 어떤 참조물도 갖지 않으면서도 '추상적'이라고 할 수 있는 만연된 독서방식을 원하지 않기 때문에 이렇게 텍스트 그 자체 속에 삽입되어 있는 것이다.

 그 외에도 예술이란, 더구나 사회세계가 부인되는 장소의 하나이다. 그러나 이와 같은 무의식적인 부인의 의도는, 사실은 사회세계에 대해 말하려고 하는 공공연한 의도처럼 보이는 많은 담론, 따라서 이중화 속에서 쓰여지거나 읽히는 많은 담론의 기본에도 역시 놓여져 있다(얼마나 많은 철학자, 사회학자, 문헌학자들이 [예술처럼] 사회공간 속에 잘못 놓여져서, 명확한 규정을 벗어나게 해주는 철학, 사회학이나 문헌학에 뜻을 두게 되는가? 이런 사실 위에서 유토피아주의자들은, 자신이 어디에 있는지를 알려고 하지 않으므로 자기가 놓여져 있는 사회공간이 어떤 것인가를 알기에 결코 가장 유리한 위치에 있는 사람들은 아니다. 만약 그렇지 않다면 우리가 저렇게 많은 해석이나 렉토레스lectores[기성 담론의 해설자], 소재없는 유물론자, 사고의 도구 없는 사고, 즉 대상없는 사고를 가지고 있는 반면, 관찰, 따라서 아욱토레스auctores(쓰는 사람)가 저렇게 없다는 일이 과연 있을 수 있는가?) 사회세계에 대한 학문을 진보시키고, 이것을 보급할 수 있다면 그것은 단지 중립화의 조작을 중립화(무력화)하고, 모든 형태의 부인 ─ 어떤 종류의 혁명적 담론을 과장해서 과격화함으로써 그 현실감을 잃게 된다는 조작은, 그 속에서도 무시할 수 없는 것이지만 ─ 을 부인함으로써 억압된 것을 강제적으로 복귀시킨다는 조건에서 만이다. 진짜도 거짓도 아니고, 검증할 수도 위조할 수도 없고, 이론적이지도 경험적이지도 않고, 라신이 암소génisses에 대해서는 말해도 암소고기

vache에 대해서는 말하지 않은 것처럼, SMIG(*전 산업 일률 최저 보장임금, 1970년 이후에는 전 산업 일률 글라이드제 최저임금(SMIC)으로 이행.)이나 노동자 계급의 작업복에 대해서는 말할 수 없고 단지 생산양식, 프롤레타리아 계급, 중하(中下) 계급*lower middle class*의 역할이나 자세에 대해서만 말할 수 있는 담론에 대해서는 단순히 증명하는 것으로는 충분하지 않고, 사물이나 더욱이 인간 그 자체를 눈앞에 나타내 보이고, 손가락으로 가리켜 보이는 것(이것은 뒤에서 손가락질한다거나 지탄한다는 의미가 아니다), 그리고 자신이 생각하고 있다고 생각하는 것을 말하는데 너무 길들여져서 이미 자신이 말하고 있는 것을 생각할 수 없게 된 사람들을, 대중적 술집이나 럭비장, 골프장이나 사적 클럽 등에 집어넣는 것이 필요하다.

　이 책에서 언어는, 그것이 본래는 부정하거나 부인하는 것에 기울어져 있는 모습을 말하도록 요구되고 있지만, 문장이 주관적으로도 객관적으로도 난해한 것은, 이 사실만으로 유래하는 것은 아니다. 대상을 구성하기 위해 제기하지 않으면 안 되는 질문 그 자체가, 대상 그것으로부터 이미 만들어 낼 수 없는 것으로 결정되어 있으므로 적절한 어투를 만들어 내는 것이 쉽지 않을 뿐더러, 칭찬이냐 도발이냐(더욱이 도발이란 칭찬을 뒤집어 놓은 것에 지나지 않지만)라는 양자선택을 피하는 것도 간단하지는 않다. 예술 및 예술작품의 사회적 용도에 대한 과학적 담론은 어디까지나 통속적이면서 테러리즘적인 것으로 보이도록 운명지워져 있다. 통속적이라는 것은, 그것이 예술과 문화의 순수한 왕국과, 사회나 정치의 열등한 영역을 구별하는 성스러운 경계(그것은 문화에 의해, 혹은 문화의 이름으로 이루어지는 상징적 지배효과의, 확실히 기본이 되는 구별이지만), 이 경계를 침범하기 때문이다. 또 테러리즘적이라는 것은 그것이 요즘 식으로 말하자면 '산산이 흩어지고' '해방된' 것, '다양'하고 '차이나는' 것을 모두 '똑같은' 집합으로 환원하고, '게임'과

'즐거움'의 탁월한 경험을 '실증적인' 즉 '실증주의적'인, '총체화하는'totalisant 즉 '전체주의적인'totalitaire '지식'이란 통속적인 명제 속에 가두려하기 때문이다. 만약 테러리즘이 되는 것이 있다면, 그것은 단순히 판정하는 사람의 눈에는 그래야만 하는 존재방식이나 행동방식을 이루는 것이 결여된 남녀를, 취향이라는 이름 하에, 웃음거리, 불명예, 치욕, 침묵으로 몰아가는(여기에서야말로 각자의 친근한 세계에서 빌려온 여러 가지 예를 들어야만 할 것이다), 단호한 세상의 심판 속에 있다. 또 지배자들이 자기 자신의 삶의 방식을 강제하려고 할 때의 상징적 강권 발동 속에도 그것은 있다. 그리고 남성 주간지도 여성주간지도 이런 종류의 강권발동으로 가득 차 있다. '꽁포라마Conforama(*가구의 염가판매 체인점)는 가구의 기 뤽스Guy Lux(*프랑스의 TV 사회자·대중예술가 〔1919~〕. 통속성의 대명사로 통한다)이다'라고, 『누벨 옵세르바뙤르』지는 말하지만, 이 잡지가 스스로를 문화의 지중해 클럽이라고 쓰거나 하는 일은 결코 없다(*지중해 클럽이 폐쇄적인 쁘띠 부르주아의 인텔리층 가입자가 많다는 것 때문에, 유사한 체질을 가지면서 이 잡지가 그것을 자기 객관화하여 쓰는 일은 없다는 의미). 테러리즘은, 계급의 증오심이나 경멸심이 만들어내는 이런 말, 이해가 걸려있는 명석함의 빛이라고도 말하는 모든 비슷한 말 속에 있다. 한 쪽으로 치우친 관점이나 서로 대립하는 전략이 그 내부에서 형성되는 투쟁의 장을 있는 그대로 구성하는데 필요한 작업만이, 공평한 관찰자의 방관적 시선과 동일화되지 않고, 사실은 (투쟁으로의) 참가자의 맹목에 가까운 명시성과는 확실히 다른 하나의 인식에 근접할 수 있는 것이다. 객관화의 작업은 그것이 객관화의 장소 그 자체를 객관화하지 않는 한 완전한 것이 되지 않는다. 객관화의 장소란, 보이는 관점, 모든 이론의 맹점, 즉 지식인의 장과 그 이해(또는 관심)의 투쟁이지만, 거기서 때로는 일어나야 하는 것으로서 일어나는 우발적 사건에 의해, 진실에 대한 관심이 생기는 일도 있는 것이다. 그리고 객관화가 완전하게 되려면 또 한 가지, 이 장이 상징질서의 유지에 대해 갖는 여러 가지 미묘한 기여를, 많은 경우 지배분업에 따라 이 장에 할당되는 완전히 상징적인 의미에서 전복의 의도에 의한 기여까지도 포함하여, 객관화하지 않으면 안 된다.

이러한 대상이 문제가 될 때, 대상에 대한 과학적 연구는, 연구의 주체에 대한 연구와 나눌 수 없다. 이 연구는 무엇보다도 먼저 그 주체가 자신이 객관화하려고 하고 있는 메커니즘, 그리고 당연히 전과 다름없이 대상에 대한 그의 관계를 통제하는 메커니즘을 실제로 자신의 실천 속에서 어느 정도 지배할 수 있는가라는 능력이 관련된다. 여기서 옛날의 『대비열전(對比列詮)Vies parallèles』처럼, 프린스톤 프로젝트Princeton Project의 이야기에 추억을 맴돌게 하는 것도 좋을 것이다. 이것은 음악의 소비에 관한 대규모의 경험적 연구로, 인간의 형태를 한 인식론적 커플이라고도 할 수 있는 두 사람의 학자, 아도르노와 라자스펠트 Lazarsfeld를 묶은 것이었다(*). 그 가치나 이익에 너무나도 마음 속 깊이 계속 집착한 아도르노의 불손함. 사회질서에 밀접하게 종속되어 있는 과학적 질서가 요구한다면, 어떤 양보도 의견 구성도 싫어하지 않는 경험주의자 라자스펠트의 온순함. 한편으로 총괄적 질문에 대한 일종의 복수심에 가득한 노여움의 감정에 기초한 원한의 방법론을, 모든 과학적 실천의 규범으로 세운다는, 실증주의자 라자스펠트의 불손함. 세련이 요구될 때는 속류 마르크시즘에, 통속적이어서는 안 된다는 용기를 가져야만 할 때는 고급 마르크시즘에 들어가는, 초월한 마르크스주의자 아도르노의 온순함. 두 사람은 서로 상대의 본래 모습이 잘 보였던 것이다.

* 주지하는 바와 같이 아도르노는 독일의 철학자(1903~1969). 라자스펠트는 오스트리아 출신의 미국 사회학자(1901~1976). 두 사람은 아도

르노의 미국 망명 중에 협동으로 음악에 대한 사회학적 연구를 했다. 그 자질이나 연구자세의 좋은 대조가, 그리스와 로마의 전설상의 위인을 한 쌍씩 묶어 그 전기를 쓴 플루타르크『영웅전』에 비유되고 있다.

사회과학이 극복해야 하는 인식론적 장애는, 무엇보다도 사회적 장애이다. 예를 들면, 사회학자의 작업을 구성하는 다양한 사명의 위계에 따라, 사람들이 일반적으로 포괄하고 있는 공통의 이미지, 그 때문에 많은 연구자가, 비천하고 쉽다고 경멸하지만 성과가 많은 활동에서 등을 돌리고, 곤란하고 무모한 작업으로 가버리는 것이다. 혹은 연구를 안정된 질서냐 격렬한 혼란이냐, 정리된 명제냐 변변치 않은 기만이냐라는 양자택일에 직면시키는, 무질서한 대상관계의 체계, 그것은 과학적 연구를 만들어내기 위해 필요한, 큰 야심과 긴 인내와의 결합에 찬물을 끼얹는다. 에세이 형식의 때때로 시사적(示唆的)인 **직관**, 순리론주의théo-réticisme가 만드는 때때로 수미일관된 **명제**와, 경험주의에서 얻을 수 있는 때때로 유효한 **확실한 관찰**과는 달리, 내적 일관성을 가지며 사실과의 양립가능성도 덧붙여 준비하려는 과학적 명제의 잠정적 체계는, 성급한 독해방식에 의해 무시된 채로 남아있을 수밖에 없는 느리고 어려운 작업을 통해서만 만들어지는 것이다. 여기서 성급한 독해방식이라는 것은 본질적인 것, 즉 명제들의 관계 구조를 무시하기 때문에, 일련의 긴 전체화 작업의 일시적 결론 속에서 기지의 명제, 직관, 사실들이 반복적으로 확인되는 것만을 보게 된다.

조사표

- 성별 :
- 생년 :
- 배우자 상황 :

  독신   기혼

  과부   이혼
- 자녀 수·연령 :
- 주소 :
- 현주소에서의 거주 년 수 :

  5년 이하

  5년 ~ 10년 이하

  10년 이상
- 이전 주소 :
- 최종 학력 :
- 직업 (될 수 있는 한 상세하게) :
- 부친 및 조부의 최종학력·직업(경우에 따라서는 최종학력) :

                              학력   직업

  부친

  조부
- 일가 수입은 다음 어느 것에 해당합니까?

  10,000미만   20,000~25,000F   40,000~50,000F

  10,000 ~ 15,000F   25,000~30,000F   50,000~60,000F

  15,000 ~ 20,000F   30,000~40,000F   60,000F 이상
- 다음 것을 가지고 있습니까? :

  전축   자가용차 (가지고 있을 경우 차종도)

  녹음기   TV

  사진기   비디오카메라

                         전화

* 여기서는 조사표 중에 사진에 관한 부분(24항목의 질문)은 수록하지 않았다(P. Bourdieu 외 저, 『중간예술』, pp. 352~356을 참조할 것. 다만 사진에 대한 정보를 주는 다른 주제들에 대한 질문(질문 26)은 수록했다.

1. 당신은 가구를 어디에서 샀습니까?
   백화점에서 샀다 (구입 백화점 이름)   벼룩시장에서 샀다.
   　골동품점에서 샀다　　　　　　　　　　경매장에서 샀다
   　가구전문점에서 샀다(구입 상점 이름) 부모로부터 상속
   　가구 장인으로부터 샀다　　　　　　　임대
   　　　　　　　　　　　　　　　　　　　그 외(구체적으로)

2. 당신의 가구 스타일은 :
   　모던
   　클래식
   　민속풍

3. 만약 좋아하는 가구를 살 수 있다면, 어떤 가구를 사고 싶습니까?
   　모던
   　클래식
   　민속풍

4. 당신이 생활하고 싶다고 생각하는 방의 인테리어를 형용하는 말로서, 다음 중 가장 적합한 것을 3개 골라 주십시오
   　깨끗하고 말쑥한　　따뜻한　　　　　정성들인
   　쾌적한　　　　　　관리하기 쉬운　　상상력이 풍부한
   　잘 구성된　　　　　클래식한　　　　실용적이고 기능적인
   　검소하고 분별 있는 조화된　　　　　아늑한

5. 위에서 고른 특징 중, 전혀 중요하지 않다고 생각하는 것 3개를 고르면 무엇입니까?

6. 이하의 활동을, 당신이 자주 하는 것, 거의 하지 않는 것, 전혀 하지 않는 것으로 각각 나누어 주십시오
   　　　　　　　　　자주 한다.　거의 하지 않는다.　전혀 하지 않는다.
   일요 목공
   스포츠 (종목 이름도)
   캠프
   보행

조형예술 - 회화, 조각
악기 연주(종류도)
실내 게임 (종류도)
TV 청취

7. 다음 중 좋아하는 가수를 3명 골라 주십시오
    샤를르 아즈나벨   에디트 삐아프   루이스 마리아노
    레오 페레   쟈끄 브렐   페츄라 클라크
    죠니 아리데이   조르쥬 게따리   쟈끄 두에
    조르쥬 브라상스   프랑수아즈 아르디   질베르 베코

8. 당신이 좋아하는 옷은 :
    클래식한 바느질이 되어 있는 값비싼 옷
    유행에 민감하고 자기 개성에 어울리는 옷
    수수하고 단정한 옷
    입어서 편안한 옷
    멋지고 고급인 옷
    그 외(구체적으로)

9. 당신의 옷은 :
                                        평상복   정장
    자신 또는 가족의 수제품
    개인 의상실에서 맞춤
    대량생산 메이커의 기성품
    기성복confection(세련되고 멋진)
    프레따 뽀르떼

10. 자기 집에 손님을 초대할 때 어떤 요리를 대접합니까?
    단순하지만 깨끗하게 차려진 음식   식욕을 돋우는 경제적인 요리
    섬세하고 훌륭한 요리   독창적이고 이국풍인 요리
    양이 많고 맛있는 요리   전통적 프랑스 요리
    집에 있던 소탈한 요리   그 외(구체적으로)

11. 다음 형용사 중, 친구의 인격적 요소로서 당신이 가장 높이 평가하는 것에 밑줄을 그어 주십시오
   명랑하고 낙천적인   세련된   양심적인
   온건한   사교적인   유쾌한
   예술가 기질의   실제가인   의지가 강한
   활동적인   예의바른   기품 있는

12. 위에서 고른 요소 중, 전혀 중요하지 않다고 생각하는 것 3개는 무엇입니까?

13. 다음 중, 좋아하는 종류의 책을 3개 골라 주십시오
   추리소설·모험소설   시집
   연애소설   정치관계 저작
   기행기·탐험기   철학관계 저작
   역사이야기   고전작품
   과학관계 저작   현대작가의 작품

14. 다음 중 좋아하는 영화의 장르를 3개 골라 주십시오
   모험영화   대(大) 스펙터클 영화
   전쟁영화   뮤지컬·코메디
   서부극   희극영화
   탐정·수사영화   사회파 영화
   역사영화   드라마 영화
   누벨 바그 영화

15. 다음 중 당신은 어떤 영화를 봤습니까. 또 각각의 영화감독 이름과 주연배우 이름을 써주실 수 있습니까?
              본 영화   감독 이름   배우 이름

   이탈리아식 이혼광상곡
   몰살의 천사
   로코와 그의 형제들
   시실리의 검은 안개
   빗속에서 노래를

구애자
심판
아브레市의 일요일
칼과 정의
치타
사상최대의 작전
황야의 칠인
부랑자를 위한 발라드
추악한 세관원
북경의 55일
비아리츠로의 여행
해적
악덕과 덕
황제의 비너스

* 이 목록은 파리거주자 용이다. 북부지방의 앙케트 대상자에 대해서는, 조사할 때 상영되고 있던 영화에 따라 작성한 다른 목록을 사용했지만 여기서는 수록하지 않았다.

16. 영화를 볼 때, 특히 무엇에 흥미 있습니까?
    배우
    감독
    줄거리

17. 라디오 프로그램에서 특히 자주 듣는 것은?
    경음악   교양 프로그램
    뉴스   고전 음악
    시사 프로그램   그 외(구체적으로)

18. TV 프로그램에서 특히 자주 보는 것은?
    연극   뉴스
    과학 프로그램   역사 프로그램
    영화   문화 프로그램
    쇼   시사 프로그램

19. 다음 의견 중에 당신의 의견에 가장 가까운 것은?
    클래식 음악은 어렵다
    클래식 음악은 우리에게 어울리지 않는다
    클래식 음악을 좋아하지만 잘 모른다
    클래식 음악을 정말 좋아한다, 예를 들면 슈트라우스 왈츠 등 좋은 음악이면 무엇이든 흥미가 있다.

20. 다음 목록 속에서 알고 있는 음악작품은 무엇입니까? 또 각각에 대해 작곡자 이름을 답해 주십시오.

	알고 있는 작품	작곡자 이름
랩소디 인 블루		
라 트라비아타		
왼손을 위한 협주곡		
소야곡		
아를르의 여인		
칼의 춤		
불새		
푸가의 기법		
헝가리 광시곡		
어린이와 마법		
아름답고 푸른 도나우 강		
신들의 황혼		
사계		
평균율 피아노 곡집		
주인이 없는 몽둥이		

21. 위의 작품들 속에서 좋아하는 것 3개를 골라주십시오.

22. 다음 의견 중에서 당신의 의견에 가장 가까운 것은 어느 것 입니까?
    - 회화에는 흥미가 없다
    - 미술관에 대해서는 잘 모르므로 나로서는 평가할 수 없다
    - 회화란 좋은 것이지만 어렵다, 그에 대해 말하기에는 지식부족이다.
    - 인상파가 가장 좋다
    - 상회화에는 고전파회화와 마찬가지로 흥미 있다.

23. 다음 목록 중에서, 좋아하는 화가 3명을 골라주십시오
    다 빈치   달리   칸딘스키   블라밍크
    르누아르   고야   라파엘   와또
    뷔페   반 고흐   브라끄   피카소
    유트리오   브뤼겔   루소

24. 다음 박물관에 간 적이 있습니까? (될 수 있는 한 어떤 기회에 갔는지 ─ 학교에서, 부모님과, 친구와, 혼자 등 ─ 또 몇 년에 갔는지도 대답해 주십시오)
    루브르 박물관   쟈끄마르 앙드레 박물관
    쥐 드 뽐 박물관   당신 동네의 박물관(지방거주자의 경우)
    현대미술 미술관

25. 다음 각 의견에 대해 당신의 생각을 나열해 주십시오
    현대회화란 어떻게 해도 그릴 수 있다, 아이들이라도 같은 그림을 그릴 수 있다
    누가 어떻게 그렸는지에 대해 관심 없다
    나로서는 그림을 평가할 없다, 잘 모르므로

26. 다음 주제로 사진을 찍은 경우, 그것은 어떤 사진이 된다고 생각합니까?
                         아름답다   재미있다   시시하다   흉하다
    풍경
    자동차 사고
    고양이와 노는 소녀
    임산부
    정물화
    젖을 물리고 있는 어머니
    공사현장의 철골구조
    싸움을 하고 있는 부랑자들
    양배추
    일몰
    직공
    민속무용

로프
정육점의 고기 자르는 도마
나무껍질
유명 기념물
쓰레기 폐기장
최초의 영성체
상처 입은 사람
뱀
거장의 그림

〔응답자에 대한 의견〕 (조사원이 기입함)

@거주

   아파트
   독립 소주택 pavi_lon
   단독주택 maison
건축 후 경과 년 수 :
건물의 상황 :
   HLM(공동주택)   낡았다   평균적
   부르주아적   가난한   디럭스
방 숫자 :
내장(內粧) :
가구:
주된 양식:
바닥:
그 외의 의견

@ 복장

남성 :
작업복   스포티한 옷(폴로셔츠, 청바지 등)
쓰리피스 수트   외출복(타운 웨어)
스웨터   넥타이
와이셔츠의 모양과 색깔 :
       소매는 : 단추를 잠그고 있었다   커프스를 하고 있었다
       걷어올리고 있었다

여성:
   홈웨어   셔츠 블라우스와 스커트   드레스
   테일러 수트   판타롱   상당히 꾸미고 있다
    신발은: 하이힐   로힐   etc.
          슬리퍼
화장과 향수 :
단정한 몸가짐인가 아닌가 :

@ 머리모양

남성:

짧다	보통	스포츠형(crew cut)
상당히 짧다	길다	가르마(옆가르마/중간가르마)
구레나룻	콧수염(모양은?)	턱수염
기름(포머드)을 발랐다		

여성:

짧다	보통	상당히 곱슬하다
상당히 짧다	길다	부풀렸다
뒤에서 묶었다	탈색했다	직모
부드러운 퍼머(컬)	염색했다	

@ 어투

품위 있다	정확하다
속어조	문법적으로 틀림(구체적으로)

악센트:

강하다
종종 보인다
전혀 없다

부록2. 보충자료[1]

1. INSEE(국립통계경제연구소)가 1970년 약 45,000가구를 샘플로 실시한 소득에 대한 조사는 세무국이 보유하는 서류를 근거로 하여 행해진 것이다. 따라서 이 조사는 과세소득만을 대상으로 하는 것이 아니라, 사회보장 급부금과 보조금 등, 여러 가지 이전 소득을 제외하고 있을 뿐만 아니라 어떠한 동산수입도 고려하지 않고 있다. 또 어떤 형태의 소득, 특히 개인기업소득에 대해서는 과세평가액이 실태보다 훨씬 적게 되어 있다. 그러나 이러한 한계가 있다고 하더라도 과세소득에 대한 조사는 각 사회직업 범주가 받아들이고 있는 수입의 구조와 범주들 간의 평균소득의 차이 및 어떤 범주 내부에서의 평균치에서 벗어난 부분에 대해 기본적인 데이터를 제공해 주고 있다(G. Banderier, P. Ghigliazza, "Les revenus des ménages en 1970", *Les collections de l'INSEE*, M 40, 1974, 12월, 참조). 여기에 수록된 데이터(이것은 가정家庭의 데이터로서 개인 단위가 아니다. 단 과세단위로서 세대별로 되어 있는 동산에 대해서는

---

[1] 본서에서 그 결과를 이용한 INSEE의 앙케트 조사의 2차 분석을 하기 위해 필요한 통계표(그 대부분은 미공개였다)를 빌려준 M.C. 드 라 고들리네 부인과 M.C. 떼로 씨에게 특히 감사드린다. 또 가지고 있는 자료를 쾌히 제공해 주신 P. 드브뢰, P. 르루, P. 기그리앗차 씨에게도 감사드린다. 물론 여기서는 유럽사회학센터의 과거의 조사자료, 예컨대 미술관 입장자에 대한 조사(P. Bourdieu et A. Darbel, avec D. Schnapper, *L'Amour de l'art*, Paris, Ed. de Minuit, 1969), 학생과 문화에 대한 조사(P. Bourdieu et J. C. Passeron, *Les étudiants et leurs études*, Paris La Haye, Mouton, 1964), 혹은 그랑 제꼴의 학생에 대한 조사 등도(때에 따라서는 그것들을 2차 분석에 첨부하면서) 이용했다.

별도이다²)는 P. 기그리앗차가 제공한 INSEE의 미공개자료에서 취한 것이다(단 평균 총과세소득의 숫자는 제외한다. G. 방드리에와 P. 기그리앗차에 의한 전게 논문, 29쪽을 참조할 것).

2. INSEE가 1970년에 실시한 「직업교육·취업자격」조사는 38,000명을 대상으로 하고 있다. 이 조사는 더욱이 일반교육/취업교육과 취업실태(직업, 자격, 급여수준, 이동상황 등)와의 관계를 분명히 하고, 사람들의 취업적/지리적 이동(1965년에서 1970년 사이에 일어난 변화) 및 세대 간의 이동(부친과 본인의 직업·학력의 변화)에 대한 데이터를 제공한다. 최초의 조사결과는 공개 간행되어 있다(R. Pohl, C. Thélot et M.F. Jousset, "L'enquête formation-qualification professionnelle en 1970", *Les collections de L'INSEE*, D 32, 1974, 5월 참조). 본서에 수록된 데이터는 1918년 이후에 태어나 현재 일을 하고 있는 사람들에 대한 것으로 우리의 요구에 따라 작성된 도표의 2차적 활용에 의해 얻어진 것이다.

3. INSEE가 매년 실시하고 있는 생활상태와 가정소비에 대한 조사는, 1972년에는 일반 가정에서 추출한 대표 샘플을 대상으로 실시되었는데 그 수는 약 13,000 세대이다.³) 이 조사는 한편으로는 가정의 상황(가구구성, 연령, 세대주의 직업 등)이나 주거 설비, 주된 지출(피복비 등), 정기적 지출(집세, 관리비 등)에 관한 조사표에 따른 앙케트를 실시했고,

---

2) INSEE의 정의에 따르면 세대(世帶)란 주된 주거지(보통 주소)로 점유되고 있는 같은 주택에 살고 있는 사람들의 전체를 일컫는 것으로, 사람 수나 주택의 명의인과의 관계는 묻지 않는다. 이에 대해 협의의 「세무상의 세대」는, 세대주, 그리고 경우에 따라서는 그 배우자 및 세무상 세대주의 부양가족이라고 볼 수 있는 사람들을 가리키는 것이며, 따라서 하나의 과세 단위가 형성되는 대상이 되는 사람들의 전체를 말한다.

3) 여기에 수록한 데이터는 세대(世帶)에 관한 것이다. 또 각 사회직업 범주에 대해, 일인당 소비단위당 소비액도 나타내었다. INSEE의 정의에 따르면 하나의 세대가 포함하는 소비단위 수는 다음과 같은 비중계산으로 얻을 수 있다. 세대 내에서 최연장 성인 = 1 소비단위. 다른 성인(일인당) = 0.7 소비단위. 어린이(14세 미만 일인당) = 0.5 소비단위.

또 다른 한편으로는 일상적 지출을 조사하기 위해 일주일 동안 각 가정에 가계부를 두고, 후에 이것을 조사원이 회수하여 점검하는 방법으로 실시된 것이다. 이것을 살펴보면, 지출의 전체(비행기나 배에 의한 여행, 이사비용 등 좀처럼 없는 큰 지출을 제외)를 알 수 있으면서도 자기소비 또는 자기공급, 즉 구매가 아닌 소비(농업종사자에게는 식료품, 장인이나 상인에게는 재고품의 사용) — 이것들은 다른 범주의 가정과 비교하는 경우에는 소매가격으로 계산되어 있다 — 가 어느 정도쯤 되는 지도 알 수 있다. 따라서 농업종사자와 소경영자에 대해서는 왜 소비총액이 수입총액을 크게 웃돌고 있는지도 이것으로 이해할 수 있을 것이다(또 소경영자는 종종 소득의 과소신고가 두드러진 범주인 탓도 있지만). (전체의 결과에 대해서는, G. Bigata et B. Bouvier, "Les conditions de vie des ménages en 1972", *Les collections de L'INSEE*, M 32, 1974. 2월 참조). 여기에 수록된 정보는 우리의 요구에 응하여 작성된 세분된 범주별 도표를 2차 분석한 결과 얻어진 것이다.

4. INSEE가 1967년의 마지막 사분기(10~12월)에 프랑스의 성인인구 전체의 대표로 무작위 추출된 6,637명의 샘플을 대상으로 실시한 '레저'에 대한 앙케트 조사는 생활상태(심부름꾼은 있는가, 아기 보는 사람이 있는가, 극장이나 수영장까지의 거리는 어느 정도인가, 별장은 가지고 있는가 등등), 일하는 시간과 속도, 그리고 특히 다양한 문화적 실천(미술관을 방문하는 것, 전람회에 가는 것, 역사적 건축물을 방문하는 것, 독서, 여러 가지 종류의 연극이나 영화를 보러 가는 것, 카페나 레스토랑에 가는 것, 외출, 리셉션, 라디오를 듣는 것, TV를 보는 것, 또는 정원 가꾸기, 일요목공, 사냥, 낚시, 경마 등의 여러 가지 취향, 문학·예술 활동, 수집, 등등)에 대한 것이다(이 조사의 결과에 대해서는 특히 P. Debreu, "Les comportements de loisir des Français", *Les collections de L'INSEE*, M 25, 1973. 8월을

볼 것). 여기서 수록한 데이터는(남성에 대한 데이터뿐이지만) 우리의 요구로 작성된 도표를 2차분석한 결과로 얻은 것이다.

5. '실업가와 상급관리직'의 세계에 대한 앙케트 조사는 1966년, CESP(광고 매체 연구센터)의 요구에 따라 SOFRES(프랑스 여론 조사 회사)가 실시한 것인데, 조사대상자는 세대주가 공업경영자, 대상인, 자유업 종사자, 상급관리직, 상급기술자, 또는 교수와 같은 가정에서 살고 있는 15세 이상의 2,257명이었다. 조사표에는 독서 습관, 최근 읽은 신문·주간지·잡지류, 라디오나 TV의 청취상황, 생활수준, 가정용품, 생활양식(바캉스, 스포츠, 소비행동), 업무상의 생활(회의, 장기출장, 회의를 위한 오찬), 문화적 실천, 여기에 주요한 기본적 정보(학력, 수입, 주거지의 크기 등)에 대한 질문이 포함되어 있다. 이 조사로 세대주 혹은 본인의 사회직업 범주에 따른 분포를 그대로 이용할 수 있었다.

6. 신문·잡지류의 구독상황에 대한 1970년의 CESP의 조사는 SOFRES가 실시한 것이며, 조사대상자는 세대주가 공업경영자, 대상인, 자유업 종사자, 교수, 상급기술자, 혹은 관리직과 같은 가정에서 살고 있는 2,682명(현재 일하고 있는 사람과 일하지 않는 사람을 모두 포함한다)이었다. 먼저 인터뷰를 한 후, SEMA(응용수학 경제 연구사)와 SOFRES가 작성한 우편용 조사표가 조사원에 의해 전달되었다. 응답회수율은 66%였지만, 그 조사표에는 주로 그 사람의 관심의 중심(「좋아하는 화제」), 가정용품, 레저용품, 주된 주거지와 별장, 바캉스, 예술작품 수집, 스포츠, 자동차, 경제행동 등에 대한 질문이 기재되어 있었다. 이 연구는 읽히고 있는 신문이나 주간지에 의한 분포를 이용할 수 있었다(그러나 사회직업 범주에 의한 분포는 사용할 수 없었다).

7. 프랑스인의 문화적 실천에 대한 조사는, 문화부 연구조사국에 의

해 기획되어, 계획사무국, INSEE, INED(국립인구문제 연구소), CNRS(국립학술연구센터), ORTF(프랑스 방송협회) 각각의 대표로 이루어진 업무집단에 의해 준비된 후, 1973년 ARCMC(마케팅 및 커뮤니케이션 분석 연구상담소)가 실시하였다. 조사대상자는 15세 이상의 1,987명. 조사표에서는 1967년 INSEE가 실시한 레저행동에 대한 앙케트에서 이미 사용된 일련의 질문 및 몇몇 문화적 실천에 대한(그리고 특히 이들 실천의 내용 — 예를 들면 TV에서는 어떤 종류의 프로그램을 보는가, 실제 어떤 레코드를 가지고 있고 자주 듣는가, 어떤 예술작품을 소유하고 있는가, 등과 같은 것에 대한) 보다 상세한 질문이 실려 있다. 단, 정보의 수집방법에 따른 한계로 인해(사회직업범주는 미리 10개의 범주로 나누어져 있었다), 이 조사를 근거로 계급분파별 문화적 실천의 차이를 보다 상세하게 분석할 수는 없었다. 조사의 주된 결과는 문화부 연구조사국에서 『프랑스인의 문화적 실천』(2권본, 1974년 12월)으로 간행되어 있다.

참조한 다른 앙케트 조사에 대해서는 이하에 열거하는 것으로 대신하고 싶다.[4] 이들 조사는 대개 특수한 영역에 관한 것으로 많은 경우 비교적 한정된 수의 샘플을 대상으로 하고 있고, 대개는 직업을 5개의 범주로 나누는 분류 시스템을 채용하고 있다. 즉, (1) 농업종사자 (2) 생산노동자 (3) 상·공업경영자 (4) 사무노동자 및 일반관리직 (5) 상급관리직 및 자유업.

---

4) 통계자료의 목록작성에 대해서는, 특히 다음 세 개의 귀중한 서적자료의 도움을 받았다. (C. Guinchat, *Bibliographie analytique du loisir, France(1966~1973)*, Prague, Centre européen pour les loisirs et l'éducation, 1975; A. Willener et P. Beaud, *Nouvelles tendances de la consommation culturelle. Vers une troisième culture*, Paris, Cordes, Cecmas, 1972, 2 Vol., 250 p. et 260 p, 이것은 수량 데이터 및 미술관, 사진, 영화, TV, 음악 등에 대한 조사결과를 수집한 부분이다 ; '문화의 발전과 활동'에 대해서는 1969, 1970, 1971, 1972, 1973년에 발표된 서적·논문목록(문화부 연구조사국 발행)을 참조했다.

● 영화에 대하여

8 — "Cinéma français. Perspectives 1970", *Bulletin d'information du Centre national de la cinématographie*, n° spécial, 91, fév. 1965.

9 — IFOP, *Les acteurs et actrices préférés des Français*, oct. 1968.

10 — IFOP, *Les acteurs et actrices préférés des Français*, sept. 1970

11 — IFOP, "La fréquentation et l'image du cinéma en 1970", *Bulletin d'information du Centre national de la cinématographie*, 126, 1970, 46p. et suppléments.

12 — "Le public cinématographique", *Bulletin d'information du Centre national de la cinématographie*, 153~154, juin-août 1975.

13 — SOFRES, *Les Français et le cinéma en 1975*, mars 1975.

13 추가 — CESP, *Étude sur l'audience du cinéma*, Paris, 1975, XVI, 100p.

● 연극에 대하여

14 — SEMA, *Le théâtre et son public*, Enquêtes réalisées pour le Ministère des affaires culturelles, Paris, 1966, 2 vol. (1964년에 실시된, 파리극장의 관객에 대한 중요한 조사의 결과)

15 — IFOP, *Étude auprès des spectateurs des "parathéâtrales" au Théâtre de la Ville*, Paris, IFOP, 1969, 20p.

● 라디오 · TV에 대하여

16 — "Une enquête par sondage sur l'écoute radiophonique en France", *Études et conjoncture*, 10, oct. 1963, pp. 923~1002 (1961년, 12000명의 샘플을 대상으로 실시한 중요한 조사)

1966~1974년에 ORTF의 여론조사부에 의해 실시된 다수의 조사 중에서 이하의 것을 참조했다.

17 — *Les téléspectateurs et les émissions musicales*, Enquête réalisée en 1969 et 1970.

18 — *Les dossiers de l'écran*, Enquête réalisée en 1971.

19 — *Une enquête sur les variétés. Traitement des données par l'analyse factorielle des correspondances*, juillet 1972.

20 — *Les auditeurs de France-musique; attitudes, opinions, habitudes d'écoute des émissions*, juillet 1972.

21 — *Les festivals et la radio*, Phase exploratoire, juillet 1974.

• 독서에 대하여

22 — IFOP, *Les lecteurs et acheteurs de livres*, Paris, IFOP, 1967, 59p.

23 — IFOP, *La clientèle du livre*, Paris, Syndicat national des éditeurs, 1969, 37p.

24 — IFOP, *Les achats de livres pour la jeunesse*, Paris, IFOP, 1970, 61p.

25 — SOFRES, *Les Français et la lecture*, Paris, SOFRES, 1972, 13p.

26 — SERVO, *Analyse sectorielle de l'édition, I. étude des marchés. Résultats qualitatifs, II. étude des marchés. Synthèse des résultats du sondage*, Paris, Cercle de la librairie, 1975, 175p., 51p.

27 — SOFRES, *L'image des écrivains dans l'opinion publique*, avril 1976.

28. 신문 · 주간지 · 월간지의 구독상황에 대하여는, 광고매체연구센터가 매년 발행하는 조사 *Les lecteurs de la presse*.

• 연극 · 음악 페스티벌에 대하여

29 — J. Henrard, C. Martin, J. Mathelin, *Étude de 3 festivals de musique, La Rochelle 1974, Saintes 1974, Royan 1975*, Paris, Centre d'études des techniques économiques modernes, nov. 1975, 130p.

30 — F. X. Roussel, *Le public du festival mondial de théâtre de Nancy*, Nancy, Centre d'informations et d'études d'économie, 1975.

31 — SEMA, *Données statistiques sur le système musical français*, Paris, SEMA, 1967, 267p.

• 실내장식과 가구에 대하여

32 — ETMAR, *Le marché de l'ameublement dans les foyers domestiques. Importance des dépenses et caractéristiques de la clientèle* Paris, ETMAR, sept. 1967.

● 음료소비와 의복에 대하여

결과가 INSEE 자료에 공표된 「프랑스인의 음식소비」에 대해서 INSEE에 의한 정기적 조사(33), 그리고 「가정의 생활상태」에 대한 조사로부터 세분된 범주별로 우리가 이차적 활용을 한 것(보충자료 3) 이외에, 다음과 같은 자료를 사용하였다.

34 ── SOFRES, *Les habitudes de table des Français*, Paris, janvier 1972, 63p.

34 추가 ── SOFRES, *Les Français et la gastronomie*, (1000명 대상) juillet 1977.

35 ── Thi Nguyen Hun, Les dépenses d'habillement des Français en 1971~1972, *Les collections de l'INSEE*, M 38, nov. 1974.

● 스포츠에 대하여

레저에 대한 INSEE에 의한 조사(보충자료 4)의 세분된 범주별 이차분석, 그리고 문화적 실천에 관한 조사(보충자료 7)에 의해 제공된 데이터 이외에, 다음 자료를 참조했다.

36 ── SOFRES, *Les Français et le sport*, février 1968.

37 ── IFOP, *Les attitudes des Français à l'égard du sport*, décembre 1972.

38 ── SOFRES, *Les Français et le sport*, juin 1975 (15세 이상 2000명 대상)

● 신문·잡지에 대하여

이미 언급된 「실업가·상급관리직에 있어서 신문·잡지의 구독상황」에 대한 CESP에 의한 조사 (상기 보충자료 7 참조) 이외에, 다음 자료를 사용하였다.

39 ── CESP, *Douzième étude sur les lecteurs de la presse*, 1976. 별도의 도표를 활용한 결과 얻어진 것이다. (5562명 대상)

40 ── IFOP, *Les lecteurs de quotidiens dans la campagne électorale*, février 1978.

● 외모 유지비에 대하여

41 ── SOFRES, *Pourquoi les Françaises veulent-elles maigrir?*, mars 1974 (18~65세의 여성 450명 대상)

42 ── SOFRES, *Les femmes et la mode*, octobre 1974 (18~50세의 여성 1,100명 대

상)

43 — IFOP-Groupe d'études de Marie-Claire, *L'art de recevoir*, décembre-janvier 1978.

44 — IFOP-Groupe d'études de Marie-Claire, *Les Françaises et la beauté*, décembre 1976 (18~45세의 여성 1016명 대상)

45 — ETMAR, *Achats de vêtements*, 1971 (파리 거주의 여성 552명 대상)

- **모랄에 대하여**

46 — IFOP, *Les Français et l'amour*, novembre 1975.

47 — SOFRES-Express, *Attitudes envers l'homosexualité*, 7~11 décembre 1973.

48 — IFOP-France-Soir, *Les Français sont comme ça*, août-septembre 1974 (1217명 대상)

49 — SOFRES, *L'image de la justice dans l'opinion publique*, février 1977.

50 — SOFRES, *Les Français et la censure au cinéma*, sept 1974.

51 — SOFRES, *Les Français et l'art moderne*, avril 1972 (1000명 대상)

부록3. 통계자료 — 앙케트

취향과 문화적 실천 1

	실수	\[미적 성향 — 이하의 묘사에들 아름답다고 사진이라기보다 보는 사람의 비율\]									\[좋아하는 화가\]											
		일몰	최초의영성체	민속무용	고양이와노는소녀	찢겨진누더기	임산부	사회현장의폭동	양배추	자동차사고	라파엘	유트릴로	르누아르	반고흐	달리	고야	비유펠	칸딘스키				
민중계급	166	90	50	63	56	44	17	6	11	7	—	32	8	20	6	16	49	48	3	5	16	1	—
장인·소상인	100	91	43	59	58	57	23	9	14	2	1	23	23	6	24	53	47	—	8	14	8	—
사무노동자·일반관리직	287	86	35	57	60	46	25	6	9	8	2	34	19	14	23	56	42	3	5	12	6	—
일반기술자·초등학교 교사	78	88	19	51	74	75	49	25	30	13	4	15	15	12	12	49	57	7	1	29	15	3
신흥 쁘띠Bg(2)	119	72	20	36	54	61	45	22	24	24	2	22	11	10	13	42	50	8	12	28	25	6
중간계급	584	84	31	52	60	55	32	12	16	11	1	27	17	12	19	51	47	4	7	19	12	2
상·공업경영자	102	80	27	38	47	40	30	10	15	4	2	19	14	17	23	59	31	12	18	19	6
관리직·상급기술자	232	59	12	41	50	57	53	20	10	17	1	23	10	24	8	14	47	56	5	6	34	27	2
자유업	52	73	17	36	61	58	54	23	33	19	6	12	6	16	22	16	61	57	6	8	22	31	10
교수·예술제작자	81	53	22	23	48	53	54	49	41	37	17	8	1	10	5	10	30	47	13	44	36	6
상류계급	467	64	18	37	50	53	48	23	19	18	4	18	9	20	11	16	48	49	5	9	31	27	4

숫자에는 무응답자는 포함되어 있지 않다.
(1) 농업종사자·농업노동자를 제외한다.
(2) 신흥 쁘띠 부르주아지에 포함되는 것은, 의료보건 서비스 종사자, 문화매개자, 미술공예관계의 장인·상인, 비서, 판매 일반관리직이다.

취향과 문화적 실천 2

	회화에 대한 의견(1)						좋아하는 음악작품(2)													
	흥미가 없다	좋은 작품인지 어렵다	인상파를 좋아한다	추상회화를 좋아한다	현대회화는 아무렇게나 흉칠할 수 있다	자기 작품을 하고 싶다	아들틔의 영웅	아름답고 푸른 도나우 강	라 트라비아타	잘 춤	볼레로 인 블루	항가리 광시곡	신들의 항흔	소환곡	사계	물결	이런구의 단폐	부가의 기법	평균율 피아노 곡집	한손을 위한 협주곡
민중계급																				
장인·소상인	26	62	7	4	32	7	42	66	28	25	24	33	4	11	7	5	—	2	1	—
사무노동자·일반관리직	16	73	5	5	44	2	41	60	30	27	24	34	11	15	15	10	1	1	2	2
일반기술자·초등학교 교사	17	65	12	7	35	8	36	53	23	22	21	40	11	27	22	7	0	3	10	0
신중 빼따 Bg.	3	50	26	22	53	14	18	18	18	21	31	38	19	31	46	12	1	10	10	7
	4	30	32	34	64	13	14	22	10	12	25	25	17	34	47	16	10	14	12	8
중간계급																				
상·공업경영자	14	56	16	14	45	9	30	43	21	20	25	36	13	27	29	10	3	6	5	3
관리자·신금기술자	4	51	27	17	42	6	23	24	28	6	28	50	9	21	30	10	3	15	4	5
자유업	8	27	39	26	55	11	20	20	11	13	25	42	18	30	39	15	2	13	12	13
	—	31	40	29	58	13	4	17	6	2	21	32	11	53	55	6	2	13	17	23
교수·예술제작자	4	14	39	43	75	21	1	3	9	4	13	21	22	51	51	23	4	31	32	13
상류계급																				
	5	31	37	27	55	12	15	17	14	9	23	39	16	34	41	15	2	17	14	12

숫자에는 무응답자는 포함되어 있지 않다.
(1) 응답자에게 몇 개의 의견항 중에서 자신의 의견에 가장 가까운 것을 선택하도록 했다.
(2) 응답자에게 16곡의 작품 리스트에서 3곡을 고르도록 했다.

취향과 문화적 실천 3

	작곡가(1)				영화감독(2)				좋아하는 책(3)								여투(4)				
	0~2인	3~6인	7~11인	12인 이상	0인	1~3인	4인 이상		연속소설	영웅기	모험·추리소설	역사소설	현대작가의 작품	고전작품	시집	철학책의 저자		여투		전혀 없다	
																	손으로	많은 책이로 듣음	전혀 않다	풍부하다	정확하다	약간
민중계급	77	19	4	—	89	10	2		36	61	57	40	19	10	8	2	8	50	42	—	33	54	12
장인·소장인	65	27	7	1	80	18	2		3	60	3	51	22	11	10	8	4	28	68	—	12	37	50
사무노동자·일반관리직	49	31	17	3	59	37	4		28	49	54	47	40	28	21	5	4	15	77	4	16	56	28
일반기술자·초등학교 교사	17	28	36	19	56	32	11		9	38	38	49	38	32	17	14	—	—	94	6	—	35	65
신흥쁘띠 Bg.	20	22	39	18	39	44	17		10	25	25	34	56	41	35	30	5	—	74	21	5	26	68
중간계급	41	28	22	8	58	35	7		23	45	43	45	40	28	21	12	3	14	78	5	10	44	46
상·공업경영자	30	28	26	15	61	29	10		10	41	43	68	36	30	6	8	—	—	80	20	—	33	67
관리직·상급기술자	16	22	41	21	52	39	9		3	38	38	40	41	36	29	27	—	—	94	6	—	13	87
자유업	11	13	40	35	42	38	19		8	25	44	48	36	21	25	38	6	—	81	12	—	12	87
교수·예술제작자	4	11	33	52	22	46	32		7	15	29	24	55	47	35	34	10	—	85	3	—	7	93
상류계급	15	22	37	26	47	38	15		6	33	38	41	42	35	25	25	5	—	84	11	—	16	84

숫자에는 무응답자는 포함되어 있지 않다.
(1) 16곡의 작품 중, 알고 있는 작곡자 수
(2) 19개의 영화작품 중, 알고 있는 감독의 수
(3) 응답자에게 10개의 정도 중에서 3개를 선택하도록 했다.
(4) 어진 일람표를 가진 조사원에 의해 기록된 의견

943

취향과 문화적 실천 4

계급	활동(1)						라디오(2)			좋아하는 가수(3)								
	운동 얘기 보급	산책(하이킹)·등산·영화관람	운동 텔레비 관람	운동 초청예술	운동 악기 연주	루브르 박물관과 현대미술관	종합음악	뉴스	교양·클래식음악	잡음악·교양·클래식음악	카뮈	마리우	P.끌렉	아즈나블	비달	바생이	페리	부에
민중계급	63	50	46	4	6	6	52	26	13	31	18	30	52	17	24	41	20	7
장인·소상인	79	59	39	6	5	13	46	22	15	22	20	30	36	2	31	32	20	4
사무노동자·일반판매직	51	56	47	7	1	23	50	15	16	21	12	25	47	11	48	40	30	6
일반기술자·초등학교 교사	61	69	68	10	6	40	13	22	11	4	5	19	19	3	55	72	35	14
신흥쁘띠 Bg.	52	60	65	24	15	51	14	21	8	9	11	16	29	5	41	50	13	19
중간계급	57	59	52	11	5	29	37	18	13	17	12	23	38	7	45	45	31	9
상·공업경영자	47	59	52	3	8	44	17	40	7	13	10	26	33	6	23	61	10	5
판매직·상급기술자	38	66	55	8	9	46	8	29	9	3	7	23	28	5	42	70	37	9
자유업	44	85	63	14	12	61	14	18	15	6	4	15	36	—	50	71	38	21
교수·예술제작자	38	54	71	16	16	64	9	15	7	1	1	2	12	4	54	85	48	25
상류계급	40	65	58	9	10	51	11	28	9	5	6	19	27	5	41	71	33	12

숫자에는 무응답자는 포함되어 있지 않다.

(1) 응답자에게 다양한 활동에 대해, 그것을 전혀 하지 않는지, 거의 하지 않는지, 자주 하는지를 답하도록 했다(미술관에 대해서는 루브르 박물관 또는 현대미술 박물관에 최저 한 번은 간 적이 있는 사람의 비율).

(2) 라디오로 가장 많이 듣는 프로그램의 종류.

(3) 응답자에게 12명의 리스트 중에서 3명을 고르도록 했다.

취향과 문화적 실천 5

	가구(1)				실내장식(2)					의복(2)				친구(2)					요리(2)				
	편화한	가구전문점	정세점	백화점	깨끗하고 말쑥한	아늑한	따뜻한	잘 구성된	상상력이 풍부한	검소하고 분별있는	조화된	값에 비해 질좋은	개성에 맞는	멋지고 고급인	낙천적	양심적	예의바른	실제적인	기품있는	세련된	예술가다운	소탈한 요리	단순하고 차려진	독창적이고 우아한	섬세하고 출중한
민중계급	38	24	4	4	41	45	22	25	4	8	23	44	28	3	40	63	25	10	5	—	8	23	35	1	9
정인·소상인	29	27	3	8	41	39	45	26	5	15	23	29	24	12	22	68	47	5	6	5	9	14	31	6	11
사무노동자 일반관리직	15	35	10	4	35	30	45	24	3	6	37	25	48	6	15	46	55	17	6	7	5	15	34	4	8
일반기술자 초등학교 교사	23	42	5	10	22	13	41	32	10	10	49	31	42	14	19	45	32	18	10	6	27	16	45	11	6
신흥 쁘띠 Bg.	15	25	11	22	11	12	47	33	15	19	47	17	39	26	9	29	30	20	18	18	29	21	26	14	8
중간계급	19	33	9	9	30	26	45	27	7	11	38	25	39	12	16	46	44	16	8	9	13	17	35	8	9
상·공업경영자	10	39	18	50	11	17	48	24	12	12	47	25	43	23	23	45	53	9	18	17	16	17	22	15	29
관리직·상급기술자	6	28	16	42	15	17	48	19	11	36	53	15	34	14	12	31	39	18	16	9	27	16	26	9	5
자유업	8	31	19	61	10	16	43	25	16	10	47	13	33	21	15	52	38	13	6	17	28	17	27	8	8
교수·예술계작가	30	27	21	32	7	14	36	28	12	22	47	15	35	14	19	27	24	14	12	9	31	20	29	12	10
상류계급	11	31	18	44	11	16	45	23	11	25	50	17	36	17	16	36	38	16	15	12	25	17	26	11	12

숫자에는 무응답자는 포함되어 있지 않다.
(1) 가구를 구입할 장소
(2) 응답자에게 각각 다음과 같이 요구했다. 12개의 형용사의 리스트에서 자신이 살고 싶다고 생각하는 방의 인테리어를 가장 잘 표현하고 있는 것을 3개 고른다 ; 옷에 관한 6개의 항목에서 자신의 취향을 가장 잘 표현하고 있는 것을 3개 고른다 ; 12개의 특질 중에 친구라고 평가할 수 있는 것을 3개 고른다 ; 7 종류의 요리에서 친구에게 대접하고 싶다고 생각하는 것을 1개 고른다.

학력별로 본 미적 성향

학력	풍경	일몰	유명기념물	거장의 그림	첫 초의 영성체	민속무용	고양이와 노는 소녀	젖물린 어머니	직조	정물	나무껍질	토피	싸움을 하고 있는 부인자세	임산부	뱀	공사장의 철골구조	양배추	정육점의 고기 자르는 도마	쓰레기 폐기장	성적인 연상	자동차 사고
무학력, CEP	82.0	88.5	35.5	50.5	51.0	54.5	61.5	46.0	36.0	26.5	15.5	6.0	4.0	8.5	13.0	6.5	4.0	5.0	5.5	2.0	0.5
CAP	88.0	92.5	35.5	47.5	31.0	60.0	57.0	43.0	37.5	37.5	37.0	8.5	8.5	12.0	18.5	7.5	8.5	6.0	6.0	5.5	—
BEPC	72.5	85.5	32.5	39.5	32.5	56.0	57.0	55.0	25.5	40.5	37.5	6.5	8.5	13.5	17.5	8.0	13.0	5.0	6.0	5.5	1.0
바칼로레아 고등교육 중퇴	74.5	76.5	20.0	36.5	19.0	37.0	56.5	58.0	44.0	40.5	42.0	22.0	16.0	21.0	23.5	18.0	13.0	10.5	13.0	12.5	5.0
학사호	68.5	57.5	30.0	23.5	15.0	41.5	46.0	56.0	35.5	41.5	45.0	31.0	14.5	19.5	32.0	29.0	18.0	18.0	22.5	9.5	2.5
교수자격	72.0	57.0	19.0	31.5	7.0	36.5	57.0	59.0	44.0	44.0	56.0	32.5	16.5	22.5	28.5	24.5	22.5	19.5	16.0	17.5	1.5
그랑제콜	69.0	65.0	39.5	41.0	25.5	39.5	34.0	49.5	52.0	45.0	60.5	31.0	22.5	29.5	38.0	36.5	27.0	25.5	31.0	22.5	15.5

숫자에는 무응답자도 포함되어 있지 않다. 각 피사체에 대한 다른 응답보기 싫은 사진, 불품없는 사진, 재미있는 사진, 아름다운 사진의 분포상황을 나타내는 표 전체를 수록할 수 없기 때문에 여기에서는 그 피사체를, 아름다운 사진을 찍기에 가장 '어려운(즉 양해를 한 사람에서의 공통되어서 보면 대부분 혹은 완전히 피사체로서 구성되어 있지 않은) 것'에서부터, 그것을 제재로 아름다운 사진을 찍을 수 있다고 답한 사람의 비율만을 나타냈다. 이 표를 읽으려면 다른 응답을 한 사람의 응답비 및 피사체 각각의 교차수준에 따라 각각이라는 것 업무에 두지 않으면 안된다. 따라서 여기에서는 각 행에서 최대 숫자를 고딕으로 나타내는 것으로 구조를 확실히 하려고 했으나, 이것은 단지 응답자에게 선택하는 사진이나를 해답하고 해도, 활발 알기 쉬운 것이 되었을 것이다.

모 배롤 들어 예외적인 피사체라고 생각되는 기본건조물에 대해 이것을 아름다운 사진을 찍을 수 있다고 생각하는 사람과 재미있는 사진을 찍을 수 있다고 생각하는 사람은 일반이다. 경우, 그 숫자는 학력이 높아질수록 규칙적으로 떨어짐을 알 수 있다는 무학력·CEP 보유자에서는 87.5%, CAP 보유자에서는 90%, BEPC 보유자는 78%, 바칼로레아 보유자 74%, 고등교육 중퇴자 59%, 학사 취득자 57%, 그리고 교수자격 취득자 73%, 그냥 제출 수료자는 73%. 이 분포도 이 표에서 '일몰'에 대해 보이는 것과 같은 변화를 나타내고 있다.

1. 경제 자본주의 지표(%)

사회 직업 범주	평균 총수입	수입(1970년도) (보충자료1)						수입원·자산의 출원(보충자료2)							주거(보충자료3)			
		1만 포함 미만	1~2만 포함	2~3만 포함	3~6만 포함	6~10만 포함	10만 포함 이상	급여·봉급	상공업이윤	비영업이윤	농업수입	도시 부의 토지	유가증권	자기소유	자당설정중	임차	무료대여 판사
①	12,706	43.5	41.3	10.9	4.2	—	—	86.0	1.5	0.4	5.5	0.8	6.3	16.9	12.8	37.6	32.7
②	11,339	63.2	22.6	7.1	5.6	1.0	0.4	19.3	5.3	0.5	91.9	6.4	16.5	57.3	18.1	17.8	6.8
③	14,903	34.7	42.4	14.7	7.9	0.3	—	93.4	1.3	0.1	1.1	2.3	3.3	17.7	10.2	63.2	8.9
④	18,495	13.7	51.8	23.8	10.4	0.2	—	97.7	2.2	0.3	1.6	2.4	3.6	15.0	24.6	55.2	5.3
⑤	21,280	8.2	44.3	30.4	16.7	0.3	—	98.2	2.2	0.7	0.5	2.7	3.6	11.4	23.3	57.7	7.5
⑥		0.9	17.5	38.0	42.0	1.5	0.1	99.5	1.4	0.8	0.4	4.1	6.7	15.0	35.5	42.2	7.3
⑦	25,729	12.3	32.5	25.3	25.8	3.4	0.7	34.1	96.9	1.1	3.5	12.9	14.2	32.7	30.9	33.2	3.2
⑧	26,864	15.3	27.2	23.2	28.8	3.9	1.5	24.3	93.2	4.8	3.8	20.2	19.2	32.2	15.9	46.8	5.1
⑨		11.5	33.8	27.6	22.2	4.0	0.8	97.5	3.4	2.6	0.7	8.9	9.5	9.9	13.4	63.2	13.5
⑩	22,546	5.9	41.7	29.4	21.6	1.1	0.2	98.8	2.1	1.9	1.0	5.1	8.6	14.0	24.1	55.3	6.7
⑪		2.1	12.2	26.4	47.9	8.9	2.5	99.3	4.0	5.7	0.5	11.1	17.5	12.8	36.9	43.4	6.9
⑫		1.3	15.1	30.1	48.1	4.8	0.5	98.5	2.4	3.9	0.1	5.8	8.7	9.7	35.5	50.1	4.7
⑬	32,770	5.7	32.6	29.6	27.8	3.7	0.6	84.2	—	24.9	—	10.0	12.4	18.1	20.8	56.9	4.1
⑭		3.0	19.1	25.4	46.4	5.5	0.5	96.7	0.9	6.0	0.1	7.6	10.4	10.0	26.0	36.1	27.9
⑮	61,616	2.2	12.1	11.1	36.9	23.1	14.6	64.0	47.5	9.4	4.9	29.7	30.2	49.8	23.2	27.0	—
⑯	102,222	1.3	2.6	4.1	26.4	31.9	33.6	83.0	26.0	4.4	3.7	34.7	40.0	32.8	55.6	11.6	—
⑰		0.5	2.9	11.5	53.3	24.2	7.6	99.6	3.6	5.3	0.9	15.2	27.7	20.5	33.8	39.1	6.6
⑱	57,229	0.4	0.8	4.4	51.8	32.8	9.7	98.7	3.1	4.3	0.8	15.5	30.4	12.6	42.6	37.3	7.5
⑲		1.4	8.6	18.5	43.5	22.3	5.6	97.6	2.1	14.1	1.8	10.4	21.0	12.2	28.5	49.2	10.1
⑳	83,309	3.1	4.8	6.5	27.6	33.0	24.9	41.0	17.5	87.2	3.4	30.3	40.6	35.6	22.6	40.0	1.8

①농업노동자 ②자영농 ③단순노동자 ④단능공 ⑤숙련공 ⑥직공장 ⑦장인 ⑧소상인 ⑨점원 ⑩사무원 ⑪사무계열반관리자 ⑫일반기술인 ⑬시비스종사자 ⑭초등학교 교사 ⑮상업경영자 ⑯공업경영자 ⑰사무계상급관리자 ⑱상급기술자 ⑲교수 ⑳자유업

2. 사회적 계적 및 상속된 문화자본의 지표(%)

사회 직업 분류	농업노동자	차영농	광부, 단순노동자, 만능공	숙련공 직공장	(보충자료2) 가사사용인	직업(1) 장인 소상인	사무 노동자	일반 관리직	공업경영자 상업경영자	상급 관리직	자유업	무학력 무학력	CEP	BEPC	부친의 학력(2) 바칼로레아	고등교육
①	29.7	46.9	8.0	5.1	0.8	5.0	3.3	0.4	0.3	0.5	—	81.4	17.2	0.6	0.6	0.2
②	3.8	88.6	1.9	1.2	0.2	2.3	0.8	0.2	0.2	0.6	0.2	69.8	27.9	1.1	0.7	0.5
③	13.6	30.3	23.9	15.0	1.7	5.9	7.6	1.1	0.4	0.5	—	84.0	15.1	0.6	0.3	—
④	8.8	25.3	25.8	17.7	1.9	9.0	7.2	2.1	1.2	0.9	0.1	75.4	22.5	1.3	0.5	0.3
⑤	6.1	14.0	25.3	75.8	1.8	10.9	10.0	2.9	1.4	1.7	0.1	67.3	29.8	1.5	1.0	0.4
⑥	5.5	12.6	23.6	25.6	2.2	10.1	11.3	3.7	2.1	3.2	0.1	65.3	30.7	2.0	0.9	1.1
⑦	6.3	16.7	11.8	13.6	1.9	34.3	8.1	2.4	2.9	1.6	0.4	64.5	32.0	1.9	1.1	0.6
⑧	4.9	18.1	7.0	10.7	0.8	39.4	8.1	2.1	6.0	2.3	0.6	61.2	31.9	1.2	3.4	2.2
⑨	4.8	10.3	16.8	18.0	0.9	18.3	15.4	3.7	7.7	3.4	0.7	54.6	37.1	3.3	2.1	2.9
⑩	5.1	16.8	20.4	17.3	2.7	10.1	15.7	6.4	1.8	3.4	0.3	57.8	34.5	4.1	2.1	1.4
⑪	2.8	10.3	9.9	15.6	3.3	13.7	15.0	11.9	5.2	9.8	2.4	40.6	41.6	6.7	5.1	6.0
⑫	2.0	7.2	15.6	20.5	2.1	11.4	16.4	11.5	4.1	8.2	1.0	42.9	42.9	5.6	5.0	3.6
⑬ 男	3.4	22.2	14.8	16.8	4.8	6.4	13.0	8.8	2.0	6.1	1.7	46.8	40.5	5.9	3.1	3.7
女	1.5	12.7	9.5	12.4	1.3	12.4	12.9	12.3	9.1	10.8	5.1	37.2	36.9	6.1	8.6	11.3
⑭	0.6	6.9	14.8	19.8	1.5	13.1	16.1	15.3	3.2	6.9	1.8	36.1	43.2	5.4	9.4	5.9
⑮	3.4	13.5	5.4	5.2	0.8	27.4	9.1	2.6	23.7	5.4	3.4	48.1	38.6	5.3	3.8	4.2
⑯	0.6	19.2	7.7	14.7	1.0	29.2	3.8	1.5	18.0	2.4	1.9	52.9	38.1	2.6	2.2	4.3
⑰	1.3	7.7	7.4	10.3	1.1	14.3	15.2	11.2	9.7	19.1	2.7	35.1	36.5	7.2	10.0	11.3
⑱	0.6	5.2	6.6	11.7	1.0	11.4	12.6	14.8	6.7	25.5	3.9	32.0	29.4	8.7	11.4	18.5
⑲ 男	2.1	7.1	4.6	8.7	0.9	15.4	11.7	15.7	3.8	23.2	6.8	31.6	33.6	7.9	11.6	15.4
女	1.6	4.5	2.9	5.2	—	12.0	15.2	20.3	5.9	26.2	6.2	23.3	27.1	12.3	14.5	22.8
⑳	0.4	5.5	2.8	1.7	0.5	14.7	9.4	12.1	11.4	20.7	20.8	30.4	23.4	7.4	12.5	26.2

(1) 부친의 직업에 대해서는 무응답자 및 「기타」는 제외하고 계산.
(2) 보통교육·고등교육에서의 부친의 학력(CAP, BP, BEC, BEI 등, 직업교육에서 획득한 학력은 포함하지 않는다.
(3) 군대·경찰 판례자는 사무노동자에 포함된다.

3. 학력 자본, 자유시간, 자녀수, 주거지(%)

사회직업범주	무학력	CEP	CAP-BP	학력자본(1) (보충자료2) BEC·BEH	BEPC	BS·바칼로레아	고등교육 증명	하사 학위 이상	주간노동시간 50시간 이상(보 충자료4)	평균자녀수	자녀의 부부	인구 1만인	16세 이상의 남녀 노동 2만~5만인	5만~10만인	10만~20만인	20만~2백만인	파리 도시권
①	67.4	19.6	10.3	1.8	0.6	0.7	—	—	62.9	3.00	77.8	9.3	4.9	1.3	1.9	3.0	1.7
②	45.1	37.3	13.7	1.0	1.8	0.8	0.2	0.1	68.0	2.83	87.5	6.2	3.0	0.8	0.8	1.5	0.3
③	70.0	22.0	7.0	0.1	0.8	—	—	—	21.9	2.77	28.3	11.6	13.0	6.0	7.7	18.1	15.3
④	51.3	28.4	18.2	0.4	1.3	0.3	0.1	—	23.2	2.42	27.0	12.3	14.3	6.7	8.5	15.7	15.5
⑤	29.2	25.1	41.2	1.9	1.7	0.4	0.3	0.1	22.4	2.10	18.2	10.0	13.5	7.4	9.2	19.3	22.3
⑥	19.0	31.9	38.8	5.7	2.7	1.0	0.7	0.2	26.4	1.94	12.8	10.1	14.3	7.7	9.7	21.7	23.6
⑦	23.5	34.5	36.1	2.4	2.1	1.1	0.1	0.2	47.6	1.92	37.0	12.8	11.8	5.2	5.5	13.9	13.9
⑧	19.6	43.1	23.9	1.4	6.0	3.8	1.7	0.5	81.1	1.68	28.1	13.2	13.3	6.1	7.0	17.1	15.1
⑨	19.1	39.0	25.6	3.8	5.4	6.5	0.6	—	49.7	1.97	13.6	8.1	14.0	8.5	11.1	21.2	23.4
⑩	15.9	40.1	19.9	1.8	17.4	3.8	0.8	0.3	10.9	1.71	11.7	7.2	12.3	7.4	9.3	20.5	31.5
⑪	8.9	26.0	18.4	9.0	16.0	11.9	5.4	4.4	16.7	1.67	10.6	6.6	11.7	7.1	9.5	20.9	33.7
⑫	6.0	21.3	28.4	19.6	11.4	5.8	5.6	1.9	14.4		8.6	7.1	12.0	7.4	9.6	20.1	35.2
⑬	2.2	10.0	6.4	0.7	0.6	3.2	73.9	3.0		1.69	10.3	7.8	14.3	8.1	11.1	22.0	26.5
⑭	1.5	5.7	5.1	5.9	6.0	39.3	27.7	8.7	10.3		22.4	11.1	14.4	7.8	9.3	17.0	18.0
⑮	17.5	39.2	15.5	5.4	9.7	7.6	3.3	1.8	45.1	2.09	15.5	11.8	16.4	7.7	8.6	18.2	21.8
⑯	15.7	36.9	24.1	9.9	4.5	4.0	1.5	3.4	31.5		22.3	14.1	16.0	6.8	7.2	16.5	17.2
⑰	6.2	16.7	10.9	8.3	11.8	13.7	8.2	24.0	26.8	2.00	6.3	5.9	11.4	7.0	9.5	20.5	39.3
⑱	3.1	4.7	5.5	6.6	5.0	9.2	10.6	55.3	8.3		5.7	5.7	9.3	6.3	7.9	19.7	45.3
⑲	0.7	2.8	2.6	0.7	0.7	4.6	13.7	74.2			5.8	5.8	11.6	7.7	11.2	25.4	32.5
⑳	2.6	4.2	1.8	1.2	1.7	2.8	11.5	74.2	67.1	2.06	14.4	11.3	13.4	7.3	8.9	20.0	24.8

(1) 「기타」는 제외하고 계산
(2) <경제와 통계>, 1971년 10월 27일 호, p. 28(1892년~1923년에 태어나고 35세 이전에 결혼한 여성에 대한 조사결과).

4. 소비와 문화적 실천(%)

사회직분범주	소비총액 (보조자료3) (1872)			소유물					주당 1시간 15분 이상 체력 단련을 한다.	주에 1회 이상 일요 미사를 한다.	유료수영을 한다.	도서관에 등록	교양강좌의 수강	금년에 생일이나 신행을 했다.	금년 전람회나 전람회에 갔다.	주 1회는 영화 관람을 한다.	년 1회 공연 관람에 간다.	년 5회 연극관람	년 1회 음악회에 간다.	피아노를 친다.
	1세대당 (프랑)	1인당 (프랑스)	소비 단위당 (프랑)	체외감옥	전화	자동세탁기	자동차	1년 5회 이상 스포츠 관람을 한다.												
①	22,771	5,650	7,928	1.0	5.8	1.7		12.8	1.3	36.5	0.5	0.2	0.9	23.7	31.6	6.3	16.5	1.3	2.7	1.3
②	26,667	6,365	8,824	2.2	15.8	2.3		41.9	9.5	34.8	1.3	1.7	1.0	12.5	21.5	13.8	15.4	1.5	2.7	—
③	21,840	6,170	8,578	2.2	0.3	—	0.7	35.3	10.6	44.4	6.1	4.3	9.3	21.6	26.0	6.5	22.5	0.3	4.7	0.2
④	26,471	6,552	9,350	3.4	3.0	0.7	0.7	29.0	14.0	50.8	8.6	4.7	6.0	29.2	38.2	8.4	29.0	4.8	4.1	0.4
⑤	26,988	7,476	10,392	3.3	4.6	0.6	0.6	29.0	14.0	50.8	8.6	4.7	6.0	29.2	38.2	8.4	29.0	4.8	4.1	0.4
⑥	35,320	9,174	12,751	10.9	24.2	2.4		39.9	12.6	53.9	9.3	13.6	1.9	40.3	43.9	8.2	26.4	4.7	13.3	3.5
⑦	28,540	8,444	11,489	14.1	48.0	5.8		37.3	12.6	36.8	4.3	—	2.0	30.9	38.8	6.5	16.3	6.6	4.5	2.8
⑧	30,861	10,118	13,360	14.5	57.2	7.1		28.5	4.8	43.7	1.4	4.5	1.9	25.5	43.6	10.6	16.5	5.9	9.0	8.7
⑨	30,455	10,324	13,818	7.2	28.6	5.2		42.2	8.0	29.2	3.7	3.7	5.6	20.5	37.9	12.4	18.0	1.2	9.3	—
⑩	27,774	9,227	12,192	9.6	13.2	1.0		32.7	17.8	37.7	12.9	20.3	10.3	38.8	43.0	12.7	28.2	7.3	13.1	3.8
⑪	36,272	11,478	15,461	11.9	29.4	5.4		23.7	13.1	39.5	14.4	9.8	15.3	58.4	52.9	14.7	38.7	18.3	20.2	12.8
⑫	37,458	10,979	15,090	6.5	25.1	5.3		29.9	6.6	38.7	29.4	15.8	16.5	52.2	58.4	12.9	38.7	6.5	10.8	6.5
⑬	34,175	11,316	15,277	7.8	41.7	3.6														
⑭	32,787	11,627	15,364	18.6	29.9	5.5		29.3	2.8	54.3	6.9	59.5	19.0	67.2	53.5	10.3	19.8	21.6	21.6	20.7
⑮	41,886	10,419	14,463	29.7	72.3	22.3		64.8	—	14.1	2.8	—	—	38.1	52.1	47.9	43.7	11.3	18.3	7.0
⑯	47,680	15,480	19,751	25.2	75.1	21.7		31.4	3.2	28.9	11.6	13.3	4.8	68.5	62.1	12.1	24.3	21.7	25.9	27.8
⑰	52,166	14,694	19,835	23.9	67.7	24.5		29.8	3.1	34.4	4.5	20.9	17.9	77.6	70.1	26.9	50.8	28.3	49.3	27.8
⑱	49,883	13,920	19,308	22.3	77.6	27.9		29.8	—	26.4	2.8	27.8	27.8	38.8	20.9	30.6	13.9	26.4	52.8	23.9
⑲	40,853	13,136	17,708	14.2	39.7	15.4		9.8							33.0		42.4		34.1	50.0
⑳	57,133	16,370	22,467	25.0	84.5	31.5		20.0	14.1		9.4	4.7	25.8	57.6		38.9		25.9		57.6

* 자동차 혹은 이륜차를 소유하고 있는 100인당의 숫자. 농업노동자 및 의료보건 서비스 종사자에 대해서는 유효숫자를 얻을 수 없었기 때문에 여기에서는 기재되어 있지 않다.

부록4. 사회학적 게임

앙케트의 샘플이 된 조사대상자에게 몇 명의 정치인을 지명하여, 각각 다양한 항목에 응답하도록 요구해 보려고 생각해 본 사람들은, 아마 (결과를 제시할 때 그들이 붙인 코멘트를 보면 알 수 있듯이) 그것을 정치인의 '인기도'에 관한 정기적 조사의 「심심풀이」 변화 정도로만 보았을 테지만, 그들이 완전히 무의식적으로 실현하고 있는 (그렇기 때문에 가치가 있는 것이지만) 이 텍스트의 본래 목적은, 지명된 이러한 정치인이 여우인지 까마귀인지, 오크나무인지 전나무인지, 백인인지 흑인인지, 등을 아는 것이 아니며, 또 '적색'(공산주의자)인 사람들이 '백색'(보수주의자)의 대변자인 정치인에 대해서 반대 입장의 사람들보다도 더 흑색이라는 응답을 하는 일이 많은지 어떤지와 같은 것을 아는 것도 아닙니다.[1]

조사원은 6개씩 묶여진 사항 혹은 인물(색, 나무, 고전의 주인공, 만화의 캐릭터 등)을 보여주고, 그것들을 다음 6명의 정치인에 대해 각각 응답하도록 했다. 쟈크 시락Jacques Chirac, 발레리 지스카르 데스땡 Valéry Giscard d'Estaing, 조르쥬 마르셰Georges Marchais, 프랑수와 미

---

[1] 정치 및 사회세계의 사고의 영역에, 전(前) 자본주의 사회의 신화-의례적 실천 속에 작동하고 있는 것과 같은 논리를 보여주는 이 사회학적 테스트는, 몇몇 흥미 깊은 점을 가지고 있는데, 그 하나는 다음의 사실을 나타내주는데 있다. 즉, 사회과학은 소위 '원시적' 혹은 '야생의' 사고와 '문명적' 사고 사이에 끊임없이 명확한 구분을 세우려고 하는데, 이것에 대해서 오로지 실천의 독자적인 논리에 대한 무지에만 책임이 있다는 것이다.

(단위: %)

	색						나무				
	백	흑	청	오렌지	황	녹	오크나무	플라타너스	종려나무	갈대	포플러	전나무
지스카르 데스땡	35	10	29	6	9	12	31	8	14	18	19	10
뽀냐또프스키	16	22	14	16	18	13	21	22	18	7	12	18
시락	16	9	25	12	18	18	11	20	18	12	22	17
세르방-슈라이버	14	9	12	23	23	19	6	6	21	26	18	14
미테랑	13	10	13	23	18	24	16	16	17	21	15	17
마르셰	6	40	7	20	14	14	15	18	12	16	14	24

(단위: %)

	꽃						동물				
	국화	은방울꽃	개양귀비	수선화	라일락	카네이션	소	개미	매미	여우	까마귀	거북
지스카르 데스땡	14	25	2	14	18	18	12	29	18	24	9	9
뽀냐또프스키	24	16	8	16	16	20	38	11	8	13	17	12
시락	10	21	9	15	25	20	16	22	15	15	16	15
세르방-슈라이버	9	14	13	27	21	17	6	12	28	11	10	33
미테랑	16	16	21	17	13	16	9	14	21	22	16	18
마르셰	27	10	37	11	7	9	19	12	10	15	32	13

(단위: %)

	게임						모자				
	브릿지	모노폴리	도미노	포카	체스	룰레트	바스크	베레	캡	맥고모	펠트모	헬멧	실크헷
지스카르 데스땡	39	14	6	12	23	6	11	10	14	10	8	46
뽀냐또프스키	16	17	21	16	14	17	9	5	14	14	41	18
시락	15	24	18	18	12	13	12	10	21	26	17	13
세르방-슈라이버	9	14	17	20	13	26	13	12	30	22	11	13
미테랑	14	17	15	18	18	18	40	16	15	16	7	6
마르셰	7	14	23	16	20	20	15	47	6	12	16	4

테랑François Mitterrand, 미셸 뽀냐또프스키Michel Poniatowski(*1), 쟝 쟈끄 세르방-슈라이버Jean-Jacques Servan-Schreiber(*2). 『르 뿌엥』지의 요구에 따라 1975년 6월(*3)에 실시된 이 앙케트의 결과는 『송다쥬 Sondages』(1975년 3~4호, 31~47쪽)에 연재되어 있지만, 거기에는 다음과 같은 코멘트가 붙어 있다. "이 하찮은 유희의 결과를 보면 '시간을 죽일 수 있지만', 거기에 포함되어 있는 흥미는 단순히 시간을 죽이는 것 이상이다. 실제 각각의 정치적 지도자들에게 나뉘어져 있는 결과를 보면, 그들의 다양한 대중 이미지의 측면을 확실히 알 수 있다. 응답자들이 어떤 정치인을 왜 이 색이 아니라 저 색, 여우가 아니라 개미, 변호사가 아니라 미용사라는 식으로 상정(이미지)하는가, 그 원인을 확실히 분별하는 것은 아마 어려운 경우도 있을 것이다. 그러나 응답자의 3분의 1 이상이 어떤 정치인을 같은 항목에 상정하고 있는 경우에는 대체로 그 이유를 즉시 설명할 수 있고, 선택의 동기는 같은 항목에 대한 다른 정치인들이 얻은 결과를 보면 명백해진다. 응답자들의 답이 집중될 때는, 많은 경우 그 정치인의 용모, 인격에 관해 세상에 가장 널리 알려져 있는 특징, 그리고 그 역할·지위·정치적 경력 등이 근거가 되어 있다. 그러나 이들 결과에 대해 코멘트하지는 않겠다. 그 다음은 독자 여러분의 자유로운 상상에 맡기고 싶다." 이렇게 책임을 회피하는 얼굴을 하고, 어떻게든 객관적인 태도를 취하면서 잡지기자에게로 바톤을 넘긴다. 그러면 그 다음은 기자가 (『르 뿌엥』, 1975년 7월 14일 호) **완전히 중립적인 관점**에서, 응답자의 대다수가 좌익의 대표자, 특히 조르쥬 마르셰에 대해 가장 경멸적인 속성을 할당한다는 사실을 지적하는 것을 기다리면 된다. 거봐, 잘 걸려들었다는 것이다. 이 조사표의 작성자들은 자신이 상대에게 부여하고자 하는 위계가 처음부터 머리 속에 있기 때문에(왜냐하면 그것들은 그들에게 적용해보면 당연한 전제라고 생각되고 있으므로) 응답자의 경계심을 없애주는 이 게임을 이용해서, 있는 그대로 받아들이기만 하면 정치적 효과를 완전히 객관적으로 만들어내는 듯한 하나의 '데이터'를 만들어 내는 것이다.

*1. 원 독립공화파의 총재이며, 75년 당시에는 지스카르 데스땡 내각의 내무장관. 조상은 폴란드의 귀족.
*2. 75년 당시, 급진 공화·급진 사회당 총재. 지스카르 데스땡 내각에서 개혁담당으로 일한 적도 있다. 잡지 『렉스프레스』의 창간자 중 한 사람.
*3. 1974년 5월에 대통령 선거가 실시되어 지스카르가 근소한 차로 미테랑을 이긴 후 약 1년에 해당한다.

정치인을 재료로 한 이 게임은 정치적 게임이다. 그러나 착각해서는 안 된다. 그것은 여기저기의 정치학 연구소나 여론 조사연구소에서 이 말에 부여하고 있는 것보다도 훨씬 깊은 의미에서 그런 것이다. 정치인들은 여기서 할당 게임의, 즉 **범주화** 게임의 구실에 지나지 않을 뿐더러, 제시된 항목은 어디까지나 속사, 술어, **카테고렘***catégorèmes*(아리스토텔레스의 용어로 보통은 잊혀져 있지만, 때때로 '고발'이라는 의미인데, 여기서는 그것이 적합하다)에 지나지 않는다. 이들 할당을 지배하고 있는 규칙(이라고 부르는 것이 적당한가?), 원리, 혹은 도식의 문제는 다음 사실에 의해 객관적으로 제기된다. 즉 완전히 우연적인 연상만을 볼 것이라고 예상되는 지점에 **통계적 규칙성**이 관찰된다는 사실로서, 이것은 응답자들이 개인적 연상으로 아무렇게나 응답하고 있지만, 사실은 공통의 견해, 분류 원리에 따라 이러한 관계지움으로 끌려간다고 생각하지 않으면 설명될 수 없는 것이다.

이 원리들은 일상생활 속에서 기능하고 있고, 또 설명할 수 없는 상태로 있으며, 그 내적 형식도 적용조건도 통제되어 있지 않기 때문에, 모든 행위자가 같은 항목을 선택하는 데에 같은 도식을 활용하는 것은 아니다. 그러나 이렇게 명백하게 된 각 항목의 의미가 **유한개의 수**라는 사실(그리고 응답자의 수만큼 많지 않으며, 만약 할당 원리를 각 개인사個人

史 속에서 찾을 수 있다면 같은 수가 되겠지만)과 동시에, 즉시 이해가능하다는(명백한 코드화 원리가 존재하지 않는다고 하더라도) 사실이 말해주는 것과 같이, 응답자가 각각의 경우에 같은 사항 혹은 같은 인물의 여러 가지 측면을 선택할 때 적용하는 도식은, 역시 유한개의 수임과 동시에 그들 전체에도 **공통**이며, 따라서 같은 항목에 대해 다양한 **독해방식**이 있다고 하더라도 그것은 행위자 전체가 이해가능한 것이라고 생각할 수 있게 되는 것이다.

'선택된' 항목은, 개개로 분리된 상태에서 고려된 경우에는 다의적이지만, 그럼에도 불구하고, 「선택된」 의미는 어느 경우에서도 애매함 없이 주어져 있다. 그것은 객관적으로 적용가능한 지각도식 속에, 실제로 각 경우에서 활용되고 있는 도표가 선택된 항목들간의 이해가능한 안정된 등가관계 혹은 배제관계를 만들어 내도록 하는 유일한 도식으로서, 즉 사물이든 사람이든, 그 항목들이 이러한 관계에 들어갈 수 있도록 하는(그렇게 구성된) 다양한 측면들간의 이해가능한 관계를 가져오는 유일한 도식으로서, 명확하게 제시되어 있기 때문이다. 예를 들면, 강/약, 딱딱함/유연함과 같은 도식(이것은 아마 남성적인 것과 여성적인 것이라는, 신체도식의 가장 깊은 곳에 각인된 대립과 대체로 중첩되어 있다)은 명백히 당당하고 강력하며 견고한 오크나무와 약하고 부드러우며 무르고 변하기 쉬운 갈대의 대립에 기본이 되는 것으로, 이 두 관계는 예컨대 순서대로 만들어진 것이더라도, 상호 규정하고 유사 형태로 표현되는 것이다. "오크나무의 갈대에 대한 관계는 지스카르(또는 뽀냐또프스키)의 세르방-슈라이버에 대한 관계와 같다." 지스카르과 세르방-슈라이버의 대립으로 말하자면, 이 도식은 어느 쪽인가 하면 사회적인 힘, 권력에 적용되고 오크나무를 숲 속의 왕으로, 지스카르를 국가원수로 나타내는 데 반해, 뽀냐또프스키와 세르방-슈라이버의 대립에 대해서는 그것을 외면적 용모와 그에 부수하는 '미덕'에 적용하여, 오크나

(단위: %)

	자동차						가구				
	2CV	R5	뿌조 504	롤스 로이스	포르 셰	심카 1100	노르망 디의 장롱	루이16세 양식의 의자	제1제정 양식의 책상	천장 달린 침대	크놀 의 소파	농가의 테이블
지스카르 데스땡	10	9	19	39	18	6	7	36	33	12	6	6
뽀냐또프스키	10	12	28	20	10	20	25	15	20	17	10	12
시락	8	14	23	9	28	17	13	19	19	18	22	9
세르방–슈라이버	10	15	12	16	27	21	12	11	10	28	32	7
미테랑	12	30	15	7	10	25	24	12	11	11	17	24
마르셰	50	20	3	9	7	11	19	7	7	14	13	42

(단위: %)

	유명여성						가족					
	브리짓 바르도	메레유 마띠유	제인 비르킨	미셸 모르강	재키 케네디	엘리자 베드 여왕	자식	의부	형제	사위	부친	사촌
지스카르 데스땡	14	7	10	26	15	27	25	12	15	12	24	11
뽀냐또프스키	12	15	11	15	14	32	6	26	12	12	27	16
시락	21	14	15	15	21	15	28	11	25	19	11	8
세르방–슈라이버	24	10	19	8	29	11	19	13	19	24	10	15
미테랑	16	18	21	25	13	15	15	18	17	20	17	10
마르셰	13	36	24	11	8	8	7	20	12	13	8	40

(단위: %)

	직업						만화의 캐릭터					
	변호사	판리인	회사의 과장	미용사	의사	운전수	아스테릭스	미키	도날드 덕	뽀빠이	럭키 루크	땡땡
지스가르 데스땡	28	7	20	9	24	13	26	14	10	7	22	20
뽀냐또프스키	11	19	14	15	22	19	19	14	14	22	13	19
시락	12	11	31	17	17	10	15	19	19	14	20	13
세르방–슈라이버	12	13	13	29	14	20	9	18	22	14	16	22
미테랑	32	14	10	16	15	14	17	15	20	14	16	
마르셰	5	36	12	14	8	24	14	17	20	23	15	11

무를 (라 퐁텐의) 우화에서 원용하여 크고 강한 것으로 나타내고, 뽀냐 또프스키에 대해서는 이것을 강력하고 묵직한 몸놀림이라는 점으로 본다는 차이는 있지만, 그래도 역시 위처럼 말할 수 있다. 다른 경우를 살펴보면, 고귀한/비천한이라는 대위도식은 '나무'라고 말은 하더라도 상징적 가치로 눈에 보이는 형상에서 취한 수목보다, 오히려 재료로서의 목재에 적용되어 아름다운 가구의 재료가 되며 유서 깊은 저택에서는 붙어 다니는 고귀한 소재인 오크나무와, 질이 나쁜 목재로 관(棺)을 만들기 위한 재료가 되는 전나무('전나무 냄새가 난다'(*1)), 흑색이나2) 불길한 새인 까마귀와 같이 조르쥬 마르셰에 강하게 연상이 연결되어 있는 전나무와의 대립의 이유를 나타내고 있다. 즉 오크나무를 다른 대립 관계, 다른 유비(類比) 속에 들어가는 2차 도식을 적용하면 이 나무에 대해(다른 항목에 대해서도 마찬가지지만) 많든 적든 기본적 특성이 되는 일련의 특성이 할당된다는 것이다. 예를 들면 이국적인 수목인 종려나무와의 대비에서는, 드루이드교(敎)의druidiques 오크나무가 갈리아gauloises 지방에 뻗친 뿌리를(*2)(여기서는 역시 지스카르를 연상하는 사람이 많은, 아스테릭스Astérix[*3]를 생각하고 있다), 포플러와의 대비에서는 위엄 있는 고귀한 견고함을, 그리고 쭉 뻗은 다양한 정경이지만, 대개 광장이나 가도 등의 공공장소에서 많이 볼 수 있기 때문에 보다

---

2) 색채와 같이 가장 기본적인 상징은, 물론 상당히 강한 다원적 결정을 받아들인다. 예를 들면 검정이라는 색은, 마르셰에 결부될 때 무엇보다도 먼저 불결하고 음기(陰氣)의, 그리고 아마 더 정확하게 말하면 지배적 표현에서는 비관주의적 세계관[인생을 비관적으로 보는 자의 우울한 관념]의 상징이다. 확실히 어떤 응답자에 대해서는 적이 목록에 없기 때문에 적색 깃발에 대신해서 흑색 깃발이 연상되고, 그 덕택으로 과격한 전복의 상징으로서 흑색이 긍정적인 가치를 갖고 있는 경우도 있지만, 그래도 역시 이렇게 말할 수 있다. 그러나 흑색은 또 빈곤함(흑빵의 이미지, 혹은 '흑빵을 먹는다'[고생한다는 의미]는 표현), 더러움('검은 얼굴'이라는 표현이 탄광부를 의미한다고 보이는 것처럼, 특히 어떤 종류의 직업에 연결되어 있다), 무지('검은 어둠 속에 있다'[오리무중에 있다는 의미]), 알코올('검다'는 '만취했다'의 의미이기도 하다) 등을 표현하는 색이기도 하다.

흔한 플라타너스와의 대비에서는, 단적으로 우위를 의미하는 특성이 할당된다.

*1. 전나무 냄새가 난다 → 앞으로 얼마 남지 않았다는 의미.
*2. 드루이드교는 켈트인의 고대종교로, 오크나무와 기생목을 신성시했다. 즉 오크나무는 갈리아(=프랑스)에서 온 나무라고 할 수 있다.
*3. 유명한 만화의 주인공, 무대는 로마에 침입당하고 있던 당시의 갈리아 지방.

게임과 제시된 항목의 논리 그 자체가 정치에 관한 연상을 방향지우고 있었기 때문에, 응답자들은 무성의한 선택을 피하기 위한 다른 수단이 없을 때에만 단순한 외견상의 유사성(예를 들면 시락을 키가 크고 쭉 뻗은 포플러 나무에 비유하는 것과 같은)을 주장할 수 있었다. 또 순수하게 말로 이루어지는 연상에 대해서도 마찬가지이다. 예를 들면 러시안 룰렛(*1)으로부터의 연상에서, 룰렛이 〔공산당의〕 마르셰라는 이름을 연상시키는 경우이다. 혹은 사회심리학자에게는 극히 친숙한 일관성의 요구라는 경향에 대해서도 마찬가지이다. 즉 별로 직접적 관계가 보이지 않는 경우, 다른 질문에 대해 이미 자기가 한 선택을 참조하거나 (예를 들면 흰색=지스칼, 그러므로 지스칼=은방울꽃 이라는 식으로), 같은 질문 내부에서 다른 대답을 참조하기 때문에, 이렇게 몇 개의 선택은 완전히 쓸모없는négative 형태로, 즉 소거법에 의해 결정된다. 각 질문에서는, 최초로 이루어지는 선택, 즉 진정한 의미에서 결정되는 선택(예를 들면 색에 대해서는 백과 흑의 대립)이, 다른 모든 선택을 규정한다. 예를 들면 지스카르를 롤스로이스나 오크나무와 결부시키는 선택이 이루어지면, 그에 의해 다음 선택이 규정되는 것인데, 그것은 두번째 것의 선택일 경우가 많다(즉 경우에 따라서지만, 예컨대 뽀냐또프스키나 시락이 그 지점에서 뿌조504나 플라타너스와 결부되게 된다). 모든 점에서 보아, 나타난 가능성의 전체를 이용하는 능력은 자신의 능력이 높아질수록 커진다고 생각되지만, 거기에는 이미 교육수준과 성별에 따라 다양한

	유명여성						가족							게임				
	브리지트 바르도	제인 비르킨	재키 케네디	미레유 마티외	미셸 모르강	엘리자베트 여왕	자식	형제	부친	의부	사위	사촌	브랑지	도미노	체스	모노폴리	포커	룰렛
마패항 지지자																		
지스카르 데스텡	12.1	15.0	18.7	12.1	14.0	27.1	17.8	10.3	20.6	14.0	18.7	16.8	32.7	6.5	18.7	15.9	16.8	8.4
뽀나르프스키	11.2	13.1	15.0	11.2	6.5	42.1	4.7	5.6	15.0	30.8	16.8	25.2	15.9	17.8	13.1	17.8	18.7	15.9
시락	19.6	11.2	19.6	16.8	16.8	15.0	17.8	20.6	9.3	13.1	26.2	11.2	9.3	15.0	13.1	19.6	24.3	17.8
세르방-슈라이버	28.0	22.4	28.0	6.5	8.4	5.6	24.3	25.2	6.5	8.4	15.9	16.8	9.3	15.9	16.8	14.0	15.0	28.0
미테랑	15.0	16.8	10.3	13.1	40.2	3.7	24.3	20.6	29.0	12.1	12.1	1.9	25.2	17.8	15.9	16.8	12.1	12.1
마르셰	13.1	20.6	7.5	39.3	13.1	5.6	9.3	16.8	18.7	19.6	9.3	26.2	7.5	26.2	22.4	15.0	12.1	16.8
지스카르 지지자																		
지스카르 데스텡	14.4	5.8	10.8	4.3	37.4	26.6	33.8	18.0	29.5	7.9	6.5	4.3	41.7	5.8	28.1	15.8	5.0	2.9
뽀나르프스키	13.7	7.9	15.8	15.1	18.7	28.1	6.5	16.5	37.4	25.9	8.6	5.0	17.3	26.6	15.1	16.5	11.5	13.7
시락	21.6	19.4	18.0	10.8	15.1	15.1	33.1	30.2	10.8	6.5	15.1	4.3	20.1	17.3	9.4	26.6	16.5	10.1
세르방-슈라이버	23.0	16.5	33.8	7.9	4.3	14.4	17.3	15.8	7.9	16.5	29.5	12.9	8.7	17.3	12.2	13.7	23.7	24.5
미테랑	15.8	22.3	14.4	20.9	18.0	7.9	5.8	13.7	13.7	23.7	27.3	15.1	7.2	12.9	15.8	12.9	24.5	26.6
마르셰	11.5	28.1	7.2	40.3	5.8	7.2	3.6	5.8	0.7	19.4	12.9	58.3	5.0	20.1	19.4	14.4	18.7	22.3

	색						동물						나무					
	백	청	황	흑	오렌지	녹	소	개미	매미	여우	까마귀	거북	오리나무	종려나무	포플러	플란타너스	갈매	전나무
마비향 지지자																		
지스카르 데스땡	36.4	20.6	9.3	15.0	8.4	10.3	8.4	19.6	10.3	16.8	29.9	14.0	19.6	18.7	20.6	11.2	19.6	9.3
뽀나토르스키	15.0	9.3	15.9	39.3	12.1	7.5	42.0	6.5	25.2	8.4	7.5	11.2	15.0	20.6	9.3	28.0	8.4	17.8
시락	12.1	22.4	18.7	14.0	16.8	12.1	11.2	16.8	28.0	14.0	12.1	16.8	5.6	18.7	23.4	18.7	15.0	17.8
세르방-슈라이버	15.9	10.3	30.8	7.5	17.8	17.8	7.5	24.3	7.5	15.0	22.4	31.8	5.6	23.4	19.6	7.5	35.5	7.5
미테랑	11.2	21.5	13.1	1.9	17.8	33.6	10.3	21.5	9.3	24.3	22.4	12.1	32.7	11.2	12.1	9.3	14.0	19.6
마르셰	8.4	15.0	11.2	21.5	26.2	16.8	21.5	10.3	18.7	20.6	14.0	14.0	20.6	6.5	14.0	24.3	6.5	27.1
지스카르 지지자																		
지스카르 데스땡	35.3	36.7	7.2	3.6	4.3	12.9	12.9	14.4	6.5	38.8	18.7	9.4	43.2	10.8	15.1	5.0	18.0	8.6
뽀나토르스키	18.0	18.0	23.0	8.6	18.0	14.4	42.4	9.4	9.4	12.2	15.8	10.8	28.1	18.7	15.8	18.7	4.3	14.4
시락	24.5	28.1	12.2	2.9	8.6	23.7	20.1	15.8	7.9	26.6	18.0	11.5	15.8	15.8	20.1	23.0	7.2	17.3
세르방-슈라이버	7.2	7.9	22.3	10.8	31.7	20.1	4.3	30.2	10.8	7.9	11.5	34.5	2.9	17.3	21.6	20.1	21.6	17.3
미테랑	10.8	7.9	22.3	13.7	27.3	18.0	7.2	22.3	20.1	9.4	18.0	23.0	4.3	21.6	14.4	19.4	23.7	16.5
마르셰	4.3	1.4	12.9	60.4	10.1	10.8	12.9	7.9	45.3	5.0	18.0	10.8	5.8	15.8	12.9	13.7	25.2	25.9

차이가 생긴다. 예를 들면 지스카르를 개미에 결부시키는 사람은 남성이 많은데, 이것은 개미가 라 퐁텐의 우화에서의 매미와의 대립을 통해 연상시키는 저축과 검약의 관념이, 같은 논리에 따라 숫자가 나누어져 있는 『수전노』의 주인공 아르빠공의 경우와 마찬가지로, 지스카르가 재무부 장관의 역할을 했다는 경력을 모르면 그와 결부될 리 없기 때문이다. 동시에 체스를 마르셰에 결부시키는 사람도 여성보다 남성이 많은데, 이것은 아마 소련에서 이 게임이 보급되었기 때문이며, 이에 대해 여성은 대개 이것은 '지적'인 게임으로서만 보기 때문에 지스카르에 결부시키는 사람이 압도적으로 많다. 또 마찬가지로 남성 쪽이 미테랑을 변호사라는 직업에 결부시키는 비율이 훨씬 높은 것도 아마 그의 직업을 남성이 더 잘 알고 있기 때문일 것이다(*2)(이러한 남녀 차는 말할 것도 없이 위 사실과 관계없는 다음의 사실, 즉 남성이 일반적으로 여성보다도 정치적 경향이 강한 상태, 그만큼 좌익에 기대고 있다는 사실에도 기인한다). 이런 이유로 여성은 예를 들면 몸놀림, 특히 여성잡지가 의기양양하게 퍼뜨리고 있는 신체표현(예컨대 뽀냐또프스키에게는, 내무대신으로서의 측면보다도 귀족으로서의 측면이 우위를 점하게 될 것이다)과 같은, 그 인물의 비정치적인 특성과의 유추에 의해 판단이 좌우되는 경향이 강한 것이다.

*1. 권총에 탄환을 한 발만 넣고, 탄창을 돌려 자신에게 방아쇠를 당기는, 도박적 요소를 가진 결투형식.
*2. 미테랑은 변호사 자격을 가지고 있다.

선택의 일관성의 원리는 일관성을 갖게 하려는 의도 속에 있는 것이 아니라, 분류도식체계 그 자체의 일정성(一定性) 속에 있다. 이 체계는 어디까지나 불규칙한 형태로 기능하면서도 객관적으로는 수미일관된 방식으로 대상을 취하는 것이다. 그렇기 때문에 일련의 은유를 통해,

사회학적으로 일관된 다양한 '인물' 각각의 사회적 초상을 조금씩 그릴 수 있다는 것이 드러나는 것이다. 예를 들면 세르방-슈라이버와 묶여진 모든 이미지는 소위 과시라든가 겉치레의 관념을 공통원리로 갖고 있다. 그것은 황수선화(黃水仙花)나 러파 수선화를 상기시키는 황색 꽃인 수선화, 뮤직 홀의 중년의 남자들이 쓰는 맥고모자(이것도 황색)인 캉캉 모자, 오렌지색과 황색 — 이는 특히 좌익 사람들이 그에 대해 많이 꼽는 색인데, 그것은 아마 이 조사 당시, 이 말이 가지고 있던 함축('황색'이란 자기진영을 배신한 사람을 지칭하는 말이었다)에 대해 그들이 민감했던 탓일 것이다(*1) —, 낭비가이며 높은 소리로 우는 매미, 허풍떠는 출세주의적 기대감의 게임인 포커나 룰렛(이것은 시락에게도 결부되어 있다), 돈쥬앙이나 재클린 케네디, 미국의 도전(*2), 혹은 섹시한 미녀 브리짓 바르도, 당시 유행 사치품에는 빠지지 않는 요소인 포르셰, 천장 달린 침대le lit à baldaquin, 크노르(독일의 고급가구 메이커)의 소파, 그러한 것에 의해 나타나 있는 것이다.³⁾

이처럼 체계적인 선택이 세르방-슈라이버의 독자적인 '개성'에 따라 직관만으로 떠오른다고 생각하는 것은 틀린 것이다. 이들 선택이 실제로 매우 일관되게 원하는 대상이 되고 있는 것, 그것은 피지배계급도, 지배계급의 오래된 분파도, 모두 이 정치인의 집에서 볼 수 있는 '신흥 부르주아'의 생활양식인 것이다. 그들은 이스라엘-아랍적인 것을 생각하게 하는 종려나무, 혹은 역시 민족차별의 낙인인 황색 별(나찌가 사용한 유태인의 낙인)을 연상시키는 황색을 선택하는 것으로서, 종족차별주의racisme의 희미한 기색을 노정하지 않을 수 없다.⁴⁾ 적(敵)을 '구별'하

---

3) 이 '집합표상'이 얼마나 현실에 가까운가를 알려면, 세르방-슈라이버의 집의 인테리어 사진(제 3부, 제 5장에 수록)을 참조하면 충분할 것이다.
4) 세르방-슈라이버는 고수입의 응답자들에 따라 사위로 선택되는 비율이 높다. 이것은 아마, 그들이 야심적 부르주아와 몰락귀족이라는 낡은 도식(『뿌아리에 씨의 사위』〔19세기

고 '핀으로 고정하기' 위해, 요컨대 어떤 본질 속에 가두기 위해서, 판단이라기보다는 오히려 때때로 모욕에 가까운, 자연발생적 사회학에 붙어 다니는 의사(疑似)개념('그는 거드름을 피운다', '우쭐댄다' 등등의)으로 무장한 사람들이 매일하고 있는 계급투쟁에 대해, 이 연상게임은 꽤 정확한 관념을 부여해 주는 것이다.5)

*1. 프랑스에서는 황색은 파괴의 색으로 간주되지만, 1974년의 대통령 선거에 즈음해서, 세르방-슈라이버는 좌익이면서도 지스카르 지지로 돌았고, 이것이 미테랑 진영에게는 배신으로 보였다.
*2. 1967년에 간행된 세르방-슈라이버 저서의 타이틀.

각 항목을 나누고 있는 행위가 따르는 실제상의 논리는, 그 장 그 장에서 한 번만 작동하고 있고 따라서 그 고유의 일관성을 볼 수는 없으며, 또한 분류도식의 어떤 특정한 체계의 한계로부터 벗어나지 않은 채, 같은 항목을 다른 도식을 통해 얻는 것, 즉 그 항목을 다른 항목과, 또는 다른 관점에서 얻은 같은 항목과 관계지워 주는 것은 할 수 있으므로, 개개인의 할당 행위가 어떤 동일한 사항 또는 인물에 부여하는 의미는, 항상 완전히 일관되어 있다고는 말하기 힘들다. 예를 들면 강력하고 묵직하며 헌신적인 뽀냐또프스키는, 소 혹은 스판게로Spanghero(럭비의 찬미자들이 '사명감 강한 포워드'의 표본으로 삼고 있는 선수)를, 그리고 그것이 상징하고 있는 유순한 힘을 생각하게 하지만, 한편에서

의 극작가 에밀 오지에Emile Augier와 소설가 쥘 상도Jules Sandeau의 합작에 의해 1854년에 출간된 희곡]를 떠올리고 있다)을 적용하고 있기 때문일 것이다.
5) 이로부터 아마도 응답자들도 쓰고 있는 것처럼, 이 게임이 이렇게도 환영받고 잘 이해된 것(무응답률이 극히 낮았다는 것이 그것을 말하고 있다)은 왜 그런지, 그리고 그것이 명백히 보여준 사람들의 사회세계를 받아들이는 방식이나 정치관이, 결국에는 소위 '정치학'의 사이비 학문적 질문이 하나부터 열까지 만들어지는 것보다도, 훨씬 현실적인 것은 왜 그런지, 그 이유가 설명될 것이다.

	모자						자동차						가구					
	바스크베레	매고모	헬멧	캡	페도라	실크햇	2CV	뿌조504	포르쉐	R5	롤스로이스	심카1100	노르망디의 장롱	루이16세 양식의 의자	제1제정 양식의 화장	천장 달린 침대	극동의 소파	농가의 테이블
미테랑 지지자																		
지스카르 데스땡	8.4	13.1	8.4	7.5	9.3	52.3	7.5	11.2	25.2	7.5	43.9	4.7	1.9	37.4	30.8	18.7	3.7	5.6
뽀나빠르뜨	4.7	11.2	44.2	5.6	12.1	13.1	9.3	23.4	6.5	18.7	17.8	22.4	24.3	17.8	18.7	15.0	8.4	15.0
시락	14.0	15.0	12.1	7.5	33.6	15.0	11.2	24.3	18.7	14.0	12.1	18.7	12.1	21.5	18.7	20.6	19.6	6.5
세르방-슈라이버	12.1	37.4	6.5	9.3	25.2	8.4	6.5	15.9	34.6	11.2	13.1	17.8	8.4	8.4	11.2	29.0	34.6	7.5
미테랑	41.1	19.6	4.7	16.8	10.3	7.5	10.3	22.4	6.5	26.2	7.5	27.1	25.2	9.3	15.0	4.7	16.8	28.0
마르셰	18.7	3.7	13.1	53.3	8.4	2.8	54.2	32.8	7.5	22.4	4.7	8.4	20.8	4.7	4.7	11.2	15.9	36.4
지스카르 지지자																		
지스카르 데스땡	11.5	16.5	7.2	12.9	7.9	43.9	12.2	23.7	15.8	9.4	33.8	5.8	7.2	37.4	37.4	7.9	4.3	5.8
뽀나빠르뜨	12.2	15.8	31.7	5.0	15.1	20.1	8.6	32.4	12.8	8.6	22.3	15.8	27.3	15.8	19.4	15.8	13.7	7.9
시락	10.1	23.7	23.0	8.6	20.1	14.4	4.3	25.9	30.2	15.1	6.5	18.0	15.1	18.0	21.6	18.7	18.7	7.9
세르방-슈라이버	12.2	24.5	12.9	11.5	23.7	15.1	9.4	6.5	23.7	15.1	20.1	24.5	12.9	12.9	6.5	27.3	33.8	6.5
미테랑	41.0	44.4	6.5	15.8	18.0	4.3	12.2	10.1	12.2	34.5	6.5	24.5	24.5	11.5	8.6	13.7	19.4	22.3
마르셰	12.9	5.0	18.7	46.0	15.1	2.2	53.2	1.4	5.0	17.3	10.8	11.5	12.9	4.3	6.5	16.5	10.1	49.6

	직업							꽃						만화의 캐릭터				
	변호사	회사의 과장	의사	관리인	미용사	운전수	국화	개양미비	라일락	은방울꽃	수선화	카네이션	아스테릭스	도널드 덕	데카루프	미키	뽀빠이	땡땡
미테랑 지지자																		
지스카르 데스땡	18.7	21.5	15.9	9.3	13.1	20.6	21.5	10.3	13.1	13.1	20.6	20.6	14.0	12.1	23.4	23.4	6.5	17.8
뽀나빠르뜨	0.9	11.2	9.3	31.8	16.8	26.2	38.3	7.5	6.5	15.0	14.0	18.7	15.9	18.7	10.3	10.3	24.3	18.7
시락	9.3	20.6	12.1	19.6	21.5	15.0	15.9	10.3	18.7	21.5	19.6	12.1	12.1	22.4	15.0	19.6	15.0	14.0
세르방-쉬레이베	14.0	12.1	19.6	11.2	29.9	13.1	2.8	9.3	30.8	12.1	27.1	16.8	11.2	17.8	15.0	21.5	12.1	21.5
미테랑	45.8	13.1	26.2	3.7	9.3	0.9	3.7	23.4	19.6	25.2	8.4	13.7	26.2	14.0	18.7	12.1	15.9	12.1
마르셰	10.3	19.6	15.0	22.4	8.4	22.4	16.8	38.3	10.3	12.1	9.3	12.1	18.7	13.1	15.9	12.1	24.3	15.0
지스카르 지지자																		
지스카르 데스땡	36.7	20.1	32.4	1.4	6.5	2.9	5.8	14.4	21.6	33.1	7.2	18.0	34.5	8.6	23.7	7.9	6.5	19.4
뽀나빠르뜨	19.4	17.3	35.3	7.9	12.2	7.9	13.7	8.6	19.4	19.4	17.3	22.3	25.9	9.4	13.7	13.7	20.9	16.5
시락	14.4	43.2	19.4	5.8	8.6	7.9	7.2	7.2	28.1	23.7	12.2	20.9	17.3	12.9	20.9	23.0	11.5	13.7
세르방-쉬레이베	8.6	9.4	5.0	16.5	33.1	28.1	12.9	15.1	17.3	12.2	26.6	16.5	5.8	25.2	15.8	12.9	13.7	27.3
미테랑	20.1	6.5	6.5	20.9	25.2	21.6	24.5	18.0	8.6	5.8	27.3	15.1	7.2	17.3	12.9	23.7	25.9	12.9
마르셰	0.7	3.6	1.4	47.5	14.4	31.7	36.0	36.7	5.0	5.8	9.4	7.2	9.4	26.6	12.9	18.7	21.6	10.1

내무장관으로서의 그는, 롤스로이스나 엘리자베드 여왕을 연상시키는 다양한 특징을 가지고 있으며, 억압적 폭력의 상징인 헬멧을 상기시키기도 하는 것이고, 이 두 가지 경향의 이유를 잘 화해시켜 설명하는 것은 쉽지 않을 것이다.[6] 일상생활 속에서 기능하면서도 그것이 대상 속에 보여지는 변별적 특징과, 또한 결코 명확한 개념의 수준으로는 부상하지 않지만, 유추에 의한 할당의 기초가 되어 있는 다양한 매개항을, 미결정인 채로 방치해 두고 있는 도식들이 있는데, 위에서 보았던 관계들은 이러한 도식들을 적용한 결과 만들어진 것이므로, 이것으로부터 생각해 보면 여기에 항목으로 선택된 사물이나 사람은, 각각 개연성이 다른 다양한 의미의 집합, 경우에 따라 수가 다른(그러나 보통 극히 한정된), 또한 일관성도 가지각색인 의미의 집합을 각각 할당받고 있는 것이다. 혁명정당의 상징인 빨강색을 매개로, 개양귀비와 마르셰 사이에는 하나의 관계가 성립하고 있지만 — 단 이 경우에서조차, 이 관계는 조건부로만 성립한다(왜냐하면 응답자 중의 몇 명은 아마 공산당에 대해서 가장 호감을 갖고 있지 않은 사람들이긴 하겠지만, 죽음의 꽃인 국화를 선택하기도 하기 때문에); — 이처럼 코드화된 (혹은 거의 코드화되다시피한) 몇몇 관계를 별도로 한다면, 어떤 하나의 지배적인 의미 주위에 응답이 집중하는 경향은, 서로 다른 행위자들이 갖가지 항목과 그것을 서로 결부시키는 관계를 구축하는 데에 어떤 도식을 활용하는가에 대해 완전

---

[6] 자기 본래의 장에서 자유롭게 사용되는 도식체계에 대해서는, 실천적 논리의 독자성을 이루는 것이 무엇인지 아마도 더 잘 이해될 것이다. 이 점에 대해서는 의례의 경우를 정리해서 다른 저작에서 논하였다(P. Bourdieu, *Le sens pratique*, Paris, éditions de minuit, 1979). 자기 본래의 장에 있는 사람에게는, 문제가 되고 있는 상징체계의 생산·해석도식을 실제로 자유롭게 구사하는 것`이 보장되기 때문에, 그것만으로 곧 도식이 이해되어 버리고, 어떻게 해도 태만한 이해에 젖어들어 버리기 때문에, 실제적인 암묵의 할당 속에 포함되어 있는 모든 것을 완전히 드러내는 분석에 대해서는, 이것을 과잉해석이라고 보는 경향이 있다("그들은 도대체 무엇을 연구할 것인가!").

한 일치를 보면 볼수록 그만큼 강력해진다.

이런 이유로, 완전히 겹칠 수 있는 경우에도, 그럴 수 없는 경우에도 어떤 다양한 도식을 활용함에 따라 생산된 의미부여의 행위를 기록하는 앙케트 조사 및 그 행위를 집약하는 통계분석은, 일종의 실험적 시뮬레이션에 따라 어떤 인물의 평가라든가 어떤 사물의 사회적 이미지와 같은, **집합표상**의 생산과정을 재현해 보인다. 이들 표상은, 어떤 같은 지각도식이나 공통의 분류체계를 적용한 결과의 산물일지도 모르지만, 그렇더라도 이전과 다름없이 서로 대립하는 사회적 용도의 대상이다. 만약 모든 지각작용이 평가를 전제로 하고 있다고 하더라도, 지각도식의 일치는 반드시 평가도식의 일치를 전제로 하지는 않는다. 사회공간(혹은 정치공간) 속에서의 다른 위치, 더욱이 대립하는 위치까지도 갖고 있는 행위자들이, 동일한 분류도식을 활용할 때, 그들은 대부분 언제나, 이렇게 생산된 기호에 대해 주어진 가치를 둘러싸고 대립한다. 예를 들면 우익이든 좌익이든, 부자이든 빈곤한 사람이든, 지스카르 또는 뽀냐또프스키와의 대립을 표현하기 위해서는, 모두 백색(또는 청색 ─ '푸른 피'〔고귀한 태생의 숨결〕라는 표현에서 연상한 것일까?)과 흑색(물론 적색이 목록에 없기 때문일 것이다)과의 대립을 사용한다. 그런데 이 대립은, 그것이 미테랑의 지지자에 의해 이용되는가 지스카르의 지지자에게 이용되는가에 따라 정반대의 가치를 띠는 것이다. 즉 전자는 흑색을 (헬멧과 마찬가지) 먼저 뽀냐또프스키에게, 이어서 마르셰에게 결부시키는 데 반해, 후자는 마르셰가 1위인 것이다. 이와 같은 논리는 이하와 같은 일련의 대립에 대해서도 적용된다. 즉 좌익들은 까마귀나 국화를 뽀냐또프스키에게(그리고 두번째로 시락과 지스카르에게) 결부시키는데 반해, 보수적인 사람들은 마르셰가 1위, 미테랑이 2위라는 대립이다. 지스카르의 지지자는 그에 대해 '숲 속의 왕'인 오크나무, '극히 프랑스적인 주인공'인 아스테릭스, 대담함과 명예심의 상징인 르 시드(스페인 영웅

		나무						게임			
	오리나무	플라타너스	층층나무	갈대	포플러	잣나무	브랑지	도미노	체스	모노폴리	포카	룰렛
월수 2500크랑 미만												
지스카르 데스탱	33.3	18.2	10.6	9.1	22.7	6.7	33.3	7.6	19.7	21.2	13.6	4.5
뽀나뽀프스키	21.2	22.7	10.6	19.7	7.6	18.2	19.7	25.8	10.6	7.6	16.7	19.7
시락	10.6	21.2	21.2	18.2	15.2	13.6	12.1	21.2	13.6	27.3	10.6	15.2
세르방-슈라이버	4.5	9.1	21.2	22.7	77.3	15.2	9.1	10.6	19.7	9.1	19.7	31.8
미테랑	18.2	9.1	25.8	13.6	10.6	22.7	13.6	9.1	13.6	24.2	24.2	15.2
마르셰	12.1	19.7	10.6	16.7	16.7	24.2	12.1	25.8	22.7	10.6	15.2	13.6
월수 2500-6500크랑 미만												
지스카르 데스탱	30.6	12.4	20.2	6.7	18.1	11.9	38.3	6.7	20.7	13.0	13.0	7.3
뽀나뽀프스키	19.2	16.6	13.5	23.8	8.3	18.1	14.5	22.3	13.5	18.7	14.0	17.1
시락	10.9	18.7	20.7	20.7	12.4	15.5	14.5	19.7	11.9	20.2	22.3	10.4
세르방-슈라이버	5.7	24.9	18.7	13.0	23.8	14.0	11.4	15.5	13.0	15.5	20.7	23.3
미테랑	17.6	18.7	11.4	16.1	20.2	15.5	14.5	14.5	19.7	16.6	16.1	19.2
마르셰	15.5	8.3	15.0	19.2	16.6	24.4	6.7	20.7	21.2	15.5	13.5	22.3
월수 6500크랑 이상												
지스카르 데스탱	27.8	14.8	27.8	13.0	11.1	5.6	44.4	1.9	35.2	14.8	3.7	16.7
뽀나뽀프스키	35.2	18.5	11.1	18.5	1.9	14.8	13.0	18.5	18.5	18.5	14.8	20.4
시락	9.3	13.0	22.2	24.1	9.3	22.2	18.5	7.4	7.4	29.6	16.7	25.9
세르방-슈라이버	3.7	24.1	13.0	13.0	33.3	13.0	5.6	25.9	9.3	18.5	14.8	18.5
미테랑	9.3	14.8	11.1	16.7	31.5	16.7	16.7	22.2	11.1	11.1	20.4	18.5
마르셰	14.8	14.8	14.8	14.8	13.0	27.8	1.9	24.1	28.5	7.4	29.6	18.5

	모자								가구					
	마스크	뻬뻬	메고모	헬멧	캡	페트모	실크햇	노르망디의 장롱	체계정양식의 책상	크놀의 소파	투아16세 양식의 의자	친장달린침대	농가의식탁
월수 2500프랑 미만														
지스카르 데스탱	10.6	9.1	12.1	15.2	15.2	37.9	10.6	31.8	4.5	33.3	6.1	13.6
뽕나뽀프스키	6.1	13.6	33.3	7.6	13.6	25.8	16.7	16.7	10.6	15.2	24.2	16.7
시락	15.2	27.3	15.2	12.4	16.7	13.6	15.2	15.2	21.2	21.2	15.2	12.1
세르방-슈라이베	13.6	22.7	16.7	15.2	16.7	15.2	15.2	9.1	33.3	10.6	24.2	7.6
미테랑	34.8	19.7	4.5	15.2	22.7	3.0	28.8	16.7	19.7	10.6	6.1	18.2
마르셰	19.7	7.6	18.2	34.8	15.2	4.5	13.6	10.6	10.6	9.1	24.2	31.8
월수 2500~6500프랑 미만														
지스카르 데스탱	10.4	15.5	7.8	10.9	7.8	47.2	5.7	32.6	6.7	34.7	15.0	4.7
뽕나뽀프스키	8.8	16.1	42.5	4.7	13.5	15.0	27.5	19.7	11.9	17.1	12.4	10.9
시락	12.4	18.7	14.5	8.8	30.1	14.0	12.4	17.6	21.8	16.1	22.8	8.3
세르방-슈라이베	11.9	29.0	10.4	11.4	22.3	14.5	11.4	11.4	30.6	11.9	28.0	6.2
미테랑	39.9	16.1	7.8	17.1	13.5	5.7	22.3	11.9	15.5	13.0	12.4	24.4
마르셰	16.1	4.7	16.6	47.2	12.4	3.1	20.7	6.2	13.0	6.7	8.8	45.1
월수 6500프랑 이상														
지스카르 데스탱	11.1	16.7	3.7	3.7	13.0	51.9	9.3	38.9	3.7	35.2	13.0	7.4
뽕나뽀프스키	9.3	11.1	42.6	3.7	14.8	18.5	29.6	21.2	3.7	14.8	22.2	7.4
시락	13.0	24.1	27.8	9.3	14.8	11.1	13.0	24.1	24.1	22.2	9.3	7.4
세르방-슈라이베	13.0	38.9	5.6	5.6	31.5	5.6	7.4	9.3	37.0	9.3	29.6	7.4
미테랑	46.3	5.6	7.4	13.0	18.5	9.3	22.2	3.7	16.7	14.8	14.8	27.8
마르셰	7.4	3.7	13.0	64.8	7.4	3.7	18.5	1.9	14.8	3.7	11.1	50.0

으로 코르네이유의 비극의 주인공), '여성의 이상형'인 여배우 미셸 모르강 등을 좋아하지만, 좌익의 지지자는 같은 항목을, 미테랑에 대해 선택하는 경향이 있다는 대립이 그것이다. 혹은 교활한 현명함의 상징인 여우에 대해서는, 보수적인 사람들이 마르셰와 미테랑(이 두 사람은 『따르뛰프*Tartuffe*』〔몰리에르의 희극 『위선자』〕에 관해서도 커플이 되고 있다)에 이것을 결부시키는 비율이 높은데 반해, 좌익의 사람들은 지스카르에 대해 이것을 꼽는 사람이 많다는 대립을 들 수 있다. 그리고 이미 각 정치인을 가족·친척으로 보는 질문에는, 종적으로 친자관계와 횡적으로 인척관계의 대립 속에 사회적·정치적인 근접과 거리가 표현되어 있음을 이해하고 말하자면, 지스카르의 지지자는 지스카르 또는 시락을 자식, 형제, 부친 등으로 분류하는 반면, 마르셰와 미테랑은 사촌, 사위, 의부 등의 범주로 몰아붙이는데 대해, 미테랑의 지지자는 반대로 뽀냐또프스키나 시락(그리고 다음으로는 마르셰)을 별로 만나고 싶지 않은 친척으로 분류하고, 미테랑은 근친 쪽에 둔다는 대립이다. 즉 그들이 보통 사용하고 있는 공통의 상징이나 말을 연구해 보면, 어떤 대상을 완전하게 정의하는 데에, 그들이 본질적 다의성을 거기에도 적용하여 같은 항목을 이렇게 서로 대립하는 형태로 이용하는 그 필연성을 볼 수 있다는 것이다. 정치투쟁의 상황은(이 '사회학적 게임'은 그에 가까운 이미지를 표현하고 있지만) 계급의 언어라는 것의 존재를 믿는 사람들에 반(反)하여, 말이나 기호는(소위 합의consensus라는 환상에 반하여) 결코 완전하게 중립적이지는 않은 채로(왜냐하면 그것들은 내부에 서로 대립하는 몇몇 용법의 잠재적 가능성을 포함하고 있기 때문에) 공통의 것일 수 있다는 것을 상기시켜준다.

　　사회적으로 분류되면서도 분류하는 대상들, 즉 사회계급에 불균등하게 **분포**하고 따라서 암묵의 혹은 명시적인 관계지음에 있어 사회계급에 불균등하게 **할당**되어 있는 대상들을 분류하는 것이 문제가 될 때에는, 분류되는 대상의 의미에 대해서는 모두가 일치하며, 한편 그 대상의 가치에 대해서는 모두가 불일치한다는 현상을 볼 수 있다. 예를 들면 계급관계의 구조에서 그 사람의 위치(수입을 통해 파악된다[7]) 및 이 위치에 대한 그 사람의 관계(지스카르와 미테랑 어느 쪽을 좋아하느냐에 따라 나타난다)가 어떻든 간에, 응답자들은 모두 브릿지를 부르주아 게임으로 보고(이것은 먼저 지스카르, 다음으로 뽀냐또프스키와 시락에 결부되어 있다), 도미노는 (제시된 목록에 브롯belote〔대중적 트럼프 게임의 일종〕이 없었으므로) 마르셰에게, 즉 그가 대표하고 있는 민중에 결부되어 있다. 그리고 또 다음과 같은 할당을 할 때, 그들은 갖가지 재화와 실천을 사회계급과 연결하는 관계에 대해, 모두 같은 실천적 지식을 가지고 있음을 나타내는 것이다. 즉 스키는 (킬리Killy를 통해) 지스카르에게, 권투와 럭비는 마르셰에게, 실크햇은 지스카르(그리고 두번째는 뽀냐또프스키)에게, 도시 하층민의 표식인 사냥은 마르셰에게, 농민이나 지방민 등 온건한 민중의 상징인 베레모는 미테랑에게 할당된다. 롤스로이스는 지스카르(그리고 두번째로는 뽀냐또프스키)에게, 푸조504는 '보좌관'인 뽀냐또프스키와 시락에게, 심카1000 또는 르노5는 미테랑에게, 2CV〔시트로엥의 대중차〕는 마르셰에게, 그리고 말하는 김에 덧붙이면, 포르셰는 역시 조금 여봐란 듯한 당시의 유행취향의 상징으로 인식되어 있는 세르방-슈라이버에게 할당된다.[8] 루이 16세 양식의 의자와 제1제정양식

---

[7] 『송다쥬Sondages』에 수록되어 있는 도표 외에, 남녀별, 연령별, 수입별 분포상황을 분석할 수 있었지만, 사회직업 범주별 분포상황은 입수할 수 없었다.
[8] 제시된 일련의 항목이, 이 경우처럼 적절한 상징의 단계적 시리즈를 형성하고 있을 때, 응답자들은 두 시리즈의 모든 요소 사이에 유의미적 관계를 세울 수 있었던 것이고, 많든 적든 요소의 일부가 부정적으로, 소거법에 의해서만 결정되는 다른 대부분의 시리즈에서 처럼(그것은 예컨대 꽃의 시리즈에서 라일락이나 카네이션, 대부분의 시리즈에서 시락, 또는 정도는 적어도 뽀냐또프스키 등의 경우이다), 둘 또는 세 요소만 고려한다는 것을 알 수 있다. 이것은 항목의 유한한 시리즈가 제시될 때, 그것이 의식적이든 무의식적이든, 기대되고 열망하고 있는 가능한 선택지(예를 들면 게임의 시리즈에서 블럿, 색의 시리즈에서는

의 책상은 지스카르와 뽀냐또프스키에게, 농가의 식탁은 마르셰와 미테랑에게, 노르망디의 옷장은 미테랑과 마르셰에게(그리고 귀족혈통의 뽀냐또프스키에게도), 신흥 부르주아지에 붙어다니는 가구인 크노르의 소파와 천장 달린 침대는 세르방-슈라이버에게 할당된다. 여성의 롤스로이스라고 할 수 있는 엘리자베드 여왕은 뽀냐또프스키와 지스카르 — 여기서 처음으로 귀족정치인이 1위가 된다 — 에게, 그 신체적 성향과 레파토리 양 방향에서 이중으로 '민중적'인 미레유 마띠유는 마르셰(두 번째는 미테랑)에게, 그리고 재클린 케네디와, 이에 이어서 브리짓 바르도도 세르방-슈라이버에게 할당된다. 이렇게 적절한 것과 부적절한 것, 사회적 논리의 양립가능성과 불가능성을 짐작하도록 하는 사회적 현실감각에 인도되어, 응답자들은 분포구조에서의 위치지움에 적합하도록 인간을 사물에 결부시키고, 혹은 인간을 배합하고, 이 분포구조에 대해 같은 실천적 지식을 가지고 있는 사람 모두가 바로 딱 맞다고 생각하는 결합을 이렇게 실현해 가는 것이다.

실제로 응답자들의 정치적 입장의 차이는 객관적 구조에 관한 (실천적) 지식이 아니라 그 구조의 **승인방식**에 관계된다. 분포구조 속에서 가장 우위에 있는 사람들(즉 가장 높은 수입을 갖는 사람들)은 또한 그 구조를 정말 근거 있는 것으로 **승인하는** 경향이 가장 강한 사람들이기도 하

빨강)를 목록에서 빼고, 일부 선택지를 배제하고, 추상적인, 혹은 비현실적인 선택지를 대신 제시함으로써, 불가피하게 생겨나는 효과의 한 예이다. 같은 효과의 다른 예를 들면, **별 수 없이** 지스카르에게 개미를 할당한다는 선택도 그렇다. 왜냐하면 개미는 근면하고 조심성 있고, 검소하며 끈기 있고, 특히 작고 수가 많은 곤충이기 때문에, 대개 다른 선택가능성의 공간에서는 오히려 귀족이나 부르주아의 어딘가 과시적인 부주의l'imprévoyance ostentatoire 와는 반대로, 쁘띠 부르주아의 금욕적인 미덕을 연상시키는데 어울리기 때문이다(그리고 또 매미와 개미, 까마귀와 여우라는, 조금은 교양에 뿌리를 둔 두 대립 속에서, 라 퐁텐의 우화에 원래 갖추어져 있는 논리에 따라 기능한 것은 제1의 대립이며, 제2의 대립은 까마귀라는 새에 빚진 상징적 의미 탓도 있고, 양 항목은 각각 기능한 것이지만, 이것도 선택지가 유한했던 것의 효과라고 할 수 있을 것이다).

다. 그들은 지스카르라는 인물을 구실삼아 브릿지라든가 실크햇, 롤스로이스나 뿌조504, 스키(킬리)나 루이 16세 양식의 의자 등, 자신들이 소유할 수 있는 가능성이 충분히 있는 속성, 즉 가장 희소하면서도 가장 높은 가치를 부여받고 있는 속성을 지배자들에게 부여하고, 한편으로 마르셰를 통해 사냥이나 2CV, 농가의 식탁이나 미레유 마띠유 등, 가장 흔한 속성을 피지배자들에게 할당함으로써 현재의 구조를 승인하는 것이다. 역으로 할당의 위계를 전도시켜 지스카르, 시락, 뽀냐또프스키들에게 사냥이나 2CV나 도미노 등, 가장 전형적으로 민중적인 속성을 붙이는 사람, 혹은 반대로 마르셰에게 브릿지나 롤스로이스 등, 가장 전형적으로 부르주아적인 실천의 표시를 부여하는 사람의 비율은, 현실의 위계의 아래쪽으로 가면 갈수록 정말 확실하게 증대한다. 피지배자들이 직면하고 있는 딜레마란 이상과 같은 것이며, 이것은 아마 낮음/높음, 서투름/익숙함, 괴로움/즐거움, 무거움/가벼움, 두꺼움/얇음, 조야함/우아함, 평범함/탁월함이라는 계급판단의 통상적인 도구인 반대어의 조합을 앞에 뒀을 때, 이미 더욱 강한 딜레마가 될 것이다. 즉 지배자의 대변인이 되는 정치인들에게 지배자의 속성, 다시 말해 지배적인 위치를 부여함으로써(피지배자들은 예컨대 자신이 변혁의 투사라고 언명하는 경우에도, 기성질서의 보존을 언명하고 있는 사람들이 변혁의 대변인인 정치인들에게 이러한 속성을 할당하는 비율에 비교하면, 훨씬 높은 비율로 이것을 지배자의 대변자가 되는 정치인들에게 할당한다), 자신들이 기성의 위계질서를 승인한다는 것을 노정하고 있고, (지스카르를 부친, 형제, 자식 등의 '좋은' 근친으로 보고, 혹은 오크나무로 간주하는 이 연상은 사회계급의 아래로 갈수록 많이 볼 수 있는데) 이런 연상을 통해 기성질서의 승인과 기성질서가 전제로 하고 있는 위계의 승인을 떼어놓는 것이, 얼마나 곤란한가를 명확히 드러내든가, 혹은 현재 작동하고 있는 위계화의 원리에 따라, 단순히 변혁의 대변자와 보수의 대변자의 분포구조를 전도함으로써 자신이 사실은 이들 원리를 승인하고 있다는 것을 노정하든가 하는 딜레마가 그것이다. 항목으로 선택된 피지배계급의 직업(이용사라든가 관리인과 같은)을, 상징적 정복의 의도를 가지고 지배자들에게 부과하는 것으로 그들의 가치를 떨어뜨린다고 생각하기 위해서는, 이들 직업의 가치하락된 이미지가 여전히 승인되지 않으면 안 되는 것이다.9) 어쨌든 뽀냐또프스키나 시락, 그리고 주저하면서도 지스카르를 운전수나 관리인으로 브르는 의도와, 기성질서의 지지자들이 미테랑이나 마르셰에게(그리고 특히 '신중하고 싶은 사람들'의 신중하지 못한 대변자로서 어떻든 '거드름을 피우는' 모습을 하고 있는 후자에게) 원래 어울리는 장소를 할당함으로써 제시하고 있는 이런 종류의 재질서화 사이에 있는 대칭성은, 겉보기 이상의 것일 수밖에 없다.

---

9) 모욕적 언사나 매도하는 말, 그리고 특히 오늘날에는 길들여진 심심풀이로 완전히 변해 버린, 본래의 의미로서의 민중적인 축제(여기에서는 미하일 바흐찐의 분석, *L'oeuvre de François Rabelais et la culture populaire au Moyen-Age et sous la Renaissance*, Paris, Gallimard, 1970을 염두에 두고 있다)에서 볼 수 있는 민중적 반란의 어떤 측면 전체는 이 논리, 즉 일상적 질서의 상징적·일시적 전복인 사투르누스제(祭)(옛 로마의 농신제農神祭)의 논리에 따르고 있다("사투르누스의 축제일은 평상시엔 없다"고 세네카는 말했다).

옮긴이 후기

1. 부르디외의 사회과학적 입장에 대하여

　　부르디외의 사회학적 입장을 한 마디로 명명하면 '발생론적 구조주의'라고 할 수 있고, 그것은 우선적으로 데카르트적 존재론의 이중성(즉 육체와 정신, 주체와 객체, 목적과 원인, 물질성과 상징적 표상으로의 이분법적 대립)을 거부하면서 객관주의와 주관주의, 기계론과 목적론, 구조적 필연성과 개인의 행위 사이의 허구적 모순을 극복하려한다. 부르디외는 겉으로 보기에는 적대적인 이 두 패러다임에서의 세계에 대한 가정을 본질적으로 이중적인 사회현실을 재포착하기 위한 분석적 형식의 계기들로 변형시킨다. 그 결과 사회적 실천이론(social praxeology)은 구조주의적 접근과 구성주의적 접근을 다 품을 수 있다. 그러나 이 두 분석의 계기가 다 필요하다 할지라도 인식론적 우선순위는 주관주의적 이해에 비해 객관주의적 단절에 부여된다(이 점에서 부르디외는 뒤르케임의 제자이다).

　　부르디외 사회학의 두번째 가정은 사회구조와 정신구조 사이에, 사회세계의 객관적 구분들(특히 여러 가지 장場field들에서의 지배적 위치와 피지배적 위치들로의 구분)과, 행위자가 사회세계에 적용하는 시각(vision)과 구분(division)의 원리 사이에는 호응관계가 존재한다는 것이다. 여기서 부르디외는 사고체계의 '사회결정론'sociocentrism을 네 가지 방향으로 확대하는데, 첫째로는 전통적 공동체에서 관찰되는 인지구조와 사회구조 사이의 일치가, 특히 학교제도의 기능에 의해 그것들의 상동성이 산출되는 선진사회에서도 존재한다고 추론하는 것이다. 둘째로 모스 M. Mauss와 뒤르케임의 분석에는 분류가 사회적으로 결정되는 과정에서 인과의 메커니즘이 결여되어 있는데 비해서 부르디외는 사회적 구분과 정신구조가 발생론적으로 연계되어 있기 때문에 양자가 구조적으로 상동관계에 있다고 보는 것이다. 셋째로 부르디외는 사회구조와 정신구조 사이의 일치가 정치적 기능을 수행한다고 본다. 인식적 통합의 조작자인 상징체계는 단순히 인식의 도구가 아니라 지배의 도구(마르크스의 용어로는 이데올로기, 베버의 용어로는 변신론變神論)이기도 한데, 사회적으로 구축된 분류체계는 집단(계급, 민족, 성별 등) 간의 주어진 세력관계로부터 역사적으로 우연히 생겨난 산물이라기보다 자연적이고 필연적인 구조로 표상되는 경향이 있다. 그 결과 분류체계는 정치의 장과 문화 생산의 장에서 벌어지는 개인적이고 집단적인 경쟁에서뿐만 아니라 일상생활 속의 관례적인 상호작용에서도 개인들과 집단들을 대립시키는 투쟁의 목표를 구성하게 된다. 이처럼 부르디외는 뒤르케임의 구조적 분석을 분류체계의 형성, 선별, 강제를 다룬 발생론적 정치사회학으로 보완했는데, 이런 맥락에서 부르디외의 저서 전체는 여러 형태의 상징폭력이 지배구조의 재생산과 변형에 제공한 구체적 기여에 관한 유물론적 인류학으로도 해석될 수 있다.

다음으로 부르디외의 방법론적 입장을 살펴보면, 그는 구조 또는 행위자의 존재론적 우선성을 확언하고자 하는 모든 방법론적 일원론에 반대하여 관계의 우위성을 주장한다. 물론 이런 시각은 새로운 것이 아니며 삐아제(Piaget), 야콥슨(Jakobson), 레비-스트로스(C. Lévi-strauss), 브로델(Braudel)의 작업을 통해 성숙된 다형 구조주의의 오랜 전통을 이루는 부분이기도 하다. 또한 그것은 마르스와 뒤르케임에게까지도 소급할 수 있는 것인데, 부르디외의 독특성은 그러한 개념을 전개하는 방법의 치밀성이다. 특히 아비투스habitus(실천감각)와 장(場)이라는 두 개의 중심개념이 그 관계의 매듭을 지시한다.

부르디외는 '사회'라는 속빈 개념을 발전시켜 장과 사회공간이란 개념으로 대체하는데, 분화된 사회는 어떤 단일한 사회의 논리로 귀결될 수 없는 상대적으로 자율적인 일련의 게임공간들로 이루어져 있다고 본다. 먼저 장(場)이란 자기장(磁氣場)처럼 객관적인 힘들의 구조화된 체계이고 특수한 중력을 지닌 관계의 틀이다. 일종의 프리즘과도 같이 모든 장은 자체의 내적 구조에 따라 외부의 힘을 굴절시킨다. 하나의 장은 거기서 효력을 가지는 특수한 종류의 자본들(경제자본, 문화자본, 사회관계자본, 상징자본 — 자본의 다원화과정에서 그는 막스 베버를 상당히 따라가고 있다)에 대해 독점권을 확보하려는 목적으로 참가자들이 서로 경쟁하는 전투의 장과 유사한 투쟁과 경쟁의 공간이다. 그 자본이란 예술의 장에서는 문화적 권위이고, 과학의 장에서는 과학적 권위이고, 종교의 장에서는 성직자의 권위이며, 권력의 장에서는 자본의 여러 형태들 사이의 위계질서와 '전환율(轉換率)'을 결정할 수 있는 능력이다. 이런 투쟁의 맥락에서 그 장의 형태와 구분들 자체가 중심적 내깃돈(투쟁목표)이 되는데, 그것은 여러 형태의 자본들의 분배와 상대적 비중의 변동이 결국 장의 구조를 변경시키는 것이기 때문이다. 이것이 각 장에 역사적 동력과, 고전적 구조주의의 경직된 결정론을 회피할 수 있는 유연성을 부여한다.

  사회생활은 어떻게 그토록 규칙적이고 예측가능한 것일 수 있을까? 그 대답은 부분적으로 아비투스의 개념에 의해 주어진다.

  아비투스는 개인적이거나 그 자체로 완벽하게 행위를 결정하는 것은 아니지만 행위자의 내부에서 작동하여 행위자들로 하여금 예측되지 않고 항상 변동하는 상황에서의 선택을 결정하게 하는 전략들의 발생원리이다. 아비투스는 일정 방식의 지각과 평가, 그리고 실천의 성향체계로서 개인의 역사 속에서 개인들에 의해서 내면화(구조화)되고 육화(肉化)되며 또한 일상적 실천들을 구조화하는 양면적 기제라고 할 수 있다. 후설, 하이데거, 메를로 뽕티의 현상학과 후기 비트겐슈타인의 철학을 선별적으로 차용해서 개념화된 아비투스를 통해서 부르디외는 사회 세계와 행위자의 관계를 주체와 객체와의 관계가 아니라 아비투스와 그것을 결정짓는 세계와의 존재론적 공모(共謀), 또는 상호적 소유로 보는 것이다. 비유하건대 축구선수가 게임 중에 행위의 열기에 사로 잡혀 아군과 적군의 동작에 대한 순간적인 직관을 가지고 반성적 시각이나 타산적 이성의 도움 없이 행위하는 것과 같은 상황이다. 따라서 사회질서에 대한 복종은 사회구성원들의 아비투스와 그 아비투스가 작동하는 장 사이의 무의식적 일치에서 그 기원을 찾을 수 있다는 것이다.

끝으로 부르디외의 이러한 균형잡힌 시각은 그의 근대적 합리성에 대한 입장에서도 나타나는데, 그는 데리다가 주장하는 포스트 모던의 해체가 도달하게 되는 허무주의적 상대주의와 하버마스가 주장하는 근대적 합리성의 절대주의 사이의 대립을 극복할 수 있는 가능성을 모색하고 있는 것이다. 즉 부르디외적 성찰(réflexion)은 역사주의적 합리주의를 통해 해체와 보편성, 이성과 상대성의 작용을 과학의 장의 객관적 구조들 속에 정착시키는 것이다. 결국 부르디외에게서 사회학은 사회를 탈(脫)-자연화시키고 탈(脫)-운명화시키는 것, 즉 권력의 행사를 가리고 지배를 영속화하는 신화들을 파괴하는 임무를 띠게 된다는 점에서 현저하게 정치적인 학문인 것이다.

2. 『구별짓기 La Distinction』의 내용요약

서문

『구별짓기』 전체를 저자 나름대로 요약하고 있는데, 다양한 문화적 실천 중에서 특히 예술작품의 수용형태가 취향의 차별화의 계기로서 강하게 작용하고 있음을 주장하고 있다.

제1부 취향에 대한 사회적 비판

제1장 문화귀족의 칭호와 혈통
<문화귀족의 칭호>

문화자본을 풍부히 소유함으로써 보통사람과 구별되는 '문화귀족'이라고도 불리우는 집단을, 음악과 회화, 영화 등의 예를 통해 부각하면서, '미적 성향' 또는 '필요성에의 거리'라는 개념을 도입하여 그 근거를 논하고 있다. 구체적으로는 여러 사진에 대한 반응을 자세히 검토하고, 그들이 일상적 이해(利害)에 묶이지 않는 미학적 판단을 행하는 경향이 있다는 것, 그리고 원래의 귀족과 마찬가지로 '가지고 태어난 탁월성'에 의하여 남들과 구별되며, 예술적 정통성을 독점하는 사람들이라는 점을 분명히 밝히고 있다.

<문화귀족의 혈통>

가정에서의 체험적 습득을 통해 무의식 속에서 실현된 문화자본의 상속과, 학교에서의 체계적 학습을 통해 의식적으로 진행된 문화자본의 획득이라는 두 가지의 문화적 전유양식을 정의하면서, 양자의 상관관계를 분석하고, 가정과 학교라는 두 개의 시장에서, 상속자본과 획득자본이 어떻게 축적·투자되며, 문화귀족의 혈통이 어떻게 재생산되는지를 해명하고 있다.

제2부 실천의 경제

제2장 사회공간과 그 변형
<계급조건과 사회적 조건화>

사회적 제 집단의 위치결정에 관여하는 여러 변수들(직업, 학력, 수입, 성별, 연령 등)과, 통시적(通時的) 요인인 사회적 궤적(출신계급, 사회적

상승 또는 하강)을 고려함으로써 새로운 계급의 배치도를 구성할 가능성을 제시하고 있다.

<3차원 공간>

문화자본과 경제자본의 교차배열구조를 가진 2차원의 좌표평면에 시간축을 추가하여 얻은 3차원의 사회공간을 설정하고, 여러 직업범주들을 배치한 사회적 위치공간과, 대응하는 실천의 분포를 나타낸 생활양식공간을 겹쳐서 도표화하고 있다.

<전환의 전략>

경제자본으로부터 학력자본·문화자본으로의 전환전략을 다양한 각도에서 검토하면서, 계급탈락의 위기에 대한 저항, 기성 위계관계의 유지 또는 전도(顚倒)를 노리는 개인적·집단적 경쟁 등을 분석함으로써, 사회공간에 있어서의 차별화 투쟁의 실태를 부각하고 있다.

제3장 아비투스와 생활양식공간

<제 공간의 상동성>

여러 가지 취향의 세계를 구조화하는 원리는, 형식을 중시하는 '사치취향(자유취향)'과 실질을 중시하는 '필요취향'의 대립이라고 할 수 있는데, 음식과 식사방법, 복장, 미용 등에 대한 구체적 분석을 통하여 그러한 제 공간의 상동성을 밝히고 있다.

<양식적 가능성의 세계>

생활양식공간에 있어서 차이를 낳는 여러 가지 가능성 중에서, 여러 계급 및 제 집단들이 각기 어떤 선택을 행함으로써 차별화되는 지를, 특히 스포츠의 실천을 통해서 검토하고 있다.

제4장 장의 역학

<상품생산과 취향생산의 상응관계>

문화상품의 생산과, 그것에 대응하는 취향의 생산이, 특정의 장에 있어서 긴밀한 조응관계를 보여주는 것을, 연극과 저널리즘의 세계를 예로 들어 실증하고, 취향은 아비투스의 친화력에 기초한 일종의 '운명애(運命愛)'에 다름 아니라는 것을 보여주고 있다.

＜상징투쟁＞

취향의 정통성을 둘러싸고 사회공간의 여러 장에서 전개되는 계급간, 계급분파간의 갈등을 '상징투쟁'으로서 포착하고, 모든 문화적 실천이 사회적 차별화 투쟁의 내깃돈이라는 것을 주장하고 있다.

제3부 계급의 취향과 생활양식

제5장 차별화의 감각-지배계급

＜예술작품의 전유양식＞

지배계급내의 각 집단이 '차별화의 감각'에 의하여 예술작품을 전유하는 양태를, 미술과 음악, 영화 등의 구체적 사례를 통해 검증하고 있다.

＜지배적 취향의 변형태＞

지배계급의 취향공간이 어떻게 분절되는 지를, 교수, 자유업, 부르주아 경영자라는 세 가지 대표적 직업범주로 나누어 서술하고 있다.

＜시간의 각인＞

지배계급에 있어서 세대간의 차이를 초래하는 효과를, 사기업의 관리직과 상급기술자 등, 신흥 부르주아지를 중심으로 검토하고 있다.

＜세속적 권력과 비세속적 권력＞

지배계급을 구조화하는 세속적 위계질서(경제자본에 의한)와 비세속적 위계질서(문화자본에 의한)의 교착(交錯)에 대하여 서술하고 있다.

제6장 문화적 선의-중간계급

<인지와 승인>

중간계급을 특징짓는 '문화적 선의'를, 문화에 대한 인지(지식)와 승인과의 격차라는 관점에서 정의하고 있다.

<학교와 독학>

쁘띠 부르주아 특유의 독학자적 교양이 갖는 의미를, 학교제도에 의해서 권위를 할당하는 정통적 지식과의 대비에 의해 설명하고 있다.

<경사와 경향>

지배계급으로의 상승가능성과의 관계에서, 중간계급의 사람들이 받아들이지 않을 수 없는 제한적·금욕적 성향을 산아전략(産兒戰略) 등을 통해 설명하고 있다.

<쁘띠 부르주아 취향의 변이형>

중간계급의 취향공간을 구체적으로 서술하고 있다.

<쇠퇴하는 쁘띠 부르주아지>

집단으로서 하강경향에 있는 장인·소상인층의 취향을 분석하고 있다.

<실행 쁘띠 부르주아지>

일반관리직, 일반기술자, 사무노동자층의 취향을 분석하고 있다.

<신흥 쁘띠 부르주아지>

집단으로서 상승경향에 있는 문화매개자, 의료보건 서비스 종사자, 비서, 공예장인층 등의 취향을 분석하고 있다.

<의무로부터 쾌락의 의무로>

'의무'라는 오래된 금욕적 도덕으로부터, 새로운 윤리적 규범인 '의무로서의 쾌락'으로의 전환에 대하여 서술하고 있다.

제7장 필요한 것의 선택-민중계급

<필요취향과 순응의 원리>

민중계급의 현실주의적 실천을, 형식보다는 실질과 기능을 우선하는 '필요한 것의 선택'이라는 원칙에 의해 설명하고, 이것이 대중취향을 규정하는 '순응의 원리'를 낳는 것이라고 지적하고 있다.

<지배의 효과>

피지배적 위치에 적합하려고 하는 민중계급의 경향이, 정통성의 승인에 의해서 문화적 지배의 효과를 강화시키는 메커니즘을, 노동자계급의 사회적 의식을 통하여 분석하고 있다.

제8장 문화와 정치

<여론조사와 검열>

앙케트 조사에서의 무응답률의 의미에 대하여 분석하고 있다.

<신분과 능력>

정치에 대하여 말하는 경향과 정치적 능력과의 관계를 분석하고 있다.

<정치적 발언권>

교육제도에 대한 앙케트에서 보이는 정치적 경향을 분석하고 있다.

<개인적 의견>

개인적 의견을 가지려는 경향의 의미에 대하여 분석하고 있다.

<의견의 생산양식>

정치적 의견을 생산하는 세 가지 원리에 대하여 분석하고 있다.

<의미의 박탈과 유용>

앙케트에의 응답에 포함되어 있는 의미가, 문제틀problématique의 부과된 효과에 의해서 박탈되고 유용되는 메커니즘을 분석하고 있다.

<도덕적 질서와 정치적 질서>

앙케트에 있어서 도덕적 문제와 정치적 문제의 연관을 분석하고 있다.

<계급의 아비투스와 정치적 의견>

'육화된 계급'으로서의 아비투스와, 정치적 의견과의 관계를 분석하고 있다.

<의견의 수요와 공급>

구독신문·잡지의 분포상황을 분석하고 있다.

<정치공간>

구독신문·잡지와, 각 직업범주의 정치적 입장과의 대응관계를 분석하고 있다.

<궤적의 고유효과>

정치적 입장의 선택에 처하여 사회적 궤적이 초래하는 효과를 분석하고 있다.

<정치언어>

정치적 담론의 전문적 생산자에 의한, 의견 선택의 유도에 대해 분석하고 있다.

결론 — 계급과 분류

행위자가 사회세계를 인식하는 경우에, '육화된 사회구조'인 지각·평가도식을 활용하고 있는 것, 그리고 그 분할체계가 상징적 차원에 있어서 계급투쟁의 한 측면으로서의 '분류투쟁'의 원리로 되어 있다는 것을 주장하고 있다.

후기 — '순수'비평에 대한 '통속적' 비판을 위하여

칸트의 『판단력 비판』을, 데리다J. Derrida에 의한 그것의 독해(『빠레르공』)의 분석·비판을 통해서, 순수한 쾌락을 예찬함과 동시에 통속성을 배제하도록 하는 철학적 탁월화의 시도에 대하여, 감히 취향을 사회적 관계로서 독해하려는 저자 자신의 입장을 제시하고 있다.

3. 『구별짓기』가 90년대의 한국사회에서 갖는 의미에 대하여

부르디외의 『구별짓기』는 프랑스의 1960년대의 경험적 자료들을 분석한 저작으로 불어원판은 1979년에 나왔으니까 원판이 나온 지 근 20년 만에 한국어로 옮겨진 셈이다. 우리 학계가 서구학문의 수용에 보이는 양적 차원의 열성에 비해서 그 질적 차원의 불균질성이 얼마나 극심한 것인가를 분명하게 보여주는 사례이다. 그런데 만약 이 책이 1980년대에 옮겨졌다면, 어떠했을까? 모르긴 몰라도 판매부수는 지금보다도 훨씬 많았을 것이다. 계급에 대한 관심이 높았으니까. 그러나 학문적 타당성의 평가에서는 소극적인 호응을 얻을 수밖에 없었으리라고 추측된다. 한국의 80년대는 '계급문화'(계급이 아니라)의 분화정도는 매우 낮았기 때문이다. 그러고 보면, 20년가량 늦게 번역된 것이, 한국의 문화현실을 이해함에 있어 부르디외적 시각의 타당성을 높이기에는 오히려 다행스러웠다고도 할 수 있겠다.

그러나 다른 한편, 1980년대 한국의 사회과학계를 뜨겁게 달구었던 사회계급에 대한 학둔적 논의들은 90년대로 접어들면서 종적이 묘연해진 상태이다. 즉 "아직도 계급얘기를 하냐"는 식이다. 수사적으로 표현하면, 80년대 사회과학계에서 논의되던 사회계급의 담론이 광장에 출몰했던(부르디외식으로 표현해서 '정치적으로 동원된') 신기루를 잡으려는 노력이거나 통계숫자상의 계급, 부르디외식으로 '종이 위의 계급'을 구성하는 작업이었고, 그것을 '구름 위의 계급담론'이라고 부를 수도 있을 것이다. 물론 이러한 작업은 한국사회의 계급모델을 구성하기 위해서는 선결적으로 요청되는 작업이었겠지만 그러한 작업은 계급의 실체인 계급문화를 파악하는 작업으로 이어지지 못한 채, 90년대로 들어서면서 '구름 위의 계급담론'이 포스트모더니즘의 탈계급론적 회오리에 휩쓸려 실종되어버린 상태라고도 할 수 있지 않을까?

"Let bygones be bygones?(과거는 역사의 흐름에 흘려보내자고?)" 그러나 80년대식의 계급담론은 흘려보낼 수 있겠지만, 계급의 현실은 흘려보낼 수 없다는 데 문제가 있다. 광장에서 보이던 계급은 밀실로 숨어버렸을 뿐이다. 그래서 계급담론들의 '숨바꼭질'은 여전히 포기할 수 없는 사회과학도들의 관심이 되어야한다. 물론 새로운 방식으로! 부르디외의 『구별짓기』는 바로 이 '새로운 방식'의 한 모델을 웅변적으로 보여준다. 즉 ≪'구름 위의 계급담론'으로부터 '지붕 아래의 계급담론'으로!≫이다. 이제 사회학자들은 본의 아니게 관음주의적(觀淫主義的) 접근을 사양할 수 없는 상황에 서 있다고도 할 수 있다. 초판발행 후 근 20년이 지난 90년대에야 소개된 부르디외의 시각은, 그런 지체로 인해서 오히려 한국의 80년대와 90년대 사이에 생긴 사회과학적 인식의 단절을 극복할 수 있는 '징검다리' 역할을 해줄 수도 있다고 본다.

"산업화에서는 늦었지만 정보화에서는 앞서가자!"는 매력적인 구호가, OECD의 가입을 눈앞에 두고 있는 우리들의 가슴을 들뜨게 만들고 있는 요즈음이다. 정보화는 기존의 사회적 갈등의 구도를 근본적으로 바꾸어 놓을 수 있는 '도깨비 방망이'라도 되는 양, 과장되고 있다. 그러나 아직까지의 현실은 정보화가 기존의 사회적 불평등을 완화시키는 측면만큼이나 강화시키는 측면도 여전히 존재함을 보여주고 있다. 정보화 역시 특정한 계급 및 계급분파에게서 보다 활발하게 이루어지고 있을 것이라는 가설은 검증되어야할 것이겠지만, 정보화가 기존의 계급구분을 해체한다는 가설은 더욱 의심스러워 보인다.

그러나 부르디외 식의 분석을 너무 성급하게 한국의 문화현실에 적용하려는 태도 역시 적잖은 위험을 내포하고 있다고 할 수 있다. 60～80년대의 상대적 빈곤에 대한 사회심리학적 보상심리로서의 '사치 신드롬'이 도도하게 넘쳐나는 요즈음, 이 과정에서 나타나는 '차별화의 욕구', 또는 맹종적 모방의 행태를 부르디외의 『구별짓기』와 바로 연결시켜 논의하려는 시도는 상당한 무리가 수반될 수 있다. 이런 시도는 오히려 부르디외적 시각의 타당성을 부인하게 만드는 계기로 이용될 수도 있다. 즉, 한국적 '과소비 행위'에서는 현재로서는 계급적 호응관계가 분명하지 않은 채 초계급적, 또는 무계급적으로 이루어지는 경향이 있음(그러니까 '과'소비겠지만)을 근거로, 부르디외를 거부하는 것은 성급한 판단이다. 프랑스 사회의 계급문화가 마치 투명한 적포도주와도 같이 인식가능성이 상당히 높다면, 한국사회의 그것은 현재로서는 막걸리와도 같이 불투명한 상태이고, 따라서 부르디외 식의 분석이 특수한 사례처럼 보일 수도 있다. 그러나 막걸리도 시간이 지나면 '모래미'와 주정(酒精)이 분리되듯이, 한국사회의 계급문화도 한국사회가 경험한 자본주의적 발전의 속도만큼이나 빠르게 형성되고 있는 것으로 보인다. 아울러 부르디외를 생산적으로 수용하기 위해서는 우리 사회 고유의 '장(場)', 자본들과 아비투스들의 역사적, 사회적 형성 및 재생산의 조건에 대한 연구가 반드시 선행되어야 할 것이다. 이러한 노력이 없이는 부르디외의 작업도 한 번 스쳐 지나가는 유행(패션)의 운명을 면하지 못할 것이 분명하다.

왜 이 책이 다른 외국에서 획득한 성가(聲價)에도 불구하고 여태까지 번역되지 않았을까? 물론 불어인구가 적다는 한국학계의 기본적 제약 외에도 그럴 만한 이유들을 옮긴이는 번역과정에서 통감(痛感)할 수 있었다. 우선 부르디외의 저작이 다 그렇듯이, 그리고 특히 이 책이 그러한데, 독자에게(따라서 먼저 옮긴이에게) 다방면의 박식을 요구한다는 사실이다. 대강 짚이는 데로만 들어봐도, 사회과학의 제 분과 학문들, 철학, 미학, 문학, 언어학, 음악, 미술, 그리고 프랑스의 일상적이고 토착적인 생활문화에 대한 폭넓은 지식 등이 그것이다. 이 번역의 두번째 장애물은, 프랑스 사람들조차 혀를 내두르는 부르디외의 특유의 난삽한 문체이다. 불어원판에서 한 문장의 길이는 국역본의 그것의 3~4배 정도가 보통이다. 또한 가히 완전벽(完全癖)이라고 부를 정도의 치밀한 수식과 부연, 예거(例擧) 등은 단순한 번역보다는 차라리 번안을 요구한다고 할 수 있을 정도이다. 이런 장애에도 불구하고 이 번역을 옮긴이가 감당하려 했던 이유는, 앞에서도 언급했던 바와 같이, 한국의 사회과학계가 외국 학문의 수용에서 보여주는 편식(偏食) 현상을 극복하는 작업은 유럽에서 공부한 사람들이 나서지 않으면 할 사람이 없다는 절박감 때문이었다. 따라서 학부에서 불문학을 전공한 후, 줄곧 사회학을 주전공으로 하고 있는 옮긴이로서는 최선을 다했지만, 옮긴이의 무지로 인해 불가피하게 적확(的確)하지 못한 번역들이 적잖이 있으리라 생각된다. 이런 부분에 대해 각계의 해박한 독자들의 건설적 비판을 계속 경청할 것을 미리 약속드리고 싶다.

앞서도 언급한 대로, 이 책은 다양한 방면의 지식을 요구하고 있으며, 하루 빨리 완역되기를 기다리는 학계의 요구도 있고 해서, 옮긴이 나름대로는 최대한 서두르지 않을 수 없었고, 그 과정에서 여러 사람들의 도움을 받을 수 있었음을 매우 다행스럽게 생각한다. 우선 이 책의 상권에서 초역을 해준 조형준(1장과 4장), 권혜원(3장), 하권의 이도훈(5장), 그리고 부분적으로 도움을 준 김소영, 박영아, 문아영에게 깊은 감사를 표한다. 그리고 초기에 출판사와의 연결을 도와 준 정일준에게 깊은 감사를 표하고 싶다. 이들의 도움이 없었더라면 이 책의 출간은 더

늦어질 수밖에 없었을 것이다. 그리고 하권의 초고를 읽고 수정해 준 '부르디외 연구회' 회원들의 협조에도 감사의 마음을 전하고 싶다. 또한 상권의 출간 직후 파리를 방문했을 때, 자신의 최근 저작들과 전체 저작목록을 선사하며 옮긴이를 격려해 준 부르디외에게도 감사의 말을 전하고 싶다. 그리고 근 3년 가까이(출판사에서의 이전작업을 고려하면 4년) 이 일에 묶여서 '아버지' 노릇을 제대로 하지 못했던 옮긴이를 참고 용서해 준 아들 슬기와, '생산성이 높지 않은' 번역작업을 한결 같은 마음으로 지원하고 격려해준 아내 성옥에게 깊은 애정을 표한다.

끝으로 보통 책의 번역에 비해서 몇 배의 노력을 요구하는 이 책의 출판과 편집을 맡아 준 새물결출판사 여러분들에게 깊은 감사의 말씀을 드린다.

                1996년 10월, 수리산 거룡봉을 바라보며

사진 출전

93 Russel Lee, *in The Family of Man*, The Museum of Modern Art, New York, 1955

105 위에서 아래, 왼쪽부터 오른쪽

The Museum of Modern Art, New York

The Museum of Modern Art, New York (Katherine S. Dreier 기증)

The Museum of Modern Art, New York (Lillie P. Bliss 기증)

267 위부터

X. Lambours — *Viva*

H. Gloaguen — *Viva*

272 C. Raimond-Dityvon — *Viva*

273 위에서 아래, 왼쪽부터 오른쪽

X. Lambours — *Viva*

F. Hers — *Viva*

H. Gloaguen — *Viva*

C. Raimond-Dityvon — *Viva*

302·303 위에서 아래, 왼쪽부터 오른쪽

R. Doisneau — *Rapho*

Marc Tulane

M. Delluc — *Viva*

P. Guis — *Rapho*

P. Michaud — *Rapho*

C. Raimond-Dityvon — *Viva*

348·349 위에서 아래, 왼쪽부터 오른쪽

R. Doisneau — *Rapho*

P. Bringe — *Ministère de l'agriculture*

	C. Raimond-Dityvon — *Viva*
	Air-France
	J-P. Verney — *Ministère de l'agriculture*
	René Maltete
	R. Doisneau — *Rapho*
364	C. Raimond-Dityvon — *Viva*
436	위에서 아래, 왼쪽부터 오른쪽
	A. Dagbert — *Viva*
	M. Delluc — *Viva*
	Esalas Bartel — *Viva*
494 · 495	Serge Korniloff
571	위부터
	R. Doisneau — *Rapho*
	Maison et Jardin
679	C. Raimond-Dityvon — *Viva*
686	위부터
	C. Raimond-Dityvon — *Viva*
	Y. Jeanmougin — *Viva*
698	*La République des Pyrénées* — op. D. Rosé
700	위부터
	Y. Jeanmougin — *Viva*
	C. Raimond-Dityvon — *Viva*
815	C. Raimond-Dityvon — *Viva*

찾아보기

(ㄱ)

가난한 부모 321
가능한 것 776, 778, 872
가족 14, 40, 55, 65, 132, 145, 159, 173, 214, 237, 243, 248, 254, 278, 293, 357, 435, 453, 486, 502, 607, 640, 665, 707, 844
가치 14, 26, 31, 42, 47, 50, 52, 55, 56, 116, 131, 153, 168, 179, 216, 233, 252, 264, 300, 327, 362, 368, 387, 422, 475, 513, 592, 657, 684, 754, 789, 817, 832, 863, 894, 920, 957, 971
간격 250, 385, 585, 729, 731, 875, 905
간호사 276, 441, 525, 604, 652, 653, 656
갈등 271, 288, 452, 540, 566, 721, 729, 752, 799, 816, 858, 982
감각 30, 133, 168, 357, 387, 426, 712, 803, 844, 848, 871, 882
개량주의 606, 639
개연성 212, 245, 266, 275, 332, 425, 585, 680, 739, 777, 966
개인 36, 48, 56, 83, 98, 117, 127, 157, 168, 198, 215, 230, 243, 254, 270, 316, 333, 377, 389, 410, 425, 434, 449, 476, 487, 516, 540, 562, 627, 651, 680, 754, 789, 814, 850, 861, 867
개인적 39, 51, 102, 150, 181, 206, 264, 274, 288, 306, 410, 458, 510, 542, 616, 621, 651, 674, 703, 751, 762, 800, 815, 898
객관주의 38, 120, 236, 441, 461, 838, 865, 866, 976
객체화 14, 154, 197, 204, 206, 212, 218, 343, 400, 408, 410, 416, 452, 517, 554, 596, 701, 703, 719, 768, 779, 790, 893, 913
거리 27, 29, 51, 78, 104, 121, 150, 233, 263, 296, 301, 323, 334, 384, 407, 444, 452, 554, 651, 727, 828, 846, 876, 877, 917
거부 25, 73, 85, 96, 114, 121, 124, 174, 266, 369, 403, 462, 488, 538, 583, 592, 622, 653, 672, 728, 754, 774, 870, 876, 894
검열 76, 85, 167, 322, 339, 345, 362, 596, 690, 713, 725, 817, 827, 888, 890, 893
격리 234, 298, 388, 480, 591, 723, 761, 780, 791, 809, 885, 910

격차 63, 78, 85, 126, 137, 147, 151, 162, 220, 236, 307. 317, 452, 460, 585, 590, 630. 659, 692, 724, 773, 811, 847. 861, 863
결혼시장 251
경계 55, 283, 298, 430, 453, 476, 484, 619, 626, 670, 706, 830, 844, 855, 858, 860, 895, 918
경력 201, 240, 264, 271, 279, 285, 378, 543, 566, 714, 913, 961
경사 216, 232, 606, 614, 615, 815
경영자 122, 225, 232, 235, 246, 258, 262, 392, 393, 484, 486, 519, 555, 568, 570, 573, 609, 622, 713, 726, 729, 810, 843
경쟁 121, 193, 237, 245, 277, 290, 305, 388, 401, 419, 442, 450, 452, 539, 541, 592, 615, 651, 674, 721, 781, 799, 819, 863
경주 247, 296, 297, 301, 384, 451, 630, 706, 863
경향 24, 66, 74, 96, 109, 123, 146, 155, 165, 182, 208, 251, 270, 293, 300, 369, 385, 412, 452, 481, 523, 543, 574, 597, 606, 658, 688, 702, 743, 854, 768, 792, 822, 849, 882, 912, 961
계급 22
  객관적 계급 197
  민중계급 27, 45, 76, 87, 91, 102, 120, 150, 157, 220, 231, 275, 326, 353, 362, 381, 438, 457, 480, 522, 544, 562, 607, 624, 634, 645, 688, 695, 704, 714, 751, 760, 780, 801, 819, 906

  사회계급 41, 53, 65, 98, 200, 211, 215, 220, 246, 266, 312, 350, 385, 402, 452, 526, 547, 582, 625, 678, 745, 762, 774, 795, 801, 813, 839, 841, 847, 851, 866, 879, 970, 986
  육화된 계급 343, 790
  중간계급 45, 73, 118, 130, 150, 166, 215, 220, 231, 246, 259, 275, 294, 357, 375, 438, 456, 480, 499, 522, 538, 562, 590, 607, 623, 628, 634, 653, 666, 692, 704, 748, 804, 823, 906
  지배계급 36, 49, 97, 118, 128, 174, 181, 182, 226, 230, 245, 262, 294, 321, 335, 340, 365, 392, 413, 458, 476, 510, 537, 567, 577, 621, 656, 694, 748, 764, 781, 800, 841, 912, 962
  피지배계급 173, 282, 307, 418, 453, 526, 577, 694, 703, 792, 859, 962, 974
계급투쟁 135, 218, 307, 442, 604, 779, 963
계급화 246
고전주의 112, 134, 484, 498
공간 12, 58, 107, 154, 212, 243, 311, 378, 406, 419, 441, 578, 594, 792, 822, 849, 978
공급 116, 193, 225, 265, 413, 659, 721, 824, 934
공산당 103, 476, 715, 726, 738, 756, 766, 793, 807, 820, 958, 966
공순 536, 818, 894

공시화 817
공업경영자 84, 226, 235, 245, 254, 285, 323, 335, 365, 394, 441, 450, 488, 501, 534, 563, 623, 683, 746, 793, 808, 935
공인 22, 58, 100, 159, 199, 374, 398, 416, 453, 527, 622, 740, 754, 832, 862
과거 25, 56, 109, 182, 215, 286, 353, 392, 484, 532, 576, 614, 641, 754, 815, 858, 882, 932
과잉결정 207, 317, 426, 459
과잉교정 92, 186, 372, 460, 618
관객 27, 74, 226, 382, 421, 499, 538, 649, 873, 876, 894, 937
관계 22, 61, 84, 111, 152, 171, 183, 206, 245, 270, 276, 286, 297, 312, 332, 371, 400, 440, 530, 591, 639, 696, 737, 785, 804, 822, 865, 892, 910, 954, 979
관광 111, 279, 339, 491, 515, 613
광고 89, 194, 277, 394, 416, 445, 511, 566, 595, 655, 675, 797
교수 40, 84, 120, 176, 209, 225, 242, 253, 278, 335, 394, 482, 501, 538, 623, 696, 746, 792, 809, 885
교육 21, 61, 132, 214, 279, 413, 541, 599, 670, 727, 742
  고등교육 15, 40, 62, 128, 176, 230, 250, 288, 484, 569, 593, 670, 728, 785, 905
  중등교육 15, 44, 202, 248, 283, 479, 497, 522, 543, 609, 658, 728, 747, 805, 905

교환 14, 104, 185, 312, 346, 351, 388, 437, 517, 616, 668, 755, 820, 891
교회 167, 277, 393, 568, 603, 721, 767, 805, 899
교훈 681, 749, 832, 901
구별 42, 318, 362, 406, 423, 573, 786, 850, 863, 888, 915, 962
구식 124, 157, 271, 420, 515, 570, 664, 810
구원 458, 667, 846, 894
구제 598, 665, 754, 790, 794
구조 39, 131, 162, 205, 237, 254, 314, 374, 424, 478, 526, 609, 745, 791, 841, 911, 972
권력 69, 112, 184, 227, 283, 361, 373, 453, 554, 799, 885, 978
권위 21, 58, 167, 295, 390, 458, 566, 668, 748, 830
궤적 26, 42, 127, 163, 205, 274, 343, 457, 595, 627, 814, 913
귀족 22, 54, 143, 263, 375, 515, 603, 665, 857, 961
  귀족주의 70, 181, 384, 463, 523, 672, 731
규율 136, 356, 388, 568, 668, 817
규정 47, 100, 182, 251, 297, 423, 564, 773, 811, 851
극좌주의 778
금욕주의 133, 236, 311, 321, 383, 413, 522, 555, 614, 669
기권 720, 725, 733, 757, 773
  기권주의 720, 822
기능 14, 49, 87, 103, 131, 173, 206, 251, 279, 362, 591, 658, 719,

788, 804, 836, 883, 954, 977
기쁨 24, 91, 156, 332, 423, 499, 647, 899
기술관료적 663, 731, 739, 803, 821
기업 210, 234, 265, 401, 491, 524, 550, 663, 784, 826, 911
기품 111, 124, 202, 371, 394, 562, 619, 637, 653, 661
기호 28, 262, 311, 390, 419, 450, 517, 576, 669, 842, 867, 967
기호학 154, 830, 865
기회 37, 71, 99, 117, 163, 213, 251, 290, 369, 452, 469, 541, 551, 607, 641, 655, 727, 745, 785, 858, 910

(ㄴ)

낙관주의 423, 493, 527, 665, 678, 815
낙인 54, 166, 169, 233, 283, 326, 566, 851, 864, 962
남성 59, 62, 85, 112, 173, 202, 237, 249, 328, 355, 397, 575, 671, 694, 712, 742, 821, 919
내깃돈 576, 811, 831, 978
내혼 435
노동 53, 85, 111, 201, 278, 340, 568, 575, 603, 724, 752, 791, 837, 891
노동시장 244, 251, 279, 403, 671, 696, 791
노무자 151, 175, 793
노조 693, 715, 724, 730, 741, 763, 777, 788, 805

농민 57, 120, 209, 327, 340, 365, 450, 680, 696, 703, 745, 807, 907, 971
농업종사자 62, 209, 216, 233, 254, 328, 385, 584, 608, 687, 704, 728, 755, 774, 814, 906, 936
능력 14, 39, 104, 163, 182, 262, 311, 384, 481, 509, 551, 592, 621, 653, 674, 720, 758, 829, 847, 879

(ㄷ)

단결 792
단순기능공 15, 62, 151, 175, 208, 240, 270, 285, 608, 706, 716, 791, 802
단순노동자 87, 208, 220, 249, 608, 704, 715, 812, 906
단체 300, 382, 510, 558, 671, 744, 812, 862
대변인 38, 124, 144, 206, 452, 749, 765, 772, 827, 973
대중 29, 71, 86, 130, 278, 295, 334, 378, 407, 488, 577, 594, 639, 706, 797, 817, 846, 881, 953
대중취향 538, 658, 692
대중화 42, 167, 295, 339, 378, 384, 413, 674, 840
데리다 Derrida J. 890, 897, 979, 985
데카르트 Descartes 720, 976
도간 Dogan M. 764
도덕 24, 89, 102, 214, 327, 347, 361, 407, 444, 516, 569, 611, 666, 729, 760, 799, 821, 882

도덕화 667, 697, 886
도서관 232, 241, 499, 501, 638, 705, 745
도식 23, 92, 148, 236, 312, 344, 441, 630, 696, 752, 811, 838, 851, 904, 955, 966
독신 57, 209, 293, 325, 403, 697
독창성 106, 134, 339, 883
독학 57, 271, 486, 542, 600, 638
되는 대로 내버려 두는 328
뒤르케임Durkheim E. 143, 157, 410, 462, 772, 845, 862, 976
뒤메질Dumézil G. 843
뒤비Duby G. 843, 856
등산 392, 490, 519, 567

(ㅁ)

만화 63, 77, 98, 166, 171, 518, 655, 674, 951
매개자 41, 44, 84, 176, 448, 457, 487, 591, 598, 622, 653, 905
명료화 작업 196
명목적 162, 263, 863
명사 53, 175, 537, 593, 800, 862
모조품 125, 361, 499, 525, 590
무능력 86, 165, 503, 661, 699, 732, 739, 743, 750, 780
무사무욕 28, 87, 109, 280, 387, 425, 459, 517, 567, 575, 820
무의식 52, 195, 392, 697, 762, 814, 822, 897, 915
무의식적 12, 52, 132, 153, 205, 295, 326, 390, 434, 600, 762, 780, 825, 914, 971

문명 27, 147, 431, 885, 889, 951
문명화 110, 400, 453, 880, 881
문장 31, 68, 137, 332, 429, 475, 602, 706, 745, 811, 880, 911
문제틀 106, 294, 410, 669, 703, 721, 758, 774, 778, 896
문학 21, 75, 116, 160, 245, 285, 402, 517, 555, 589, 706, 754, 842, 934
문화 26, 57, 100, 150, 183, 215, 260, 280, 343, 409, 454, 518, 538, 592, 640, 694, 712, 728, 761, 804, 887, 907, 935
  대항문화 166, 266, 672, 713
  정통적 문화 485, 591, 598, 601, 644, 659, 702, 905
  중간적 문화 602, 906
문화적 공산주의 409, 410
물신주의 452
물질주의 329, 362, 577, 713
미(美) 872, 877, 900
미래 166, 215, 243, 286, 301, 332, 402, 607, 652, 754, 815, 877
미술관 41, 218, 413, 480, 510, 659, 912, 934
미식법 157, 515
미용 208, 327, 335, 374, 684, 712, 817
미학 23, 69, 86, 98, 117, 151, 317, 382, 415, 478, 522, 617, 694, 759, 804, 872
미학적 성향 25, 85, 109, 320, 479, 510, 622, 685, 761
민중 70, 128, 240, 294, 339, 382, 445, 522, 556, 608, 653, 685,

692, 714, 760, 826, 972
민중주의 92, 123, 339, 678, 701, 760, 801

(ㅂ)

바흐찐Bakhtin M. 883, 974
박물관 46, 131, 241, 479, 539, 621
박탈 409, 582, 699, 750, 772, 821
반항 186, 270, 525, 678, 789, 818
반즈Barnes D. 589, 597
발리Bally Ch. 185
방브니스트Benveniste E. 862
방임주의 297, 523, 569, 761, 819
방종 459, 637
배분 85, 198, 371, 384, 718, 739, 797, 855
배제 69, 91, 115, 152, 212, 266, 307, 358, 416, 444, 512, 637, 672, 719, 786, 803, 844, 893
버라이어티 쇼 75, 241, 499, 519, 596
법률만능주의 606
베케트Becket S. 74
벼락부자 121, 133, 299, 392, 450, 503, 681
변별적 111, 180, 219, 242, 301, 347, 374, 400, 443, 450, 480, 516, 675, 836, 862, 966
변증법 42, 83, 213, 260, 301, 414, 454, 670, 786, 894
보디 빌딩 50, 377
보수정당 766
보수주의 638, 643, 665, 790, 815, 823, 892

보편성 49, 122, 783, 828, 887, 979
보편화 668, 766, 783, 814, 888
보행 383, 392, 490, 519, 567
복장 92, 153, 165, 279, 358, 420, 573, 689, 714, 817
부과 55, 167, 194, 282, 372, 390, 416, 450, 526, 555, 569, 582, 640, 675, 692, 742, 768, 811
부동Boudon R. 294
부르주아 29, 76, 110, 180, 298, 377, 430, 502, 543, 630, 689, 714, 800, 857, 971
구 부르주아지 279, 420, 522, 544, 562, 790
구 쁘띠 부르주아 282
대 부르주아지 147, 352, 437, 502, 542, 601
신흥 부르주아지 176, 221, 280, 420, 556, 564, 662, 781, 962
하강(중인) 부르주아 176
쁘띠 부르주아지 42, 64, 84, 99, 117, 163, 231, 271, 304, 318, 383, 457, 569, 616, 658, 728, 789, 818, 850, 919
상승 쁘띠 부르주아지 665
신흥 쁘띠 부르주아지 41, 85, 97, 120, 175, 282, 369, 441, 569, 622, 652, 669, 792, 818, 906
실행 쁘띠 부르주아지 638
하강 쁘띠 부르주아지 638, 665
부인 31, 87, 146, 170, 270, 356, 460, 687, 828, 863, 882, 917
분노 120, 162, 270, 288, 432, 452, 504, 637, 665, 755, 789, 819, 851, 875

분류법 30, 52, 83, 106, 206, 314, 341, 368, 416, 441, 697, 706, 792, 845, 914
분리 26, 73, 101, 193, 301, 440, 484, 541, 600, 653, 682, 730, 797, 850
분배 24, 197, 221, 253, 290, 314, 423, 578, 758
분파 41, 73, 122, 176, 240, 320, 384, 416, 476, 526, 542, 615, 641, 665, 809, 843, 906
  상승 분파 658
  지배분파 137, 173, 418, 487, 515, 568, 810, 842
분할 206, 283, 392, 441, 475, 480, 518, 541, 751, 808, 839, 851
비관주의 423, 527, 641, 665, 678, 810, 957
비밀정치 739
비판 38, 78, 139, 221, 270, 294, 403, 566, 612, 701, 752
비평 101, 152, 388, 427, 656, 893
비행 57, 391, 572
빠리지엥 리베레 795, 798, 810

(ㅅ)

사교가 22, 38, 147, 152
사무노동자 44, 94, 249, 323, 484, 660, 681, 757, 774, 796
사회변증론 780, 840, 883
사회적 상승 214, 629, 630
사회화 65, 794, 822, 851
상급기술자 44, 84, 94, 176, 199, 227, 242, 338, 479, 499, 540, 562, 685, 807, 906
상동 49, 146, 231, 338, 526, 779
상승지향 41, 121, 304, 407, 450, 604, 658, 792, 850
상인 24, 63, 120, 216, 246, 332, 446, 622, 690, 729, 793, 934
상징적 31, 111, 162, 236, 305, 361, 410, 514, 628, 687, 760, 811, 861, 894, 919
상징투쟁 440, 452, 538
상품 39, 193, 218, 280, 332, 401, 504, 589, 651, 797, 837
상호작용 306, 440, 456, 573, 839
샘플 808, 905, 932
생산 21, 42, 69, 115, 144, 173, 207, 277, 310, 403, 512, 540, 566, 592, 628, 701, 722, 766, 824
생산노동자 40, 94, 177, 242, 323, 387, 683, 715, 775, 807
생태학 166, 767
생활양식 52, 115, 196, 241, 311, 74, 415, 524, 564, 628, 662, 684, 705, 828, 935
샹송 45, 122, 164, 476, 532, 622
서열 22, 126, 187, 219, 297, 350, 442, 601, 848, 914
선거 298, 526, 703, 731, 759, 800
선별 29, 103, 199, 298, 510, 744, 785, 977
선의 97, 232, 412, 583, 590, 615, 745, 819
선전 282, 402, 416, 590, 628, 661
성 160, 490
성별 31, 122, 201, 341, 397, 568, 720, 743, 762, 786, 821, 907

성향 22, 86, 109, 155, 183, 212,
  280, 326, 385, 420, 454, 490,
  540, 572, 618, 641, 689, 720,
  761, 805, 888
 미적 성향 65, 104, 192, 218, 601
 성향체계 192, 197, 619, 754, 910
 억압적 성향 641, 667, 817
 윤리적 성향 60, 97, 391, 482,
  522, 568, 572, 661, 745, 823
 정치적 성향 643, 760, 797, 818,
  822
세계관 24, 316, 361, 415, 490, 527,
  566, 630, 713, 805, 957
세대 109, 163, 240, 253, 420, 536,
  556, 607, 816, 856
 세대양식 540, 645, 816
소비 23, 113, 207, 330, 406, 512,
  568, 601, 681, 712, 867, 914
소비자 42, 193, 400, 449, 568, 629,
  759, 824, 911
소외 144, 204, 371, 617, 663, 701
 개별적 소외 204
소유자 59, 106, 162, 232, 262, 297,
  454, 516, 716, 767, 823, 899
속물근성 384, 547, 810, 883
속어 345, 352, 883
쇠퇴 209, 214, 240, 260, 306, 622,
  630, 653, 789, 810, 840
수요 193, 247, 414, 552, 721, 795,
  824
숙련공 62, 208, 240, 285, 330, 608,
  640, 704, 745, 791
순서 133, 284, 301, 356, 441, 501,
  600, 683, 731, 811, 904
순응 99, 168, 186, 382, 428, 444,
  606, 659, 688, 706, 877
순응주의 387, 428, 432, 606, 611,
  688
숭배 107, 215, 358, 381, 394, 638,
  751, 899
스타일 26, 101, 157, 368, 407, 583,
  590, 752, 808, 841
습득 66, 132, 388, 515, 661, 880
 조기 습득 389, 393
승인 66, 109, 134, 179, 360, 416,
  440, 499, 536, 582, 596, 667,
  716, 755, 818, 861, 893
승화 29, 125, 322, 425, 499, 537,
  870, 889
시장 39, 131, 170, 218, 264, 340,
  402, 454, 537, 605, 719, 872
 노동시장 244, 251, 279, 403,
  671, 696, 791
식사 30, 143, 225, 280, 322, 356,
  438, 507, 561, 639
식품소비공간 342
신앙 215, 582, 598, 605, 639, 720,
  757, 893
신용구입 301, 304
신체 50, 111, 144, 183, 280, 322,
  360, 434, 618, 647, 670, 691,
  764, 833, 875, 955
신체화된 701, 851, 860, 901, 913
실업자 265
실증주의 37, 235, 475, 853, 911
실천 21, 46, 118, 184, 203, 241,
  305, 374, 389, 403, 448, 491,
  519, 578, 630, 672, 702, 758,
  783, 801, 847, 866, 907, 936
실체 74, 144, 180, 301, 356, 454,

626, 752, 987
실체론 53, 216, 626
실패 38, 66, 86, 140, 270, 591, 643, 666, 671, 817
실행 41, 377, 384, 395, 500, 543, 638, 702, 820, 858
심리학 166, 550, 670, 672, 846, 909
심미주의 45, 77, 112, 116, 117, 157

(ㅇ)

아도르노Adorno T. W. 701, 876, 920, 921
아리스토텔레스Aristote 13, 138, 462, 475, 852, 878, 954
아비투스 13, 30, 115, 131, 153, 173, 184, 197, 211, 219, 236, 263, 277, 280, 316, 320, 343, 356, 376, 381, 400, 417, 426, 437, 475, 478, 555, 566, 575, 605, 617, 678, 683, 689, 713, 754, 760, 764, 772, 790, 814, 827, 836, 855, 910, 977, 979
아카데미즘 134, 167
앙케트 51, 75, 123, 132, 150, 163, 185, 220 234, 240, 317, 341, 357, 365, 475, 490, 501, 523, 556, 569, 582, 600, 654, 706, 727, 744, 758, 764, 773, 783, 800, 813, 824, 830, 846, 848, 905, 909, 926, 932, 941, 953
양식 21, 50, 61, 75, 103, 140, 155, 197, 278, 282, 288, 317, 325, 356, 374, 406, 408, 415, 476, 489, 494, 511, 519, 528, 540,

545, 575, 599, 621, 623, 671, 685, 714, 759, 773, 847, 900
억압 85, 282, 452, 455, 618, 673, 794, 871, 917
억양 136, 143, 173, 179, 180, 343, 434, 706, 791
언어 47, 76, 92, 111, 131, 134, 147, 154, 158, 168, 180, 235, 406, 410, 426, 430, 435, 442, 452, 484, 570, 573, 606, 626, 667, 675, 693, 703, 712, 719, 731, 761, 768, 783, 817, 825, 833, 844, 853, 862, 878, 916
엄격주의 606, 640, 789
에토스 28, 48, 87, 98, 103, 116, 160, 315, 333, 381, 402, 562, 619, 642, 658, 666, 670, 674, 758, 759, 761, 767, 780, 783, 789, 821, 824, 845, 875, 887
엘리아스Elias N. 147, 409, 681, 880, 885, 886
엘리트주의 394, 454, 718, 752, 810
엥겔Engel J. F. 323, 448
엥겔스Engels F. 718
여론학자 743, 831
여성 62, 87, 95, 112, 128, 199, 209, 231, 250, 268, 278, 281, 299, 325, 344, 362, 377, 397, 490, 536, 568, 604, 657, 665, 669, 687, 694, 712, 728, 742, 750, 773, 810, 859, 872, 961, 970
여성화 200, 295, 391, 644
여유 55, 141, 143, 160, 202, 216, 324, 390, 395, 570, 618, 619, 632, 662, 853

역량 516, 555, 722, 727, 731
역사 13, 25, 26, 59, 75, 143, 215, 305, 410, 419, 541, 562, 611, 648, 706, 749, 852, 804, 816, 817, 838, 987
　역사주의 887, 901, 979
연령 47, 53, 164, 200, 205, 248, 381, 394, 397, 403, 420, 480, 524, 541, 574, 625, 636, 644, 720, 732, 747, 762, 791, 803, 810, 821, 907, 933
　사회적 연령 394, 541
　연령집단 595, 641, 837, 839, 851, 866
연륜 127, 132, 139, 153, 186, 243, 297, 485, 487, 543, 807
연속적 계기 301
영화 31, 46, 61, 77, 95, 99, 114, 126, 165, 170, 185, 192, 241, 305, 335, 391, 414, 481, 497, 507, 532, 550, 583, 597, 604, 640, 672, 709, 798, 817, 907
　영화관 61, 497, 532, 611, 634, 710, 875
예술 22, 25, 42, 71, 100, 1125, 120, 149, 172, 358, 409, 430, 453, 536, 575, 592, 654, 685, 718, 804, 874, 888, 899, 917, 978
　민중예술 714
　보수를 바라는 예술 884, 891
　자유로운 예술 884, 891
　전위예술 128, 537
　정통적 예술 592, 872
　중간취향의 예술 120, 122
　현대예술 165, 583, 817, 894

예술가 24, 56, 68, 72, 91, 99, 101, 104, 115, 122, 130, 147 178, 180, 210, 222, 287, 321, 340, 368, 406, 413, 424, 452, 458, 479, 481, 492, 518, 534, 579, 632, 651, 678, 702, 718, 763, 792, 812, 836, 873, 882, 897
예언 617, 668, 671
예찬 574, 668, 754, 886, 985
오인 109, 126, 169, 241, 263, 314, 451, 600, 664, 668, 701, 703, 720, 750, 814, 841, 845, 888
오페라 31, 41, 77, 399, 499, 532, 601, 711, 912
오페레타 41, 120, 122, 164, 481, 538, 590, 597, 600
옷차림 317, 368, 547, 548, 558, 570, 572, 618
완곡어법 428, 429, 568, 743, 889
완화 249, 325, 570, 649, 658, 799, 909, 987
요리 53, 153, 341, 356, 558, 910
욕구 21, 29, 204, 280, 287, 304, 322, 329, 345, 414, 454, 459, 507, 567, 590, 604, 652, 669, 682, 819, 873, 875, 988
우익 205, 764, 796, 805, 967
원망 213, 832
위계 22, 25, 41, 56, 85, 94, 133, 151, 169, 200, 231, 265, 296, 314, 358, 365, 389, 491, 501, 566, 592, 641, 694, 728, 774, 796, 823, 851, 921, 953, 978
위기 57, 100, 209, 276, 288, 293, 307, 431, 540, 673, 744, 749,

763, 788, 810, 821, 857
위반 98, 354, 398, 460, 461, 890, 892, 894
위엄 42, 144, 233, 286, 373, 390, 703, 715, 804, 819, 957
위임 65, 143, 373, 458, 516, 544, 574, 728, 743, 758, 861
위치 29, 38, 61, 107, 120, 158, 178, 213, 286, 306, 338, 394, 416, 455, 526, 562, 615, 643, 696, 722, 765, 811, 839, 915, 971
위탁 512, 750, 755, 757, 766, 779, 797, 861
유능성 743, 750, 758, 772
유미주의 29, 92, 97, 99, 118, 120, 125, 592, 601, 767, 881
유비 108, 579, 779, 957
유추 175, 332, 369, 432, 694, 701, 821, 851, 961, 966
유토피아주의 672, 917
유행 38, 102, 165, 305, 350, 419, 445, 461, 489, 494, 515, 521, 546, 570, 595, 632, 687, 819, 905, 962, 988
유혹 51, 73, 76, 79, 176, 195, 282, 373, 389, 408, 475, 491, 873, 878, 892
육아 607, 637, 652, 668
육체 48, 158, 179, 316, 339, 345, 350, 377, 388, 572, 668, 694, 768, 849, 976
육체노동 326, 607, 696, 706
육화된 13, 24, 159, 168, 197, 212, 218, 248, 312, 318, 343, 410, 485, 739, 768, 772, 779, 790,

838, 845, 857
윤리 28, 57, 83, 92, 107, 279, 327, 351, 382, 402, 540, 573, 605, 670, 724, 758, 767, 788, 819, 841, 872, 888
은유 235, 382, 626, 713, 850, 961
음악 21, 41, 77, 90, 128, 149, 158, 176, 225, 335, 374, 411, 449, 507, 531, 582, 659, 699, 872, 880, 910, 920
의견 39, 48, 116, 153, 176, 200, 222, 317, 410, 433, 459, 482, 500, 538, 554, 583, 600, 643, 661, 704, 721, 728, 750, 758, 765, 786, 813, 824, 866, 905
　권위 있는 의견 744, 751
　의견의 자주관리 766, 767
　정치적 의견 200, 215, 218, 222, 643, 741, 750, 761, 766, 773, 792, 829
의례 193, 325, 797, 812
의료보건 서비스직 41, 63, 128, 231, 383, 656, 660, 793
의무 56, 101, 500, 529, 562, 568, 616, 619, 662, 668, 670, 731, 743, 754, 785, 801, 820, 829, 855, 877, 887
의복 29, 155, 186, 210, 329, 351, 362, 365, 374, 418, 456, 568, 572, 639, 661, 674, 688, 694
의사 23, 67, 76, 131, 151, 155, 526, 648, 669, 716, 731, 759, 792
의식 13, 52, 89, 106, 235, 282, 312, 369, 401, 430, 456, 713, 762, 785, 815, 850, 889, 898, 971

의지주의　619
이단　12, 168, 328, 369, 418, 590, 597, 601, 663, 860, 894, 896
이데올로기　21, 66, 70, 127, 148, 266, 294, 304, 326, 463, 578, 591, 643, 703, 723, 766, 778, 796, 822, 841, 879, 889, 977
이스또리아　50, 167
이윤　37, 132, 160, 170, 172, 221, 240, 259, 262, 369, 410, 442, 524, 555, 615, 681, 898, 913
이의제기　810, 811, 819
이익　50, 55, 60, 127, 140, 159, 169, 225, 237, 244, 252, 262, 274, 300, 369, 377, 393, 407, 492, 517, 537, 566, 628, 687, 783, 820, 846, 856, 870, 920
이해　36, 54, 78, 104, 124, 166, 196, 214, 264, 282, 369, 389, 408, 452, 489, 513, 551, 574, 603, 633, 671, 721, 739, 786, 813, 828, 850, 880, 898, 934, 970
이화　77, 803, 804, 858, 875
인격　144, 173, 199, 207, 300, 347, 388, 395, 425, 514, 567, 574, 586, 672, 703, 751, 763, 772, 794, 819, 850, 886, 953
인원제한　199, 251, 258, 297, 298, 617
일루시오　169, 451
일반기술자　44, 97, 177, 231, 242, 249, 258, 608, 622, 636, 660, 715, 805, 863, 906
임금　264, 52, 704, 773, 783, 884, 891, 918

입장　12, 39, 107, 176, 310, 347, 417, 430, 450, 463, 553, 592, 642, 672, 706, 756, 781, 795, 815, 853, 893, 901, 951, 972

(ㅈ)

자격　56, 88, 117, 167, 180, 201, 248, 264, 297, 403, 441, 512, 566, 589, 604, 642, 740, 750, 791, 863, 933, 961
자기숭배　754
자기투입　109, 116, 567
자민족중심주의　680, 795, 832
자발주의　731
자본　37, 143, 172, 211, 243, 276, 324, 389, 443, 478, 516, 563, 621, 651, 807, 863, 893, 978
　경제자본　13, 84, 116, 186, 213, 225, 243, 290, 320, 392, 458, 478, 487, 501, 523, 574, 615, 629, 792, 807, 913
　문화자본　13, 130, 172, 201, 222, 245, 275, 339, 389, 411, 478, 522, 599, 645, 701, 906, 978
　사회자본　14, 227, 544, 566
　신체자본　388
　상징자본　13, 517, 523, 526, 978
　특수한 자본　12, 218, 418
자연　21, 66, 91, 215, 343, 371, 400, 453, 515, 674, 850, 877, 882
자유　58, 112, 165, 227, 324, 454, 592, 669, 728, 857, 878
자유업　14, 44, 62, 95, 122, 177, 214, 292, 328, 393, 450, 491,

523, 556, 622, 705, 807, 912
자유주의 235, 569, 604, 675, 763, 780, 817
자율 822
작업 55, 193, 234, 316, 382, 475, 567, 767, 825, 888, 987
작품 25, 66, 104, 135, 142, 321, 410, 439, 489, 509, 584, 636, 836
장 12, 107, 171, 183, 322, 378, 450, 627, 743, 779, 855, 977
  계급투쟁의 장 218, 779
  생산의 장 26, 400, 426, 577, 671, 721, 780, 832, 977
  예술의 장 12, 410, 978
  장의 역학 421
  정치의 장 12, 779, 824, 977
  지배계급의 장 118, 414, 519, 841
장기 225
장래 208, 251, 332, 629, 661
장인 40, 84, 99, 142, 210, 278, 387, 437, 503, 615, 713, 787, 905
재계급화 246, 301, 657, 672
재산 112, 209, 409, 604, 790, 837
재생산 13, 134, 160, 199, 218, 222, 306, 401, 592, 618, 665, 701, 779, 817, 861, 988
재현 24, 68, 135, 347, 449, 650, 807, 877, 916
재화 131, 154, 197, 233, 305, 412, 662, 678, 818, 971
전략 38, 117, 210, 244, 277, 421, 517, 566, 600, 652, 811, 866
  차별화의 전략 518
전시회 75, 104, 500, 610, 649

전위 418, 537, 569, 637, 663, 790
전유 14, 316, 400, 511, 683, 778
  물질적 전유 518, 534
  상징적 전유 518, 534
  전유수단 321
  전유양식 453, 489, 514, 568
전이 244
전환 135, 161, 245, 290, 319, 517, 565, 615, 790, 825
절제 320, 383, 450, 567, 614, 637
정당 32, 71, 108, 216, 307, 411, 554, 590, 641, 680, 719, 780, 832, 897
정신 54, 78, 116, 148, 347, 392, 527, 583, 622, 727, 859, 976
정신분석 36, 154, 667, 754, 873
정의 24, 100, 195, 276, 344, 402, 489, 540, 608, 680, 758, 829
정체성 153, 195, 288, 352, 664, 703, 794, 850, 896
정치 48, 182, 278, 416, 519, 554, 606, 693, 719, 754, 819, 958
정치투쟁 270, 786, 970
정치학 669, 720, 832, 963
정치화 536, 667, 774, 782, 821
정통성 41, 97, 170, 301, 402, 457, 511, 582, 661, 716, 748, 827
정통화 45, 127, 416, 592, 663, 699, 749, 899
조건 21, 65, 109, 192, 227, 271, 377, 439, 461, 515, 558, 634, 668, 720, 786, 820, 888, 915
조건화 13, 196, 416, 475, 680, 844
조숙 139, 204, 305
조작 59, 83, 206, 314, 452, 573,

찾아보기 1005

663, 703, 826, 915
종교 200, 352, 412, 502, 579, 665, 794, 894, 958
주간지 64, 163, 242, 357, 402, 545, 592, 672, 799, 919
주거 206, 589, 729, 933
주입 13, 55, 111, 214, 282, 356, 449, 573, 657, 716, 794, 855
주지주의 24, 152, 536, 758, 838
중간계급 45, 73, 93, 120, 130, 150, 171, 215, 231, 240, 246, 259, 275, 294, 322, 357, 375, 438, 456, 480, 522, 543, 562, 590, 619, 628, 634, 653, 659, 666, 692, 704, 748, 804, 823, 906
중간계급의 공간 231, 591
중성화 69, 127, 429, 537, 798, 828
즐거움 23, 71, 89, 169, 317, 451, 503, 586, 646, 870, 973
쥬네Genet J. 74
지드Gide 754
지리적 공간 198, 204, 233, 234
지배 38, 89, 100, 134, 167, 225, 289, 320, 411, 485, 542, 623, 694, 761, 822, 867, 854
지배분파 15, 137, 181, 420, 487, 522, 577, 792
지배자 86, 307, 320, 384, 416, 598, 696, 713, 809, 840
지식 14, 46, 126, 218, 314, 434, 499, 562, 583, 630, 713, 777, 832, 900
지식인 28, 121, 259, 401, 485, 536, 597, 674, 740, 792, 843, 919
지체 83, 203, 376, 486, 538, 696, 987
직공장 15, 44, 62, 323, 608, 716, 745, 793, 814
직업 39, 128, 170, 201, 230, 286, 369, 421, 487, 547, 608, 644, 715, 762, 807, 893
직위 213, 253, 263, 288, 599, 630, 704, 863
질서 15, 137, 181, 420, 487, 522, 577, 792

(ㅊ)

차별적 244, 298, 312, 380, 406, 461, 590, 858
차별화 11, 50, 117, 179, 327, 353, 393, 454, 516, 658, 836, 914
차이 22, 53, 126, 202, 236, 312, 368, 413, 497, 542, 595, 645, 685, 764, 801, 836, 888, 932
착취 57, 215, 577, 615, 708, 819
참가 21, 206, 391, 576, 605, 651, 706, 875, 891, 919
참여 28, 74, 117, 307, 410, 484, 526, 596, 648, 721, 748, 801
천직 199, 213, 287, 645, 651
청년 62, 160, 209, 254, 298, 381, 420, 569, 642, 735, 809
청소년 246, 266, 293, 397, 602, 651, 672, 783
체계성 92, 134, 197, 315, 760, 910
체조 158, 377, 668, 672, 704, 850
축제 76, 91, 242, 358, 382, 490, 712, 882, 974
출신계급 21, 49, 127, 150, 181,

202, 253, 295, 543, 622, 655, 738, 791, 818, 907
취향 21, 73, 92, 116, 135, 195, 318, 369, 408, 448, 514, 549, 587, 618, 683, 798, 845, 870, 919
 개인 취향 517
 부르주아 취향 543, 690
 순수 취향 69, 871
 야만적 취향 91, 326
 자유취향 883
 전위적 취향 538
 정통적 취향 42, 873
 중간취향 120, 451, 534
 통속적 취향 408
 필요 취향 113, 319, 326, 334
취향의 창조자 179, 402, 460
친밀도 127, 150, 585
침범 29, 99, 460, 596, 895, 915
칭호 22, 54, 143, 200, 252, 297, 455, 728, 772, 790, 893

(ㅋ)

카리스마 21, 66, 149, 181, 373, 592, 703, 752
카테고렘 852, 854,954
쾌락주의 152, 321, 332, 393, 489, 568, 713
클럽 199
키치 25, 98, 125, 518, 538

(ㅌ)

탁월한 27, 36, 131, 235, 320, 416, 481, 515, 657, 752, 820, 900

탁월화 11, 389, 449, 459, 590, 693, 901, 986
탈정치화 536, 743, 795, 822
통계 30, 46, 86, 171, 226, 290, 323, 378, 555, 675, 738, 839
통념 209, 270, 434, 719, 772, 827, 844, 860
통설 116, 264, 286, 305, 590, 598, 621, 662, 775, 824
통속적 28, 79, 122, 320, 408, 453, 518, 692, 752, 864, 872, 918
통속화 45, 167, 278, 414, 449, 454, 590, 601, 675, 905
통시 311, 489, 627, 798, 813, 919
통제 55, 113, 186, 226, 306, 388, 408, 596, 697, 760, 836, 920
통합 147, 206, 227, 536, 573, 667, 713, 758, 791, 889, 977
투자 13, 78, 110, 160, 213, 262, 369, 401, 457, 543, 607, 687
투쟁 22, 118, 146, 180, 226, 270, 304, 380, 419, 456, 539, 665, 757, 792, 819, 855, 977
 계급투쟁 135, 218, 307, 442, 604, 779, 963
 분류 투쟁 540, 566

(ㅍ)

파업 51, 265, 403, 757, 781, 820
판단 13, 71, 121, 176, 295, 351, 431, 536, 575, 621, 706, 737, 762, 787, 841, 875, 963
편안함 112, 132, 320, 371, 423, 558
평등 384, 407, 757, 825

찾아보기 1007

포레Fauré E. 155, 599
포시용Focillon H. 35
표명 38, 123, 215, 266, 326, 431, 484, 526, 601, 672, 716, 732, 757, 794, 814, 900
표본 39, 221, 491, 526, 748, 963
표상 28, 181, 207, 234, 264, 310, 370, 441, 491, 555, 617, 666, 696, 739, 803, 867, 976
표장 326, 416, 450, 894
품위 314, 363, 389, 486, 633, 873
풍자 77, 114, 163, 316, 373, 424, 888
프랑카스텔Francastel P. 135, 530
프레스Press A. 429, 529, 547, 565, 575, 798, 808, 954
프롤레타리아 92, 285, 324, 608, 617, 714, 738, 807, 862, 918
플로베르Flaubert G. 94, 176, 407, 459, 537, 740, 779, 846
피지배자 87, 100, 304, 350, 374, 454, 803, 823, 833, 973
필요 29, 99, 214, 305, 374, 459, 506, 618, 682, 909
필요성 57, 99, 214, 237, 280, 319, 441, 651, 786, 846

(ㅎ)

하강 157, 161, 200, 245, 536, 619, 636, 665, 821
학교적 39, 55, 127, 180, 230, 595, 644, 674, 751, 778, 830, 855
학위 21, 40, 159, 198, 248, 265, 654, 723, 747
학자들 25, 98, 140, 412
한계 55, 88, 122, 154, 245, 332, 439, 517, 610, 854, 888, 911
향유 23, 70, 111, 220, 304, 384, 408, 568, 857
허장성세 174, 454
혁명 99, 216, 288, 319, 407, 606, 643, 767, 816
현실주의 91, 244, 275, 357, 574, 685, 693, 713, 766
혐오 85, 94, 115, 152, 340, 430, 505, 672, 763, 817, 851, 872, 890
형식 25, 68, 195, 271, 299, 355, 399, 439, 538, 596, 634, 697, 751, 819, 832, 877, 896, 954
형식주의 34, 321, 565, 630, 718
호선 199, 213, 277, 434, 651
확률 214, 245, 578, 607, 722, 774
환멸 266, 270, 642, 815
환상 46, 75, 166, 314, 409, 454, 561, 587, 637, 818, 868, 970
획득 22, 89, 131, 170, 246, 369, 585, 668, 798, 819, 846
획득양식 41, 128, 151, 174, 601
획득조건 131, 143, 187, 211, 668
후계지명자 418
후위 167, 418, 769
희망 59, 74, 213, 270, 287, 333, 382, 616, 656, 664, 792, 893
희소성 111, 193, 226, 247, 296, 301, 378, 450, 511, 539, 866